# FIFTH EDITION
# Rendez-vous
## AN INVITATION TO FRENCH

**JUDITH A. MUYSKENS**
*University of Cincinnati*

**ALICE C. OMAGGIO HADLEY**
*University of Illinois, Urbana-Champaign*

*Contributing writers:*
**GREGORY A. FULKERSON**
**EVELYNE AMON**

Boston  Burr Ridge, IL  Dubuque, IA  Madison, WI  New York  San Francisco  St. Louis
Bangkok  Bogotá  Caracas  Lisbon  London  Madrid
Mexico City  Milan  New Delhi  Seoul  Singapore  Sydney  Taipei  Toronto

# McGraw-Hill

*A Division of The* **McGraw·Hill** Companies

This is an ⎰EBI⎱ book.

*Rendez-vous*
*An Invitation to French*

Copyright © 1998, 1994, 1990, 1986, 1982 by The McGraw-Hill Companies, Inc. All rights reserved. Printed in the United States of America. Except as permitted under the United States Copyright Act of 1976, no part of this publication may be reproduced or distributed in any form or by any means, or stored in a data base or retrieval system, without the prior written permission of the publisher.

This book is printed on acid-free paper.

4 5 6 7 8 9 0 VNH VNH 3 2 1 0 9

ISBN 0-07-044425-0 (Student's Edition)
ISBN 0-07-044436-6 (Teacher's Edition)

Publisher: Thalia Dorwick
Development editor: Gregory Trauth
Marketing manager: Cristene Burr
Project manager: Natalie Durbin
Production supervisor: Diane Renda
Designer: Adriane Bosworth and Lorna Lo
Cover designer: M. Elizabeth Williamson
Art editor: Nicole Widmyer
Illustrators: David Bohn, Lori Heckelman, and Edie Williams
Editorial assistant: Beatrice Wikander
Compositor: GTS Graphics
Typeface: Minion
Printer: Von Hoffmann Press, Inc.

**Cover art**   Pierre Auguste Renoir, Déjeuner des canotiers (Luncheon of the Boating Party), from the Phillips Collection, Washington, D.C. Because this page cannot legibly accommodate all the copyright notices, page I-7 constitutes an extension of the copyright page.

**Library of Congress Cataloging-in-Publication Data**

Rendez-vous : an invitation to French / Judith A. Muyskens, . . . [et
   al.]. —4th ed.
      p.   cm.
   "This is an EBI book"—T.p. verso.
   Fourth ed. by Judith A. Muyskens, Alice C. Omaggio, Thierry Duchesne, and Claudine Convert-
Chalmers.
   Includes index.
   ISBN 0-07-044425-0
   1. French language—Textbooks for foreign speakers—English.
   2. French language—Grammar.   I. Muyskens, Judith A.   II. Muykens,
Judith A.   Rendez-vous.

http://www.mhhe.com

# Table des matières

## CHAPITRE PRÉLIMINAIRE
## Premier rendez-vous

| THEMES AND VOCABULARY | GRAMMAR AND FUNCTIONAL USES |
|---|---|

| CULTURE AND READINGS | SKILLS PRACTICE |
|---|---|

| THEMES AND VOCABULARY | GRAMMAR AND FUNCTIONAL USES |
|---|---|

| CULTURE AND READINGS | SKILLS PRACTICE |
|---|---|

| THEMES AND VOCABULARY | GRAMMAR AND FUNCTIONAL USES |
|---|---|

| THEMES AND VOCABULARY | GRAMMAR AND FUNCTIONAL USES |
|---|---|

| THEMES AND VOCABULARY | GRAMMAR AND FUNCTIONAL USES |
|---|---|

# Appendices

# Preface

Welcome to *Rendez-vous*, Fifth Edition, a complete beginning college-level French program. The overall goal of this new edition remains as always: to provide students with the basic tools of vocabulary, grammar, and pronunciation, along with abundant, varied opportunities for practicing French in communicative and interactive contexts. Emphasizing French within a cultural context and as it is spoken in authentic, everyday situations, *Rendez-vous* strives to develop proficiency in the four skills of listening, speaking, reading, and writing, while introducing students to the richness and diversity of the French-speaking world. We sincerely hope that this unique exposure to French will encourage your students to continue their study of the French language and Francophone cultures and literatures.

## Changes in the Fifth Edition

In responding to feedback about the fourth edition, our aim has been to retain the key features that were praised by reviewers and that set *Rendez-vous* apart from other first-year French books, while introducing some new features that would enhance instruction. Major features are presented in the visual "Guided Tour through *Rendez-vous*" that appears on the following pages. Among the most important changes made in this edition, we have

- expanded the cultural focus of the text by adding a two-page cultural spread, entitled **Fenêtre sur...** after every third chapter. Contained in this spread are portraits of famous French-speakers, regional language features, brief readings on topics dealing with the diverse Francophone cultures and civilizations, and much more.
- included many new cultural topics, while revising and up-dating others.
- revised about two-thirds of the readings as well as their corresponding prereading sections.
- streamlined and reorganized some of the grammar

points, while retaining the most commonly used grammatical structures and focusing on those that are most important for beginning French students.

- revised many of the **Mise au point** activities in order to provide more review practice.
- added a new video feature, entitled **Situations**, at the beginning of the **Rencontres** section. This feature, based on the video to accompany *Rendez-vous*, provides students with functional, everyday language for further listening comprehension and speaking.
- included a new testimonial feature, entitled *Le monde francophone...ses gens*, that offers insights into the daily life of native inhabitants of the Francophone world.
- included a recording of the mini-dialogues on the *Listening Comprehension Tape.*
- dropped the **Intermède** section of the fourth edition and moved some of the material in this section to the *Workbook.*

## Organization of the Text

*Rendez-vous* consists of a preliminary chapter (**Chapitre Préliminaire**) and sixteen regular chapters, each of which is developed around a major theme with the following organization.

> **Étude de vocabulaire**
> **Étude de grammaire**
> **Étude de pronunciation**
>     (**Chapitre Préliminaire - Chapitre 6**)
> **Mise au point**
> **Rencontres**
> **Vocabulaire**
> **Fenêtre sur ...** (after every third chapter)

The following "Guided Tour" summarizes the main features of Rendez-vous.

# A Guided Tour through Rendez-vous

## Étude de vocabulaire

A series of visual presentations of thematically associated words and expressions are followed by activities designed to build vocabulary and develop communicative competence.

## Étude de grammaire

The basic structures of French are introduced through mini-dialogues, followed by concise explanations with abundant examples. Verification exercises (**Vérifions!**) and communicative activities (**Parlons-en!**) progress from form-focused and controlled to open-ended and creative.

## Étude de pronunciation

The foundation for accurate French pronunciation and spelling is reinforced with succinct explanations and exercises (through **Chapitre 6**).

## Mise au point

A set of review exercises and activities, including role-plays, offers summary practice of the chapter's core vocabulary and grammar structures.

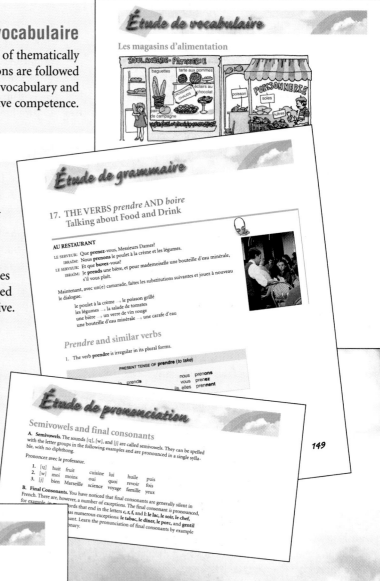

### Étude de vocabulaire

Les magasins d'alimentation

### Étude de grammaire

**17. THE VERBS *prendre* AND *boire***
**Talking about Food and Drink**

**AU RESTAURANT**
LE SERVEUR: Que **prenez**-vous, Messieurs Dames?
IBRAIM: Nous **prenons** le poulet à la crème et les légumes.
LE SERVEUR: Et que **buvez**-vous?
IBRAIM: Je **prends** une bière, et pour mademoiselle une bouteille d'eau minérale, s'il vous plaît.

Maintenant, avec un(e) camarade, faites les substitutions suivantes et jouez à nouveau le dialogue.

le poulet à la crème → le poisson grillé
les légumes → la salade de tomates
une bière → un verre de vin rouge
une bouteille d'eau minérale → une carafe d'eau

#### Prendre and similar verbs

1. The verb **prendre** is irregular in its plural forms.

PRESENT TENSE OF **prendre** *(to take)*

| | | | |
|---|---|---|---|
| je **prends** | | nous | **prenons** |
| | | vous | **prenez** |
| | | ils, elles | **prennent** |

149

### Étude de pronunciation

#### Semivowels and final consonants

**A. Semivowels.** The sounds [ɥ], [w], and [j] are called semivowels. They can be spelled with the letter groups in the following examples and are pronounced in a single syllable, with no diphthong.

Prononcez avec le professeur.

1. [ɥ] huit fruit cuisine lui huile puis
2. [w] moi moins oui quoi revoir fois
3. [j] bien Marseille science voyage famille yeux

**B. Final Consonants.** You have noticed that final consonants are generally silent in French. There are, however, a number of exceptions. The final consonant is pronounced, for example, in ... words that end in the letters **c, r, f,** and **l: le lac, le soir, le chef,** ... as numerous exceptions: **le tabac, le dîner, le porc,** and **gentil** ... ant. Learn the pronunciation of final consonants by example ... nary.

### Mise au point

**A. Les projets de Séverine et de Karine.** Formez des phrases complètes.

1. Séverine et Karine / aller / finir / études
2. elles / aller / faire / voyage / au Québec
3. elles / travailler / maintenant / pour payer *(to pay for)* / voyage
4. Séverine / faire / ménage / pour / tante
5. elles / aller / rendre visite à / soeur de Karine / à Montréal
6. tante / habiter / près de / la rue St-Laurent
7. elles / aller / être / content / parce que / elles / aller / faire / voyage magnifique

**B. Activités.** Qu'est-ce que les personnes suivantes font et qu'est-ce qu'elles vont faire! Expliquez.

MODÈLE: le frère de Loïc et de Sandra
Maintenant, leur frère fait ses devoirs.
Après, il va aller au cinéma.

MISE AU POINT **127**

## Rencontres

Four distinct sections offer students an opportunity to work with video (**Situations**), practice reading strategies (**Lecture**), develop their writing skills (**Par écrit**), and improve their listening comprehension (**À l'écoute!**).

### Rencontres

#### Situations

In this dialogue, Paul has invited Bénédicte and Caroline over for a home-cooked meal. Listen carefully to their conversation; do you recognize what Paul is serving for dinner?

[Thème 3, Scène 3.2]*

BÉNÉDICTE: Ça sent* bon, hein!ᵇ
CAROLINE: Paul, qu'est-ce que tu nous as préparé ce soir? Je meurs deᶜ faim.
PAUL: Une de mes spécialités: une bonne quiche lorraine.
CAROLINE: Une quiche lorraine! Tu sais cuisiner?
PAUL: Eh oui! J'ai cuisiné toute la journée et... j'ai beaucoup de talent.
BÉNÉDICTE: Quelle jolie table... tu nous gâtes.ᵈ
CAROLINE: En effet, les assiettes, les couverts, la nappe... Pas mal... Merci.
PAUL: Bon appétit.
BÉNÉDICTE: Merci, bon appétit!
CAROLINE: Bon appétit!

## Vocabulaire

End-of-chapter vocabulary lists, organized by topic and part of speech, provide students with a manageable active vocabulary.

### Vocabulaire

**Verbes**

apporter to bring; to carry
devoir to owe; to have to, be obliged to
goûter to taste
laisser to leave (behind)
pouvoir to be able
vouloir to want
  vouloir bien to be willing
  vouloir dire to mean

À REVOIR: acheter, boire, commander, goûter, préparer, vendre

**Substantifs**

l'addition (f.) bill, check (in a restaurant)
l'argent (m.) money
la baguette (de pain) baguette
le billet bill (currency)
la boîte (de conserve) can (of food)
la carte menu
le centime 1/100th of a French franc
la côte chop

le crabe crab
l'éclair (m.) eclair (pastry)
l'entrée (f.) first course
le filet fillet (beef, fish, etc.)
le franc franc (currency)
la glace ice cream; ice
le hors-d'œuvre* appetizer
l'huître (f.) oyster
le jus (de fruits) (fruit) juice
le kilo(gramme) kilo(gram)
le magasin store, shop
le menu fixed (price) menu
le morceau piece

*The h in hors-d'œuvre is aspirate, which means that there is no "elision" with the article le (i.e., le hors-d'œuvre).

VOCABULAIRE **195**

## Fenêtre sur …

Cultural collages, containing visuals and short texts, follow every third chapter and give students a "window" into the cultural richness and diversity of the Francophone world.

### Fenêtre sur... Le Québec

#### UNE CAPITALE

**Québec: l'Europe en Amérique**

C'est la ville la plus ancienne du Canada. Capitale de la Belle Province, elle est élégante, raffinée, très attachée à son passé. Inscrite auᵃ patrimoine mondial de l'UNESCO, comme Rome ou Jérusalem, elle est protégée par un murᵇ de fortification.

Pour la visiter, il faut de bonnes jambes!ᶜ car elle est construite sur des collines.ᵈ Les rues pittoresques de la «haute ville» dominent la «basse ville», plus moderne. En hiver, descendez au port: le froid paralyse les bateaux.ᵉ Tout est blanc, tout est calme. Écoutez. Le Saint Laurent, comme un désert de glace, crisseᶠ dans le silence.

ᵃinscrite... Registered in the ᵇwall ᶜil... you need strong legs ᵈhills ᵉboats ᶠice ᵍcrunches

#### LES FÊTES ET LES FESTIVALS

**Le carnaval de Québec ou la célébration du froid**

C'est la fête de l'hiver, de la neige et de la glace. Pendant deux semaines, au début du mois de février, la ville entière s'amuse: course en canotᵃ sur le Saint Laurent glacé, grand prix auto sur glace, escaladeᵇ sur mur de glace, triathlon des neiges, bain de neige(!): voilà pour les sportifs. Spectacles, animationsᶜ de rues, expositions, concerts: voilà pour les intellectuels. Enfin, les amateurs de beauté, assistent au couronnementᵈ de la Reine et, pour finir, tout le monde va danser au bal du Mardi gras.

ᵃcourse... Canadian canoe racing ᵇclimbing ᶜcultural activities ᵈcrowning

#### L'ART ET L'ARCHITECTURE

**Le Capitol, salle de spectacle des années 20**

Dans les années 20, l'industrie du cinéma triomphe et Québec, pour attirer le grand public, construit des salles de cinéma sur le modèle des salles d'opéra du XIXèmeᵃ siècle. Aujourd'hui rénové, Le Capitol avec ses plafondsᵇ décorés, ses escaliersᶜ majestueux, ses balcons, ses colonnes, est devenu une salle de spectacle très populaire. Il fait partie du patrimoine architectural de la ville.

ᵃdix-neuvième ᵇceilings ᶜstaircase

#### UN PERSONNAGE CÉLÈBRE

**Céline Dion, la diva pop**

Originaire du Québec, issueᵃ d'une famille de treize enfants, Céline Dion, à l'âge de douze ans, enregistreᵇ son premier disque. Sa voix est douceᶜ comme du sirop d'érable.ᵈ Cendrillon devenueᵉ princesse, elle charme le monde entier. Sa simplicité, son talent, son travail lui assurent une carrière internationale.

ᵃborn ᵇrecords ᶜsweet ᵈdu... maple syrup ᵉbecome, transformed into

#### LA LANGUE ET LES USAGES

**Le meilleur moment de la journée**

Au Québec, le rituel des repas a son propre vocabulaire: le matin, vous prenez votre «déjeuner»; à midi, votre «dîner»; le soir, votre «souper».

## Le monde francophone… ses gens

A new feature containing authentic testimonials from native French-speaking people provides fascinating insights into the daily life of inhabitants of the Francophone world.

*Le monde francophone …ses gens*

| | |
|---|---|
| NOM: | Estelle Calteau |
| ÂGE: | 23 |
| LIEU DE NAISSANCE: | Lille, France |
| PROFESSION: | Étudiante |

*Où faites-vous les courses? Préférez-vous faire les courses dans les petits magasins ou au supermarché? Faites-vous les courses tous les jours ou une fois par semaine?*

Je fais généralement mes courses dans un hypermarché car[a] les grandes surfaces commerciales offrent une plus grande diversité de produits et des prix avantageux. On peut y trouver beaucoup de choses: de l'électroménager,[b] de la papeterie, des articles de loisir... Il m'arrive parfois d'aller dans les petits commerces[c] de mon quartier pour acheter des produits dont j'ai besoin en urgence. Mais j'essaie de limiter le plus possible mes déplacements[d] pour les courses car ce n'est pas mon occupation favorite.

[a]parce que [b]household electric appliances [c]shops [d]trips

---

## Réalités francophones

**SHOPPING FOR FOOD IN FRANCE**

Although the **supermarché** and the **hypermarché** (which also sell household supplies, clothes, appliances, and toys) are extremely popular in France, some French people still enjoy shopping in the traditional way: They walk from store to store in their own neighborhoods, finding the items that are especially fresh and engaging store owners and other customers in conversation. Shopping in this manner is part of the social fabric of the **quartier**, or neighborhood, and it gives city dwellers the same sense of community found in smaller towns or villages.

Et avec ça, madame?

### Réalités francophones

Brief notes inform students about important and fascinating issues in contemporary Francophone societies.

---

### En savoir plus

Practical information that will help your students get along in French-speaking countries.

*En savoir plus*

**LA MONNAIE FRANÇAISE**

French currency is **le franc (fr)**. It is divided into **centimes**.

| LES BILLETS (bills) | | LES PIÈCES (coins) |
|---|---|---|
| 500 francs | 50 francs | 20 francs |
| 200 francs | 20 francs | 10 francs |
| 100 francs | | 5 francs |
| | | 2 francs |
| | | 1 franc |
| | | 50 centimes |
| | | 20 centimes |
| | | 10 centimes |
| | | 5 centimes |

There are two common ways of writing prices in French:

48frs50: quarante-huit francs cinquante.   48,50frs: quarante-huit francs cinquante.

---

*Situations*

In this dialogue, Chantal and Pierre are shopping for tonight's dinner in an open-air market. Where would you go to find the different items they mention?

[Thème 3, Scène 3.1]*

PIERRE: C'est sûr? Qu'est-ce que nous allons préparer pour le dîner ce soir?
CHANTAL: Ben, écoute, le poisson a l'air bien frais. On peut faire des truites[a] aux amandes.[b]
PIERRE: Je n'aime pas ça.
CHANTAL: Oh! Des langoustines[c] à la mayonnaise.
PIERRE: Oui, c'est bon, mais... ce n'est pas assez copieux[d]!
CHANTAL: Du thon[e] frais grillé; c'est excellent!
PIERRE: Oui, c'est vrai, mais c'est un peu fort[f] pour les invités.
CHANTAL: Ah ben, je sais: des soles meunières.
PIERRE: Oui, bonne idée. En général, tout le monde aime ça.
CHANTAL: Parfait! Alors, quatre belles soles s'il vous plaît, monsieur.
POISSONNIER: Oui! Alors: une, deux, trois, quatre, comme ça?
CHANTAL: Parfait!

**Avec un(e) partenaire…**

Avec un(e) partenaire, jouez la scène suivante: Votre ami(e) et vous avez invité six copains à dîner chez vous ce soir. Malheureusement, vous n'avez pas encore décidé quels plats vous allez servir. Discutez ensemble de différentes possibilités en prenant le dialogue comme modèle.

MODÈLES: E1: On peut faire du poisson?
E2: Le poisson n'a pas l'air frais. Regarde plutôt ce beau bifteck!
E1: Aimes-tu les frites avec?
E2: Non, pas vraiment. Tu as d'autres idées?

[a]trout [b]almonds [c]prawns [d]assez... plentiful enough [e]tuna [f]strong (in flavor)

### Situations

Realistic situations that take place in Paris provide models of functional, everyday language for student interaction in this new section based on the video to accompany *Rendez-vous*.

## Lecture

Accessible, stimulating authentic and semi-authentic reading selections are introduced by prereading strategies (**Avant de lire**) and followed by comprehension activities (**Compréhension**).

---

### LECTURE

#### Avant de lire

**SKIMMING FOR THE GIST**   Skimming is a useful way to approach any new text, particularly in a foreign language. You will usually find it easier to understand more difficult passages once you have a general idea of the content. As

#### Compréhension

1. Selon l'article, quels problèmes avons-nous en période d'examens?
2. Pourquoi saute-t-on des repas en période d'examens? Et vous, sautez-vous souvent des repas? Pourquoi?
3. Selon l'auteur, pourquoi doit-on prendre les repas à heures régulières? Quel est votre repas le plus important, en général? Et en période d'examens?
4. Combien de repas par jour prenez-vous d'habitude? À votre avis, est-ce que votre alimentation est équilibrée? Pourquoi ou pourquoi pas?
5. À votre avis, que veut dire le titre de l'article? Qu'est-ce que vous faites pour tenir la forme?

---

## Par écrit

With its step-by-step writing guidelines, this section helps develop students' writing skills, while stimulating the creative expression of their own ideas.

---

### PAR ÉCRIT

| | |
|---|---|
| **Function:** | Describing a place |
| **Audience:** | A friend or classmate |
| **Goal:** | Write a note to a friend inviting him or her to dinner. To persuade your friend to come, describe your chosen restaurant using the following questions as a guide. **Dans quel restaurant préférez-vous dîner? Mangez-vous souvent dans ce restaurant? Quand? Est-ce qu'il est fréquenté (visited) par beaucoup de clients? Est-ce que la carte est simple ou complexe? Quel est votre plat préféré? Quelle est la spécialité du chef?** Begin the letter with **Cher (Chère)** ——————. End with **À bientôt...** (See you soon . . . ). |

#### Steps
1. Write the introduction. Begin with an interesting or amusing thought to attract your friend's attention. You may wish to start out with a question. Some examples are: **Veux-tu prendre un repas magnifique avec un ami (une amie) très sympathique?** or **Tu as envie de manger une pizza magnifique?** Then compose the invitation.
2. Write the body of the note. It should answer the questions posed in the paragraph on **Goal,** above.
3. Write a conclusion, restating your invitation as intriguingly as possible. You may tell an anecdote, briefly describe the restaurant, or set down more specific plans for the place, date, and time of your appointment.
4. Revise your composition after checking the organization of its opening and closing paragraphs. Have a classmate read it to see if what you have written is clear. Revise again if necessary. Finally, reread the composition for spelling, punctuation, and grammar errors, focusing especially on your use of adjectives.

---

## À l'écoute!

A culminating listening passage and comprehension activity, related to the chapter's theme, helps hone students' listening skills.

---

### À L'ÉCOUTE!

**Les supermarchés Traffic.** The **Traffic** supermarket chain is advertising some of its products on the radio. First, look at activities A and B. Next, listen to the vocabulary and the ad. Then, do the activities.

**VOCABULAIRE UTILE**

des promotions *specials (sales)*  
des prix incroyables *incredible prices*  
des produits *products*  
ouverts *open*  
venez vite! *come quickly!*

**A.  Les promotions Traffic.** Draw a line linking each price with the appropriate product, based on the ad.

1. 5frs
2. 40frs
3. 3frs
4. 2,50frs

a. un litre de jus de pommes
b. un kilo de jambon
c. une baguette
d. un kilo d'oranges

**B.** Place a check mark next to the correct answer.

Les supermarchés Traffic sont ouverts:

1. _____ de 8 heures à 21 heures
2. _____ de 9 heures à 22 heures
3. _____ de 9 heures à 21 heures

# Program components

The following components of *Rendez-vous*, Fifth Edition, are designed to complement your instruction and to enhance your students' learning experience. Please contact your McGraw-Hill representative for information on the availability and cost of these matierials.

## Available to adopters and to students:

- *Student Edition.* The main course book includes maps of the Francophone world, a grammar appendix, translations of mini-dialogues, and a French-English / English-French end vocabulary.

- *Workbook.* This supplement offers students further practice in the vocabulary and structures presented in the main text, along with additional guided writing practice. Extensively revised, this new edition features an increased number of form-focused exercises for individual practice.

- *Laboratory Manual.* Coordinated with the *Audiocassette Program*, this manual provides students with supplemental listening, speaking, and pronunciation practice. A new video feature, provides an opportunity for students to view and work with short cultural segments taken from French-language television.

- *Audiocassette Program.* This 13-hour tape program, coordinated with the *Laboratory Manual*, contains engaging listening and speaking activities as well as pronunciation practice.

- *Listening Comprehension Tape.* Packaged with the student text, this 90-minute tape contains the mini-dialogues and the **À l'écoute!** listening comprehension passages that appear in the main text.

- *CD-ROM.* A new, interactive CD-ROM, coordinated by theme with the chapters of *Rendez-vous*, contains a wealth of additional vocabulary and grammar practice, cultural readings, Quicktime™ video clips, and an e-mail correspondence feature.

- *McGraw-Hill Electronic Language Tutor (MHELT 2.1).* Offered on IBM™ or Macintosh™ diskettes, this software provides variations on the single-response vocabulary and grammar exercises from the main text.

- *Web site.* This new Web site, developed exclusively for *Rendez-vous*, allows your students to explore topics related to the chapter themes by jumping from **http://www.french.mhhe.com** into selected Francophone Web sites as well as to do on-line activities that practice vocabulary and structures of each chapter.

- *A Practical Guide to Language Learning: A Fifteen Week Program of Strategies for Success, by H. Douglas Brown (San Francisco State University).* This brief introduction to language learning provides beginning students with strategies for studying French.

## Available to adopters only:

- *Annotated Instructor's Edition.* This special edition of the main course book includes marginal notes and a tapescript of the **À l'écoute!** listening comprehension passages.

- *Instructor's Manual / Instructor's Resource Kit.* Theoretical information, practical guidance, lesson plans, and additional classroom activities make this an indispensable resource for instructors.

- *Overhead Transparencies.* This set of 50 acetates, many in color, can be used presenting and reviewing basic French vocabulary groups.

- *Tapescript.* This transcript of the complete *Audiocassette Program* is packaged along with the adopter's version of the audiocassettes.

- *Testing Program.* This resource contains three sets of tests for each chapter, along with mid-term and final exams.

- *Video to accompany* **Rendez-vous.** Filmed on location in France, with additional footage from French-language television, this 90-minute video presents over twenty situations organized into ten major themes related to the chapter topics. Sixteen of these situations have been selected for the **Situations** feature in the main text. Additional viewing activities and a videoscript can be found in the *Instructor's Manual*.

- *The McGraw-Hill Library of authentic French Materials.* Two 30-minute videos, each with an *Instructor's Guide*, offer a selection of television commercials (Vol. 1) and music videos (Vol. 2).
- *Training/Orientation Manual.* Written by James F. Lee (Indiana University) especially for teaching assistants and program coordinators, this volume offers practical advice on beginning language instruction.

# Acknowledgments

The authors and publisher would like to express their gratitude to the following instructors whose valuable suggestions contributed to the preparation of this new edition. The appearance of their names does not necessarily consititute an endorsement of *Rendez-vous* or its methodology.

Joan Adams, Shasta College

Lydia Allen, University of Cincinnati

Ibrahim Amidou, University of Cincinnati

Julie Arnold, Alma College

Renée Arnold, Brigham Young University Hawaii Campus

Linda Beane Katner, Saint Norbert College

Gretchen Marie Buet, Green River Community College

Corry L. Cropper, University of Illinois at Urbana-Champaign

Morgane Bourglan, University of Cincinnati

Brigitte P. Crull, University of Houston

Odile Déchaux, University of Cincinnati

James N. Davis, University of Arkansas at Fayetteville

Dominick De Filippis, Wheeling Jesuit College

Melanie Gerbes, University of Cincinnati

Meredith Hartman, University of Cincinnati

Shu Huang, University of Cincinnati

Brenda Kraus, Monroe County Community College

Jacques M. Laroche, New Mexico State University

Kathy Lorenz, University of Cincinnati

Kay McLean, Volunteer State Community College

Hedwige Meyer, University of Washington

Ralph Meyer, University of Cincinnati

María C. Ortiz, University of Cincinnati

Robin Rash, Lambuth University

Linda Reichenbach, McLennan Community College

Elizabeth Ridley, University of Cincinnati

Linda M. Rouillard, University of Pittsburgh

Mark Sanford, University of Pittsburgh

Munir F. Sarkis, Daytona Beach Community College

Anne W. Sienkewicz, Monmouth College

Amy Stoll, University of Cincinnati

June Taylor, Gordon College

David M. Uber, Baylor University

Alex Villemin, University of Cincinnati

Many other individuals deserve our thanks. We are especially grateful to Nicole Dicop-Hineline, who, as the native reader, edited the language for authenticity, style, and consistency; Eileen LeVan, who edited major portions of the manuscript and developed the new **Lecture** reading sections; Martha Gove, who wrote the activities that accompany the **Situations** video feature; Meredith M. Hartman, who revised and wrote the Instructor Edition annotations; Susan Lake, who painstakingly compiled the end vocabularies; and David Sweet, who secured permissions for the realia and texts.

The authors also wish to acknowledge the editing, production, and design team at McGraw-Hill: Karen Judd, Diane Renda, Francis Owens, Natalie Durbin, Lorna Lo, and Nicole Widmeyer. Margaret Metz, Cristene Burr, and the marketing and sales staff of McGraw-Hill are much appreciated for their loyal support of *Rendez-vous* through its five editions. Finally, many thanks are owed to our editor, Gregory Trauth, who followed the book through writing and production phases and provided us with much needed encouragement and assistance, as well as to our publisher, Thalia Dorwick, for her continuing support and enthusiasm.

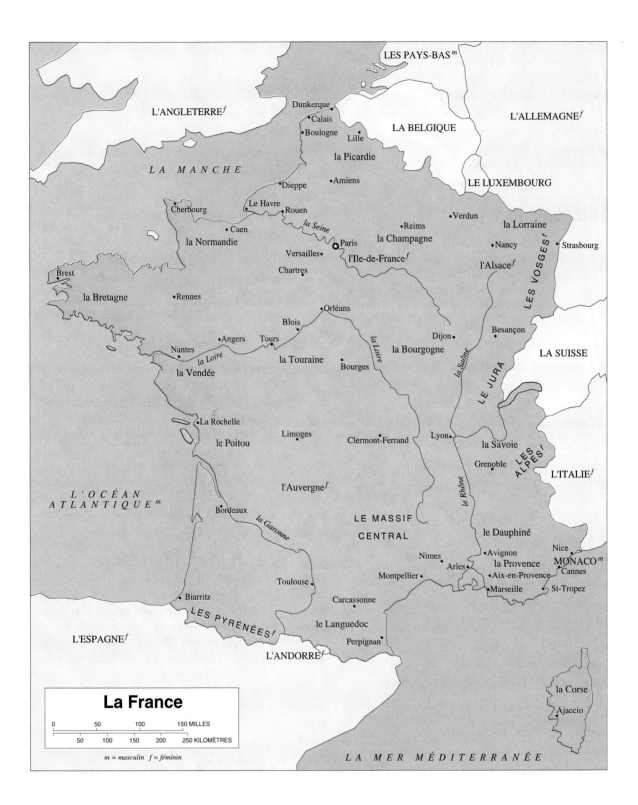

LES PAYS-BAS<sup>m</sup>

L'ANGLETERRE<sup>f</sup>

L'ALLEMAGNE<sup>f</sup>

Dunkerque
• Calais
• Boulogne
Lille

LA BELGIQUE

la Picardie

LA MANCHE

LE LUXEMBOURG

• Amiens

• Dieppe

Le Havre
Cherbourg          • Rouen
                         la Seine        • Verdun
                                    • Reims          la Lorraine
• Caen                              la Champagne
la Normandie                    • Nancy          • Strasbourg
                    Versailles• Paris
                              l'Ile-de-France<sup>f</sup>    l'Alsace<sup>f</sup>
Brest               Chartres

la Bretagne    • Rennes

                              • Orléans
                         Blois                              Dijon
Nantes    • Angers  Tours                     la Bourgogne    • Besançon
la Vendée        la Touraine                la Loire                 LA SUISSE
                              • Bourges                      la Saône

                                                                        LES ALPES

• La Rochelle
le Poitou       • Limoges        Clermont-Ferrand    Lyon•
                                                        la Savoie
L'OCÉAN                                              Grenoble•         L'ITALIE<sup>f</sup>
ATLANTIQUE<sup>m</sup>        l'Auvergne<sup>f</sup>
                    Bordeaux•                  le Dauphiné
                              la Garonne     LE MASSIF
                                             CENTRAL
                                                          Nîmes•  Avignon•    Nice•
                                    Toulouse•                 Arles• la Provence  MONACO<sup>m</sup>
                                                      Montpellier•  Aix-en-Provence•  Cannes
• Biarritz                                                      •Marseille  •St-Tropez
                    Carcassonne•
LES PYRÉNÉES<sup>f</sup>
L'ESPAGNE<sup>f</sup>              le Languedoc
                         Perpignan•
          L'ANDORRE<sup>f</sup>
                                                                     la Corse
                                                                     • Ajaccio

## La France

| 0 | 50 | 100 | 150 MILLES |

| 50 | 100 | 150 | 200 | 250 KILOMÈTRES |

m = masculin   f = féminin

LA MER MÉDITERRANÉE

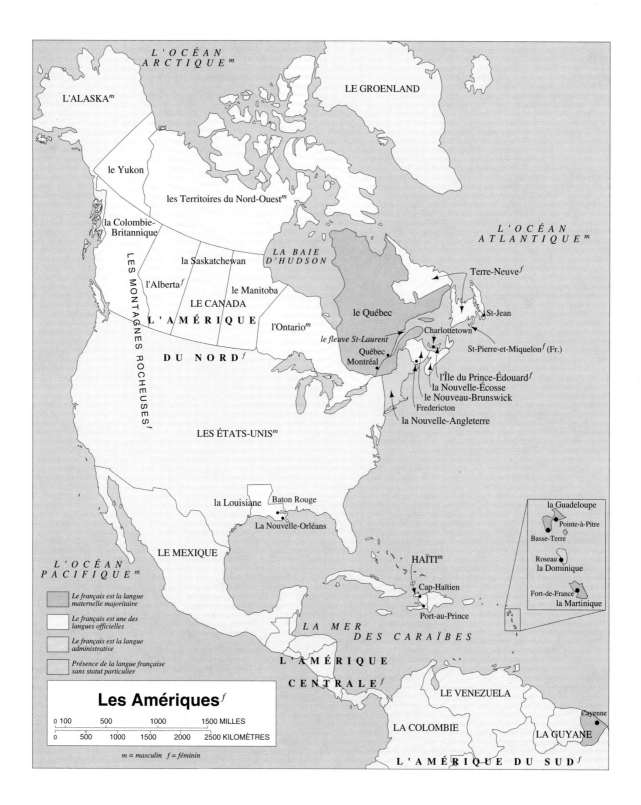

L'OCÉAN
ARCTIQUE *m*

LE GROENLAND

L'ALASKA*m*

le Yukon

les Territoires du Nord-Ouest*m*

L'OCÉAN
ATLANTIQUE *m*

la Colombie-
Britannique

LA BAIE
D'HUDSON

Terre-Neuve*f*

la Saskatchewan

l'Alberta*f*

le Manitoba

le Québec

St-Jean

LE CANADA

Charlottetown

St-Pierre-et-Miquelon*f* (Fr.)

L'AMÉRIQUE

l'Ontario*m*

le fleuve St-Laurent

Québec

l'Île du Prince-Édouard*f*

Montréal

la Nouvelle-Écosse

DU NORD *f*

le Nouveau-Brunswick

Fredericton

la Nouvelle-Angleterre

LES ÉTATS-UNIS*m*

la Louisiane

Baton Rouge

La Nouvelle-Orléans

la Guadeloupe

Pointe-à-Pitre

Basse-Terre

HAÏTI*m*

LE MEXIQUE

Cap-Haïtien

Roseau
la Dominique

L'OCÉAN
PACIFIQUE *m*

Port-au-Prince

Fort-de-France
la Martinique

Le français est la langue
maternelle majoritaire

Le français est une des
langues officielles

LA MER
DES CARAÏBES

Le français est la langue
administrative

L'AMÉRIQUE

Présence de la langue française
sans statut particulier

CENTRALE *f*

LE VENEZUELA

Les Amériques*f*

Cayenne

0  100       500         1000        1500 MILLES

LA COLOMBIE

LA GUYANE

0      500    1000    1500    2000    2500 KILOMÈTRES

*m = masculin   f = féminin*

L'AMÉRIQUE DU SUD *f*

# L'Europe $f$

0  50  100    200      300      400      500 MILLES

0   100  200  300  400  500  600  700  800 KILOMÈTRES

m = masculin  f = féminin

Reykjavik • L'ISLANDE $f$

LA SUÈDE

LA FINLANDE

Helsinki • • St-Pétersbourg

Oslo • • Tallinn
L'ESTONIE $f$  LA RUSSIE
Stockholm •  Moscou •

LA NORVÈGE

L'ÉCOSSE $f$

LA MER DU NORD  Copenhague •  LA MER BALTIQUE  • Riga  LA LETTONIE

L'IRLANDE DU NORD  LA GRANDE-  LE DANEMARK  LA LITUANIE
L'IRLANDE $f$ • Dublin  BRETAGNE  • Vilnius  • Minsk
• Tver
LE PAYS DE GALLES  L'ANGLETERRE $f$  LA BIÉLORUSSIE

Amsterdam  Berlin •  Varsovie •
Londres •  LES PAYS-BAS $m$  • Kyev
LA BELGIQUE  L'ALLEMAGNE $f$  LA POLOGNE  L'UKRAINE $f$
Jersey  Bruxelles • • Bonn
• Luxembourg  Prague •
LE LUXEMBOURG  LA RÉPUBLIQUE  LA SLOVAQUIE
• Paris  TCHÈQUE  • Bratislava  LA MOLDAVIE
Vienne •  Chisinau •
L'OCÉAN  Berne •  L'AUTRICHE $f$  LA HONGRIE
ATLANTIQUE $m$  Lausanne • LA SUISSE  • Budapest
LA FRANCE  Genève •  LA ROUMANIE
le Val d'Aoste  Ljubljana  • Zagreb
LA SLOVÉNIE  LA CROATIE  Belgrade  Bucarest •  LA MER NOIRE
L'ITALIE $f$  LA BOSNIE  • Sofia
HERZÉGOVINE  LA SERBIE  LA BULGARIE
LE PORTUGAL  L'ANDORRE $f$  La Corse  Sarajevo •  Istanbul
• Madrid  Ajaccio •  LE MONTÉNÉGRO  Sofia •
• Lisbonne  • Rome  Titograd • • Skopje
L'ESPAGNE $f$  Tirana •  LA MACÉDOINE  LA TURQUIE
L'ALBANIE $f$
LA GRÈCE  LA MER ÉGÉE

LA MER ADRIATIQUE

LA MER MÉDITERRANÉE  Athènes •

L'AFRIQUE $f$  LA CRÈTE

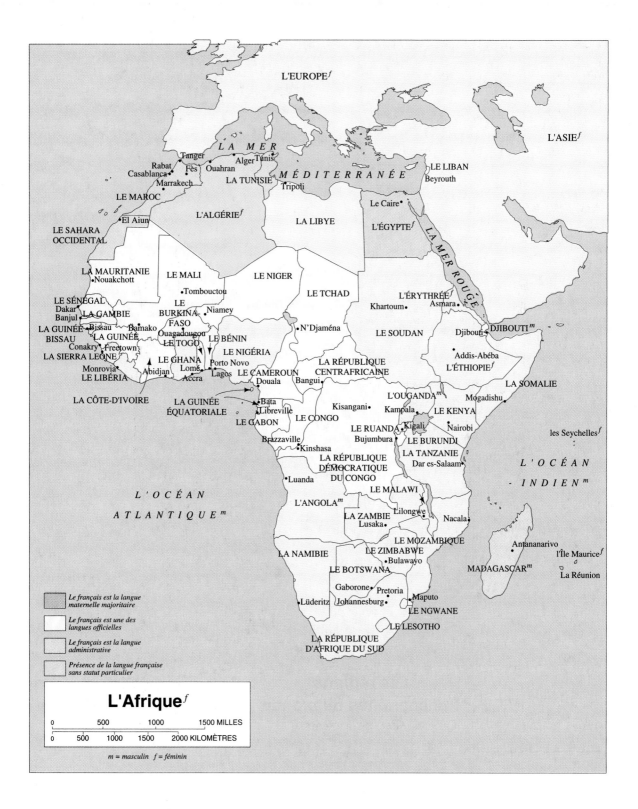

L'EUROPE*f*

L'ASIE*f*

*LA MER*
Tanger • •Tunis
Rabat • Alger
Casablanca • •Fès •Ouahran *MÉDITERRANÉE*
•Marrakech LA TUNISIE
•Tripoli LE LIBAN
•Beyrouth
LE MAROC
Le Caire•
•El Aiun L'ALGÉRIE*f* LA LIBYE L'ÉGYPTE*f*
LE SAHARA
OCCIDENTAL *LA MER ROUGE*
LA MAURITANIE LE MALI LE NIGER
•Nouakchott
LE TCHAD L'ÉRYTHRÉE*f*
LE SÉNÉGAL •Tombouctou Khartoum• •Asmara
Dakar• LE •Niamey N'Djaména• DJIBOUTI*m*
Banjul• LA GAMBIE BURKINA Djibouti•
LA GUINÉE- •Bissau FASO LE SOUDAN
BISSAU •Bamako Ouagadougou• LE BÉNIN Addis-Abéba•
LA GUINÉE LE TOGO LE NIGÉRIA L'ÉTHIOPIE*f*
Conakry• •Freetown LE GHANA Porto Novo
LA SIERRA LEONE •Lomé LA SOMALIE
Monrovia• Abidjan• Accra• Lagos• LE CAMEROUN LA RÉPUBLIQUE
LE LIBÉRIA •Douala CENTRAFRICAINE Mogadishu•
Bangui• L'OUGANDA*m*
LA CÔTE-D'IVOIRE LE KENYA
LA GUINÉE •Bata Kisangani• Kampala•
ÉQUATORIALE •Libreville LE RUANDA •Kigali Nairobi•
LE GABON LE CONGO Bujumbura• LE BURUNDI les Seychelles*f*
Brazzaville• LA TANZANIE
•Kinshasa LA RÉPUBLIQUE Dar es-Salaam• L'OCÉAN
DÉMOCRATIQUE INDIEN*m*
*L'OCÉAN* •Luanda DU CONGO LE MALAWI
L'ANGOLA*m* Lilongwe• •Nacala
*ATLANTIQUE*m* LA ZAMBIE
Lusaka• Antananarivo•
LE MOZAMBIQUE l'Île Maurice*f*
LE ZIMBABWE MADAGASCAR*m*
LA NAMIBIE •Bulawayo La Réunion
LE BOTSWANA
Gaborone• •Pretoria
•Lüderitz •Johannesburg •Maputo
LE NGWANE
LA RÉPUBLIQUE LE LESOTHO
D'AFRIQUE DU SUD

Le français est la langue
maternelle majoritaire

Le français est une des
langues officielles

Le français est la langue
administrative

Présence de la langue française
sans statut particulier

# L'Afrique*f*

0        500        1000        1500 MILLES

0    500    1000    1500    2000 KILOMÈTRES

*m* = masculin  *f* = féminin

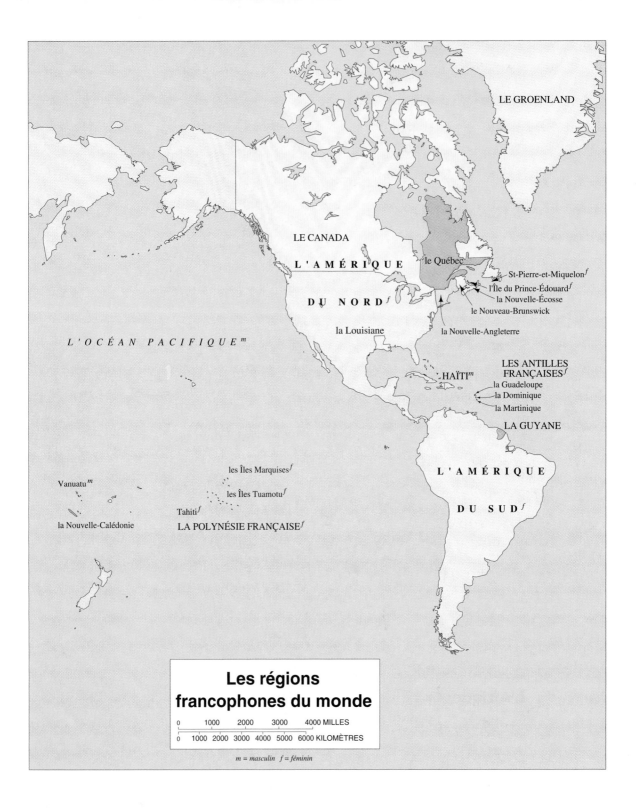

LE GROENLAND

LE CANADA

L'AMÉRIQUE

le Québec

St-Pierre-et-Miquelon *f*

l'Île du Prince-Édouard *f*

DU NORD *f*

la Nouvelle-Écosse

le Nouveau-Brunswick

la Louisiane

la Nouvelle-Angleterre

L'OCÉAN PACIFIQUE *m*

LES ANTILLES
FRANÇAISES *f*

HAÏTI *m*

la Guadeloupe

la Dominique

la Martinique

LA GUYANE

L'AMÉRIQUE

les Îles Marquises *f*

Vanuatu *m*

les Îles Tuamotu *f*

DU SUD *f*

Tahiti *f*

la Nouvelle-Calédonie

LA POLYNÉSIE FRANÇAISE *f*

## Les régions
## francophones du monde

| 0 | 1000 | 2000 | 3000 | 4000 MILLES |

| 0 | 1000 2000 3000 4000 5000 6000 KILOMÈTRES |

*m = masculin   f = féminin*

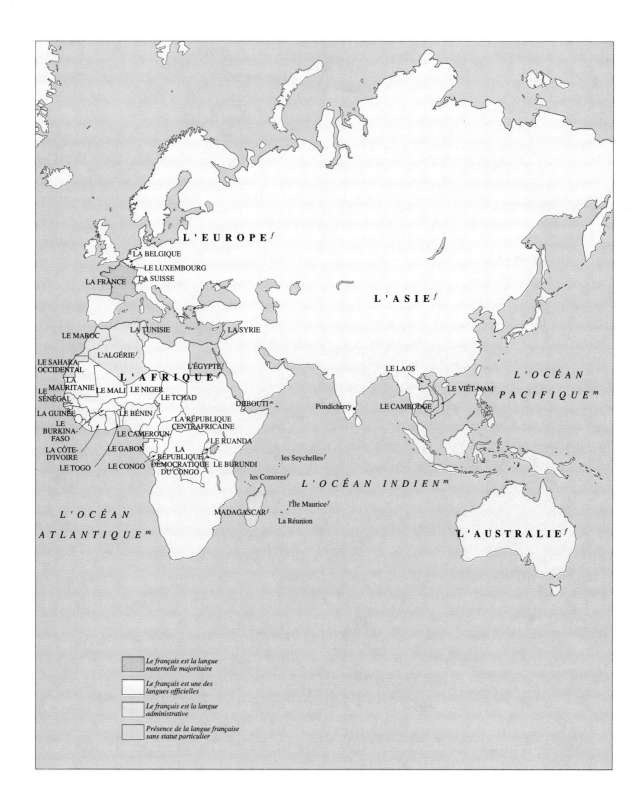

L'EUROPE *f*

LA BELGIQUE
LE LUXEMBOURG
LA SUISSE
LA FRANCE

L'ASIE *f*

LE MAROC
LA TUNISIE
LA SYRIE
L'ALGÉRIE *f*
L'ÉGYPTE *f*
LE SAHARA OCCIDENTAL
LA MAURITANIE
LE MALI
LE NIGER
LE SÉNÉGAL
LE TCHAD
DJIBOUTI *m*
LA GUINÉE
LE BÉNIN
LE BURKINA-FASO
LA RÉPUBLIQUE CENTRAFRICAINE
LE CAMEROUN
LE RUANDA
LA CÔTE-D'IVOIRE
LE GABON
LA RÉPUBLIQUE DÉMOCRATIQUE DU CONGO
LE BURUNDI
LE TOGO
LE CONGO

L'AFRIQUE

LE LAOS
LE VIÉT-NAM
Pondicherry
LE CAMBODGE

L'OCÉAN PACIFIQUE *m*

les Seychelles *f*
les Comores *f*

L'OCÉAN INDIEN *m*

l'Île Maurice *f*
MADAGASCAR *f*
La Réunion

L'OCÉAN ATLANTIQUE *m*

L'AUSTRALIE *f*

| | |
|---|---|
| ▨ | *Le français est la langue maternelle majoritaire* |
| ☐ | *Le français est une des langues officielles* |
| ▨ | *Le français est la langue administrative* |
| ▨ | *Présence de la langue française sans statut particulier* |

# CHAPITRE Préliminaire

## Premier rendez-vous

**IN THE CHAPITRE PRÉLIMINAIRE, YOU WILL LEARN:**

- how to greet people, count, and give your address and telephone number
- vocabulary for talking about people and objects in your classroom
- the French alphabet and the basics of French pronunciation.

Un rendez-vous au café à Paris

# Première partie

## Bonnes manières

In the French-speaking world, different greetings are used depending on the relationship between the speakers: Informal expressions are used among friends and family, whereas formal and professional circumstances require more polite use of language. Compare, for example, drawing four with drawing five.

1. —Bonjour, Mademoiselle.
   —Bonjour, Madame.

2. —Bonsoir, Monsieur.
   —Bonsoir, Madame.

3. —Je m'appelle Éric Martin. Et vous, comment vous appelez-vous?
   —Je m'appelle Marie-José Levêque.

4. —Comment allez-vous?
   —Très bien, merci. Et vous?
   —Pas mal, merci.

5. —Salut, ça va?
   —Oui, ça va bien. Et toi?
   —Comme ci comme ça. (Ça peut aller.)

6. —Comment? Je ne comprends pas. Répétez, s'il vous plaît.

7. —Oh, pardon! Excusez-moi, Mademoiselle.

8. —Merci beaucoup.
   —De rien.

9. —À bientôt!
   —À plus (tard)!*
   Au revoir!

*In everyday conversation **À plus tard!** may be shortened to **À plus!**

## À vous!

**A. Répondez, s'il vous plaît.** Give the appropriate response in French.

1. Je m'appelle Paul-Henri Hubert. Et vous, comment vous appelez-vous?
2. Bonsoir!   3. Comment allez-vous?   4. Merci.   5. Ça va?   6. À plus!
7. Bonjour.   8. Au revoir!

**B. Formel ou informel?** Provide an appropriate expression for each situation.
(Decide, first of all, if the situation is formal or informal.)

1.   2.   3.   4.

5.   6.   7.

## Réalités francophones

### GREETINGS

There is almost always some sort of physical contact when Francophones (French speakers) greet each other. In France, casual acquaintances or coworkers shake hands briefly when they meet, even if they see each other every day. Friends and relatives exchange two, three, or four kisses (**bises** or **bisous**) on the cheek; the number varies from region to region. Men generally shake hands rather than exchange kisses.

In French-speaking Africa, some people do as the French and kiss on the cheeks, but many friends and relatives greet one another with a generous handshake. In Muslim countries, people typically do not touch but exchange friendly greetings like **As-salaam 'alaykum** (*Peace*) or **Que la paix de Dieu soit avec vous** (*God's peace be with you*).

# Les nombres de 0 à 20

| | | | | | | |
|---|---|---|---|---|---|---|
| 0 | zéro | 7 | sept | 14 | quatorze |
| 1 | un | 8 | huit | 15 | quinze |
| 2 | deux | 9 | neuf | 16 | seize |
| 3 | trois | 10 | dix | 17 | dix-sept |
| 4 | quatre | 11 | onze | 18 | dix-huit |
| 5 | cinq | 12 | douze | 19 | dix-neuf |
| 6 | six | 13 | treize | 20 | vingt |

Combien?        *How much? How many?*
Combien de (+ *noun*)...?      *How much . . . ? How many . . . ?*

| | | | | | | | | |
|---|---|---|---|---|---|---|---|---|
| + | **plus**<br>**et** | − | **moins** | × | **fois** | = | **font** |

## À vous!

**A. Combien?** Give the totals.

1. ||||| ||||| |||
2. ||
3. ||||| ||
4. ||||| ||||| ||
5. ||||| ||||| ||||| ||

6. ||||| |||||
7. ||||| ||||| ||||| ||||
8. ||||
9. ||||| ||||
10. ||||| ||||| ||||

**B. Problèmes de mathématiques.** Do the following problems with a classmate, and read the solutions out loud.

MODÈLES:    $4 + 3 = ?$ → Quatre et trois font sept. (Quatre plus trois font sept.)
             $4 - 3 = ?$ → Quatre moins trois font un.

1. $2 + 5 = ?$
2. $6 + 8 = ?$
3. $5 + 3 = ?$
4. $10 + 1 = ?$
5. $9 + 8 = ?$
6. $5 - 5 = ?$
7. $15 - 9 = ?$
8. $13 - 12 = ?$

9. $20 - 18 = ?$
10. $19 - 15 = ?$
11. $10 \times 2 = ?$
12. $11 \times 1 = ?$
13. $8 \times 2 = ?$
14. $6 \times 3 = ?$
15. $5 \times 4 = ?$

# Dans la salle de classe

## À vous!

**A. Qu'est-ce que c'est** *(What is it)*? With a classmate, identify the objects in the preceding drawing.

> MODÈLE:   É1:   L'objet numéro un, qu'est-ce que c'est?
>
>   É2:   C'est un (une)... *(It's a . . . )*

**B. Combien?** Look at the classroom in the preceding drawing. With a classmate, ask and answer questions about the number of people and objects you see. Use **il y a** *(there is, there are)* in your questions and answers.

> MODÈLE:   étudiantes →
>
>   É1:   Il y a combien d'étudiantes?
>
>   É2:   Il y a... étudiantes.

1. portes
2. fenêtres
3. professeurs
4. étudiants
5. cahiers
6. livres
7. chaises
8. stylos
9. ordinateurs

# Deuxième partie

## Les nombres de 20 à 60

| | | | | | |
|---|---|---|---|---|---|
| 20 | vingt | 25 | vingt-cinq | 30 | trente |
| 21 | vingt et un | 26 | vingt-six | 40 | quarante |
| 22 | vingt-deux | 27 | vingt-sept | 50 | cinquante |
| 23 | vingt-trois | 28 | vingt-huit | 60 | soixante |
| 24 | vingt-quatre | 29 | vingt-neuf | | |

## À vous!

**A. Problèmes de mathématiques.**

MODÈLES:  $26 + 2 = 28$ Vingt-six plus (et) deux font vingt-huit.

$49 - 7 = 42$ Quarante-neuf moins sept font quarante-deux.

$12 \times 3 = 36$ Douze fois trois font trente-six.

**1.** $18 + 20$  **5.** $43 - 16$  **9.** $2 \times 10$

**2.** $15 + 39$  **6.** $60 - 7$  **10.** $3 \times 20$

**3.** $41 + 12$  **7.** $56 - 21$  **11.** $25 \times 2$

**4.** $32 + 24$  **8.** $49 - 27$  **12.** $15 \times 3$

**B. Les numéros de téléphone.** In French, telephone numbers are said in groups of two-digit numbers. Look in Laure's address book and read out loud some of her most frequently called numbers.

MODÈLE:  É1: L'université de Nantes?
          É2: 02.40.29.07.39

## MES AMIS

| noms | prénoms | adresses | tél. |
|---|---|---|---|
| Duclos | Alain | 60, blvd. de l'Égalité | 02.41.48.05.52 |
| Bercegol | Fabienne | 98, avenue Patton | 02.41.46.42.60 |
| de Bailleux | Bénédicte | 83, rue des Renardières | 02.41.57.13.44 |
| Koehnlein | Valérie | 7, rue de Vernouil | 02.41.35.21.08 |
| Université | de Nantes | 4400 Nantes | 02.40.29.07.39 |

c'est le tél

nom.

# Quel jour sommes-nous?

La semaine (*week*) de Laure

In French, the days of the week are not capitalized. The week starts on Monday on the French calendar.

—Quel jour sommes-nous (aujourd'hui)? / Quel jour est-ce (aujourd'hui)?    *What day is it (today)?*

—Nous sommes mardi. / C'est mardi.    *It's Tuesday.*

## À vous!

**La semaine de Laure. Quel jour est-ce?** Look at the preceding drawing.

MODÈLE:    Laure est au laboratoire. →
           Nous sommes vendredi. (C'est vendredi.)

1. Laure va (*goes*) au théâtre avec Vincent.
2. Laure est chez (*at*) le dentiste.
3. Laure a un cours de biologie.
4. Laure est en famille.
5. Laure joue au (*is playing*) tennis avec Vincent.
6. Laure a un examen de chimie.

# L'alphabet français

| | | | | | | | |
|---|---|---|---|---|---|---|---|
| **a** | a | **h** | hache | **o** | o | **v** | vé |
| **b** | bé | **i** | i | **p** | pé | **w** | double vé |
| **c** | cé | **j** | ji | **q** | ku | **x** | iks |
| **d** | dé | **k** | ka | **r** | erre | **y** | i grec |
| **e** | e | **l** | elle | **s** | esse | **z** | zède |
| **f** | effe | **m** | emme | **t** | té | | |
| **g** | gé | **n** | enne | **u** | u | | |

# Les accents

Accent marks are extremely important in French. Sometimes they change the pronunciation of a letter; other times, they have no effect on pronunciation, but instead distinguish between two words otherwise spelled the same. A French word written without its accent marks is misspelled.

| | | |
|---|---|---|
| é | e accent aigu | **é**tudiant |
| à | a accent grave | **à** plus |
| ô | o accent circonflexe | à bient**ô**t |
| ï | i tréma | na**ï**ve |
| ç | c cédille | **ç**a va |

## À vous!

**A. Devinez.** Spell your name in French. Then spell the name of a city, and see if your classmates can figure out what it is.

**B. Inscription.** Several students are signing up for classes. Spell their names and cities for the clerk in registration.

1. DUPONT Loïc — Paris
2. HUBERT Hélène — Lille
3. GUEYE Medoune — Dakar
4. EL AYYADI Allal — Rabat
5. TREMBLAY François — Montréal
6. LEVÊQUE Anne — Bruxelles

# Prononciation

> You will learn more about French pronunciation in your Laboratory Manual and in the **Étude de prononciation** sections of this text (**Chapitres 1–6**). Following are some basic pronunciation guidelines that will get you started. **Allez-y!**

**Articulation.** The articulation of French is physically more tense and energetic than that of English. French sounds, generally produced at the front of the mouth, are never slurred or swallowed.

Pronounce these phrases after your instructor.

1. Bonjour, ça va?
2. Oui, ça va bien.
3. Comment vous appelez-vous?
4. Je m'appelle Rachid Abdiba.
5. Je ne comprends pas.
6. Répétez, s'il vous plaît.

**Vowel sounds.** A diphthong consists of two vowel sounds pronounced together within the same syllable, such as in the English word *bay*. There is a tendency in English to prolong almost any vowel into a diphthong. In the English words *rosé, café,* and *entrée,* the final vowel is drawn out into two separate vowel sounds: a long *a* sound and an *ee* sound. In French, each vowel in the words **rosé, café,** and **entrée** is pronounced with a single, pure sound.

Pronounce these words after your instructor.

1. entrée  café  matinée  blasé
2. cage  page  sage  table
3. beau  gauche  parole  métro
4. rouge  vous  chou  acajou

**Cognates.** French and English have many cognates (**mots apparentés**), that is, words spelled similarly with similar meanings. Even though two words may look alike in French and English, they generally do not sound the same.

Pronounce these cognates after your instructor.

1. l'attitude
2. la police
3. la balle
4. le bracelet
5. la passion
6. la conclusion
7. l'injustice
8. l'hôpital

**The International Phonetic Alphabet.** Later in *Rendèz-vous* and throughout the Laboratory Manual, you will see symbols from the International Phonetic Alphabet, or IPA, a system for transcribing speech sounds. IPA symbols are used in dictionaries and grammars of all languages, including English. The IPA, listing the sounds of the French language, appears below and on page 10. Each symbol representing a sound is given in the column on the left. In the middle column is the normal spelling of a word or words containing that sound. On the right is the phontetic transcription of that word in the IPA.

| ORAL VOWELS | | | | | |
|---|---|---|---|---|---|
| [a] | m**a**d**a**me | [madam] | [o] | **au** | [o] |
| [i] | d**i**x | [dis] | [ɔ] | p**o**rte | [pɔʀt] |
| [e] | r**é**p**é**t**ez** | [ʀepete] | [ø] | d**eu**x | [dø] |
| [ɛ] | m**e**rci | [mɛʀsi] | [œ] | n**eu**f | [nœf] |
| [u] | j**ou**r | [ʒuʀ] | [ə] | d**e** | [də] |
| [y] | sal**u**t | [saly] | | | |

| NASAL VOWELS | | | SEMI-VOWELS | | |
|---|---|---|---|---|---|
| [ã] | **en** comm**ent** | [ã], [kɔmã] | [ɥ] | h**u**it | [ɥit] |
| [ɛ̃] | bi**en**, v**ingt** | [bjɛ̃], [vɛ̃] | [j] | r**i**en | [ʀjɛ̃] |
| [ɔ̃] | b**on**, pard**on** | [bɔ̃], [paʀdɔ̃] | [w] | m**oi**, **ou**i | [mwa], [wi] |

| CONSONANTS | | | | | | |
|---|---|---|---|---|---|---|
| [b] | **b**on | [bɔ̃] | [n] | **n**on | [nɔ̃] |
| [ʃ] | **ch**alet | [ʃalɛ] | [p] | **p**laît | [plɛ] |
| [d] | **d**es | [de] | [r] | **r**evoir | [ʀəvwar] |
| [f] | **ph**oto | [foto] | [k] | **c**omme | [kɔm] |
| [g] | **G**uy | [gi] | [s] | **ç**a, **s**i | [sa], [si] |
| [ʒ] | **j**e | [ʒ(ə)] | [z] | mademoi**s**elle | [madmwazɛl] |
| [ɲ] | champa**gn**e | [ʃɑ̃paɲ] | [t] | Mar**t**in | [martɛ̃] |
| [l] | ape**ll**e | [apɛl] | [v] | **v**a | [va] |
| [m] | **m**al | [mal] | | | |

# À L'ÉCOUTE!

À l'écoute! is a special listening activity integrated into every chapter of *Rendez-vous*. These activities are coordinated with the cassette packaged with your textbook. You will get the most out of **À l'écoute!** if you listen to each passage at least three times: the first time, to get a general idea of the content; the second time, to answer the questions in the activity; and the third time, to check your work.

**Les bonnes manières.** You will hear some people greeting each other. First, look at the drawings. Next, listen to the conversations. Then, do the activity. Replay the conversations as often as you need to. (See Appendix F for answers.)

Mark a letter (*a* through *e*) under each drawing to indicate which conversation it represents.

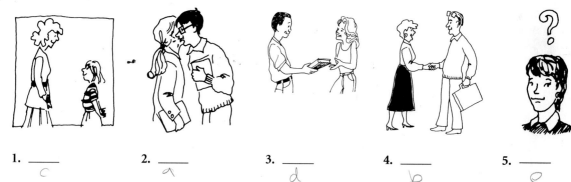

1. _____ c

2. _____ a

3. _____ d

4. _____ b

5. _____ e

# Vocabulaire

## Bonnes manières

**À bientôt.** See you soon.
**À plus (tard).** See you later.
**Au revoir.** Good-bye.
**Bonjour.** Hello. Good day.
**Bonsoir.** Good evening.
**Ça peut aller.** All right, pretty well.
**Ça va?** How's it going?
**Ça va bien.** Fine. (Things are going well.)
**Ça va mal.** Things are going badly.
**Comme ci, comme ça.** So-so.
**Comment?** What? (How?)
**Comment allez-vous?** How are you?
**Comment vous appelez-vous?** What's your name?
**De rien.** Not at all, don't mention it, you're welcome.
**Et vous?** And you?
**Excusez-moi.** Excuse me.
**Je m'appelle...** My name is . . .
**Je ne comprends pas.** I don't understand.
**Madame (Mme)** Mrs. (ma'am)
**Mademoiselle (Mlle)** Miss
**Merci.** Thank you.
**Monsieur (M.)** Mr. (sir)
**Pardon.** Pardon (me).
**Pas mal.** Not bad(ly).

**Répétez.** Repeat.
**Salut!** Hi!
**S'il vous plaît.** Please.
**Très bien.** Very well (good).

## Dans la salle de classe

**un bureau** a desk
**un cahier** a notebook
**une chaise** a chair
**une craie** a stick of chalk
**un crayon** a pencil
**un écran** a screen
**un étudiant** a (male) student
**une étudiante** a (female) student
**une fenêtre** a window
**un feutre** a marker *feu*
**un lecteur de CD-ROM** CD-ROM drive
**un livre** a book
**un magnétoscope** a VCR
**un ordinateur** a computer
**une porte** a door
**un professeur** a professor, instructor (male or female)
**un rétroprojecteur** an overhead projector
**une salle de classe** a classroom
**une souris** a mouse
**un stylo** a pen
**une table** a table

*Étudiantes only if 100% (all) females*

**un tableau** a board
**une télévision** a television

## Les nombres

un, deux, trois, quatre, cinq, six, sept, huit, neuf, dix, onze, douze, treize, quatorze, quinze, seize, dix-sept, dix-huit, dix-neuf, vingt, vingt et un, vingt-deux, etc., trente, quarante, cinquante, soixante

## Les jours de la semaine *days of the week*

**Quel jour sommes-nous? / Quel jour est-ce? Nous sommes...** (lundi, mardi, mercredi, jeudi, vendredi, samedi, dimanche).

## Mots et expressions divers

**aujourd'hui** today
**beaucoup** very much, a lot
**c'est un (une)...** it's a . . .
**combien de** how many
**il y a** there is/are
**il y a...?** is/are there . . . ?
**non** no
**oui** yes
**Qu'est-ce que c'est?** What is it?
**voici** here is/are
**voilà** there is/are

## CHAPITRE 1

# La vie universitaire

## IN CHAPITRE 1, YOU WILL LEARN:

- vocabulary for talking about your studies, leisure activities, and countries all over the world

- structures for talking about people and things, expressing actions, and expressing disagreement

- cultural information about student life around the French-speaking world

- and some hints for recognizing and understanding cognates.

J'ai besoin *(need)* d'étudier, mais j'aime mieux dormir *(sleep)*.

13

# Étude de vocabulaire

## Les lieux

Voici l'amphithéâtre (l'amphi).

Voici la cité universitaire (la cité-u).

Voici le restaurant universitaire (le restau-u; le R.U.).

Voici la bibliothèque.

## À vous!

**A. Une visite.** Where would you find the following things in a university?

> MODÈLE: un examen *(test)* de français →
> Dans *(in)* l'amphithéâtre. *ou* Dans la salle de classe.

1. un dictionnaire
2. une télévision
3. un café *(coffee)*
4. un livre
5. un rétroprojecteur
6. un ordinateur
7. un cours de français
8. un sandwich *Dans le café*
9. un lit *(bed)* *Dans la cité universitaire*
10. un/une bibliothécaire *(librarian)* *Dans la bibliothèque*

**B. C'est bizarre? C'est normal?** Do these events strike you as strange or normal? Give your opinion.

> MODÈLE: un match de football dans le restaurant universitaire →
> Un match de football dans le restaurant universitaire, c'est bizarre!

1. un cours de français dans un amphithéâtre
2. un examen dans la cité universitaire ✓
3. une fête *( party)* dans la bibliothèque ✓
4. une pizza dans le restaurant universitaire ·
5. un café dans la salle d'ordinateurs

# Les matières → Subjects

À la Faculté des Lettres et Sciences Humaines, on étudie *(one studies)* la littérature, la linguistique, les langues étrangères ( *foreign languages*: l'allemand [*German*], l'anglais, le chinois, l'espagnol, l'italien, le japonais), l'histoire, la géographie, la philosophie, la psychologie et la sociologie.

**AUTRES MOTS UTILES:**

**le droit**   law
**l'économie**   economics

→ College of

À la Faculté des Sciences, on étudie les mathématiques (les maths), l'informatique *(computer science),* la physique, la chimie *(chemistry)* et les sciences naturelles (la géologie et la biologie).

## À vous!

*→ à   J'études → I study*
*j'aime → I like  étudier*
*j'ai besoin d'étudier → I need*

**A. Les études et les professions.** Tell which subjects are necessary for the following professions (**on étudie** = *one studies, people study*).

> MODÈLE: pour *( for)* la profession de diplomate → On étudie les langues étrangères.

1. pour la profession de psychologue
2. pour la profession d'informaticien *(computer programmer)*
3. pour la profession d'historien
4. pour la profession de chimiste
5. pour la profession d'ingénieur

**B. Vos** *(Your)* **études.** Look back over the list of **matières,** then tell about the courses you are taking this term. Complete the following sentences.

1. J'étudie *(I study)*...
2. J'aime étudier *(I like to study)*...
3. Je n'aime pas *(I don't like)* étudier...
4. J'ai besoin *(I need)* d'étudier...

**C. Et vos camarades?** Ask two or three classmates about their classes.

MODÈLE:   É1: Moi *(Me)*, j'étudie... Et toi?
          É2: Moi aussi *(too)*, j'étudie... (Moi, je n'étudie pas...)

# Les pays et les nationalités

| LES PAYS | LES NATIONALITÉS | |
|---|---|---|
| | **PERSONNES** | **ADJECTIFS** |
| l'Algérie | l'Algérien, l'Algérienne | algérien, algérienne |
| l'Allemagne | l'Allemand, l'Allemande | allemand, allemande |
| l'Angleterre | l'Anglais, l'Anglaise | anglais, anglaise |
| la Belgique | le/la Belge | belge |
| le Canada | le Canadien, la Canadienne | canadien, canadienne |
| le Québec | le Québécois, la Québécoise | québécois, québécoise |
| la Chine | le Chinois, la Chinoise | chinois, chinoise |
| la Côte-d'Ivoire | l'Ivoirien, l'Ivoirienne | ivoirien, ivoirienne |
| l'Espagne | l'Espagnol, l'Espagnole | espagnol, espagnole |
| les États-Unis | l'Américain, l'Américaine | américain, américaine |
| la France | le Français, la Française | français, française |
| l'Italie | l'Italien, l'Italienne | italien, italienne |
| le Japon | le Japonais, la Japonaise | japonais, japonaise |
| le Liban | le Libanais, la Libanaise | libanais, libanaise |
| le Maroc | le Marocain, la Marocaine | marocain, marocaine |
| le Mexique | le Mexicain, la Mexicaine | mexicain, mexicaine |
| la Russie | le/la Russe | russe |
| le Sénégal | le Sénégalais, la Sénégalaise | sénégalais, sénégalaise |
| la Suisse | le/la Suisse | suisse |
| la Tunisie | le Tunisien, la Tunisienne | tunisien, tunisienne |
| le Viêtnam | le Vietnamien, la Vietnamienne | vietnamien, vietnamienne |
| la République Démocratique du Congo (Ancien Zaïre) | le (Zaïro-)Congolais, la (Zaïro-)Congolaise | (zaïro-)congolais, (zaïro-)congolaise |

*german*
*england*

Note that adjectives of nationality are written in lower case. Compare: **un Anglais; un étudiant anglais.**

# À vous!

**A. Les villes** (*cities*) **et les nationalités.** What nationality are the following people? Working with a classmate, take turns asking and answering questions. Use **C'est un...** (*He's a . . .*) for men and **C'est une...** (*She's a . . .*) for women. Refer to the maps in the front of your text if necessary.

MODÈLES:

Karim / Tunis

Djamila / Tunis

É1: Karim habite (*lives in*) Tunis.
É2: Ah bon, c'est un Tunisien alors (*then*).

É1: Djamila habite Tunis.
É2: Ah bon, c'est une Tunisienne alors.

1. Vittorio / Rome
   *c'est un l'Italien*

2. Kai / Kyoto
   *c'est un Japonaise*

3. Mme Roberge / Montréal
   *c'est une Canadienne*

4. Evelyne / Beirut
   *c'est un l'Libanaise*

5. Abdou / Dakar
   *m Senegalais*

6. Françoise / Bruxelles

7. Salima / Casablanca
   *un Marocaine*

8. Claudine / Genève
   *un Suisse*

# En savoir plus

## STUDENT LIFE

Older universities in French-speaking countries are usually located in the center of cities that have grown up around them. There is usually not enough space for more than one or two divisions (**facultés**) in a particular location. For that reason, there is no American-style campus life, though there is a definite student atmosphere in the **quartier universitaire**—for example, in the famous **Quartier latin** near the Sorbonne, the oldest part of the **Université de Paris.** Students gather to talk in neighborhood cafés, which are animated from early morning until well past midnight.

Newer **campus universitaires** in French suburbs (**la banlieue**) resemble American campuses somewhat more. Some residential housing (**la cité universitaire**) is provided on university grounds. There are, however, few facilities for recreation and socializing.

French universities are state-owned and come under the centralized jurisdiction of the Ministry of Education. Tuition is not charged, and the students pay only a nominal registration fee. Students with a **baccalauréat,** a degree granted to those who pass a nationwide exam in their last year of high school, theoretically have the right to attend any university, although in reality certain schools have more applicants and are necessarily more competitive.

Deux étudiants à l'Université de Paris

**B.  Quelles langues est-ce qu'ils parlent** (*What languages do they speak*)**?** Look again at the names of the people in Exercise A. With a classmate, state the nationality of each person, then the language(s) he or she probably speaks.

MODÈLES:   É1:  Karim est tunisien.
              É2:  Alors, il parle (*he speaks*) arabe et français.

              É1:  Djamila est tunisienne.
              É2:  Alors, elle (*she*) parle arabe et français.

**Langues:** allemand, anglais, arabe, flamand (*Flemish*), français, italien, japonais

# Les distractions

Julien   Fatima   Lionel      Cécile   Marc      Thu   Sophie   Allal

| LA MUSIQUE | LE SPORT | LE CINÉMA |
|---|---|---|
| la musique classique | le tennis | les films d'amour |
| le rock | le jogging | les films d'aventures |
| le jazz | le ski | les films de science-fiction |
| la musique country | le basket-ball | les films d'horreur |
| le rap | le football américain | |

la natation :swimming

## À vous!

**A. Préférences.** What do these people like?

MODÈLE:   Lionel → Lionel aime le rock.

1. Et Thu?
2. Et Sophie?
3. Et Julien?
4. Et Cécile?
5. Et Allal?
6. Et Fatima?
7. Et Marc?

**B. Et vous?** Working with a partner, ask and answer questions as in the model.

MODÈLE:   la musique country →
   É1:  Moi, j'aime (je n'aime pas) la musique country. Et toi?
   É2:  Moi aussi, j'aime (Moi non plus [*neither*], je n'aime pas) la musique country.

1. le rap
2. le football américain
3. les films d'horreur
4. le jazz
5. les films d'aventure

# Réalités francophones

## THE *ALLIANCE FRANÇAISE*

Founded in 1883, this nonprofit association was created to maintain and spread the influence of France all over the world by promoting the French language. The first chapter in the United States was established in San Francisco in 1889. Since then, **la vieille dame** (*the old lady*), as it is often called, has become a global network. Today there are more than a thousand chapters all over the world.

Today the **Alliance française** is no longer concerned with spreading the influence of France but works primarily to promote cross-cultural friendships. From language schools, the **Alliance française** chapters have expanded to become social and cultural centers, presenting films, art exhibits, concerts, plays, and lectures to the general public.

L'Alliance française de San Francisco

## *Le monde francophone ...ses gens*

| | |
|---|---|
| NOM: | Adeline Florence Ranaivo |
| ÂGE: | 45 |
| LIEU DE NAISSANCE[a]: | Antananarivo, Madagascar |
| PROFESSION: | Médecin |

*Quelle langue parlez-vous pour votre[b] job? avec[c] votre famille? En quelle langue sont les émissions de télévision, les films et les livres[d] à Madagascar?*

Je parlais[e] le français à l'école. Au travail, je parle le malgache avec mes patients et le français avec mes supérieurs. Je parle le malgache et le français avec mes enfants. Les émissions, les films, la musique et les livres sont aussi en français et en malgache.

---

[a]*birth* [b]*your* [c]*with* [d]*books* [e]*used to speak* l'école- school

# Étude de grammaire

## 1. ARTICLES AND NOUNS
### Identifying People and Things

Dialogues such as this one present new grammatical structures in everyday exchanges. You will find that you learn new words and structures most easily when you work with them in contexts. Practice repeating these dialogues with partners and on your own, and make up your own variations. Doing so will greatly speed your progress in French!

**DANS LE QUARTIER UNIVERSITAIRE**

Alex, **un étudiant** américain, visite **l'université** avec Catherine, **une étudiante** française.

CATHERINE: Voilà **la bibliothèque, la librairie** universitaire et **le restau-u.**
ALEX: Et y a-t-il aussi **un café**?
CATHERINE: Oui, bien sûr; voici **le café,** sur la place de la Sorbonne. C'est le centre de la vie universitaire!
ALEX: En effet! Il y a vingt ou trente personnes ici et seulement **une étudiante** dans **la bibliothèque**!

Complétez la conversation selon le dialogue.

CATHERINE: Voilà __la__ bibliothèque et __la__ librairie universitaire.
ALEX: Il y a __vingt__ ou __trente__ personnes ici et __une__ étudiante dans __la__ bibliothèque.
CATHERINE: C'est normal! __le__ café, c'est __le__ centre de __la__ vie universitaire.

## Gender and the Definite Article

1. In French, all nouns are either masculine (**masculin**) or feminine (**féminin**) in gender, as are the articles that precede them. This applies to nouns designating objects as well as people.

2. There are three forms of the singular definite article (**le singulier de l'article défini**) in French, corresponding to *the* in English: **le, la,** and **l'.**

| MASCULINE | FEMININE | MASCULINE OR FEMININE BEGINNING WITH A VOWEL OR MUTE **h** |
|---|---|---|
| **le** livre  *the book*<br>**le** cours  *the course* | **la** femme  *the woman*<br>**la** table  *the table* | **l'**ami  *the friend (m.)*<br>**l'**amie  *the friend (f.)*<br>**l'**homme  *the man (m.)*<br>**l'**histoire  *the story (f.)* |

**Le** is used with masculine nouns beginning with a consonant (**une consonne**), **la** is used with feminine nouns beginning with a consonant, and **l'** is used with either masculine or feminine nouns beginning with a vowel (**une voyelle**) or with a mute **h.**

In French, **h**'s are either *mute (nonaspirate)* or *aspirate*. In **l'homme,** the **h** is called *mute,* which means simply that certain articles and other words elide before it: **le + homme = l'homme.** Most **h**'s in French are of this type. However, some **h**'s are aspirate, which means there is no elision; **le héros** *(the hero)* is an example of this. However, in neither case is the **h** pronounced. Words with aspirate **h** are marked with an asterisk in the **Lexiques** and in chapter vocabulary lists.

3. The definite article is used, as in English, to indicate a specified or particular person, place, thing, or idea: **le livre** *(the book)*. The definite article also occurs in French with nouns used in a general sense.

| | |
|---|---|
| **le** ski | *skiing (in general)* |
| **la** vie | *life (in general)* |

# The Indefinite Article

| MASCULINE | FEMININE |
|---|---|
| **un** ami  *a friend (m.)*<br>**un** bureau  *a desk*<br>**un** homme  *a man* | **une** amie  *a friend (f.)*<br>**une** librairie  *a bookstore*<br>**une** histoire  *a story* |

The singular indefinite article (**le singulier de l'article indéfini**), corresponding to *a (an)* in English, is **un** for masculine nouns and **une** for feminine nouns. **Un/Une** can also mean *one,* depending on the context.

| | |
|---|---|
| Voilà **un** café. | *There's a café.* |
| Il y a **une** étudiante. | *There is one student.* |

# Identifying Gender

Because the gender of a noun is not always predictable, it is best to learn the gender along with the noun. For example, learn **un livre** rather than just **livre.** Here are some general guidelines to help you determine gender.

1. Nouns that refer to males are usually masculine. Nouns that refer to females are usually feminine.

   | | |
   |---|---|
   | **l'homme** | *the man* |
   | **la femme** | *the woman* |

2. Sometimes the ending of a noun is a clue to its gender. Some common masculine and feminine endings are:

   | MASCULINE | | FEMININE | |
   |---|---|---|---|
   | **-eau** | le bur**eau** | **-ence** | la différ**ence** |
   | **-isme** | le tour**isme** | **-ion** | la vis**ion** |
   | **-ment** | le départe**ment** | **-ie** | la librair**ie** |
   | **-age** | le gar**age** | **-ure** | la littér**ature** |
   | | | **-té** | l'universi**té** |
   | | | **-ique** | l'informat**ique** |

   Note, though, that there are many exceptions to these general rules: **l'eau** *(f.)*, **l'image** *(f.)*. It is best to learn an article along with each new word, and to take special note of gender for words beginning with a vowel sound.

3. Nouns that have come into French from English are usually masculine: **le jogging, le tennis, le Coca-Cola, le jazz, le basket-ball.**

4. The names of languages are masculine. They correspond to the masculine singular form of the nouns of nationality, but they are not capitalized.

   | | |
   |---|---|
   | **l'anglais** | *(the) English (language)* |
   | **le français** | *(the) French (language)* |

5. Some nouns that refer to people can be changed from masculine to feminine by changing the noun ending. The feminine form often ends in **-e.**

   | | | |
   |---|---|---|
   | un am**i** *a friend (m.)* | → | une am**ie** *a friend (f.)* |
   | un étudian**t** *a student (m.)* | → | une étudian**te** *a student (f.)* |
   | un Américai**n** *an American (m.)* | → | une Américai**ne** *an American (f.)* |
   | un Alleman**d** *a German (m.)* | → | une Alleman**de** *a German (f.)* |
   | un Françai**s** *a French man* | → | une Françai**se** *a French woman* |

   Final **t, n, d,** and **s** are silent in the masculine form. When followed by **-e** in the feminine form, **t, n, d,** and **s** are pronounced.

6. The names of some professions and many nouns that end in **-e** have only one singular form, used to refer to both males and females. Sometimes gender is indicated by the article.

| | |
|---|---|
| **le** touriste, **la** touriste | *the tourist (m.), the tourist (f.)* |
| **le** prof, **la** prof | *professor (m.), professor (f.) (informal)* |

Sometimes even the article is the same for both masculine and feminine.

| | |
|---|---|
| **une** personne | *a person (male or female)* |
| Madame Brunot, **le** professeur | *Mrs. Brunot, the professor* |

# Vérifions!

**A. Quel article?** Use **le, la,** or **l'.**

1. l' appartement
2. la division
3. l' allemand
4. le tableau
5. le Coca-Cola
6. la biologie
7. la correspondance
8. l' aventure
9. la personnalité
10. le tourisme
11. le professeur de français
12. la linguistique

**B. Une réunion de l'Alliance française.** The **Alliance française** is hosting a group of people representing many different nationalities and professions at its annual welcome reception this evening. Point out and identify the guests, following the models.

MODÈLES:  Jeffrey (Américain) → Voilà Jeffrey, l'Américain.
Danielle (Québécoise) → Voilà Danielle, la Québécoise.

1. Kevin (Français) le
2. Katrin (Allemande)
3. Mme Lévi (journaliste) le
4. Dimitri (Russe) le
5. Mme Huet (professeur) le
6. César (Espagnol) l'
7. Mathieu (étudiant) l'
8. Rebecca (Anglaise) l'
9. Hang (Chinoise) la
10. M. Arnaud (poète) le

**C. Qu'est-ce que c'est** (*What is it*)? Working with a partner, take turns asking and answering questions.

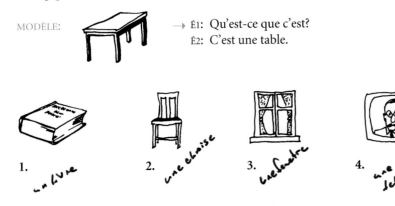

MODÈLE:

→ É1: Qu'est-ce que c'est?
   É2: C'est une table.

1. une livre
2. une chaise
3. une fenêtre
4. une télévision

5. _une porte_     6. _un ordinateurs_     7. _un touret_     8. _une étudiante_

**D. À l'université.** Create sentences using the following words. Then create a different sentence by changing the place.

MODÈLE: étudiante / salle de classe →
Il y a une étudiante dans la salle de classe.
Il y a une étudiante dans la librairie (*bookstore*).

_Maintenant – now_

1. tableau / salle de classe     _Un tableau_
2. réunion (*meeting*) / amphithéâtre     _une réunion_
3. télévision / laboratoire     _une télé_
4. cahier / bureau
5. ordinateur / salle d'ordinateurs
6. Américaine / restaurant
7. dictionnaire / bibliothèque
8. lecteur de CD-ROM / salle de classe

---

## MOTS-CLÉS

### Working with a partner

Many activities in *Rendez-vous* ask you to work with a partner. Choose one when your instructor says **Trouvez un partenaire.** Here are some useful phrases:

| | |
|---|---|
| —**Tu as un(e) partenaire?** | *Do you have a partner?* |
| —**Pas encore.** | *Not yet.* |
| —**Tu veux qu'on travaille ensemble?** | *Do you want to work together?* |
| —**Oui, bien sûr. (D'accord.)** | *Yes, of course. (Okay; agreed.)* |

## Parlons-en!

**Interview.** Working with a classmate, ask a question, based on the cues on the following page, and respond according to your preferences.

MODÈLE: politique (*politics*) →
É1: Tu aimes (*Do you like*) la politique?
É2: Oui, j'aime la politique. Vive la politique! *ou* Non, je déteste (*I hate*) la politique. À bas la politique!

_down with_     _long live_

1. rock
2. Web
3. télévision
4. informatique
5. opéra
6. gouvernement
7. conformisme
8. cours de français
9. chimie

# 2. PLURAL ARTICLES AND NOUNS
## Expressing Quantity

**UN PROFESSEUR EXCENTRIQUE**

LE PROFESSEUR: Voici le système de notation:*
zéro pour **les nuls**
quatre pour **les médiocres**
huit pour **les génies**
et dix pour le professeur
Il y a **des questions**?

Expliquez le système de notation du professeur: dix pour... ? huit pour... ?
quatre pour... ? zéro pour... ?

| | DEFINITE ARTICLES | | INDEFINITE ARTICLES | |
| | *Singular* | *Plural* | *Singular* | *Plural* |
|---|---|---|---|---|
| *Masculine* | **le** touriste | **les** touristes | **un** étudiant → | **des** étudiants |
| *Feminine* | **la** touriste | | **une** étudiante → | **des** étudiantes |

## Plural of Articles

1. The plural form (**le pluriel**) of the definite article is always **les**.

| le livre, **les** livres | *the book, the books* |
| la femme, **les** femmes | *the woman, the women* |
| l'examen, **les** examens | *the exam, the exams* |

---

*Grades in many French-speaking school systems are based on a scale of 1–10 for final exams or 1–20 for report cards. 12 out of 20 is considered a very good grade.

2. The plural indefinite article is always **des.**

| | |
|---|---|
| un ami, **des** amis | *a friend, (some) friends* |
| une question, **des** questions | *a question, (some) questions* |

3. In French, the final **s** of an article is usually silent, except when followed by a vowel sound: **des étudiants; des hommes.** In these cases, the **s** is pronounced like the English letter *z.* This linking is called **liaison** *(f.).* You will learn more about **liaison** in the *Rendez-vous* Laboratory Manual.

4. Note that in English, a plural noun frequently has no article: *friends, questions.* In French, however, a form of the article is almost always used with plural nouns: **les amis, des questions.**

# Plural of Nouns

1. Most French nouns are made plural by adding an **s** to the singular. Here are some common exceptions:

   • Nouns that end in **s, x,** or **z** in the singular stay the same in the plural.

   | | |
   |---|---|
   | le cour**s**, les cour**s** | *the course, the courses* |
   | un choi**x**, des choi**x** | *a choice, some choices* |
   | le ne**z**, les ne**z** | *the nose, the noses* |

   • Nouns that end in **eau** or **ieu** in the singular are made plural by adding **x.**

   | | |
   |---|---|
   | le tabl**eau**, les tabl**eaux** | *the board, the boards* |
   | le l**ieu**, les l**ieux** | *the place, the places* |

   • Nouns that end in **al** or **ail** in the singular usually have the plural ending **aux.**

   | | |
   |---|---|
   | un hôpit**al**, des hôpit**aux** | *a hospital, hospitals* |
   | le trav**ail**, les trav**aux** | *the work, tasks* |

2. The masculine plural is used to refer to a group that includes at least one male.

   un étudian**t** et sept étudian**tes** → des étudian**ts**
   un Françai**s** et une Françai**se** → des Françai**s**

## Vérifions!

**A. Suivons** *(Let's follow)* **le guide!** You are pointing out where things are on campus. Change the singular to the plural.

MODÈLE: Voilà la salle de classe. → Voilà les salles de classe.

1. Voilà la bibliothèque.
2. Voilà l'amphithéâtre.
3. Voilà le bureau et la chaise.
4. Voilà l'ordinateur et la souris.
5. Voilà le professeur.
6. Voilà le laboratoire de langues.

**B. Dans le quartier universitaire** *(university neighborhood)*. Now you take your group to the area around the university. Change the singular to the plural.

> MODÈLE:   un restaurant → Voilà des restaurants.

1. un café
2. un cinéma
3. un étudiant
4. une librairie
5. une salle de gymnastique

## Parlons-en!

**Descriptions.** Describe the classroom you see in the drawing.

> MODÈLES:   Dans la salle de classe, il y a des chaises.
>
>   Il y a aussi *(also)* des livres.

**Et vous?** Now describe your classroom: **Dans notre** *(our)* **salle de classe, il y a...**

# 3. VERBS ENDING IN -er
## Expressing Actions

---

### RENCONTRE D'AMIS À LA SORBONNE

XAVIER: Salut, Françoise! **Vous visitez** l'université?

FRANÇOISE: Oui, **nous admirons** la bibliothèque maintenant. Voici Paul, de New York, et Fabienne, une amie.

XAVIER: Bonjour, Paul, **tu parles** français?

PAUL: Oui, un petit peu.

XAVIER: Bonjour, Fabienne, **tu études** ici?

FABIENNE: Oh non! **Je travaille** à la bibliothèque.

Trouvez (*Find*) la forme correcte du verbe dans le dialogue.

1. Vous _____ l'université?
2. Nous _____ la bibliothèque.
3. Tu _____ français?
4. Tu _____ ici?
5. Je _____ à la bibliothèque.

## Subject Pronouns

The subject of a sentence indicates who or what performs the action of the sentence: ***L'étudiant* visite l'université.** A pronoun is a word used in place of a noun: ***Il* visite l'université.**

| SUBJECT PRONOUNS AND **parler** (*to speak*) | | | | | |
|---|---|---|---|---|---|
| *Singular* | | | *Plural* | | |
| je | parle | *I speak* | nous | parlons | *we speak* |
| tu | parles | *you speak* | vous | parlez | *you speak* |
| il | | *he, it (m.) speaks* | | | |
| elle | parle | *she, it (f.) speaks* | ils | parlent | *they (m., m. + f.) speak* |
| on | | *one speaks* | elles | | *they (f.) speak* |

1. **Je. Je** is capitalized only at the beginning of a sentence. When a verb begins with a vowel sound, the pronoun **je** becomes **j'.**

   **Je** parle français.          *I speak French.*
   **J'**aime le français.          *I like French.*

2. **Tu** and **vous.** These are the two ways to say *you* in French. **Tu** is used when speaking to someone you know well—a friend, fellow student, relative, child, or pet. **Vous** is used when speaking to a person you don't know well or when addressing an

older person, someone in authority, or anyone else with whom you wish to maintain a certain formality. The plural of both **tu** and **vous** is **vous**. The context will indicate whether **vous** refers to one person or to more than one.

| | |
|---|---|
| Michèle, **tu** parles espagnol? | *Michèle, do you speak Spanish?* |
| Maman! Papa! Où êtes-**vous**? | *Mom! Dad! Where are you?* |
| **Vous** parlez bien français, Madame. | *You speak French well, madame.* |
| Pardon, Messieurs (Mesdames, Mesdemoiselles), est-ce que **vous** parlez anglais? | *Excuse me, gentlemen (ladies), do you speak English?* |

3.  **Il(s)** and **elle(s).** The English pronouns *he, she, it,* and *they* are expressed by **il(s)** (referring to masculine nouns) and **elle(s)** (referring to feminine nouns). **Ils** is used to refer to a group that includes at least one masculine noun.

4.  **On.** In English, the words *people, we, one,* or *they* are often used to convey the idea of an indefinite subject. In French, the indefinite pronoun **on** is used, always with the third person singular of the verb.

Ici **on** parle français.
$$\begin{cases} \textit{One speaks French here.} \\ \textit{People (They, We) speak} \\ \quad \textit{French here.} \end{cases}$$

**On** is also used frequently in colloquial French instead of **nous**.

Nous parlons français. → **On** parle français.

## Present of Verbs Ending in -*er*

Most French verbs have infinitives ending in -**er: parler** (*to speak*) and **aimer** (*to like, to love*), for example. To form the present tense (**le présent**) of regular -**er** verbs, drop the ending -**er** and add the following endings to the resulting stem: -**e, -es, -e, -ons, -ez, -ent.**

| PRESENT TENSE OF **aimer** (*to like, to love*) | | | |
|---|---|---|---|
| j' | aim**e** | nous | aim**ons** |
| tu | aim**es** | vous | aim**ez** |
| il elle on | aim**e** | ils elles | aim**ent** |

1.  Note that the -**e, -es,** and -**ent** endings are silent. Final **s** in the **nous** form and **z** in the **vous** form are also not pronounced.

2. Other verbs conjugated like **parler** and **aimer** include:

| | | | |
|---|---|---|---|
| **adorer** | *to love, to adore* | **étudier** | *to study* |
| **aimer mieux** | *to prefer (to like better)* | **habiter** | *to live* |
| | | **manger** | *to eat* |
| **chercher** | *to look for* | **regarder** | *to watch, to look at* |
| **danser** | *to dance* | **rêver** | *to dream* |
| **demander** | *to ask for* | **skier** | *to ski* |
| **détester** | *to detest, to hate* | **travailler** | *to work* |
| **donner** | *to give* | **trouver** | *to find* |
| **écouter** | *to listen to* | **visiter** | *to visit (a place)* |

3. Note that the present tense in French has three equivalents in English.

Je **parle** français.
{ *I speak French.*
*I am speaking French.*
*I do speak French.*

4. Some verbs, such as **adorer, aimer,** and **détester,** are followed by an infinitive or by a definite article + noun.

J'aime **écouter** du jazz.  *I like to listen to jazz.*
J'aime **le jazz.**  *I like jazz.*

5. **Manger** and certain other verbs ending in **-er** undergo slight spelling changes in the present tense. These changes are illustrated in Section 5 of Appendix D. Your instructor will advise you if and when you are responsible for learning these changes.

## Vérifions!

**A.** *Ils... ou Elles... ?*

_____ parlent français.     _____ parlent italien.     _____ parlent espagnol.

**B. Dialogue en classe.** Complete the following dialogue with subject pronouns or forms of **parler.**

LE PROFESSEUR: Annie, _____[1] parle**z** français?
ANNIE: Oui, nous _____[2] français.
LE PROFESSEUR: Ici, en classe, on _____[3] français?
JIM: Oui, ici _____[4] parle français.
ROBERT: Marc et Marie, vous _____[5] chinois?
MARC ET MARIE: Oui, _____[6] parlons chinois.

CHRISTINE: Jim, tu ~~parle~~<sup>7</sup> allemand?

JIM: Oui, ~~je~~<sup>8</sup> parle allemand.

RACHID: Paul parle italien?

ROLAND: Oui, ~~je~~<sup>9</sup> parle italien.

C. **Tu ou vous?** Complete the following sentences, using the appropriate pronoun and the correct form of the verb in parentheses.

1. Madame, **vous** _____ (habiter) près de (*near*) l'université?
2. Gérard, **tu** _____ (chercher) la Faculté des Sciences?
3. Paul et Jacqueline, **vous** _____ (visiter) le Quartier latin?
4. Salut, Jeanne! **tu** _____ (travailler) ici à la bibliothèque?
5. Richard, **tu** _____ (demander) des renseignements (*information*) sur la cité universitaire?

D. **Passe-temps.** Create sentences to describe the pastimes of people at the **cité universitaire.**

MODÈLE: Olivier / visiter / les musées (*museums*) → Olivier visite les musées.

1. Amélie / écouter / la radio
2. vous / regarder / souvent / la télé
3. Fabrice et Margaux / travailler / toujours / sur (*on*) l'ordinateur
4. tu / aimer / skier
5. Annette et moi, nous / danser / quelquefois / en boîte (*at the disco*)
6. moi, je... ?

## MOTS-CLÉS

### Telling how often you do things

Use the following adverbs to tell how often you perform an activity. They usually follow the verb.

| | | | |
|---|---|---|---|
| **toujours** | *always* | **quelquefois** | *sometimes* |
| **souvent** | *often* | **rarement** | *rarely* |
| **en général** | *generally* | **de temps en temps** | *from time to time* |

Je regarde **souvent** la télévision.
Annie et moi, nous dansons **quelquefois** à la discothèque.
**En général,** j'étudie le week-end.

# Parlons-en!

**A. Portraits.** Use the items in the three columns to tell about the preferences of the following people. Feel free to tell about other people and activities.

MODÈLE: Mon (*My*) cousin...
Mon cousin aime bien le football, mais (*but*) il aime mieux le basket.
Il adore le rock et il déteste le travail!

| | | |
|---|---|---|
| Je (J')... | aimer bien | le tennis |
| Mon/Ma camarade... | aimer mieux | le jogging |
| Mes (*My*) parents... | adorer | le cinéma |
| Tu... | détester | les ordinateurs |
| Le/La prof... | | la littérature |
| Mes amis (*friends*) et moi... | | les maths |
| Les étudiants... | | la physique |
| | | le français |

**B. Et vous, madame (monsieur)?** You want to learn more about your instructor. Interview her or him as in the model.

MODÈLE: aimer mieux danser ou skier → Vous aimez mieux danser ou skier?

1. aimer mieux la télévision ou le cinéma
2. adorer ou détester regarder la télévision
3. aimer mieux le rock ou la musique classique
4. aimer mieux la musique ou le sport
5. aimer mieux les livres ou l'aventure

**C. Interviews en classe.** What do your classmates like? Working with one or several partners, take turns asking these questions.

1. Tu aimes mieux quels (*which*) cours? Tu détestes quels cours?
2. Tu rêves en cours quelquefois?
3. Tu aimes quel sport?
4. Tu regardes quel programme à la télé?
5. Tu écoutes quelle musique, d'habitude?
6. Qu'est-ce que (*What*) tu détestes en général?
7. Qu'est-ce que tu adores en général?

**Résumez!** Summarize for the rest of the class the responses that you found to be original or bizarre.

MODÈLE: Marie déteste *Star Trek,* mais elle adore les films de science-fiction.
C'est bizarre!

# 4. NEGATION USING *ne... pas*
## Expressing Disagreement

### LA FIN D'UNE AMITIÉ?

BERNARD: Avec Camille ça va comme ci comme ça. Elle aime danser, je **n'aime pas** la danse. J'aime skier, elle **n'aime pas** le sport. Elle est étudiante en biologie, je **n'aime pas** les sciences...

CAMILLE: Avec Bernard ça va comme ci comme ça. Il **n'aime pas** danser, j'aime la danse. Je **n'aime pas** le sport, il aime skier. Il est étudiant en lettres, je **n'aime pas** la littérature...

1. Camille aime danser? Et Bernard?
2. Camille aime le sport? Et Bernard?
3. Camille aime la littérature? Et Bernard?
4. Camille aime les sciences? Et Bernard?

Maintenant posez ces questions à un(e) camarade. (Tu aimes... ?)

1. To make a sentence negative in French, **ne** is placed before a conjugated verb and **pas** after it.

> Je **parle** chinois. → Je **ne parle pas** chinois.
> Elles **regardent** souvent la télévision. → Elles **ne regardent pas** souvent la télévision.

2. **Ne** becomes **n'** before a vowel or a mute **h.**

> Elle aime skier. → Elle **n'a**ime pas skier.
> Nous habitons ici. → Nous **n'h**abitons pas ici.

3. If a verb is followed by an infinitive, **ne** and **pas** surround the conjugated verb.

> Il aime étudier. → Il **n'aime pas** étudier.

4. In informal conversation, the **e** in **ne** is often dropped. Sometimes you may not hear the **ne** at all.

> Je ne pense pas (*I don't think so*). → Je n'pense pas. → Je pense pas.

## Vérifions!

**A. Opinions et préférences.** Working with a classmate, take turns asking and answering the following questions. Follow the model.

> MODÈLE: É1: Tu travailles? →
> É2: Non, je ne travaille pas. *ou* Oui, je travaille.

1. Tu étudies l'informatique?
2. Tu skies?
3. Tu détestes les maths?
4. Tu parles arabe?
5. Tu habites à la cité-u?
6. Tu manges au restau-u?
7. Tu aimes danser?
8. Tu aimes le base-ball?
9. Tu visites souvent Paris?
10. Tu adores le Web?

B. **Un couple incompatible.** Here are some details about Dargui.

Dargui habite à la cité universitaire. En général, il étudie à la bibliothèque. Après les cours, il aime parler avec ses amis au café. Le soir (*In the evening*), il écoute la radio; il aime beaucoup le jazz. Il adore le sport et il danse très bien. Le week-end, il regarde les matchs de football à la télé.

**Et Vunda?** Find out why she is incompatible with Dargui. Replace **il** with **elle** in the preceding paragraph and make the verbs negative.

MODÈLE:  Vunda **n'habite pas** à la cité universitaire. En général, **elle...**

# Parlons-en!

A. **Interview.** Working with a partner, take turns asking and answering the following questions. Give personal responses.

1. Tu parles italien? russe? espagnol? anglais?
2. Tu habites quelle ville? Paris? New York? Abidjan? Cincinnati?
3. Tu étudies la littérature? l'informatique? la biologie? le commerce? les langues étrangères?
4. Tu aimes les examens? les films de science-fiction? les films d'amour? le disco? la musique country?
5. Le week-end, tu surfes le Web? Tu écoutes la radio? Tu parles avec tes amis? Tu manges au restaurant?
6. Tu aimes le sport? le football? le football américain? le basket-ball? le hockey?

**Résumez!** Now summarize for the class five activities that your partner does or does not like to do.

MODÈLE:  Voici (*Here is*) Rachel. Elle étudie l'informatique, mais elle n'aime pas surfer le Web...

B. **Et vous?** State your preferences by completing the sentences.

1. J'aime _____, mais je n'aime pas _____.
2. J'adore _____, mais je déteste _____.
3. J'écoute _____, mais je n'écoute pas _____.
4. J'aime _____, mais j'aime mieux _____.
5. Je n'étudie pas _____. J'étudie _____.

# Étude de prononciation

## Oral Vowels

Some French vowel sounds are represented in the written language by a single letter: **a** and **u,** for example. Other vowel sounds have a variety of spellings; the sound [o], for example, can be spelled **o, au, eau,** or **ô.**

Prononcez avec le professeur.

|  |  | IPA SYMBOL | MOST COMMON SPELLING(S) |
|---|---|---|---|
| 1. | ami  agréable  Madame  bravo  salle  classe | [a] | a |
| 2. | ici  hypocrite  typique  dîner  vive  ski | [i] | i  î  y |
| 3. | aussi  radio  beaucoup  chose  faux  drôle | [o] | eau  au  ô  o |
| 4. | objet  homme  notation  normal  encore  snob | [ɔ] | o |
| 5. | utile  université  musique  bureau  flûte  rue | [y] | u  û |
| 6. | écouter  excusez  télévision  répéter  cité  cahier  aimer | [e] | é  er  ez |
| 7. | être  chaise  question  treize  très  examen | [ɛ] | e  è  ê  ei  ai |
| 8. | Eugène  Europe  neutron  bœufs  sérieuse  eucalyptus | [ø] | eu  œu |
| 9. | bœuf  déjeuner  jeunesse  heure  jeune  professeur | [œ] | eu  œu |
| 10. | où  ouverture  tourisme  courageux  coûte  outrage | [u] | ou  où  oû |
| 11. | pâté  fable  gras  fa  pâle  pas | [ɑ] | a  â |

# Mise au point

**A.  Troubles de la vision.** Joël is seeing double today. Following the example, correct what he says during your walk around the neighborhood.

MODÈLE:  Il y a des chaises. → Il y a une chaise.

1. Il y a des touristes *(m.)*.
2. Il y a des hôpitaux.
3. Voici des tables.
4. Voilà des femmes.
5. Voilà des restaurants universitaires.
6. Voici des étudiantes.

**B.  En cours.** Read the following paragraph once or twice, then complete it using words and forms you have studied in this chapter.

_____¹ professeur parle allemand. Mais _____² étudiants ne _____³ pas allemand. _____⁴ étudiante, Xiaou, parle aussi chinois, japonais et vietnamien. Elle _____⁵ _____⁶ maths et _____⁷ psychologie sociale. Elle aime bien _____⁸ histoire, mais elle _____⁹ la géographie...

**C. Amis par correspondance.** Following is a brochure from Quebec for students looking for pen pals. Fill it out with as much information as you can. Do your best to figure out the categories you are unsure of. Pay special attention to the section that asks for **goûts** (*tastes*) **et intérêts particuliers.** Name at least two things you like, using **J'aime...**

## CORRESPONDANCE SCOLAIRE INDIVIDUELLE

NOM [*last name*] . . . . . . . . . . . . . . . . . . . . . . . .
PRÉNOM . . . . . . . . . . . . . . . . . . . . . . .
ADRESSE . . . . . . . . . . . . . . . . . . . . . . . . . . .
            n°     rue ou route     appartement

. . . . . . . . . . . . . . . . . . . . . . . . . . . . . . . . . .
village ou ville         province   code postal
TÉLÉPHONE . . . . . . . . . . . . . . . . . . . .
SEXE . . . . . . . . . ÂGE . . . . . . . . . . . .

ÉCOLE → *school*
Nom . . . . . . . . . . . . . . . . . . . . . . . . . . . . .
Adresse . . . . . . . . . . . . . . . . . . . . . . . . . .
ANNÉE OU NIVEAU D'ÉTUDES . . . . . . . . → *year & level of studies*
. . . . . . . . . . . . . . . . . . . . . . . . . . . . . . . .
GOÛTS OU INTÉRÊTS PARTICULIERS
. . . . . . . . . . . . . . . . . . . . . . . . . . . . . . . .
. . . . . . . . . . . . . . . . . . . . . . . . . . . . . . . .

CORRESPONDANT(E) DÉSIRÉ(E)

SEXE . . . . . . . . . ÂGE . . . . . . . . . . . .
Dans l'impossibilité d'obtenir le correspondant [*to obtain*] [*in*]
ou la correspondante de ton choix, accepterais-
tu indifféremment un garçon ou une fille?
oui . . . . . . . . . . . non . . . . . . . . . . . . .

PAYS: 1ᵉʳ choix . . . . . . . . . . . . . . . . . . . .
       2ᵉ choix . . . . . . . . . . . . . . . . . . . [*country*]
       3ᵉ choix . . . . . . . . . . . . . . . . . . .

Si tu ne pouvais obtenir un correspondant ou
une correspondante des pays ou régions
mentionnés, accepterais-tu de correspondre
avec quelqu'un d'ailleurs?
oui . . . . . . . . . . . non . . . . . . . . . . . . .

# *Québec* ✚ ✚ ✚

LANGUE(S) DE CORRESPONDANCE
. . . . . . . . . . . . . . . . . . . . . . . . . . . . . . . .
. . . . . . . . . . . . . . . . . . . . . . . . . . . . . . . .
. . . . . . . . . . . . . . . . . . . . . . . . . . . . . . . .

**D. Interactions.** You have learned how to talk about various aspects of campus life and about your likes and dislikes, as well as how to express actions. Now act out the following situations, using the vocabulary and structures from this chapter.

- **Rendez-vous.** You run into a friend on campus. Greet him or her. Tell him or her about the courses you like and do not like, and then arrange to meet later.
- **Échange.** Role-play the following situation with a classmate. One of you plays the role of an exchange student from Morocco who speaks French, Arabic, and a Berber dialect. The other plays the role of an interpreter who is giving the exchange student a tour of the campus. Ask the student what subjects he or she likes best. Get to know the student by telling him or her what you enjoy doing. Ask about his or her favorite activities.

# Rencontres

## Situations

Each chapter of *Rendez-vous* contains a section like this one called *Situations*. The dialogues in this section feature functional, everyday language that provides useful models for interacting with native speakers of French. The printed dialogue is featured on the Video to accompany *Rendez-vous* which your instructor may show in class or have you watch in your language lab or media center. The video also contains other scenes and authentic footage, not printed in your text, that will challenge your listening skills in French!

In this dialogue, three friends meet after class. Read their conversation carefully. How do they greet each other? What plans do they make for the afternoon?

**[Thème 1, Scène 1.2]\***

PAUL: Bonjour, Bénédicte.

BÉNÉDICTE: Bonjour, Paul. Comment ça va aujourd'hui?

PAUL: Très bien, et toi?

BÉNÉDICTE: Ça ne va pas mal, mais j'ai beaucoup de travail avec les examens. Tu connais[a] Caroline?

PAUL: Non, pas vraiment.[b]

BÉNÉDICTE: Caroline... Paul.

---

[a]*know* [b]*really*

\*The **Thème** and **Scène** numbers correspond to those in the Video to accompany *Rendez-vous*.

PAUL: Bonjour. Ça va?

CAROLINE: Bonjour, oui, ça va très bien. Il fait beau[c] aujourd'hui.

PAUL: Justement,[d] il fait très beau! Je vais avec des amis au café après le déjeuner.[e] Vous voulez venir?[f]

BÉNÉDICTE: Ah non merci, ce n'est pas possible. On va travailler à la bibliothèque. C'est dommage![g]

CAROLINE: Tu sais,[h] Bénédicte, moi j'ai suffisamment de notes de cours. Donc[i] j'accepte volontiers.

PAUL: Génial!

## Avec un(e) partenaire...

With a partner, practice greeting one another and exchanging information. Try telling each other what you are studying this semester/quarter and which course you like best (**J'aime mieux...**)

---

[c]Il... *It's a beautiful day*   [d]*Exactly*   [e]*lunch*   [f]Vous... *Do you want to come?*   [g]C'est...*That's too bad!*   [h]*know*
[i]*So*

# LECTURE

## Avant de lire (*Before reading*)

The **Avant de lire** sections of *Rendez-vous* give you tips for becoming an efficient and confident reader of French. Your instructor may go over these sections with you in class or ask you to work with them on your own. Either way, take a few moments to apply the strategies they contain to all French texts you encounter. Reading French will be easier and more enjoyable as a result.

**RECOGNIZING COGNATES**   Cognates are words similar in form and meaning in two or more languages, such as **amusant** and *amusing*. The more cognates you recognize, the more quickly and easily you will be able to read in French. It will help you to know that the endings of many French words correspond to certain English word endings. Here are a few of the most common.

| FRENCH | ENGLISH | FRENCH EXAMPLE |
|--------|---------|----------------|
| -aire | -ory or -ary | stationn**aire** |
| -ant | -ing | charm**ant** |
| -ment | -ly | spécifique**ment** |
| -iste | -ist | individual**iste** |
| -eux | -ous | nerv**eux** |
| -ion | -ion | civilisa**tion** |
| -ie, -é | -y | théor**ie**, variét**é** |
| -ique | -ical or -ic | polit**ique**, caractérist**ique** |

You will find many cognates in the following announcement about a French language program at the University of Montreal. Skim the announcement quickly, using cognates and other clues to help you figure out what it is about. Then read it more carefully, and try to answer the questions without using a dictionary.

Remember, in this and other readings in *Rendez-vous,* you are not expected to understand every word. Learn to make intelligent "guesses" based on what you do understand and to ignore what you cannot figure out after a reasonable amount of effort. Enjoy reading French!

---

## UNIVERSITÉ DE MONTRÉAL

**CATÉGORIE:** L'École de français de l'Université de Montréal accueille[a] tous les non-francophones originaires des 4 coins[b] du monde. Le seul préalable est d'être âgé de 18 ans et plus.
**PROGRAMMES:** Une variété de cours (3 crédits) sont offerts. À l'été, Communication orale et Communication écrite (du niveau[c] débutant au niveau avancé); Atelier[d] d'enseignement du français langue secondaire, spécifiquement pour les enseignants;[e] Culture québécoise contemporaine; Français commercial. À l'hiver, Communication orale et écrite (12 crédits - 240 heures).
**LIEU:** Les cours ont lieu sur le campus de l'université de Montréal, entouré d'espaces verts et à 2 pas du centre-ville.
**DATES:** Printemps du 23 mai au 15 juin. 4 semaines, 60 heures.
Été: Été I: du 3 juillet au 21 juillet, 3 semaines, 45 heures et 60 heures.

Été II: du 24 juillet au 11 août, 3 semaines, 45 heures et 60 heures.
Automne: du 7 septembre au 8 décembre, 13 semaines, 240 heures.
Hiver: du 5 janvier au 4 avril, 13 semaines, 240 heures.
**TARIFS:** Été: 495 $ CAN; Automne et hiver: 1.495 $ CAN. Les frais[f] de cours, des ateliers en après-midi, un riche programme d'activités socioculturelles offertes en soirée et durant le week-end.

*École de Français*
*Faculté de l'Éducation permanente*
*Université de Montréal*
*CP 6128, Succursale Centre-Ville*
*Montréal, Québec, Canada H3C 3J7*
*Tél (514) 343-6990*
*Fax (514) 343-2430*

---

[a]*welcomes*  [b]*corners*  [c]*level*  [d]*Workshop*  [e]*instructors*  [f]*fees*

## Compréhension

**Les études à Montréal.** Choose the correct answer for each item.

1. L'École de français accueille les _____.
   a. non-anglophones
   b. non-francophones
   c. québécois
   d. diplomates
2. L'âge minimum est de _____ ans.
   a. 12  b. 23  c. 18  d. 60
3. Il **n'**y a **pas** de cours de _____.
   a. culture québécoise contemporaine
   b. français commercial
   c. linguistique
   d. communication orale

4. La session d'automne comprend (*includes*) _____ semaines de cours.
   **a.** 8  **b.** 45  **c.** 13  **d.** 7
5. Le tarif comprend des _____.
   **a.** excursions à bicyclette
   **b.** dîners dans des restaurants typiques
   **c.** ateliers l'après-midi
   **d.** visites de musées à Montréal

# PAR ÉCRIT

In the **Par écrit** sections of *Rendez-vous,* guidelines are provided to help you organize your ideas and writing through a series of steps. Each writing activity will have a general function and a projected audience and goal. Those listed here, for example, present an overview of this chapter's writing project. Look them over before you begin jotting down notes in response to the questions that follow.

FUNCTION:  Describing (yourself)

AUDIENCE:  A friend or classmate

GOAL:  Write a two-paragraph autobiographical sketch, using the set of questions provided as your guide. Add any relevant information you can. (As an alternative, you may interview another student and write the sketch about him or her.)

PARAGRAPHE 1
Je me présente.

**1.** Comment vous appelez-vous?  **2.** Vous habitez à la cité universitaire? dans un appartement? dans une maison *(house)*?  **3.** Qu'est-ce que vous étudiez?  **4.** Vous aimez les cours à l'université?  **5.** Vous aimez (adorez, détestez) le français?

PARAGRAPHE 2
J'aime faire beaucoup de choses. (J'aime la vie active. *ou* J'aime la vie tranquille.)

**1.** Vous aimez les distractions? le sport?  **2.** Vous regardez la télévision? Vous écoutez la radio?  **3.** Vous aimez la musique classique? le jazz? le rock?  **4.** Qu'est-ce que vous aimez faire avec des amis?  **5.** Vous aimez discuter au café? flâner *(stroll)* sur le campus? explorer les bibliothèques?

**Steps**

1. Write brief notes in answer to each question before you write out entire sentences. Use these notes as an outline.
2. Write full sentences in response to each question.
3. Organize your work into two paragraphs with a topic sentence introducing the main idea of each. Your first topic sentence could be: **Je me présente.** The second could be: **J'aime faire beaucoup de choses** (*a lot of things*)**, J'aime la vie active,** or **J'aime la vie tranquille.**
4. After you have written the first draft, check it for clarity, organization, and smoothness.
5. Have a classmate read the paragraphs to see if what you have written is interesting as well as clear.
6. Finally, make the changes suggested by your classmate if they seem warranted, and check the draft for errors in spelling, punctuation, and grammar. Pay special attention to your verb forms.

**Les étudiants étrangers.** A journalist is interviewing several foreign students in Paris. First, read through the topics in the chart. Next, listen to the vocabulary followed by the students' remarks. Then, do the activity. Replay the tape as often as you need to. (See Appendix F for answers.)

**VOCABULAIRE UTILE**
**des cinémas** *movie theaters*       **j'aime mieux** *I prefer*
**partout** *everywhere*

Draw a line connecting the name of each student with his or her country of origin, field of study, and hobby. (We have drawn the first two lines, to get you started.)

| NOMS | PAYS | ÉTUDES | DISTRACTIONS |
|------|------|--------|--------------|
| Fatima | Canada | philosophie | cinéma |
| François | Tunisie | sociologie | sport |
| Scott | Angleterre | espagnol | café |

# Vocabulaire

## Verbes

**adorer** to love, adore
**aimer** to like, love
**aimer mieux** to prefer (like better)
**chercher** to look for
**danser** to dance
**détester** to detest
**donner** to give
**écouter** to listen to
**étudier** to study
**habiter** to live
**manger** to eat
**parler** to speak
**regarder** to look at; to watch
**rêver** to dream
**skier** to ski
**travailler** to work
**trouver** to find
**visiter** to visit

## Substantifs

**l'ami(e)** *(m., f.)* friend
**l'amphithéâtre** *(m.)* lecture hall
**la bibliothèque** library
**le café** café; cup of coffee
**le choix** choice
**le cinéma** movies; movie theater
**la cité universitaire (la cité-u)** university dormitory
**le cours** course
**le dictionnaire** dictionary
**l'examen** *(m.)* test, exam
**la faculté** division *(academic)*
**la femme** woman
**le film** film
**l'homme** *(m.)* man
**la librairie** bookstore
**le lieu** place

**la musique** music
**le pays** country
**le quartier** quarter, neighborhood
**la radio** radio
**le restaurant** restaurant
**la salle d'ordinateurs** computer lab
**la soirée** party
**le sport** sport; sports
**le travail** work
**l'université** *(f.)* university
**la vie** life
**la ville** city
**la visite** visit

À REVOIR: **le bureau, le cahier, le livre, la salle de classe, l'étudiant(e), le professeur**

## Mots et expressions divers

**à** at, in
**après** after
**aussi** also
**avec** with
**d'accord** okay; agreed
**dans** in
**de** of, from
**de temps en temps** from time to time
**en** in
**en général** generally
**et** and
**ici** here
**maintenant** now
**mais** but
**ou** or
**pour** for, in order to
**quelquefois** sometimes
**rarement** rarely
**souvent** often

**toujours** always
**un peu (de)** a little (of)

## Nationalités

**l'Algérien(ne), l'Allemand(e), l'Américain(e), l'Anglais(e), le/la Belge, le/la Canadien(ne), le/la Chinois(e), l'Espagnol(e), le/la Français(e), l'Italien(ne), l'Ivoirien(ne), le/la Japonais(e), le/la Libanais(e), le/la Marocain(e), le/la Mexicain(e), le/la Québécois(e), le/la Russe, le/la Sénégalais(e), le/la Suisse, le/la Tunisien(ne), le/la Vietnamien(ne), le/la (Zaïro-) Congolais(e)**

## Les matières

**l'architecture, la biologie, la chimie, le commerce** (*business*)**, le dessin** (*drawing*)**, le droit** (*law*)**, l'économie** (*f.*)**, le génie (civil)** ([*civil*] *engineering*)**, la géographie, l'histoire (de l'art), l'informatique** (*computer science*)**, la linguistique, la littérature, le marketing, les mathématiques (les maths)** (*f.*)**, la philosophie (la philo), la physique, la psychologie, la sociologie**

## Les langues (*f.*) étrangères

**l'allemand** (*German*)**, l'anglais (l'américain), le chinois, l'espagnol, le flamand** (*Flemish*)**, l'italien, le japonais, le vietnamien**

# Descriptions

## IN CHAPITRE 2, YOU WILL LEARN:

- vocabulary for describing people and talking about clothing

- structures for identifying and describing people and things, asking questions, and talking about locations

- cultural information about clothing and fashions in the French-speaking world.

Elle est bavarde, la jeune femme?

45

## Quatre personnalités différentes

Gilles est un homme { enthousiaste.
idéaliste.
sincère.

Manon est une jeune fille { sociable.
sympathique *(nice, likeable)*.
dynamique.

Leïla est une jeune fille { calme.
réaliste.
raisonnable.

Pierre-Étienne est un jeune homme { individualiste.
excentrique.
drôle *(funny)*.

**A. Qualités.** You learn more about the four people depicted in the preceding illustrations. React by paraphrasing each statement you hear.

MODÈLE: Manon aime parler avec des amis. →
Ah oui! Elle est sociable alors *(then)*.

**1.** Gilles parle avec sincérité.   **2.** Leïla n'est pas rêveuse *(dreamer)*.   **3.** Pierre-Étienne est amusant.   **4.** Manon aime l'action.   **5.** Gilles parle avec enthousiasme.   **6.** Pierre-Étienne n'est pas conformiste.   **7.** Leïla n'est pas extravagante. **8.** Pierre-Étienne aime l'excentricité.   **9.** Leïla n'est pas nerveuse.   **10.** Manon n'est pas antipathique *(unlikeable)*.

**B. Question de personnalité.** Describe the following people or give your opinion of them, using three of the adjectives in the following list.

**Adjectifs possibles:** absurde, altruiste, antipathique, calme, conformiste, égoïste, hypocrite, insociable, matérialiste, modeste, optimiste, sincère...

> MODÈLES: votre sœur *(your sister)* → Elle est sympa, sociable et optimiste.
> votre frère *(your brother)* → Il est idéaliste, excentrique et sincère.

**1.** votre mère *(mother)*   **2.** votre père *(father)*   **3.** votre meilleur ami (meilleure amie) *(best friend)*   **4.** votre camarade de chambre *(roommate)*   **5.** votre professeur de français   **6.** le maire *(mayor)* de votre ville *(city)*   **7.** le président américain   **8.** Michael Jordan   **9.** Courtney Love   **10.** E.T.

---

## MOTS-CLÉS

### How to qualify your description

Here are some adverbs for giving nuances to your descriptions.

| très | very | peu | hardly |
|------|------|-----|--------|
| assez | somewhat | un peu | a little |

Jeanne est **très** calme mais Jacques est **un peu** nerveux.
Mon chien *(dog)* est **peu** intelligent mais il est **assez** drôle.

---

**C. Et vous?** Now describe yourself. Begin your sentence with **Je suis** *(I am)*... **mais je ne suis pas** *(I'm not)*... Use some of the **Mots-clés** in your description.

> MODÈLE: Je suis assez optimiste (sincère, modeste) mais je ne suis pas très altruiste (calme, conformiste).

**D. Interview.** Interview a classmate. Use the **Mots-clés** when appropriate.

> MODÈLE: É1: Tu es sociable ou insociable?
> É2: Je suis assez sociable. (Je suis très sociable.)

**1.** sincère ou hypocrite   **2.** excentrique ou conformiste   **3.** individualiste ou altruiste   **4.** sympathique ou antipathique   **5.** calme ou dynamique   **6.** réaliste ou idéaliste   **7.** raisonnable ou absurde   **8.** optimiste ou pessimiste

**Résumez!** Now summarize a few characteristics of your classmate for the entire class.

> MODÈLE: Lamar est sincère et altruiste. Il n'est pas antipathique.

# En savoir plus

## L'ESPRIT CRITIQUE

The French often describe themselves as a nation of individualists. One facet of this individualism is their **esprit critique,** the French tendency to call almost everything into question, to take nothing for granted.

The **esprit critique** leads to original and creative thought, but it can also be a source of conflict. Conversations among friends may sound brusque and aggressive to foreigners, as if participants were trying to assert their viewpoints for the pure pleasure of it. As a population, the French enjoy discussion immensely, spending hours—usually around a table—debating everything from politics to food. Defending one's opinions with wit and flair is much admired.

In politics, **l'esprit critique** shows up as a spirit of confrontation rather than compromise. The average French citizen has strong opinions about politics and slightly mistrusts the intentions of politicians—indeed, of any institution or bureaucracy. Criticizing the status quo is a tradition in France. That may account for the popularity of satirical cartoons, which can be found in almost all newspapers and magazines.

What does this cartoon satirize?

## Les vêtements

un veston
une cravate
un impperméable
un jean
un manteau
un blouson
un tailleur
un chemisier
une veste
une chemise
un costume
un pantalon
des chaussures
une chaussette
des bottes
un pull-over
des tennis
un maillot de bain
un short
un tee-shirt
un sac à dos
un sac à main
une robe
un chapeau
une jupe
des sandales

belt = une ceinture
débardeur - tank top

## A. Qu'est-ce qu'ils portent?

Describe what these people are wearing.

1. Matthieu porte _____.
2. Mme Dupuy porte _____.
3. Aurélie porte une casquette (a French cap), _____.
4. M. Martin porte _____.

## B. En général.
In general, which articles of clothing are worn only by men? Which are worn only by women? Which by both men and women? Give at least one garment for each category.

Matthieu

Mme Dupuy

Aurélie

M. Martin

1. En général, les hommes portent...
2. En général, les femmes portent...
3. Les hommes et les femmes portent...

**Et vous?** What articles of clothing are you wearing now? Begin with **Maintenant** (Now), **je porte...**

## C. Un vêtement pour chaque (each) occasion.
Describe in as much detail as possible what you wear to go . . .

1. à un match de football américain
2. à un concert de rock
3. à une soirée
4. dans un restaurant élégant
5. à l'université
6. à la plage (beach)

# Réalités francophones

Although France is known for its high fashion (**la haute couture**), jeans (**les jeans**) are commonly worn by people throughout France and the Francophone world. The word "denim" comes from **chambray de Nîmes,** the name for the material from which jeans are made, while the word "jeans" is taken from the French name for Genoa (**Gênes**), the Italian port city from where the material was originally exported to the United States for the manufacture of the first blue jeans. French fashion designers can be credited with many innovations to common jeans and, as a result, with "legitimizing" jeans in the world of fashion.

# À la friperie° → secondhand clothing store

secondhand clothing store

Les pulls sont **sur** la table. → on
Les chemises sont **à côté des** pulls. → next to
Les chaussures sont **sous** la table. → under
Les bottes sont **par terre.** → on the ground
Le chapeau est **dans** son carton. → in
Le costume est **derrière** la table. → behind
Le jeune homme est **devant** la table. → in front of

**A. Oui ou non?** Look at the preceding drawing and correct any statements that are wrong.

> MODÈLE: Le jeune homme est sur la table. →
> Le jeune homme est devant la table.

1. Les chemises sont sous la table.
2. Les chemises sont à côté des pulls.
3. Le chapeau est devant son carton.
4. Les pulls sont par terre.
5. Le costume est derrière la table.
6. Les chaussures sont devant la table.

**B. Encore une fois!** Now look at the drawing again and complete the following sentences.

> MODÈLE: Le chapeau et son carton sont *sur* la chaise.

1. Les chaussures sont _____ des bottes.
2. Les chemises et les pulls sont _____ la table.
3. La table est _____ le costume.
4. Les bottes sont _____ la table.
5. Le chapeau et son carton sont _____ la table.

**À vous!** Take a look around you and jot down one or two original observations about your class.

> MODÈLE: Le prof est devant le tableau.

secondhand clothing store

### QUELLE EST VOTRE TAILLE? *(What's your size?)*

Femmes: Robes, Tailleurs, Pulls

| France | 38 | 40 | 42 | 44 | 46 | 48 |
|--------|----|----|----|----|----|----|
| USA    | 10 | 12 | 14 | 16 | 18 | 20 |

Jeans Dames

| France | 32 | 34 | 36 | 38 | 42 | 44 |
|--------|----|----|----|----|----|----|
| USA    | 6  | 8  | 10 | 12 | 14 | 16 |

Hommes: Chemises

| France | 37–38     | 39–40     | 41–42 | 43 |
|--------|-----------|-----------|-------|----|
| USA    | 14½–15    | 15½–16    | 16½   | 17 |

Jeans Hommes

| France | 36 | 38 | 40 | 44 | 46 | 48 |
|--------|----|----|----|----|----|----|
| USA    | 28 | 30 | 32 | 34 | 36 | 38 |

### QUELLE EST VOTRE POINTURE? *(What's your shoe size?)*

Chaussures Dames

| France | 36 | 37 | 38 | 39 | 40 | 41 |
|--------|----|----|----|----|----|----|
| USA    | 5  | 6  | 7  | 8  | 9  | 10 |

Chaussures Hommes

| France | 42 | 43 | 44 | 45 | 46 | 47 |
|--------|----|----|----|----|----|----|
| USA    | 8  | 9  | 10 | 11 | 12 | 13 |

## Le monde francophone ...ses gens

| | |
|---|---|
| NOM: | Morgane Bourglan |
| ÂGE: | 23 |
| LIEU DE NAISSANCE: | Laval, France |
| PROFESSION: | Etudiante |

*Faites la description de votre meilleur(e)[a] ami(e).*

Elle s'appelle Gwénaëlle et habite aussi à Laval. Elle travaille maintenant dans une auto-école. Elle a[b] l'intention de fonder sa propre[c] entreprise dans une dizaine d'années.[d] Nous sommes amies depuis longtemps et nous partageons[e] les mêmes intérêts pour le basket et la musique. Sa famille est un peu ma famille et vice versa. Elle est super sympa.

---

[a]*best*  [b]*has*  [c]*own*  [d]*dans... in ten years or so*  [e]*share*

| NOM: | Charles Adjovi |
|---|---|
| ÂGE: | 28 |
| LIEU DE NAISSANCE: | Porto-Novo, Bénin |
| PROFESSION: | Commerçant |

*Où êtes-vous né [f] et où habitez-vous? Qu'est-ce que vous aimez dans votre village ou votre ville?*

Je suis de Porto-Novo en République de Bénin, mais je passe[g] seulement le week-end à Porto-Novo parce que je travaille à Cotonou. Je suis originaire de Ouidah, ville historique, située au bord de l'océan Atlantique. Cette ville est malheureusement célèbre parce qu'elle servait[h] de port d'embarquement de nos frères noirs, des esclaves[i] destinés aux Amériques.

Ce que j'aime dans cette ville maintenant, c'est son calme, c'est sa plage,[j] ... c'est aussi sa culture vaudou qui reste vivace.

---

[f]*born*  [g]*spend*  [h]*used to serve*  [i]*slaves*  [j]*beach*

# Étude de grammaire

## 5. THE VERB *être*
### Identifying People and Things

**LE GÉNIE DE FABRICE**

FABRICE: Eh bien, je **suis** prêt à travailler!

MARTINE: Moi aussi, mais où **sont** les livres et le dictionnaire?

FABRICE: Euh... ah oui, regarde, les voilà. Le dictionnaire **est** sous le chapeau et les cahiers **sont** sur le blouson. Maintenant, nous **sommes** prêts.

MARTINE: Tu sais, Fabrice, tu **es** très bon en littérature, mais pour l'organisation, tu **es** nul!

FABRICE: Peut-être, mais le désordre, c'**est** un signe de génie!

Complétez les phrases d'après le dialogue.

1. La chambre de Fabrice est **en ordre / en désordre**.
2. Martine et Fabrice sont étudiants **en lettres / en sciences**.
3. Martine **admire / critique** les talents de Fabrice en littérature.

# Forms of *être*

| PRESENT TENSE OF **être** *(to be)* | | | |
|---|---|---|---|
| je | **suis** | nous | **sommes** |
| tu | **es** | vous | **êtes** |
| il, elle, on | **est** | ils, elles | **sont** |

# Uses of *être*

The uses of **être** closely parallel those of *to be*.

| | |
|---|---|
| Fabrice **est** intelligent. | *Fabrice is intelligent.* |
| Nous **sommes** d'accord. | *We agree.* |
| Fabrice et Martine **sont** à la bibliothèque. | *Fabrice and Martine are at the library.* |

In describing someone's nationality, religion, or profession, no article is used with **être**.

| | |
|---|---|
| —**Je suis anglais.** | *I am English.* |
| —**Je suis catholique;** mon ami **est musulman.** | *I'm (a) Catholic; my friend is (a) Muslim.* |
| —Vous **êtes professeur**? | *Are you a teacher?* |
| —Non, je **suis étudiant.** | *No, I am a student.* |

# Ce with *être*

1. The pronoun **ce** has various English equivalents: *he, she, it, they; this, that, these, those*. **C'est** and **Ce sont** are used instead of **Il/Elle est** and **Ils/Elles sont** in certain cases.

   - **C'est** (or **Ce sont**) is used before modified nouns *(always with an article)* and proper names; it usually answers the questions **Qui est-ce?** and **Qu'est-ce que c'est?**

   | | |
   |---|---|
   | —Qui est-ce? | *Who is that?* |
   | —C'est Maxime. C'est un étudiant belge. | *It's Maxime. He is a Belgian student.* |
   | —Ce sont des Français? | *Are they French?* |
   | —Non, ce sont des Italiens. | *No, they are Italian.* |
   | —Qu'est-ce que c'est? | *What is that?* |
   | —C'est une friperie. | *It's a second-hand clothes shop.* |
   | —Et ça, qu'est-ce que c'est? | *And that, over there, what is that?* |
   | —Oh ça, c'est une boutique de haute couture. | *Oh, that's a fashion designer's shop.* |

- **C'est** can also be followed by an adjective, to refer to a general situation or to describe something that is understood in the context of the conversation.

> Le français? C'est facile!
> J'adore le Québec. C'est magnifique!

2. **Il/Elle est** and **Ils/Elles sont** are generally used to describe someone or something already mentioned in the conversation. They are usually followed by an adjective, a prepositional phrase, and occasionally by an unmodified noun *(without an article)*.

| | |
|---|---|
| —Où est située la friperie? | *Where is the second-hand clothes shop located?* |
| —Elle est dans la rue Mouffetard. | *It's on Mouffetard Street.* |
| —Voici Karim. Il est étudiant en biologie. | *Here is Karim. He is a biology student.* |
| —Il est français? | *Is he French?* |
| —Oui, il est français, d'origine algérienne. | *Yes, he's French, of Algerian descent.* |

# Vérifions!

**A. Description.** You have been invited to the home of a French person. Describe the things and people you see, using **devant, dans, sur, sous,** or **derrière.**

MODÈLE:

Pierre-Louis    Daniel

→ Les cafés sont sur la table.
Les garçons *(boys)* sont devant la table.

**1.** Rémy

**2.** Cléopâtre

**B. Un examen.** Complete the following dialogue between Fabrice and Martine, using the correct form of the verb **être.**

FABRICE: Ces livres _____¹ difficiles!

MARTINE: Pas pour toi, tu _____² un génie!

FABRICE: Oui, mais le professeur _____³ très exigeant *(demanding).*

MARTINE: Et il dit toujours *(always says)*: «Vous _____⁴ une étudiante intelligente, Mademoiselle.»

FABRICE: Nous _____⁵ peut-être intelligents, mais moi, je ne _____⁶ pas prêt pour l'examen!

**Qui est-ce?** Now identify the following people on the basis of the dialogue.

1. C'est une personne très exigeante.
   C'est _____.
2. C'est une étudiante intelligente.
   C'est _____.
3. Il n'est pas prêt pour l'examen.
   C'est _____.

**C. La France et les Français.** The French are proud of their heritage and their contributions to the world. Identify the correct answers using **ce n'est pas** and **c'est.**

MODÈLE: le sport préféré des Français: le jogging? le football *(soccer)*? →
Ce n'est pas le jogging, c'est le football, bien sûr *(of course)*!

1. un symbole de la France: la tulipe? la fleur de lys?
2. un président français: Renoir? Chirac?
3. une ville française: Versailles? Lisbonne?
4. un génie français: Louis Pasteur? Werner von Braun?
5. un cadeau *(gift)* des Français aux Américains: la Maison-Blanche *(White House)*? la Statue de la Liberté?
6. une ville américaine avec une grande influence française: La Nouvelle-Orléans? Boston?
7. un pays *(country)* où on parle français: le Canada? le Mexique?

**D. Et vous, vous êtes comment?** Create a description of yourself based on the following statements. When you are finished, introduce yourself to the class.

1. Je m'appelle _____.
2. Je suis un(e) _____. (femme / homme / jeune fille / jeune homme)
3. Je suis _____. (étudiant(e) / professeur)
4. Je suis _____. (nationalité)
5. Je suis de _____. (ville)
6. Je suis l'ami(e) de _____.
7. _____ et _____ sont mes *(my)* amis.
8. Maintenant je suis _____. (lieu *[place]*)
9. Je porte _____. (vêtements)

**Et votre camarade de classe?** Now describe one of your classmates: **Il/Elle s'appelle _____. Il/Elle est _____. _____ et _____ sont ses** *(his/her)* **amis...**

# 6. DESCRIPTIVE ADJECTIVES
## Describing People and Things

**RENCONTRES PAR ORDINATEUR**

| | |
|---|---|
| Il est sociable, | Elle est sociable, |
| charmant, | charmante, |
| sérieux, | sérieuse, |
| beau, | belle, |
| idéaliste, | idéaliste, |
| sportif... | sportive... |

Répondez aux questions suivantes.

1. Il cherche *(is looking for)* une femme sportive? réaliste? extravagante?
2. Il est ordinaire? extraordinaire? réaliste?
3. Elle cherche un homme sociable? drôle? réaliste?
4. Elle est ordinaire? extraordinaire? réaliste?
5. La machine est optimiste?

## Position of Descriptive Adjectives

Descriptive adjectives (**les adjectifs qualificatifs**) are used to describe people, places, and things. In French, they normally *follow* the nouns they modify. They also modify the subject when they follow the verb **être.**

| | |
|---|---|
| un professeur **intéressant** | *an interesting teacher* |
| un ami **sincère** | *a sincere friend* |
| Elle est **sportive.** | *She is sports-minded (likes sports).* |

## Agreement of Adjectives

In French, adjectives must agree in both gender (masculine or feminine) and number (singular or plural) with the nouns they modify. Note the different forms of the adjective **intelligent:**

| | MASCULINE | FEMININE |
|---|---|---|
| *Singular* | un étudiant intelligent | une étudiante intelligent**e** |
| *Plural* | des étudiants intelligent**s** | des étudiantes intelligent**es** |

1. To create a feminine adjective, an **e** is usually added to the masculine form.

    Alain est persévérant. → Sylvie est persévérant**e.**

   Remember that final **t, d,** and **s,** which are usually silent in French, are pronounced when **e** is added: **intelligent** [ã]**intelligente** [ãt].

2. If the masculine singular form of the adjective ends in an unaccented or silent **e,** the ending does not change in the feminine singular.

    Paul est optimist**e.** → Claire est optimist**e.**

3. To make an adjective of either gender plural, an **s** is added in most cases.

    Ils sont charmant**s.** Elles sont charmante**s.**

   If the singular form of an adjective already ends in **s** or **x,** the ending does not change in the masculine plural.

    L'étudiant est **français.** → Les étudiants sont **français.**
    Le professeur est **courageux.** → Les professeurs sont **courageux.**

4. If a plural subject contains one or more masculine items or persons, the plural adjective is masculine.

    Sylvie et François sont **français.** Sylvie et Françoise sont **françaises.**

# Irregular Adjectives

| PATTERN | | SINGULAR | | PLURAL | |
|---|---|---|---|---|---|
| *Masc.* | *Fem.* | *Masc.* | *Fem.* | *Masc.* | *Fem.* |
| -eux ⎫<br>-eur ⎭ → | **-euse** | courageux<br>travailleur | courageuse<br>travailleuse | courageux<br>travailleurs | courageuses<br>travailleuses |
| -er → | **-ère** | cher<br>*(expensive)* | chère | chers | chères |
| -if → | **-ive** | sportif | sportive | sportifs | sportives |
| -il ⎫<br>-el ⎭ → | **-ille**<br>**-elle** | gentil *(nice,<br>pleasant)*<br>intellectuel | gentille<br><br>intellectuelle | gentils<br><br>intellectuels | gentilles<br><br>intellectuelles |
| -ien → | **-ienne** | parisien | parisienne | parisiens | parisiennes |

Other adjectives that follow these patterns include **paresseux/paresseuse** *(lazy),* **naïf/naïve** *(naïve),* **sérieux/sérieuse** *(serious),* **fier/fière** *(proud),* and **canadien/canadienne.** The feminine forms of **beau** *(handsome, beautiful)* and **nouveau** *(new)* are **belle** and **nouvelle.**

# Colors

1. Most adjectives of color have masculine, feminine, and plural forms.

   > un chemisier **blanc / bleu / gris / noir / vert / violet**
   > une chemise **blanche / bleue / grise / noire / verte / violette**
   > des chemisiers **blancs / bleus / gris / noirs / verts / violets**
   > des chemises **blanches / bleues / grises / noires / vertes / violettes**

2. **Jaune, rouge,** and **rose** are invariable in gender.

   > un pantalon ⎫
   > une robe    ⎬ **jaune, rose, rouge**

   *Adjectifs ending plural des*

3. **Marron** and **orange** are invariable in gender and number.

   > un chemisier **marron / orange**
   > des chemisiers **marron / orange**

jaune    orange    rouge    rose

violet(te)    bleu(e)    vert(e)

marron    noir(e)    gris(e)    blanc, blanche

## Vérifions!

**A. Dans la salle de classe.** Complete the sentences with appropriate adjectives according to their meaning and form.

1. La salle de classe est...    (<u>blanche</u> / beau / gentil / <u>orange</u> / <u>petite</u> / chers)
2. Le professeur est...    (<u>sérieux</u> / dynamiques / <u>actif</u> / travailleuse / gentils / sportives)
3. Les étudiants sont...    (fier / <u>sincères</u> / intelligente / courageux / naturelles / <u>paresseux</u>)
4. Le livre de français est...    (longs / <u>intéressant</u> / difficiles / <u>nouveau</u> / <u>amusant</u> / originale)

**B. Le couple idéal.** Patrice and Patricia are soulmates, alike in every respect. Describe Patricia.

MODÈLE:    Patrice est français. → Patricia est française.

1. optimiste
2. intelligent
3. charmant
4. fier → *fière*
5. sérieux → *se*
6. parisien
7. naïf
8. gentil
9. sportif
10. courageux
11. travailleur
12. intellectuel

**C. Un couple irréconciliable.** But Fabien and Fabienne are as different as night and day! Describe Fabienne.

Fabien est travailleur, patient, sincère, sérieux, sympathique, raisonnable, intéressant, agréable.

Fabienne n'est pas...

**D. De quelle couleur?** Ask a classmate to give the colors of the following items.

MODÈLE:  le drapeau *(flag)* américain →
    É1:  De quelle couleur est le drapeau américain?
    É2:  Le drapeau américain est rouge, blanc et bleu.

1. le drapeau français
2. la mer *(sea)*
3. l'éléphant *(m.)*
4. la violette
5. la neige *(snow)*

6. le tigre
7. le zèbre  ~sont
8. les plantes *(f.)*
9. les fleurs *(f.)* sont
10. les jeans  sont

# Parlons-en!

**A. Une lettre.** Here is a letter Stéphane fears he will receive from his girlfriend. Transform this imaginary letter into the more positive one actually on its way by changing the adjectives and appropriate verbs.

Angers, le 7 janvier

Stéphane,

Tu es stupide, antipathique et égoïste! Tous les jours *(Every day)* tu es nerveux, tu ne rêves pas parce que tu es peu idéaliste, et tu es même *(even)* souvent hypocrite. Je déteste aussi tes *(your)* vêtements, surtout *(especially)* tes chaussures rouges. En plus *(Furthermore)* je trouve que tu es naïf et un peu paresseux.

Adieu.

MODÈLE:  Stéphane, tu es intelligent...

**B. Vive la mode!** Describe what you are wearing, what your instructor is wearing, and finally what a classmate is wearing. Use colors in your descriptions.

1. Aujourd'hui *(Today),* je porte...
2. Le professeur de français porte...
3. Mon/Ma camarade de classe porte...

Tell the class which items of clothing you like and which ones you really love (**J'adore...**).

**C. Les personnes idéales.** Working with a classmate, take turns describing these ideal  people. Start by asking **Comment est...?**

MODÈLE:  É1:  Comment est l'homme idéal?
    É2:  Pour *(For)* moi, il est sportif (sincère, idéaliste) et... Et pour toi?
    É1:  Pour moi, il est...

1. l'homme idéal
2. la femme idéale
3. le/la camarade de classe idéal(e)
4. le professeur idéal
5. l'ami idéal (l'amie idéale)

**D. Descriptions.** Take a few minutes to jot down on a slip of paper what you are wearing. Your instructor will then collect the descriptions, shuffle them, and distribute them to the class. Read the description, then find the person to whom it corresponds. When you have located him/her, verify that you have the right person by asking if he/she is wearing the items: **Tu portes…?** If everything matches, compliment your classmate's outfit: **C'est chic! Comme tu es élégant(e)!** Your partner may respond with a simple **merci** or may compliment you in return.

# 7. YES/NO QUESTIONS
## Getting Information

**DISCUSSION ENTRE AMIS**

| | |
|---|---|
| LA TOURISTE: | **Est-ce** un accident? |
| L'AGENT DE POLICE: | Non, ce n'est pas un accident. |
| LA TOURISTE: | **Est-ce que** c'est une manifestation? |
| L'AGENT DE POLICE: | Mais, non! |
| LA TOURISTE: | Alors, c'est une dispute? |
| L'AGENT DE POLICE: | Pas vraiment. C'est une discussion animée entre amis. |

Voici les réponses. Posez les questions. Elles sont dans le dialogue.

1. Ce n'est pas un accident.
2. Ce n'est pas une manifestation.
3. Ce n'est pas une dispute.

Questions that ask for new information or facts often begin with interrogative words (*who?*, *what?*, and so on). Other questions simply require a *yes* or *no* answer.

## Questions with No Change in Word Order

Like English, French has more than one type of *yes/no* question.

| | |
|---|---|
| *Statement:* | Vous êtes parisien. |
| *Question with rising intonation:* | Vous êtes parisien? |
| *Question with* **est-ce que:** | **Est-ce que** vous êtes parisien? |
| *Tag question with* **n'est-ce pas:** | Vous êtes parisien, **n'est-ce pas**? |

- **Questions with rising intonation.** The pitch of your voice rises at the end of a sentence to create a vocal question mark. This is the most common way to ask a question in spoken French.

| | |
|---|---|
| —Vous ne parlez pas anglais? | *Don't you speak English?* |
| —Si, un peu. | *Yes, a little.* |

Note that **si**, not **oui**, is used to say *yes* to a negative question.

- **Questions with *est-ce que.*** The statement is preceded by **est-ce que.** This form of question is not as common in everyday speech as rising intonation.

| | |
|---|---|
| **Est-ce qu'**elle étudie l'espagnol? | *Is she studying Spanish?* |
| **Est-ce qu'**il arrive après le cours? | *Is he arriving after class?* |

**Est-ce que** is pronounced as one word. Before a vowel, it becomes **est-ce qu':**
**est-ce qu'ils** [ɛskil], **est-ce qu'elles** [ɛskɛl].

- **Tag questions.** When agreement or confirmation is expected, the tag **n'est-ce pas?** is added to the end of a sentence.*

| | |
|---|---|
| Il aime la musique, **n'est-ce pas?** | *He loves music, doesn't he?* |
| Il porte une cravate ce soir, **n'est-ce pas?** | *He's wearing a tie this evening, isn't he?* |
| Tu regardes souvent la télé, **n'est-ce pas?** | *You often watch TV, don't you?* |
| L'examen est facile, **n'est-ce pas?** | *The test is easy, isn't it?* |

## Questions with a Change in Word Order

As in English, questions can be formed in French by inverting the order of subject and verb. However, with the exception of a few fixed expressions such as **Quelle heure est-il?** and **Comment allez-vous?**, this type of question is usually confined to written French.

- **Questions with pronoun subjects.** The subject pronoun (**ce, on, il,** and so on) and verb are inverted and hyphenated.

| PRONOUN SUBJECT | |
|---|---|
| *Statement:* | Il est touriste. |
| *Question:* | **Est-il** touriste? |

---

*The question forms are most often used to ask for information. However, when used with present-tense verbs, they can also imply indirect commands; for example, **Tu étudies ce soir, n'est-ce pas? Tu commences maintenant? Est-ce que tu travailles?** A parent might use these questions to get a child to study.

| | |
|---|---|
| **Est-ce** une dispute? | *Is it a dispute?* |
| **Aiment-ils** les discussions animées? | *Do they like animated discussions?* |
| **Es-tu** d'accord avec nous? | *Do you agree with us?* |

The final **t** of third-person plural verb forms is pronounced when followed by **ils** or **elles: aiment-elles.** If a third-person singular verb form ends in a vowel, **-t-** is inserted between the verb and the pronoun.

| | |
|---|---|
| **Aime-t-elle** la littérature française? | *Does she like French literature?* |
| **Parle-t-on** français ici? | *Is French spoken here?* |

The subject pronoun **je** is seldom inverted. **Est-ce que** or intonation is used instead: **Est-ce que je suis en avance** *(early)*? or **Je suis en avance?**

• **Questions with noun subjects.** The third-person pronoun that corresponds to the noun subject follows the verb and is attached to it by a hyphen. The noun subject is retained.

| NOUN SUBJECT | |
|---|---|
| *Statement:* | Marc est étudiant. |
| *Question:* | **Marc est-il** étudiant? |

| | |
|---|---|
| Les étudiants français sont-ils travailleurs? | *Are French students hard-working?* |
| Delphine travaille-t-elle beaucoup? | *Does Delphine work a lot?* |

## Vérifions!

**A. C'est difficile à croire!** You find it hard to believe what Alexandra is telling you today. Express your surprise by turning each statement into a question. Your intonation should express your disbelief!

MODÈLE:   Solange est de Paris. → Solange est de Paris?

**1.** Pascal aussi est de Paris.   **2.** Il n'est pas gentil.   **3.** Solange est la copine *(girlfriend)* de Pascal.   **4.** C'est une jeune fille drôle.   **5.** Sandra est canadienne. **6.** Elle n'habite pas à Paris.

Now verify what Alexandra has told you by asking someone else. Create questions with **est-ce que.**

MODÈLE:   Solange est de Paris. → Est-ce que Solange est de Paris?

**B. Étudiants à la Sorbonne.** You are writing an article on student life in Paris. Verify the information you have jotted down by writing out questions for your fact-checker.

MODÈLE:    Stéphane étudie à la Sorbonne. →
           Est-ce que Stéphane étudie à la Sorbonne?

**1.** Il est parisien.    **2.** Il travaille dans une librairie.    **3.** Stéphane et Carole sont
étudiants en philosophie.    **4.** Ils sont sympa.    **5.** Carole habite à la cité-u.
**6.** Elle est américaine.

## Parlons-en!

**A. Portrait d'un professeur.** Ask your instructor questions about his/her birthplace,
personality, tastes, and clothes. Use rising intonation in forming your questions.

**Verbes suggérés:** aimer, danser, donner, écouter, être, étudier, habiter, parler, porter,
regarder, skier, travailler, visiter...

MODÈLES:    Vous êtes français(e)?

           Vous parlez italien?

           Vous aimez le sport?

**Résumez!** Now see if your classmates were listening.
Ask a classmate three questions about your instructor. Use **est-ce que** in forming your questions.

MODÈLE:    É1: Est-ce que le professeur parle
              italien?
           É2: Non, il/elle ne parle pas italien.
              *ou* Oui, il/elle parle italien.

**B. Une publicité.** Look at the advertisement
published in the French magazine *20 ans,* and
answer the questions based on it.

1. Est-ce que le cardigan est pour homme ou
   pour femme?
2. Est-ce que le cardigan est en coton ou en
   acrylique?
3. Est-ce que le jean pour homme est en coton
   ou en polyester?
4. Est-ce que la veste est pour homme ou pour
   femme?
5. Est-ce que les mannequins portent des
   tennis ou des chaussures?

**C. Questions générales.** Working with a classmate,
take turns asking and answering questions based on
the following items. Use rising intonation in forming your questions.

MODÈLE:   une cravate / en soie *(silk)* ou en coton →
          É1:  En général, une cravate est en soie ou en coton?
          É2:  En général, elle est en...

1. un pull-over / en laine *(wool)* ou en nylon
   ~~chaussettes / en polyester ou en coton~~
   ~~chemisier / en polyester ou en laine~~
4. un manteau / en soie ou en nylon
5. une jupe / en coton ou en polyester

# 8. THE PREPOSITIONS *à* AND *de*
## Mentioning a Specific Place or Person

### KHALED ET DELPHINE, DEUX ÉTUDIANTS

Ils habitent **à la** cité universitaire.
Ils mangent **au** restaurant universitaire.
Ils jouent **au** volley-ball à la salle des sports.
Le week-end, ils jouent **aux** cartes avec des amis.
Ils aiment parler **des** professeurs, **de l'**examen d'anglais, **du** cours de littérature française et **de la** vie à l'université.

Et vous?

1. Vous habitez à la cité universitaire?
2. Vous mangez au restaurant universitaire?
3. Vous jouez au volley-ball à la salle des sports?
4. Le week-end, vous jouez aux cartes?
5. Vous aimez parler des professeurs? de l'examen de français? du cours de français? de la vie à l'université?

Prepositions (**les prépositions**) are words such as *to, in, under,* and *for.* In French, they sometimes contract with the following article. The most common French prepositions are **à** and **de**.

## Uses of *à* and *de*

1. **À** indicates location or destination.* Note that **à** has several English equivalents.

   | | |
   |---|---|
   | Khaled habite **à** Paris. | *Khaled lives in Paris.* |
   | Il étudie **à** la bibliothèque. | *He studies at (in) the library.* |
   | Ses parents arrivent **à** Paris ce soir. | *His parents are arriving in Paris this evening.* |

---

*The preposition **à** expresses location primarily with names of cities. Prepositions used with names of countries are treated in **Chapitre 8.**

With verbs such as **parler, donner, montrer** *(to show)*, and **téléphoner, à** introduces the indirect object (usually a person). The preposition *to* is not always used in English, but **à** must be used in French with these verbs.

| | |
|---|---|
| Khaled **parle à** un professeur. | *Khaled is speaking to a professor.* |
| Khaled **téléphone à** un ami. | *Khaled is calling a friend.* |
| Il **montre** une photo **à** une camarade. | *He is showing a photo to a friend.* |

2. **De** indicates where something or someone comes from.

| | |
|---|---|
| Medhi est **de** Casablanca. | *Medhi is from Casablanca.* |
| Il arrive **de** la bibliothèque. | *He is coming from the library.* |

**De** also indicates possession (expressed by *'s* or *of* in English) and the concept of belonging to, being a part of.

| | |
|---|---|
| Voici la librairie **de** Madame Vernier. | *Here is Madame Vernier's bookstore.* |
| J'aime mieux la librairie **de** l'université. | *I prefer the university bookstore (the bookstore of the university).* |

When used with **parler, de** means *about*.

| | |
|---|---|
| Nous parlons **de** la littérature anglaise avec Madame Vernier. | *We're talking about English literature with Madame Vernier.* |

## Contractions of *à* and *de*

| | | | |
|---|---|---|---|
| **à + le = au** | Khaled arrive **au** cinéma. | **de + le = du** | Delphine arrive **du** cinéma. |
| **à + les = aux** | Khaled arrive **aux** cours. | **de + les = des** | Delphine arrive **des** cours. |
| **à + la = à la** | Khaled arrive **à la** librairie. | **de + la = de la** | Delphine arrive **de la** librairie. |
| **à + l' = à l'** | Khaled arrive **à l'**université. | **de + l' = de l'** | Delphine arrive **de l'**université. |

## The Verb *jouer* with *à* and *de*

When **jouer** is followed by the preposition **à**, it means *to play* a sport or game. When it is followed by **de**, it means *to play* a musical instrument.

Martine
**joue au tennis.**

Philippe
**joue du piano.**

# Vérifions!

**A. Camille, une personne très active.** Adapt the following sentences.

1. Camille parle *à la jeune fille.* (Rachid, les touristes, le chien)
2. Elle parle *du Café Flore.* (le cours de français, la musique zydeco, les sports français)
3. Camille arrive *de New York.* (la bibliothèque, le cours d'anglais, le restaurant universitaire) *dй → do*
4. Elle aime jouer *au golf.* (le rugby, la guitare, le piano)

**B. On va où** *(Where do we go)?* Taking turns with a partner, ask questions based on the following items.

> MODÈLE:  É1: On va où pour écouter une symphonie?
> É2: On va au concert.

| | |
|---|---|
| 1. pour regarder un film | l'amphithéâtre |
| 2. pour jouer au tennis | le Quartier latin |
| 3. pour jouer au volley-ball | le cinéma |
| 4. pour écouter le professeur | le café |
| 5. pour manger | les courts de tennis |
| 6. pour visiter la Sorbonne | la salle des sports |
| 7. pour parler avec des amis | le restaurant |

**C. Les passe-temps.** Complete the following sentences with the verb **jouer à** or **de.** Match the players with the sports or instruments they play.

> MODÈLE:  Dan Marino → Dan Marino joue au football américain.

| | | |
|---|---|---|
| 1. Wynton Marsalis | **a.** | le violon |
| 2. Mary Pierce | **b.** | le hockey |
| 3. Bruce Springsteen | **c.** | les échecs *(chess)* |
| 4. Midori | **d.** | la trompette |
| 5. Dennis Rodman | **e.** | le tennis |
| 6. Wayne Gretzky | **f.** | le basket-ball |
| 7. Gary Kasparov | **g.** | la guitare |

# Parlons-en!

**A. Trouvez quelqu'un qui...** Find someone in the classroom who does each of the following activities. On a separate piece of paper, note down his or her name next to the activity. See who can complete the list the fastest.

> MODÈLE:  jouer au football →
> É1: Tu joues au football?
> É2: Oui, je joue au football. *ou* Non, je ne joue pas au football.

| | | |
|---|---|---|
| 1. jouer de la guitare | 5. jouer au volley-ball | 8. jouer de la clarinette |
| 2. jouer du piano | 6. jouer aux cartes | 9. jouer au tennis |
| 3. jouer de la flûte | 7. jouer au poker | 10. jouer au basket-ball |
| 4. jouer au base-ball | | |

## Linking words

The following words will help you form more interesting and complicated sentences by linking ideas.

| | | | |
|---|---|---|---|
| **et** | *and* | **mais** | *but* |
| **aussi** | *also* | **si** | *if* |
| **ou** | *or* | **donc** | *therefore* |
| **parce que** | *because* | **alors** | *so* |

Note the different nuances that linking words create in the following sentences.

- Ma cousine étudie l'espagnol. J'étudie le français. →
  Ma cousine étudie l'espagnol **mais (et)** j'étudie le français.
- Je n'aime pas danser. Je ne danse pas ce *(this)* week-end. →
  Je n'aime pas danser, **donc** je ne danse pas ce week-end.
- Je ne suis pas riche. J'achète mes vêtements dans les friperies. →
  Je ne suis pas riche, **alors** j'achète mes vêtements dans les friperies.
- Je ne sais pas *(I don't know)* **si** le professeur aime danser.

*OÙ — where*
*OU — or*

**B. Jeu de logique.** Complete the following thoughts logically using a linking word from the **Mots-clés.**

1. Fatima est une personne sérieuse et raisonnable _mais_ elle aime beaucoup les films comiques.
2. Daniel, par contre, est drôle _et_ excentrique.
3. Je me demande *(wonder)* _si_ Daniel est artiste.
4. Moi, je suis idéaliste, _donc_ je travaille pour une organisation écologiste.
5. Travaillez-vous _parce que_ vous aimez travailler ou simplement pour gagner de l'argent *(to earn money)*?
6. Êtes-vous sociable _ou_ préférez-vous des activités solitaires?

# Étude de prononciation

## Nasal Vowels

When the letter **n** or **m** follows a vowel or a combination of vowels, it frequently affects the pronunciation of the vowel, giving it a nasal quality. Such vowels are called nasals. The **n** or **m** itself is not pronounced.

Prononcez avec le professeur.

|  | | IPA<br>SYMBOL | MOST COMMON<br>SPELLINGS |
|---|---|---|---|
| 1. | amphithéâtre   employer   plan<br>attendez   français   centre | [ɑ̃] | an   am   en   em |
| 2. | onze   oncle   combien   bonjour<br>bon   nombre | [ɔ̃] | on   om |
| 3. | impatient   intéressant   synthèse<br>sympathique   peintre   pain   faim | [ɛ̃] | im   in   yn<br>ym   ein   ain   aim |

Note that the vowel is not nasal if the **n** or **m** is followed by a vowel. The **n** or **m** is then pronounced: **image, banane, fine.** The same is true if the **n** or **m** is doubled and then followed by a vowel: **comme, Anne, innocent.**

Prononcez avec le professeur.

1. un / une
2. dans / Anne
3. Italien / Italienne
4. brun / brune
5. imprimer / immeuble
6. Américain / Américaine
7. fin / fine
8. interdit / inutile

## Mise au point

**A. La vie de Morgane et de Martin.** Create complete sentences.

1. Morgane / être / étudiante / sérieux / et / intelligent
2. mais / Martin / être / étudiant / paresseux / et / peu / travailleur
3. ils / habiter / à côté de / parc (m.)
4. Morgane / jouer / piano
5. nous / jouer / cartes / avec / Martin
6. aujourd'hui / Morgane / porter / sandales / marron / et / jupe / noir
7. chemises / Martin / être / blanc
8. il / aimer / danser / en boîte (disco)
9. mais / Morgane / aimer mieux / étudier / bibliothèque
10. ce / couple (m.) / être / bizarre / mais / intéressant

**B. La curiosité!** You are looking for the following people, and ask their friends if they can be found in the usual places. Combine the elements to create questions, as in the model.

MODÈLE: Georges / bibliothèque →
Georges est à la bibliothèque? *ou* Est-ce que Georges est à la bibliothèque?

1. Sophie / avec Mme Haddad
2. M. Martin / librairie
3. Étienne et Odile / restau-u
4. Patrice / fac (*slang abbrev.* faculté)
5. Philippe et Kofi / café (*m.*)

Now imagine that you include these same questions in a note you are writing to a friend. Use inversion.

**C. Portraits.** Based on each of the statements in the left-hand column, create two new sentences using the corresponding adjectives and places.

MODÈLE:  Nous jouons aux cartes. → Nous sommes calmes et sociables.
→ Nous sommes au café.

| | LES ADJECTIFS | | LES ENDROITS | |
|---|---|---|---|---|
| 1. Nous aimons parler avec des amis. | individualiste | calme | Paris | les courts de tennis |
| 2. Elles étudient beaucoup. | sérieux | drôle | le café | l'amphithéâtre |
| 3. Nous dansons beaucoup. | travailleur | sociable | le cinéma | le Quartier latin |
| 4. Odile est parisienne. | sportif | excentrique | la bibliothèque | la maison |
| 5. Yannick joue au tennis. | idéaliste | à la mode | la discothèque | |

**D. Qui est-ce?** Describe a classmate. The rest of the class guesses who it is.

MODÈLE:  Il aime la musique et le tennis, il étudie l'allemand et le français et il n'aime pas danser. Il est de Cincinnati et il habite à la cité universitaire. Il est intelligent, sympathique et sportif. Il porte un pull-over et un jean. Qui est-ce? Son prénom commence par (*with*) M.

**E. Interactions.** In **Chapitre 2,** you have learned how to ask questions, describe people and things, identify people and things, and talk about where they are. Act out the following situations, using the vocabulary and structures from this chapter.

- **Journaliste.** You are a reporter for the school newspaper; a classmate plays the role of a visiting celebrity. Find out everything you can about this classmate: likes and dislikes, where she or he likes to go, some personality characteristics.
- **Emprunt** (*A loan*). Imagine that someone in the class borrowed your French book but you have forgotten his or her name. Describe what he or she was wearing to another classmate, who will try to name the student.

# Rencontres

## Situations

In this dialogue, Caroline and Bénédicte are shopping for something to wear to a party tomorrow night. Are they having any luck?

[**Thème 4, Scène 4.1**]*

CAROLINE: Voilà! Que penses-tu[a] de cette robe noire? Moi je l'aime bien.

BÉNÉDICTE: Elle est jolie.

CAROLINE: Elle est assez sexy.

BÉNÉDICTE: Et bien sûr, c'est la plus[b] chère. C'est la ruine!

CAROLINE: Regarde, ce noir est génial sur toi.

BÉNÉDICTE: Tu es sûre?

CAROLINE: Oui, sincèrement, cette robe est superbe. Comme tu es belle!

BÉNÉDICTE: Tu es gentille!

CAROLINE: Vas-y. Tu dois l'essayer![c]

BÉNÉDICTE: Et toi, qu'est-ce que tu vas porter?

CAROLINE: Ne t'inquiète pas[d] pour moi. Je vais trouver[e] facilement! Plus facilement que toi, je t'assure!

## Avec un(e) partenaire...

Make a list of some adjectives used to describe clothing, thinking in terms of color, size, style, etc. Then, taking turns with a partner, point to your own clothing while your partner names and briefly describes each item.

MODÈLE: C'est une belle chemise bleue.

[a]Que... *What do you think*   [b]*most*   [c]Tu... *You have to try on!*   [d]Ne... *Don't worry*   [e]Je... *I will find*

---

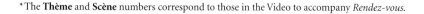

*The **Thème** and **Scène** numbers correspond to those in the Video to accompany *Rendez-vous*.

# LECTURE

## Avant de lire

**CONTEXTUAL GUESSING**   When you read a text in your own language, you often figure out the meaning of unfamiliar words based on the context. This technique is even more useful when reading in a foreign language. Try it whenever you read in French.

First, skim the reading quickly to figure out the general topic. Look at illustrations and captions. Then go back to the beginning and try to understand the main idea in each sentence without using a dictionary. Remember that your goal is not to understand every word, but simply to grasp the most important information.

After skimming the following article adapted from a popular French newsmagazine, *L'Express,* read the following phrases to see if you can guess what they are about.

> **petit polo étriqué kaki en polyester**
> **chemise zippée en Tergal**
> **imprimés à carreaux, à fleurs ou à motifs hawaiiens**

- You can deduce from the larger context that this is a list of items with something in common. (All are items of clothing of a certain style.)
- You might guess that a **polo** is a knit shirt with a collar, as in English. This one is khaki-colored, made of polyester, and, you might guess, close-fitting or tight (based on the word **petit** and the clothing you see in the photos). You probably can't guess the meaning of **étriqué,** so just skip it; you've already managed to grasp the most important information.
- You know **chemise** from the chapter vocabulary. This shirt is **zippée**    easily guessable. What is **Tergal**? You might conclude it is a kind of fabric, because you know that phrases such as **en polyester** and **en coton** tell you the kind of fabric. The capital T suggests that **Tergal** is a brand name, like Gore-tex. That's all you need to know to continue reading.
- The glosses in the reading tell you that **imprimés** are prints and that **à carreaux** means "plaid" (literally, "with squares"). Knowing that, you can guess that **à fleurs** and **à motifs hawaiiens** describe other kinds of prints. You may know that **fleurs** means "flowers"; if not, you may decide to look that word up. **Motifs hawaiiens** is an obvious cognate.

When you learn to make educated guesses, reading becomes easier and more enjoyable. Contextual guessing helps you keep your nose out of the dictionary!

# modes de vie

## Seconde main[a] en vogue

La fripe années 70 fait des ravages auprès des 15–25 ans,[b] la génération MTV. C'est la génération qui adore les séries cultes d'hier,[c] Dynastie en tête[d]... Point commun de ce petit monde: une garde-robe ringarde.[e] Petit polo étriqué kaki en polyester; chemise zippée en Tergal; imprimés à carreaux,[f] à fleurs ou à motifs hawaiiens; pantalon de toile brute taille basse[g]; robe en Nylon à porter sur un tee-shirt vert pistache ou orange. Vive le synthétique, vivent les seventies! Guerrisold—avec dix boutiques à Paris—est le sanctuaire des jeunes Français qui veulent s'habiller[h] avec des vêtements de seconde main, remis à neuf,[i] coûtant entre 5 et 150 F (retouches comprises). ◆

Short, 10 F ;
polo-brassière,
29,50 F.

Chemise
Hawaii,
29,50 F ;
débardeur,
14,50 F ;
pantalon,
14,50 F.

PHOTOS : C. MEMOUR

Polo
en polyester,
29,50 F ;
ceinture,
10 F.

[a]hand  [b]fait... is taking over among 15–25 year olds  [c]yesterday's
[d]en... at the top of the list  [e]garde-robe... out-of-fashion wardrobe
[f]à... plaid  [g]taille... low-waisted  [h]veulent... want to dress
[i]remis... refurbished

# Compréhension

**Vrai ou faux?** Correct any statements that are wrong.

1. Les jeunes Français n'aiment pas les vêtements de seconde main.
2. Les vêtements des années 70 sont à la mode en France.
3. Les 20–35 ans, c'est la génération MTV.
4. D'après l'article, le coton est le tissu *(fabric)* préféré des jeunes Français.
5. Les couleurs tendres et pâles sont en vogue.
6. Guerrisold est une marque *(brand name)* de vêtements.

## PAR ÉCRIT

FUNCTION:   Describing (a person)

AUDIENCE:   Your instructor and classmates

GOAL:   To describe someone in class using the following model

PARAGRAPHE 1
Julie habite à Los Angeles. C'est une jeune fille excentrique mais intéressante. Elle aime parler de musique et de politique, mais elle n'aime pas parler de cours universitaires. En général, elle porte un pull-over noir, un jean et des chaussettes blanches.

PARAGRAPHE 2
Julie admire Courtney Love et Ella Fitzgerald, mais elle déteste Madonna. Elle adore danser et écouter la radio. Julie est sociable et optimiste; c'est une personne dynamique.

## Steps

1. Make a list of questions to ask a classmate so that you can gather the same kind of information as is given in the preceding paragraphs. For example: **Tu habites à Cincinnati? Tu es idéaliste ou réaliste? Tu aimes la musique? Quelle** *(What)* **musique? Tu portes souvent un jean?**
2. As you interview your classmate, jot down the answers in abbreviated form.
3. Next, circle the details you will use to write your composition. Using the model as a guide, write the composition, rounding out the details and adding descriptive information wherever possible. Try to adapt the description to your own writing style.
4. Reread the paragraphs for smoothness and clarity. Rewrite them if they seem unorganized, unfocused, or choppy. Finally, reread the composition, checking for adjective agreement and proper use of the articles **à** and **de.**
5. Be prepared to read your description to your classmates.

# À L'ÉCOUTE!

**Mon meilleur copain.** Guillaume is talking about his best friend, Patrice. First, look through the activities. Next, listen to the vocabulary and Guillaume's description of Patrice. Then, do the activities. Replay the tape as often as you need to. (See Appendix F for answers.)

> **VOCABULAIRE UTILE**
> **vachement**  *very (slang)*
> **cuir**  *leather*

**A.** Based on Guillaume's description, decide which drawing depicts Patrice.

**B.** Now choose the correct answer, based on the description of Patrice.

1. Patrice habite _____.
   **a.** à Lyon   **b.** à Nice
2. Patrice étudie _____.
   **a.** l'anglais   **b.** l'espagnol
3. Patrice adore _____.
   **a.** la musique classique   **b.** le rock
4. Il joue _____.
   **a.** du piano   **b.** de la guitare
5. Patrice est _____.
   **a.** intelligent mais un peu paresseux
   **b.** très intellectuel
6. Patrice porte toujours _____.
   **a.** un jean et un blouson noir
   **b.** un costume gris

# Vocabulaire

## Verbes

**arriver** to arrive
**être** to be
**jouer à** to play *(a sport or game)*
**jouer de** to play *(a musical instrument)*
**montrer** to show
**porter** to wear; to carry
**téléphoner à** to telephone

À REVOIR: **regarder, travailler**

## Substantifs

**les cartes** *(f.)* cards
**les échecs** *(m.)* chess
**la jeune fille** girl, young lady
**le jeune homme** young man
**la personne** person
**la voiture** automobile

À REVOIR: **l'ami(e), la bibliothèque, la femme, l'homme, l'université**

## Adjectifs

**beau/belle** beautiful
**cher/chère** expensive
**drôle** funny, odd
**facile** easy
**fier/fière** proud
**gentil(le)** nice, pleasant
**nouveau/nouvelle** new
**paresseux/paresseuse** lazy
**prêt(e)** ready
**sportif/sportive** *describes someone who likes physical exercise and sports*
**sympa(thique)** nice
**travailleur/travailleuse** hardworking

À REVOIR: **espagnol(e), français(e), italien(ne)**

## Adjectifs apparentés

**amusant(e), calme, conformiste, courageux/courageuse, (dés)agréable, différent(e), difficile, dynamique, enthousiaste, excentrique, idéaliste, (im)patient(e), important(e), individualiste, (in)sociable, intellectuel(le), intelligent(e), intéressant(e), naïf/naïve, nerveux/nerveuse, optimiste, parisien(ne), pessimiste, raisonnable, réaliste, sérieux/sérieuse, sincère, snob**

## Prépositions

**à côté de** beside, next to
**derrière** behind
**devant** in front of
**sous** under
**sur** on, on top of

## Les vêtements

**le blouson** windbreaker
**les bottes** *(f.)* boots
**la casquette** French cap
**le chapeau** hat
**les chaussettes** *(f.)* socks
**les chaussures** *(f.)* shoes
**la chemise** shirt
**le chemisier** blouse
**le costume** *(man's)* suit
**la cravate** tie
**l'imperméable** *(m.)* raincoat
**le jean** jeans
**la jupe** skirt
**le maillot de bain** swimsuit
**le manteau** coat
**le pantalon** pants
**le pull-over** sweater
**la robe** dress
**le sac à dos** backpack
**le sac à main** handbag
**les sandales** *(f.)* sandals
**le short** shorts
**le tailleur** woman's suit
**le tee-shirt** T-shirt
**les tennis** *(m.)* tennis shoes
**la veste** sports coat, blazer
**le veston** suit jacket

## Les couleurs

**blanc(he)** white
**bleu(e)** blue
**gris(e)** gray
**jaune** yellow
**marron** *(inv.)* brown
**noir(e)** black
**orange** *(inv.)* orange
**rose** pink
**rouge** red
**vert(e)** green
**violet(te)** violet

## Mots et expressions divers

**alors** so
**assez** somewhat
**aussi** also
**donc** therefore
**eh bien, ...** well, . . . (well, then)
**où** where
**parce que** because
**par terre** on the ground
**peu** not very; hardly
**quand** when
**qui... ?** who (whom) . . . ?
**si** if
**très** very

# Le logement

## IN CHAPITRE 3, YOU WILL LEARN:

- vocabulary for talking about your room, describing yourself and your friends, and talking about the months and seasons

- structures for expressing actions, possession and sensations, negation, and getting information

- cultural information about national holidays and housing in France

Dimanche matin: c'est l'heure d'arroser *(to water)* les fleurs!

# Étude de vocabulaire

## Deux chambres d'étudiants

La chambre d'Anne est en ordre.
Anne habite dans une maison.

La chambre de Céline est en désordre.
Céline habite dans un appartement.

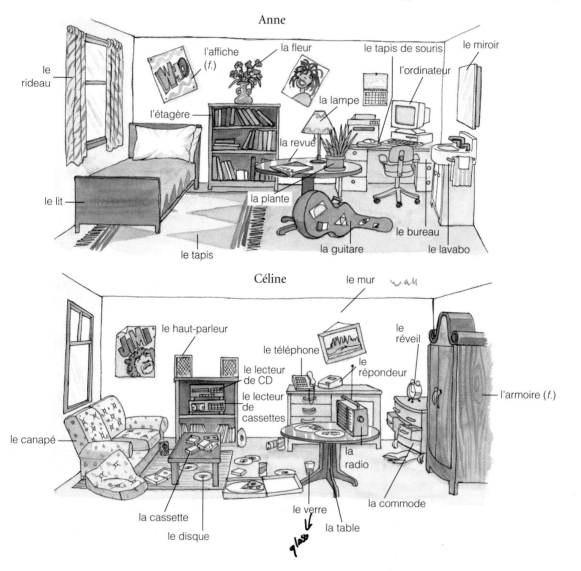

Anne

le rideau

l'affiche (f.)

la fleur

le tapis de souris

le miroir

l'ordinateur

l'étagère

la lampe

la revue

le lit

la plante

la guitare

le bureau

le lavabo

le tapis

Céline

le mur    wall

le haut-parleur

le réveil

le téléphone

le lecteur de CD

le répondeur

le lecteur de cassettes

l'armoire (f.)

le canapé

la radio

la commode

la cassette

le verre

la table

le disque

glass

# À vous!

**A. Deux chambres.** Describe the two rooms by answering the questions.

**Qu'est-ce qu'il y a...**

1. sur le bureau d'Anne? de Céline?
2. à côté du lit d'Anne?
3. sous la table d'Anne? de Céline?
4. sous le lecteur de CD de Céline?
5. sur l'étagère d'Anne? de Céline?
6. sur la commode de Céline?
7. à côté de la radio de Céline?
8. sur le mur d'Anne? de Céline?
9. (par terre) dans la chambre de Céline?
10. sur la table d'Anne?
11. devant le bureau d'Anne?
12. sur le tapis d'Anne? de Céline?
13. derrière les étagères d'Anne et de Céline?

*une assiette*

**B. L'intrus.** Three items are similar and one is different in each of the following series. Find the items that are out of place.

1. lit / commode / armoire / fleur
2. lecteur de cassettes / affiche / guitare / disque compact
3. lavabo / livre / revue / étagère
4. miroir / affiche / rideaux / revue

**C. Préférences.** What do you find in the room of a person who likes the following activities or pursuits?

1. étudier   2. écouter de la musique   3. parler à des amis   4. le sport   5. la mode   6. le cinéma

**D. Désordre.** Alain has a problem with clutter! Describe his room, using **sur, sous, devant, derrière, dans,** and **par terre.**

MODÈLE:   Il y a deux livres sous la chaise.

**Et vous?** Now describe your own room, providing as many details as possible. In your opinion, which objects in the room reveal your personality?

Dans ma chambre, il y a...
Parmi ces choses, celles qui reflètent bien mon caractère sont...
parce que...

## *Réalités francophones*

### STUDENT HOUSING

For financial reasons, most French students study in their home towns and live with their families. Foreign students, or French ones who do not live at home, have several choices of housing. They can rent a tiny but inexpensive room in the **cité universitaire.** This is a popular option for international students. However, these rooms must be reserved far in advance. Some students rent a studio or an apartment in town, which is expensive, especially in Paris, or a more moderately priced room in a family home.

Lately, the **H.L.M. (habitations à loyer modéré),** a state agency that owns and manages apartment complexes for low-income families, has reserved some of its apartments for students. Although quite inexpensive, there are few available units. In Paris and other large cities, students can also rent **des chambres de bonne:** rooms on the upper floors of elegant buildings, once used by maids of well-to-do families. These rooms are fairly inexpensive, but their occupants often must share a common bathroom.

French lodgings may seem quite small by North American standards, and inexpensive accommodations are generally old, lacking the kinds of conveniences —such as laundry and bathtub—that are taken for granted in the United States.

## Les amis d'Anne et de Céline

Lise est grande, belle et dynamique. Elle a *(has)* les yeux verts et les cheveux blonds. (Elle est blonde.)

Déo a les cheveux noirs. Il est beau et charmant. Il est de taille moyenne *(medium height).*

Chantal est aussi de taille moyenne. Elle a les yeux marron et les cheveux courts et roux. (Elle est rousse [*redheaded*].)

Cédrèc est très sportif. Il est grand, il a les cheveux longs, châtains *(brown)* et en désordre.

Thu est très petite et intelligente. Elle a les cheveux châtains et raides.

## À vous!

**A. Erreur!** Correct any sentences that are wrong.

MODÈLE: Déo a les cheveux châtains. → Mais non, il a les cheveux noirs.

**1.** Cédrèc a les cheveux courts. **2.** Chantal a les cheveux longs et châtains. **3.** Thu a les cheveux noirs. **4.** Chantal a les yeux noirs. **5.** Lise a les cheveux roux. **6.** Déo est très grand. **7.** Lise est de taille moyenne. **8.** Thu est petite. **9.** Déo et Lise sont laids *(ugly)*. **10.** Chantal est blonde et Lise est rousse.

**B. Personnalités célèbres.** What color hair do the following people have?

MODÈLE: Steve Martin → Steve Martin? Il a les cheveux blancs.

**1.** Madonna **2.** Eddie Murphy **3.** Annie, la petite orpheline **4.** Brad Pitt

**C. Et vos camarades de classe?** Describe the hair, eyes, and height of someone in the classroom. Your classmates will guess who it is. (If they have trouble guessing, describe what the person is wearing!)

MODÈLE: Il/Elle a les cheveux longs et noirs, il/elle a les yeux marron et il/elle est de taille moyenne.

**Et vous?** Now describe yourself.

MODÈLE: J'ai *(I have)*... Je suis...

# Quelle est la date d'aujourd'hui?

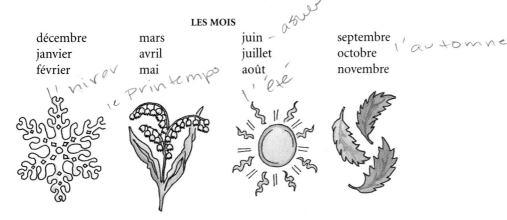

**LES MOIS**

| | | | |
|---|---|---|---|
| décembre | mars | juin | septembre |
| janvier | avril | juillet | octobre |
| février | mai | août | novembre |

*(handwritten annotations: l'hiver, le printemps, l'été, l'automne, azur)*

In French, the day is usually followed by the month: **le 21 mars** (abbreviated as **21.3**). **Le** usually precedes the day of the month.

Dates in French are expressed with cardinal numbers (**le 21 mars**), with the exception of the first of the month: **le 1$^{er}$ (premier) janvier.** Here are two ways to give the date.

Aujourd'hui, nous sommes mardi, le 20 avril.
Aujourd'hui, nous sommes le 20 avril.

# À vous!

**A. Fêtes** (*Holidays*) **américaines.** What months do you associate with the following holidays?

1.   2.   3.   4.

5.   6.   7.

**B. C'est aujourd'hui sa fête.** In France and other countries with Catholic traditions, each day of the year is associated with a particular saint. Look over the list of names and dates on page 83. Choose six of them and, with a partner, ask and answer questions about "name days."

MODÈLE:   É1:   Quand est-ce qu'on célèbre la fête de Didier?
          É2:   Le vingt-trois mai. Et la fête de Gilbert? (etc.)

**C. Le voyageur bien informé.** It can be useful to know the holidays of the countries you visit. Look at the following lists and compare the three countries. Note that the dates of some holidays vary from country to country and from year to year.

| **Suisse** | | **États-Unis** | | **France** | |
|---|---|---|---|---|---|
| **1ᵉʳ janv.** | Nouvel An | **1ᵉʳ janv.** | Nouvel An | **1ᵉʳ janv.** | Nouvel An |
| **2 janv.** | Fête légale | **20 févr.** | Anniversaire de | **27 mars** | Lundi de Pâques |
| **24 mars** | Vendredi saint | | Washington | **1ᵉʳ mai** | Fête du Travail |
| **26 mars** | Pâques | **24 mars** | Vendredi saint | **4 mai** | Ascension |
| **27 mars** | Lundi de Pâques | **29 mai** | Jour du Souvenir | **8 mai** | Armistice |
| **4 mai** | Ascension | **4 juill.** | Fête de l'Indépendance | **15 mai** | Lundi de Pentecôte |
| **15 mai** | Lundi de Pentecôte | **5 sept.** | Fête du Travail | **14 juill.** | Fête nationale (Prise |
| **1ᵉʳ août** | Fête nationale | **11 nov.** | Fête des Anciens | | de la Bastille) |
| **25 déc.** | Noël | | Combattants | **15 août** | Assomption |
| **26 déc.** | Lendemain de Noël | **23 nov.** | Action de Grâce | **1ᵉʳ nov.** | Toussaint |
| | | **25 déc.** | Noël | **11 nov.** | Jour du Souvenir |
| | | | | **25 déc.** | Noël |

1. Quelles fêtes aux États-Unis ne sont pas célébrées en France? en Suisse? Donnez (*Give*) la date de ces fêtes.
2. Y a-t-il plus de (*more*) fêtes religieuses en France et en Suisse qu'aux (*than in the*) États-Unis? Nommez-les (*Name them*) et donnez leur date.
3. Donnez les dates des fêtes nationales dans les trois pays.
4. Quel est votre jour de fête préféré? Pourquoi (*Why*)?

# fêtes à souhaiter

### a

| | | |
|---|---|---|
| ADOLPHE | 30 | juin |
| ADRIEN | 8 | sept |
| AGNES | 21 | janv |
| AIME | 13 | sept |
| AIMEE | 20 | fév |
| ALAIN | 9 | sept |
| ALBAN | 22 | juin |
| ALBERT | 15 | nov |
| ALEXANDRE | 22 | avril |
| ALEXIS | 17 | fév |
| ALFRED | 15 | août |
| ALICE | 16 | déc |
| ALINE | 20 | oct |
| ALPHONSE | 1 | août |
| AMAND | 6 | fév |
| ANATOLE | 3 | fév |
| ANDRE | 30 | nov |
| ANGE | 5 | mai |
| ANGELE | 27 | janv |
| ANNE | 26 | juil |
| ANSELME | 21 | avril |
| ANTOINE | 17 | janv |
| ANTOINETTE | 28 | fév |
| ANTONIN | 2 | mai |
| ARISTIDE | 31 | août |
| ARLETTE | 17 | juil |
| ARMAND | 8 | juin |
| ARMEL | 16 | août |
| ARNAUD | 10 | fév |
| ARTHUR | 15 | nov |
| AURORE | 13 | déc |

### b

| | | |
|---|---|---|
| BAUDOUIN | 17 | oct |
| BEATRICE | 13 | fév |
| BENJAMIN | 31 | mars |
| BENOIT | 11 | juil |
| BERNADETTE | 18 | fév |
| BERNARD | 20 | août |
| BERTHE | 4 | juil |
| BERTRAND | 6 | sept |
| BRIGITTE | 23 | juil |

### c

| | | |
|---|---|---|
| CAMILLE | 14 | juil |
| CARINE | 7 | nov |
| CAROLE | 17 | juil |
| CATHERINE | 25 | nov |
| CECILE | 22 | nov |
| CELINE | 21 | oct |
| CHANTAL | 12 | déc |
| CHARLES | 2 | mars |
| CHRISTEL (LE) | 24 | juil |
| CHRISTIAN | 12 | nov |
| CHRISTINE | 24 | juil |
| CHRISTOPHE | 21 | août |
| CLAIRE | 11 | août |
| CLAUDE | 6 | juin |
| CLEMENCE | 21 | mars |
| CLEMENT | 23 | nov |
| CLOTILDE | 4 | juin |
| COLETTE | 6 | mars |
| CORINNE | 18 | mai |
| CYRILLE | 18 | mars |

### d

| | | |
|---|---|---|
| DANIEL | 11 | déc |
| DAVID | 29 | déc |
| DELPHINE | 26 | nov |
| DENIS | 9 | oct |
| DENISE | 15 | mai |
| DIDIER | 23 | mai |
| DOMINIQUE | 8 | août |

### e

| | | |
|---|---|---|
| EDITH | 13 | sept |
| EDMOND | 20 | nov |
| EDOUARD | 5 | janv |
| ELIANE | 4 | juil |
| ELIE | 20 | juil |
| ELISABETH | 17 | nov |
| ELISE | 17 | nov |
| ELOI | 1 | déc |
| EMILE | 22 | mai |
| EMILIENNE | 5 | janv |
| EMMANUEL | 25 | déc |
| ERIC | 18 | mai |
| ERNEST | 7 | nov |
| ESTELLE | 11 | mai |
| ETIENNE | 26 | déc |
| EUGENE | 13 | juil |
| EVA | 6 | sept |
| EVELYNE | 27 | déc |

### f

| | | |
|---|---|---|
| FABIEN | 20 | janv |
| FABRICE | 22 | août |
| FELIX | 12 | fév |
| FERDINAND | 30 | mai |
| FERNAND | 27 | juin |
| FRANÇOIS | 4 | oct |
| FRANÇOISE | 12 | déc |
| FREDERIC | 18 | juil |

### g

| | | |
|---|---|---|
| GABRIEL (LE) | 29 | sept |
| GAEL | 17 | déc |
| GAETAN | 7 | août |
| GASTON | 6 | fév |
| GAUTIER | 9 | avril |
| GENEVIEVE | 3 | janv |
| GEOFFROY | 8 | nov |
| GEORGES | 23 | avril |
| GERALD | 5 | déc |
| GERARD | 3 | oct |
| GERAUD | 13 | oct |
| GERMAIN | 31 | juil |
| GERMAINE | 15 | juin |
| GERVAIS | 19 | juin |
| GHISLAIN | 10 | oct |
| GILBERT | 7 | juin |
| GILBERTE | 11 | août |
| GILLES | 1 | sept |
| GINETTE | 3 | janv |
| GISELE | 7 | mai |
| GODEFROY | 8 | nov |
| GONTRAN | 28 | mars |
| GREGOIRE | 3 | sept |
| GUILLAUME | 10 | janv |
| GUSTAVE | 7 | oct |
| GUY | 12 | juin |

### h

| | | |
|---|---|---|
| HELENE | 18 | août |
| HENRI | 13 | juil |
| HERVE | 17 | juin |
| HONORE | 16 | mai |
| HORTENSE | 5 | oct |
| HUBERT | 3 | nov |
| HUGUES | 1 | avril |

### i

| | | |
|---|---|---|
| IRENE | 5 | avril |
| ISABELLE | 22 | fév |

### j

| | | |
|---|---|---|
| JACINTHE | 30 | janv |
| JACQUELINE | 8 | fév |
| JACQUES | 25 | juil |
| JEAN | 24 | juin |
| JEANNE | 30 | mai |
| JEROME | 30 | sept |
| JOACHIM | 26 | juil |
| JOEL | 13 | juil |
| JOHANNE | 30 | mai |
| JOSEPH | 19 | mars |
| JOSETTE | 19 | mars |
| JOSSELIN | 13 | déc |
| JULES | 12 | avril |
| JULIEN | 2 | août |
| JULIENNE | 16 | fév |
| JULIETTE | 30 | juil |
| JUSTE | 14 | oct |

### k

| | | |
|---|---|---|
| KARINE | 7 | nov |

### l

| | | |
|---|---|---|
| LAETITIA | 18 | août |
| LAURENT | 10 | août |
| LEA | 22 | mars |
| LEON | 10 | nov |
| LILIANE | 4 | juil |
| LINE | 20 | oct |
| LIONEL | 10 | nov |
| LISE | 17 | nov |
| LOIC | 25 | août |
| LOUIS | 25 | août |
| LOUISE | 15 | mars |
| LUC | 18 | oct |
| LUCIE | 13 | déc |
| LUCIEN | 8 | janv |
| LUDOVIC | 25 | août |

### m

| | | |
|---|---|---|
| MADELEINE | 22 | juil |
| MARC | 25 | avril |
| MARCEL | 16 | janv |
| MARCELLE | 31 | janv |
| MARIANNE | 9 | juil |
| MARIANNICK | 15 | août |
| MARIE | 15 | août |
| MARIE-THERESE | 7 | juin |
| MARTHE | 29 | juil |
| MARTIAL | 30 | juin |
| MARTINE | 30 | janv |
| MARYVONNE | 15 | août |
| MATHILDE | 14 | mars |
| MATTHIAS | 14 | mai |
| MATTHIEU | 21 | sept |
| MAURICE | 22 | sept |
| MICHEL | 29 | sept |
| MICHELINE | 19 | juin |
| MIREILLE | 15 | août |
| MONIQUE | 27 | août |
| MURIEL | 15 | août |

### n

| | | |
|---|---|---|
| NATHALIE | 27 | juil |
| NELLY | 18 | août |
| NICOLAS | 6 | déc |
| NICOLE | 6 | mars |
| NOEL | 25 | déc |

### o

| | | |
|---|---|---|
| ODETTE | 20 | avril |
| ODILE | 14 | déc |
| OLIVIER | 12 | juil |

### p

| | | |
|---|---|---|
| PASCAL | 17 | mai |
| PATRICE | 17 | mars |
| PAUL | 29 | juin |
| PAULE | 26 | janv |
| PHILIPPE | 3 | mai |
| PIERRE | 29 | juin |
| PIERRETTE | 31 | mai |

### r

| | | |
|---|---|---|
| RAOUL | 7 | juil |
| RAPHAEL | 29 | sept |
| RAYMOND | 7 | janv |
| REGINE | 7 | sept |
| REGIS | 16 | juin |
| REMI | 15 | janv |
| RENAUD | 17 | sept |
| RENE (E) | 19 | oct |
| RICHARD | 3 | avril |
| ROBERT | 30 | avril |
| RODOLPHE | 21 | juin |
| ROGER | 30 | déc |
| ROLAND | 15 | sept |
| ROLANDE | 13 | mai |
| ROMAIN | 28 | fév |
| RONALD | 17 | sept |
| ROSELINE | 17 | janv |
| ROSINE | 11 | mars |

### s

| | | |
|---|---|---|
| SABINE | 29 | août |
| SAMUEL | 20 | août |
| SANDRINE | 2 | avril |
| SEBASTIEN | 20 | janv |
| SERGE | 7 | oct |
| SIMON | 28 | oct |
| SOLANGE | 10 | mai |
| SOPHIE | 25 | mai |
| STANISLAS | 11 | avril |
| STEPHANE | 26 | déc |
| SUZANNE | 11 | août |
| SYLVAIN | 4 | mai |
| SYLVESTRE | 31 | déc |
| SYLVIE | 5 | nov |

### t

| | | |
|---|---|---|
| TANGUY | 19 | nov |
| THERESE | 1 | oct |
| THIBAUT | 8 | juil |
| THIERRY | 1 | juil |
| THOMAS | 3 | juil |

### v

| | | |
|---|---|---|
| VALENTIN | 14 | fév |
| VALENTINE | 25 | juil |
| VALERIE | 28 | avril |
| VERONIQUE | 4 | fév |
| VICTOR | 21 | juil |
| VINCENT de Paul | 27 | sept |
| VIRGINIE | 7 | janv |
| VIVIANE | 2 | déc |

### w

| | | |
|---|---|---|
| WALTER | 9 | avril |
| WILFRIED | 12 | oct |

### x

| | | |
|---|---|---|
| XAVIER | 3 | déc |

### y

| | | |
|---|---|---|
| YOLANDE | 11 | juin |
| YVES | 19 | mai |
| YVETTE | 13 | janv |
| YVON | 19 | mai |

# Réalités francophones

## FÊTES NATIONALES

The French celebrate their national holiday on July 14. Called Bastille Day in English, in French it is known simply as **la fête nationale.** It commemorates the fall of the Bastille (a fortress and prison in Paris) to French revolutionaries in 1789.

Here are the main civic holidays of French-speaking regions and countries around the world.

| | | | |
|---|---|---|---|
| le 1er janvier | Haïti | le 15 août | Congo, Nouveau-Brunswick |
| le 20 mars | Tunisie | le 2 septembre | Viêtnam |
| le 4 avril | Togo | le 2 octobre | Guinée |
| le 23 juin | Luxembourg | le 19 novembre | Monaco |
| le 24 juin | Québec | le 22 novembre | Liban |
| le 1er juillet | Burundi | le 24 novembre | République Démocratique du Congo |
| le 21 juillet | Belgique | le 7 décembre | Côte-d'Ivoire |
| le 1er août | Bénin, Suisse | le 18 décembre | Niger |

Les Révolutionnaires prennent La Bastille à Paris

## Le monde francophone ...ses gens

| | |
|---|---|
| NOM: | Christine Tullot |
| ÂGE: | 31 |
| LIEU DE NAISSANCE: | Le Moule, Guadeloupe |
| PROFESSION: | Institutrice |

*Faites la description de l'endroit où vous habitez: votre logement et ses environs.*

J'habite dans les Antilles françaises sur l'île de la Guadeloupe. Le Moule est une petite ville sur la côte[a] atlantique, entourée de champs[b] de canne à sucre[c] d'où[d] elle tire[e] son économie (sucre et rhum). La maison que je loue se situe à 200 mètres de la plage à la sortie de la ville dans un quartier calme et agréable.

---

[a]*coast*   [b]*entourée... surrounded by fields*   [c]*sugar*   [d]*from which*   [e]*gets*

| NOM: | Jérôme Loisy |
|---|---|
| ÂGE: | 25 |
| LIEU DE NAISSANCE: | Mâcon, France |
| PROFESSION: | Étudiant |

J'habite dans un petit appartement au quatrième étage (sans ascenseur) d'un vieil immeuble situé à quelques rues du centre-ville de Lyon, dans le quartier des antiquaires.[f] Deux petites cheminées de marbre,[g] du parquet[h] ancien et des volets[i] intérieurs en bois[j] font le charme de ce logement que j'occupe avec mon amie, depuis que je suis étudiant.

[f]antique dealers  [g]marble  [h]hardwood floor  [i]shutters  [j]en... wooden

# Étude de grammaire

## 9. VERBS ENDING IN -ir
## Expressing Actions

### À BAS LES DISSERTATIONS*!

Khaled et Naima ont une dissertation d'histoire.

KHALED: Tu **choisis** quel sujet?

NAIMA: Je ne sais pas, je **réfléchis.** Bon, je **choisis** le premier sujet—l'Empire de Napoléon.

*(Deux jours plus tard.)*

KHALED: Alors, tu es prête?

NAIMA: Attends, je **finis** ma conclusion et j'arrive. Et si je **réussis** à avoir 15 sur 20, on fait la fête!

Vrai ou faux?

1. Naima n'aime pas le premier sujet.
2. Khaled finit sa dissertation après Naima.
3. Naima veut *(wants)* avoir 15 sur 20.

*Dissertation is the equivalent of a term paper. (A doctoral dissertation in France is **une thèse.**)

You have learned the present-tense conjugation of the largest group of French verbs, those whose infinitives end in **-er.** The infinitives of a second group of verbs end in **-ir.** Notice the addition of **iss** between the verb stem and the personal endings in the plural.

| PRESENT TENSE OF **finir** *(to finish)* | | | |
|---|---|---|---|
| je | fin**is** | nous | fin**issons** |
| tu | fin**is** | vous | fin**issez** |
| il, elle, on | fin**it** | ils, elles | fin**issent** |

1. The **-is** and **-it** endings of the singular forms of **-ir** verbs are pronounced [i]. The double **s** of the plural forms is pronounced [s].

2. Other verbs conjugated like **finir** include:

| | |
|---|---|
| **agir** | *to act* |
| **choisir** | *to choose* |
| **réfléchir (à)** | *to reflect (upon), to consider* |
| **réussir (à)** | *to succeed (in)* |

J'**agis** toujours avec raison. — *I always act reasonably.*
Nous **choisissons** des affiches. — *We're choosing some posters.*

The verb **réfléchir** requires the preposition **à** before a noun when it is used in the sense of *to consider, to think about,* or *to reflect upon (something).*

Elles **réfléchissent aux** questions de Paul. — *They are thinking about Paul's questions.*

The verb **réussir** requires the preposition **à** before an infinitive or before the noun in the expression **réussir à un examen** *(to pass an exam).* (**Passer un examen** means *to take an exam.*)

Je **réussis** souvent **à** trouver les réponses. — *I often succeed in finding the answers.*
Marc **réussit** toujours **à** l'examen d'histoire. — *Marc always passes the history exam.*

The verb **finir** requires the preposition **de** before an infinitive. When **finir** is followed by **par** + infinitive, it means *to end (up).*

En général, je **finis d'**étudier à 8h30. — *I usually finish studying at 8:30.*
On **finit** souvent **par** regarder la télé. — *We often end up watching television.*

# Vérifions!

**A. À la bibliothèque.** Read the description of Céline's visit to the library. Then imagine that Céline and Anne are there together, and rewrite the description, using **nous.**

Je choisis un livre de référence sur Diện Biên Phủ. Je réfléchis au sujet. Je réussis à trouver une revue intéressante sur Mendès France. Je finis très tard.

**B. En cours de littérature.** Complete the sentences with appropriate forms of **choisir, finir, réfléchir,** or **réussir.**

1. Le professeur _____ des textes intéressants. *→ Choisit   2 no*
2. Les étudiants _____ avant de répondre aux questions du professeur. *(réfléchissent)*
3. Pierre et Anne _____ toujours les devoirs très vite *(fast)*. *(finissent)*
4. Nous _____ toujours aux examens. *(Finisson) (réussissons)*
5. Toi, tu _____ souvent sans *(without)* réfléchir. *(choisis, agis)*
6. Et moi, je _____ toujours par comprendre *(understanding)* la leçon. *(finis)*
*I always end up understanding the lesson*

## Parlons-en!

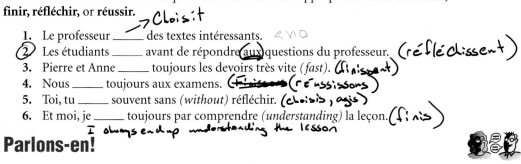

**Une interview.** Invent questions using the cues provided to interview a classmate. For each response your classmate gives, make a comment reacting to what he/she says, and provide your own personal response to the question.

MODÈLE:  réussir / aux examens →
   É1: Tu réussis toujours aux examens?
   É2: Oui, je réussis toujours aux examens. *ou* Non, je ne réussis pas toujours aux examens.
   É1: Ah, tu es intelligent(e)! Je ne réussis pas toujours aux examens. *ou* Moi aussi, je réussis quelquefois aux examens, mais pas toujours.

**1.** agir / souvent / sans réfléchir **2.** finir / exercices / français **3.** choisir / cours (difficiles, faciles,...) **4.** réfléchir / problèmes (politiques, des étudiants,...) **5.** choisir / camarade de chambre / patient(e) (intellectuel[le], calme,...)

# 10. THE VERB *avoir*
# Expressing Possession and Sensations

## CAMARADES DE CHAMBRE

JEAN-PHILIPPE: Tu **as** une chambre très agréable, et elle **a l'air** tranquille...
FLORENCE: Oui, j'**ai besoin de** beaucoup de calme pour travailler.
JEAN-PHILIPPE: Tu **as** une camarade de chambre sympathique?
FLORENCE: Oui, nous **avons de la chance:** nous aimons toutes les deux le tennis, le calme... et le désordre!

Vrai ou faux?

1. La chambre est calme.
2. Florence aime le calme pour étudier.
3. La camarade de chambre de Florence est ordonnée *(organized)*.
4. Elles n'aiment pas le tennis.

# orms of *avoir*

The verb **avoir** is irregular in form.

| PRESENT TENSE OF **avoir** *(to have)* | | | |
|---|---|---|---|
| j' | **ai** | nous | **avons** |
| tu | **as** | vous | **avez** |
| il, elle, on | **a** | ils, elles | **ont** ← liason |

J'**ai** un studio agréable.  
Vous **avez** une camarade de chambre sympathique?  
Oui, elle **a** beaucoup de patience.

*I have a nice studio apartment.*  
*Do you have a pleasant roommate?*  
*Yes, she has lots of patience.*

# Expressions with *avoir*

Many concepts expressed in French with **avoir** have English equivalents that use *to be.*

Elle **a chaud,** il **a froid.**  
Hot     cold

Elles **ont faim,** ils **ont soif.**  
Hungry  thirsty

Loïc, tu **as tort.** wrong  
Magalie, tu **as raison.** right

Frédéric **a l'air** content. seemsappears  
Il **a de la chance.** lucky

L'immeuble **a l'air** moderne. looks/appears modern

Jean **a sommeil.** sleepy

Ingrid **a besoin d'**une lampe. needs

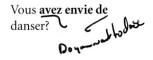

Vous **avez envie de** danser? Do youwant todance

Il **a rendez-vous** avec le professeur.

Il **a peur du** chien.

Elle **a honte.**

Isabelle **a quatre ans.**

- Note that with **avoir besoin de, avoir envie de,** and **avoir peur de,** the preposition **de** is used before an infinitive or a noun.
- You are already familiar with another frequently used **avoir** expression, **il y a,** which means *there is* or *there are.*

## Vérifions!

**A. Vive la musique!** You and your friends are planning an evening of music and entertainment. Say what each person has to contribute to the occasion.

MODÈLE:   Isaac / une platine laser → Isaac a une platine laser.

1. Monique et Marc / des disques compacts
2. vous / une guitare
3. tu / une clarinette
4. je / des cassettes
5. nous / un piano
6. Isabelle / une flûte

**B. Ils ont quel âge?** A student inquires about the age of the people in the following drawings. Guess how old they are.

MODÈLE:   É1: Il a quel âge?
          É2: Il a deux ou trois ans.

1.

2.

3.

**C. Qu'est-ce que vous avez** (*What's the matter*)**?** For each situation, use an expression with **avoir.**

MODÈLE:   Pour moi, un Coca-Cola, s'il vous plaît. → J'ai soif.

1. Je porte un pull et un manteau.
2. Il est minuit *(midnight)*.
3. J'ouvre *(open)* la fenêtre.
4. Je mange une quiche.
5. Paris est la capitale de la France.
6. Des amis suisses m'invitent *(invite me)* à Genève.
7. Je gagne *(win)* à la roulette.
8. Attention, un lion!
9. Je casse *(break)* le vase préféré de ma mère.
10. Je vais à la discothèque.
11. Rome est en Belgique.
12. 30 ans? Non, moi...
13. J'ai un examen difficile.
14. Et une limonade, s'il vous plaît.

## Parlons-en!

**A. Désirs et devoirs** *(duties)*. All of us have things we want to do and things we have to do. To express these ideas, create complete sentences using the words in each of the three columns, or use words of your own choosing. Take care to use the correct form of **avoir.**

| Je | avoir besoin de | étudier davantage *(more)* |
| Mon meilleur ami (Ma meilleure amie) | avoir envie de | acheter *(to buy)* une voiture |
| Mes parents | | visiter l'Europe |
| Le professeur de français | | danser à la discothèque |
| Mon/Ma camarade de chambre | | jouer au tennis |
| ? | | écouter un concert de rock |
| | | travailler le week-end |
| | | ? |

**B. Conversation.** Ask a classmate the following questions.

1. Tu as peur de quoi *(what)*? **2.** Tu as quoi dans ta chambre? **3.** Tu as besoin de quoi pour préparer ton cours de français? **4.** Tu as envie de quoi quand tu as faim? quand tu as soif? **5.** Tu as envie de quoi maintenant?

**Résumez!** Now tell the other students the most surprising or unusual fact you learned about your classmate.

MODÈLE: Éric a trois clarinettes dans sa chambre!

# 11. INDEFINITE ARTICLES IN NEGATIVE SENTENCES
## Expressing the Absence of Something

### LE CONFORT ÉTUDIANT

NATHALIE: Où sont les toilettes*?

ANNE: Désolée, je **n'**ai **pas de** toilettes dans ma chambre. Elles sont dans le couloir.

NATHALIE: Mais tu as une douche?

ANNE: Non, **pas de** toilettes, **pas de** douche, mais j'ai une petite kitchenette et...

NATHALIE: Et une télé?

ANNE: Non, il **n'**y a **pas de** télé, mais j'ai une radio.

Complétez selon le dialogue.

1. Dans sa chambre, Anne n'a _pas de toilette_
2. Il n'y a pas _____.
3. Elle a une radio mais _____.

1. In negative sentences, the indefinite article (**un, une, des**) becomes **de (d')** after **pas.**

Il a **une** amie.

Elle porte **une** casquette.

Il y a **des** voitures dans la rue.

Il n'a pas **d'**amie.

Elle ne porte pas **de** casquette.

Il n'y a pas **de** voitures dans la rue.

Est-ce qu'il y a **un livre** sur la table?

*Is there a book on the table?*

Non, il n'y a **pas de livre** sur la table.

*No, there is no book on the table.*

---

***Toilettes** is always plural. You can also say **les W.-C.**

2. In negative sentences with **être,** however, the indefinite article does not change.

   —**C'est un livre?**
   —**Non, ce n'est pas un livre.** (*It's not a book.*)

3. The definite article (**le, la, l', les**) does not change in a negative sentence.

   —Elle a **la** voiture aujourd'hui?
   —Non, elle n'a pas **la** voiture.

## Vérifions!

A. **Une chambre intéressante!** Patrick is not very happy. In his room . . .

   MODÈLE:  Il y a un ordinateur, mais _____. →
   Il y a un ordinateur, mais il n'y a pas de répondeur.

   1. Il y a une table, mais _____.

   2. Il y a une étagère, mais _____.

   3. Il y a un lecteur de cassettes, mais _____.

   4. Il y a des fleurs, mais _____.

   5. Il y a une raquette, mais _____. (balle)

B. **Chambre à louer.** The room Abdel is inquiring about is very sparsely furnished.
Play the roles of Abdel and his prospective landlord or landlady, following the model.

   MODÈLE:  une télé →
                  ABDEL:  Est-ce qu'il y a une télé dans la chambre?
   LE/LA PROPRIÉTAIRE:  Non, il n'y a pas de télé.

   1. un lavabo                   4. des étagères
   2. un canapé                  5. une commode
   3. des tapis                    6. un miroir

# Parlons-en!

**A. Une interview.** Interview a classmate.

> MODÈLE:   ami français →
> É1: Tu as un ami français?
> É2: Oui, j'ai un ami français. *ou* Non, je n'ai pas d'ami français, mais j'ai un ami mexicain.

**1.** amis individualistes, snob, roux   **2.** livre de français, de russe, d'espagnol
**3.** cours d'anglais, d'art, d'histoire   **4.** lecteur de CD, télévision, cassettes
de \_\_\_\_   **5.** guitare, piano, clarinette   **6.** chat *(cat)*, chien, tigre   **7.** affiches,
téléphone, rideaux   **8.** appartement, voiture de sport, villa à Cannes   **9.** ordinateur, souris, tapis de souris

**Résumez!** Now summarize what you have learned about your classmate for the rest of the class: **Il/Elle a..., mais il/elle n'a pas de (d')...**

**B. Sondage: Les Français et la chance.** Here is an opinion poll (**un sondage**) published in the French magazine *Vital*. Read the four opinions listed, consider the results, and then choose the correct response.

| Question : « Diriez-vous qu'en général... ? » | Ensemble | Hommes | Femmes |
|---|---|---|---|
| | % | % | % |
| • Vous avez une chance insolente | 4 | 4 | 2 |
| • Vous avez beaucoup de chance | 31 | 32 | 31 |
| • Vous n'avez pas tellement de chance | 45 | 45 | 45 |
| • Vous n'avez pas de chance du tout | 11 | 8 | 14 |
| • Ne se prononcent pas | 9 | 11 | 8 |
| | 100 | 100 | 100 |

**4% des Français ont une chance insolente. 11% n'ont pas de chance du tout. Les femmes croient moins à la chance que les hommes.**

D'après *(According to)* le sondage,

1.   2% des (hommes / femmes) ont une chance insolente *(amazing)*.
2.   (14% / 11%) des femmes n'ont pas de chance.
3.   (31% / 32%) de tous les Français ont beaucoup de chance.
4.   Et 8% des (hommes / femmes) n'ont pas d'opinion.

**Et vous?** Now choose the sentence in the poll that describes you best!

# 12. INTERROGATIVE EXPRESSIONS
## Getting Information

### CHAMBRE À LOUER

MME GÉRARD: Bonjour, Mademoiselle. **Comment** vous appelez-vous?

MAÏTÉ: Maïté Avôké.

MME GÉRARD: Vous êtes étudiante?

MAÏTÉ: Oui.

MME GÉRARD: **Où** est-ce que vous étudiez?

MAÏTÉ: À la Sorbonne.

MME GÉRARD: C'est très bien, ça. Et **qu'est-ce que** vous étudiez?

MAÏTÉ: La philosophie.

MME GÉRARD: Oh, c'est sérieux, ça. Vous avez **combien d'**heures de cours?

MAÏTÉ: 21 heures par semaine.

MME GÉRARD: Alors, vous avez besoin d'une chambre pas chère?

MAÏTÉ: Oui, c'est ça. **Quand** est-ce que la chambre est disponible?    *available*

MME GÉRARD: Aujourd'hui. Elle est à vous.

Vrai ou faux?

✓ 1. Maïté est étudiante à Paris.
✓ 2. Mme Gérard a l'air gentille.
✓ 3. Maïté a besoin d'une chambre pas chère.
✗ 4. Maïté étudie les mathématiques.

## Interrogative Words

1. Information questions, as opposed to *yes/no* questions, ask for new information or facts. They often begin with interrogative expressions. Here are some of the most common interrogative words in French.

| | |
|---|---|
| **où** | *where* |
| **quand** | *when* |
| **comment** | *how* |
| **pourquoi** | *why* |
| **combien de** | *how much, how many* |

2. Information questions can be formed with intonation, with **est-ce que** or, in formal conversations, by inverting the subject and verb.

- Questions with **est-ce que.**

  $$\left.\begin{array}{l}\textbf{Où}\\\textbf{Quand}\\\textbf{Comment}\\\textbf{Pourquoi}\end{array}\right\}\ \textbf{est-ce que}\ \text{Michel joue du banjo?}$$

  **Combien de** fois par semaine (*times a week*) **est-ce que** Michel joue?

- Questions with a change in word order.

  PRONOUN SUBJECT

  $$\left.\begin{array}{l}\textbf{Où}\\\textbf{Quand}\\\textbf{Comment}\\\textbf{Pourquoi}\end{array}\right\}\ \text{étudie-t-il la musique?}$$

  **Combien d'**instruments a-t-il?

  ✗ NOUN SUBJECT

  $$\left.\begin{array}{l}\textbf{Où}\\\textbf{Quand}\\\textbf{Comment}\\\textbf{Pourquoi}\end{array}\right\}\ \text{Michel étudie-t-il la musique?}$$

  **Combien d'**instruments Michel a-t-il?

  Remember that in everyday French conversation, the subject and verb are rarely inverted in questions: **Où il est?** or **Tu étudies où?** Inversion is commonly used in formal discourse and in writing, however.

3. These are information questions with noun subject and verb only. With the interrogatives **où, quand, comment,** and **combien de,** it is possible to ask information questions using only a noun subject and the verb, with no pronoun.

   $$\left.\begin{array}{l}\textbf{Où}\\\textbf{Quand}\\\textbf{Comment}\end{array}\right\}\ \text{étudie Michel?}$$

   **Combien d'**instruments a Michel?

   However, the pronoun is almost always required with **pourquoi.**

   **Pourquoi** Michel étudie-t-**il**?

# Information Questions with Interrogative Pronouns

Some of the most common French interrogative pronouns (**les pronoms interrogatifs**) are **qui** and **que (qu'est-ce que).**

1. **Qui** *(who, whom)* is used in questions inquiring about a person or persons.

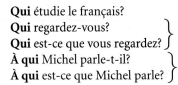

| | |
|---|---|
| **Qui** étudie le français? | *Who studies French?* |
| **Qui** regardez-vous? | *Whom are you looking at?* |
| **Qui** est-ce que vous regardez? | |
| **À qui** Michel parle-t-il? | *Whom is Michel speaking to?* |
| **À qui** est-ce que Michel parle? | |

2. **Que (Qu'est-ce que)** *(what)* refers to things or ideas. **Que** alone requires inversion.

| | |
|---|---|
| **Qu'est-ce que** vous étudiez? | *What are you studying?* |
| **Qu'étudiez-vous?** | |
| **Que** pense-t-il de la chambre? | *What does he think of the room?* |

# Vérifions!

**A. De l'argent** *(Money)*. Monsieur Harpagon doesn't like to spend money. Ask each of his questions using **pourquoi**.

MODÈLE:  MME HARPAGON: J'ai besoin d'un manteau.
                    M. HARPAGON: Pourquoi est-ce que tu as besoin d'un manteau?

**1.** Nous avons besoin d'une étagère.   **2.** Monique a besoin d'un dictionnaire d'anglais.   **3.** Paul a besoin d'une voiture.   **4.** J'ai besoin d'un nouveau tapis.

Now M. Harpagon leaves a note with all of his questions. Use inversion.

MODÈLE:  Pourquoi as-tu besoin d'un manteau?

**B. Une visite chez Farida et Marie-Claude.** Think of a question that corresponds to each statement about Farida and Marie-Claude's new apartment. Use **qu'est-ce que** or **que** with inversion.

MODÈLE:  Nous visitons le logement de Farida et Marie-Claude. →
         Qu'est-ce que vous visitez? *ou* Que visitez-vous?

**1.** Il y a un miroir sur le mur.   **2.** Je regarde les affiches de Farida.   **3.** Nous admirons l'ordre de la chambre de Farida.   **4.** Guy écoute les CD de Marie-Claude.   **5.** Je trouve des revues intéressantes.   **6.** Elles cherchent le chat de Farida.   **7.** Guy n'aime pas les rideaux à fleurs.   **8.** Nous aimons bien la vue et le balcon.

**C. Les étudiants et le logement.** With a little help from her friends, Delphine finds a new room. Create a question, using **qui** or **à qui**, that corresponds to each item of information.

**1.** *Delphine* cherche un logement.   **2.** *Mme Boucher* a une petite chambre à louer dans une maison.   **3.** Jocelyne et Richard parlent de Mme Boucher à *Delphine.*
**4.** Delphine téléphone à *Mme Boucher.*   **5.** Mme Boucher montre *(shows)* la chambre à *Delphine.*   **6.** *Delphine* loue la chambre de Mme Boucher.

**D. Une chambre d'étudiant.** Here is a conversation between two students. Based on Julien's answers, imagine which questions Sabine asks him.

**Suggestions:** comment, où, que (qu'est-ce que), pourquoi, quand, combien de...

MODÈLE:  SABINE:  Comment est la chambre?
JULIEN:  La chambre est *très agréable.*

SABINE:  _____?
JULIEN:  Il y a *des affiches* et *un miroir* sur le mur.
SABINE:  _____?
JULIEN:  Il y a *deux* chaises et *une* table.
SABINE:  _____?
JULIEN:  La lampe est *à côté de la platine laser.*
SABINE:  _____?
JULIEN:  J'ai une platine laser *parce que j'adore la musique.*
SABINE:  _____?
JULIEN:  J'écoute de la musique *quand j'étudie.*
SABINE:  _____?
JULIEN:  La chambre est *petite* mais *confortable.*

# Parlons-en!

**A. Voici les réponses.** Invent appropriate questions for these answers.

MODÈLE:  Dans la chambre de Marie-Jo. →
Où est-ce qu'il y a des affiches de cinéma? Où sont les cassettes d'Aimé?

**1.** C'est une revue française.   **2.** À l'université.   **3.** Parce que je n'ai pas envie d'étudier.   **4.** Vingt-quatre étudiants.   **5.** À midi.   **6.** Maryse.   **7.** Très bien.
**8.** Parce que j'ai faim.   **9.** Maintenant.

**B. Une interview.** Interview a classmate.

1. Tu es d'où? Comment est ta *(your)* ville?
2. Tu habites où? Dans une maison, un appartement ou une résidence universitaire? Avec qui? Comment est ta chambre?
3. Est-ce que tu aimes l'université? Pourquoi? Combien de cours est-ce que tu as ce semestre? Comment sont tes cours?

4. Comment sont tes camarades? ton/ta camarade de chambre? tes professeurs?

5. Est-ce que tu parles avec tes amis après les cours? Où?

**Résumez!** Is your classmate's life very different from yours? What do you have in common? Explain the similarities and differences for the entire class.

MODÈLE: Je suis de New York, et Deborah aussi est de New York. Mais moi, j'habite dans une maison...

**C. Êtes-vous curieux/curieuse?** Why is it always the instructor who asks questions? It's your turn to question him/her. Be formal; use inversion.

MODÈLES: D'où êtes-vous?

Pourquoi aimez-vous le français?

# Étude de prononciation

## Accent Marks

| NAME | MARK | EXAMPLE | PRONUNCIATION |
|------|------|---------|---------------|
| **Accent aigu** | **é** | **café** | Letter **é** is pronounced [e]. |
| **Accent grave** | **è** | **très** | Letter **è** is pronounced [ɛ]. |
| | **à, ù** | **là, où** | Accent mark does not affect pronunciation. Used to distinguish words spelled alike but having different meanings: **la** *(the)* vs. **là** *(there)*; **ou** *(or)* vs. **où** *(where)*. |
| **Accent circonflexe** | **ê** | **prêt** | Letter **ê** is pronounced [ɛ]. |
| | **â, û** | **âge, flûte** | Accent mark does not affect pronunciation. |
| | **ô** | **hôpital** | Letter **ô** is pronounced [o]. |
| | **î** | **dîner** | Accent mark does not affect pronunciation. |
| **Tréma** | **ë, ï** | **Noël, naïf** | Indicates that each vowel is pronounced independently of the other: [no-ɛl], [na-if]. |
| **Cédille** | **ç** | **français** | Letter **ç** is pronounced [s]. |

Prononcez avec le professeur. Donnez aussi le nom des accents.

1. à bientôt
2. voilà
3. étudiant
4. Ça va.
5. fenêtre
6. modèle
7. à bas
8. répétez
9. français
10. s'il vous plaît
11. très
12. Noël

**A. Logique ou pas logique?** React to your classmate's statements. If they are illogical, correct them according to the model.

> MODÈLE: É1: J'ai faim, alors je demande un thé.
>
> É2: Ce n'est pas logique. Tu demandes un thé parce que tu as soif.

1. Le professeur est très compétent. Il a toujours tort.   **2.** Ahmed réussit presque toujours *(almost always)* aux examens. Il n'a pas de chance!   **3.** J'ai envie de trouver un livre. Je cherche le lit.   **4.** Vingt et trente font soixante? Vous avez raison.
5. Nous désirons louer une chambre. Est-ce qu'il y a un hôtel près d'ici?

**B. Une conversation téléphonique.** A friend is talking on the phone. You hear only her answers. What are the questions? In your opinion, with whom is she speaking?

| QUESTIONS | RÉPONSES |
|---|---|
| ? | **1.** Non, je n'ai pas faim. |
| ? | **2.** Maintenant? Les maths. |
| ? | **3.** Avec Jim. |
| ? | **4.** Parce qu'il est très fort en maths. |
| ? | **5.** Oui, il est très sympa. |

**C. Conversation entre étudiants.** Create complete questions using the words provided. A classmate will give personal answers to the questions.

1. tu / étudier / où? / pourquoi / est-ce que / tu / étudier / là?
2. tu / avoir / faim? / où / est-ce que / tu / aimer / mieux / manger / quand / tu / avoir / faim?
3. à qui / est-ce que / tu / poser / questions / sur / cours universitaires? / pourquoi?
4. combien de cassettes (CD) / est-ce que / tu / avoir? / où / être / elles (ils)?
5. tu / avoir / combien de frères (sœurs) [*brothers, sisters*]? / où / habiter / ils (elles)?

**D. Au contraire.** Working with one or more students, practice your argumentative skills by contradicting every statement they make in response to these questions. You may start your sentences with **Au contraire..., Moi, je pense que...,** or **Ce n'est pas vrai** *(true)*.

> MODÈLE: Comment est-ce que vous trouvez la vie universitaire? →
>
> É1: La vie universitaire n'est pas très intéressante.
>
> É2: Au contraire, elle est excitante et très, très intéressante.

1. Où est-ce qu'on trouve un bon restaurant près de l'université?
2. Qu'est-ce qu'on a envie de faire *(to do)* après un examen difficile?
3. Est-ce que les étudiants ont besoin d'une chaîne stéréo? d'une télévision?
4. Qu'est-ce qu'on a besoin de faire pour réussir dans un cours de langue?
5. Pourquoi est-ce qu'on a besoin d'une licence *(a degree equivalent to a B.A.)*?

**E. Une chambre.** Julie, a student living in Quebec, is looking for a room to rent. She is funny and independent, and enjoys having a good time. She is rather untidy, smokes, and has a cat, but no car. Look at this classified ad in the rentals section of the Quebec newspaper *Le Soleil*. In your opinion, which room does Julie choose, and why?

| | | |
|---|---|---|
| **CHAMBRES** | CHAMBRE pour personne honnête et propre, 658-3702 | BELLE grande chambre dans maison neuve, piscine chauffée, laveuse-sécheuse, près d'autobus, fille non-fumeuse 660$ 657-4543 |
| CHAMBRE plus salon avec pension non-fumeur, sobre, aimant chats, idéal étudiant(e)s 622-9378 | PRES CEGEP, université, très propre, meublée, entrée privée, laveuse, sécheuse..., 688-1066 | |
| ARRIERE CHUL, grande chambre, câble, cuisine, buanderie, salle de bains, fille sérieuse et non fumeuse, 653-8676 après 18h | POUR étudiante, Rte de l'Église près Ch. Ste-Foy, entrée privée, frigo, évier, cuisine commune, près de tout, 400$ mois, 653-5948 | CHAMBRE, avec salle de bains, entrée privée, cuisinette et possibilité d'emploi, près CEGEP, université, 687-1912 |

## *En savoir plus*

### LOGEMENTS À LOUER

In classified ads for apartment rentals, you will encounter abbreviations that stand for various amenities included with the apartment. Here are some abbreviations from ads in *Campus mag, le journal des années étudiantes,* in Paris.

| | | |
|---|---|---|
| 1500 F/M | 1 500 francs par mois | *1500 francs per month* |
| TTC | toutes taxes comprises | *all taxes included* |
| caution 1M | caution d'un mois | *one month's rent as deposit* |
| 12m2 | douze mètres carrés | *twelve square meters* |
| CC | charges comprises | *utilities included* |
| SDB | salle de bains | *bathroom* |
| RDC | rez-de-chaussée | *ground floor* |

Part loue 1500 F/M TTC caution 1M chambre étudiant meub. 12m2, appt calme à Evry (91). Acces cuisine sanit. terrasse. Paris 30 mn par RER D. Tél 60 14 42 21

15° Porte de Versailles, chambre avec coin cuisine, lavabo, chauff. imm. bon état 1300 F CC. HESTIA 15° 43 06 23 23

14° Plaisance, chambre meublée, poss cuisine, refait à neuf, idéal étudiant 1800 CC. HESTIA 13° 45 65 18 18

**F. Interactions.** In **Chapitre 3,** you have practiced talking about rooms, describing people, telling what you do and do not have, and asking questions. Act out the following situations, using the vocabulary and structures from this chapter.

- **Camarade de chambre.** You are interviewing a prospective roommate (your partner). You find out the following information about him or her.

| | |
|---|---|
| what his or her name is | what time he or she has class |
| how old he or she is | whom he or she telephones often |
| what he or she is studying | if he or she likes order or disorder |

- **Nous sommes tous des artistes.** Choose a partner and provide him/her with a physical description of your closest friend. Your partner will draw this friend as accurately as he/she can according to your instructions. Decide if you wish to share the drawing with your friend!
- **Un appartement.** You are moving into an unfurnished apartment. Next door, two French students (your partners) are moving out. Introduce yourself to them, and engage them in conversation. Describe the things you need for your small apartment, in the hope that you might be able to obtain some of them from your departing neighbors.

In this dialogue, Bénédicte stops by Caroline's room to work on an English assignment. While you read, try to imagine the state of Caroline's room. Would you describe her as organized?

**[Thème 1, Scène 1.1]***

BÉNÉDICTE: Coucou!

CAROLINE: Salut, Bénédicte! Entre! Ça va?

BÉNÉDICTE: Ça ne va pas mal. Il est déjà trois heures.[a] On travaille sur notre exposé[b]?

CAROLINE: Ah oui, notre exposé d'anglais.

BÉNÉDICTE: Oui, c'est pour mercredi après-midi. Je suis nerveuse. Il va beaucoup compter[c] pour la note finale.

CAROLINE: Pas de problème. Je suis sûre qu'on va faire[d] un superbe exposé.

BÉNÉDICTE: Mais Caroline, où sont tes livres et le dictionnaire?

CAROLINE: Ils sont... euh... à coté de la lampe sur mon bureau. Non... Ah, sous la chaise!

BÉNÉDICTE: Très logique, ça. Et ton cahier avec toutes les notes de cours?

CAROLINE: Mon cahier? Mon cahier, mon cahier, il est où mon cahier? Dans mon sac... Ah ben non! Dans l'armoire... Ah tiens! Regarde ma nouvelle jupe! Elle n'est pas mal pour 80 francs?

---

[a]trois... *three o'clock*   [b]*oral report*   [c]*Il... It will count a lot*   [d]qu'on... *that we will do*

---

*The **Thème** and **Scène** numbers correspond to those in the Video to accompany *Rendez-vous*.

BÉNÉDICTE: Oui, la couleur est jolie, mais où est ton cahier?

CAROLINE: C'est difficile d'habiter en cité-U. Les chambres sont tellement petites!

## Avec un(e) partenaire...

With a partner, pretend that your classroom is in complete disorder. Take turns describing the mess. Next, each of you should imagine that your notebook is located somewhere in the room. Help your partner find it by directing him or her around the room. Model your role-play after the preceding dialogue.

## LECTURE

## Avant de lire

**MORE ON CONTEXTUAL GUESSING**   Another form of guessing you probably use often when you encounter an unfamiliar word in English is to look at the surrounding context to figure out the meaning of the word. It is usually necessary to read ahead because the sentences that follow an unfamiliar phrase or word will often clarify the meaning. Look, for example, at the underlined word in this sentence.

> Comme tous les étudiants, Patrice et Sophie <u>louent</u> leur logement. Ils paient 3 000 francs de loyer par mois.

When you encounter the word **louent,** you probably do not know what it means, but if you finish the sentence, you will easily guess that it is a verb meaning *rent.* Try the same strategy with the other underlined words in the reading.

## Le logement

Patrice et Sophie habitent un petit studio à Lyon. Ils ont une grande <u>pièce</u> avec une petite cuisine équipée. Leur studio n'est pas grand mais il est très <u>agréable</u>. Comme tous les étudiants, Patrice et Sophie louent leur logement. Ils paient 3 000 francs de loyer par mois.

L'immeuble[a] des parents de Patrice est ancien. Mais en France on trouve aussi beaucoup de maisons et d'immeubles modernes, surtout en banlieue.[b] Dans les villes on <u>construit</u> beaucoup ou on <u>rénove</u> les bâtiments[c] anciens. Souvent, quand l'immeuble est très beau mais en mauvais état,[d] on <u>garde</u> seulement[e] sa façade et on construit derrière un bâtiment neuf.[f]

---

[a]*apartment building*   [b]*suburbs*   [c]*buildings*   [d]*mauvais... poor condition*   [e]*only*   [f]*new*

Comme beaucoup de personnes qui habitent en ville, les parents de Patrice sont aussi <u>propriétaires</u> d'une maison à la campagne<sup>g</sup> où ils passent leurs<sup>h</sup> week-ends et une <u>partie</u> de leurs vacances. Ils organisent souvent des <u>dîners</u> en famille ou entre amis.  ◆

<sup>g</sup>*country*   <sup>h</sup>*their*

## Compréhension

1. Comment est l'appartement de Patrice et Sophie? Donnez des détails.
2. Où trouve-t-on, en général, des immeubles modernes?
3. Où vont beaucoup de Français le week-end?

## PAR ÉCRIT

FUNCTION:   More on describing (a person)

AUDIENCE:   School newspaper

GOAL:   Write an article about a new exchange student on campus, Izé Bola

This is how she describes herself:

«Je m'appelle Izé Bola. J'habite la République Démocratique du Congo. Je suis aux États-Unis pour améliorer mon anglais. Je me spécialise en sciences. Un jour, je veux<sup>a</sup> être médecin comme mon père.»

<sup>a</sup>*want*

**Steps**

1. Complete the following sentences. Then write two or three other sentences of your own, making inferences from Izé's description of herself and inventing other plausible details.

Izé est étudiante en biologie. Elle veut *(wants)*...
Elle a aussi envie...
Elle a l'air...
Elle a _____ ans.
Elle étudie aux États-Unis parce que...
C'est une jeune fille...
Elle parle...
Elle aime surtout *(especially)*... mais elle n'aime pas du tout...

2.  As you write, try to make the subject come alive for your readers. Use the following techniques as you write your first draft.

    •   Include vivid and specific details that suggest something about the person's personality—preferences, appearance, taste in clothing.
    •   Quote the person, to give an idea of what he or she is like.
    •   Arrange each sentence so that the most interesting points stand out. Put them at the beginning or the end, or set them off in a brief sentence contrasted with longer ones that surround it.

3.  Reread the draft, checking for organization and smoothness of style. Make any necessary changes. You may ask a classmate to help you.
4.  Check the composition again for spelling, punctuation, and grammar errors. Focus especially on your use of verbs.
5.  Be prepared to read your composition to a small group of classmates.

## À L'ÉCOUTE !

**Chambre à louer.** Laurence is looking for a room. She calls Madame Boussard, who has a room to rent. First, read through the activity. Next, listen to the vocabulary and the conversation. Then, do the activity.

> **VOCABULAIRE UTILE**
> **qui donnent sur** *that overlook*
> **meublé(e)** *furnished*
> **je peux la visiter(?)** *I may (may I) visit it*

Choose all the words that describe the room for rent.

1.  La chambre est _____.
    a.  petite          d.  simple          g.  blanche
    b.  grande          e.  confortable
    c.  moderne         f.  calme

2.  Dans la chambre, il y a _____.
    a.  un lavabo       d.  deux étagères       g.  deux chaises
    b.  un lit          e.  une chaîne stéréo   h.  une table
    c.  un canapé       f.  une armoire

# Vocabulaire

## Verbes
**agir** to act
**avoir** to have
**choisir** to choose
**demander** to ask (for)
**finir de** (+ *inf.*) to finish
**louer** to rent
**passer un examen** to take an exam
**réfléchir (à)** to think (about)
**réussir (à)** to succeed (at); to pass
  (*a test*)

## Substantifs
**l'affiche** *(f.)* poster
**l'armoire** *(f.)* clothes closet
**le/la camarade de chambre**
  roommate
**le canapé** sofa
**la cassette** cassette tape
**la chaîne stéréo** stereo
**la chambre** room
**les cheveux** *(m.)* hair
**le chien** dog
**la commode** chest of drawers
**le disque** record
**la douche** shower
**l'étagère** *(f.)* shelf
**la fête** holiday; name day
**la fleur** flower
**la guitare** *(f.)* guitar
**le haut-parleur** speaker
**l'immeuble** *(m.)* apartment building
**la lampe** lamp
**le lavabo** bathroom sink
**le lecteur de cassettes** cassette player
**le lit** bed
**le logement** lodging(s), place of
  residence
**la maison** house, home
**le miroir** mirror

**le mot** word
**le mur** wall
**l'ordinateur** *(m.)* computer
**la plante** plant
**la platine laser (le lecteur de CD)**
  compact disc (CD) player
**la radio** *(f.)* radio
**le répondeur** answering machine
**le réveil** alarm clock
**la revue** magazine
**le rideau** curtain
**la rue** street
**la souris** mouse
**le tapis** rug
**le tapis de souris** mouse pad
**le téléphone** telephone
**les yeux** *(m.)* eyes
À REVOIR: **le bureau, le cahier, la
  casquette, la télévision, la voiture**

## Adjectifs
**autre** other
**blond(e)** blond
**châtain** brown *(hair)*
**court(e)** short *(hair)*
**grand(e)** tall, big
**laid(e)** ugly
**long(ue)** long
**petit(e)** small, short
**raide** straight *(hair)*
**roux** red *(hair)*
**roux/rousse** redheaded
**tranquille** quiet, calm

## Expressions avec *avoir*
**avoir l'air** (+ *adj.*); **avoir l'air (de**
  + *inf.*) to seem; to look
**avoir (20) ans** to be (20) years old
**avoir besoin de** to need
**avoir chaud** to be warm

**avoir de la chance** to be lucky
**avoir envie de** to want, to feel like
**avoir faim** to be hungry
**avoir froid** to be cold
**avoir honte** to be ashamed
**avoir peur de** to be afraid of
**avoir raison** to be right
**avoir rendez-vous avec** to have a
  meeting (date) with
**avoir soif** to be thirsty
**avoir sommeil** to be sleepy
**avoir tort** to be wrong

## Expressions interrogatives
**combien (de)... ?, comment... ?,
  pourquoi... ?, que... ?, qu'est-ce
  que... ?, ...quoi... ?**
À REVOIR: **où... ?, quand... ?, qui... ?**

## Mots et expressions divers
**de taille moyenne** of medium height
**en désordre** disorderly, disheveled
**en ordre** orderly
**près de** close to
À REVOIR: **à côté de, derrière,
  devant, sous, sur**

## Les mois
**janvier** January
**février** February
**mars** March
**avril** April
**mai** May
**juin** June
**juillet** July
**août** August
**septembre** September
**octobre** October
**novembre** November
**décembre** December

# Fenêtre sur...

Fenêtre sur... is a special culture spread following **Chapitres 3, 6, 9, 12,** and **15** of *Rendez-vous*. It "opens a window" for you onto the rich and diverse cultures of the French-speaking world.

## L'ART ET L'ARCHITECTURE

### La peinture surréaliste belge: René Magritte (1898–1967)

Magritte pense qu'il est impossible de représenter un sentiment ou une idée. Il peint des objets familiers: une pipe, un piano, une chaussure, une pomme,[a] un nuage[b]... Il crée des associations étranges. Sa technique est froide: les spécialistes parlent d'un degré zéro de la peinture.

Son univers est imprévisible,[c] énigmatique, absurde, ironique. C'est un poète.

[a]apple [b]cloud [c]unpredictable

*Ceci n'est pas une pipe*

## UNE CAPITALE

### Paris, la ville-lumière[a]

Première ville touristique du monde, Paris est célèbre pour ses musées, ses monuments, ses boutiques, ses cafés, son métro... Mais le Paris des Parisiens, le connaissez-vous?[b] Voici un petit guide.

Poussez[c] la porte d'un immeuble[d]: vous découvrez[e] un jardin fleuri, calme comme un couvent. Rendez visite à un ami étudiant: il habite une minuscule chambre de bonne, au 6ème étage d'un immeuble sans ascenseur.[f] De sa fenêtre, vous découvrez Montmartre. Poussez la porte d'une boulangerie[g]: impossible de résister à l'odeur des croissants chauds! À 22h en été, asseyez-vous[h] au café Français, place de la Bastille, et regardez la nuit tomber[i] sur l'Opéra...

[a]ville-lumière... *city of light* [b]le... *are you familiar with it?* [c]open [d]building [e]find, see [f]elevator [g]bakery [h]sit down [i]fall

# La France et l'Europe francophone

## UNE CÉLÉBRITÉ

### Camille Claudel, sculpteur français (1864–1943)

«Elle avait,[a] dans ses doigts[b] magiques, le secret de la vie» (Mathias Morhardt)

Femme sculpteur, elle s'impose[c] dans un univers dominé par les hommes. Élève[d] de Rodin, elle unit au sens de l'observation, le sens de la beauté et une remarquable maîtrise[e] technique. Son destin est tragique: elle connaît[f] la pauvreté, la solitude et vit[g] pendant trente ans enfermée dans un asile psychiatrique.

[a]had  [b]fingers  [c]makes her mark  [d]Pupil  [e]skill  [f]experiences  [g]lives

## LA LANGUE ET LES USAGES

### L'art de compter en Suisse et en Belgique

—Savez-vous[a] compter?
—Oui!
—En français?
—Certainement...
—Alors, comment dites-vous 70 et 90?
—Soixante-dix et quatre-vingt dix...
—Oui... Enfin oui et non. En Belgique et en Suisse, il faut dire[b] «septante» et «nonante». À chacun ses habitudes![c]

[a]Savez... *Do you know how*  [b]il... *one (you) must say*  [c]À chacun... *To each his own!*

## LES FÊTES ET LES FESTIVALS

### Montreux, en Suisse: le Festival International de Jazz

Chaque année, en juillet, à Montreux, le jazz est à l'honneur.[a] Créé en 1967, le festival de musique le plus important d'Europe rassemble des milliers[b] de visiteurs et de musiciens venus du monde entier.[c] Rock, disco, pop, jazz, reggae, country, blues, gospel, soul, toutes les tendances sont représentées. Des concerts et des concours[d] sont au programme de cette grande fête. Dans les rues de Montreux, on chante dans toutes les langues: c'est la fête de la fraternité.

[a]est... *has the place of honor*  [b]rassemble... *brings together thousands*  [c]venus... *from all over the world*  [d]competitions

# CHAPITRE 4

# Famille et foyer

Toute une famille française
réunie pour un mariage.

## IN CHAPITRE 4, YOU WILL LEARN:

- vocabulary for talking about your family and the rooms of your house

- structures for expressing possession, talking about plans, saying what you are doing or making, and expressing actions

- cultural information about the French family.

# Étude de vocabulaire

## Trois générations d'une famille suisse

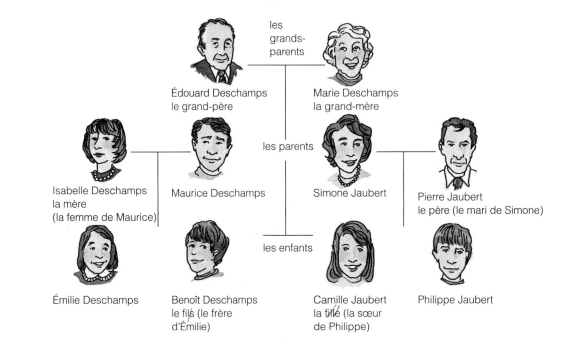

les grands-parents

Édouard Deschamps
le grand-père

Marie Deschamps
la grand-mère

les parents

Isabelle Deschamps
la mère
(la femme de Maurice)

Maurice Deschamps

Simone Jaubert

Pierre Jaubert
le père (le mari de Simone)

les enfants

Émilie Deschamps

Benoît Deschamps
le fils (le frère
d'Émilie)

Camille Jaubert
la fille (la sœur
de Philippe)

Philippe Jaubert

**AUTRES MOTS UTILES:**

**le petit-enfant**   grandchild
**la petite-fille**   granddaughter
**le petit-fils**   grandson

**le cousin, la cousine**   cousin
**le neveu**   nephew
**la nièce**   niece
**l'oncle** *(m.)*   uncle
**la tante**   aunt

**le beau-frère**   brother-in-law
**la belle-sœur**   sister-in-law
**le demi-frère**   half brother (or stepbrother)

**la demi-sœur**   half sister (or stepsister)
**le beau-père**   father-in-law (or stepfather)
**la belle-mère**   mother-in-law (or stepmother)

**le parent** *(m.)*   parent (or relative)
**l'arrière-grand-parent**   great-grandparent

**aîné(e)**   older
**cadet(te)**   younger
**célibataire**   single
**divorcé(e)**   divorced
**marié(e)**   married

# À vous!

**A.  La famille Deschamps.** Étudiez l'arbre généalogique *(family tree)* de la famille Deschamps et répondez aux questions.

1. Comment s'appelle la femme d'Édouard?
2. Comment s'appelle le mari d'Isabelle?
3. Comment s'appelle la tante d'Émilie et de Benoît? Et l'oncle?
4. Combien d'enfants ont les Jaubert? Combien de filles? Combien de fils?
5. Comment s'appelle le frère d'Émilie?
6. Combien de cousins ont Émilie et Benoît? Combien de cousines?
7. Comment s'appelle la grand-mère de Philippe? Et le grand-père?
8. Combien de petits-enfants ont Édouard et Marie? Combien de petites-filles? Combien de petits-fils?
9. Comment s'appelle la sœur de Philippe?
10. Comment s'appellent les parents de Maurice et de Simone?

**B.  Masculin, féminin.** Donnez le féminin.

MODÈLE:  le frère → la sœur

1. le mari   *femme*
2. l'oncle   *la tante*
3. le père   *mère*
4. le fils   *fille*
5. le grand-père   *la grand-mère*
6. le cousin   *la cousine*

**C.  Qui sont-ils?** Complétez les définitions suivantes de façon logique.

1. Le frère de mon père est mon _____ *oncle*
2. La fille de ma tante est ma _____. *cousine*
3. Le père de ma mère est mon _____ *grand-père*
4. La femme de mon grand-père est ma _____ *grand-mère*
5. La sœur de ma mère est ma _____. *tante*

**D.  Définitions familiales.** Maintenant définissez les termes suivants.

MODÈLE:  cousin → Mon cousin est le fils de mon oncle.

1. nièce   2. petit-fils   3. belle-sœur   4. cousin   5. grand-mère   6. demi-frère

**E.  Une famille américaine.** Posez *(Ask)* les questions suivantes à un(e) camarade.

1. Tu as des frères? des sœurs? des demi-frères ou demi-sœurs? Combien? Comment s'appellent-ils/elles? (Ils/Elles s'appellent... )
2. Tu as des grands-parents? Combien? Ils habitent avec la famille? dans une maison? dans un appartement?
3. Tu as des cousins ou des cousines? Combien? Ils/Elles habitent près *(near)* ou loin *(far)* de la famille?
4. Tu as des enfants? Combien de fils ou de filles? Si non, combien d'enfants est-ce que tu désires avoir? À ton avis, combien d'enfants est-ce qu'il y a dans la famille idéale?

**Résumez!** Maintenant résumez les réponses de votre camarade pour toute la classe.

MODÈLE:  Natasha n'a pas de frères mais elle a deux demi-sœurs...

# En savoir plus

It is common for French families to use a specialized vocabulary when addressing their relatives or talking about them with other family members or close friends. Here is a list of the most common words you might hear:

| | | | |
|---|---|---|---|
| maman | la mère | papa | le père |
| mamie/mémé | la grand-mère | papy/pépé | le grand-père |
| tatie/tata | la tante | tonton | l'oncle |
| la frangine | la sœur | le frangin | le frère |
| les vieux | les parents | | |

**En contexte:** Mes vieux aiment passer le dimanche en famille. Ma frangine parle de ses cours de physique à tatie Isabelle. Mon frangin joue aux cartes avec pépé et tonton Marcel. Et moi, je parle de politique avec mémé.

## La maison des Jaubert

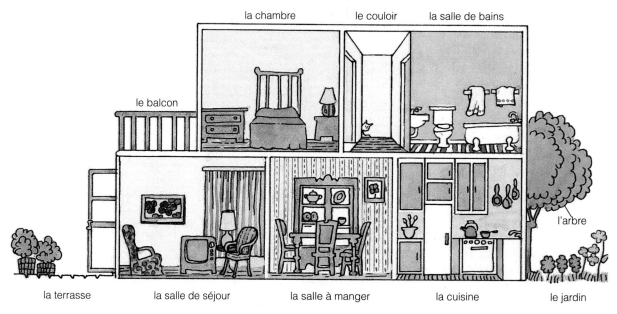

la chambre      le couloir      la salle de bains

le balcon

l'arbre

la terrasse      la salle de séjour      la salle à manger      la cuisine      le jardin

**AUTRES MOTS UTILES:**

**le bureau**   study/office
**l'escalier** (*m.*)   stairway
**le rez-de-chaussée**   ground floor

**le premier (deuxième) étage**
   second (third) floor (in the U.S.)
**le sous-sol**   basement

# À vous!

**A. Les pièces de la maison.** Trouvez les pièces d'après les définitions suivantes.

**1.** la pièce où il y a une table pour manger **2.** la pièce où il y a un poste de télévision **3.** la pièce où il y a un lavabo **4.** la pièce où on prépare le dîner **5.** la pièce où il y a un lit **6.** la pièce où il y a des étagères **7.** la pièce où il y a un lave-linge *(washer)* **8.** un lieu *(place)* de passage **9.** un lieu où il y a des arbres et des fleurs

**B. Dans quelle pièce?** Regardez encore une fois la maison des Jaubert. Où est-ce qu'on fait *(does)* les choses suivantes?

> MODÈLE: faire la sieste *(take a nap)*: dans la cuisine / dans la chambre →
> On fait la sieste dans la chambre.

**1.** regarder la télé: sur le balcon / dans la salle de séjour
**2.** planter des fleurs: dans le jardin / dans la chambre
**3.** jouer avec le chat: dans la salle de bains / dans le couloir
**4.** manger: dans le couloir / dans la salle à manger
**5.** préparer un café: dans la cuisine / sur le balcon

## MOTS-CLÉS

### Chez

**Chez** generally refers to someone's personal residence and means **à la maison de. Chez** can also express a place of business (doctor's office, auto repair shop, tailor's studio, etc.).

| | |
|---|---|
| Tu vas **chez** Eric ce soir? | *Are you going to Eric's tonight?* |
| J'habite **chez** mes parents. | *I live with my parents.* |
| On va **chez** toi ou **chez** moi? | *Are we going to your place or my place?* |
| Moi, je vais **chez** le dentiste et puis **chez** le boucher! | *I'm going to the dentist('s) and then to the butcher('s)!* |

**C. Chez qui?** Où est-ce qu'on trouve les choses suivantes?

> MODÈLE: des CD-ROM et des ordinateurs →
> On trouve des CD-ROM et des ordinateurs chez la spécialiste de multimédia.

On trouve...

| | |
|---|---|
| **1.** des raquettes de tennis et un ballon de football | chez le mécanicien |
| **2.** des disques compacts et une platine laser | chez le vétérinaire |
| **3.** des chats et des chiens | chez le sportif |
| **4.** des tableaux *(paintings)* et des sculptures | chez l'artiste |
| **5.** des voitures et des motocyclettes | chez la passionnée de musique |

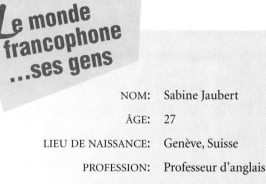

| NOM: | Sabine Jaubert |
| --- | --- |
| ÂGE: | 27 |
| LIEU DE NAISSANCE: | Genève, Suisse |
| PROFESSION: | Professeur d'anglais |

*Parlez-nous de votre famille.*

J'ai un frère aîné qui a 30 ans. Il habite avec son amie et leur fille de 4 mois à une qua-rantaine de[a] kilomètres de chez nos parents. Il travaille à Genève dans une société d'in-formatique. Son amie travaille à mi-temps dans un supermarché. Le reste du temps, elle élève[b] leur fille. Mes parents sont enseignants.[c] Mon père est prof de maths et ma mère est institutrice. Mes parents sont encore amoureux comme au premier jour. Ils passent tout leur temps libre ensemble. J'ai deux cousines et un cousin du côté de ma mère. Ma famille n'est pas très grande. Nous nous réunissons[d] tous une fois par an, au moment des fêtes de Noël.

[a]une... approximativement 40
[b]éduque    [c]*educators*    [d]nous... *get to-gether*

# *Étude de grammaire*

## 13. POSSESSIVE ADJECTIVES
### Expressing Possession

**LA MAISON, REFLET D'UNE SITUATION SOCIALE**

Marc, un étudiant à la Sorbonne, fait un petit tour de Paris et de la banlieue avec Thu, une amie vietnamienne. En voiture, il indique à Thu différentes sortes de logement.

**Mon** beau-frère a beaucoup d'argent. Voilà **sa** villa: elle est formidable, n'est-ce pas?
**Notre** maison est petite, mais confortable; **ma** famille y est assez heureuse. Ici, en
banlieue, on trouve de grands ensembles où habitent surtout des familles d'ouvriers
et d'immigrés. **Leurs** immeubles s'appellent les H.L.M.

Maintenant complétez les phrases selon la description de Marc.

1. Voici les immeubles où habitent beaucoup d'ouvriers et d'immigrés. _Leurs_
   habitations s'appellent les _HLM_
2. _Mon_ beau-frère est très riche; _Sa_ villa est grande et élégante.
3. Et voilà la maison de _ma_ famille. Elle est petite mais _comfortable_.

1. One way to indicate possession in French is to use the preposition **de: la maison *de***
   **Fatima.** Another way to show possession is to use possessive adjectives. In French,
   possessive adjectives agree in gender and number with the nouns they modify.

|  | SINGULAR | | PLURAL Masculine and Feminine |
|---|---|---|---|
|  | *Masculine* | *Feminine* | |
| my | **mon** père | **ma** mère | **mes** parents |
| your (*familiar, informal*) | **ton** père | **ta** mère | **tes** parents |
| his, her, its, one's | **son** père | **sa** mère | **ses** parents |
| our | **notre** père | **notre** mère | **nos** parents |
| your (*formal*) | **votre** père | **votre** mère | **vos** parents |
| their | **leur** père | **leur** mère | **leurs** parents |

**Mon frère** et **ma sœur** aiment
  le sport.
Voilà **notre maison.**
Vous habitez avec **votre sœur** et
  **vos parents**?

*My brother and my sister like
  sports.*
*There's our house.*
*Do you live with your sister and
  your parents?*

...orms **mon, ton,** and **son** are also used before feminine nouns that begin with ...owel or mute **h.**

affiche *(f.)* → **mon affiche**
amie *(f.)* → **ton amie**

histoire *(f.)* → **son histoire**

3. Pay particular attention to the use of **sa, son, ses** *(his, her)*. Although English has two possessives, corresponding to the sex of the possessor *(his, her)*, French has three, corresponding to the gender and number of the noun possessed (**sa, son, ses**).

| | | |
|---|---|---|
| Il<br>Elle } | aime **sa** maison. | *He likes his house.*<br>*She likes her house.* |
| Il<br>Elle } | aime **son** chien. | *He likes his dog.*<br>*She likes her dog.* |
| Il<br>Elle } | aime **ses** livres. | *He likes his books.*<br>*She likes her books.* |

## Vérifions!

A. **La curiosité.** Formulez des questions et répondez.

MODÈLES: la lampe de Georges? →
—C'est la lampe de Georges?
—Oui, c'est sa lampe.

les lampes de Georges →
—Ce sont les lampes de Georges?
—Non, ce ne sont pas ses lampes.

1. la chambre de Xavier? (oui)
2. la commode d'Yvonne? (non)
3. les affiches de Nouredinne? (non)
4. le piano de Pierre et de Sophie? (oui)  → 2 personnes leur
5. les meubles *(furniture)* d'Annick? (non)
6. les bureaux des parents? (oui)

B. **Casse-tête familial** *(Family puzzle)*. Posez rapidement les questions suivantes à un(e) camarade.

MODÈLE: Qui est le fils de ton oncle? → C'est mon cousin.

1. Qui est la mère de ton père?
2. Qui est la fille de ta tante?
3. Qui est la femme de ton oncle?
4. Qui est le père de ton père?
5. Qui est le frère de ta mère?
6. Qui est la sœur de ta mère?

C. **À qui est-ce?** Complétez les dialogues suivants avec des adjectifs possessifs: **mon, ma, mes, ton, ta, tes, son, sa, ses, notre, nos, votre, vos, leur, leurs.** Utilisez chaque adjectif seulement une fois *(only once)*. Étudiez bien le contexte avant de *(before)* choisir l'adjectif.

1. —Paul et Florence adorent les animaux.
   —Oui, ils ont un chien et deux chats *(cats)*: __leur__ chien s'appelle Marius et __leurs__ chats Minou et Félix.
2. —Tiens, voilà Pierre. Avec qui est-il?
   —Il est avec __Ses__ parents et __Son__ amie Laure. __ma = mon__
   —Et __Sa__ sœur n'est pas là?
   —Non, elle est en vacances au Maroc.
3. —Salut, Alain!
   —Salut, Pierre. Dis, la jolie fille aux cheveux blonds, c'est __ta__ cousine belge?
   —Oui. Viens *(Come)*. Alain, je te présente __ma__ cousine Sylvie.
   —Enchanté, Mademoiselle.
4. —Pardon, vous êtes Monsieur et Madame Legrand, n'est-ce pas? ——> __Mr Smith addressing__
   —Oui. __Legrand as your__
   —Je suis Monsieur Smith, le professeur d'anglais de __vos__ enfants. __des__ __—> your__ __children prof.__
   —Oh, mais ce ne sont pas __Nos__ enfants, ce sont les fils de mon frère Henri.
   Voici __Nos__ fils. __home__
5. —Tu as de la chance, tu as une famille super! __tes__ parents sont très sympa!
   Est-ce que __ton__ grand-père habite avec vous?
   —Non, mais il est souvent à la maison.

# Parlons-en!

**A. Interview.** Posez les questions suivantes à un(e) camarade de classe.

**1.** Est-ce qu'il y a un membre de ta famille (un cousin, une cousine, un neveu, etc.) que tu admires particulièrement? Pourquoi?  **2.** Comment est-ce qu'il/elle s'appelle?  **3.** Où est-ce qu'il/elle habite? Avec qui? Comment est sa maison?  **4.** Quel est son sport préféré? sa musique préférée?

**Résumez!** Maintenant faites *(create)* le portrait du parent préféré de votre camarade. Utilisez les expressions suivantes: **formidable, bien, génial, pas mal.**

> MODÈLE:  La cousine de Paul s'appelle Zoë.
> C'est une jeune fille formidable.
> Elle habite un joli studio à Boston...

**B. Sondage** *(Poll)* ***Madame Figaro:* Le bonheur** *(happiness)* **dans le monde; les Européens plutôt heureux.** Look at the table, assess the information, and express your personal opinion. Rank the different criteria in the table from 10 (most important) to 1 (least important).

**Vocabulaire utile:** santé *(health)*, amoureuse *(love)*, niveau *(level)*, loisirs *(leisure activities)*

## IMPORTANT : L'ÉDUCATION DES ENFANTS
Sur le plan du bonheur, quel domaine vous semble le plus important ?

| PAYS / CRITÈRES | FRANCE | BELGIQUE | R.F.A. | ITALIE | ESPAGNE | G.B. | ÉTATS-UNIS | JAPON |
|---|---|---|---|---|---|---|---|---|
| **ÉDUCATION ENFANTS** | **8,4** | **8,2** | 7,8 | **8,4** | **8,3** | **7,4** | **7,1** | 6,5 |
| **SANTÉ** | 8,1 | 8,1 | **8,4** | 8,2 | 7,9 | 7,3 | 7,0 | **8,1** |
| **VIE DE FAMILLE** | 8,0 | 7,8 | 7,8 | 8,0 | 7,9 | 7,3 | 7,1 | 7,6 |
| **QUALITÉ DE VIE** | 7,0 | 6,5 | 6,4 | 6,0 | 6,2 | 6,8 | 6,8 | 6,3 |
| **JOB** | 6,8 | 6,8 | 6,8 | 6,8 | 6,8 | 6,0 | 5,9 | 7,6 |
| **VIE AMOUREUSE** | 6,5 | 6,7 | 5,7 | 7,5 | 7,1 | 6,3 | 6,1 | 5,7 |
| **AMIS** | 6,2 | 6,0 | 5,6 | 5,8 | 7,1 | 6,2 | 6,5 | 6,6 |
| **NIVEAU DE VIE** | 6,1 | 5,7 | 6,1 | 5,6 | 5,4 | 5,9 | 5,9 | 5,8 |
| **LOISIRS** | 5,5 | 5,7 | 5,0 | 5,8 | 5,7 | 4,7 | 5,3 | 5,2 |
| **POLITIQUE** | 3,8 | 3,3 | 5,0 | 3,2 | 3,9 | 4,1 | 4,5 | 5,1 |

N.B. les notes sont données sur 10

> **Selon** *(According to)* **vous:**
>
> Le domaine *(area)* le plus *(the most)* important, c'est _____ .
> Le domaine le moins *(the least)* important, c'est _____ .
> Le domaine qui donne le plus de satisfaction, c'est _____ .
> Le domaine qui donne le moins de satisfaction, c'est _____ .

Maintenant regardez les résultats du sondage par catégorie et par pays *(nation)*. Choisissez la réponse correcte.

**1.** Les Français pensent que le plus important, c'est *la santé / l'éducation des enfants / la vie de famille.*

2. Les Japonais pensent que le plus important, c'est *l'éducation des enfants / la vie de famille / la santé.*
3. Les Américains pensent que *le job / la vie amoureuse / la vie de famille* donne le plus de satisfaction.
4. Les Espagnols pensent que *la vie de famille / l'éducation des enfants / la qualité de la vie* donne le plus de satisfaction.

Comparez vos réponses avec les résultats du sondage et les réponses de vos camarades.

# 14. THE VERB *aller*
# Talking About Plans and Destinations

**UN PÈRE EXEMPLAIRE**

ZAC: On joue au tennis cet après-midi?

GUILLAUME: Non, je **vais** au jardin zoologique avec Nadette.

ZAC: Alors, demain?

GUILLAUME: Désolé, mais demain Noël et moi, nous **allons** chez le dentiste.

ZAC: Quel père exemplaire!

Vrai ou faux? Corrigez les phrases fausses.

1. Guillaume est le grand-père de Nadette et de Noël.
2. Guillaume va aller au zoo avec Nadette.
3. Zac va jouer au tennis avec Guillaume.

## Forms of *aller* ✱

| PRESENT TENSE OF **aller** (*to go*) | | | |
|---|---|---|---|
| je | **vais** | nous | **allons** |
| tu | **vas** | vous | **allez** |
| il, elle, on | **va** | ils, elles | **vont** |

1. The verb **aller** is irregular.

| | |
|---|---|
| **Vous allez** à Abidjan pour vos vacances? | *Are you going to Abidjan for your vacation?* |
| Comment **va-t-on** à Abidjan? | *How do you go to (get to) Abidjan?* |

2. You have already used **aller** in several expressions.

Comment **allez-vous**?      *How are you?*
Salut, ça **va**?      *Hi, how's it going?*
Ça **va** bien (mal).      *Fine (badly). (Things are going fine [badly].)*

# Le futur proche (*Near future*)

In French, **aller** + infinitive is used to express a future event, usually something that is going to happen in the near future. English also uses *to go* + infinitive to express actions or events that are going to happen soon.

Nous **allons téléphoner** à Paul.      *We're going to call Paul.*
Il **va louer** un appartement.      *He's going to rent an apartment.*
Vous **allez visiter** le Sénégal cet été?      *Are you going to visit Senegal this summer?*

## Vérifions!

**A. On va où?** La solution est simple!

MODÈLE: J'ai envie de regarder un film. → Alors, je vais au cinéma!

| | |
|---|---|
| 1. Nous avons faim. | chez le médecin |
| 2. Il a envie de parler français. | dans la salle de séjour |
| 3. Elles ont besoin d'étudier. | à la bibliothèque |
| 4. J'ai soif. ~~hard~~ | dans la cuisine |
| 5. Tu as sommeil. — sleep | aux courts de tennis |
| 6. Vous avez envie de regarder la télévision. | chez une amie française |
| 7. Nous sommes malades *(sick).* | dans la salle à manger |
| 8. Elle a envie de jouer au tennis. | dans la chambre |

---

## MOTS-CLÉS

### Saying when you are going to do something

| | |
|---|---|
| tout à l'heure | *in a while* |
| tout de suite | *immediately* |
| bientôt | *soon* |
| demain | *tomorrow* |
| la semaine prochaine | *next week* |
| dans quatre jours | *in four days* |
| ce week-end | *this weekend* |
| ce soir/matin | *this evening/morning* |
| cet après-midi | *this afternoon* |

*add à bsm / goodbye*

à vendredi → see you on Friday

**B. Des projets** *(plans).*

MODÈLE: tu / regarder / émission préférée *(favorite TV show)* / ce soir →
Tu vas regarder ton émission préférée ce soir.

1. je / finir / travail / semaine prochaine
2. nous / écouter / disques de jazz / demain
3. vous / jouer / guitare / tout à l'heure
4. Frédéric / trouver / livre de français / tout de suite
5. je / choisir / film préféré / ce soir
6. les garçons / aller au cinéma / voiture / cet après-midi
7. tu / aller / concert / avec / amis / ce week-end

# Parlons-en!

**A. Samedi après-midi.** Qu'est-ce que ces gens vont faire? Regardez les dessins et devinez leur intention.

MODÈLE: Numa a **sa** raquette parce qu'elle *(because she)* **va jouer au tennis.**

Saïd     Mme Rosso     M. Cartier     Cyrille

une raquette

Numa

une guitare

un ballon

des skis

un ballon

des cartes

un violon

des livres

M. Duteil     Hélène     Mathieu

**B. Quels sont vos projets pour le week-end?** Interviewez un(e) camarade de classe. Racontez *(Tell)* à la classe les projets de votre camarade. Est-ce que vous faites *(are doing)* les mêmes choses *(same things)* ce week-end?

**Suggestions:** rester *(stay)* à la maison, écouter la radio (des CD), préparer un dîner (des leçons), regarder un film (la télévision), travailler à la bibliothèque (dans le jardin), aller dans un restaurant extraordinaire, parler avec des amis, finir un livre intéressant...

> MODÈLE: aller au cinéma →
> > VOUS: Tu vas aller au cinéma?
> > UN(E) CAMARADE: Oui, je vais aller au cinéma. *ou* Non, je ne vais pas aller au cinéma.

# 15. THE VERB *faire*
## Expressing Doing or Making

### UNE QUESTION D'ORGANISATION

LÉAH: Vous mangez à la cafétéria, ta camarade de chambre et toi?
MARION: Non, Candice et moi, nous sommes très organisées. Elle, elle **fait** les courses et moi, je **fais** la cuisine.   *shopping*
LÉAH: Et qui **fait** la vaisselle?
MARION: Le lave-vaisselle, bien sûr!

Répondez d'après le dialogue.

1. Qui fait la cuisine?
2. Qui fait la vaisselle? *(machine)*
3. Qui fait les courses?

Et chez vous, en général, qui fait la cuisine? la vaisselle? les courses?

## Forms of *faire*

1. The verb **faire** is irregular. ✱

| PRESENT TENSE OF **faire** *(to do, to make)* | |
|---|---|
| je **fais** | nous **faisons** |
| tu **fais** | vous **faites** |
| il, elle, on **fait** | ils, elles **font** |

2. Note the difference in the pronunciation of **fais/fait** [fɛ], **faites** [fɛt], and **faisons** [fəzɔ̃].

| | |
|---|---|
| **Je fais** mon lit. | *I make my bed.* |
| **Faites** attention! C'est chaud. | *Watch out! It's hot.* |
| **Nous faisons** le café. | *We're making coffee.* |

# Expressions with *faire*

The verb **faire** is used in many idiomatic expressions.

| | |
|---|---|
| faire attention | *to pay attention to, to watch out ( for)* |
| faire la connaissance (de) | *to meet ( for the first time), make the acquaintance (of)* |
| faire les courses | *to do errands* |
| faire la cuisine | *to cook* |
| faire ses devoirs | *to do (one's) homework* |
| faire la lessive | *to do the laundry* |
| faire le marché | *to do the shopping, to go to the market* |
| faire le ménage | *to do the housework* |
| faire un pique-nique | *to have a picnic* |
| faire une promenade | *to take a walk* |
| faire la queue | *to stand in line* |
| faire un tour (en voiture) | *to take a walk (a ride)* |
| faire la vaisselle → | *to do the dishes* |
| faire un voyage | *to take a trip* |

| | |
|---|---|
| Le matin je **fais le marché**, l'après-midi je **fais une promenade** et le soir je **fais la cuisine**. | *In the morning I go to the market, in the afternoon I take a walk, and in the evening I cook.* |

**Faire** is also used to talk about sports: **faire du sport, faire du jogging, de la voile** (*sailing*)**, du ski, de l'aérobic.**

## Vérifions!

**A. Activités du week-end.** Qui fait les activités suivantes? Faites des phrases logiques avec les éléments des deux colonnes.

1. Tu...
2. Richard...
3. Anne et Monique...
4. Mon frère et moi, nous...
5. Ali et toi, vous...
6. Non, moi le dimanche, je...

a. faisons du jogging dans le parc
b. ne fais pas le ménage
c. faites vos devoirs de français
d. fais la cuisine pour mes amis
e. font des courses en ville
f. fait un pique-nique avec ses copains

**B. Faisons connaissance!** Suivez le modèle.

MODÈLE: je / le professeur d'italien →
Je fais la connaissance du professeur d'italien.

1. tu / la sœur de Louise *Tu fais*
2. nous / un cousin *Nous faisons*
3. Annick / une étudiante sympathique *Il fait*
4. les Saïd / les parents de Simone *Il fait*
5. je / la femme du professeur *Je fais*
6. vous / la nièce de M. Haddad *Vous faites*

**C. Qu'est-ce qu'ils font?** Faites des phrases complètes. Utilisez des expressions avec **faire**.

1. M. Lévi et son chien... *Font une promenade*  2. M. Henri... de Mme Gervais. *Fais la connaissance*

*voyage*
*vous faites un tour*
*vous faites la queue*

3. Vous, vous... (*deux réponses*)

5. Ma sœur et moi... *faisons de l'aerobics*

4. Lourdes... *fait le manage*   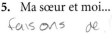   6. Et moi maintenant, je... *fais mon devoirs*

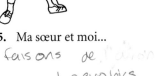

### Saying how often you usually do things

| | |
|---|---|
| **tous les jours** | *every day* |
| **une / deux / trois fois par semaine** | *once / twice / three times a week* |
| **le lundi / le vendredi soir** | *on Mondays / on Friday evenings* |
| **le week-end** | *on weekends* |
| **pendant les vacances** | *during vacation* |

## Parlons-en!

**A.  Les activités.** Qu'est-ce que vous faites? Complétez les phrases suivantes avec des réponses personnelles.

1. Je fais _mollit_ tous les jours.
2. J'aime faire _travailler_ le vendredi soir.
3. Je suis obligé(e) de faire _la cuisine_ une fois par semaine.
4. Je déteste faire _travailler_ le week-end.
5. J'adore faire _jouer au golf_ pendant les vacances.

**Sondage.** Maintenant comparez vos réponses avec celles *(those)* de vos camarades. Faites une liste de toutes les activités mentionnées. Ensuite, classez-les selon *(rank them according to)* leur popularité.

**B.  Mimes.** Form two teams. Out of a hat choose a piece of paper on which an expression with **faire** is written. Mime the expression and the other students will guess it. Each team gets one point when it guesses the right expression.

# 16.  VERBS ENDING IN *-re*
## Expressing Actions

### BEAUREGARD ET SON DÎNER

JILL:  Vous **entendez?**
GÉRARD:  Non, qu'est-ce qu'il y a?
JILL:  J'**entends** un bruit sous la table.
KARIMA:  Oh ça! C'est Beauregard... Il **attend** le poulet... et il n'aime pas **attendre...**

Trouvez la phrase équivalente dans le dialogue.

1. Écoutez.
2. Quel est le problème?
3. Il n'aime pas patienter *(wait patiently)*.

1. A third group of French verbs has infinitives that end in **-re,** like **vendre.**

| PRESENT TENSE OF **vendre** (to sell) | | | |
|---|---|---|---|
| je | vend**s** | nous | vend**ons** |
| tu | vend**s** | vous | vend**ez** |
| il, elle, on | vend | ils, elles | vend**ent** |

2. Other verbs conjugated like **vendre** include the following.

| | |
|---|---|
| **attendre** | *to wait (for)* |
| **descendre** | *to go down (to), to get off* |
| **entendre** | *to hear* |
| **perdre** | *to lose, to waste* |
| **rendre** | *to give back, to return* |
| **rendre visite à** | *to visit (someone)* |
| **répondre à** | *to answer* |

| | |
|---|---|
| **Elle attend** le dessert. | *She's waiting for dessert.* |
| **Nous descendons de** l'autobus. | *We're getting off the bus.* |
| **Le commerçant rend** la monnaie à la cliente. | *The storekeeper gives change back to the customer.* |
| **Je réponds à** sa question. | *I'm answering his question.* |

3. Note that the expression **rendre visite à** means *to visit people,* whereas the verb **visiter** is used only with places or things.

> **Je rends visite à** mon ami.
> **Les touristes visitent** les monuments de Bruxelles.

# Vérifions!

**A. Tiens** *(You don't say)*! C'est bizarre: tout ce que *(everything that)* fait Daniel, les autres le font aussi. Formez les phrases selon le modèle.

MODÈLE: vendre sa guitare (moi) →
—Daniel vend sa guitare.
—Tiens! Moi aussi, je vends ma guitare.

1. rendre tous *(all)* ses livres à la bibliothèque (nous) vendons
2. attendre une lettre importante (son frère) vend Il vend
3. descendre de l'autobus rue Mouffetard (vous) Vendez
4. entendre des bruits bizarres au sous-sol *(in the basement)* (moi) vends
5. perdre toujours ses lunettes *(glasses)* (toi) vends
6. répondre à un sondage *(poll)* d'opinion politique (les amis)
7. rendre visite à sa grand-mère (Léah) Elle vend

**B. Un week-end à Paris.** Complétez l'histoire avec les verbes de la colonne de droite *(right-hand column)*.

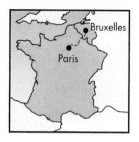

Alain et Marie-Lise habitent à Bruxelles. Aujourd'hui ils _____¹ à Paris en train. Ils vont _____² visite à leur cousine Melissa. Les trois cousins ont toujours beaucoup de projets et ne _____³ pas une minute quand ils sont ensemble *(together)*. Alain et Marie-Lise aiment beaucoup Melissa parce qu'elle _____⁴ toujours à leurs lettres. Melissa aime aussi ses cousins, et elle _____⁵ leur arrivée avec impatience. Elle _____⁶ enfin la sonnette *(doorbell)*!

perdre
**2** rendre
**1** descendre
entendre
**5** attendre
**6** répondre

# Réalités francophones

## FAMILY LIFE IN FRANCE

The French family has traditionally been a strong social unit. The family has had a strong influence on an individual's life; extended families, grandparents, and other family members, would typically live near one another and see each other frequently. Currently, however, the decrease in the number of marriages, the increase in both the number of babies born outside marriage and the increase in the number of divorces put the traditional French family structure at risk.

The French government provides significant financial support for families to encourage couples to have children. Both mother and father have the right to a substantial paid leave when a child is born. Families with more than two children receive government subsidies (**allocations familiales**). State-supported day-care centers (**crèches**) make it possible for parents to work outside the home. Children of unmarried parents receive the same protection and benefits as those of married parents.

Most French people still continue to marry, but a large number do so only after having lived together (**l'union libre**) for several years. In the late 1990s more than 60% of newly married couples had already lived together under the same roof before officially saying "yes."

Tout le monde a sa propre tâche *(task)*!

# Parlons-en!

**Vous perdez souvent patience?** Interviewez un(e) camarade de classe au sujet des situations suivantes: quand est-ce qu'il/elle perd patience? Il/Elle utilise **souvent, pas souvent** ou **toujours** dans sa réponse.

MODÈLE:   É1:  Tu attends l'autobus. Il n'arrive pas. Est-ce que tu perds patience?
          É2:  Oui, je perds souvent patience.

**1.** Tu attends un coup de téléphone. La personne ne téléphone pas.    **2.** Un ami (Une amie) ne répond pas à tes lettres.    **3.** Tu perds les clés *(keys)* de ta voiture ou de ton appartement.    **4.** Tu as rendez-vous avec un ami (une amie). Tu attends longtemps, mais il/elle n'arrive pas.    **5.** Tu laisses un message sur le répondeur d'un ami (d'une amie), mais il/elle ne répond pas.

**Résumez!** Décidez d'après les réponses de votre camarade s'il (si elle) est très patient(e), patient(e), normal(e), impatient(e) ou très impatient(e). Donnez des exemples comme preuve.

MODÈLE:   À mon avis, Patricia est très patiente. Par exemple,...

# Étude de prononciation

## Semivowels and final consonants

**A. Semivowels.** The sounds [ɥ], [w], and [j] are called semivowels. They can be spelled with the letter groups in the following examples and are pronounced in a single syllable, with no diphthong.

Prononcez avec le professeur.

| | | | | | | | |
|---|---|---|---|---|---|---|---|
| **1.** | [ɥ] | huit | fruit | cuisine | lui | huile | puis |
| **2.** | [w] | moi | moins | oui | quoi | revoir | fois |
| **3.** | [j] | bien | Marseille | science | voyage | famille | yeux |

**B. Final Consonants.** You have noticed that final consonants are generally silent in French. There are, however, a number of exceptions. The final consonant *is* pronounced, for example, in many words that end in the letters **c, r, f,** and **l: le lac, le soir, le chef, l'hôtel.** This rule itself has numerous exceptions: **le tabac, le dîner, le porc,** and **gentil** all end in a silent consonant. Learn the pronunciation of final consonants by example or by referring to a dictionary.

# Mise au point

**A. Les projets de Séverine et de Karine.** Formez des phrases complètes.

1. Séverine et Karine / aller / finir / études
2. elles / aller / faire / voyage / au Québec
   vont

3. elles / travailler / maintenant / pour payer (to pay for) / voyage
4. Séverine / faire / ménage / pour / tante
5. elles / aller / rendre visite à / sœur de Karine / à Montréal
6. tante / habiter / près de / la rue St-Laurent
7. elles / aller / être / content / parce que / elles / aller / faire / voyage magnifique

**B. Activités.** Qu'est-ce les personnes suivantes font et qu'est-ce qu'elles vont faire? Expliquez.

MODÈLE: le frère de Loïc et de Sandra →
Maintenant, leur frère fait ses devoirs.
Après, il va aller au cinéma.

1. les parents de Loïc et de Sandra

2. le père de Loïc et de Sandra

3. l'oncle de Loïc et de Sandra

**Et vous?** Qu'est-ce que vous faites maintenant? Qu'est-ce que vous allez faire dans une heure?

**C. Questions personnelles.** Posez les questions suivantes à un(e) camarade de classe, ou répondez vous-même par écrit.

1. Qui fait la vaisselle chez toi? Quand est-ce qu'il/elle fait la vaisselle?
2. Qui répond au téléphone chez toi?
3. Qui fait les courses? Quand?
4. Combien de frères et de sœurs as-tu? Est-ce qu'ils habitent toujours (still) à la maison?
5. Dans quelle pièce est-ce que tu parles avec tes ami(e)s?
6. Est-ce que tes parents vont faire la connaissance de tes amis de fac?
7. Est-ce que tu rends souvent visite à tes parents?

8. Est-ce que tu vas faire un voyage ce week-end?
9. Tu vas rendre visite à des amis? Lesquels *(Which ones)*?

**D. Interactions.** In this chapter of *Rendez-vous,* you have practiced talking about your family and home, expressing possession, and talking about where you are going and your future plans. Act out the following situations, using the vocabulary and structures you have learned.

- **Conversation.** You are left alone in a room with a friend's parents (two classmates) while your friend prepares to go out with you. Make polite conversation with them. Talk about your family, your home, where you and your friend will go, and what you will do together this evening.
- **En retard.** Call your mother, your father, or someone waiting for you (your class- mate). Explain to him/her why you will be late. Tell where you are and what you are doing. Mention where you plan to go next and what you plan to do.

## Situations

In this dialogue, Caroline and Paul have come to Michel's birthday party. Michel intro- duces them to his family, who have gathered for the occasion. Pay close attention to the different greetings used throughout this dialogue.

**[Thème 2, Scène 2.2]***

| | |
|---|---|
| PAUL: | Bonjour, Michel! Bon anniversaire! |
| MICHEL: | Merci beaucoup! Vous êtes vraiment gentils. Bon, je vais vous présenter ma famille. |
| MICHEL: | Alors, un peu de silence, s'il vous plaît. Je veux[a] vous présenter des amis de la fac, Caroline Langeais et Paul Marsaut. |
| MICHEL: | Voici ma grand-mère. |
| CAROLINE: | Bonjour, madame! |
| GRAND-MÈRE: | Bonjour, mademoiselle! |

[a]*want*

---

*The **Thème** and **Scène** numbers correspond to those in the Video to accompany *Rendez-vous.*

| | |
|---|---|
| PAUL: | Bonjour, madame! |
| GRAND-MÈRE: | Bonjour, monsieur. |
| MICHEL: | Et mon grand-père. |
| CAROLINE: | Bonjour, monsieur! |
| GRAND-PÈRE: | Enchanté, mademoiselle! |
| PAUL: | Bonjour, monsieur! |
| GRAND-PÈRE: | Bonjour, jeune homme! |
| MICHEL: | Vous connaissez mon père. |
| CAROLINE: | Oui, bien sûr. Bonjour, Monsieur Chartier. |
| M. CHARTIER: | Bonjour, Caroline. Je suis heureux de vous revoir. Bonjour, Paul. |
| PAUL: | Bonjour, monsieur! |
| MICHEL: | Et vous connaissez[b] aussi mon petit frère Frédéric... |
| CAROLINE: | Oui! Salut, Frédéric! |
| FRÉDÉRIC: | Salut! |

## Avec un(e) partenaire...

En groupes de trois, faites des présentations en employant des expressions formelles ou familières, selon le cas:

1. Vous êtes chez vous, et un ami (une amie) vous rend une petite visite. Présentez-le/la à votre famille.
2. Vous êtes à la bibliothèque et vous rencontrez par hasard *(chance)* deux de vos professeurs. Présentez-les l'un à l'autre.
3. Présentez l'étudiant(e) à côté de vous à un autre étudiant (une autre étudiante).

[b]*are acquainted with*

# LECTURE

## Avant de lire

**READING LONGER SENTENCES**   As you begin to read longer sentences, it will help you to know how to isolate the main thought. Together, the subject and the verb represent the main thought expressed in a sentence.

Two steps can help you. First, omit words and phrases set off by commas; they usually contain information supplementary to the main thought. Second, delete the relative clauses, that is, phrases introduced by **qui, que,** or **où** *(who, whom, that, where)*. You will learn how to use relative pronouns later, but you should learn to recognize them now for the purpose of reading.

Try to find the main thought in the following sentence.

Être à la tête de quatre générations est un plaisir qui n'est pas donné à tout le monde.

First find the verb **(est)**, then ask yourself: What is the subject of the verb? Subjects are usually nouns or pronouns, but in this case the subject is a phrase, **être à la tête** *(head)* **de quatre générations.**

If you isolate the relative clause beginning with **qui,** you'll see that **plaisir** belongs with the core subject-verb group. And once you have identified the main thought, you can reread the sentence, adding more information. What kind of a pleasure?

Like guessing the meaning of a word based on context, recognizing the structure of a sentence is another tool to help you read new texts in French more easily. Try both strategies as you read "De mère en fille... le lien," adapted from an article in *Marie-Claire.*

# De mère en fille... le lien

Une journée avec grand-mère.

Une photo de famille où posent quatre générations... Image rare? Pas tellement.[a] Aujourd'hui 25% des femmes nées en 1930 font partie d'une famille de quatre générations vivantes.[b] Nous vous présentons une de ces familles, qui habite le Roussillon, dans les Pyrénées. Reportage Tessa Ivascu.

ANDRÉE, 74 ans
Femme au foyer,[c] deux enfants.
Niveau d'études:[d] certificat.
Mariée: à vingt ans.
Premier enfant: à vingt et un ans.

MARIE-FRANCE, 53 ans
Informaticienne,[e] quatre enfants.
Niveau d'études: baccalauréat.
Premier travail: à vingt-cinq ans, animatrice[f] pour enfants.
Mariée: à dix-neuf ans.
Premier enfant: à vingt ans.

FABIENNE, 33 ans
Directrice de crèche,[g] un enfant
Niveau d'études: diplômes d'infirmière[h] et de puéricultrice.[i]
Premier travail: à vingt ans, infirmière.
Mariée: à vingt ans.
Premier enfant: à seize ans.

RACHEL, 17 ans
Lycéenne.[j]
Projet d'avenir: devenir institutrice.[k]

---

[a]Pas... *Not especially*  [b]*living*  [c]*Femme... Homemaker*  [d]Niveau... *Level of study*  [e]*Computer specialist*  [f]*counselor*
[g]*Day care center*  [h]*nurse*  [i]*pediatric nurse*  [j]*Secondary-school student*  [k]*devenir... to become an elementary-school teacher*

ANDRÉE, 74 ans

«Être à la tête de quatre générations est un plaisir qui n'est pas donné à tout le monde. Nous sommes très attachées les unes aux autres, nous habitons la même[l] vallée dans les  Pyrénées et quand nous ne nous voyons pas,[m] le téléphone sonne du matin au soir[n]!»

MARIE-FRANCE, 53 ans

«Je suis déjà cinq fois[o] grand-mère, la première fois lorsque j'avais[p] trente-six ans. Aujourd'hui les grandes réunions ont lieu[q] chez moi et je me charge[r] des affaires de tout le monde, ma mère, mes filles, mes nièces.»

FABIENNE, 33 ans

«Aujourd'hui je suis l'interlocutrice privilégiée de ma grand-mère: chaque fois que la famille a quelque chose à lui demander, on me désigne comme négociatrice!»

RACHEL, 17 ans

«Je suis très fière de pouvoir dire[s] que j'ai connu[t] tous mes arrière-grands-parents. J'ai été une enfant privilégiée, entourée par[u] ces femmes de générations différentes... Je vais devenir institutrice, c'est décidé, parce que mamie Andrée m'a dit que c'est le plus beau métier du monde[v]... » ◆

---

[l]same  [m]nous... we don't see each other  [n]du... from morning to evening  [o]times  [p]lorsque... when I was (lit., had)
[q]ont... take place  [r]me... take care of  [s]fière... proud to be able to say  [t]ai.. have known  [u]entourée... surrounded by
[v]le... the best job in the world

## Compréhension

Vrai ou faux? Si c'est faux, donnez la solution correcte.

1. Les familles de quatre générations vivantes sont très rares en France.
2. Les quatre femmes interviewées habitent toutes (all) la même région.
3. Toutes les femmes de cette famille se sont mariées avant l'âge de 21 ans.
4. Marie-France a six petits-enfants.
5. Apparemment, Fabienne n'a pas de tact.
6. Rachel a l'intention d'être institutrice.

# PAR ÉCRIT

FUNCTION:  Describing a place

AUDIENCE:  A classmate or your instructor

GOAL:  Write a description of *home* by answering the following questions: **Qu'est-ce que c'est qu'une maison? Quelle est votre maison idéale? Est-elle bien meublée, simple, etc.? Qu'est-ce qu'on fait à la maison? Avec qui?**

**Steps**

1. Begin by brainstorming what home is for you. Jot down adjectives that describe it, its real or ideal inhabitants, what you do there.
2. Consider the tone you want to adopt: Do you want to describe a specific home in an objective or detached way, or do you want to use a more subjective approach? A detached tone would result from stating in a direct manner what your house is like and what people do there; a more personal and emotional approach would be to choose words, such as **aimer, adorer,** and **détester,** that show how you feel about your home and its inhabitants.
3. Decide what vantage point you want to use to describe your home. Do you want to move through a number of rooms and describe what you see or do there? Do you prefer to be a fixed observer, describing your impressions from one point of view?
4. Organize your principal ideas and use them to sketch out the paragraphs of your first draft.
5. After you have completed the draft, reread it checking for organization, smoothness of style, and consistency of vantage point.
6. Have a friend reread the draft to see if what you've written is clear.
7. Finally, make the changes suggested by your classmate if you agree that they are warranted, and check the draft for spelling, punctuation, and grammar errors. Focus especially on your use of possessive adjectives and the verbs **faire** and **aller.**

## À L'ÉCOUTE!

**Une grande famille.** Véronique, who is 15, is describing her family to a friend. First, look at the diagram on the next page. Next, listen to the vocabulary and the names of the people in Véronique's family. Then, listen to Véronique's description. Finally, fill in the chart with the correct names based on Véronique's description.

**VOCABULAIRE UTILE**
**au lycée** *at the high school*
**une banque** *a bank*
**un garçon** *a boy*
**unique** *only*
**un atelier** *an artist's studio*

**LA FAMILLE DE VÉRONIQUE**

| | | |
|---|---|---|
| Henri | Josiane | Juliette |
| Virginie | Raphaël | Laurence |
| Georges | Géraldine | Franck |
| Gérard | Charles | Caroline |
| Nicole | Marie | Léah |

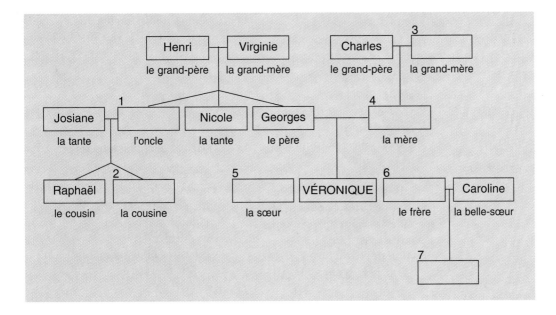

# Vocabulaire

## Verbes

**aller** to go
**aller** + *inf.* to be going (to do something)
**aller mal** to feel bad (ill)
**attendre** to wait for
**descendre à** to go down (south) to
**descendre de** to get down (from), get off
**entendre** to hear
**faire** to do; to make
**perdre** to lose; to waste
**préparer** to prepare
**rendre** to give back; to return; to hand in
**rendre visite à** to visit *(someone)*
**répondre à** to answer

**rester** to stay, remain
**vendre** to sell

À REVOIR: **étudier, habiter, jouer à (de), manger**

## Substantifs

**l'appartement** *(m.)* apartment
**l'arbre** *(m.)* tree
**l'autobus** *(m.)* (city) bus
**le bruit** noise
**le bureau** office
**l'émission** *(f.)* show
**la famille** family
**le foyer** home
**le premier (deuxième) étage** second (third) floor (in the U.S.)
**les projets** *(m. pl.)* plans

**le rez-de-chaussée** ground floor
**le sous-sol** basement
**le temps** time
**les vacances** *(f. pl.)* vacation

À REVOIR: **l'affiche** *(f.)*, **le chien, la commode, le lavabo, le lit, le logement**

## Adjectifs

**affreux / affreuse** awful
**aîné(e)** older
**cadet(te)** younger
**célibataire** single *(person)*
**chouette** cute
**divorcé(e)** divorced
**formidable** great
**génial(e)** delightful

**marié(e)** married
**préféré(e)** favorite, preferred
**superbe** superb

## Les parents

**l'arrière-grand-parent** *(m.)* great-grandparent
**le beau-frère** brother-in-law
**le beau-père** father-in-law; stepfather
**la belle-mère** mother-in-law; stepmother
**la belle-sœur** sister-in-law
**le cousin** cousin *(male)*
**la cousine** cousin *(female)*
**le demi-frère** half-brother; stepbrother
**la demi-sœur** half-sister; stepsister
**l'enfant** *(m., f.)* child
**la femme** wife
**la fille** daughter
**le fils** son
**la grand-mère** grandmother
**le grand-parent (les grands-parents)** grandparent(s)
**le grand-père** grandfather
**le mari** husband
**le neveu** nephew
**la nièce** niece
**l'oncle** *(m.)* uncle
**le petit-enfant** grandchild
**la petite-fille** granddaughter
**le petit-fils** grandson
**la sœur** sister
**la tante** aunt

## La maison

**le balcon** balcony
**la chambre** room; bedroom
**le couloir** hall
**la cuisine** kitchen
**l'escalier** *(m.)* stairway
**le jardin** garden
**le meuble** piece of furniture
**la pièce** room
**le poste de télévision** TV set
**la salle à manger** dining room
**la salle de bains** bathroom
**la salle de séjour** living room
**la terrasse** terrace
**les toilettes** *(f. pl)* **(les W.-C.** [*m. pl.*]) bathroom

## Expressions avec *faire*

**faire attention** to be careful; to watch out
**faire la connaissance de** to meet (for the first time), make the acquaintance of
**faire les courses** to do errands
**faire la cuisine** to cook
**faire ses devoirs** to do homework
**faire la lessive** to do the laundry
**faire le marché** to do the shopping, go to the market
**faire le ménage** to do the housework
**faire un pique-nique** to have a picnic
**faire une promenade** to take a walk
**faire la queue** to stand in line
**faire du sport: faire de l'aérobic** to do aerobics; **du jogging** to run, jog; **du ski** to ski; **du vélo** to go cycling; **de la voile** to go sailing
**faire un tour** to take a walk, ride
**faire la vaisselle** to do the dishes
**faire un voyage** to take a trip

## Mots et expressions divers

**alors** then, in that case
**après** after, afterward
**bien** good *(fam.)*
**bientôt** soon
**ce week-end** this weekend
**cet après-midi / ce matin / ce soir** this afternoon / morning / evening
**chez** at the home (establishment) of
**dans quatre jours...** in four days . . .
**demain** tomorrow
**une fois par semaine** once a week
**loin de** far from
**le lundi / le vendredi soir** on Mondays / on Friday evenings
**mal** badly
**pas du tout** not at all
**pendant les vacances** *(f.)* during vacation
**peut-être** maybe
**la semaine prochaine** next week
**tous les jours** every day
**tout à l'heure** in a while
**tout de suite** immediately
**le week-end** on weekends

peut-être maybe
peut être can be

## CHAPITRE 5

# À table

## IN CHAPITRE 5, YOU WILL LEARN:

- vocabulary for talking about meals and foods, time of day, and weather

- structures for expressing quantity and giving commands

- cultural information about everyday French eating habits, traditional Moroccan cuisine, and telling time and measuring temperature.

On mange bien en plein air.

# Étude de vocabulaire

## Les repas de la journée

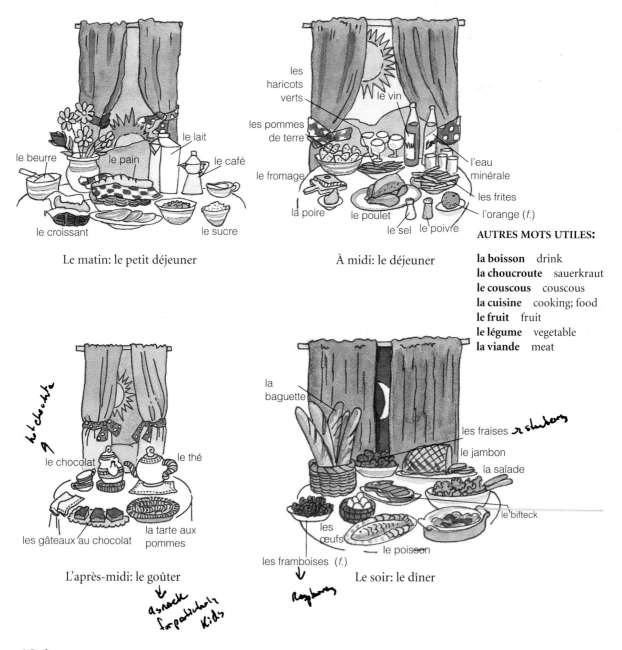

le beurre
le lait
le pain
le café
le croissant
le sucre

Le matin: le petit déjeuner

les haricots verts
le vin
les pommes de terre
le fromage
l'eau minérale
les frites
la poire
le poulet
le sel
le poivre
l'orange (f.)

À midi: le déjeuner

**AUTRES MOTS UTILES:**

**la boisson**   drink
**la choucroute**   sauerkraut
**le couscous**   couscous
**la cuisine**   cooking; food
**le fruit**   fruit
**le légume**   vegetable
**la viande**   meat

le chocolat
le thé
les gâteaux au chocolat
la tarte aux pommes

L'après-midi: le goûter

la baguette
les fraises
le jambon
la salade
le bifteck
les œufs
le poisson
les framboises (f.)

Le soir: le dîner

# À vous!

**A. Catégories.** Ajoutez *(Add)* d'autres aliments dans les catégories mentionnées.

> MODÈLE: La mousse au chocolat est *un dessert.* →
> Le gâteau, la tarte aux pommes et les fraises sont aussi des desserts.

1. La bière est *une boisson.* → le vin, l' ~~con~~ menthe, le lait
2. La pomme de terre est *un légume.* → les haricots verts,
3. Le porc est *une viande.*
4. La banane est *un fruit.* → l'orange

Maintenant, trouvez l'intrus *(the item that doesn't belong)* et expliquez votre choix.

1. café / fraise / bière / thé / lait       œuf = egg)
2. haricots verts / salade / carotte / œuf / pomme de terre
3. bifteck / porc / pain / jambon / poulet       pain = bread
4. sel / gâteau / poivre / sucre / beurre       gâteau = cake
5. vin / banane / pomme / orange / melon
   wine

**B. Associations.** Quels mots est-ce que vous associez avec... ?

1. une omelette       le matin
2. une salade de fruits → A-midi
3. un régime *(diet)*
4. un bon repas marocain
5. un sandwich
6. un pique-nique

**C. Fiche *(Form)* gastronomique.** Demandez à un(e) camarade de classe quelles sont ses préférences et complétez la fiche. Utilisez **quel** (devant les mots masculins) ou **quelle** (devant les mots féminins) et le verbe **préférer.**

> MODÈLE: —Tu préfères quelle boisson?
> —Je préfère le/la...

boisson _____
viande _____
légume _____
fruit _____
dessert _____
repas _____
plat *(dish)* _____

Maintenant, avec vos camarades de classe, examinez les différentes fiches et déterminez quels sont les plats et les boissons préférés de la classe.

# À table

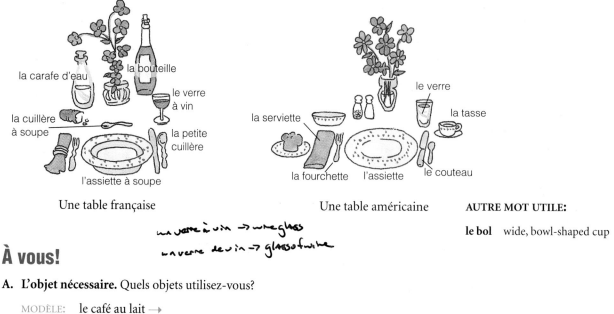

| Une table française | Une table américaine |
|---|---|

**AUTRE MOT UTILE:**

**le bol**  wide, bowl-shaped cup

*un verre à vin → a wineglass*
*un verre de vin → glass of wine*

## À vous!

**A. L'objet nécessaire.** Quels objets utilisez-vous?

MODÈLE:  le café au lait →
         J'utilise un bol pour le café au lait.

1. le vin
2. la viande
3. la soupe
4. la salade
5. le thé
6. le café express
7. le sandwich
8. l'eau
9. la mousse au chocolat

**B. L'art de la table.** Mettre le couvert *(Setting the table)* est souvent un art. Regardez la photo tirée du magazine *GaultMillau* et répondez aux questions.

# L'ÉLYSÉE

1. Décrivez ce qu'il y a sur la table. Est-ce une table pour un repas simple ou élégant? Quel est l'objet en papier à gauche *(on the left)*? Où sont la salière et la poivrière *(salt and pepper shakers)*?
2. À votre avis, pourquoi est-ce qu'il y a quatre verres?
3. Et chez vous, qu'est-ce qu'on place sur la table au petit déjeuner? au déjeuner? au dîner? pour un repas spécial?

# Quelle heure est-il?

Il est sept heures. Quel repas Vincent prend-il *(is he having)?*

Il est dix heures et demie. Où est Vincent?

Il est midi. Quel repas prend-il?

Il est deux heures et quart. Où est Vincent?

*Il est dans la biblio.*

Il est quatre heures moins le quart. Où Vincent prend-il un café?

Il est huit heures vingt. Qui sert *(is serving)* le dîner?

Il est minuit moins vingt. Est-ce que Vincent étudie toujours?

*still/always*

Il est minuit. Vincent dort *(is sleeping)*.

- To ask the time:

  **Excusez-moi, quelle heure est-il,** s'il vous plaît?    *Excuse me, what time is it, please?*

- To ask at what time something happens:

  **À quelle heure** commence le film?    *At what time does the movie start?*
  À deux heures et demie.    *At two thirty.*
  Vers trois heures.    *Around three.*

- To tell the time: In French, the expression **Il est... heure(s)** is used to tell time on the hour. *Noon* is expressed by **midi,** *midnight* by **minuit.**

  **Il est** une **heure.**    *It is one o'clock.*
  **Il est** deux **heures.**    *It is two o'clock.*
  **Il est** presque **midi/minuit.**    *It's almost noon/midnight.*

- To tell the time on the half hour, **et demie** is used after the feminine noun **heure(s)** and **et demi** is used after the masculine nouns **midi** and **minuit.**

  Il est trois heures **et demie.**    *It's 3:30 (half past three).*
  Il est midi **et demi.**    *It's 12:30 (half past noon).*

# À vous?

**A.  Quelle heure est-il?**

**B.  Quelle heure est-il pour vous?** Qu'est-ce que vous faites?

1.

2.

3.

4.

5.

6.

**C.  Rennes–Paris en TGV.** Imaginez que vous êtes à Rennes et que vous avez l'intention de visiter Paris. Vous décidez de prendre le train. Voici les horaires *(schedules)* du TGV (train à grande vitesse).

| Numéro de train | 3742 | 8602 | 87510 | 87500 | 89220 | 3632 | 8704 |
|---|---|---|---|---|---|---|---|
| Notes à consulter | 1 | 2 | 3 | 4 | 5 | 6 | 7 |
| | | TGV | | | | | TGV |
| Rennes D | 01.32 | 05.53 | | | | 06.00 | 06.40 |
| Vitré D | | 06.12 | | | | 06.21 | |
| Laval D | | 06.31 | | 06.37 | 06.42 | 06.42 | |
| Evron D | | | 06.35 | 06.54 | 07.01 | 07.01 | |
| Sillé-le-Guillaume D | | | 07.02 | 07.07 | 07.16 | 07.16 | |
| Le Mans A | 03.30 | 07.13 | 07.31 | 07.30 | 07.35 | 07.35 | |
| Chartres A | 04.54 | | | | | 08.44 | |
| Versailles-Chantiers A | 05.45 | | | | | | |
| Massy TGV A | | | | | | | |
| Paris-Montparnasse 1-2 A | 06.00 | 08.10 | | | | 09.33 | 08.45 |

| Numéro de train | 8706 | 8806 | 8906 | 87500 | 8610 | 8708 | 8710 | 8712 | 7858/9 | 7856/7 | 8612 | 8714 |
|---|---|---|---|---|---|---|---|---|---|---|---|---|
| Notes à consulter | 8 | 9 | 10 | 3 | 11 | 12 | 13 | 14 | 15 | 15 | 15 | 16 |
| | TGV | TGV | TGV | TGV | TGV | TGV | TGV | TGV | TGV | TGV | TGV | TGV |
| Rennes D | 06.40 | | | | 07.11 | 07.11 | 07.11 | 07.11 | 07.16 | | 08.17 | 09.06 |
| Vitré D | | | | | | | | | | | | |
| Laval D | | | | | 07.19 | | | | 07.50 | | 08.51 | |
| Evron D | | | | | 07.41 | | | | | | | |
| Sillé-le-Guillaume D | | | | | 07.54 | | | | | | | |
| Le Mans A | 07.53 | 07.53 | 08.16 | 08.21 | 08.21 | 08.21 | 08.21 | 08.35 | 08.40 | | 09.33 | |
| Chartres A | | | | | | | | | | | | |
| Versailles-Chantiers A | | | | | | | | | | | | |
| Massy TGV A | | | | | | | | | 09.28 | 09.28 | | |
| Paris-Montparnasse 1-2 A | 08.45 | 08.50 | 08.50 | 09.20 | 09.20 | 09.20 | 09.20 | | | | 10.30 | 11.15 |

1. Circule : jusqu'au 1er juil et à partir du 29 juil : les lun- ⟶ 2e CL.
2. Circule : tous les jours sauf les sam, dim et fêtes- ⚑ ⚹
3. Circule : tous les jours sauf les sam, dim et fêtes- ⚑
4. Circule : les sam- ⚑
5. Circule : les mar, mer, jeu, ven sauf le 15 août- ⚑
6. Circule : les 3, 10, 17, 24 juin, 2, 9, 16 et 23 sept- Arrivée à Paris Montp 3 Vaug.
7. Circule : jusqu'au 28 juin et à partir du 3 sept : les mar, mer, jeu et ven- ▭1re CL- ⚑ ⚹
8. Circule : les 3, 10, 17, 24 juin, 2, 9, 16 et 23 sept- ▭1re CL- ⚑ ⚹
9. Circule : jusqu'au 8 juil : tous les jours sauf les dim;Circule du 13 juil au 26 août : les lun, sam et le 15 août;à partir du 27 août : tous les jours sauf les dim- ⚑

10. Circule : du 9 juil au 23 août : les mar, mer, jeu, ven sauf le 15 août- ▭1re CL assuré certains jours- ⚑ ⚹
11. Circule : jusqu'au 29 juin : tous les jours sauf les lun et dim;Circule du 6 juil au 31 août : les sam et le 15 août;à partir du 3 sept : tous les jours sauf les lun et dim- ▭1re CL assuré certains jours- ⚑ ⚹
12. Circule : du 2 juil au 30 août : les mar, mer, jeu, ven sauf le 15 août- ⚹
13. Circule : les lun- ▭1re CL assuré certains jours- ⚑ ⚹
14. Circule : du 1er juil au 26 août : les lun- ⚑ ⚹
15. ⚑ ⚹
16. Circule : tous les jours sauf les dim- ⚑ ⚹

1. À quelle heure est-ce qu'il y a des départs *(departures)* de Rennes pour Paris? Ces trains arrivent à quelle heure à Paris? Utilisez **du matin, de l'après-midi** et **du soir** (15:15 = trois heures quinze de l'après-midi).
2. Regardez l'itinéraire du TGV 8610. Il part de Rennes à quelle heure? À quelle heure est-ce qu'il arrive dans chaque *(each)* ville?
3. Maintenant décidez quel train vous allez prendre et expliquez pourquoi.

## MOTS-CLÉS

## Expressing the time in a general way

Il est **tard.**
Il est **tôt.**
Alain dîne **de bonne heure.**

—Ne rentre pas **tard** ce soir!
—Mais non, je rentre toujours **de bonne heure.** Et demain, je dois partir **tôt.**

It's late.
It's early.
Alain eats dinner early.

—Don't come home late tonight!
—No, I always come home early. And tomorrow I have to leave early.

**D. La routine de Martine.** Qu'est-ce que Martine fait? Lisez les phrases, puis complétez-les *(them)* avec les mots-clés.

1. Demain, je vais me lever *(get up)* _____ parce que j'ai un examen d'histoire à 8h45.
2. En général, je rentre _____ le samedi soir: j'aime faire la fête avec mes amis!
3. Le dimanche matin, je me réveille *(wake up)* _____, vers *(around)* midi.
4. Mais dimanche soir, j'essaie de me coucher *(go to bed)* _____, pour commencer la semaine de travail en pleine forme *(top shape)*.

# Les saisons et le temps: Quel temps fait-il?

**En été, à la Martinique,**
il fait du soleil.
Il fait chaud.

**En automne, en Bretagne,**
il pleut.
Il fait mauvais.

**En hiver, au Québec,**
il neige.
Il fait froid.

**Au printemps, en Belgique,**
le temps est nuageux.
Il fait frais *(It's cool)*.

**AUTRES MOTS UTILES:**

**Il fait beau.**   It's fine weather.
**Il fait du vent.**   It's windy.
**Le temps est orageux.**   It's stormy.

## L'HEURE ET LA TEMPÉRATURE

**Quelle heure est-il?** In both English and French, the context makes it clear whether a speaker is talking about A.M. or P.M. In French, **du matin** is used to specify A.M. To indicate P.M., **de l'après-midi** is used for in the afternoon, and **du soir** is used for in the evening or at night (before midnight). Generally, these expressions are used only to tell the time on the hour.

| | | |
|---|---|---|
| 9h00 | Il est neuf heures du matin. | It's 9 A.M. |
| 4h00 | Il est quatre heures de l'après-midi. | It's 4 P.M. |
| 11h00 | Il est onze heures du soir. | It's 11 P.M. |

To avoid all confusion, the twenty-four-hour clock is used in official announcements—such as on TV, on the radio, and in train or plane schedules.

| | | |
|---|---|---|
| 15h30 | Il est quinze heures trente. | It's 3:30 P.M. |
| 22h45 | Il est vingt-deux heures quarante-cinq. | It's 10:45 P.M. |

**Il fait combien?** Throughout Europe, temperature is measured on the Celsius, rather than the Fahrenheit scale. The following chart gives approximate correspondences between the two scales:

| CELSIUS | FAHRENHEIT | CELSIUS | FAHRENHEIT |
|---|---|---|---|
| 100° | 212° | 20° | 68° |
| 37° | 98.6° | 10° | 50° |
| 30° | 86° | 0° | 32° |

# À vous!

**A. Les fêtes et le temps.** Donnez la saison et le temps qu'il fait dans votre région.

MODÈLE:  Noël →
  Nous sommes en hiver et il fait froid.

1. Pâques (*Easter*)
2. Thanksgiving
3. la Saint-Valentin
4. le jour de l'Indépendance américaine
5. Labor Day

**B. La météo.** Regardez le temps prévu *(forecast)* sur l'Alsace et sur l'Europe. Dites *(Say)* si les phrases sont vraies ou fausses, et corrigez les phrases incorrectes.

1. Sur l'Alsace:
   a. Il pleut à Strasbourg.
   b. Il fait très chaud à Colmar.
   c. Le temps est nuageux sur Guebwiller.
2. Sur l'Europe:
   a. Il fait mauvais à Madrid.
   b. Le temps est orageux sur Stockholm.
   c. Il fait froid à Athènes.

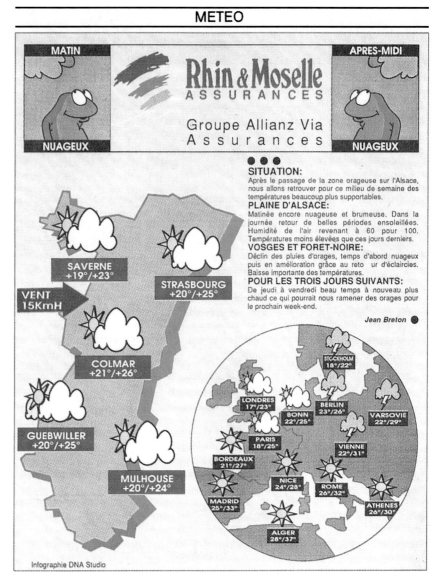

**C. Encore de la météo.** Répondez selon les instructions.

1. Donnez la température approximative qu'il fait à Paris et à Vienne en degrés Fahrenheit.
2. Maintenant décrivez le temps qu'il fait aujourd'hui dans votre ville.

**D. Le temps et les goûts.** Qu'est-ce que vous aimez manger et boire quand... ?

1. il fait très chaud
2. il fait froid et qu'il neige
3. il fait beau et frais
4. il pleut

# Réalités francophones

## FRENCH FOOD

French home cooking is probably simpler than most foreign visitors imagine. Its excellence comes partly from the high quality of the ingredients used. French consumers spend more on food than American consumers do, and as a group, they seem willing to pay more for high-quality products, although the amount has been steadily declining over the past ten years.

Traditionally, breakfast (**le petit déjeuner**) is simple—usually tartines (French bread and butter) or croissants with café au lait. The noon meal (**le déjeuner**) used to be the main meal of the day. Now, however, because of busy work or school schedules, the French take less time for lunch and prefer to have a larger evening meal (**le dîner**). Snacking (**le grignotage**) has become very popular at the desk in the office, at home in front of the television, or in the car. Twelve percent of adults say they snack in the morning and twenty percent join the children in the afternoon who usually have a snack (**le goûter**) when they come home from school around 4:00 or 5:00. Dinner is served between 7:00 and 8:00.

Currently, the French are eating even less at dinner, their largest meal of the day. They tend to limit themselves to one main dish (**un plat principal**) and skip the traditional meal beginners like hors d'oeuvres or entrées. They typically complete their meal with some cheese, yogurt, fruit, or dessert.

Un déjeuner au café du Musée d'Orsay à Paris

### LE GÂTEAU BRETON

350g de farine, 175g de sucre, 6 œufs, 190g de beurre. Creusez une fontaine avec la farine et le sucre. Ajoutez les jaunes d'œufs, gardez 1 jaune pour dorer le gâteau. Travaillez la préparation à la cuillère de bois, frottez-la entre les paumes pour la rendre sableuse. Incorporez le beurre en petits morceaux et pétrissez pour que la pâte soit bien homogène. Beurrez un moule et versez-y la pâte. Badigeonnez le gâteau avec le jaune. Glissez le moule dans le four chaud; laissez cuire environ 90 mn. S'accompagne de cidre doux.

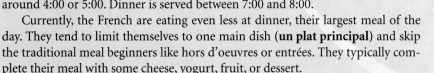

Les bonnes recettes de Bretagne

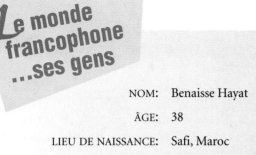

# Le monde francophone ...ses gens

| | |
|---|---|
| NOM: | Benaisse Hayat |
| ÂGE: | 38 |
| LIEU DE NAISSANCE: | Safi, Maroc |
| PROFESSION: | Inspectrice à l'éducation nationale |

*Décrivez les différents repas de la journée dans votre pays. Quels plats traditionnels sert-on pour les fêtes?*

Au petit déjeuner on prend soit du thé à la menthe, soit du café soit[a] du café au lait; on mange des tartines si on est pressé. Sinon, on prend des galettes, des crêpes... Au déjeuner, les repas sont très variés: ragoûts,[b] fritures,[c] grillades[d] ou couscous qu'on prépare en général le vendredi. Le soir on prend de la soupe, des pâtes, des produits laitiers et des fruits.

[a]*soit... soit either ... or* [b]*stews*
[c]*fried fish* [d]*grilled meat*

| | |
|---|---|
| NOM: | Jean-Baptiste Ralaizafisoloarivony |
| ÂGE: | 33 |
| LIEU DE NAISSANCE: | Sabotsy-Anjiro-Moramanga-Tamatave, Madagascar |
| PROFESSION: | Avocat |

*Décrivez le climat de votre ville. Quels vêtements portez-vous en hiver? en été?*

Dans ma ville, le climat est chaud et sec. Il n'y a pratiquement pas d'hiver, mais il fait un peu frais des mois de mai à août, surtout la nuit et le matin. Alors, on porte une veste ou un pull-over. De septembre à avril, il fait chaud et nous portons des vêtements en coton. Chez nous, il y a des saisons pluvieuses et des saisons sèches. Nos vêtements sont toujours légers.

# Étude de grammaire

## 17. THE VERBS *prendre* AND *boire*
### Talking about Food and Drink

### AU RESTAURANT

LE SERVEUR: Que **prenez**-vous, Messieurs Dames?

IBRAÏM: Nous **prenons** le poulet à la crème et les légumes.

LE SERVEUR: Et que **buvez**-vous?

IBRAÏM: Je **prends** une bière, et pour mademoiselle une bouteille d'eau minérale, s'il vous plaît.

Maintenant, avec un(e) camarade, faites les substitutions suivantes et jouez à nouveau le dialogue.

le poulet à la crème ⟶ le poisson grillé
les légumes ⟶ la salade de tomates
une bière ⟶ un verre de vin rouge
une bouteille d'eau minérale ⟶ une carafe d'eau

## *Prendre* and similar verbs

1. The verb **prendre** is irregular in its plural forms.

| PRESENT TENSE OF **prendre** (*to take*) | | | |
|---|---|---|---|
| je | prend**s** | nous | pren**ons** |
| tu | prend**s** | vous | pren**ez** |
| il, elle, on | prend | ils, elles | pren**nent** |

—Qu'est-ce que vous **prenez**?     *What are you having?*
—Je **prends** la salade verte.     *I'm having the green salad.*

2. Verbs conjugated like **prendre** are **apprendre** *(to learn)* and **comprendre** *(to understand)*.

Il **apprend** l'espagnol.     *He's learning Spanish.*
Est-ce que tu **comprends**     *Do you understand*
  le professeur d'espagnol?       *the Spanish professor?*

When an infinitive follows **apprendre,** the preposition **à** must be used.

| | |
|---|---|
| Ma sœur **apprend à** danser. | *My sister is learning (how) to dance.* |
| **Apprenez**-vous **à** skier? | *Are you learning (how) to ski?* |

3. Some common expressions with **prendre** include the following.

| | |
|---|---|
| **prendre son temps** | *to take one's time* |
| **prendre un repas** | *to eat a meal* |
| **prendre le petit déjeuner** | *to have breakfast* |
| **prendre un verre** | *to have a drink (usually alcoholic)* |

# Boire

The verb **boire** is also irregular.

| PRESENT TENSE OF **boire** (*to drink*) | | | |
|---|---|---|---|
| je | **bois** | nous | **buvons** |
| tu | **bois** | vous | **buvez** |
| il, elle, on | **boit** | ils, elles | **boivent** |

| | |
|---|---|
| Tu **bois** de l'eau minérale. | *You're drinking mineral water.* |
| Nous **buvons** de la bière. | *We're drinking beer.* |

## Vérifions!

**A. Une étudiante modèle?** Complétez chaque phrase avec une forme de **prendre, apprendre, comprendre** ou **boire.**

1. Danielle _____ l'italien.
2. Elle _____ presque toujours le professeur.
3. Elle _____ son temps pour faire ses devoirs.
4. Pour préparer les examens, elle _____ des cassettes à la médiathèque.
5. Et, malheureusement, elle _____ trop de café!

**Variation.** Maintenant, répétez les phrases avec de nouveaux sujets: **Danielle et moi; Danielle et Rachid.**

**B. Qu'est-ce qu'on boit?** Choisissez une boisson différente pour chaque situation.

MODÈLE: Il fête son anniversaire (*He's celebrating his birthday*). (il) →
Il boit un verre de champagne.

1. Il fait très chaud. (vous)
2. Il fait froid. (Christian)
3. Il est minuit. (tu)
4. Il est 8h du matin. (je)
5. Nous sommes au café. (nous)
6. Elles sont au restaurant.
   (Agnès et Corinne)

**C. Conversations au café.** Vous êtes au café. Complétez les conversations que vous entendez avec les verbes **prendre, apprendre** et **comprendre**.

1. Est-ce que tu _____ un café?
   Non, j'ai soif; je _____ une bouteille d'eau minérale.
2. Est-ce que tu _____ l'anglais?
   Oui, j'ai un cours de conversation tous les matins *(every morning)*. Et vous deux, qu'est-ce que vous _____ comme *(as)* langue étrangère?
   Nous, nous _____ l'allemand.
3. Est-ce que vous _____ toujours le professeur d'histoire?
   Non, mais les autres *(other)* étudiants _____ tout *(everything)!*

## Parlons-en!

**A. La réponse est simple!** Trouvez des solutions aux problèmes suivants. Utilisez les verbes **boire, apprendre, comprendre** et **pendre** et des expressions avec **prendre**.

MODÈLE: Je désire parler avec un ami. → Je prends un verre au café avec un ami.

1. J'ai faim.  2. J'ai soif.  3. Je désire bien parler français.  4. Je désire étudier les mathématiques.  5. Je n'aime pas le vin.  6. Je ne suis pas pressé(e) *(in a hurry)*.

**B. Mission impossible?** Parmi *(Among)* vos camarades, trouvez quelqu'un qui *(someone who)*...

MODÈLE: prend du sucre dans son café →
Est-ce que tu prends du sucre dans ton café?

1. ne prend pas de petit déjeuner  2. prend en général des crêpes au petit déjeuner  3. boit cinq tasses de café ou plus par jour  4. boit un verre de lait à chaque repas  5. apprend un nouveau sport ce semestre  6. comprend le sens de la vie *(meaning of life)*

# 18. PARTITIVE ARTICLES
## Expressing Quantity

### PAS DE DESSERT

JULIEN: Qu'est-ce qu'on mange aujourd'hui, maman?
MME TESSIER: Il y a **du poulet** avec **des pommes de terre**.
JULIEN: Et **la mousse au chocolat** dans le frigo, c'est pour ce midi?
MME TESSIER: Ah non, **la mousse**, c'est pour ce soir. Pour ce midi, il y a **des fruits** ou **de la glace au café**.
JULIEN: Je n'aime pas **la glace** et je n'aime pas **les fruits**! Mais j'adore **la mousse**!
MME TESSIER: Non, c'est non!

Et vous? Répondez aux questions suivantes.

1. Vous mangez souvent **du** poulet?
2. Vous prenez souvent **des** fruits?
3. Est-ce que vous aimez **la** glace?

# The partitive articles

1. In addition to the definite and indefinite articles, French has a third article, called the partitive (**le partitif**). It has three forms: **du** (*m.*), **de la** (*f.*), and **de l'** (before a vowel or mute h). It agrees in gender with the noun it precedes.

| | |
|---|---|
| Vous prenez **du** porc? | *Are you having (some) pork?* |
| **de la** salade? | *(some) salad?* |
| **de l'**eau minérale? | *(some) mineral water?* |

2. The partitive article is used to indicate a part of a quantity that is not countable. This idea is sometimes expressed in English by *some* or *any;* usually, however, *some* is only implied. Examples of noncountable nouns (also called *mass nouns*) include **viande, chocolat, lait, sucre, glace, vin, eau, beurre,** and **pain.**

| | |
|---|---|
| Vous avez **du** thé? | *Do you have tea?* |
| Je voudrais **du** sucre. | *I would like (some) sugar.* |
| Vous mangez **du** poisson? | *Do you eat fish?* |

3. when the quantity is countable, the definite article is used instead.

| | |
|---|---|
| Je vais préparer **une** tarte aux fraises. | *I'm going to prepare a strawberry tart.* |
| Elle commande **un** jus de fruits. | *She is ordering a fruit juice.* |
| Elle achète **des** tomates et **des** haricots verts. | *She is buying tomatoes and green beans.* |

# The partitive versus the definite article

1. The partitive article is used with verbs such as **prendre, boire, acheter,** and **manger,** because they refer to consuming or buying a portion of something; one usually has, drinks, buys, and eats a limited amount or number of things, and not all of them. However, after verbs of preference such as **aimer, aimer mieux, préférer, adorer,** and **détester,** the definite article is used, because these verbs express a preference or an aversion to a general category.

| | |
|---|---|
| Beaucoup de Français mangent **du** fromage après le repas, mais moi, je déteste **le fromage.** | *Many French people eat (some) cheese after a meal, but I hate cheese.* |

2. The partitive is also used with abstract qualities attributed to people, whereas the definite article is used to talk about these qualitites in general.

Elle a **du** courage.          *She has (some) courage.*
Elle déteste **l'**hypocrisie.  *She hates hypocrisy.*

## Negative sentences

1. In negative sentences, partitive articles become **de (d')**, except after **être**.

   Je bois **du** lait.          → Je ne bois **pas de** lait.
   Tu prends **de l'**eau.       → Tu ne prends **pas d'**eau.
   Vous mangez **des** carottes. → Vous ne mangez **pas de** carottes.

2. The expression **ne... plus** (*no more, not any more*) surrounds the conjugated verb, like **ne... pas.**

   Je suis désolé, mais nous **n'**avons        *I'm sorry, but we have no more*
      **plus** de vin.                              *wine.*

## Expressions of quantity

Partitive articles also become **de (d')** after expressions of quantity.

Elle commande
**du** vin.

Elle commande
**combien de** verres?

Elle commande **un
peu de** vin.

Elle commande
**beaucoup de** vin.

Elle commande
**un verre de** vin.

Elle a **assez de** vin.

Elle boit **trop de**
vin.

## Vérifions!

A. **À table!** Qu'est-ce que vous prenez, en général, à chaque repas?

   MODÈLE:   Au déjeuner, je prends de la pizza. / Je ne prends pas de pizza.

   | AU PETIT DÉJEUNER... | des croissants | des céréales |
   |---|---|---|
   | du bacon | du café au lait | du jus (*juice*) d'orange |
   | des œufs | du thé | ? |

| AU DÉJEUNER... | de la pizza | des légumes |
|---|---|---|
| du poisson | des spaghettis | un fruit |
| du poulet | de la viande | ? |

| AU DÎNER... | des frites | un bifteck |
|---|---|---|
| de la soupe | du fromage | de la salade |
| un hamburger | du riz *(rice)* | ? |

**B. La fête de Chanouka.** Daniel n'aime pas ce que ses parents préparent pour la fête de Chanouka. Complétez sa description de ce qu'il aime avec le partitif, l'article défini ou l'article indéfini.

J'aime mieux _la_¹ bière et _le_² vin. Je prends d'abord _du_³ gâteau au chocolat, et puis _une_⁴ banane. Je vais boire beaucoup _de_⁵ coca. À la fin, je ne prends pas _de_⁶ café, mais une tasse _de_⁷ thé. C'est vraiment *(really)* _une_⁸ fête merveilleuse!

→ expression of quality

**C. Dîner d'anniversaire** *(birthday)*. Avec un(e) camarade vous préparez un dîner surprise pour fêter l'anniversaire d'un ami (d'une amie). Mais avez-vous tous *(all)* les ingrédients nécessaires?

MODÈLE: carottes (assez) / (ne... pas) champignons →
    É1: Est-ce que tu as des carottes?
    É2: Oui, j'ai assez de carottes mais je n'ai pas de champignons.

1. eau minérale (3 bouteilles) / (ne... plus) jus d'orange
2. café (un peu) / (ne... plus) thé
3. fraises (beaucoup) / (ne... pas) melon
4. chocolat (trop) / (ne... pas) marrons glacés *(candied chestnuts)*
5. viande (assez) / (ne... pas) légumes
6. sucre (un bol) / (ne... plus) sel

## Parlons-en!

**A. Ce que mangent les Français.** Regardez le tableau, étudiez les résultats *(results)* et répondez aux questions.

1. Qu'est-ce que les Français aiment mieux: le pain ou les pommes de terre?
2. Est-ce que les Français mangent plus de sucre en 1991 qu'en 1970, ou moins?
3. En 1991, les Français mangent beaucoup moins de bœuf que de volailles (moins... que: *less than*). Et en 1970?
4. À votre avis, les Français mangent-ils plus de viande que les Américains, ou vice-versa? (plus... que: *more than*)
5. D'après ce tableau, quels sont les produits préférés des Français?
6. À votre avis, est-ce que les Français mangent trop? pas assez?
7. À votre avis, y a-t-il une grande différence entre ce que *(what)* mangent les Français et ce que mangent les Américains? Expliquez.
8. Et vous, qu'est-ce que vous mangez et buvez un peu (beaucoup, trop, pas assez)?

## Un an de nourriture

Évolution des quantités consommées par personne et
par an (en kg):

| | 1970 | 1991 |
|---|---|---|
| • Pain | 80,6 | 65,0 |
| • Pommes de terre | 95,6 | 64,3 |
| • Légumes frais | 70,4 | 92,3 |
| • Légumes surgelés | 0,5 | 5,5* |
| • Bœuf | 15,6 | 17,9 |
| • Charcuterie et conserves de viande | 9,2 | 14,6 |
| • Volailles | 14,2 | 22,3 |
| • Œufs | 11,5 | 14,7 |
| • Poissons, coquillages, crustacés | 10,8 | 19,6 |
| • Yaourts | 8,6 | 15,9* |
| • Huile | 8,1 | 11,8 |
| • Sucre | 20,4 | 9,8 |

\* 1989

INSEE

**MOTS-CLÉS**

## More about expressing likes and dislikes

You have been expressing your preferences since the beginning of the course. Here are several simple ways to express *intense* likes and dislikes.

**Moi, j'adore ça! Je suis gourmand(e).**
*(I love to eat.)*
**Je n'aime pas du tout le bifteck!**
**J'ai horreur des escargots** *(snails).*

**B. Trouvez quelqu'un qui...** Parmi vos camarades de classe, trouvez quelqu'un dans chacune *(each one)* des catégories suivantes. Demandez aussi des informations supplémentaires. Ensuite, présentez les résultats de l'enquête aux autres membres de la classe. Trouvez quelqu'un qui...

1. est végétarien(ne) (Pourquoi?)
2. n'aime pas du tout le dessert (Pourquoi?)
3. adore faire la cuisine (Spécialité?)
4. mange très peu (Combien de fois par jour?)
5. apprécie la cuisine exotique (Quels plats?)
6. refuse de manger certains aliments *(foods)* (Lesquels *[Which ones]* et pourquoi?)
7. a horreur de certains légumes (Lesquels?)
8. aime surtout *(especially)* certaines viandes (Lesquelles?)
9. est gourmand(e)

### THE TABLES OF MARRAKECH

Marrakech is one of the two great centers of Moroccan cuisine (the other is Fès).
Here are some delicacies one might find in the city's finest restaurants:

| | |
|---|---|
| **ras el hanout** | honey-laced tomato purée, grated carrots with orange blossom extract in a sauce of spices |
| **tagine** | any variety of stews which derives its name from the conical-lidded earthenware dishes in which it is served |
| **haira** | the lamb soup Moroccans eat after each day's fasting during the holy month of Ramadan |
| **briouats** | small pastry envelopes filled with meat, fish, or vegetables |
| **b'stilla** | pigeon pie layered with phyllo pastry and cinnamon, confectioner's sugar, and ground almonds with milk and orange water on the side |

Adapted from *Gourmet*, January 96

# 19. THE IMPERATIVE
## Giving Commands

### L'ENNEMI D'UN BON REPAS

RONAN: Martine, **passe**-moi le sel, s'il te plaît... *(Martine passe la salade à Ronan.)*
RONAN: Mais non, enfin! **Écoute** un peu... je te demande le sel!
MARTINE: Ronan, **sois** gentil—**ne parle pas** si fort. Je n'entends plus la télé...

1. Est-ce que Ronan demande la salade?
2. Est-ce que Martine passe le sel à Ronan?
3. Est-ce que Martine écoute Ronan?

# Imperative forms of -*er* verbs

1. The imperative or command form of regular -**er** verbs is the same as the corresponding present-tense form, except that the **tu** form does not end in **s.**

| INFINITIVE | tu | nous | vous |
|---|---|---|---|
| regarder<br>entrer | **Regarde!**<br>**Entre!** | **Regardons!**<br>**Entrons!** | **Regardez!**<br>**Entrez!** |

| | |
|---|---|
| **Regardez!** Un restaurant russe. | *Look! A Russian restaurant.* |
| **Entrons!** | *Let's go in!* |

2. The imperative forms of the irregular verb **aller** follow the pattern of regular -**er** imperatives: **va, allons, allez.**

# Imperative forms of -*re* and -*ir* verbs

The imperative forms of the -**re** and -**ir** verbs you have learned—even most of the irregular ones—are identical to their corresponding present-tense forms.

| INFINITIVE | tu | nous | vous |
|---|---|---|---|
| attendre<br>finir<br>faire | **Attends!**<br>**Finis!**<br>**Fais!** | **Attendons!**<br>**Finissons!**<br>**Faisons!** | **Attendez!**<br>**Finissez!**<br>**Faites!** |

| | |
|---|---|
| **Attends! Finis** ton verre s'il te plaît! | *Wait! Finish your drink, please!* |
| **Faites** attention, s'il vous plaît! | *Pay attention, please! (Watch out!)* |

# Irregular imperative forms

The verbs **avoir** and **être** have irregular command forms.

| INFINITIVE | tu | nous | vous |
|---|---|---|---|
| avoir<br>être | **Aie... !**<br>**Sois... !** | **Ayons... !**<br>**Soyons... !** | **Ayez... !**<br>**Soyez... !** |

**Sois** gentil, Michel.                          *Be nice, Michel.*
S'il vous plaît, **ayez** de la patience.          *Please have patience.*

# Negative commands

In negative commands, **ne** comes before the verb and **pas** follows it.

**Ne** prends **pas** de sucre!                    *Don't have any sugar!*
**Ne** buvons **pas** trop de café.                *Let's not drink too much coffee.*
**N'**attendez **pas** le dessert.                 *Don't wait for dessert.*

# Kinds of commands

The imperative is the verb form used to give a direct command. When using these command forms you should be aware that they are not the most polite way of expressing your wishes. Later on you will learn about indirect commands or requests with the conditional, which are much more polite. With the imperative, however, the use of **s'il vous plaît** and **s'il te plaît** will make your requests more polite.

## Vérifions!

A. **Les bonnes manières.** Vous apprenez *(are teaching)* les bonnes manières à un enfant.

MODÈLE:   ne pas jouer avec ton couteau → Ne joue pas avec ton couteau!

**1.** attendre ton père   **2.** prendre ta serviette   **3.** finir ta soupe   **4.** manger tes carottes   **5.** regarder ton assiette   **6.** être sage *(good [lit., wise])*   **7.** ne pas manger de sucre   **8.** boire ton verre de lait   **9.** ne pas demander de dessert

Et maintenant donnez les mêmes recommandations à deux enfants.

MODÈLE:   ne pas jouer avec ton couteau → Ne jouez pas avec vos couteaux!

B. **Un job d'été.** Vous travaillez deux semaines comme serveur (serveuse) dans un café. Voici les recommandations du patron *(owner)*.

MODÈLE:   faire attention aux clients →
          Faites attention aux clients, s'il vous plaît.

**1.** être aimable   **2.** avoir de la patience   **3.** écouter les clients   **4.** répondre aux questions   **5.** ne pas perdre de temps   **6.** rendre correctement la monnaie *(change)*

Imaginez maintenant trois autres recommandations possibles du patron. Soyez créatif/créative!

Maintenant vous parlez avec un autre serveur (une autre serveuse) des choses qu'il faut (= il est nécessaire de) faire au travail. Répétez les recommandations du patron.

MODÈLE:   faire attention aux clients → Faisons attention aux clients!

## Parlons-en!

**Le robot.** Vous avez un robot qui travaille pour vous. La classe choisit un étudiant (une étudiante) pour jouer le rôle du robot. Donnez cinq ordres en français au robot. Il/Elle est obligé(e) d'obéir. Utilisez «s'il te plaît».

MODÈLES:   Va au tableau, s'il te plaît!

Prends ton livre de français, s'il te plaît!

Regarde le mur, s'il te plaît!

## Étude de prononciation

## Stress and intonation

**Stress** (*L'accent*). Stress refers to the emphasis given to a syllable. english speakers tend to emphasize syllables within a word and within a sentence. French rhythmic patterns, however, are based on *evenly* stressed syllables. There is a slight emphasis (called **l'accent final**) on the final syllable of each French word.

Prononcez avec le professeur.

1. le bureau
2. le professeur
3. la différence
4. l'attention
5. l'administration
6. le garçon

**Intonation.** Intonation refers to the variation of the pitch, the rise and fall of the voice (not loudness), in a sentence. Here are three basic French intonation patterns.

1. In *declarative sentences,* the intonation rises within each breath group (group of words produced in one breath) and falls at the end of the sentence, starting with the last breath group.

Je m'appelle Éric Martin. Bonjour, Mademoiselle.

Il est content de quitter l'université à trois heures.

2. In *yes/no questions,* the intonation rises at the end of the question.

Ça va?                                 Est-ce que c'est un professeur?

3. In *information questions,* the intonation starts high and falls at the end of the question.

Comment allez-vous?                    Qu'est-ce que c'est?

**A. Vos plats préférés.** Quels plats aimez-vous? Quels plats n'aimez-vous pas? Pourquoi? Faites des phrases complètes.

MODÈLES: J'aime les hot-dogs parce qu'ils sont faciles à préparer.

Je n'aime pas le curry indien parce qu'il est épicé *(spicy)*.

| **J'aime... / Je n'aime pas...** | **parce que...** |
|---|---|
| le bifteck et les pommes de terre | difficile(s) à préparer |
| le jambon | facile(s) à préparer |
| les soupes de légumes | beaucoup de calories |
| les gâteaux au chocolat | peu de calories |
| les hot-dogs | beaucoup d'ingrédients |
| les spaghettis | exotique(s) |
| la pizza | dégoûtant(e)(s) |
| les escargots *(snails)* | *(disgusting)* |
| le curry indien | cher(s)/chère(s) |
| les éclairs | très sucré(e)(s) |
| les fruits | nutritif(s)/nutritive(s) |
| | très snob(s) |

**B. On est ce qu'on mange.** Le gourmand (La gourmande) aime manger et il/elle mange beaucoup. Le gourmet aime seulement *(only)* la nourriture *(food)* de qualité et ne mange pas beaucoup. Selon vos réponses à l'exercice A, êtes-vous gourmand(e) ou gourmet? Pourquoi? À quelles occasions êtes-vous gourmand(e)? À quelles occasions êtes-vous gourmet? Discutez-en *(Talk about it)* avec des camarades ou écrivez quatre ou cinq phrases à ce sujet.

**C. La nourriture et les boissons.** Complétez le dialogue.

NADIA: qu'est-ce que vous / prendre / dîner?

YVES: on / prendre / jambon / et / salade

NADIA: manger / vous / assez / fruits?

YVES: oui, nous / manger / souvent / poires / et / pommes

NADIA: prendre / tu / beaucoup / vin?

YVES: non / il y a / ne... plus / vin

NADIA: mes amis / boire / eau minérale

YVES: qui / payer *(to pay for)* / repas?

NADIA: hélas *(alas)* / souvent / moi!

## MOTS-CLÉS

### Expressing agreement, disagreement, and surprise

| | |
|---|---|
| D'accord. | *All right.* |
| Bien sûr que oui (non). | *But of course. / Of course not.* |
| Ah bon. | *Oh, really?* |
| Mais non! Moi, je préfère... | *Of course not! I'd rather . . .* |
| Au contraire, moi, je... | *On the contrary, I . . .* |
| Peut-être, mais... | *Maybe, but . . .* |

**D. Sondage: Préférences gastronomiques.** Interviewez cinq camarades qui vont utiliser les mots-clés dans leurs réponses. Ensuite décrivez leurs préférences gastronomiques et comparez vos résultats avec ceux *(those)* des autres enquêteurs *(interviewers)*. Ensuite, décidez qui dans la classe aime le plat le plus original; qui mange à des heures inhabituelles *(unusual);* qui préfère une boisson peu commune, un restaurant exotique... Il y a d'autres réponses surprenantes *(surprising)*? Expliquez.

QUESTIONS SUGGÉRÉES

1. Quel est ton restaurant préféré? Manges-tu souvent au restaurant?
2. Quel est ton repas préféré? Pourquoi?
3. Qu'est-ce que tu préfères prendre au petit déjeuner? du café? du thé? du chocolat? du lait? _____? Tu prends aussi des œufs? des céréales? _____?
4. Qu'est-ce que tu préfères prendre au déjeuner? Un sandwich? Une omelette? Un repas complet? _____?
5. Qu'est-ce que tu bois au déjeuner? Du lait? Du vin? Du Coca-Cola? De l'eau minérale? Du café?
6. Qu'est-ce que tu prends au dîner? Du jambon? Du bœuf? Du poisson? _____? Qu'est-ce que tu bois?
7. En général, quel dessert est-ce que tu préfères? Des fruits? Du fromage? Du gâteau? _____?
8. Tu manges les mêmes plats toute l'année? Il y a quelque chose que tu aimes particulièrement en chaque saison?

**E. Interactions.** In this chapter, you have practiced talking about food and drink, giving commands, and telling time. Act out the following situations, using the vocabulary and structures from this chapter.

- **Au restaurant universitaire.** While you are eating on campus, you get stuck sitting next to someone (role-played by a classmate) with whom you have little in common. Make small talk about the meal, the weather, classes, etc. Try to leave as soon as you can.
- **Conseils.** A French exchange student has recently arrived at your university and wants to know the hours when the campus dining places are open (= **ouvert**) and the kinds of foods they serve. Give him/her some information and simple advice about what and where to eat.

# Rencontres

## Situations

In this dialogue, Chantal and Pierre are shopping for tonight's dinner in an open-air market. Where would you go to find the different items they mention?

**[Thème 3, Scène 3.1]***

> PIERRE: C'est sûr? Qu'est-ce que nous allons préparer pour le dîner ce soir?
>
> CHANTAL: Ben, écoute, le poisson a l'air bien frais. On peut faire des truites[a] aux amandes.[b]
>
> PIERRE: Je n'aime pas ça.
>
> CHANTAL: Oh! Des langoustines[c] à la mayonnaise.
>
> PIERRE: Oui, c'est bon, mais... ce n'est pas assez copieux[d]!
>
> CHANTAL: Du thon[e] frais grillé; c'est excellent!
>
> PIERRE: Oui, c'est vrai, mais c'est un peu fort[f] pour les invités.
>
> CHANTAL: Ah ben, je sais: des soles meunières.
>
> PIERRE: Oui, bonne idée. En général, tout le monde aime ça.
>
> CHANTAL: Parfait! Alors, quatre belles soles s'il vous plaît, monsieur.
>
> POISSONNIER: Oui! Alors: une, deux, trois, quatre, comme ça?
>
> CHANTAL: Parfait!

## Avec un(e) partenaire...

Avec un(e) partenaire, jouez la scène suivante: Votre ami(e) et vous avez invité six copains à dîner chez vous ce soir. Malheureusement, vous n'avez pas encore décidé quels plats vous allez servir. Discutez ensemble de différentes possibilités en prenant le dialogue comme modèle.

MODÈLES:
> É1: On peut faire du poisson?
>
> É2: Le poisson n'a pas l'air frais. Regarde plutôt ce beau bifteck!
>
> É1: Aimes-tu les frites avec?
>
> É2: Non, pas vraiment. Tu as d'autres idées?

[a]*trout* [b]*almonds* [c]*prawns* [d]*assez... plentiful enough* [e]*tuna* [f]*strong (in flavor)*

---

*The **Thème** and **Scène** numbers correspond to those in the Video to accompany *Rendez-vous*.

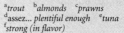

## Avant de lire

**MORE ON GUESSING MEANING FROM CONTEXT.** Figuring out the meaning of unfamiliar words without looking them up is one of the most useful reading skills you will learn. Remember to use all available clues. Often reading ahead to the end of the sentence—or sometimes even further—will clarify a word you didn't know.

Try to figure out the meaning of **bûche de Noël** in the following sentence. Start by isolating the subject and verb.

> **Au dessert, on mange la bûche de Noël, un gâteau roulé au chocolat en forme de bûche.**

Once you have identified the subject and the verb (**on mange**), you can reread the sentence, adding more information. What does one eat? Is there a definition of **la bûche de Noël** in the sentence? Set off by a comma to the right of this term is a phrase including the words **gâteau** and **chocolat,** which you learned in this chapter. Set off by a comma at the beginning of the sentence is the word **dessert.** Without English glossing, you will have understood that **bûche de Noël** is a chocolate dessert eaten at Christmas time. And that is sufficient to "get the gist" of the sentence.

Apply these strategies to your reading of "Grandes occasions."

## Grandes occasions

En France, les jours de fête sont une occasion pour se réunir[a] en famille ou entre amis. Pour chaque fête, on mange des plats typiques qui changent[b] parfois[c] selon les régions. Voici les fêtes les plus gourmandes[d] du calendrier français.

Pour la fête des rois,* le 6 janvier, on achète chez le pâtissier[e] une galette. C'est un gâteau qui contient un petit objet appelé une **fève.** La

La galette, c'est délicieux!

personne qui trouve la fève dans son morceau[f] de gâteau est maintenant le roi (ou la reine)[g] et il choisit sa reine (ou son roi). La famille ou les amis boivent à leur santé.[h]

---

[a]se... *to get together*   [b]varient   [c]quelquefois   [d]les plus... où l'on mange bien   [e]*pastry shop*   [f]*piece*   [g]roi... *king (or queen)*   [h]*health*

---

*This Christian holiday, also called Twelfth-day, commemorates the visit of the Magi (the three Kings) to the newborn Jesus.

Pâques[i] est, bien sûr, la fête du chocolat! C'est aussi un grand jour de réunion familiale, à l'église et à table. On fait un grand repas, et au dessert grands et petits mangent des œufs, des cloches,[j] des poules ou des poissons en chocolat.

Noël est peut-être la fête des fêtes. Le Réveillon[k] de Noël est un grand dîner que l'on prend le plus souvent après la messe[l] de minuit. Au menu: huîtres, foie gras, dinde aux marrons[m] et beaucoup de champagne! Au dessert, on mange la bûche de Noël, un gâteau roulé au chocolat en forme de bûche. Les enfants, bien sûr, attendent avec impatience l'arrivée du Père Noël.

---

[i]*Easter*  [j]*bells*  [k]*Midnight supper*  [l]*une cérémonie catholique*  [m]*huîtres... oysters, pâté, turkey with chestnuts*

## Compréhension

Match the following quotations with the relevant paragraphs in "Grandes occasions."

1. «C'est ma fête préférée parce que j'adore les œufs en chocolat.»
2. «Je suis le roi!»
3. «Nous attendons toujours avec impatience l'arrivée de la bûche.»
4. «Les Français aiment se réunir en famille à l'occasion des fêtes.»

## PAR ÉCRIT

FUNCTION:  Writing about daily habits

AUDIENCE:  Someone you do not know

GOAL:  Write a passage describing your eating habits. Use the following questions as a guide for each paragraph.

1. Combien de repas prenez-vous par jour? En général, mangez-vous bien ou mal? Expliquez.
2. Que prenez-vous au petit déjeuner?
3. Où mangez-vous à midi? Prenez-vous un repas complet au déjeuner?
4. Mangez-vous pendant l'après-midi? Qu'est-ce que vous mangez?
5. Qui prépare le dîner chez vous? Passez-vous beaucoup de temps à table?
6. Quand invitez-vous des amis à dîner chez vous? À quelle occasion préparez-vous un repas spécial?

**Steps**

1. Begin by answering the preceding questions in rough form.
2. After you have jotted down the answers, write a single sentence that sums up the main point you want to make in each paragraph. Write a few topic sentences before you settle on the final one.
3. After you have written the draft, reread it to check for organization and smoothness

of style. Have a classmate read it to see if what you have written is clear. Make any necessary changes.

4.  Finally, read the composition once more for spelling, punctuatin, and grammar errors. Pay particular attention to your use of articles, especially the partitive. Underline the topic sentences before you hand in your composition.

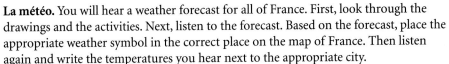

## À L'ÉCOUTE !

**La météo.** You will hear a weather forecast for all of France. First, look through the drawings and the activities. Next, listen to the forecast. Based on the forecast, place the appropriate weather symbol in the correct place on the map of France. Then listen again and write the temperatures you hear next to the appropriate city.

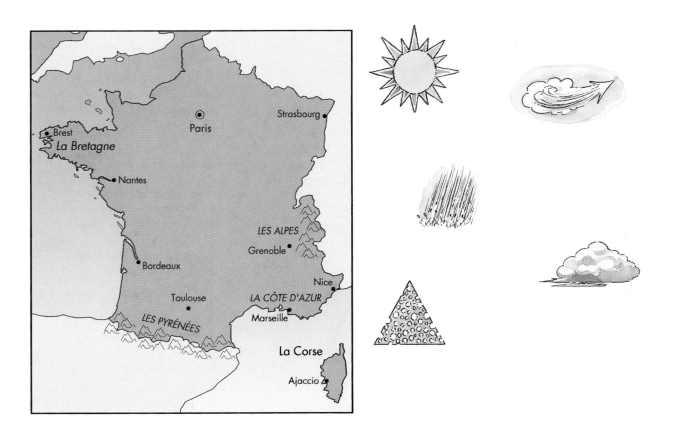

# Vocabulaire

## Verbs

**acheter** to buy
**apprendre** to learn
**boire** to drink
**commander** to order *(in a restaurant)*
**comprendre** to understand
**dîner** to dine, have dinner
**passer** to pass; to spend *(time)*
**préférer** to prefer
**prendre** to take; to have (to eat; to order)

À REVOIR: **aimer mieux, préparer**

## Substantifs

**la boisson** drink
**la cuisine** cooking; kitchen
**le déjeuner** lunch
**le dessert** dessert
**le dîner** dinner
**le fruit** fruit
**le goûter** afternoon snack
**le hors-d'œuvre\*** appetizer
**la journée** (whole) day
**le légume** vegetable
**le petit déjeuner** breakfast
**le repas** meal
**la viande** meat

## Les provisions

**la baguette** long French bread
**le beurre** butter
**la bière** beer
**le bifteck** steak
**la carotte** carrot
**les céréales** *(f.)* cereal

**le chocolat** chocolate
**la choucroute** sauerkraut
**le couscous** causcons
**la crème** cream
**les crêpes** *(f.)* pancakes
**le croissant** croissant
**l'eau (minérale)** *(f.)* (mineral) water
**la fraise** strawberry
**la framboise** raspberry
**les frites** *(f.)* French fries
**le fromage** cheese
**le gâteau** cake
**les haricots\* verts** *(m.)* green beans
**le jambon** ham
**le lait** milk
**l'œuf** *(m.)* egg
**l'orange** *(f.)* orange
**le pain** bread
**la poire** pear
**le poisson** fish
**le poivre** pepper
**la pomme** apple
**la pomme de terre** potato
**le poulet** chicken
**la salade** salad, lettuce
**le sel** salt
**le sucre** sugar
**la tagine** Moroccan stew
**la tarte** pie
**le thé** tea
**la tomate** tomato
**le vin** wine

## À table

**l'assiette** *(f.)* plate
**le bol** wide cup

**la bouteille** bottle
**la carafe** carafe
**le couteau** knife
**la cuillère (à soupe)** (soup) spoon
**la fourchette** fork
**la serviette** napkin
**la tasse** cup
**le verre** glass

## L'heure

**Quelle heure est-il?** What time is it?
**Il est... heure(s).** It is . . . o'clock.
**Il est midi.** It's noon.
**Il est minuit.** It's midnight.
**...et demi(e)** half past (the hour)
**...et quart** quarter past (the hour)
**...moins le quart** quarter to (the hour)
**...du matin** in the morning
**...de l'après-midi** in the afternoon
**...du soir** in the evening, at night

À REVOIR: **les chiffres** *(numbers)*

## Le temps

**Quel temps fait-il?** How's the weather?
**Il fait beau.** It's nice (out).
**Il fait chaud.** It's hot.
**Il fait du soleil.** It's sunny.
**Il fait du vent.** It's windy.
**Il fait frais.** It's cool.
**Il fait froid.** It's cold.
**Il fait mauvais.** It's bad (out).
**Il neige.** It's snowing.
**Il pleut.** It's raining.
**Le temps est orageux.** It's stormy.

---

\*The initial **h** is aspirate here, which means there is no elision with the article **le**.

**Les saisons**

**Au printemps...** In spring . . .
**En été...** In summer . . .
**En automne...** In fall . . .
**En hiver...** In winter . . .

**Mots et expressions divers**

**Ah bon.** Oh, really?
**assez de** enough

**Au contraire...** On the contrary . . .
**Bien sûr que oui (non).** Of course (not).
**de bonne heure** early
**J'ai horreur de...** I can't stand . . .
**Je n'aime pas du tout...** I don't like . . . at all
**Je suis gourmand(e).** I like to eat.
**ne... plus** no more

**presque** almost
**tard** late
**tôt** early
**trop de** too much
**vers** around, about (*with time expressions*)

# On mange bien?

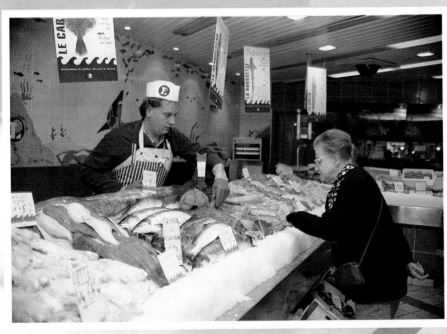

Je vais prendre deux belles truites, s'il vous plaît.

## IN CHAPITRE 6, YOU WILL LEARN:

- vocabulary for talking about food shopping and ordering in restaurants, and for counting past 60

- structures for asking about choices, pointing out people and things, and expressing desire, ability, and obligation.

- cultural information about ordering food in French restaurants, French currency, and shopping for food in France.

# Étude de vocabulaire

## Les magasins d'alimentation

## À vous!

**Les magasins du quartier.** Vous allez où pour acheter les produits suivants?

MODÈLE: des côtes de porc →
Pour acheter des côtes de porc, je vais à la boucherie-charcuterie.

**1.** des éclairs au chocolat **2.** de la salade **3.** des boîtes de sardines à l'huile **4.** du poisson frais (*fresh*) **5.** du veau **6.** une baguette **7.** du pâté de campagne **8.** des huîtres

# Au restaurant

## Au restaurant

**L'HIPPO FUTÉ 73,00 F**
Salade Hippo
Faux filet grillé (240 g)
sauce poivrade
Pommes allumettes

## LES VINS EN PICHET (31 cl)

BORDEAUX ROUGE A.C. . . . . . . . . . . . .  43,00 F
GAMAY DE TOURAINE A.C. . . . . . . . . .  37,00 F

## LES ENTRÉES

ASSIETTE DU JARDINIER  . . . . . . . . . .  39,00 F
TERRINE DU CHEF . . . . . . . . . . . . . . .  47,00 F
COCKTAIL DE CREVETTES . . . . . . . . . .  50,00 F
SALADE DE SAISON . . . . . . . . . . . . . .  23,00 F

## LES GRILLADES
*avec sauce au choix.*

FAUX FILET MINUTE . . . . . . . . . . . . .  79,00 F
*Tellement goûteux qu'il plaît aussi à ceux
qui l'aiment «bien cuit».*

T. BONE . . . . . . . . . . . . . . . . . . . .  109,00 F
*Tranche à l'américaine, avec le filet et le faux filet
de part et d'autre de l'os en T. 2 qualités de viande
dans le même morceau d'environ 380 g.*

PAVÉ* . . . . . . . . . . . . . . . . . . . . . .  89,00 F
*Tranché dans le cœur des rumsteaks, c'est une
tranche maigre et épaisse (conseillé pour ceux
qui aiment «rouge»).*

### AUTRES MOTS UTILES:

**l'agneau** *(m.)*   lamb
**l'entrée** *(f.)*   first course
**le plat**   dish *(type of food);* course *(of a meal)*
**le plat principal**   main course
**l'addition** *(f.)*   check
**le pourboire**   tip

---

*Pavé, entrecôte,* and *côte «villette»* are different cuts of beef.

ENTRECÔTE* . . . . . . . . . . . . . . . . . .  89,00 F
*Un morceau qui permet à ceux qui aiment
«bien cuit» d'apprécier cependant la bonne viande.*

CÔTE «VILLETTE»* . . . . . . . . . . . . . .  224,00 F
*Pour 2 affamés d'accord sur la même cuisson.
850 grammes environ.*

CÔTES D'AGNEAU . . . . . . . . . . . . . .  95,00 F

## LES FROMAGES

BRIE DE MEAUX AUX NOIX . . . . . . . . . .  33,00 F
FROMAGE BLANC NATURE . . . . . . . . . .  25,00 F

## LES DESSERTS

MOUSSE AU CHOCOLAT . . . . . . . . . . .  32,00 F
TARTE AUX FRUITS . . . . . . . . . . . . . .  39,00 F

## LES SORBETS

POIRE . . . . . . . . . . . . . . . . . . . . . .  32,00 F
FRUIT DE LA PASSION . . . . . . . . . . . . .  32,00 F

## LA CARTE OU LE MENU?

**Le menu** in France refers to a full meal including **une entrée** or **un hors-d'œuvre,** **un plat principal,** and **du fromage** or **un dessert.** The price is fixed and the tip is included. Many restaurants have at least two **menus:** an inexpensive one and a more expensive one.

If you want to order a single dish or if you do not like the **menu** you can order **à la carte. La carte** is more expensive than the **menu** but offers more variety. Apart from the main **carte,** restaurants also have **une carte des vins** and **une carte des desserts.**

# À vous!

**A. L'Hippo.** Mettez le dialogue suivant dans le bon ordre. Numérotez de 1 jusqu'à 14.

**LE SERVEUR**

_1_ Vous désirez de la sauce avec votre entrecôte?

_3_ Vous prenez le menu ou la carte?

_5_ Bien, je vous écoute.

_9 1_ Bonjour, Madame. Avez-vous choisi *(Have you chosen)*?

_11_ *(plus tard)* Prenez-vous du fromage ou un dessert?

_13_ *(plus tard)* Vous désirez autre chose *(something else)*?

_9_ Et vous prenez du vin?

**LA CLIENTE**

_10_ Oui, je vais prendre un pichet de gamay de Touraine.

_4_ Je vais prendre la carte.

_2_ Oui, j'ai fait mon choix *(I've made my choice)*.

_14_ Non merci. Apportez-moi l'addition, s'il vous plaît!

_8_ Non, merci, je suis au régime *(on a diet)*.

_12_ Euh, je vais prendre un sorbet à la poire et un café.

_6_ Comme entrée, je vais prendre une assiette du jardinier, et ensuite une entrecôte saignante *(rare)* avec des frites.

**B. Au restaurant.** Avec un(e) camarade, regardez le menu et la carte de l'Hippo Futé. Jouez les rôles du serveur (de la serveuse) et du client (de la cliente). Notez ce que le client commande. Attention! Quand on commande, on utilise en général l'article défini et non le partitif.

MODÈLE: LE SERVEUR (LA SERVEUSE): Qu'est-ce que vous prenez comme entrée?
(plat principal, boisson... )

LE CLIENT (LA CLIENTE): Je prends le/la...

# Encore des nombres

| | | | | | | | |
|---|---|---|---|---|---|---|---|
| 60 | soixante | 80 | quatre-vingts | 100 | cent | 600 | six cents |
| 61 | soixante **et** un | 81 | quatre-vingt-un | 101 | cent un | 700 | sept cents |
| 62 | soixante-deux | 82 | quatre-vingt-deux | 102 | cent deux, etc. | 800 | huit cents |
| 63 | soixante-trois | 83 | quatre-vingt-trois | 200 | deux cents | 900 | neuf cents |
| 70 | soixante-dix | 90 | quatre-vingt-dix | 201 | deux cent un, etc. | 999 | neuf cent quatre-vingt-dix-neuf |
| 71 | soixante **et** onze | 91 | quatre-vingt-onze | 300 | trois cents | | |
| 72 | soixante-douze | 92 | quatre-vingt-douze | 400 | quatre cents | 1 000 | mille |
| 73 | soixante-treize | 93 | quatre-vingt-treize | 500 | cinq cents | 999 999 | ? |

- Note that the number 80 (**quatre-vingts**) takes an **s,** but numbers based on it do not: **quatre-vingt-un,** and so on.
- Note that the **s** of **cents** is dropped if it is followed by any other number: **deux cent un, sept cent trente-cinq.**
- Like **cent, mille** *(one thousand)* is expressed without an article. **Mille** is invariable and thus never ends in **s.**

   1 004   **mille quatre**
   7 009   **sept mille neuf**
   9 999   **neuf mille neuf cent quatre-vingt-dix-neuf**

- In French, years are expressed with a multiple of **cent** or with **mil; mille** is spelled **mil** when years are spelled out. An exception is the year 1000, **l'an mille,** or 2000, **l'an deux mille.** You will rarely need to write out the numbers, but you will need to be able to say them.

   1900   **dix-neuf cent (mil neuf cent)**
   1998   **dix-neuf cent quatre-vingt-dix-huit (mil neuf cent quatre-vingt-dix-huit)**
   1604   **seize cent quatre (mil six cent quatre)**

- The preposition **en** is used to express *in* with a year: **en 1999, en 2003.**

## À vous!

**A. Problèmes de mathématiques.** Inventez six problèmes selon le modèle, puis demandez à un(e) camarade de les résoudre *(solve them).*

MODÈLES:   37 + 42 = ? → Trente-sept plus (et) quarante-deux font soixante-dix-neuf.

96 − 3 = ? → Quatre-vingt-seize moins trois font quatre-vingt-treize.

500 × 24 = ? → Cinq cents fois vingt-quatre font douze mille.

**B. La cuisine diététique.** Votre partenaire et vous avez un restaurant français qui sert de la cuisine diététique. Créez un menu avec moins de *(less than)* 1 000 calories (regardez la table à la page 172). Le menu doit comprendre *(must include):*

une entrée ou un hors-d'œuvre          un plat principal (viande + légumes)
un fromage ou un dessert

| VALEUR CALORIQUE DE QUELQUES ALIMENTS | | | | | | | |
|---|---|---|---|---|---|---|---|
| **TRÈS CALORIQUES** | | **CALORIQUES** | | **PEU CALORIQUES** | | **TRÈS PEU CALORIQUES** | |
| Saucisson | 559 | Brie | 271 | Banane | 97 | Poire *(pear)* | 61 |
| Chocolat | 500 | Pain | 259 | Crevettes | 96 | Pomme | 61 |
| Pâté de foie gras | 454 | Côte d'agneau | 256 | Pommes de terre | 89 | Carotte | 43 |
| Biscuits secs | 410 | Filet de porc | 172 | Lait | 67 | Fraise | 40 |
| Macaronis, pâtes | 351 | Œufs | 162 | Artichaut | 64 | Orange | 40 |
| Riz | 340 | Poulet | 147 | | | Champignons | 31 |
| Camembert | 312 | Canard *(duck)* | 135 | | | Tomates | 22 |

**C.  Quel est le numéro?** Demandez à un(e) camarade les numéros suivants.

1. son numéro de sécurité sociale   **2.** son adresse   **3.** le numéro de son permis de conduire *(driver's license)*  **4.** son code postal   **5.** le numéro de téléphone d'un ami (d'une amie)   **6.** le numéro de sa carte d'étudiant

# En savoir plus

## LA MONNAIE FRANÇAISE

French currency is **le franc (fr)**. It is divided into **centimes**.

**LES BILLETS** *(bills)*
500 francs   50 francs
200 francs   20 francs
100 francs

**LES PIÈCES** *(coins)*
20 francs
10 francs
5 francs
2 francs
1 franc
50 centimes
20 centimes
10 centimes
5 centimes

There are two common ways of writing prices in French:

48frs50*: quarante-huit francs cinquante.   48,50frs: quarante-huit francs cinquante.

---

*Sums of money in France can also be written using **F, ff,** or a comma in place of **frs (francs): 48F50, 48ff50, 48,50.**

**D. Les promotions du mois.** Ce soir vous faites des courses. Vous allez dans un magasin spécialisé en produits surgelés *(frozen)*. Vous achetez un plat principal, des légumes et un dessert. Qu'est-ce que vous allez choisir? Composez votre menu.

# Les promotions du mois chez Picard Surgelés

**Bifteck bavette** Bigard, 130 g env. Sac de 8. Le kg ~~75,70~~ **68,10**

**Côtes de porc** première et filet Bigard, 140 g. env. (le kg 32,00 F). Sac de 1,3 kg ~~46,30~~ **41,60**

**Rôti de veau** épaule, sans barde, Bigard, 1 kg environ. Le kg ~~58,20~~ **52,40**

**Navarin** (assortiment ragoût) Bigard, morceaux 70 g env. Sac de 1 kg ~~41,10~~ **37,00**

**Poulet** classe A, sans abats, 1,2 kg environ. Le kg ~~20,80~~ **18,70**

**Poisson Thaï** au lait de coco, avec riz printanier, Thaïlande, (le kg 58,44 F). Boîte de 450 g ~~29,20~~ **26,30**

**Chili con carne,** bœuf et légumes avec épices fortes à part, Mexique (le kg 61,42 F). Boîte de 350 g ~~23,90~~ **21,50**

**Feuilletine de veau** à l'orange, sauce porto, M. Guérard (le kg 92,50 F). Boîte de 440 g ~~45,20~~ **40,70**

**Cannelloni** (le kg 34,44 F). Boîte de 450 g ~~18,20~~ **15,50**

**Petits pois doux** extra-fins (le kg 10,00 F). Sac de 2,5 kg ~~28,40~~ **25,00**

**Haricots mange-tout** mi-fins (le kg 7,76 F). Sac de 2,5 kg ~~22,10~~ **19,40**

**Épinards hachés,** tablettes 6 g environ. Sac de 1 kg ~~8,60~~ **7,60**

**Choux-fleurs** en fleurettes. Sac de 1 kg ~~12,50~~ **11,00**

**Chou vert,** 2 plaques de 500 g. Sac de 1 kg ~~13,40~~ **11,80**

**Poivrons** verts et rouges mélangés en dés, Espagne. Sac de 1 kg ~~13,70~~ **12,10**

**Pommes de terre** en cubes à rissoler, préfrites Sac de 1 kg ~~9,80~~ **8,60**

**Purée de carottes,** tablettes de 6 g environ. Sac de 1 kg ~~13,20~~ **11,60**

**Éclairs** (2 café, 2 chocolat) 60 g, Patigel (le kg 53,75 F). Boîte de 4 ~~15,20~~ **12,90**

**Bavaroise aux myrtilles,** Niemetz, 530 g, 8 parts (le kg 54,15 F). Pièce ~~33,00~~ **28,70**

**Tarte Tatin,** Ninon, 450 g, 4 parts (le kg 44,22 F). Pièce ~~23,40~~ **19,90**

**Fraises** entières, France. Sac de 1 kg ~~23,70~~ **21,00**

**Croissants feuilletés,** pur beurre, cuits, 40-45 g (le kg 38,75 F). Sachet de 12 ~~21,90~~ **18,60**

**Poire Belle-Hélène,** Miko, 125 ml (le litre 27,40 F). Boîte de 4 ~~16,10~~ **13,70**

**Crème vanille,** Mövenpick, crème glacée vanille avec crème. Boîte de 1 litre ~~29,80~~ **25,30**

Maintenant calculez le prix réel de ce que vous allez acheter, le prix en promotion que vous allez payer et combien vous allez économiser *(to save)*.

| | PRIX AVANT PROMOTION | PRIX EN PROMOTION | DIFFÉRENCE DE PRIX |
|---|---|---|---|
| Plat principal | _____ | _____ | _____ |
| Légumes | _____ | _____ | _____ |
| Dessert | _____ | _____ | _____ |
| Total | _____ | _____ | _____ |

Enfin, expliquez votre menu et les résultats de vos calculs aux autres étudiant(e)s. Qui compose le menu le plus cher *(most expensive)*? le plus original? Qui économise le plus? Combien économise-t-il/elle?

# Réalités francophones

## SHOPPING FOR FOOD IN FRANCE

Although the **supermarché** and the **hypermarché** (which also sell household supplies, clothes, appliances, and toys) are extremely popular in France, some French people still enjoy shopping in the traditional way: They walk from store to store in their own neighborhoods, finding the items that are especially fresh and engaging store owners and other customers in conversation. Shopping in this manner is part of the social fabric of the **quartier,** or neighborhood, and it gives city dwellers the same sense of community found in smaller towns or villages.

Et avec ça, madame?

## Le monde francophone ...ses gens

| | |
|---|---|
| NOM: | Estelle Calteau |
| ÂGE: | 23 |
| LIEU DE NAISSANCE: | Lille, France |
| PROFESSION: | Étudiante |

*Où faites-vous les courses? Préférez-vous faire les courses dans les petits magasins ou au supermarché? Faites-vous les courses tous les jours ou une fois par semaine?*

Je fais généralement mes courses dans un hypermarché car[a] les grandes surfaces commerciales offrent une plus grande diversité de produits et des prix avantageux. On peut y trouver beaucoup de choses: de l'électroménager,[b] de la papeterie, des articles de loisir... Il m'arrive parfois d'aller dans les petits commerces[c] de mon quartier pour acheter des produits dont j'ai besoin en urgence. Mais j'essaie de limiter le plus possible mes déplacements[d] pour les courses car ce n'est pas mon occupation favorite.

[a]parce que   [b]*household electric appliances*   [c]*shops*   [d]*trips*

**176** CHAPITRE 6   ON MANGE BIEN?

# 20. DEMONSTRATIVE ADJECTIVES
## Pointing out People and Things

**UN DÎNER ENTRE AMIS**

BRUNO: **Ce** rôti de bœuf est vraiment délicieux!

ANNE: Merci.

BRUNO: Est-ce que je peux goûter encore un peu de **cette** sauce-là?

ANNE: Mais bien sûr.

MARGAUX: **Ces** haricots verts, hum! Où vas-tu faire tes courses?

ANNE: Rue Contrescarpe.

MARGAUX: Moi aussi. J'adore **cette** rue, **cette** ambiance de village, **ces** petits magasins...

Répondez.

1. Qu'est-ce que les trois amis mangent?
2. Pourquoi Margaux aime-t-elle la rue Contrescarpe?

## Forms of demonstrative adjectives

Demonstrative adjectives *(this/that, these/those)* are used to point out or to specify a particular person, object, or idea. They agree with the nouns they modify in gender and number.

|  | SINGULAR | PLURAL |
|---|---|---|
| *Masculine* | **ce** magasin<br>**cet** escargot<br>**cet** homme | **ces** magasins<br>**ces** escargots<br>**ces** hommes |
| *Feminine* | **cette** épicerie | **ces** épiceries |

Note that **ce** becomes **cet** before masculine nouns that start with a vowel or mute **h**.

# Use of *-ci* and *-là*

In English, *this/these* and *that/those* indicate the relative distance to the speaker. In French, the suffix **-ci** is added to indicate closeness, and **-là,** to indicate greater distance.

> —Prenez-vous **ce** gâteau-**ci**?
> —Non, je préfère **cet** éclair-**là.**

## Vérifions!

**A. Au supermarché.** Qu'est-ce que vous achetez?

> MODÈLE: une bouteille d'huile *(oil)* → J'achète cette bouteille d'huile.

1. une boîte de sardines
2. un camembert
3. des tomates
4. une bouteille de vin
5. quatre poires
6. une bouteille d'eau minérale
7. des pommes de terre
8. un éclair au café
9. un artichaut

**B. Exercice de contradiction.** Vous allez faire un pique-nique. Vous faites des courses avec un(e) camarade, mais vous n'êtes pas d'accord! Jouez les rôles.

> MODÈLE: pain / baguette →
> É1: On prend ce pain?
> É2: Non, je préfère cette baguette.

1. saucisson / jambon
2. pâté / poulet froid
3. filet de bœuf / rôti de veau
4. haricots verts / boîte de carottes
5. pizza *(f.)* / sandwich
6. pommes / bananes
7. tarte / éclair
8. gâteau / glace
9. jus de fruits / bouteille de vin
10. boîte de sardines / morceau de fromage

## Parlons-en!

**Chez le traiteur.** Avec un(e) camarade, jouez les rôles du client (de la cliente) et du traiteur. Ajoutez d'autres exemples.

> MODÈLE: poulet →
> LE CLIENT (LA CLIENTE): Donnez-moi du poulet, s'il vous plaît.
> LE TRAITEUR: Ce poulet-ci ou ce poulet-là?
> LE CLIENT (LA CLIENTE): Ce poulet-ci. Et donnez-moi aussi un peu de ce fromage.
> LE TRAITEUR: Tout de suite, Monsieur (Madame).

1. salade
2. rôti
3. légumes
4. pâté
5. pizza
6. saucisses

## 21. THE VERBS *vouloir, pouvoir,* AND *devoir*
### Expressing Desire, Ability, and Obligation

**LE PROCOPE\***

MARIE-FRANCE: Tu **veux** du café?

CAROLE: Non, merci, je ne **peux** pas boire de café. Je **dois** faire attention. J'ai un examen aujourd'hui. Si je bois du café, je vais être trop nerveuse.

PATRICK: Je bois du café seulement les jours d'examen. Ça me donne de l'inspiration, comme à Voltaire!

Répétez le dialogue et substituez les nouvelles expressions aux expressions suivantes.

1. café → vin
2. nerveux/nerveuse → fatigué(e) *(sluggish)*
3. Voltaire → Bacchus†

## ✴Forms of *vouloir, pouvoir,* and *devoir* ⚐

The verbs **vouloir** *(to want)*, **pouvoir** *(to be able to)*, and **devoir** *(to owe; to have to, to be obliged to)* are all irregular.

|  | vouloir | pouvoir | devoir |
|---|---|---|---|
| je | **veux** | **peux** | **dois** |
| tu | **veux** | **peux** | **dois** |
| il, elle, on | **veut** | **peut** | **doit** |
| nous | **voulons** | **pouvons** | **devons** |
| vous | **voulez** | **pouvez** | **devez** |
| ils, elles | **veulent** | **peuvent** | **doivent** |

**Voulez**-vous des hors-d'œuvre, Monsieur?

Est-ce que nous **pouvons** avoir la salade avant le plat principal?

Je **dois** laisser un pourboire.

*Do you want some hors d'oeuvres, sir?*

*Can we have the salad before the entrée?*

*I must leave a tip.*

---

\*In the eighteenth century, **Le Procope** was the first place in France to serve coffee. Because coffee was considered a dangerous beverage, only "subversives" like Voltaire dared to consume it.

†In classical mythology, Bacchus is the god of wine.

# Uses of *vouloir* and *devoir*

1. **Vouloir bien** means *to be willing to, to be glad to (do something)*.

   Je **veux bien.**                            *I'm willing. (I'll be glad to.)*
   Il **veut bien** goûter les escargots.       *He's willing to taste the snails.*

   **Vouloir dire** expresses *to mean*.

   Qu'est-ce que ce mot **veut dire**?          *What does this word mean?*
   Que **veut dire** «pourboire»?               *What does **pourboire** mean?*

2. **Devoir** can express necessity or obligation.

   Je suis désolé, mais nous **devons**         *I'm sorry, but we must leave.*
      partir.

   **Devoir** can also express probability.

   Elles **doivent** arriver demain.            *They are supposed to arrive*
                                                    *tomorrow.*

   Fabien n'est pas en cours; il **doit**       *Fabien isn't in class; he must*
      être malade.                                 *be ill.*

   When not followed by an infinitive, **devoir** means *to owe*.

   Combien d'argent est-ce que tu              *How much money do you owe (to)*
      **dois** à tes amis?                         *your friends?*
   Je **dois** 87F à Lionel et 99F à           *I owe Lionel 87 francs and*
      Ronan.                                       *Ronan 99 francs.*

## Vérifions!

**A. Le Ritz.** Pour fêter son anniversaire, Stéphane invite ses amis américains Ben et Jessica au restaurant Chez Henri. Complétez leur dialogue. Remplacez les blancs par les verbes **pouvoir, devoir** et **vouloir** selon le contexte et conjuguez ces verbes.

BEN: Qu'est-ce qu'on _____1 prendre?

STÉPHANE: En entrée vous _____2 prendre du pâté de lapin, il est excellent. Et comme plat de résistance...

JESSICA: Pardon, que _____3 dire «plat de résistance»?

STÉPHANE: Bon, c'est le plat principal du repas. Vous _____4 absolument essayer la truite aux amandes, c'est la spécialité de la maison. En dessert si vous _____5, vous _____6 prendre une charlotte aux framboises.

JESSICA: Ce _____7 être très nourrissant *(rich, fattening)* tout ça, non?

STÉPHANE: Un peu mais ce n'est pas tous les jours mon anniversaire. Tu _____8 oublier ton régime pour aujourd'hui.

(*Deux heures plus tard.*)

STÉPHANE: Bon, on _____9 y aller. Mes parents _____10 aller au ciné ce soir et ils _____11 attendre la voiture. S'il vous plaît, combien je vous _____12?

LE SERVEUR: Cinq cent soixante-quinze francs, s'il vous plaît.

BEN: Est-ce que nous _____[13] laisser un pourboire?

STÉPHANE: Si tu _____[14] mais ici le service est compris. Cela _____[15] dire qu'on n'est pas obligé.

**B. Une soirée compliquée.** Composez un dialogue entre Caroline et Kader.

CAROLINE: je / avoir / faim / et / je / vouloir / manger / maintenant

KADER: tu / vouloir / faire / cuisine?

CAROLINE: non... / est-ce que / nous / pouvoir / aller / restaurant?

KADER: oui, je / vouloir / bien

CAROLINE: où / est-ce que / nous / pouvoir / aller?

KADER: on / pouvoir / manger / couscous / Chez Hamadi

CAROLINE: nous / devoir / inviter / Karine

KADER: tu / pouvoir / inviter / Jean-Pierre / aussi

CAROLINE: ce / soir / ils / devoir / être / cité universitaire?

KADER: oui, ils / devoir / préparer / un / examen

CAROLINE: un / examen? / mais / nous / aussi, / nous / avoir / un / examen / demain

KADER: ce / (ne... pas) être / sérieux / nous / pouvoir / parler / de / ce / examen / restaurant

---

## MOTS-CLÉS

### Other ways to talk about obligations

**Devoir** is generally used to talk about what one or several individuals must do. To talk about necessity in a more general way, use **il faut** with an infinitive.

Pour ne pas grossir *(gain weight)*, **il faut** faire de l'exercice. **Il ne faut pas** manger trop d'aliments riches.

**Il faut** can also be followed by nouns referring to objects, to talk about what is needed.

Pour faire une soupe à l'oignon, **il faut** des oignons, du consommé de bœuf, du gruyère et du pain.

---

# Parlons-en!

**A. Qu'est-ce qu'il faut?** Répondez aux questions avec un(e) camarade et notez vos conclusions. Répondez avec **il faut** + infinitif ou nom.

MODÈLE: Qu'est-ce qu'il faut pour passer une soirée à la française? →
Il faut des amis. *(ou* Il faut aimer la bonne cuisine. / Il faut prendre son temps.)

1. pour faire une omelette?
2. pour ne pas grossir?
3. pour s'amuser *(to have fun)* à une soirée à l'américaine?
4. pour se faire «une bonne bouffe *(a big meal)*»?
5. pour passer un bon réveillon *(New Year's Eve)*?

**B. Conversation à trois.** Avec deux autres camarades, vous allez préparer un repas pour toute la classe. Qu'est-ce que vous allez préparer? Où pouvez-vous acheter les provisions nécessaires? Comment voulez-vous partager *(to share)* le travail? Utilisez les verbes **pouvoir, vouloir** et **devoir.**

**Expressions utiles:** vouloir bien, devoir acheter, devoir commander, devoir essayer de préparer un plat français, pouvoir acheter, pouvoir choisir, pouvoir boire du champagne, devoir demander un pourboire

Après votre conversation, décrivez votre menu à la classe.

# 22. THE INTERROGATIVE ADJECTIVE *quel* Asking About Choices

### HENRI LEFÈVRE, RESTAURATEUR À ALBERTVILLE

Dan Bartell, journaliste américain, interroge Henri Lefèvre.

DAN BARTELL: **Quelle** est la principale différence entre la cuisine traditionnelle et la nouvelle cuisine?

HENRI LEFÈVRE: Les sauces, mon ami, les sauces.

DAN BARTELL: Et **quelles** sauces préparez-vous?

HENRI LEFÈVRE: J'aime beaucoup préparer les sauces traditionnelles comme la sauce bordelaise et le beurre blanc.

DAN BARTELL: **Quels** vins achetez-vous pour votre restaurant?

HENRI LEFÈVRE: J'achète surtout des vins rouges de Bourgogne et des vins blancs d'Anjou.

Et vous?

1. Quel est votre plat favori?
2. Quelle boisson préférez-vous?
3. Quelle cuisine préférez-vous?

## ✳ Forms of *quel*

1. You are already familiar with the interrogative adjective **quel** in expressions such as **Quelle heure est-il?** and **Quel temps fait-il? Quel (quelle, quels, quelles)** means *which* or *what.* Its function is to elicit more precise information about a noun that is understood or established in context. It agrees in gender and number with the noun to which it refers. Questions may be formed either with inversion or with **est-ce que.**

| | |
|---|---|
| **Quel** fromage voulez-vous goûter? | *Which (What) cheese would you like to try?* |
| À **quelle** heure est-ce que vous dînez? | *(At) what time do you have dinner?* |
| Dans **quels** restaurants aimez-vous manger? | *In what (which) restaurants do you like to eat?* |
| **Quelles** boissons est-ce que vous préférez? | *What (Which) beverages do you prefer?* |

2. Note that the pronunciation of all four forms of **quel** is identical, [kɛl], but when the plural form precedes a word beginning with a vowel sound, there is **liaison: quels étudiants, quelles étudiantes** [kɛl-ze-ty-djã(t)].

## *Quel* with *être*

**Quel** can also stand alone before the verb **être** followed by the noun it modifies.

| | |
|---|---|
| **Quel est** le prix de ce champagne? | *What's the price of this champagne?* |
| **Quelle est** la différence entre le Perrier et l'eau minérale de Calistoga? | *What's the difference between Perrier (water) and Calistoga (water)?* |

### MOTS-CLÉS

#### Expressing admiration

**Quel** is also used in exclamations.

| | |
|---|---|
| **Quel** père exemplaire! | *What an exemplary father!* |
| **Quelle** bonne idée! | *What a great idea!* |

## Vérifions!

**A. Une soirée de choix.** Nahum et Salima organisent une soirée. Formez les questions de Nahum en utilisant l'adjectif interrogatif.

MODÈLE: quel / dessert / tu / préférer → Quel dessert est-ce que tu préfères?

1. quel / boisson / tu / préférer
2. quel / fruits / tu / avoir
3. quel / pain / tu / vouloir
4. quel / tarte / tu / aller / acheter
5. quel / légumes / tu / choisir

**Variation.** Maintenant, donnez les réponses de Salima.

MODÈLE: Quel dessert est-ce que tu préfères?
Je préfère les éclairs au chocolat (la mousse au chocolat, la salade de fruits).

**B. Qui vient dîner?** Mme Guilloux veut organiser un dîner demain soir. Son mari l'interroge *(asks her questions)*. Complétez leur dialogue avec **qu'est-ce que, quel(le)** ou **qui.**

M. GUILLOUX: _Qui_ ¹ vas-tu inviter?

MME GUILLOUX: Maxime, Isabelle et Laurence.

M. GUILLOUX: Et _____ ² tu vas préparer? → qu'est-ce que

MME GUILLOUX: Un rôti de bœuf avec des pommes de terre sautées.

M. GUILLOUX: Super! Mais _qui_ ³ va faire les courses?

MME GUILLOUX: Toi, bien sûr.

M. GUILLOUX: Ben voyons! _Quel_ ⁴ vin est-ce que je dois acheter?

MME GUILLOUX: Je ne sais pas. _____ ⁵ tu préfères? qu'est-ce que
↳ + nom

M. GUILLOUX: Un bordeaux rouge.

MME GUILLOUX: Très bien. _____ ⁶ heure est-il? qu'est-ce que

M. GUILLOUX: 6h30. Quelle + Nom

MME GUILLOUX: Déjà! _____ ⁷ tu attends? Dépêche-toi *(Hurry up)*, les magasins vont bientôt fermer. → qu'est-ce que

# Parlons-en!

**Une interview.** Interrogez vos camarades sur leurs goûts. Utilisez l'adjectif interrogatif **quel** et variez la forme de vos questions.

MODÈLE: sport → Quel sport est-ce que tu préfères? *(ou* Quel sport préfères-tu?)

1. boisson
2. légume
3. CD-ROM
4. repas
5. distractions
6. cassettes
7. vêtements
8. livre
9. revues
10. couleur *(f.)*
11. ordinateur
12. émission de télévision

Quelle est la réponse la plus insolite *(unusual)?* la plus drôle?

# 23. THE PLACEMENT OF ADJECTIVES
## Describing People and Things

### UN NOUVEAU RESTAURANT

CHLOÉ: Il y a un **nouveau** restaurant dans le quartier.

VINCENT: Ah bon! Où ça?

CHLOÉ: À côté de la **petite** épicerie. Il s'appelle «Le **Bon Vieux** Temps».

VINCENT: C'est un **joli** nom. On y va samedi soir?

CHLOÉ: **Bonne** idée!

Corrigez les phrases incorrectes.

1. Il y a un nouvel hôtel dans le quartier.
2. D'après son nom, ce restaurant prépare des plats traditionnels.
3. Vincent n'aime pas le nom du restaurant.
4. Vincent et Chloë vont au restaurant samedi soir.

# Adjectives that precede the noun

1. Certain short and commonly used adjectives usually precede the nouns they modify.

※ *Maloracadafor* ✗

| REGULAR | IRREGULAR | IDENTICAL IN MASCULINE AND FEMININE |
|---|---|---|
| **grand(e)** *big, tall; great* <br> **joli(e)** *pretty* <br> **mauvais(e)** *bad* <br> **petit(e)** *small, little* <br> **vrai(e)** *true* | **beau / belle** *beautiful, handsome* <br> **bon(ne)** *good* <br> **faux / fausse** *false* <br> **gentil(le)** *nice, kind* <br> **gros(se)** *large, fat, thick* <br> **long(ue)** *long* <br> **nouveau / nouvelle** *new* <br> **vieux / vieille** *old* | **autre** *other* <br> **chaque** *each, every* <br> **jeune** *young* <br> **pauvre** *poor; unfortunate* |

| | |
|---|---|
| La cuisine est une **vraie** tradition pour les Français. | *Cooking is a real tradition for the French.* |
| La **nouvelle** cuisine est démodée en ce moment. | *The "new cooking" is out of fashion right now.* |
| «Antoine» est un **vieux** restaurant de La Nouvelle-Orléans. | *"Antoine" is an old restaurant in New Orleans.* |
| Les **jeunes** clients aiment bien le propriétaire de ce restaurant. | *The young customers like the owner of this restaurant.* |

2. The adjectives **beau, nouveau,** and **vieux** are irregular: They have two masculine forms in the singular.

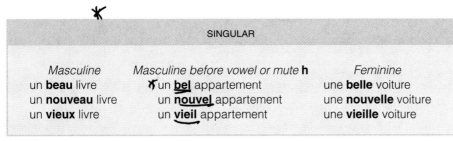

| SINGULAR | | |
|---|---|---|
| *Masculine* | *Masculine before vowel or mute* **h** | *Feminine* |
| un **beau** livre | un **bel** appartement | une **belle** voiture |
| un **nouveau** livre | un **nouvel** appartement | une **nouvelle** voiture |
| un **vieux** livre | un **vieil** appartement | une **vieille** voiture |

| PLURAL | |
|---|---|
| *Masculine* | *Feminine* |
| de **beaux** appartements | de **belles** voitures |
| de **nouveaux** appartements | de **nouvelles** voitures |
| de **vieux** appartements | de **vieilles** voitures |

3. Note that when an adjective precedes the noun in the plural form, the plural indefinite article **des** generally becomes **de**.

J'ai **des** livres de cuisine.      J'ai **de** nouveaux livres de cuisine.
Faisons **des** desserts!            Faisons **de** bons desserts!

In colloquial speech, **des** is often retained before the plural adjective: **Elle trouve toujours *des beaux* fruits.**

# Adjectives that may precede or follow nouns

The adjectives **ancien/ancienne** *(old; former)*, **cher/chère** *(dear; expensive)*, **pauvre**, and **grand(e)** may either precede or follow a noun, but their meaning depends on their position. Generally, the adjective has a literal meaning when it follows the noun and a figurative meaning when it precedes the noun.

**LITERAL SENSE**

Il achète des chaises **anciennes**
   pour décorer la Tour d'Argent.
*He's buying antique chairs to
   decorate the Tour d'Argent.*

C'est un vin très **cher.**
*That's a very expensive wine.*

Les clients **pauvres** ne vont pas
   à la Tour d'Argent.
*Poor (not rich) customers don't
   go to the Tour d'Argent.*

C'est un homme très **grand.**
*He's a very tall man.*

**FIGURATIVE SENSE**

M. Sellier est l'**ancien** maître
   d'hôtel de la Tour d'Argent.
*Mr. Sellier is the former maître
   d'hôtel of the Tour d'Argent.*

Ma **chère** amie...
*My dear friend . . .*

**Pauvres** clients! Il n'y a plus de
   champagne!
*The poor (unfortunate) customers!
   There's no more champagne!*

C'est un très **grand** chef de
   cuisine.
*He's a very great chef.*

The adjective **grand(e)** is placed *after* the noun to mean *big* or *tall* only in descriptions of people. When it precedes the noun in descriptions of things and places, it means *big, tall, large:* **les grandes fenêtres, un grand appartement, une grande table.**

# Placement of more than one adjective

When more than one adjective modifies a noun, each adjective precedes or follows the noun as if it were used alone.

> C'est une **petite** femme **blonde**.
> J'ai de **bons** livres **français**.
> C'est un **vieux** restaurant **agréable**.

## Vérifions!

**A. Qu'est-ce que vous aimez?** Choisissez parmi ces adjectifs et faites des phrases selon le modèle: **beau/belle, grand(e), joli(e), petit(e), vrai(e), bon(ne), nouveau/nouvelle, vieux/vieille, gros(se).**

MODÈLE:   les desserts → J'aime les **bons** desserts.

1. les restaurants
2. les recettes (recipes)
3. les ~~gros~~ hamburgers
4. les voitures
5. les maisons
6. les villes

**B. Un dîner réussi.** Loïc nous explique comment il fait pour réussir un bon repas. Transformez les noms du singulier au pluriel.

MODÈLE:   J'invite <u>un vrai ami</u>. → J'invite <u>de vrais amis</u>.

D'abord je mets sur la table <u>une belle plante</u>[1] *des* mais je ne mets jamais <u>une fausse assiette</u>[2] *de* en plastique. Je choisis toujours <u>un bon vin</u>.[3] *de* J'essaie (try) <u>une nouvelle recette</u>.[4] *de* J'achète <u>un beau pain</u>[5] *des* de campagne. Comme dessert, je prépare <u>un bon gâteau</u>[6] *de* et ensuite je sers <u>un petit verre</u>[7] *de* de liqueur ou <u>un petit digestif</u>[8] *de* (after-dinner drink).

**C. On fait la critique.** Voici la description d'un nouveau restaurant à New York. Complétez les phrases avec les adjectifs entre parenthèses. Faites attention! Les adjectifs ne sont pas toujours dans le bon ordre.

MODÈLE:   Le chef fait la cuisine selon *la tradition*... (français, vieux) →
          Le chef fait la cuisine selon la vieille tradition française.

1. Les clients trouvent *une ambiance*... (bon, français)
2. Vous pouvez dîner sur *une terrasse*... (agréable, grand)
3. On peut commander *un vin*... (rouge, bon)
4. Il y a *du pain*... (vrai, français)
5. Les clients paient *des prix*... (raisonnable, petit)
6. Vous allez parler avec *la propriétaire*... (vieux, sympathique)

## Parlons-en!

**A. Une bonne table.** Lisez ce que le magazine gastronomique *GaultMillau* dit du restaurant l'Auberge du Cheval Blanc à Lembach, en Alsace. Puis remplacez les adjectifs **vieux, opulente** et **large** par les adjectifs **ancien, pittoresque** et **varié**. Faites attention à la position des nouveaux adjectifs.

● **LEMBACH**

☐☐ **15/20 Auberge du Cheval Blanc**
Un vieux relais de poste transformé en opulente auberge au large répertoire culinaire : salade aux crustacés, panaché de foie chaud, turbot aux huîtres. Produits magnifiques, exécution impeccable. Menus de 115 F à 265 F.
*4, rue Wissembourg. F. lundi, mardi et du 4 au 22 juil. Jusqu'à 21 h.*
*Tél. : 88 94 41 86.*

Maintenant, avec un(e) camarade, faites la description d'un restaurant de votre ville ou de votre université. Ensuite, présentez votre description à la classe sans nommer le restaurant. Est-ce que les autres membres de la classe peuvent deviner de quel restaurant vous parlez?

**B. Les Parisiens.** Faites la description la plus détaillée possible de ces personnes en utilisant les nouveaux adjectifs.

**MOTS UTILES: à gauche** (on the left), **à droite** (on the right)

MODÈLE: Ce monsieur à gauche est un vieil homme intelligent. Il est professeur de...

**C. Personnages célèbres.** Avec un(e) camarade, utilisez les mots suivants pour former des phrases complètes. (Attention à l'ordre des adjectifs!)

MODÈLE: Whitney Houston / femme / jeune / dynamique →
Whitney Houston est une jeune femme dynamique.

### PERSONNES

| | | |
|---|---|---|
| Alicia Silverstone | Tom Hanks | Céline Dion |
| Howard Stern | Toni Braxton | Kristi Yamaguchi |
| Morgan Freeman | Chris Rock | Dumbo |
| Snoopy | Michael Jordan | Brett Favre |
| Jim Carrey | Cuba Gooding, Jr. | ? |

### NOMS

| | | |
|---|---|---|
| fille | garçon | éléphant |
| homme | chien | acteur/trice |
| athlète | femme | ? |

### ADJECTIFS

| | | |
|---|---|---|
| jeune | joli | snob |
| beau | gentil | drôle |
| vieux | agréable | orange |
| grand | rouge | enthousiaste |
| petit | sociable | calme |
| bon | dynamique | désagréable |
| mauvais | sportif | ? |
| gros | gris | |

# Étude de prononciation

## Liaison

As you know, a consonant that occurs at the end of a word is often "linked" to the next word if that word begins with a vowel sound: les amis [lɛ za mi]. This linking is called **liaison**. It occurs between words that are already united by meaning or syntax: Ils ont un ami [il zɔ̃ tɛ̃ na mi].

1. **Liaison** is compulsory in the following cases.

   - between a pronoun and a verb     ils ont; ont-ils
   - between a noun and a preceding adjective     de beaux hommes
   - between a one-syllable preposition and its object     sans argent
   - between a short adverb and an adjective     très intéressant
   - between an article and a noun or adjective     un exercice; les autres pays
   - after **est**     c'est évident
   - after numbers     huit étudiants

2. **Liaison** *does not* take place in the following cases.

   - after a singular noun     un étudiant / intéressant
   - after **et**     il parle français et / anglais
   - before an aspirate **h**     un / Hollandais
   - after a name     Jean / est riche

3. **Liaison** produces the following sound changes.

   - a final **s** is pronounced [z]     les étudiants
   - a final **x** is pronounced [z]     dix étudiants
   - a final **z** is pronounced [z]     chez elle
   - a final **d** is pronounced [t]     un grand homme
   - a final **f** is pronounced [f] or (before **heure** and **an** only) [v]     neuf ans

**Liaison** and its uses vary according to language level. For example, in a poetic or dramatic reading, or in other very formal situations, most conventional **liaisons** are made. Relatively few **liaisons** are made in everyday language.

**A. Liaison.** Prononcez avec le professeur.

1. un grand appartement
2. les écoles américaines
3. le jardinier anglais
4. les hors-d'œuvre
5. les deux églises
6. Il est ouvrier et artisan.
7. Elles étaient à la mairie.
8. Vous êtes sans intérêt.
9. Vont-elles au centre-ville?
10. Tu ne m'as pas écouté.
11. C'est horrible!
12. C'est un quartier ancien.

**B. Liaison encore!** Prononcez avec le professeur.

1. Vous allez mettre trois assiettes sur la table.
2. Les deux assiettes blanches sont à la cuisine.
3. Vous achetez des oranges et des œufs, n'est-ce pas?
4. Les nouveaux étudiants français mangent des haricots verts.

# Mise au point

**A. Allons au restaurant!** Marc et Jérôme vont au restaurant. Avec un(e) camarade, faites des phrases complètes et jouez le dialogue entre les deux amis.

> MARC: je / vouloir / aller / restaurant
> JÉRÔME: dans / quel / restaurant / vouloir / tu / aller?
> MARC: on / ne... pas / pouvoir / passer / trop / temps / restaurant
> JÉRÔME: oui / on / devoir / être / université / à / 2 heures
> MARC: alors / nous / pouvoir / aller / dans / bistrot
> JÉRÔME: je / aller / manger / sandwich
> MARC: moi / je / vouloir / aussi / dessert
> JÉRÔME: monsieur / addition / s'il vous plaît. Mais / je / ne... pas / avoir / argent
> MARC: moi / je / aller / payer / addition / et / laisser / pourboire
> JÉRÔME: merci / je / te / devoir / trente-cinq / francs

**B. Question de goût.** Modifiez les noms pour expliquer vos goûts à la classe. Vous pouvez utiliser plusieurs adjectifs par phrase. Attention à la place de l'adjectif.

| | SUGGESTIONS |
|---|---|
| 1. J'aime les *restaurants.* | bon / nouveau / cher / intéressant / chinois... |
| 2. Je vais souvent au *restaurant* avec des *amis.* | sympathique / intime / jeune / bon / amusant... |
| 3. Nous buvons souvent du *vin et de la bière.* | californien / français / allemand / bon / rouge... |
| 4. Nous prenons quelquefois des *repas* ensemble. | cher / bon / long / agréable / gastronomique... |

**C. Vos impressions.** Complétez les phrases suivantes à la forme affirmative ou à la forme négative, selon votre opinion personnelle. Utilisez **devoir, pouvoir** ou **vouloir** + infinitif dans chaque phrase.

> MODÈLE: Les étudiants _____. →
> Les étudiants ne doivent pas étudier jusqu'à *(until)*
> minuit tous les soirs.

1. Le professeur _____.
2. Les parents _____.
3. Mes camarades _____.
4. Les hommes _____.
5. Les femmes _____.
6. Je _____.

**D. Une conversation au restaurant.** Vous êtes au restaurant et vous entendez une partie d'une conversation. Imaginez ce que répond l'autre personne. (Lisez tout l'exercice avant de répondre.)

1. —Et alors, Nouredinne, tu as très faim? Que veux-tu prendre ce soir comme plat principal?

   — _____

2. —Si tu veux... moi, je préfère le poisson. Et comme boisson? Qu'est-ce que tu veux?

   — _____

3. —C'est une bonne idée. Je n'ai pas envie de boire du vin. Et tu prends des légumes?

   — _____

4. —Ah oui? Je déteste ça. Et comme dessert, qu'est-ce que tu prends?

   — _____

5. —Oui, ça va bien avec un bon dîner. Moi, je prends de la tarte aux pommes. Ah, voilà la serveuse...

   — _____

**E. Interactions.** In this chapter, you practiced how to specify, express desire and obligation, and describe people and things. Act out the following situations, using the vocabulary and structures from this chapter.

- **Au marché.** You are at an open-air food market. Tell the shopkeeper (your partner) what you would like to buy. Be sure to indicate specifically which items you want.
- **Au restaurant.** You are planning a dinner with a special person, and you want everything to be perfect. You make everything clear to the head waiter or waitress (your partner). Tell him or her that you want a small table for two, a good waiter or waitress, and a good wine. Ask what meal is good this evening and which dessert is good. Ask if the restaurant accepts credit cards (**accepter des cartes de crédit**). Thank the waiter or waitress for the help.

## Situations

In this dialogue, Paul has invited Bénédicte and Caroline over for a home-cooked meal. Listen carefully to their conversation; do you recognize what Paul is serving for dinner?

**[Thème 3, Scène 3.2]***

BÉNÉDICTE: Ça sent[a] bon, hein![b]

CAROLINE: Paul, qu'est-ce que tu nous as préparé ce soir? Je meurs de[c] faim.

PAUL: Une de mes spécialités: une bonne quiche lorraine.

CAROLINE: Une quiche lorraine? Tu sais cuisiner?

PAUL: Eh oui! J'ai cuisiné toute la journée et... j'ai beaucoup de talent.

BÉNÉDICTE: Quelle jolie table... tu nous gâtes.[d]

CAROLINE: En effet, les assiettes, les couverts, la nappe... Pas mal... Merci.

PAUL: Bon appétit.

BÉNÉDICTE: Merci, bon appétit!

CAROLINE: Bon appétit!

## Avec un(e) partenaire...

À tour de rôle, posez les questions suivantes à votre partenaire. Complétez ses réponses si c'est nécessaire.

1. Vous mettez la table; qu'est-ce qu'il vous faut?
2. Vous préparez le dîner pour des amis qui ont des goûts très variés; qu'est-ce que vous leur offrez comme boissons?
3. Comme dessert, vous voulez faire des biscuits aux pépites de chocolat *(chocolate chip cookies);* qu'est-ce qu'il vous faut?

[a]*smells* [b]*eh!* [c]*Je... I'm dying of* [d]*tu... you're spoiling us*

---

*The **Thème** and **Scène** numbers correspond to those in the Video to accompany *Rendez-vous.*

### Avant de lire

#### SKIMMING FOR THE GIST

Skimming is a useful way to approach any new text, particularly in a foreign language. You will usually find it easier to understand more difficult passages once you have a general idea of the content. As always, you need not be concerned with understanding every word when reading authentic French texts; just try to get the gist, then answer the questions that follow the reading to check your overall comprehension.

The following article appeared in a French magazine, *Bon sens*. Glance at the title and headings. What kind of information do you think the article contains, and how is the information organized?

Next, skim the article to get an impression of the major points. Do not attempt to understand every word. See if you can remember five or six primary pieces of information. Then read the sections that may have appeared most difficult when you skimmed the article, and try to guess their meaning based on the rest of the text.

# Pour tenir
# LA FORME

*Notre corps, c'est ce qu'on néglige le plus en période d'examens. On mange trop (pour surmonter le stress) ou pas assez (pas le temps d'y penser maintenant), on dort[a] mal même quand on dort beaucoup, on ne bouge plus de sa[b] chaise et, quand on fait du sport pour se défouler,[c] on se fait mal...[d] Attention, ne prenez pas de tels risques!*

## « DIS-MOI[e] CE QUE TU MANGES, JE TE DIRAI[f] QUI TU ES »

L'alimentation est le premier facteur de l'équilibre. Surtout en période de révisions. C'est souvent quand on a particulièrement besoin d'un apport régulier et équilibré de protides, glucides, lipides, éléments minéraux et vitamines, que le stress nous incite à sauter[g] des repas, à négliger notre corps, à grignoter n'importe quoi[h] à n'importe quelle heure, bref: à faire exactement ce qu'il ne faut pas faire.

## COMMENT MANGER?

### Régulièrement

Avant tout, il s'agit de faire de chaque repas une occasion pour se détendre;[i] inutile donc de grignoter deux biscuits diététiques en travaillant, juste pour vous donner bonne conscience.

Fractionnez plutôt[j] vos repas (maximum 5 par jour, dont 2 en-cas[k]), et prenez-les à heures régulières: les repas doivent rythmer votre journée. Et rappelez-vous[l] que le petit déjeuner doit apporter 25% des calories quotidiennes, l'en-cas de 10 heures 10%, le déjeuner 30%, le goûter 5% et le dîner 30%.

[a]*sleeps* [b]*ne... never gets out of one's* [c]*se... to unwind* [d]*se... hurts oneself* [e]*Dis... Tell me* [f]*te... will tell you* [g]*to skip* [h]*grignoter... to snack on just anything* [i]*se... to relax* [j]*Fractionnez... Rather, divide up* [k]*snacks* [l]*rappelez... remember*

# Compréhension

1. Selon l'article, quels problèmes avons-nous en période d'examens?
2. Pourquoi saute-t-on des repas en période d'examens? Et vous, est-ce que vous sautez souvent des repas? Pourquoi?
3. Selon l'auteur, pourquoi doit-on prendre les repas à heures régulières? Quel est votre repas le plus important, en général? Et en période d'examens?
4. Combien de repas par jour prenez-vous d'habitude? À votre avis, est-ce que votre alimentation est équilibrée? Pourquoi ou pourquoi pas?
5. À votre avis, que veut dire le titre de l'article? Qu'est-ce que vous faites pour tenir la forme?

## PAR ÉCRIT

FUNCTION: Describing a place

AUDIENCE: A friend or classmate

GOAL: Write a note to a friend inviting him or her to dinner. To persuade your friend to come, describe your chosen restaurant using the following questions as a guide: **Dans quel restaurant préférez-vous dîner? Mangez-vous souvent dans ce restaurant? Quand? Est-ce qu'il est fréquenté** *(visited)* **par beaucoup de clients? Est-ce que la carte est simple ou complexe? Quel est votre plat préféré? Quelle est la spécialité du chef?** Begin the letter with **Cher (Chère)** _____. End with **À bientôt!** *(See you soon!)*.

**Steps**

1. Write the introduction. Begin with an interesting or amusing thought to attract your friend's attention. You may wish to start out with a question. Some examples are: **Veux-tu prendre un excellent repas avec un ami (une amie) très sympathique?** or **Tu as envie de manger une pizza délicieuse?** Then compose the invitation.
2. Write the body of the note. It should answer the questions posed in the paragraph on **Goal,** above.
3. Write a conclusion, restating your invitation as intriguingly as possible. You may tell an anecdote, briefly describe the restaurant, or set down more specific plans for the place, date, and time of your appointment.
4. Revise your composition after checking the organization of its opening and closing paragraphs. Have a classmate read it to see if what you have written is clear. Revise again if necessary. Finally, reread the composition for spelling, punctuation, and grammar errors, focusing especially on your use of adjectives.

## À L'ÉCOUTE!

**Les supermarchés Trafic.** The **Trafic** supermarket chain is advertising some of its products on the radio. First, look at activities A and B. Next, listen to the vocabulary and the ad. Then, do the activities.

VOCABULAIRE UTILE
**des promotions** *specials (sales)*          **ouverts** *open*
**des prix incroyables** *incredible prices*   **venez vite!** *come quickly!*
**des produits** *products*

**A. Les promotions Trafic.** Draw a line linking each price with the appropriate product, based on the ad.

1. 5frs
2. 40frs
3. 3frs
4. 2frs50

a. un litre de jus de pomme
b. un kilo de jambon
c. une baguette
d. un kilo d'oranges

**B.** Place a check mark next to the correct answer.

Les supermarchés Trafic sont ouverts:

1. _____ de 8 heures à 21 heures
2. _____ de 9 heures à 22 heures
3. _____ de 9 heures à 21 heures

## Vocabulaire

### Verbes

**apporter** to bring; to carry
**devoir** to owe; to have to, be obliged to
**goûter** to taste
**laisser** to leave (behind)
**pouvoir** to be able
**vouloir** to want
   **vouloir bien** to be willing
   **vouloir dire** to mean

À REVOIR: **acheter, boire, commander, goûter, préparer, vendre**

### Substantifs

**l'addition** (f.) bill, check (in a restaurant)
**l'argent** (m.) money
**la baguette (de pain)** baguette
**le billet** bill (currency)
**le bœuf** beef
**la boîte (de conserve)** can (of food)
**la carte** menu
**le centime** 1/100th of a French franc
**la côte** chop

**le crabe** crab
**l'éclair** (m.) eclair (pastry)
**l'entrée** (f.) first course
**le filet** fillet (beef, fish, etc.)
**le franc** franc (currency)
**la glace** ice cream; ice
**le hors-d'œuvre*** appetizer
**l'huître** (f.) oyster
**le jus (de fruits)** (fruit) juice
**le kilo(gramme)** kilo(gram)
**le magasin** store, shop
**le menu** fixed (price) menu
**le morceau** piece

---

*The **h** in **hors-d'œuvre** is aspirate, which means that there is no "elision" with the article **le** (i.e., **le hors-d'œuvre**).

**le pâté de campagne** (country-style) pâté
**la pièce** coin
**le plat** course (meal)
**le plat principal** main dish
**le porc** pork
**le pourboire** tip
**le prix** price
**le rôti** roast
**les sardines (à l'huile)** (f.) sardines (in oil)
**la saucisse** sausage
**le serveur / la serveuse** waiter, waitress
**la sole** sole (fish)
**la tranche** slice

À REVOIR: **l'assiette** (f.), **la boisson, la cuisine, le déjeuner, le dîner, le fromage, le gâteau, les haricots verts, le pain, le petit déjeuner, la pomme, la pomme de terre, la viande, le vin**

## Adjectifs

**ancien(ne)** old, antique; former
**bon(ne)** good
**cher/chère** dear; expensive
**faux/fausse** false
**frais/fraîche** fresh
**jeune** young
**joli(e)** pretty
**mauvais(e)** bad
**nouveau/nouvel/nouvelle** new
**pauvre** poor; unfortunate
**quel(le)** which (int. adj.)
**vieux/vieil/vieille** old
**vrai(e)** true

## Les magasins

**la boucherie** butcher shop
**la boulangerie** bakery
**la charcuterie** pork butcher's shop (delicatessen)
**l'épicerie** (f.) grocery store
**la pâtisserie** pastry shop; pastry
**la poissonnerie** fish store

## Mots et expressions divers

**cela (ça)** this, that
**ensuite** then, next
**J'aimerais** (+ inf.)... I would like (to) . . .
**Il faut...** It is necessary to / One needs . . .
**même** same; even
**plutôt** instead, rather
**(et) puis** (and) then, next
**Que veut dire...?** What does _____ mean?
**si** so (very); if

# Fenêtre sur...

## UNE CAPITALE

### Québec: l'Europe en Amérique

C'est la ville la plus ancienne du Canada. Capitale de la Belle Province, elle est élégante, raffinée, très attachée à son passé. Inscrite au[a] patrimoine mondial de l'UNESCO, comme Rome ou Jérusalem, elle est protégée par un mur[b] de fortification.

Pour la visiter, il faut de bonnes jambes[c] car elle est construite sur des collines.[d] Les rues pittoresques de la «haute ville» dominent la «basse ville», plus moderne. En hiver, descendez au port: le froid paralyse les bateaux.[e] Tout est blanc, tout est calme. Écoutez. Le Saint Laurent, comme un désert de glace[f], crisse[g] dans le silence.

[a]Inscrite... *Registered in the*  [b]*wall*  [c]*il... you need strong legs*  [d]*hills*  [e]*boats*  [f]*ice*  [g]*crunches*

## LES FÊTES ET LES FESTIVALS

### Le carnaval de Québec ou la célébration du froid

C'est la fête de l'hiver, de la neige et de la glace. Pendant deux semaines, au début du mois de février, la ville entière s'amuse: course en canot[a] sur le Saint Laurent glacé, grand prix auto sur glace, escalade[b] sur mur de glace, triathlon des neiges, bain de neige(!): voilà pour les sportifs. Spectacles, animations[c] de rues, expositions, concerts: voilà pour les intellectuels. Enfin, les amateurs de beauté, assistent au couronnement[d] de la Reine et, pour finir, tout le monde va danser au bal du Mardi gras.

[a]course... *Canadian canoe racing*  [b]*climbing*  [c]*cultural activities*  [d]*crowning*

# Le Québec

## L'ART ET L'ARCHITECTURE

### Le Capitol, salle de spectacle des années 20

Dans les années 20, l'industrie du cinéma triomphe et Québec, pour attirer le grand public, construit des salles de cinéma sur le modèle des salles d'opéra du XIXème[a] siècle. Aujourd'hui rénové, Le Capitol avec ses plafonds[b] décorés, ses escaliers[c] majestueux, ses balcons, ses colonnes, est devenu une salle de spectacle très populaire. Il fait partie du patrimoine architectural de la ville.

[a]dix-neuvième  [b]ceilings  [c]staircases

## UN PERSONNAGE CÉLÈBRE

### Céline Dion, la diva pop

Originaire du Québec, issue[a] d'une famille de treize enfants, Céline Dion, à l'âge de douze ans, enregistre[b] son premier disque. Sa voix est douce[c] comme du sirop d'érable.[d] Cendrillon devenue[e] princesse, elle charme le monde entier. Sa simplicité, son talent, son travail lui assurent une carrière internationale.

[a]born  [b]records  [c]sweet  [d]du... maple syrup  [e]become, transformed into

## LA LANGUE ET LES USAGES

### Le meilleur moment de la journée

Au Québec, le rituel des repas a son propre vocabulaire: le matin, vous prenez votre «déjeuner»; à midi, votre «dîner»; le soir, votre «souper».

# Vive les vacances!

## IN CHAPITRE 7, YOU WILL LEARN:

- vocabulary for talking about vacations, sports equipment, and leisure time
- structures for talking about past events and expressing how long or how long ago
- cultural information about traveling in France and interesting destinations in the Francophone world.

On peut faire du cheval au Mont St-Michel.

# Étude de vocabulaire

## Les vacances en France

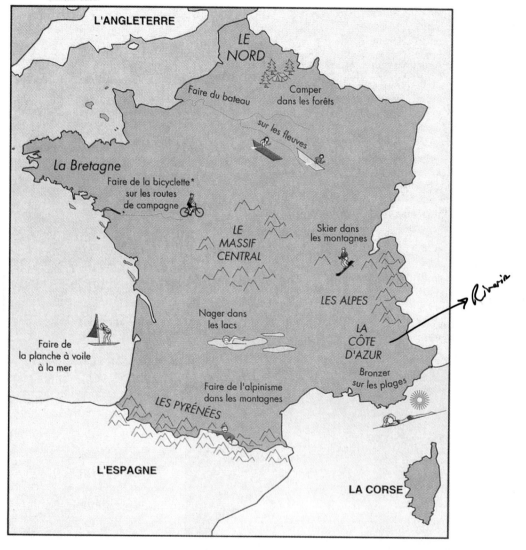

**AUTRES MOTS UTILES:**

faire... **du cheval**  horseback riding
    **de la plongée sous-marine**  skin diving
    **du ski nautique**  waterskiing
    **du patinage**  iceskating

faire... **du ski de piste**  downhill skiing
    **du ski de fond**  cross-country skiing
    **une randonnée**  a hike
**pêcher**  to fish

# À vous!

**A. Où passer les vacances?** Quels sont les avantages touristiques des endroits *(places)* suivants?

1. Qu'est-ce qu'on peut faire à la montagne? **2.** Sur les lacs? **3.** À la plage?
4. Sur les routes de campagne? **5.** Sur les fleuves? **6.** En forêt? **7.** À la mer?

**Et vous?** Maintenant expliquez où vous voulez passer vos prochaines vacances et quelles activités on peut faire à cet endroit.

**B. Activités de vacances.** Qu'est-ce qu'ils font?

1. Que fait un nageur (une nageuse)? Où est-ce qu'on trouve beaucoup de nageurs?
2. Que fait un campeur (une campeuse)? Où est-ce qu'on fait du camping en France? aux États-Unis?
3. Que fait un skieur (une skieuse)? Où est-ce qu'on fait du ski en France? aux États-Unis?
4. Que fait un cycliste? Où est-ce qu'on fait de la bicyclette en France? aux États-Unis?
5. Combien de nageurs, de campeurs, de skieurs, de cyclistes est-ce qu'il y a dans la classe? D'habitude, où est-ce qu'ils passent leurs vacances?

## En savoir plus

### VOUS ALLEZ EN FRANCE?

Many English-language guidebooks are available for students (such as the *Let's Go* series from St. Martin's Press) and nonstudents (Frommer's and Fodor's, for example), but to get the insider's view of what is going on in France, check a French-language guidebook. Here are several of the most popular:

| | |
|---|---|
| *Le guide du routard: Paris* | The most revised French-language guidebook, it is aimed at younger people traveling on a limited budget, and makes lively cultural observations about Paris and Parisians. |
| *Michelin Hôtels-Restaurants: France (Guides rouges)* | This classic guide rates hotels and restaurants of differing quality and prices throughout France. |
| *Guide des Hôtels-Restaurants Logis de France* | Complete with fold-out maps, this guide provides an alphabetical list of hotels throughout France. |
| *Paris pas cher* | Covering everything from shopping for clothes and shoes to finding an affordable restaurant or night club, this book is aimed at the traveler on a budget. |

# Au magasin de sports

les skis — les lunettes de soleil — le sac de couchage — les lunettes de ski — le maillot de bain — l'anorak — la tente — le parapluie — la serviette de plage — les chaussures de ski — le pantalon de ski — les chaussures de montagne

## À vous!

**A. Achats** *(Purchases).* Complétez les phrases selon l'image.

1. Le jeune homme va acheter des ~~skis~~. Il va passer ses vacances à Grenoble où il veut ~~faire du ski~~

2. La jeune femme veut acheter un ~~maillot de bain~~, une ~~serviette de plage~~ et des ~~lunettes de soleil~~. Elle va descendre sur la Côte d'Azur où elle va _____ et _____ ~~se bronzer sur les plages, nager~~

3. La jeune fille a envie d'acheter des ~~lunettes~~ de ski, des chaussures de ~~ski~~ et un ~~pantalon~~ de ski. Sa famille va passer les vacances dans les Alpes où elle va _____. ~~faire du ski de piste~~

4. L'homme va acheter un ~~sac~~ et une ~~tente~~. Il va ~~camper~~ dans le nord de la France ce week-end. ~~de course~~

5. La vieille dame est très sportive. Elle va acheter un ~~anorak~~ et des ~~chaussures de montagne~~. Ce week-end, elle va _____ avec son mari dans les Pyrénées. ~~faire de l'escalade~~

6. Le vieux monsieur a l'air patient. Il veut acheter un ~~parapluie~~

**B. L'intrus.** Dans les groupes suivants, trouvez le mot qui ne va pas avec les autres. Expliquez votre choix.

1. le maillot de bain / les lunettes de soleil / l'huile solaire *(suntan oil)* / l'anorak
2. la tente / le maillot de bain / le sac de couchage / le sac à dos
3. les gants de ski / la serviette de plage / les skis / l'anorak
4. les lunettes de soleil / les chaussures de ski / le short / le maillot de bain

**C. Choix de vêtements.** Qu'est-ce qu'on porte pour faire les activités suivantes?

MODÈLE: pour aller pêcher →
Pour aller pêcher, on porte un chapeau, un vieux pantalon...

1. pour faire du ski nautique   2. pour aller à la montagne   3. pour faire une promenade en forêt   4. pour faire de la bicyclette   5. pour faire du bateau   6. pour faire du ski de fond

**Et vous?** Décrivez les vêtements que vous portez quand vous faites votre sport favori.

**D. Conseils pratiques.** Vous préparez un voyage en Tunisie. Voici les vêtements qu'on vous recommande.

### Les vêtements

*En hiver : quelques pulls, un imperméable et des vêtements de demi-saison.[a]*
*En été : des vêtements légers en fibres naturelles, maillot de bain, lunettes de soleil, chapeau, chaussures aérées,[b] tenues[c] pratiques pour les excursions. Sans oublier un léger pull pour les soirées et les hôtels climatisés.[d]*

[a]*spring or autumn*
[b]*well-ventilated*
[c]*outfits*
[d]*air-conditioned*

1. Selon la brochure, quels vêtements mettez-vous dans votre valise si vous voyagez en hiver? en été? Donnez des exemples.
2. À votre avis, quel temps fait-il en Tunisie en hiver? en été?

Imaginez maintenant que vous travaillez dans une agence de voyages. Quels vêtements allez-vous conseiller *(to suggest)* à des touristes qui voyagent en Alaska? au Mexique? dans le Grand Canyon? Quels autres achats conseillez-vous?

## *Le monde francophone ...ses gens*

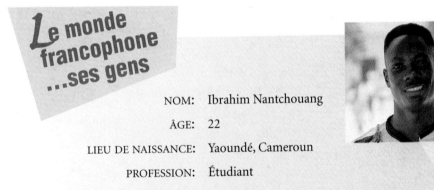

| | |
|---|---|
| NOM: | Ibrahim Nantchouang |
| ÂGE: | 22 |
| LIEU DE NAISSANCE: | Yaoundé, Cameroun |
| PROFESSION: | Étudiant |

*Décrivez un voyage inoubliable.*

Le voyage que je n'oublierai jamais[a] est mon premier séjour[b] aux États-Unis en 1996. Je suis allé à Baltimore pour une formation[c] à l'université de Johns Hopkins. J'ai été émerveillé par[d] les autoroutes et les belles et grandes voitures américaines. J'ai surtout admiré les belles maisons entourées de fleurs et de pelouse,[e] car chez moi, dans ma ville, la verdure manque.[f] J'ai aussi admiré les Amish qui continuent à vivre tradition-nellement en Pennsylvanie à côté des autres qui ont beaucoup évolué. Ils forment une société à part.

[a]*que... that I will never forget*  [b]*stay*
[c]*training*  [d]*J'ai... I marvelled at*
[e]*lawn*  [f]*la... there is no greenery*

## VACATIONS IN THE FRANCOPHONE WORLD

If you want to speak French on your vacation without traveling to France, you can choose from many different countries. The Francophone world extends to many parts of the globe, and offers an exciting variety of cultures, landscapes, and climates.

Would you enjoy a large multicultural metropolis? In Montreal, the largest Francophone city after Paris, you will find a fascinating combination of modern, upbeat urban life and old-world tradition. If you prefer mountains, lakes, clean air, and quiet, try Switzerland, where French is one of the national languages. For an exotic landscape and cultural environment, consider Senegal, in West Africa: There you will find deserts, tropical beaches with coconut trees, and vibrant colors. Other places to vacation in the Francophone world include Guyana (in South America), Morocco, Tunisia, the Ivory Coast, Tahiti, Madagascar, and the French Antilles—countries where many people speak French and where French culture has developed many variants through its interaction with local traditions.

Une belle plage de Tahiti.

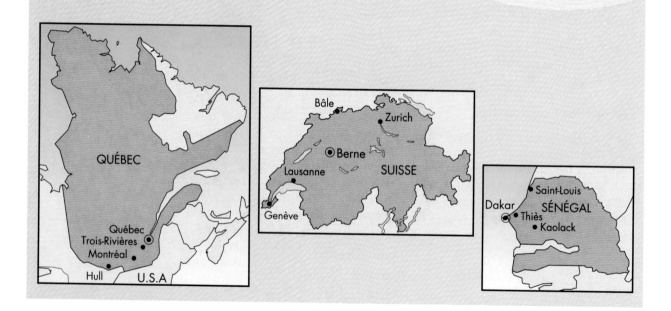

# *Étude de grammaire*

## 24. VERBS CONJUGATED LIKE *dormir; venir*
### Expressing Actions

**LES JOIES DE LA NATURE**

STÉPHANE: Vous allez où en vacances cet été?

ANNE-LAURE: Cette année on va à la Martinique. On va camper dans un petit village à 30 km de Fort-de-France. Boire du ti'punch,* **sortir** tous les soirs, bronzer à l'ombre des cocotiers... le rêve quoi!† **Viens** avec nous. On **part** le deux août.

STÉPHANE: Non merci, la mer n'est pas pour moi. **Sentir** les odeurs de poisson, **dormir** avec les moustiques, pas question!

ROMAIN: Décidément, tu ne changes pas. Monsieur a besoin de son petit confort. Tant pis pour toi! Nous, on aime **dormir** à la belle étoile, **sentir** le vent de la mer et admirer les étoiles.

Décidez d'après le dialogue si les remarques suivantes sont probables ou peu probables. Corrigez les phrases improbables.

1. Anne-Laure et Romain ont peur de dormir à la belle étoile.
2. Stéphane adore camper.
3. Romain est romantique.
4. Anne-Laure aime faire la fête *(to party)*.
5. Anne-Laure et Romain adorent la nature.

## *Dormir* and verbs like *dormir*

1. The verbs in the group **dormir** have an irregular conjugation.

| PRESENT TENSE OF **dormir** *(to sleep)* | | | |
|---|---|---|---|
| je | **dors** | nous | **dormons** |
| tu | **dors** | vous | **dormez** |
| il, elle, on | **dort** | ils, elles | **dorment** |

---

*Creole language for a white rum and lime drink.
†*a dream, huh?* **Quoi** is often added to the end of sentences in informal conversations for emphasis.

| | |
|---|---|
| Je **dors** très bien. | *I sleep very well.* |
| Vous **dormez** à la belle étoile? | *Do you sleep in the open air (under the stars)?* |
| Nous **dormons** jusqu'à 7h30. | *We sleep until 7:30.* |

2. Verbs conjugated like **dormir** include the following.

| | |
|---|---|
| partir        → (exitable with) | *to leave, to depart* |
| sentir | *to feel; to sense; to smell* |
| servir | *to serve* |
| sortir | *to go out; to take out* |

| | |
|---|---|
| Je **pars** en vacances. | *I'm leaving on vacation.* |
| Ce plat **sent** bon (mauvais). | *This dish smells good (bad).* |
| Nous **servons** le petit déjeuner à 8 heures. | *We serve breakfast at 8:00.* |
| À quelle heure est-ce que vous allez **sortir** ce soir? | *What time are you going out tonight?* |

## *Partir* and *sortir*

**Partir** and **sortir** both mean *to leave,* but they are used differently. **Partir** is either used alone or is followed by a preposition.

| | |
|---|---|
| Je **pars.** | *I'm leaving.* |
| Elle **part de (pour)** Cannes. | *She's leaving from (for) Cannes.* |

**Sortir** is also used either alone or with a preposition. In this usage, **sortir** implies leaving an enclosed space.

| | |
|---|---|
| Tu **sors**? | *You're going out?* |
| Elle **sort de** la caravane. | *She's getting out of the camping trailer.* |
| **Sortons de** l'eau! | *Let's get out of the water!* |

**Sortir** can also mean that one is going out for the evening, or it can be used to imply that one person is going out with someone else in the sense of seeing him or her regularly.

| | |
|---|---|
| Tu **sors** ce soir? | *Are you going out tonight?* |
| Michèle et Édouard **sortent** ensemble. | *Michèle and Édouard are going out together.* |

*Note:* **Quitter,** a regular -er verb, means *to leave somewhere or someone.* It always requires a direct object, either a place or a person: **Je quitte Paris. Elle quitte son ami.**

# Venir

1. The verb **venir** is irregular.

| PRESENT TENSE OF **venir** *(to come)* | | |
|---|---|---|
| je **viens** | nous | **venons** |
| tu **viens** | vous | **venez** |
| il, elle, on **vient** | ils, elles | **viennent** |

Nous **venons** de Saint-Malo.　　　　*We come from Saint-Malo.*
**Viens** voir la plage!　　　　　　　　*Come see the beach!*

**Venir de** + infinitive means *to have just (done something).*

Je **viens de** nager.　　　　　　　　　　*I have just come from swimming.*
Mes amis **viennent de** téléphoner.　　　*My friends have just telephoned.*

2. Verbs conjugated like **venir** include the following.

| devenir | *to become* |
|---|---|
| revenir | *to come back* |

Ils **reviennent** de vacances.　　　　*They're coming back from vacation.*

On **devient** expert grâce à l'expérience.　　*One becomes expert with (thanks to) experience.*

## Vérifions!

A. **Tu pars ou tu sors?** Choisissez le verbe correct: **partir** ou **sortir**.

MODÈLE:　Alain, Philippe et Claire sont amis. →
　　　　　Ils **sortent** ensemble tous les week-ends.

1. Luc aime aller au ciné. Il _sort_ souvent. → going out
2. Caroline et Patrick vont à Tahiti. Ils _partent_ demain.
3. Isabelle est à la discothèque. Il fait trop chaud. Elle _sort_ de la discothèque.
4. Vous avez fini *(have finished)* vos études. Vous _partez_ en vacances.
5. Je ne veux pas rester seul(e). Je _sors_ avec mes amis.

**B.  Au pays des pharaons** *(pharaohs).* Loïc et Nathalie sont en vacances en Égypte avec le Club Aquarius. Ils envoient *(send)* une carte postale à leur grand-mère. Complétez la carte avec les verbes de la colonne de droite.

Chère mamie,

   Nous _____¹ d'arriver en Égypte. Le Club Aquarius, c'est le grand confort. Nous _____² dans des chambres immenses et tous les matins on _____³ le petit déjeuner dans la chambre. Demain nous _____⁴ pour le temple de Louxor. Nous _____⁵ des experts en égyptologie. Nous _____⁶ en France dans quatre jours.

   À bientôt et grosses bises *(hugs 'n kisses).*

*Loïc et Nathalie*

servir
partir
devenir
venir
revenir
dormir

**Et vous?** Maintenant imaginez que c'est vous qui êtes en Égypte. Reprenez la carte et faites tous les changements nécessaires. Commencez par «Je viens d'... ».

# Parlons-en!

**A.  La curiosité.** Imaginez avec un(e) camarade ce que ces personnes viennent de faire. Donnez trois possibilités pour chaque phrase.

MODÈLE:   Albert rentre d'Afrique. →
          Il **vient de** visiter le Sénégal. Il **vient de** passer une semaine au soleil. Il **vient de** faire un safari.

1. Jennifer part en vacances.
2. Je sors du magasin de sports.
3. Nous revenons de la montagne.
4. Jean-Jacques et Yvon reviennent de la campagne.
5. Marie-Laure rentre du Canada.

**B.  Conversation.** Engagez avec un(e) camarade assis(e) loin de vous une conversation basée sur les questions suivantes. Ensuite, faites un commentaire sur les habitudes *(habits)* ou les attitudes de votre camarade.

1. Tu pars souvent en voyage? Tu vas où? Tu viens d'acheter des vêtements ou d'autres objets nécessaires pour tes vacances? Qu'est-ce que tu viens d'acheter?

2. Tu sors souvent pendant *(during)* le week-end ou tu restes à la maison? Tu sors souvent pendant la semaine? Qu'est-ce que tu portes quand tu sors?

3. Tu aimes la fin des vacances? Tes ami(e)s sentent une différence quand tu rentres chez toi? Tu es plus calme? nerveux/euse? triste? heureux/euse?

Ski de fond en Vanoise,
Alpes françaises

# 25. THE *passé composé* WITH *avoir*
## Talking About the Past

### À L'HÔTEL

LE CLIENT: Bonjour, Madame. **J'ai réservé** une chambre pour deux personnes.
L'EMPLOYÉE: Votre nom, s'il vous plaît.
LE CLIENT: Bernard Meunier.
L'EMPLOYÉE: Heu... oui, chambre nº 12, au rez-de-chaussée. Vous **avez demandé** une chambre avec vue sur la mer, c'est bien ça?
LE CLIENT: Oui, c'est exact.
L'EMPLOYÉE: Alors, remplissez cette fiche, s'il vous plaît.

Jouez le dialogue avec un(e) camarade et faites les substitutions suivantes.

Nombre de personnes: une
Nom: votre nom
Vue demandée: la forêt

## The *passé composé*

As in English, there are several past tenses in French. The **passé composé**, the <u>compound</u> past tense, is most commonly used to indicate simple past actions. It describes events that began and ended at some point in the past. The **passé composé** of most verbs is formed with the present tense of the auxiliary verb **(le verbe auxiliaire) avoir** plus a past participle **(le participe passé)**. (The formation of the **passé composé** with **être** is treated on page 217.)

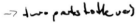
→ *two parts to the verb*

| PASSÉ COMPOSÉ OF **voyager** *(to travel)* | |
|---|---|
| j' **ai voyagé** | nous **avons voyagé** |
| tu **as voyagé** | vous **avez voyagé** |
| il, elle, on **a voyagé** | ils, elles **ont voyagé** |

The **passé composé** has several equivalents in English. For example, **j'ai voyagé** can mean *I traveled, I have traveled,* or *I did travel,* according to the context.

## Formation of the past participle

1. To form regular past participles of **-er** and **-ir** verbs, the final **r** is dropped from the infinitive. For **-er** verbs, an **accent aigu** (´) is added to the final **e**. For regular past participles of **-re** verbs, the **re** is dropped and **u** is added.

| | | | |
|---|---|---|---|
| acheter → **acheté** | J'**ai acheté** de nouvelles valises. | I bought some new suitcases. | |
| choisir → **choisi** | Tu **as choisi*** la date de ton départ? | Have you chosen your departure date? | |
| perdre → **perdu** | Nous **avons perdu** nos passeports. | We lost our passports. | |

2. Most irregular verbs have irregular past participles.

- Verbs with past participles ending in **u**

| | | | |
|---|---|---|---|
| avoir: | **eu** | pleuvoir *(to rain)*: | **plu** |
| boire: | **bu** | pouvoir: | **pu** |
| devoir: | **dû** | recevoir: | **reçu** |
| obtenir *(to obtain)*: | **obtenu**† | vouloir: | **voulu** |

Nous **avons eu** peur.      We got scared.
Il **a bu** deux verres de vin.      He drank two glasses of wine.
Nous **avons obtenu** de bons résultats.      We got (obtained) good results.

- Verbs with past participles ending in **s**

| | |
|---|---|
| apprendre: | **appris** |
| comprendre: | **compris** |
| mettre: | **mis** |
| prendre: | **pris** |

Nous **avons pris** le soleil.      We sat in the sun (sunbathed).
Marc **a appris** à faire du ski.      Marc learned to ski.
Marc **a mis** ses gants pour faire du ski.      Marc put his gloves on to ski.

- Verbs with past participles ending in **t**

| | |
|---|---|
| dire: | **dit** |
| écrire: | **écrit** |
| faire: | **fait** |

Nous **avons fait** une promenade sur la plage.      We took a walk on the beach.
Ce matin j'**ai écrit** six cartes postales.      This morning I wrote six postcards.

- The past participle of **être** is <u>**été.**</u>

Mes vacances **ont été** formidables.      My vacation was wonderful.

---

*In informal and rapid conversation, **tu as** may be pronounced **t'as** (**t'as choisi, t'as acheté,** etc.).
†**Obtenir** is conjugated like **venir** in the present tense.

# Negative and interrogative sentences in the *passé composé*

In negative sentences, **ne... pas** surrounds the auxiliary verb (**avoir**).

| | |
|---|---|
| Nous **n'avons pas** voyagé en Suisse. | *We have not traveled to Switzerland.* |
| Vous **n'avez pas** pris de vacances? | *Didn't you take a vacation?* |

In written and formal questions with inversion, only the auxiliary verb and the subject pronoun are inverted.

| | |
|---|---|
| Marie **a-t-elle demandé** le prix de la robe? | *Did Marie ask the price of the dress?* |
| **As-tu oublié** ton passeport? | *Did you forget your passport?* |

## Vérifions!

**A. Tourisme.** Qu'est-ce que les personnes suivantes ont fait pendant les vacances? Faites des phrases complètes au passé composé.

1. tu / nager / dans / fleuve — *nagé*
2. Sylvie / camper / dans / forêt — *campé*
3. Michèle et Vincent / finir par *(ended up by)* / visiter / Paris — *fini*
4. je / dormir / sous / tente* — *dormi*
5. ils / perdre / clés *(keys)* — *perdu*
6. Thibaut / faire / bicyclette — *a fait de la*
7. vous / boire / Coca / au bord *(shore)* de / mer — *vous avez bu du Coca*
8. nous / prendre / beaucoup / photos — *Nous avons pris*
9. Thérèse et toi, vous / apprendre à / faire du bateau — *Vous avez appris à*
10. je / prendre / valise — *J'ai pris*

**B. Une carte postale de la neige.** Complétez la carte postale de Marie. Mettez les verbes au passé composé.

Chère Sylvie,

J'_____ 1 mes vacances d'hiver une semaine avant Noël avec Christine. Nous _____ 2 le train jusqu'en Suisse. Nous _____ 3 deux semaines à la montagne.

Nous _____ 4 de rester à Saint-Moritz. Nous _____ 5 du ski et du patin à glace *(ice skating)*. Nous _____ 6 une fondue délicieuse. Au retour, nous _____ 7 visite à des amis à Genève. Notre séjour en Suisse _____ 8 inoubliable.

prendre
commencer *(begin)*
passer
être
manger
faire
décider
rendre

Je t'embrasse,

*Marie*

---

*In French one says **dormir *sous* la tente**.

**C. À Orange.** Thierry pose des questions à ses cousins Chantal et Michaël, qui *(who)* ont visité la ville historique d'Orange. Jouez les rôles avec deux camarades.

MODÈLE: trouver l'auberge de jeunesse *(youth hostel)* à Orange →
THIERRY: Vous avez trouvé l'auberge de jeunesse à Orange?
MICHAËL: Non, nous n'avons pas trouvé l'auberge de jeunesse à Orange.

**1.** faire une promenade dans la vieille ville   **2.** prendre une photo de l'amphithéâtre romain   **3.** contempler la vieille fontaine   **4.** étudier les inscriptions romaines   **5.** apprendre l'histoire de France   **6.** acheter des cartes postales   **7.** envoyer une description de la ville à vos parents

## Parlons-en!

**A. Des vacances réussies.** Laurent a passé ses vacances au Maroc. Qu'est-ce qu'il a fait?

**Verbes utiles:** acheter, apprendre, boire, dormir, faire du jogging, jouer au tennis, manger, nager, prendre des photos...

Le théâtre d'Orange

**B. Alternatives.** Qu'est-ce qu'il n'a pas fait?

**Verbes utiles:** aimer; bronzer; faire... du cheval, du ski nautique, une randonnée, de la planche à voile; pêcher...

---

## MOTS-CLÉS

# Expressing when you did something in the past

| | |
|---|---|
| **avant-hier** *(the day before yesterday)* | **Avant-hier,** une amie m'a invité à faire du camping. |
| **hier matin** | **Hier matin,** j'ai fait les préparatifs. |
| **hier après-midi, hier soir** | Nous avons acheté des sacs à dos **hier après-midi,** et nous les avons perdus **hier soir.** |

Use **matinée** and **soirée,** rather than **matin** and **soir,** if you wish to emphasize the duration. They are often used with **toute.**

| | |
|---|---|
| **toute la matinée (soirée)** | J'ai passé **toute la matinée (soirée)** à acheter des provisions. |

Use **dernier** or **passé** to express *last (month, week,* etc.).

| | |
|---|---|
| **la semaine dernière (passée)** | J'ai acheté un billet d'avion pour Rome **la semaine dernière.** |
| **l'an dernier (passé) / l'année dernière (passée)** | Nous avons voyagé en Grèce **l'année passée.** |

---

**C. Interview.** Posez des questions à un(e) camarade sur ses activités du passé. Essayez d'utiliser les expressions des mots-clés. Voici des suggestions.

**Le matin:** dormir tard, faire du sport, regarder la télévision, boire du café, prendre un petit déjeuner, ...

**L'après-midi / Le soir:** pique-niquer, skier, jouer aux cartes, étudier une leçon, inviter des amis, ...

**La semaine dernière / L'année dernière:** voyager en Europe, finir une dissertation, travailler dans un magasin, rendre visite à des amis, acheter une nouvelle bicyclette, ...

**Résumez!** Racontez aux autres étudiants ce qu'a fait votre camarade.

## LES GRANDES VACANCES

Vacation has a special status in France. For the past fifty years, French workers have had the right to a substantial paid vacation each year. Currently it is five weeks, usually four in the late summer and one in the winter. August has traditionally been the period of **les grandes vacances,** when most businesses and many commercial enterprises simply close for four weeks. The major cities seem deserted, and travelers clog the highways en route for the countryside or the seashore. Celebrated seaside resorts, especially in Bretagne and along the Côte d'Azur, become crowded with enthusiasts of sea, sun, and water sports. In recent years, the French government has encouraged vacationers to stagger their departures and returns, so far without a great deal of success.

—**Pourquoi sont-ils tous partis en même temps que nous?** (Tetsu)

Eighty percent of French vacationers travel in France. Nearly half of these stay in the family vacation home—often a refurbished country cottage—or in the vacation homes of friends or family members. Of the 12–14% of summer travelers who go abroad, the majority visit neighboring countries, especially Spain, Portugal, and Italy, famous for sunshine and beaches.

Increasingly the French choose active vacations, in which they can learn or practice a sport, develop a new skill, or pursue intellectual and cultural interests. No longer completely focused on rest and relaxation, vacation is now more often associated with renewal and personal growth.

(Information taken from *Francoscopie 95*)

# 26. THE *passé composé* WITH *être*
## Talking About the Past

### LES EXPLICATIONS DU DIMANCHE MATIN

MME FERRY: Je voudrais bien savoir où tu **es allée** hier soir! Et **tu es rentrée** à quelle heure?

SYLVIE: Pas tard, maman. Je **suis sortie** avec des copains. On **est allé** prendre un verre chez Laurent, on **est resté** à peu près une heure puis on **est parti** pour aller au ciné. Je **suis revenue** à la maison aussitôt après le ciné.

MME FERRY: Tu es sûre? Parce que ton père **est rentré** du match de foot à 11h et il n'a pas vu la voiture dans le garage....

Retrouvez la phrase correcte dans le dialogue.

1. Tu es arrivée à quelle heure hier soir?
2. On a bu un verre chez Laurent.
3. On a discuté pendant une heure.
4. On a vu un film.
5. Ton père est rentré à 11h.

# The auxiliary verb *être*

Most French verbs use a form of **avoir** as an auxiliary verb in the **passé composé.** The **passé composé** of some verbs, however, is generally formed with **être;** one of these verbs is **aller.**

| PASSÉ COMPOSÉ OF **aller** *(to go)* | | | |
|---|---|---|---|
| je | suis all**é(e)** | nous | sommes all**é(e)s** |
| tu | es all**é(e)** | vous | êtes all**é(e)(s)** |
| il, on | est all**é** | ils | sont all**és** |
| elle | est all**ée** | elles | sont all**ées** |

In the **passé composé** with **être,** the past participle always agrees with the subject in gender and number. The following verbs take **être** in the **passé composé.** The drawing on page 218 lists most of these verbs, organized around the "house of **être.**"

**aller: allé** *to go*
**arriver: arrivé** *to arrive*
**descendre: descendu** *to go down; to get off*
**devenir: devenu** *to become*
**entrer: entré** *to enter*
**monter: monté** *to go up; to climb*
**mourir: mort** *to die*
**naître: né** *to be born*
**partir: parti** *to leave*

**passer (par): passé** *to pass (by)*
**rentrer: rentré** *to return; to go home*
**rester: resté** *to stay*
**retourner: retourné** *to return; to go back*
**revenir: revenu** *to come back*
**sortir: sorti** *to go out*
**tomber: tombé** *to fall*
**venir: venu** *to come*

*Note:* When **monter, descendre, sortir,** and **passer** are followed by a direct object, they take **avoir** in the **passé composé: Elle** *a passé* **la frontière hier. Nous** *avons descendu* **la rivière en bateau.**

Mme Bernard **est née** en France.
Elle **est allée** aux États-Unis en 1970.
Elle **est arrivée** à New York.

*Mme Bernard was born in France.*
*She went to the United States in 1970.*
*She arrived in New York.*

arriver
entrer
rentrer
retourner
revenir
venir

rester

tomber

naître        mourir

aller
partir
sortir

descendre

monter

passer

| | |
|---|---|
| Elle **est partie** en Californie. | *She left for California.* |
| Elle **est restée** dix ans à San Francisco. | *She stayed in San Francisco for ten years.* |
| Ensuite, elle **est rentrée** en France. | *Then she returned to France.* |
| Elle **est morte** à Paris en 1992. | *She died in Paris in 1992.* |

# Negative and interrogative sentences in the *passé composé*

Word order in negative and interrogative sentences in the **passé composé** with **être** is the same as that for the **passé composé** with **avoir.**

| | |
|---|---|
| Je **ne suis pas** allé en cours. | *I did not go to class.* |
| **Sont-ils** arrivés à l'heure? | *Did they arrive on time?* |

## Vérifions!

A. **Une journée de vacances.** Dites où chaque personne est allée selon ses préférences.

MODÈLE:   Jessica (la musique classique) →
Jessica aime la musique classique. Elle est allée au concert.

1. mon meilleur ami / ma meilleure amie
   (la planche à voile)
2. toi (= tu) (le football)
3. le professeur (le plein air, les arbres et les fleurs)
4. nous (les trains)
5. mes parents / cousins (les films)
6. vous (l'art)
7. moi (= je) (le soleil)

a. au cinéma
b. à la gare
c. à la plage
d. au musée
e. au match
f. à la campagne
g. au lac

**B. Départ en vacances.** Les Dupont, vos voisins, sont partis en vacances ce week-end. Vous racontez maintenant la scène à vos amis. Complétez l'histoire de façon logique et mettez les verbes au passé composé.

Ce matin, mes voisins les Dupont _____¹ en vacances. Ils _____² à la mer. À 8 heures, M. Dupont et son fils _____³ et _____⁴ de la maison plusieurs fois avec des sacs et des valises. Mme Dupont _____⁵ cinq fois dans la maison pour aller chercher des objets oubliés.

Enfin, trois heures plus tard, toute la famille _____⁶ dans la voiture et elle _____⁷. Mais pas de chance, une des valises _____⁸ de la galerie *(roof rack)*. M. Dupont _____⁹ de la voiture pour la remettre sur la galerie et ils _____¹⁰. Moi, je _____¹¹ chez moi.

sortir
entrer
partir
retourner
aller
descendre
partir
tomber
repartir
monter
rester

*[handwritten answer key:]*
① sont partis
② sont allés
③ sont entrés
④ sont sortis
⑤ est retournée
⑥ est montée
⑦ est partie
⑧ est tombée
⑨ est descendu or (est sorti)
⑩ sont repartis
⑪ suis resté

**C. Les voyageurs.** Vos amis ont voyagé en Europe. Vous voulez savoir les détails du voyage. Faites une liste de questions.

MODÈLE: Jacqueline / partir le 19 juin → Est-elle partie le 19 juin?

1. Raphaël / rester une semaine à Nice   2. toi / arriver hier soir   3. Emma / aller en Italie   4. Marianne et David / passer par la Suisse   5. vous / repartir le 15 août   6. Marie et Flore / revenir en septembre

**D. Week-end en Suisse.** Brigitte et Bernard ont passé le week-end à Genève. Mettez l'histoire au passé composé et faites attention au choix de l'auxiliaire (**avoir** ou **être**).

Bernard vient[1] chercher Brigitte pour aller à la gare. Ils montent[2] dans le train. Ils cherchent[3] leur compartiment. Le train part[4] quelques minutes plus tard. Il entre[5] en gare de Genève à midi. Bernard et Brigitte descendent[6] du train et vont[7] tout de suite à l'hôtel. L'après-midi, ils sortent[8] visiter la ville. Le soir, ils dînent[9] dans un restaurant élégant. Dimanche, Brigitte va[10] au musée et prend[11] beaucoup de photos de la ville. Bernard reste[12] à l'hôtel. Brigitte et Bernard quittent[13] Genève en fin d'après-midi. Ils arrivent[14] à Paris fatigués mais contents de leur week-end.

Qu'est-ce que Brigitte a fait que Bernard n'a pas fait?

# Parlons-en!

**A. Souvenirs de vacances.** Décrivez les vacances de l'année passée d'un(e) camarade. D'abord *(First),* posez les questions suivantes à votre camarade. Si vous voulez, posez encore d'autres questions. Ensuite, présentez à la classe une description de ses vacances.

1. Quand es-tu parti(e)? Quel moyen de transport as-tu pris? Où es-tu allé(e)? Es-tu resté(e) aux États-Unis ou es-tu allé(e) à l'étranger? As-tu visité un endroit exotique?  2. Es-tu allé(e) voir l'endroit où tes parents sont nés? Où es-tu né(e)? 3. Qu'est-ce que tu as fait pendant les vacances? Est-ce que tu as rencontré des gens intéressants?  4. Comment es-tu rentré(e)? En avion? Par bateau? Es-tu revenu(e) mort(e) de fatigue?  5. Est-ce que tu prépares déjà tes vacances de l'année prochaine?

**B. Vacances en Afrique.** Vous venez de passer dix jours en Côte-d'Ivoire avec deux autres camarades de classe. Voici une brochure de l'endroit où vous êtes allés.

## LA TAVERNE à BASSAMOISE ★

### EXCLUSIF

**GRAND BASSAM**

*Grand Bassam fut la première capitale de la Côte-d'Ivoire. C'est aujourd'hui une petite ville historique chargée de souvenirs d'un passé encore vivant. Elle est située au bord de la mer, à 43 km environ d'Abidjan.*
*Amateurs de bonne table, d'harmonie, de calme, des vacances sans contrainte dans un établissement qui offre les garanties d'un bon confort dans un cadre agréable, Patrick et Isabelle vous attendent à la Taverne Bassamoise! C'est une exclusivité AIRTOUR.*

**FICHE D'IDENTITÉ :**
- BP 154 Grand Bassam - Tél. : (225) 30.10.62.
- Capacité : 20 chambres et 5 bungalows.

**SITUATION :**
Construit directement en bordure de plage, au milieu d'une belle cocoteraie, de la verdure et des fleurs. Grand Bassam est à 1,5 km, l'aéroport à 25 km, Abidjan à 45 km.

**A VOTRE DISPOSITION :**
- 1 restaurant en terrasse (spécialités européennes et africaines).
- 2 bars.
- 1 salon.
- 1 salon TV vidéo.
- 1 boutique.
- 1 discothèque · «le Mogambo ».
- Piscine, bassin pour les enfants.
- Plage aménagée.

**VOTRE CHAMBRE :**
Les chambres de plain-pied, construites au milieu de la verdure et des fleurs, sont avec douche, climatisation et terrasse.
Possibilité de logement en bungalows (plus spacieux) avec supplément.

**VOS REPAS :**
- Demi-pension (dîner obligatoire), pension complète en option.

**EXCURSIONS :**
- **Exclusif: descente du fleuve Comoe en zodiac** (1 jour/1 nuit) 28 000 CFA environ. Logement sur une île dans un campement simple. La cuisine sera confectionnée par les villageois.
- **1 journée en brousse** en Chevrolet 4/4 climatisée : 22 500 CFA environ pique-nique inclus. Visite des plantations de café, cacao, bananes et ananas. Promenade en pirogue sur le fleuve Comoe. Possibilité de baignade dans le fleuve. Visite de villages typiques.

**SPORTS ET LOISIRS :**
**Gratuits :**
- Tennis : 1 court en dur.
- Ping-pong.
- Pétanque.
- Volley-ball.

**Payants :**
Possibilité de sports nautiques sur la lagune proche de l'hôtel. Soirée folklorique avec repas langouste : 5 000 CFA environ.

Choisissez d'abord vos compagnons de voyage. Puis, à l'aide de cette brochure, répondez aux questions suivantes.

1. Où est situé Grand Bassam?  2. Quels sports offre l'hôtel?  3. Qu'est-ce que l'hôtel met *(put)* à votre disposition?  4. Quelles excursions peut-on faire?

Ensuite imaginez ce que vous avez fait tous les trois pendant votre séjour à Grand Bassam. Prenez quelques notes, puis faites une courte *(short)* présentation au reste de la classe (au passé composé, bien sûr!). Attention au choix de l'auxiliaire. Commencez par «Nous sommes allés à Grand Bassam, en Côte-d'Ivoire... »

**Verbes utiles:** rester, dormir, aller, jouer à, regarder, prendre, manger, visiter, faire, nager, danser, descendre, passer, voir, avoir, être...

**C. Profil psychologique.** Posez à un(e) camarade des questions basées sur les éléments donnés. Utilisez le passé composé dans vos questions. Après, faites le portrait psychologique de votre camarade. D'après ses réponses, décrivez son caractère. Justifiez votre profil psychologique.

**Mots utiles:** sociable, (ir)responsable, ponctuel(le), négligent(e), nostalgique, courageux/courageuse, aventureux/aventureuse, (im)prudent(e), superstitieux/superstitieuse...

1. prendre un verre avec des amis hier soir
2. à quelle heure / rentrer
3. à quelle heure / arriver à l'université ce matin
4. entrer dans la salle de classe en retard, à l'heure ou en avance *(early, in advance)*
5. retourner souvent à l'endroit où il/elle est né(e)
6. passer la nuit tout(e) seul(e) dans une forêt
7. monter souvent au sommet d'une montagne
8. descendre souvent dans une grotte *(cave)*
9. refuser de passer sous une échelle *(ladder)*

# 27. USES OF *depuis, pendant,* AND *il y a*
## *Telling How Long or How Long Ago*

### QUESTION D'ENTRAÎNEMENT

LAURENCE: **Depuis quand** est-ce que tu participes à des compétitions?

FRANÇOISE: **Depuis** 1992. Et toi, **depuis combien de temps** est-ce que tu fais de la planche à voile?

LAURENCE: **Depuis** quinze jours seulement!

FRANÇOISE: Moi, j'ai commencé **il y a** huit ans.

LAURENCE: C'est dur, mais c'est formidable! Hier j'ai même pu rester sur la planche **pendant** quatre minutes.

1. Depuis quand est-ce que Françoise participe à des compétitions?
2. Depuis combien de temps est-ce que Laurence fait de la planche à voile?
3. Pendant combien de temps est-ce qu'elle a pu rester sur sa planche hier?

## *Depuis*

**Depuis** is used with a verb in the present tense to talk about an activity that began in the past and has continued into the present time.

| | | | | |
|---|---|---|---|---|
| **Depuis quand... ?** | | | | Since when . . . ? |
| **Depuis combien de temps... ?** | + | *present tense* | = | For how long . . . ? |
| **Depuis** + *time period* | + | *present tense* | = | for *(duration)* |
| **Depuis** + *date* | + | *present tense* | = | since |

—**Depuis quand (Depuis combien de temps)** est-ce que vous jouez au tennis?

*(For) how long have you been playing tennis?*

—Je **joue** au tennis **depuis deux ans (depuis 1997).**

*I've been playing tennis for two years (since 1997).*

## Pendant

**Pendant** expresses the duration of a habitual or repeated action, situation, or event with a definite beginning and end.

| | | | |
|---|---|---|---|
| **Pendant combien de temps** + *present or past tense* | = | How long . . . ? For how long . . . ? |
| **Pendant** + *time period* + *present or past tense* | = | for *(duration)* |

**Pendant combien de temps** est-ce que **vous dormez** chaque nuit?

*How long do you sleep every night?*

—**Pendant combien de temps** est-ce qu'**ils ont visité Paris?**

*(For) how long did they visit Paris?*

—**Ils ont visité** Paris **pendant deux semaines.**

*They visited Paris for two weeks.*

## Il y a

| |
|---|
| **Il y a** + *time period* = ago |

J'ai acheté ce guide d'Italie **il y a une semaine.**

*I bought this guide to Italy a week ago.*

Vous avez voyagé en Espagne **il y a deux ans?**

*Did you go to Spain two years ago?*

## Vérifions!

**Expressions de temps.** Complétez les phrases de façon logique, selon vos observations ou vos expériences personnelles.

1. L'été passé, j'ai ~~voyagé~~ pendant ~~deux~~ semaines (mois).
2. Ma famille _____ depuis ~~dix~~ ans.
3. Il y a deux semaines, mes amis et moi, nous ~~soirée~~.

4. Les étudiants de cette classe _____ depuis _____.
5. Pendant une heure (_cinqute_ heures), je étudié
6. Je _____ depuis le mois de _____.

## Parlons-en!

**Activités.** Demandez à vos camarades depuis quand ou depuis combien de temps ils/elles font les activités suivantes.

MODÈLE: être étudiant(e) →
—Depuis combien de temps est-ce que tu es étudiant(e)?
—Je suis étudiant(e) depuis...

1. étudier le français
2. pratiquer son sport préféré
3. être à l'université

4. avoir son objet préféré
5. habiter à...
6. ?

## Mise au point

**A. Vacances d'été.** Formez des phrases complètes selon les indications.

MARC: où / tu / passer / vacances d'été? *(passé composé)*
PAULE: je / voyager / à la Guadeloupe avec mes parents *(passé composé)*. nous / camper / et / prendre le soleil *(passé composé)* / pendant quatre semaines
MARC: vous / nager / beaucoup? *(passé composé)*
PAULE: oui, il y a / plages magnifiques / et / climat / tropical. la Guadeloupe / être / vraiment / beau *(présent)*
MARC: vous / manger / bien? *(passé composé)*
PAULE: oui, / nous / manger / petit / restaurants / et nous / essayer / plats créoles *(passé composé)*

Maintenant, décrivez les vacances de Paule.

- Est-ce qu'elle a passé des vacances superbes ou ennuyeuses?
- Où est-ce qu'elle a dormi?
- Qu'est-ce qui l'a impressionnée le plus?

**B. Tour des pays francophones.** Transformez les verbes du présent au passé composé. Faites attention aux auxiliaires et aux participes passés.

1. Nous partons de New York pour aller à la Guadeloupe.
2. Ensuite, nous allons à la Martinique.
3. Nous trouvons des plages magnifiques.
4. Ensuite, nous partons pour la Réunion.

5. On arrive à Tahiti et on passe une semaine magnifique.
6. Nous décidons de rester dans cette île à cause du temps magnifique.
7. Mes amis restent à Tahiti encore quelques jours.
8. Moi, je visite aussi la Nouvelle-Calédonie.
9. Ensuite, nous passons par la Guyane.
10. Enfin, nous retournons aux États-Unis très fatigués mais contents.

**C. Vos vacances.** Interviewez un(e) camarade sur ses vacances les plus *(the most)*  intéressantes. Posez les questions suivantes et encore d'autres de votre invention. Puis décrivez ses vacances à la classe.

1. Où est-ce que tu as passé tes vacances les plus intéressantes?
2. Avec qui est-ce que tu as voyagé?
3. Combien de temps est-ce que tu as passé à cet endroit?
4. Où est-ce que tu as logé *(stay)*?
5. Qu'est-ce que tu as fait pendant la journée?
6. Quel temps a-t-il fait?
7. Qu'est-ce que tu as porté comme vêtements?
8. Qu'est-ce que tu as acheté?
9. Qu'est-ce que tu ne vas pas oublier?
10. Tu as envie de retourner au même endroit l'année prochaine *(next)*?

**D. Vacances exotiques au Club Med.** Vous allez passer une semaine de vacances au Club Med en Martinique.\* Voici la brochure du village où vous allez.

■ **MARTINIQUE**

**les Boucaniers**

TOUS LES PLAISIRS DE LA MER DES CARAÏBES. COULEURS ET PARFUMS DES TROPIQUES. RYTHMES DE LA "BIGUINE" ET DOUCEUR DU PARLER CRÉOLE.

**VILLAGE**
Au sud de la Martinique, à proximité de Sainte-Anne, un village aux teintes pastel entre une vaste cocoteraie et une plage de sable clair. Bungalows climatisés à 2 lits avec salle d'eau. Voltage : 220.

**SPORTS**
Voile : 10 Holders, 1 Laser, 1 Mentor. Ski nautique : 4 bateaux. Plongée bouteille : école d'initiation et de perfectionnement. Plongée libre. Planche à voile Tiga : 15 Fun Cup, 7 Speed, 5 Swift, 3 Jibe. Promenades en mer et pique-niques. Tennis : 7 courts en dur dont 6 éclairés. Basket-ball. Volley-ball. Salle de musculation et mise en forme. Aérobic.

**ET AUSSI...**
Spécialités à la "Maison créole". Boutique Club. Location de voitures. Enfants à partir de 12 ans.

**EXCURSIONS**
Un programme varié d'excursions vous sera proposé sur place.
C.M. - Les Boucaniers - 97227 Pointe Marin - Sainte-Anne - Tél. 596.76.74.52.

\*Note that French speakers say both **à la Martinique** and **en Martinique.**

1. Quel est le nom du village?   2. Où est-ce que vous allez loger?   3. Essayez d'identifier quelles activités représentent les petits dessins sur le côté gauche de la brochure.   4. Quelles activités est-ce que vous aimeriez faire?

Imaginez maintenant que vous venez de rentrer de vacances. Décrivez vos vacances à la classe. Commencez par «J'ai passé une semaine en Martinique… ».

**Suggestions:** vêtements, temps, sports, ambiance, repas, jeux…

E. **Interactions.** In this chapter, you practiced talking about vacations and about events in the past. Act out the following situations, using vocabulary and structures from this chapter.

1. **En vacances.** You are planning a vacation in France. Visit a travel agent (your partner). Explain what type of vacation you would like to take and discuss some alternative holiday destinations. Talk about the activities that interest you. The agent will recommend an itinerary and explain why.
2. **Qu'est-ce que j'ai fait?** Think of something you did last evening. Your partner will try to guess what it was by asking you yes/no questions. Then exchange roles.

# *Rencontres*

## *Situations*

In this dialogue, Paul and Caroline are spending a Sunday walking through the park. How do you like to spend your free time?

[**Thème 9, Scène 9.1**]*

PAUL: C'est vraiment une bonne journée pour se promener,[a] hein?
CAROLINE: Oui, tu as raison. Il fait beau!
PAUL: J'ai toujours aimé me promener ici le dimanche.
CAROLINE: Oui?
PAUL: Les gens flânent.[b]
CAROLINE: On peut bien se détendre[c] et oublier le stress de la semaine…
CAROLINE: Regarde ces enfants qui chantent. Comme ils sont mignons![d]
PAUL: Il joue bien de la guitare, celui-là, hein?
CAROLINE: Pas mal!
PAUL: La femme sur la chaise, elle a l'air de lire[e] quelque chose d'amusant là!

[a]se… to walk  [b]stroll  [c]se… relax
[d]cute  [e]to read

---

*The **Thème** and **Scène** numbers correspond to those in the Video to accompany *Rendez-vous*.

CAROLINE: Je me demande ce qu'elle lit...

PAUL: Eh! Regarde le voilier!<sup>f</sup>

CAROLINE: Oh, qu'est-ce qu'il est beau! Ce n'est pas comme ce bateau à moteur! Quel bruit!<sup>g</sup>

## Avec un(e) partenaire...

Imaginez que vos camarades de classe sont en train de se détendre de différentes façons. Décrivez certaines de leurs activités à votre partenaire. Ensuite, faites chacun(e) une des suggestions suivantes et imaginez le dialogue qui suit.

1. Invitez un ami (une amie) à passer l'après-midi à la plage.
2. Invitez quelques amis à une fête chez vous; l'un d'eux ne peut pas venir à cause d'un autre engagement.

<sup>f</sup>bateau à voiles   <sup>g</sup>Quel... *What a racket!*

# LECTURE

## Avant de lire

**READING FOR GLOBAL UNDERSTANDING**   The article that follows is taken from the French magazine *Avantages*. It has been shortened and simplified only slightly. Your goal as you read through it should be to understand as much as you can, without looking up words in the dictionary. Use the strategies you learned in the preceding chapters: Look for cognates; read for the gist of each section (you do not need to understand every word); make educated guesses whenever you can.

In particular, the following strategies may help.

• Think about what you expect such an article to say, on the basis of similar articles you have read. What do travel writers usually focus on?

• In longer sentences, find the main idea (subject–verb–object) first, then reread to understand other parts of the sentence.

• If you don't understand something, read ahead. What follows will often clarify an unfamiliar word or phrase.

# Tourisme

Deux plages de rêve en Méditerranée

On aurait tort[a] de croire qu'il faut partir très loin pour trouver l'isolement et le dépaysement. Notre Méditerranée nous réserve encore de belles surprises.

# Corse

Nonza la solitaire

Près de Saint-Florent, Nonza, petit village solitaire accroché sur[b] son rocher noir dominant la mer, n'a pas d'hôtel. Seule Mme Patrizzi tient auberge[c] sur la place du village et propose une vraie cuisine corse à prix de famille. Discutez avec elle. Elle connaît[d] en détail toutes les chambres à louer chez l'habitant dans le village. Nonza ne possède pas non plus de plage de sable[e] fin. Sa plage est faite de petits galets[f] et de schiste, et les baigneurs savent qu'il faut faire attention à la rapide dénivellation des fonds.[g] Mais que de paix[h] et de beauté. La tour[i] génoise, les maisons aux jardinets en terrasses regroupées autour de l'église, la vue sur le golfe de Saint-Florent et la Balagne sont un délice.

Ajaccio, Corse

# Tunisie

Les îles Kerkennah

Quinze kilomètres de mer à peine séparent la côte[j] tunisienne des îles Kerkennah. Il suffit de s'embarquer à Sfax sur le car-ferry pour oublier les foules[k] et retrouver le naturel et la paix d'autrefois. Certes, les deux îles, reliées par une digue[l] et qui constituent l'essentiel de l'archipel, sont désespérément plates et la végétation se limite à quelques arpents[m] de vigne, de figuiers, d'orge[n] et de palmiers. Mais les habitants ont gardé leurs rites ancestraux et témoignent[o] d'une gentillesse et d'une hospitalité proverbiales dans toute la Tunisie.

Vous êtes ici au royaume de la mer. La dizaine de villages qui s'échelonnent[p] sur la côte vivent[q] essentiellement de la pêche. Si vous avez envie d'accompagner les pêcheurs, allez à El Attia, à l'extrémité orientale de l'archipel. C'est le terminus de la ligne du bus. Avec un peu de chance, un pêcheur vous proposera de vous emmener relever ses prises.[r] Un petit *canoun* (grill en terre cuite contenant des braises[s]) permet de faire cuire dans la barque les rougets et autres solettes.[t] C'est le régal[u] des Kerkenniens. ◆

Patrick Beauchêne

---

[a]aurait... *would be wrong*  [b]accroché... attaché à  [c]tient... a des chambres à louer  [d]knows  [e]sand  [f]pebbles
[g]dénivellation... *depth changes*  [h]que... *what peace!*  [i]tower  [j]coast  [k]crowds  [l]dike  [m]acres  [n]barley  [o]montrent
[p]sont rangées  [q]survivent  [r]de... *to take you to gather up his catch*  [s]coals  [t]sole-like fish  [u]feast

# Compréhension

Comparez vos réponses avec celles des autres étudiant(e)s.

### NONZA

1. Quelle image générale avez-vous maintenant du village de Nonza? Donnez deux adjectifs qui caractérisent cet endroit.
2. Où les voyageurs peuvent-ils passer la nuit à Nonza? Où peut-on dîner?
3. Décrivez le village. Où est-il situé? Comment est la plage?
4. Qu'est-ce qui fait le charme de Nonza? Qu'est-ce qu'il y a au centre du village?

### LES ÎLES KERKENNAH

5. Où se trouvent les îles Kerkennah? Comment peut-on y arriver?
6. Décrivez le paysage *(landscape)* dans les îles.
7. Comment sont les habitants des îles Kerkennah? Quel est leur travail principal?
8. Lequel des deux endroits aimeriez-vous visiter? Pourquoi?

## PAR ÉCRIT

| | |
|---|---|
| FUNCTION: | Narrating in the past |
| AUDIENCE: | Friends |
| GOAL: | Write a story about a disastrous vacation (**des vacances désastreuses**) that you experienced, or invent such a situation. Use the techniques described below. |

### Steps

1. Make an outline of your story.
   a. Begin by setting the scene. Describe who was with you, where you were, and the general circumstances.
   b. Outline the complications that affected your plans.
   c. Explain your reactions, and those of your companions, to the adverse circumstances.
   d. Describe how the vacation ended and how the difficulties were resolved.
2. After completing the outline, fill in any details and prepare the first draft.
3. Have a classmate reread the draft to see if what you've written is clear.
4. Finally, make any changes suggested by your classmate that seem warranted and check the draft for spelling, punctuation, and grammar errors. Focus especially on your use of the **passé composé.**

## À L'ÉCOUTE!

**Souvenirs de vacances.** This is the first day of class at the **Université de Nice.** Sandrine and Jean-Yves are talking about their vacations. First, read through the activities. Next, listen to the vocabulary followed by the conversation. Then, do the activities.

> VOCABULAIRE UTILE
> **quinze jours** *two weeks*
> **essayer** *to try*
> **j'ai aussi rencontré** *I also met*

You will now hear their conversation, followed by a few statements about it. Listen carefully, then do the exercises.

**A. Vrai ou faux?**

1. _____ Jean-Yves a passé du temps à la campagne.
2. _____ Jean-Yves a trouvé très nerveux les gens de la campagne.
3. _____ Jean-Yves a fait du sport.
4. _____ Sandrine a passé un mois avec des amis.
5. _____ Sandrine a fait de la planche à voile, mais elle a eu peur.
6. _____ Sandrine a fait du bateau.

**B.** Now determine who could have made the following statements. Mark **S** for Sandrine and **J-Y** for Jean-Yves.

1. _____ Cette année j'ai pris deux semaines de vacances.
2. _____ J'ai rendu visite à ma grand-mère.
3. _____ J'ai beaucoup dormi.
4. _____ J'ai passé des heures au soleil.
5. _____ J'ai loué un bateau.
6. _____ J'ai marché sur la plage.

## Vocabulaire

**Verbes**

**bronzer** to get a suntan
**descendre** to go down; to get off
**devenir** to become
**dormir** to sleep
**entrer** to enter

**fermer** to close
**fumer** to smoke
**mettre** to put on; to place
**monter** to go up, climb
**mourir** to die
**nager** to swim
**naître** to be born

**obtenir** to obtain, get
**oublier** to forget
**partir (à) (de)** leave (for) (from)
**passer (par)** to pass (by)
**pêcher** to fish
**pleuvoir** to rain

**quitter** to leave (someone or someplace)
**rentrer** to return, go home
**retourner** to return; to go back
**revenir** to come back to, return (someplace)
**sentir** to feel; to sense; to smell
**servir** to serve
**sortir** to leave; to go out
**tomber** to fall
**venir** to come
  **venir de** + *inf.* to have just *(done something)*
**voyager** to travel
À REVOIR: **porter, pouvoir, rendre visite à, rester**

## Substantifs

**l'achat** *(m.)* purchase
**l'alpinisme** *(m.)* mountaineering
**l'an** *(m.)* year
**l'année** *(f.)* year
**le bateau (à voile)** (sail)boat
**la bicyclette** bicycle
  **faire de la...** to go bicycling
**la campagne** country(side)
**le camping** camping

**le cheval** horse
  **faire du...** to go horseback riding
**l'endroit** *(m.)* place
**l'état** *(m.)* state
**le fleuve** (large) river
**la forêt** forest
**le lac** lake
**la matinée** morning
**la mer** sea, ocean
**le mois** month
**le monde** world
**la montagne** mountain
**le parapluie** umbrella
**le patinage** ice skating
**la plage** beach
**la planche à voile** windsurfer
**la plongée sous-marine** skin diving
**la randonnée** hike
**la route** road
**la semaine** week
**le ski de piste** downhill skiing
  **...de fond** cross-country skiing
  **...nautique** waterskiing
**la soirée** evening
**le vélo** bicycle
**le/la voisin(e)** neighbor
À REVOIR: **la promenade, les vacances** *(f. pl.)*

## Les vêtements et l'équipement sportifs

**l'anorak** *(m.)* (ski) jacket
**les chaussures** *(f. pl.)* **de ski** ski boots
  **...de montagne** hiking boots
**les lunettes** *(f. pl.)* glasses
  **...de ski** ski goggles
  **...de soleil** sunglasses
**le sac de couchage** sleeping bag
**la serviette de plage** beach towel
**le ski** ski
**la tente** tent
À REVOIR: **la chaussure, le maillot de bain, la robe, le sac à dos**

## Expressions temporelles

**avant-hier** the day before yesterday
**depuis** since, for
**dernier/dernière** last
**hier** yesterday
**il y a** ago
**passé(e)** last

## CHAPITRE 8

# Voyages et transports

## IN CHAPITRE 8, YOU WILL LEARN:

- vocabulary for talking about transportation
- structures for making polite requests and for expressing location and negation
- cultural information about traveling by train or car.

Gare de l'Est, Paris

# Étude de vocabulaire

## Visitez le monde en avion

**À l'aéroport**

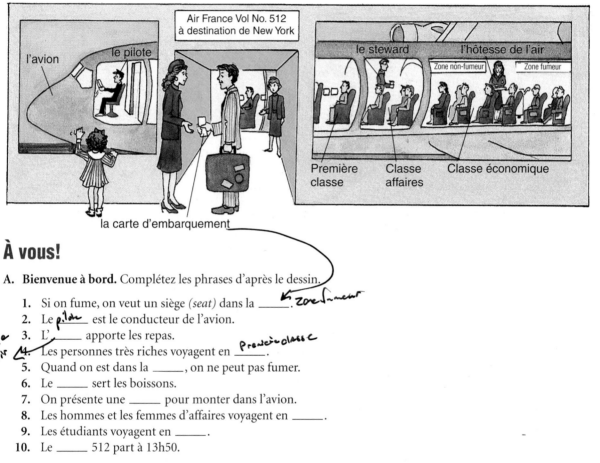

Air France Vol No. 512
à destination de New York

l'avion · le pilote · le steward · l'hôtesse de l'air · Zone non-fumeur · Zone fumeur · Première classe · Classe affaires · Classe économique · la carte d'embarquement

## À vous!

**A. Bienvenue à bord.** Complétez les phrases d'après le dessin.

1. Si on fume, on veut un siège *(seat)* dans la _____. *zone fumeur*
2. Le _____ *pilote* est le conducteur de l'avion.
3. L'_____ apporte les repas. *hôtesse de l'air*
4. Les personnes très riches voyagent en _____. *Première classe*
5. Quand on est dans la _____, on ne peut pas fumer.
6. Le _____ sert les boissons.
7. On présente une _____ pour monter dans l'avion.
8. Les hommes et les femmes d'affaires voyagent en _____.
9. Les étudiants voyagent en _____.
10. Le _____ 512 part à 13h50.

**B. Quelques pays européens et leurs capitales.** On trouve quel pays _____? Quelle est sa capitale? (Regardez la carte géographique de l'Europe au début de ce livre.)

MODÈLE: au sud-est* de l'Italie →
Au sud-est de l'Italie, on trouve la Grèce. Capitale: Athènes.

---

*In the words **est** *(east)*, **ouest** *(west)*, and **sud** *(south)*, the final letters are pronounced, i.e., [ɛst], [wɛst], [syd].

| PAYS | CAPITALES |
|------|-----------|
| 1. au nord-est de l'Espagne | Londres |
| 2. à l'est de la Belgique | Madrid |
| 3. au sud-ouest de la France | Bruxelles |
| 4. à l'ouest de l'Espagne | Berne |
| 5. au nord-ouest de la France | Berlin |
| 6. au sud-est de la France | Rome |
| 7. au nord de l'Italie | Lisbonne |
| 8. au nord de la France | Paris |
| | Dublin |

**C. Devinez!** Maintenant, un(e) de vos camarades décrit la situation géographique d'un pays étranger qu'il/elle a visité *(has visited)* ou d'un pays étranger visité par un ami ou un parent. Essayez de deviner le pays. Puis donnez le nom d'une ville de ce pays.

MODÈLE:  É1: Ma cousine Betty a visité un pays au nord-ouest de l'Italie.
         É2: Est-ce que ta cousine a visité la France?
         É1: C'est exact. Elle a visité Lille.

**Voici quelques possibilités:** l'Irlande, l'Écosse *(Scotland)*, le Danemark, la Suède, l'Autriche *(Austria)*, la Grèce, l'Égypte, l'Afrique du Sud, Israël,* la Jordanie, l'Arabie Saoudite, l'Iran, l'Australie, l'Argentine, le Venezuela, le Nicaragua

# L'Europe en train

### À la gare

## À vous!

### A. Définitions

1. Quel moyen de transport est-ce qu'on trouve dans une gare?
2. Comment s'appelle chaque voiture d'un train?
3. Comment s'appellent les personnes qui voyagent?

---

*Note that **Israël** does not take an article.

4. Comment s'appelle la partie du wagon où les passagers sont assis *(seated)*? le corp.
5. Où est-ce que les passagers attendent l'arrivée d'un train? sur le quai

**B. Trains/autos accompagnées.** Pour partir en vacances, beaucoup de Français prennent le train. Lisez la publicité de la SNCF (Société nationale des chemins de fer français), puis répondez aux questions.

1. Quel service propose cette publicité?
2. Où se trouve le «coffre» d'une voiture? À quoi sert-il *(What is it for)*?
3. Quel autre véhicule peut-on transporter en train?
4. Comment sont les compartiments?
5. Est-ce que le petit déjeuner est compris dans le prix du voyage?
6. Combien de temps après l'arrivée retrouve-t-on sa voiture?

# TRAINS AUTOS ACCOMPAGNÉES

 SNCF

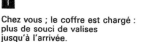
**1** Chez vous ; le coffre est chargé : plus de souci de valises jusqu'à l'arrivée.

**2** Vous arrivez tranquillement à la gare de chargement, vous avez jusqu'à 20 h 15 pour remettre votre voiture ou votre moto

**3** Le compartiment est climatisé, la couchette est confortable, vous vous glissez dans vos draps.

**4** C'est le plein sommeil, le train roule, votre voiture ou votre moto vous suit.

**5** 7 h 45 : vous descendez du train ; le petit déjeuner vous attend, il est gratuit.

**6** 8 h 30 : en forme, vous retrouvez votre voiture ou votre moto. Bonne route !

Un exemple : Paris - Saint-Raphaël.

**C. Interview.** Demandez à un(e) camarade s'il (si elle) a voyagé en train. Est-ce qu'elle/il a mangé dans un wagon-restaurant? Est-ce qu'il/elle a dormi dans un wagon-lit? Quelle ville est-ce qu'il/elle a visitée pendant ce voyage? À qui est-ce qu'il/elle a rendu visite? Ensuite, racontez à la classe le voyage de votre camarade.

# *Réalités francophones*

## LES TRAINS

Le train est un moyen de transport beaucoup plus important en France qu'en Amérique du Nord. La S.N.C.F. (Société nationale des chemins de fer français) transporte plus de 800 millions de voyageurs par an. Le train est pratique et économique. Les TGV (trains à grande vitesse) écourtent[a] également la durée de voyage. Il est possible de faire le trajet Paris-Lyon en deux heures, Paris-Bordeaux en trois heures, et grâce à Eurostar et au Tunnel sous la Manche[b], Londres est aujourd'hui à trois heures de Paris. Mais les grandes villes ne sont pas les seules[c] desservies; même[d] les villages sont accessibles par le train.

Quelques petits renseignements pratiques:
- Il est possible de réserver son billet par téléphone ou par Minitel (une sorte d'ordinateur) ou de l'acheter à la gare.
- Vous pouvez payer un supplément et réserver une couchette (un petit lit pour dormir).

---

[a]*shorten*   [b]*English Channel*   [c]*only ones*   [d]*even*

## En route

Annick **roule** toujours très vite. Elle a une voiture de sport toute neuve!

Jean-Pierre **conduit** sa moto dans les Alpes.

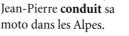

Martine et Annie **traversent** la France en vélo.

Marianne **fait le plein** d'essence à la station-service.

# À vous!

**A. Associations.** Quels adjectifs associez-vous avec les moyens de transport suivants? Expliquez les raisons de votre choix.

| | | | | | | | |
|---|---|---|---|---|---|---|---|
| **1.** | l'avion | **7.** | le taxi | **a.** lent | | **i.** | sûr *(safe)* |
| **2.** | le bateau | **8.** | la moto | **b.** cher | | **j.** | économique |
| **3.** | l'autobus | **9.** | l'ambulance | **c.** rapide | | **k.** | silencieux |
| **4.** | la voiture | **10.** | l'hélicoptère | **d.** bruyant *(noisy)* | | **l.** | pratique |
| **5.** | le train | **11.** | le métro | **e.** dangereux | | **m.** | polluant |
| **6.** | le camion *(truck)* | **12.** | le vélo | **f.** amusant | | **n.** | agréable |
| | | | | **g.** fatigant *(tiring)* | | **o.** | monotone |
| | | | | **h.** confortable | | **p.** | luxueux |

**B. Moyens de transport.** Quel véhicule est-ce qu'on conduit dans les situations suivantes?

**1.** Votre famille déménage *(moves)*. **2.** La classe fait une excursion. **3.** Vous êtes sportif/sportive. **4.** Vous aimez rouler très vite. **5.** Vous passez le week-end avec votre famille. **6.** Vous arrivez à l'aéroport d'une ville. **7.** Vous voulez faire de l'exercice. **8.** Quand vous faites le plein, vous payez très peu.

**C. Interview.** Posez les questions suivantes à un(e) camarade.

1. Comment est-ce que tu préfères voyager en vacances? Pourquoi? Est-ce que ça dépend de ta destination?
2. Quels moyens de transport est-ce que tu préfères prendre en ville?
3. À ton avis, quel moyen de transport est très économique? très rapide? très dangereux? très polluant? très agréable? Il y a quels problèmes de transport dans ta ville ou dans ta région?

## En savoir plus

### LES PERMIS DE CONDUIRE[a]

Si vous visitez la France et que vous y restez moins de 90 jours, vous avez le droit[b] de conduire avec votre permis de conduire américain valide ou un permis de conduire international. Si vous utilisez votre permis de conduire américain, le gouvernement français recommande, mais n'oblige pas, qu'il soit accompagné d'une traduction officielle en français. Si vous restez en France plus de 90 jours ou si vous y habitez avec *une carte de séjour* ou *une carte de résidence*, il vous est permis d'utiliser votre permis américain s'il est accompagné d'une traduction faite par un traducteur expert-juré. Si vous venez de l'Illinois, de Caroline du Sud, du Michigan, du Kentucky ou du New Hampshire, vous pouvez facilement échanger votre permis de conduire américain contre l'équivalent français. Faites la demande au moins trois mois avant la fin de votre première année en France.

[a]*Les... Driver's licenses* [b]*right*

# Pour parler de la conduite: le verbe *conduire*

| PRESENT TENSE OF **CONDUIRE** *(to drive)* | |
| --- | --- |
| je condu**is** | nous condu**isons** |
| tu condu**is** | vous condu**isez** |
| il, elle, on condu**it** | ils, elles condu**isent** |
| *Past participle:* condu**it** | |

All verbs ending in **uire** are conjugated like **conduire**.

| | | |
| --- | --- | --- |
| **construire** | *to construct* | Nous **construisons** une nouvelle ville. |
| **détruire** | *to destroy* | On **détruit** le vieux pour construire du neuf. |
| **traduire** | *to translate* | **Traduis** cette brochure en espagnol. |

## À vous!

**Interview.** Posez les questions suivantes à un(e) camarade de classe. Ensuite, rapportez le fait le plus intéressant à la classe.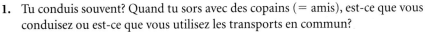

1. Tu conduis souvent? Quand tu sors avec des copains (= amis), est-ce que vous conduisez ou est-ce que vous utilisez les transports en commun?
2. Dans ta famille, qui conduit le plus souvent? Qui ne conduit pas?
3. Tu aimes conduire? Tu préfères quelle marque de voiture? Pourquoi? Tu préfères les voitures américaines ou les voitures fabriquées à l'étranger *(abroad)*?
4. Tu penses que les voitures détruisent les grandes villes? Est-ce qu'on construit trop d'autoroutes aux États-Unis?
5. Qu'est-ce que tu penses des motos? des bicyclettes?
6. Tu as déjà traversé les États-Unis (ou ton état) en voiture? Quand? Avec qui?

*Le monde francophone ...ses gens*

NOM: Vincent-Cyril Gasgnier

ÂGE: 20

LIEU DE NAISSANCE: Sainte Hyacinthe, Québec

PROFESSION: Étudiant

*Avez-vous une voiture? Si oui, à quel âge avez-vous passé le permis de conduire? Est-ce que le coût[a] d'une voiture, de l'essence et de l'entretien[b] est élevé dans votre pays?*

[a] *cost*  [b] *maintenance*

Je possède une voiture économique (une Honda Civic). J'ai passé mon permis de conduire à l'âge de 16 ans (l'âge minimum pour l'obtention d'un permis de conduire au Québec). Le coût des autos au Québec est environ le même qu'aux États-Unis. Toutefois, le prix de l'essence est fort exorbitant au Québec. Le plein[c] me revient à[d] 22$ pour une Honda CRX comparativement aux 9$ pour la même quantité d'essence aux États-Unis. L'entretien d'une auto est bien sûr plus cher au Québec car toutes les autos doivent être traitées régulièrement à l'anti-rouille pour éviter de fâcheux problèmes causés par l'hiver canadien.

NOM: Cécile Barbalat

ÂGE: 25

LIEU DE NAISSANCE: Beynost, France

PROFESSION: Étudiante

À l'âge de 16 ans, il est possible d'apprendre à conduire avec un de ses parents (ou les deux). Il suffit de prendre un certain nombre de leçons avec un professeur et de passer son code (un examen écrit). Dès que[e] le professeur nous en juge capables, nous sommes autorisés à conduire seuls avec un de nos parents à côté. Avec ce système, j'ai eu la chance de commencer à conduire à 16 ans et demi. Grâce à[f] cette expérience, j'ai réussi mon permis du premier coup[g] à 18 ans. Mon père m'a donné sa vieille voiture et il a continué à payer les frais[h] d'essence et d'assurance qui s'élèvent à[i] plus ou moins 7000F par an. Pour un budget d'étudiant, cela est énorme!

[c]*full tank* [d]*me... costs me* [e]*Dés... As soon as* [f]*Grâce... Thanks to* [g]*du... on the first try* [h]*expenses* [i]*s'élèvent... come to*

## *Étude de grammaire*

## 28. INTRODUCTION TO THE PRESENT CONDITIONAL
## Making Polite Requests

### UN WEEK-END À LONDRES

JULIE: Est-ce que vous **auriez** des tarifs intéressants en ce moment pour Londres?

L'EMPLOYÉE: Vous tombez bien! Nous avons un vol en promotion à cinq cent cinquante francs aller-retour.

JULIE: Super! Et **pourriez**-vous me réserver une chambre d'hôtel du trois au sept septembre?

L'EMPLOYÉE: Pas de problème! Dans quel coin de Londres **aimeriez**-vous être?

JULIE: Je **voudrais** trouver un hôtel pas trop cher près de Hyde Park.

Quelles phrases de la partie de Julie correspondent aux descriptions suivantes?

1. Julie veut acheter un billet pas cher pour Londres.
2. Elle veut réserver une chambre d'hôtel.
3. Elle veut être près de Hyde Park.

The conditional is used to express wishes or requests. It gives a tone of deference or politeness that makes a request or question less abrupt. For example,

| | |
|---|---|
| Je **voudrais** aller à la Martinique. | *I'd like to go to Martinique.* |
| **Pourriez**-vous m'aider à trouver un vol? | *Could you help me (to) find a flight?* |
| **Auriez**-vous l'horaire des avions? | *Would you have the flight schedule?* |

# Formation of the conditional

The complete formation of the conditional will be presented in Chapter 14. Only certain forms of some useful verbs will be presented now. They appear in bold type in the following examples.

**AVOIR**

| | |
|---|---|
| Valérie, tu **aurais** un livre de français à me prêter? | *Valérie, would you have a French book to lend me?* |
| Monsieur, **auriez**-vous la gentillesse de m'aider avec ma valise? | *Sir, would you be so kind as to help me with my suitcase?* |

**POUVOIR**

| | |
|---|---|
| Excusez-moi, Monsieur. Je **pourrais** vous poser une question? | *Excuse me, sir. Could I ask you a question?* |
| Martine, tu **pourrais** m'aider? | *Martine, could you help me?* |
| **Pourriez**-vous me répondre par écrit? | *Could you answer me in writing?* |

**VOULOIR**

| | |
|---|---|
| Bonjour, Madame. Je **voudrais** un billet de train pour aller à Lyon. | *Hello, Ma'am. I would like a train ticket to go to Lyon.* |
| Marc, tu **voudrais** venir avec moi? | *Marc, would you like to come with me?* |
| Mademoiselle, **voudriez**-vous me suivre? | *Miss, would you follow me, please?* |

*Note:* To be even more polite, you should add **s'il te plaît** or **s'il vous plaît** to the end of the preceding sentences.

Mademoiselle, voudriez-vous me suivre, s'il vous plaît?
Bonjour, Madame. Je voudrais un billet de train pour aller à Lyon, s'il vous plaît.
Martine, tu pourrais m'aider, s'il te plaît?

# Vérifions!

**A. Dans le train.** Vous êtes dans un compartiment de train. Vous entendez ces bribes *(snippets, fragments)* de conversation. Complétez les phrases de façon logique et utilisez le conditionnel des verbes suivants: **pouvoir, vouloir, avoir.**

*[handwritten: Pourriez / avait]*

1. _____ -vous la gentillesse de fermer la fenêtre?
2. _____ -tu me passer mon sac?
3. _____ -tu un stylo à me prêter *(lend me)*, s'il te plaît?
4. Est-ce que je *[handwritten: pourrais]* ouvrir la fenêtre maintenant? J'ai chaud.
5. _____ -vous me dire à quelle heure le train arrive à Lyon?
6. _____ -vous venir au wagon-restaurant avec nous?
7. Tu _____ *[handwritten: voudrais]* peut-être partager *(share)* mon sandwich?

**B. Soyons diplomates** *(diplomatic).* Vous avez un ami (une amie) qui donne des ordres au lieu de *(instead of)* poser des questions poliment. Indiquez-lui *(Tell him/her)* deux façons de demander la même chose, mais poliment. Jouez les rôles avec un(e) camarade selon le modèle.

MODÈLE:  É1: Dites-moi *(me)* à quelle heure le train part pour Tournus!*
 É2: Non! Pourriez-vous me dire *(tell me)* à quelle heure le train part pour Tournus? (Je voudrais savoir *[to know]* à quelle heure le train part.)

*[handwritten left margin: veux-want / peux-can]*

1. Donnez-moi un billet de première classe!
2. Expliquez-moi pourquoi les places *(seats)* sont si chères. *[handwritten: • Non! pourriez-vous m'expliquez pourquoi...]*
3. Donnez-moi des places moins chères. *[handwritten: • Non, pourriez-vous me donner des places moins....]*
4. Donnez-moi quatre billets de deuxième classe. *[handwritten: •Non,]*
5. Indiquez-moi quand le train va arriver. *[handwritten: •Non, pourriez vous m'indique]*
6. Dites-moi si je dois réserver des places! *[handwritten: •Non,]*

# Parlons-en!

**Que dites-vous?** Utilisez les verbes **pouvoir, vouloir** et **avoir** pour exprimer vos besoins dans les situations suivantes. Soyez très poli(e)!

MODÈLE:  Vous ne savez pas la date d'aujourd'hui, mais votre professeur a un calendrier. →
 Pourriez-vous me dire la date d'aujourd'hui, s'il vous plaît?

1. Vous avez besoin d'argent. Demandez dix dollars à votre père.
2. Vous êtes perdu(e). Demandez à quelqu'un où est l'université.
3. Vous êtes dans un restaurant où il fait chaud. Vous demandez au serveur d'ouvrir la porte.
4. Vous avez perdu votre livre. Demandez à un(e) camarade de classe si vous pouvez emprunter *(borrow)* son livre.
5. Vous êtes à la gare. Demandez au monsieur / à la dame du guichet de vous vendre un billet de train. Demandez aussi l'heure du prochain train pour Paris.

---

*Tournus (ne prononcez pas le **s** à la fin) est une petite ville de 6 568 habitants située sur la Saône dans le nord-est de la France.

# 29. PREPOSITIONS WITH GEOGRAPHICAL NAMES
## Expressing Location

### BRUNO AU CONGO

Bruno est en vacances au Congo. Il a fait la connaissance de Kofi.

KOFI: Tu es d'où **en France**?

BRUNO: **De Marseille.**

KOFI: Ce doit être beau là-bas! Dis, tu as d'autres projets de voyages pour l'avenir?

BRUNO: Ouais, plein.* D'abord l'année prochaine je vais aller **au Mexique** avec ma copine. Et à l'avenir je veux aller **en Russie, au Québec, au Sénégal** et aussi **en Asie.**

KOFI: Et tu aimerais habiter dans quelle ville?[†]

BRUNO: **À Vérone en Italie** pour trouver ma Juliette.

Répondez aux questions selon les indications.

1. D'où vient Bruno? (ville, pays) D'où est Kofi? (pays, continent)
2. Où Bruno va-t-il aller l'année prochaine? (pays, continent)
3. Et où veut-il aller à l'avenir? (continents)
4. Où rêve-t-il d'habiter? (ville, pays)

## Gender of geographical names

In French, most place names that end in **e** are feminine; most others are masculine. One exception is **le Mexique.** The names of the continents are feminine: **l'Europe, l'Afrique, l'Asie, l'Australie** (to refer to the Pacific islands and Australia as a whole, the French use **l'Océanie** [*f.*]), **l'Amérique du Nord, l'Amérique du Sud.** The names of most states in the United States are masculine: **le Kentucky, le Connecticut.** The names of nine states end in **e** in French and are feminine: **la Californie, la Caroline du Nord et du Sud, la Floride, la Géorgie, la Louisiane, la Pennsylvanie, la Virginie, la Virginie-Occidentale.**

## *To, in, at,* and *from* with geographical names

The following chart summarizes the use of prepositions of location with geographical names. Note that *to, in,* or *at* can be expressed in several different ways, depending on the kind of place name. *From* is always expressed by a form of **de.**

---

*Informal speech for **Oui, beaucoup.**

[†]*And what city would you like to live in?* Note that the speaker uses the conditional tense *(would like)* and direct word order to ask the question. This happens often in informal conversation.

| TO/AT/IN | | FROM |
|---|---|---|
| | | |

**Les villes et les îles***        **à**        **de**

Mlle Dufort habite à Dakar.
*Miss Dufort lives in Dakar.*
Ils sont allés à Cuba.
*They went to Cuba.*

Ils sont de Marseille.
*They are from Marseille.*
Elle est partie d'Hawaii.
*She left (from) Hawaii.*

**Les pays masculins**        **au (aux)**        **du (des)**

Les Doi habitent au Japon.
*The Doi family lives in Japan.*
Tu n'es jamais allé aux États-Unis?
*You've never gone to the United States?*

Quand sont-ils partis des Pays-Bas?
*When did they leave the Netherlands (Holland)?*
Je suis revenu du Mexique lundi matin.
*I came home from Mexico Monday morning.*

**Les pays féminins**        **en**        **de (d')**

Je vais en Belgique.
*I'm going to Belgium.*
On va en Angleterre?
*Are we going to England?*

Il revient de France.
*He's coming back from France.*
Eux, ils sont d'Italie.
*They're from Italy.*

**Les continents**        **en**        **de (d')**

Le prof d'espagnol voyage
  en Amérique du Sud.
*The Spanish professor is
  traveling to South America.*

Il vient d'Amérique du Nord.
*He comes from North America.*

**Les états et les
régions masculins**        **dans le (dans l')**        **du (de l')**

Sophie a passé une semaine dans le
  Nevada.
*Sophie spent one week in Nevada.*
Elle va dans le Mississippi.
*She's going to Mississippi.*

Nous sommes de l'Ohio.
*We are from Ohio.*
Tu reviens quand du Michigan?
*When are you coming back
  from Michigan?*

*Note:* There are two exceptions: The French always say **au Texas,** and to distinguish the states of New York and Washington from the cities of the same name, the French say **dans l'état de New York (Washington).**

**Les états et les régions
féminins**        **en**        **de (d')**

Kader va passer un mois
  en Californie.
*Kader is going to spend one
  month in California.*
Tu es déjà allé en Floride?
*Have you already gone to Florida?*

M. Carter est de Géorgie.
*Mr. Carter is from Georgia.*
Kerry est de Pennsylvanie.
*Kerry is from Pennsylvania.*

---

*With islands, which are often also countries, you should learn the preposition along with the name. Here are some common ones: **en Corse, de Corse; en Martinique / à la Martinique, de (la) Martinique; en / à Haïti, de Haïti.**

# Vérifions!

**A. Jeu géographique.** Voici quelques villes francophones. Savez-vous dans quels pays elles se trouvent? (Voir les cartes au début du livre.)

MODÈLE:    Paris est en France.

| | |
|---|---|
| **1.** Rabat | **a.** Haïti |
| **2.** Québec | **b.** la Belgique |
| **3.** Antananarivo | **c.** la Tunisie |
| **4.** Alger | **d.** Madagascar |
| **5.** Dakar | **e.** le Canada |
| **6.** Bruxelles | **f.** la Suisse |
| **7.** Tunis | **g.** le Maroc |
| **8.** Abidjan | **h.** la Côte-d'Ivoire |
| **9.** Port-au-Prince | **i.** l'Algérie |
| **10.** Genève | **j.** le Sénégal |

**B. Retour de vacances.** Voici un groupe de touristes qui rentre de vacances. D'après ce qu'ils ont dans leurs valises, dites d'où ils arrivent.

MODÈLE:    une montre
           la Suisse → Ils arrivent de Suisse.

| SOUVENIRS | PAYS |
|---|---|
| **1.** du parfum | le Cameroun |
| **2.** une caméra vidéo ultra-moderne | la Hollande |
| **3.** une bouteille de tequila | l'Italie |
| **4.** un masque d'initiation | le Mexique |
| **5.** des chaussures en cuir *(leather)* | le Japon |
| **6.** un pull en cashmere | l'Écosse |
| **7.** du chocolat | le Maroc |
| **8.** du café | la Colombie |
| **9.** un couscoussier *(couscous maker)* | la Belgique |
| **10.** des tulipes | la France |

# Parlons-en!

**A. Un(e) jeune globe-trotter.** Votre camarade va faire le tour du monde. Vous lui demandez où il/elle va aller.

**Continents:** l'Afrique, l'Océanie, l'Europe, l'Asie, l'Amérique du Nord, l'Amérique du Sud.
**Pays:** l'Algérie, l'Allemagne, l'Australie, le Brésil, le Canada, la Chine, le Danemark, l'Égypte, les États-Unis, la Finlande, la Grèce, l'Inde, l'Italie, le Japon, le Maroc, le Mexique, la Polynésie française, la Norvège, le Viêtnam...

MODÈLE:    —Tu vas en Asie?
           —Oui, je vais en Chine (au Japon... ).

**B. Interview.** Posez les questions à un(e) camarade de classe. Ensuite, résumez ses réponses les plus surprenantes.

1. Tu viens d'où? De quelle ville? De quel état? Et tes parents?
2. Où habitent tes parents? Et le reste de ta famille?
3. Tu as voyagé dans quels états?
4. Est-ce qu'il y a un état que tu préfères? Lequel *(Which one)*? Pourquoi?
5. Est-ce qu'il y a un état que tu n'aimes pas trop? Lequel? Pourquoi?
6. Dans quel état est-ce qu'il y a de beaux parcs? de beaux lacs? de belles montagnes? de grandes villes? de grands déserts?
7. Tu es riche. Où est-ce que tu vas passer tes vacances?

# 30. AFFIRMATIVE AND NEGATIVE ADVERBS
## Expressing Negation

### LE TRAIN À GRANDE VITESSE

PATRICIA: Tu as **déjà** voyagé en TGV?

FRÉDÉRIC: Non, **pas encore.** Mais j'ai réservé une place pour samedi prochain. Je vais voir mes parents en Bretagne.

PATRICIA: Est-ce qu'il faut **toujours** réserver à l'avance pour le TGV?

FRÉDÉRIC: Oui, c'est obligatoire. Moi, je **n'**aime **pas du tout** ce système parce que j'ai **toujours** eu horreur de prévoir à l'avance. J'aime partir à la dernière minute, je **ne** fais **jamais de** projets, et je **n'**ai **jamais** eu **d'**agenda.

Trouvez la phrase ou la question équivalente dans le dialogue.

1. Tu n'as pas encore voyagé en TGV?
2. Est-ce qu'on ne peut jamais prendre le TGV sans réservation?
3. Moi, je déteste ce système.

# Ne... jamais, ne... plus, ne... pas encore

1. **Toujours, souvent,** and **parfois** are adverbs that generally follow the verb in the present tense. The expression **ne (n')... jamais,** constructed like **ne... pas,** is the negative adverb (**l'adverbe de négation**) used to express the fact that an action never takes place.

Henri voyage **toujours** en train.\*
Marie voyage **souvent** en train.\*
Hélène voyage **parfois** en train.

Je **ne** voyage **jamais** en train.
*I never travel by train.*

Other adverbs also follow this pattern.

| AFFIRMATIVE | NEGATIVE |
|---|---|
| **encore** *still* | **ne (n')... plus** *no longer, no more* |
| **déjà** *already* | **ne (n')... pas encore** *not yet* |

Le train est **encore** sur le quai.
*The train is still on the platform.*
Nos valises sont **déjà** là?
*Are our suitcases there already?*

Le train **n'**est **plus** sur le quai.
*The train is no longer on the platform.*
Nos valises **ne** sont **pas encore** là.
*Our suitcases aren't there yet.*

2. As with **ne (n')... pas,** the indefinite article and the partitive article become **de (d')** when they follow negative verbs.

| AFFIRMATIVE | NEGATIVE |
|---|---|
| Je vois **toujours des Américains** dans l'autocar. | Je **ne** vois **jamais de Français** dans l'autocar. |
| *I always see Americans on the tourist bus.* | *I never see (any) French people on the tourist bus.* |
| Auriez-vous **encore des billets** à vendre? | Non, je **n'**ai **plus de billets** à vendre. |
| *Would you still have (some) tickets to sell?* | *No, I have no more (I don't have any more) tickets to sell.* |
| Karen a **déjà des amis** en France. | Vincent **n'**a **pas encore d'amis** aux États-Unis. |
| *Karen already has (some) friends in France.* | *Vincent doesn't have any friends in the United States yet.* |

Definite articles do not change.

Je ne vois jamais **le** contrôleur *(conductor)* dans ce train.
Annick ne prend plus **l'**autoroute à Caen.
On ne voit pas encore **le** sommet de la montagne.

---

\*Sentences whose verbs are modified by **toujours** and **souvent** can also be negated by **ne (n')... pas: Henri ne voyage pas toujours en train. Il voyage parfois en avion. Marie ne voyage pas souvent en train. Elle préfère conduire sa voiture.**

3. In the **passé composé,** the affirmative adverbs are generally placed between the auxiliary and the past participle.

> M. Huet a **toujours (souvent, parfois)** pris l'avion.

Note the interrogative forms of the negative adverbial construction.

—Marie **n'**a-t-elle **jamais** voyagé en avion? (Est-ce que Marie a déjà voyagé en avion?)

*Hasn't Marie ever traveled by plane? (Has she already traveled by plane?)*

—Non, elle **n'**a **jamais** voyagé en avion.

*No, she has never traveled by plane.*

—Non, elle **n'**a **pas encore** voyagé en avion.

*No, she has not yet traveled by plane.*

4. **Ne... pas du tout** is used instead of **ne... pas** for emphasis.

Je **n'**aime **pas du tout** les avions!

*I don't like planes at all!*

—As-tu faim?

*Are you hungry?*

—**Pas du tout!**

*Not at all!*

## Vérifions!

**A. Un voyageur nerveux.** Chaque fois qu'il part en vacances, M. Laffont se préoccupe de tout *(worries about everything)*. Mme Laffont essaie toujours de le calmer *(calm him down)*. Avec un(e) camarade, jouez les rôles de M. et Mme Laffont. Suivez le modèle.

MODÈLE: M. LAFFONT: Tu n'as pas encore trouvé les valises!
MME LAFFONT: Mais si!* J'ai déjà trouvé les valises.

**1.** Nous ne faisons jamais de voyages agréables. **2.** Il n'y a plus de places dans le train. **3.** Il n'y a plus de billets en classe économique. **4.** Nous ne sommes pas encore arrivés. **5.** Il n'y a jamais de téléphone à la gare. **6.** Il n'y a plus de voitures à louer. **7.** Tu n'as pas encore trouvé la carte *(map)*. **8.** Nous ne sommes pas encore sur la bonne route *(the right road)*.

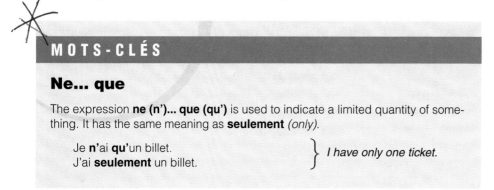

### MOTS-CLÉS

## Ne... que

The expression **ne (n')... que (qu')** is used to indicate a limited quantity of something. It has the same meaning as **seulement** *(only)*.

Je **n'**ai **qu'**un billet.
J'ai **seulement** un billet.
} *I have only one ticket.*

---

*Remember that **si** rather than **oui** is used to contradict a negative question or statement.

| | |
|---|---|
| Il **n'**y a **que** trois trains cet après-midi.<br>Il y a **seulement** trois trains cet après-midi. | *There are only three<br>trains this afternoon.* |
| Hélène **n'**a fait **que** deux réservations.<br>Hélène a fait **seulement** deux réservations. | *Hélène made only two<br>reservations.* |

**B. En voyage.** Dites ce que font ces personnes quand elles sont en voyage. Remplacez **seulement** par **ne... que**.

MODÈLE: Je prends seulement le train. → Je ne prends que le train.

**1.** Martin envoie *(sends)* seulement des cartes postales.  **2.** Vous achetez seulement des souvenirs drôles.  **3.** Mes cousins mangent seulement dans les fast-foods.
**4.** Tu prends seulement une valise.  **5.** Nous dormons seulement dans des auberges de jeunesse *(youth hostels)*.  **6.** Sophie regarde seulement les bateaux sur la mer.

# Parlons-en!

**A. Préparatifs de voyage.** Quand vous partez en voyage, faites-vous les choses suivantes **toujours, souvent, parfois** ou **jamais**?

MODÈLE: arriver à l'aéroport à la dernière minute. →
J'arrive toujours (Je n'arrive jamais) à l'aéroport à la dernière minute.

**1.** oublier son passeport (sa brosse à dents *[toothbrush]*, sa carte de crédit... )
**2.** prendre son appareil-photo (un guide, une carte... )
**3.** acheter de nouveaux vêtements (de nouvelles chaussures, de nouvelles lunettes de soleil... )
**4.** créer un itinéraire (à l'avance, au dernier moment)
**5.** faire sa valise au dernier moment (la veille *[the day before]*, une semaine avant... )
**6.** ?

**B. Voyages exotiques.** Interviewez vos camarades.

MODÈLE: camper dans le Sahara
VOUS: N'as-tu jamais campé dans le Sahara?
VOTRE CAMARADE: Non, je n'ai jamais campé dans le Sahara. (*ou* Si, j'ai campé dans le Sahara [l'été passé, il y a deux ans, etc.].)

**1.** faire du bateau sur le Nil
**2.** voir le Sphinx en Égypte
**3.** faire une expédition en Antarctique
**4.** passer tes vacances à Tahiti
**5.** faire de l'alpinisme dans l'Himalaya
**6.** voir les chutes Victoria (*Victoria Falls*) en Afrique
**7.** faire un safari-photos au Cameroun
**8.** ?

Qui dans votre classe a fait le voyage le plus exotique?

# 31. AFFIRMATIVE AND NEGATIVE PRONOUNS
## Expressing Negation

**LA CONSIGNE AUTOMATIQUE**

SERGE: Il y a **quelque chose** qui ne va pas?

JEAN-PIERRE: Oui, j'ai des ennuis avec la consigne; elle ne marche pas.

SERGE: Ah, ça! Il n'y a **rien** de plus énervant!

JEAN-PIERRE: **Tout le monde** semble toujours trouver une consigne qui marche, sauf moi.

SERGE: Regarde, **quelqu'un** sort ses bagages d'une consigne. Là, tu es sûr qu'elle marche!

JEAN-PIERRE: Excellente idée!

Corrigez les phrases inexactes.

1. Tout va bien pour Jean-Pierre.
2. Il y a quelque chose de plus énervant *(something more exasperating)* qu'une consigne qui ne marche pas.
3. Jean-Pierre et deux autres passagers ne trouvent pas de consigne qui marche.
4. Quand quelqu'un place ses bagages dans une consigne, on est sûr qu'elle marche.

## Affirmative pronouns

**Quelqu'un** *(Someone)*, **quelque chose** *(something)*, **tout** *(everything, all)*, and **tout le monde** *(everybody)* are indefinite pronouns (**des pronoms indéfinis**). All four can serve as the subject of a sentence, the object of a verb, or the object of a preposition.

| | |
|---|---|
| Il y a **quelqu'un** au guichet maintenant. | *Someone is at the ticket counter now.* |
| Vous avez vu **quelqu'un** sur le quai? | *Did you see someone on the platform?* |
| Jacques a parlé avec **quelqu'un** il y a un moment. | *Jacques spoke with someone a moment ago.* |
| **Quelque chose** est arrivé. | *Something has happened.* |
| Marie a acheté **quelque chose** au restaurant de la gare. | *Marie bought something at the station restaurant.* |
| Elle pense à **quelque chose,** mais à quoi? | *She's thinking about something, but what?* |
| **Tout** est possible. | *Everything is possible.* |
| **Tout le monde** est prêt? | *Is everybody ready?* |

*Note:* **Quelqu'un** is invariable in form: It can refer to both males and females.

# Negative pronouns

1. **Personne** (*No one, Nobody, Not anybody*) and **rien** (*nothing, not anything*) are negative pronouns generally used in a construction with **ne (n')**. They can be the subject of a sentence, the object of a verb, or the object of a preposition. As objects of a verb in the **passé composé, rien** precedes the past participle, but **personne** is placed after the past participle.

| | |
|---|---|
| **Personne n'**est monté dans ce train. | *No one boarded this train.* |
| Je **n'**ai vu **personne** sur le quai. | *I didn't see anyone on the platform.* |
| Jacques **ne** parle avec **personne** maintenant. | *Jacques isn't speaking with anyone right now.* |
| **Rien ne** l'intéresse. | *Nothing interests him/her.* |
| Marie **n'**a **rien** acheté au restaurant de la gare. | *Marie didn't buy anything at the station restaurant.* |
| Elle **ne** pense à **rien**. | *She's not thinking about anything.* |
| **Rien n'**est impossible. | *Nothing is impossible.* |
| **Personne n'**est prêt. | *Nobody is ready.* |

2. Like **jamais, rien** and **personne** can be used without **ne** when they answer a question.

| | |
|---|---|
| —Qu'est-ce qu'il y a sur la voie? | *What's on the track?* |
| —**Rien.** | *Nothing.* |
| —Qui est au guichet? | *Who's at the ticket counter?* |
| —**Personne.** | *Nobody.* |

# Negative pronouns with adjectives

When used with adjectives, the expressions **quelque chose, quelqu'un, ne... rien,** and **ne... personne** are followed by **de (d')** plus the masculine singular form of the adjective.

| | |
|---|---|
| Il y a **quelque chose de bon** au menu du wagon-restaurant? | *Is there something good on the menu in the restaurant car?* |
| Il y a **quelqu'un d'intéressant** dans le compartiment d'à côté. | *There is someone interesting in the next compartment.* |
| Il **n'**y a **rien d'amusant** dans ce journal. | *There is nothing entertaining in this paper.* |
| Il **n'**y a **personne d'important** dans le wagon de première classe. | *There is no one important in the first-class car.* |

## Vérifions!

**A. À la gare.** Vous avez des ennuis avant de partir en voyage. Transformez les phrases suivantes.

MODÈLE:    Quelqu'un est prêt! → Personne n'est prêt!

1. Quelqu'un a acheté les billets.
2. Quelqu'un a apporté nos valises.
3. Tout est prêt.
4. Jean-Claude pense à quelque chose.
5. Éric a tout pris.
6. Claudine parle avec quelqu'un.

B. **Mais si!** Donnez une réponse affirmative pour chaque phrase négative.

MODÈLE:    —Il n'y a personne à la caisse *(cash register)*.
           —Mais si! Il y a quelqu'un à la caisse.

1. Il n'y a personne dans ce restaurant. Il n'y a rien de bon sur la carte.
2. Il n'y a rien dans ce magasin de sport. Il n'y a rien de joli ici.
3. Il n'y a personne dans cette agence de voyages. Il n'y a rien d'intéressant dans ces brochures.
4. Il n'y a rien de <u>moderne</u> dans ce quartier. Il n'y a rien d'intéressant dans les rues.

# Parlons-en! Mo-7 derne

A. **Vrai ou faux?** Regardez l'image à la page 232. Dites si les phrases suivantes sont vraies ou fausses. Corrigez celles qui sont fausses.

1. Le steward n'apporte rien aux voyageurs.   2. Il y a des voyageurs en première classe.   3. Il n'y a personne en classe affaires.   4. L'hôtesse de l'air en classe économique n'a rien sur son plateau *(tray)*.   5. Personne n'attend pour monter dans l'avion.

B. **Qu'est-ce qui se passe** *(What's happening)*? Posez des questions à vos camarades pour apprendre ce qui se passe sur votre campus aujourd'hui.

**Suggestions:** Y a-t-il quelque chose d'intéressant dans la salle de conférences *(lecture hall)* cet après-midi? Y a-t-il quelqu'un d'intéressant au ciné-club ce soir? Y a-t-il quelque chose de délicieux au restau-u _____?

# Mise au point

A. **Voyages en Amérique.** Formez des phrases complètes selon les indications. Mettez les verbes au passé composé, excepté le dernier verbe du dialogue.

SYLVIE: tu / rentrer / chez toi / à / Canada? tu / conduire?
MÉLANIE: non / je / aller / chez moi / avion. je / partir / de / Champaign-Urbana / dans / Illinois / pour aller / à / Montréal / à / Québec

SYLVIE: moi / je / ne... jamais / voyager / à / l'étranger. une fois / mon copain et
moi / aller / à / La Nouvelle-Orléans / pour la fête de Mardi Gras

MÉLANIE: Super! tu / pouvoir (*conditionnel*) / me montrer tes photos?

**B. Trouvez quelqu'un...** Circulez dans la classe et trouvez quelqu'un qui a fait les
choses suivantes. Avec un(e) camarade, posez les questions et répondez. (Attention à la
question qu'il faut poser!)

MODÈLE: regarder la télévision aujourd'hui (déjà) →
VOUS: Tu as déjà regardé la télévision aujourd'hui?
LE/LA CAMARADE: Oui, j'ai déjà regardé la télévision aujourd'hui. (Non,
je n'ai pas encore regardé la télévision aujourd'hui.)

1. prendre sa voiture pour aller à l'université (souvent)
2. avoir quelque chose d'important à faire (ce soir)
3. voir quelqu'un d'intéressant (avant de venir en classe)
4. travailler jusqu'à une heure du matin (hier soir)
5. arriver en classe à 8 heures (ce matin)
6. finir tous les devoirs pour demain (déjà)

**C. Êtes-vous un grand voyageur?** Où allez-vous pour voir les choses suivantes?

MODÈLE: La fontaine de Trevi →
On va à Rome (en Italie) pour voir la fontaine de Trevi.

1. Carnac
2. les Pyramides
3. Big Ben
4. l'Amazone
5. le Sahara
6. la Grande Muraille (*wall*)

a. la Bretagne (France)
b. l'Égypte
c. Londres
d. l'Afrique
e. l'Amérique du Sud
f. la Chine

Faites le total des réponses correctes. Dans quelle catégorie êtes-vous?

4–6    Très bien! Vous êtes bien informé(e) et vous aimez les voyages.
1–3    Vous n'êtes pas un voyageur (une voyageuse) très passionné(e).

Maintenant, nommez d'autres choses à voir dans d'autres pays et mettez à l'épreuve
(*test*) les connaissances géographiques de vos camarades de classe.

**D. Interactions.** In Chapter 8, you practiced talking about traveling and transportation, naming countries and cities, and making negative comments. Act out the following situations, using the vocabulary and structures from this chapter.

1. **Un mauvais voyage.** You are in France. You are so angry with your travel agent
   that you call him or her to complain. Among other things, mention the following: the plane left late, your hotel room was not reserved (**réservé**), no one is
   friendly, there is nothing good to eat, there's so much traffic that it's impossible
   to drive, the phones don't work, etc.
2. **Devinez.** Describe a trip, telling where you went, when, and with whom. Mention some of your activities and the means of transportation. For each statement ask your partner to guess if you are telling the truth!

In this dialogue, Paul has brought Michel along to meet with his travel agent. Play close attention as Paul and the agent finalize the details of his summer trip to Morocco. How will he travel? How much will it cost? What does that price include?

[Thème 5, Scène 5.1]*

AGENT: Vous allez pouvoir découvrir le pays en quinze jours, pour 6 450 francs.

PAUL: Et pour ce prix là, j'aurai droit à quoi?[a]

AGENT: Le prix inclut le billet d'avion aller-retour, un hôtel confortable et deux repas par jour.

PAUL: Ce n'est pas mal.

AGENT: Vous allez aussi pouvoir faire des excursions pour un petit supplément.

MICHEL: Ça, c'est super! C'est un bon moyen[b] de visiter le pays.

PAUL: C'est vrai! Pour ça, j'aurai besoin de[c] vaccinations ou d'un visa?

AGENT: Non, seulement d'un passeport.

PAUL: Ça, je l'ai. Et quelles sont les dates que vous proposez?

AGENT: Il nous reste encore beaucoup de choix pour la fin juillet et le début[d] août.

MICHEL: C'est super. C'est juste le moment où tu veux partir en vacances!

## Avec un(e) partenaire...

Préparez une conversation entre un agent de voyages et son client (sa cliente) qui a envie de partir aux États-Unis pour deux semaines. L'agent crée un itinéraire et décrit ce qui est compris dans le prix. Le client (La cliente) pose beaucoup de questions.

1. You need to buy two second-class train tickets for today's 2:50 P.M. train for Geneva.
2. You are talking to a travel agent and want to fly from Aix-en-Provence to Alger, Algeria. You are traveling with two friends who prefer to travel first-class, and you need to arrive in Alger by Saturday afternoon.
3. It's 9:30 A.M. and you are at the train station. You need to find out how to get to the university—which you understand is quite some distance away—by 10:00 A.M.

[a]j'aurai... what am I entitled to?
[b]way  [c]j'aurai... will I need
[d]beginning

---

*The **Thème** and **Scène** numbers correspond to those in the Video to accompany *Rendez-vous*.

## Avant de lire

**ANTICIPATING CONTENT** Reading often involves forming expectations and then confirming or changing them on the basis of what you learn as you read. Suppose you find a press clipping that quotes the president of the United States, who is vividly describing his hatred of all foreigners. If you think it comes from the *New York Times*, your reaction may be concern about the consequences for national security. On the other hand, if you recognize it as a clipping from a political satire magazine, you may find it highly entertaining. What you expect to find has a profound influence on your understanding of what you read.

Trying to predict the content of a passage in French will help you even more than it does in your native language. Think of what you already know about the topic and the source of the reading. As you start reading the following excerpt from a French magazine, *Avantages*, ask yourself the following questions.

- What kind of text is this? Where was it published?
- For whom is it written? How do you know?
- What is its purpose? What topics do you expect it to deal with? Do you expect to find any surprising ideas in it? Which ones?

# Préparez le grand départ

Les vacances approchent. Du 15 juin au 15 septembre, une trentaine de millions de voitures vont effectuer leur migration annuelle sur les routes. Pour partir dans les meilleures conditions, vérifiez[a] votre véhicule et observez plus que jamais ces règles de prudence qui découlent[b] du bon sens.

### L'itinéraire

Consulter une carte, un guide, c'est déjà un avant-goût des vacances. Emprunter le chemin des écoliers[c] c'est peut-être rallonger sa route, mais c'est aussi un excellent moyen de rompre[d] avec son style de vie habituel. Repérez les étapes[e] intéressantes, de préférence pour la seconde moitié du parcours. Un trajet plus long n'est pas forcément plus ennuyeux. À prévoir aussi: l'heure du départ, en pensant qu'il est pénible de terminer un voyage en conduisant de nuit.

[a]*check*  [b]*viennent*  [c]chemin... la route la plus longue  [d]*break*  [e]Repérez... Cherchez les haltes

## Les bagages

Chaque année, le problème se pose et dégénère souvent en scène de ménage. Vous avez beau n'emporter que[f] le minimum, comment faire rentrer les valises, la planche à voile, l'équipement de plongée, la grand-mère, le parasol, le canari, les enfants, leurs jouets et Médor, qui n'est pas forcément un caniche[g] toy? Attention, une voiture surchargée[h] réagit plus lentement au freinage,[i] le contrôle de la direction devient hasardeux.

Pour charger rationnellement votre véhicule, mettez les objets les plus lourds dans le coffre[j] ou sur le plancher arrière. Fixez très solidement les objets légers sur la galerie. Il existe des coffres à bagages verrouillables[k] pour le toit. C'est cher mais la sécurité routière n'a pas de prix. Dégagez absolument la plage arrière[l] pour plus de visibilité. N'y mettez pas d'objet lourd qui se transformerait en redoutable projectile en cas de freinage brutal.

## Le départ

Ouf! La voiture est chargée, la famille installée. Encore faut-il être prudent. Obligatoirement à la portée de main: des boissons fraîches, un thermos de café, des lunettes de soleil, une trousse de secours.[m] Et aussi les cartes routières, des pièces de monnaie de tous les pays que vous allez traverser, une boîte d'ampoules de rechange.[n] N'oubliez pas une lampe torche si vous roulez de nuit.

## Le voyage

Observez ces consignes si souvent oubliées.

- Bouclez la ceinture de sécurité, même aux places arrière.
- Respectez la limite de vitesse: 130 kilomètres de l'heure sur route (80 km/h en temps de pluie).
- Sachez réduire votre vitesse en cas d'intempéries, d'absence de visibilité. Laissez-vous doubler[o] (vous êtes en vacances).
- Pas une goutte d'alcool, ni avant, ni pendant votre voyage.
- Arrêtez-vous en moyenne toutes les deux heures. Sortez de la voiture, dégourdissez-vous les jambes, faites quelques moulinets avec les bras. Pendant ce temps, la voiture, elle aussi, se repose.
- La plus grande ennemie du conducteur, même raisonnable, est sournoise.[p] C'est la fatigue. ◆

Dominique Duron

---

[f]Vous... *You try in vain to bring only*   [g]*poodle*   [h]*overloaded*   [i]*braking*   [j]*trunk*   [k]*locking (bolt-on)*
[l]plage... *rear deck*   [m]trousse... *first aid kit*   [n]ampoules... *replacement bulbs*   [o]Laissez... *Let other cars pass you*   [p]*sly*

# Compréhension

**A.** Racontez trois conseils que vous trouvez particulièrement utiles.

**B.** Choisissez la meilleure réponse selon l'article, puis donnez votre réponse au numéro 7.

1. En France les grandes vacances ont lieu *(take place)* _____.
   a. au mois d'août uniquement
   c. en hiver
   b. de la mi-juin à la mi-septembre
2. L'auteur conseille _____.
   a. de choisir la route la plus directe
   b. de choisir une route qui rend le voyage plus intéressant
   c. de conduire de nuit parce qu'il y a moins de véhicules sur la route
3. En ce qui concerne les bagages, l'auteur conseille _____.
   a. de laisser les animaux domestiques à la maison
   b. de s'arrêter souvent pour acheter des provisions
   c. de charger la voiture de façon logique
4. Ne mettez jamais d'objet lourd _____.
   a. sur le plancher
   c. sur la plage arrière
   b. sur le toit
5. Quand vous roulez sur l'autoroute, il est très important _____.
   a. de limiter votre vitesse selon les conditions routières
   b. de ne jamais vous laisser doubler
   c. de rallonger votre route
6. _____ provoque(nt) le plus d'accidents de route.
   a. L'alcool
   c. Les projectiles
   b. La fatigue
7. Lequel des conseils de l'auteur vous a surpris(e)? Pourquoi?

## PAR ÉCRIT

FUNCTION: Persuading

AUDIENCE: Students, staff, and faculty of your college or university

GOAL: Write an article for the campus newspaper on the problems of transportation at your college or university. Use the following questions as a guide.

1. Quels sont les problèmes de transport sur le campus? Est-ce qu'il est difficile de garer (= stationner) sa voiture? Y a-t-il trop de voitures? assez de transports en commun? Est-il facile de sortir le soir sans voiture? Peut-on se déplacer à pied *(get around on foot)* sans ennuis *(problems)*?
2. Quel moyen de transport préfère la majorité des étudiants? Êtes-vous d'accord avec ces étudiants? Pourquoi ou pourquoi pas?
3. Proposez quelques réformes pour améliorer les problèmes de transport sur le campus.

**Steps**

1. Begin by jotting down some answers to the preceding questions. Make educated guesses and give your own opinions. This is a "freewriting stage"; do not attempt to edit what you have written at this point.

2. Then, reorganize your thoughts. Write a brief introduction, using the answer to the first question under number 1 as your topic sentence. (Your answers to the rest of the questions under number 1 will provide an overview of the transportation situation on your campus.)

3. Answer the set of questions under number 2 by presenting any facts you may know about the kinds of transportation preferred by students at your college.

4. Suggest some solutions to the problems, giving examples of how they might work. Use some of the following expressions: **Il faut** + infinitive; **On doit; On dit que; Il est certain que; Il est probable que** (*It's likely that*); **J'espère que** (*I hope that*); **ne... plus; ne... jamais; Personne... ne; Rien... ne.**

   **Autres mots utiles:** les parkings (*m., parking lots*); les transports en commun; les parcmètres (*m., parking meters*); les navettes (*f., shuttles*).

5. Have a friend or classmate reread your first draft to see if what you've written is clear.

6. Make any necessary changes suggested by your classmate and check the draft for spelling, punctuation, and grammar errors. Focus especially on your use of the negative expressions and prepositions with geographical place names. Be prepared to read your composition to a small group of classmates.

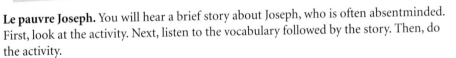

## À L'ÉCOUTE!

**Le pauvre Joseph.** You will hear a brief story about Joseph, who is often absentminded. First, look at the activity. Next, listen to the vocabulary followed by the story. Then, do the activity.

**VOCABULAIRE UTILE**
**tout d'un coup** *all at once*
**est tombée en panne** *broke down*
**a appelé** *called*

**le mécanicien** *mechanic*
**faire le plein d'essence** *fill up (a car) with gas*

Number the following events in their chronological order, based on the story.

**a.** _____ La voiture est tombée en panne.

**b.** _____ Le mécanicien est arrivé.

**c.** _____ Joseph est parti de chez lui.

**d.** _____ Il est retourné jusqu'à sa voiture.

**e.** _____ Il a pris l'autoroute du nord.

**f.** _____ Il est descendu de sa voiture.

**g.** _____ Il a roulé pendant une heure.

**h.** _____ Il a attendu dix minutes.

**i.** _____ Il a appelé un garage.

**j.** _____ Il a vu un téléphone.

# Vocabulaire

## Verbes

**conduire** to drive
**construire** to construct
**détruire** to destroy
**faire le plein** to fill it up *(gas tank)*
**marcher** to work *(machine or object)*
**rouler** to travel *(in a car)*
**traduire** to translate
**traverser** to cross
À REVOIR: **partir, voir, voyager**

## Substantifs

**l'aéroport** *(m.)* airport
**l'arrivée** *(f.)* arrival
**l'autoroute** *(f.)* highway
**l'avion** *(m.)* airplane
**la carte d'embarquement** boarding pass
**la classe affaires** business class
**la classe économique** tourist class
**le compartiment** compartment
**le conducteur / la conductrice** driver
**la couchette** berth
**le départ** departure
**l'ennui** *(m.)* problem, trouble
**la gare** train station
**le guichet** *(ticket)* window
**l'hôtesse de l'air** *(f.)* stewardess
**le métro** subway
**la motocyclette, la «moto»** motorcycle
**le passager/la passagère** passenger
**le/la pilote** pilot
**le quai** platform *(train station)*

**le steward** steward
**le train** train
**la valise** suitcase
**le vol** flight
**le wagon** train car
**la zone fumeur** smoking area
**la zone non-fumeur** nonsmoking area
À REVOIR: **l'endroit** *(m.)*, **l'état** *(m.)*, **la fois, le monde, le pays, la semaine, la voiture**

## Expressions affirmatives et négatives

**déjà** already
**encore** still
**ne... jamais** never
**ne... pas du tout** not at all
**ne... pas encore** not yet
**ne... personne** no one, nobody
**ne... plus** no longer
**ne... que** only
**ne... rien** nothing
**parfois** sometimes
**quelque chose** something
**quelqu'un** someone
**seulement** only
**tout** everything
**tout le monde** everybody, everyone

## Mots et expressions divers

**à l'est/ouest** to the east/west
**à l'étranger** abroad, in a foreign country

**à l'heure** on time
**au nord/sud** to the north/south
**en retard** late, not on time
**si** yes *(response to negative question)*

## Pays / Province

**l'Algérie** *(f.)* Algeria
**l'Allemagne** *(f.)* Germany
**l'Angleterre** *(f.)* England
**la Belgique** Belgium
**le Brésil** Brazil
**le Canada** Canada
**la Chine** China
**le Congo** Congo
**la Côte-d'Ivoire** Ivory Coast
**l'Espagne** *(f.)* Spain
**les États-Unis** *(m.)* United States
**la France** France
**la Grèce** Greece
**Haïti** *(m.)* Haiti
**l'Italie** *(f.)* Italy
**le Japon** Japan
**le Maroc** Morocco
**le Mexique** Mexico
**le Portugal** Portugal
**le Québec** Quebec
**la République Démocratique du Congo** Democratic Republic of Congo (former Zaire)
**le Russie** Russia
**le Sénégal** Senegal
**la Suisse** Switzerland
**la Tunisie** Tunisia

# CHAPITRE 9

# Bonnes nouvelles

## IN CHAPITRE 9, YOU WILL LEARN:

- vocabulary for talking about modern technology, communications, and the media

- structures for describing past situations, speaking succinctly, and describing observations and beliefs

- cultural information about telecommunications and television in France and the francophone world.

«L'ordinateur, c'est très simple, papa!»

# Étude de vocabulaire

## Les nouvelles technologies

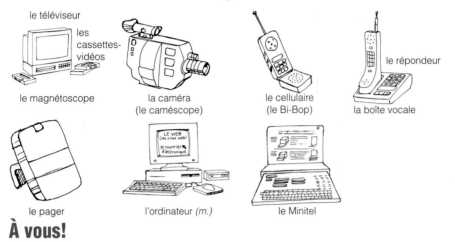

le téléviseur

les cassettes-vidéos

le magnétoscope

la caméra (le caméscope)

le cellulaire (le Bi-Bop)

le répondeur

la boîte vocale

le pager

l'ordinateur (m.)

le Minitel

## À vous!

**A. Définitions.** Regardez les dessins ci-dessus et trouvez le mot qui correspond à chaque définition.

**1.** C'est une technologie développée en France qui permet de faire les courses à la maison. **2.** C'est une machine qui prend des messages au téléphone. **3.** C'est une machine avec laquelle on peut faire des films. **4.** C'est un service qui nous permet d'envoyer et de recevoir très vite des messages écrits. **5.** C'est un appareil qui nous aide à signaler quelqu'un loin d'un téléphone. **6.** C'est un appareil qui nous permet de regarder des cassettes vidéo à la maison. **7.** C'est un appareil qui nous permet de parler avec quelqu'un n'importe où *(anywhere)*, même en voiture.

**B. Les nouvelles technologies.** Posez les questions suivantes à un(e) ou plusieurs camarades.

**Mots et expressions utiles:** le photocopieur, le processeur Pentium, la page d'accueil *(homepage)*, le CD-ROM, le traitement de texte *(word processing)*, programmer, faire des recherches, composer *(dial)*...

**1.** Vous avez un ordinateur? l'accès au Web? Est-ce que vous avez votre propre site Web? Qu'est-ce que vous faites sur l'ordinateur? **2.** Vous avez la boîte vocale, le courrier électronique ou les deux? Quelles autres nouvelles technologies de communication est-ce que vous utilisez? Un pager? D'après vous, lesquelles sont indispensables? Expliquez pourquoi. **3.** Est-ce que vous préférez regarder des films au magnétoscope ou au cinéma? Pourquoi? **4.** Vous avez une caméra? Vous aimez tourner vos propres films? Qu'est-ce que vous filmez?

# La communication et les médias

1. Nous écrivons et nous envoyons...*

Où est la dame sur le dessin? Qu'est-ce qu'il y a, en général, sur une enveloppe? Où est-ce qu'on trouve des boîtes aux lettres? Qu'est-ce qu'on fait quand on veut envoyer *(to send)* un message urgent?

2. Nous lisons...

Où va-t-on pour acheter des journaux? Quand est-ce qu'on regarde les petites annonces? Quels magazines achetez-vous régulièrement? Quelles revues[†]? Quels journaux?

---

*For the complete conjugation of **envoyer, acheter,** and **appeler,** see Appendix D: *Verb Charts* for *Irregular Verbs* and *-er Verbs with Spelling Changes.*

[†]**Une revue** is generally a monthly publication whose articles share a common theme and whose purpose is scholarly or informational. **Un magazine,** on the other hand, contains articles on a wide variety of topics and has many photographs and advertisements.

3. Nous parlons...

l'appareil (m.)

D'après ce dessin, comment est-ce qu'on fait pour téléphoner en France? Qu'est-ce qu'on doit chercher? Comment est-ce qu'on peut payer sa communication? Que dit la personne qui répond?

4. Nous écoutons et nous regardons...

**QUELQUES CHAÎNES DE LA TÉLÉVISION FRANÇAISE**

Télévision Française 1
(TF1)
le journal

France 2
(F2)
la publicité

France 3
(F3)
une émission de
musique

Canal Plus
(Télévision privée par câble)
une retransmission
sportive

Voici, à la page suivante, un programme de la télévision française. Combien de chaînes est-ce qu'il y a? Comment s'appellent-elles? Quelles émissions vous sont familières? À première vue (At first glance), il y a des différences entre les émissions françaises et américaines?

Maintenant imaginez que vous êtes en France et que vous voulez passer une partie de la journée à regarder la télé. Quelles émissions est-ce que vous allez choisir? Expliquez les raisons de votre choix.

# TOUTES VOS SOIRÉES

| | SAMEDI | DIMANCHE | LUNDI |
|---|---|---|---|
| **TF1** | **20.45** SÉRIE □<br>COLUMBO<br>Avec Peter Falk (p. 59).<br>**22.25** TÉLÉFILM<br>BRIGADE DE CHOC<br>À LAS VEGAS 2<br>Avec Jeff Kaake,<br>Craig Hurley (p. 60). | **20.45** CINÉMA □<br>DOCTEUR POPAUL<br>Avec Jean-Paul Belmondo,<br>Mia Farrow (p. 72).<br>**22.45** CINÉMA<br>LA BARAKA<br>Avec Roger Hanin,<br>Gérard Darmon (p. 73). | **20.45** MAGAZINE □<br>TÉMOIN N°1<br>Par J. Pradel (p. 86).<br>**22.45** MAGAZINE<br>À LA UNE<br>Par Catherine Nayl<br>et Benoît Duquesne<br>(p. 87). |
| **2 France** | **20.50** HUMOUR □<br>SURPRISE SUR PRISE<br>Par Marcel Béliveau<br>et Georges Beller (p. 62).<br>**22.25** VARIÉTÉS<br>TARATATA<br>Laurent Voulzy (p. 62). | **20.50** CINÉMA □<br>RANDONNÉE<br>POUR UN TUEUR<br>Avec S. Poitier (p. 75).<br>**22.40** CINÉMA<br>LE DÉCLIN DE<br>L'EMPIRE AMERICAIN<br>Avec D. Michel (p. 76). | **20.50** HOMMAGE □<br>JOYEUX ANNIVERSAIRE<br>MONSIEUR TRENET<br>(p. 89).<br>**22.35** MAGAZINE<br>SAVOIR PLUS<br>Sécurité : le marché<br>de la peur (p. 89). |
| **France 3** | **20.45** TÉLÉFILM □<br>NOTRE DAME<br>DES ANGES<br>Avec J.-F. Perrier (p. 64).<br>**22.45** MAGAZINE<br>VIS-À-VIS<br>Idir et Johnny Clegg<br>« a cappella » (p. 64). | **20.45** JEU □<br>SPÉCIAL QUESTIONS<br>POUR UN CHAMPION<br>Finale des masters (p.78).<br>**23.15** CINÉMA<br>LA FIANCÉE<br>DE FRANKENSTEIN<br>Avec Colin Clive (p. 78). | **20.45** CINÉMA □<br>SUBWAY<br>De Luc Besson.<br>Avec I. Adjani (p. 91).<br>**23.15** MAGAZINE<br>TOUT LE CINÉMA<br>Par Henry Chapier<br>En direct de Cannes (p. 91). |
| **CANAL+** | **20.30** TÉLÉFILM □<br>PIÈGE DE FEU<br>Avec Lee Majors,<br>Lisa Hartman (p. 66).<br>**23.30** CINÉMA<br>RATMAN<br>Avec Nelson de La Rosa<br>(p. 66). | **20.30** CINÉMA □<br>LA SENTINELLE<br>D'Arnaud Desplechin.<br>Avec Emmanuel Salinger,<br>Jean-Louis Richard,<br>Bruno Todeschini,<br>Marianne Denicourt<br>(p. 80). | **20.35** CINÉMA □<br>CONFESSIONS<br>D'UN BARJO<br>Avec Hippolyte Girardot,<br>Richard Bohringer (p. 92).<br>**22.05** CINÉMA<br>LE SILENCE<br>Avec Ingrid Thulin (p. 93). |
| **arte** | **20.40** DOCUMENT □<br>L'ŒIL DU CAMERAMAN<br>De Jürgen Stumpfhaus<br>(p. 68).<br>**22.10** TÉLÉFILM<br>CAPPUCCINO MÉLANGE<br>Avec Josef Hader<br>(p. 68). | **20.40** SPÉCIAL □<br>SOIRÉE : MAX FRISCH<br>Avec à 20.45<br>Barbe-Bleue<br>Téléfilm de K. Zanussi.<br>Avec Vadim Głowna,<br>Karine Baal<br>(p. 82). | **20.40** CINÉMA □<br>ATLANTIC CITY<br>De Louis Malle.<br>Avec Susan Sarandon,<br>Burt Lancaster (p. 95).<br>**22.25** CINÉMA<br>LE PASSAGER<br>Avec Tony Curtis (p. 95). |
| **M6** | **20.45** TÉLÉFILM □<br>L'AMOUR DÉCHIRÉ<br>Avec Valerie Bertinelli,<br>Michael Ontkean (p. 67).<br>**23.25** TÉLÉFILM<br>LA PISTE<br>DE L'HOMME MORT<br>Avec Peter Graves (p. 68). | **20.50** TÉLÉFILM □<br>QUAND L'AMOUR<br>S'EMMÊLE<br>Avec John Ritter (p. 81).<br>**22.45** CINÉMA<br>BLACK EMANUELLE<br>EN AMÉRIQUE<br>Avec Laura Gemser (p. 82). | **20.45** CINÉMA □<br>LES CAVALIERS<br>Avec John Wayne,<br>William Holden (p. 94).<br>**22.50** TÉLÉFILM<br>TRAFICS À MIAMI<br>Avec Scott Feraco,<br>Robert Sedgwick (p. 95). |

# Quelques verbes de communication

Dire bonjour

Lire le journal

Écrire une lettre

Mettre la télécarte

|  | **dire**<br>*(to say, to tell)* | **lire**<br>*(to read)* | **écrire**<br>*(to write)* | **mettre**<br>*(to place, to put)* |
|---|---|---|---|---|
| je (j') | dis | lis | écris | mets |
| tu | dis | lis | écris | mets |
| il, elle, on | dit | lit | écrit | met |
| nous | disons | lisons | écrivons | mettons |
| vous | dites | lisez | écrivez | mettez |
| ils, elles | disent | lisent | écrivent | mettent |
| *Past participle:* | dit | lu | écrit | mis |

**Dire, lire,** and **écrire** have similar conjugations, except for the second-person plural of **dire** and the **v** in the plural stem of **écrire**. Another verb conjugated like **écrire** is **décrire** *(to describe)*.

# À vous!

**A. Lettre aux parents**

1. Vous racontez à un(e) camarade ce que vous mettez dans la lettre que vous écrivez à vos parents. Complétez les phrases avec les verbes **décrire, dire, écrire, lire** et **mettre,** au présent. Faites tous les changements nécessaires.

   Cet après-midi, je ~~lis~~ *écris*¹ une longue lettre à mes parents. Dans ma lettre, je *décris*² mes cours et ma vie à l'université. Je donne aussi beaucoup de détails sur mes camarades et mes professeurs parce que mes parents sont très curieux. Ils sont aussi très compréhensifs *(understanding)* et je leur *dis*³ toujours la vérité quand j'ai des problèmes. Avant de fermer l'enveloppe, je *lis*⁴ la lettre une dernière fois *(last time)*. Puis je *mets*⁵ la lettre à la boîte aux lettres.

2. Ensuite, mettez le passage au passé composé. Commencez par «Hier... »
3. Racontez la même histoire, mais cette fois commencez par **«mon (ma) camarade de chambre»**, puis par **«Stéphanie et Albane».** Faites tous les changements nécessaires.

**B. Interview.** Posez les questions suivantes à un(e) de vos camarades, puis inversez les rôles.

1. Est-ce que tu écris souvent des lettres? des cartes postales? À qui écris-tu? D'habitude, pour donner de tes nouvelles à tes amis, tu préfères écrire ou téléphoner?

2. Est-ce que tu aimes lire? Tu lis le journal tous les jours? Si oui, lequel? Tu as déjà cherché du travail dans les petites annonces? Quel magazine est-ce que tu achètes régulièrement? Tu as lu un bon livre récemment? Lequel?

3. Est-ce que tu regardes la télévision tous les soirs? Quelles émissions est-ce que tu préfères? Qu'est-ce que tu penses de la télévision américaine? À ton avis, est-ce qu'il y a trop de publicité à la télévision?

D'après ses réponses, que pouvez-vous dire de votre camarade et de ses goûts?

## En savoir plus

### LE WEB: UN NOUVEAU MONDE VASTE!

Voici une liste de quelques mots utiles pour parler des ordinateurs et de l'Internet:

| | |
|---|---|
| cliquer (sur) | *to click (on)* |
| un clic | *click* |
| (re)lier | *to link* |
| un lien | *link* |
| surfer | *to surf* |
| télécharger | *to download* |
| | |
| la banque de données | *data bank* |
| le fichier | *file* |
| le fournisseur d'accès | *provider* |
| le logiciel | *software* |
| le logiciel de navigation | *browser* |
| le répertoire | *directory* |
| le réseau | *network* |
| le site | *site* |
| la souris | *mouse* |
| le survol | *browsing* |

Avec un ordinateur, un modem et un bon fournisseur d'accès, vous pouvez surfer sur Internet et télécharger gratuitement un grand nombre de logiciels.

### LES FRANÇAIS AU TÉLÉPHONE

La technologie de communication se développe rapidement en France. 96% des logements français sont équipés d'au moins un téléphone. Le Minitel, qui a déjà dix ans, est un ordinateur relié au téléphone qui permet de communiquer ou de recevoir des informations (réservations, annuaires,[a] banques de données, etc.). 26% des maisons sont déjà équipées du Minitel! Cependant, le répondeur téléphonique est encore un peu rare. Le téléphone mobile (ou le téléphone sans fil) a démarré tard en France. Malgré cela, il devient maintenant très populaire. France Télécom, la compagnie téléphonique nationale, a introduit récemment le petit téléphone de poche, Bi-Bop. On peut utiliser ce téléphone partout: en marchant dans la rue, sur la terrasse d'un café, ou dans la voiture. En plus, les Français commencent à acheter les radiomessageries comme le Tatoo de France Télécom, le Tam-Tam, ou le Kobby de Bouygues.

[a]*telephone directories*

## Le monde francophone ...ses gens

NOM: Georges Oger

ÂGE: 30

LIEU DE NAISSANCE: Fès, Maroc

PROFESSION: Homme d'affaires

*Avez-vous un ordinateur? À quoi vous sert-il:[a] travail, études, communication, courrier électronique, Internet?*

J'ai jamais eu d'ordinateur personnel mais nous en avons pour le service. Il me sert à compiler les données statistiques de mon service.

[a]*À... What do you use it for*

NOM: Sylvie Choukroun

ÂGE: 18

LIEU DE NAISSANCE: Paris, France

PROFESSION: Étudiante

Oui, je possède un ordinateur que j'utilise quasiment exclusivement pour mon travail. Je ne suis pas connectée àl l'Internet mais cela serait[b] très intéressant.

NOM: Benjamin Amidou

ÂGE: 41

LIEU DE NAISSANCE: Lomé, Togo

PROFESSION: Médecin

J'ai un ordinateur portatif. Il me sert dans mon travail pour le traitement des enquêtes épidémiologiques que je fais sur le terrain. Je ne suis pas encore abonné au courrier électronique et à l'Internet.

[b]*would be*

# 32. THE *imparfait*
## Describing the Past

**PAUVRE GRAND-MÈRE!**

MME CHABOT: Tu vois, quand j'**étais** petite, la télévision n'**existait** pas.

CLÉMENT: Mais alors, qu'est-ce que vous **faisiez** le soir?

MME CHABOT: Eh bien, nous **lisions,** nous **bavardions;** nos parents nous **racontaient** des histoires...

CLÉMENT: Pauvre grand-mère, ça **devait** être triste de ne pas pouvoir regarder «Alerte à Malibu» le soir...

Qui parle dans les phrases suivantes, Mme Chabot ou Clément?

1. La télévision n'existait pas quand j'étais petite.
2. Ça devait être triste de ne pas regarder «Alerte à Malibu».
3. Tu n'avais pas de télévision, mais avais-tu la radio?
4. Est-ce que la télévision existait quand je suis né?
5. Nous n'avions que la radio et les journaux pour avoir les nouvelles.

The **passé composé** is used to relate events that began and ended in the past. In contrast, the **imparfait** (imperfect) is used to describe continuous, repeated, or habitual past actions or situations.* It is also used in descriptions.

The **imparfait** has several equivalents in English. For example, **je parlais** can mean *I talked, I was talking, I used to talk,* or *I would talk.*

# Formation of the *imparfait*

The formation of the **imparfait** is identical for all French verbs except **être.** To find the regular imperfect stem, drop the **-ons** ending from the present-tense **nous** form. Then add the imperfect endings.

| nous parlons | **parl-** |
| nous finissons | **finiss-** |
| nous vendons | **vend-** |
| nous avons | **av-** |

| IMPARFAIT OF **parler** *(to speak, to talk)* | | | |
|---|---|---|---|
| je | parl**ais** | nous | parl**ions** |
| tu | parl**ais** | vous | parl**iez** |
| il, elle, on | parl**ait** | ils, elles | parl**aient** |

| | |
|---|---|
| J'**allais** au bureau de poste tous les matins. | *I used to go to the post office every morning.* |
| Mon grand-père **disait** toujours: «L'excès en tout est un défaut». | *My grandfather always used to say, "Moderation in all things."* |
| Quand j'**habitais** avec les Huet, je **mettais** souvent la table. | *When I lived with the Huets, I would often set the table.* |

---

*The differences between the **passé composé** and the **imparfait** are presented in detail in the next chapter.

Verbs with an imperfect stem that ends in **i** (**étudier: étudi-**) have a double **i** in the first- and second-persons plural of the **imparfait: nous étud*i*ions, vous étud*i*iez**. The **ii** is pronounced as a long i sound [i:], to distinguish the **imparfait** from the present-tense forms **nous étudions** and **vous étudiez**.

Verbs with stems ending in **c** [s] or **g** [ʒ] have a spelling change when the **imparfait** endings start with **a: je mang*e*ais, nous mangions; elle commen*ç*ait, nous commen-cions**. In this way, the pronunciation of the stem is preserved.

## Imparfait of être

The verb **être** has an irregular stem in the **imparfait: ét-**.

| IMPARFAIT OF **être** *(to be)* | | | |
|---|---|---|---|
| j' | **étais** | nous | **étions** |
| tu | **étais** | vous | **étiez** |
| il, elle, on | **était** | ils, elles | **étaient** |

| | |
|---|---|
| Quand tu **étais** petit, tu aimais bien lire les contes de la Mère l'oie. | *When you were little, you liked to read Mother Goose stories.* |
| J'**étais** très heureux quand j'habitais à Paris. | *I was very happy when I lived in Paris.* |
| Mes parents **étaient** à l'étranger à ce moment-là. | *My parents were abroad at that time.* |

## Uses of the *imparfait*

In general, the **imparfait** is used to describe actions or situations that existed for an indefinite period of time in the past. There is usually no mention of the beginning or end of the event. The **imparfait** is used in the following situations.

1.  In descriptions, to set a scene

| | |
|---|---|
| C'**était** une nuit tranquille à Paris. Il **pleuvait** et il **faisait** froid. M. Cartier **lisait** le journal. Mme Cartier **regardait** la télévision et Achille, leur chat, **dormait**. | *It was a quiet night in Paris. It was raining and (it was) cold. Mr. Cartier was reading the newspaper. Mrs. Cartier was watching television, and Achille, their cat, was sleeping.* |

2. For habitual or repeated actions

> Quand j'étais jeune, j'**allais** chez mes grands-parents tous les dimanches. Nous **faisions** de belles promenades.

> *When I was young, I went to my grandparents' home every Sunday. We would take (used to take) lovely walks.*

3. To describe feelings and mental or emotional states

> Claudine **était** très heureuse— elle **avait** envie de chanter.

> *Claudine was very happy—she felt like singing.*

4. To tell the time of day or to express age in the past

> Il **était** cinq heures et demie du matin.

> *It was 5:30 A.M.*

> C'était son anniversaire; il **avait** douze ans.

> *It was his birthday; he was twelve years old.*

5. To describe an action or situation that was happening when another event (usually in the **passé composé**) interrupted it

> Jean **lisait** le journal quand le téléphone a sonné.

> *Jean was reading the paper when the phone rang.*

## MOTS-CLÉS

### Talking about repeated past actions

Use **tous les** *(m.)* or **toutes les** *(f.)* in the following expressions to indicate habitual actions.

| | |
|---|---|
| **tous les jours** | *every day* |
| **tous les après-midi** (matins / soirs) | *every afternoon (morning / evening)* |
| **toutes les semaines** | *every week* |

Other useful adverbs with the **imparfait** include the following.

| | |
|---|---|
| **d'habitude** | *as a rule, habitually* |
| **en général** | *generally* |
| **souvent** | *often* |

## Vérifions!

**A. Souvenirs d'enfance.** Qui dans votre famille faisait les choses suivantes quand vous étiez petit(e)?

**Expressions utiles:** mes parents, mon frère / ma sœur, mon meilleur ami (ma meilleure amie) et moi, je...

**1.** Qui lisait le journal tous les matins?　**2.** Qui regardait la télévision après le dîner?　**3.** Qui aimait écouter la radio le matin?　**4.** Qui faisait beaucoup de sport?　**5.** Qui étudiait tous les après-midi?　**6.** Qui lisait des bandes dessinées (*comics*)?

**B. Sorties.** L'an dernier, vous sortiez régulièrement avec vos amis. Faites des phrases complètes selon le modèle.

MODÈLE: dîner ensemble → Nous dînions ensemble.

**1.** jouer aux cartes les jours de pluie　**2.** boire des cafés　**3.** faire des promenades l'après-midi　**4.** pique-niquer à la campagne　**5.** aller à la discothèque tous les week-ends　**6.** partir en vacances ensemble

*(handwritten notes):*
① jouions
② buvions
③ faisions
④ pique-niquions
⑤ allions
⑥ partions

# Parlons-en!

**A. C'était hier.** Regardez les tableaux et répondez aux questions à propos de l'évolution de la télévision et du téléphone au cours des quatre décennies (*decades*) passées.

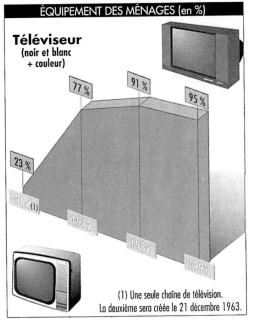

ÉQUIPEMENT DES MÉNAGES (en %)

**Téléviseur** (noir et blanc + couleur)

77 %　91 %　95 %　23 %

1962 (1)　1972　1982　1991

(1) Une seule chaîne de télévision.
La deuxième sera créée le 21 décembre 1963.

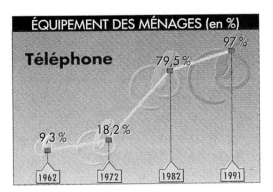

ÉQUIPEMENT DES MÉNAGES (en %)

**Téléphone**

97 %　79,5 %　18,2 %　9,3 %

1962　1972　1982　1991

**1.** En 1972, combien de Français pouvaient téléphoner de chez eux (*from their homes*)?
**2.** En 1962, la télévision était en couleurs ou en noir et blanc?
**3.** En 1962, quel pourcentage de familles françaises avaient la télévision?

4. Combien de chaînes de télévision y avait-il en 1962?

5. Et vos grands-parents, qu'est-ce qu'ils faisaient en 1962? Est-ce qu'ils regardaient la télé? Est-ce qu'ils écoutaient la radio? Est-ce qu'ils lisaient le journal?

**B. Conversation.** Posez les questions suivantes à un(e) camarade. En 1990...

1. Tu avais quel âge?   2. Tu habitais à la campagne, dans une petite ville ou dans une grande ville? Avec qui est-ce que tu habitais?   3. Comment était ta maison ou ton appartement?   4. Tu étais bon(ne) élève *(pupil)* à l'école *(school)*? Tu aimais tes instituteurs *(teachers)*?   5. Tu étais content(e)? Pourquoi ou pourquoi pas?   6. Où est-ce que tu passais tes vacances?   7. Tu faisais du sport?   8. ?

Maintenant décrivez au reste de la classe ce que votre camarade faisait en 1990.

# 33. DIRECT OBJECT PRONOUNS
## Speaking Succinctly

### LES COSSEC DÉMÉNAGENT

THIERRY: Qu'est-ce qu'on fait avec la télé?

MARYSE: On va **la** donner à ta sœur.

THIERRY: D'accord. Et avec tous nos livres?

MARYSE: On va **les** envoyer par la poste. Ils ont un tarif spécial pour les livres.

THIERRY: Tu as raison. Je n'ai pas envie de **les** jeter. Et le Minitel, on va **le** vendre?

MARYSE: Mais non. Tu sais bien qu'on **le** loue à Télécom.* On doit **le** rendre avant la fin du mois.

Trouvez la réponse correcte et complétez la phrase.

1. Qu'est-ce qu'ils font avec la télé?
2. Et avec les livres?
3. Et avec le Minitel?

**a.** Ils vont _____ envoyer par la poste.
**b.** Ils vont _____ donner à la sœur de Thierry.
**c.** Ils vont _____ rendre.

## Direct object nouns and pronouns

Direct objects are nouns that receive the action of a verb. They usually answer the question *what?* or *whom?* For example, in the sentence *Robert dials the number,* the word *number* is the direct object of the verb *dials.*

*Mail and telephone services are run by the **Ministère des Postes et Télécommunications,** an important government agency. **La Poste** was formerly called **P et T** (**postes et télécommunications**).

Direct object pronouns (**les pronoms compléments d'objet direct**) replace direct object nouns: Robert dials *it*. In general, direct object pronouns replace nouns that refer to specific people, places, objects, or situations.

J'admire **la France.** Je l'admire.     *I admire France. I admire it.*
Je regarde **ma sœur.** Je **la** regarde.     *I look at my sister. I look at her.*

# Forms and position of direct object pronouns

| DIRECT OBJECT PRONOUNS | | | |
|---|---|---|---|
| **me (m')** | *me* | **nous** | *us* |
| **te (t')** | *you* | **vous** | *you* |
| **le (l')** | *him, it* | **les** | *them* |
| **la (l')** | *her, it* | | |

Robert compose **le numéro.**     Robert composait **le numéro.**

Robert **le** compose.     Robert **le** composait.

Robert a composé **le numéro.**

Robert **l'**a composé.

Usually, French direct object pronouns immediately precede the verb in the present and the imperfect tenses and the auxiliary verb in the **passé composé.** Third-person direct object pronouns agree in gender and in number with the nouns they replace: **le** replaces a masculine singular noun, **la** replaces a feminine singular noun, and **les** replaces plural nouns.

—Pierre lisait-il **le journal?**     *Was Pierre reading the newspaper?*
—Oui, il **le** lisait.     *Yes, he was reading it.*

—Veux-tu **ma revue?**     *Do you want my magazine?*
—Oui, je **la** veux.     *Yes, I want it.*

—Est-ce que vous postez **ces lettres?**     *Are you mailing these letters?*
—Oui, je **les** poste.     *Yes, I'm mailing them.*

—Anne a-t-elle lu **le journal?**     *Did Anne read the newspaper?*
—Oui, elle **l'**a lu.     *Yes, she read it.*

If the verb following the direct object pronoun begins with a vowel sound, the direct object pronouns **me, te, le,** and **la** become **m', t',** and **l'.**

J'achète la carte postale. Je l'achète.     *I'm buying the postcard. I'm buying it.*

| | |
|---|---|
| Monique **t'**admirait. Elle ne **m'**admirait pas. | *Monique used to admire you. She didn't admire me.* |
| Nous avons lu le journal. Nous **l'**avons lu. | *We read the newspaper. We read it.* |

If the direct object pronoun is the object of an infinitive, it is placed immediately before the infinitive.

| | |
|---|---|
| Annick va **chercher l'adresse.** Annick va **la chercher.** | *Annick is going to get the address. Annick is going to get it.* |
| Elle allait **la chercher.** Elle est allée **la chercher.** | *She was going to get it. She went to get it.* |

In a negative sentence, the direct object pronoun always immediately precedes the verb to which it refers.

| | |
|---|---|
| Nous ne regardons pas **la télé.** Nous ne **la** regardons pas. | *We don't watch TV. We don't watch it.* |
| Je ne vais pas acheter **les billets.** Je ne vais pas **les** acheter. | *I'm not going to buy the tickets. I'm not going to buy them.* |
| Elle n'est pas allée chercher **le journal.** Elle n'est pas allée **le** chercher. | *She did not go to get the newspaper. She did not go to get it.* |

The direct object pronouns also precede **voici** and **voilà.**

| | |
|---|---|
| **Le** voici! | *Here he (it) is!* |
| **Me** voilà! | *Here I am!* |

# Agreement of the past participle

In the **passé composé,** the past participle is generally used in its basic form. However, when the direct object—noun or pronoun—precedes the auxiliary verb **avoir** + the past participle, the participle agrees in gender and number with the preceding direct object.

J'ai lu le **journal.**

Je **l'**ai **lu.**

J'ai lu la **revue.**

Je **l'**ai **lue.**

Quels **amis** est-ce que

vous avez **appelés?**

J'ai lu les **journaux.**

Je **les** ai **lus.**

J'ai lu les **revues.**

Je **les** ai **lues.**

Quelles **émissions** est-ce que

vous avez **regardées?**

## Vérifions!

**A.** **Eurêka!** Suivez le modèle.

MODÈLE: Je cherche le bureau de poste. → Le voilà. (*ou* Le voici.)

1. Où est l'annuaire?
2. Elle a perdu le numéro de téléphone.
3. Où est le téléphone?
4. Il cherche le kiosque.
5. Il a envie de lire *Le Monde* d'hier.
6. Vous avez deux francs?
7. Où est l'adresse des Thibaudeau?
8. J'ai besoin de la grande enveloppe blanche.

*LA POSTE* ➤

*Pas de problème,*
*La Poste est là.*

**B.** **De quoi parlent-ils?** Vous êtes dans un café parisien et vous entendez les phrases suivantes. Trouvez dans la colonne de droite l'information qui correspond à chaque pronom.

1. Je vais les poster cet après-midi.   l'adresse
2. Elle le consulte.   la télé
3. Les étudiants l'écoutent.   les lettres
4. Je l'écris sur l'enveloppe.   le numéro
5. Nous venons de la lire.   l'annuaire
6. Je les achète à la poste.   la revue
7. Ma grand-mère la regarde souvent.   les timbres
8. Je l'ai déjà composé.   le professeur

**C.** **Projets de voyage.** Christian et Christiane font toujours la même chose. Avec un(e) camarade, parlez de leurs projets selon le modèle.

MODÈLE: étudier le français cette année →
    É1: Est-ce qu'elle va étudier le français cette année?
    É2: Oui, et il va l'étudier aussi.

1. apprendre le français très rapidement (*quickly*)
2. prendre l'avion pour Paris en juin
3. visiter la tour Eiffel
4. admirer la vue du haut de la tour Eiffel
5. prendre ses repas dans de bons restaurants
6. regarder les gens sur les Champs-Élysées
7. essayer de lire les romans (*novels*) de Flaubert

Maintenant imaginez que Christian est l'opposé de Christiane.

MODÈLE: É1: Est-ce qu'elle va étudier le français cette année?
É2: Oui, mais lui, il ne va pas l'étudier.

**D. Un nouveau travail.** Vous travaillez comme secrétaire. Votre patronne (boss) vous pose des questions. Répondez affirmativement ou négativement.

MODÈLE: Avez-vous regardé *le calendrier* ce matin? →
Oui, je l'ai regardé. (Non, je ne l'ai pas regardé.)

1. Est-ce que vous avez donnée *notre numéro de téléphone* à Mme Milaud?
2. Est-ce que vous avez mis *le nouveau nom de la firme* sur les enveloppes?
3. Vous attendiez *le facteur* à 5 heures hier soir?
4. Vous allez finir *le courrier* avant midi?
5. Vous avez appelé *Georges Dupic et Catherine Duriez*?
6. Vous avez vu *Annick* et *Françoise* ce matin?
7. Vous m'avez comprise pendant la réunion (meeting) hier?
8. Est-ce que je *vous* dérange (disturb) si je téléphone à midi et demi?

## Parlons-en!

**A. Interview.** Interviewez un(e) camarade de classe sur ses préférences. Votre camarade doit utiliser un pronom complément d'objet direct dans sa réponse.

1. Tu utilises souvent le téléphone?
2. Tu appelles souvent tes camarades de classe? tes professeurs? tes parents?
3. Est-ce que tes parents t'appellent souvent? Et tes amis?
4. Tu regardes souvent la télé?
5. Tu aimes regarder la publicité?
6. Tu préfères apprendre les nouvelles dans le journal ou à la radio? à la radio ou à la télé?
7. Tu lis le *New York Times*?

**B. Conversation.** Posez les questions suivantes à un(e) camarade. Il/Elle utilise, quand c'est possible, un pronom complément d'objet direct dans ses réponses.

1. Quand tu étais enfant, est-ce que tu écoutais quelquefois la radio? Tu préférais regarder la télévision? Quels programmes-radio ou quelles émissions est-ce que tu aimais surtout?
2. Quels magazines ou quelles revues est-ce que tu préférais quand tu étais adolescent(e)? Et maintenant?
3. Tu as lu les romans de Stephen King? de Toni Morrison? Tu aimes les livres d'aventures? Tu aimes mieux les romans d'amour? Quel est ton écrivain préféré?
4. Quelle est la meilleure (best) chaîne de télévision, à ton avis? Tu peux nommer deux ou trois émissions que tu considères excellentes, et expliquer pourquoi?

# 34. INDIRECT OBJECT PRONOUNS
## Speaking Succinctly

---

### JOURNALISTES POUR LE *CANARD?*

RÉGIS: Tu as écrit aux journalistes du *Canard Enchaîné**? 
NICOLE: Oui, je **leur** ai écrit. 
RÉGIS: Ils **t'**ont répondu? 
NICOLE: Oui, ils **nous** ont donné rendez-vous demain. 
RÉGIS: Ils ont aimé nos caricatures politiques? 
NICOLE: Ils ne **m'**ont encore rien dit: on va voir demain!

Retrouvez la phrase correcte dans le dialogue.

1. J'ai écrit aux journalistes.
2. Les journalistes ont donné rendez-vous à Nicole et à Régis.
3. Les journalistes n'ont encore rien dit à Nicole.

## Indirect objects

As you know, direct object nouns and pronouns answer the questions *what?* or *whom?* Indirect object nouns and pronouns usually answer the questions *to whom?* or *for whom?* In English, the word *to* is frequently omitted: I gave the book *to Paul.* → I gave *Paul* the book. In French, the preposition **à** is *always* used before an indirect object noun.

| | |
|---|---|
| J'ai donné la caricature **à** Paul. | *I gave the cartoon to Paul.* |
| Elle a écrit une lettre **au** rédacteur. | *She wrote a letter to the editor.* |
| Nous montrons l'article **aux** amis. | *We show the article to (our) friends.* |
| Elle prête les photos **à** son frère. | *She lends the photos to her brother.* |

If a sentence has an indirect object, it usually has a direct object also. Some French verbs, however, can take only an indirect object. These include **téléphoner à, parler à,** and **répondre à.**

| | |
|---|---|
| Je téléphone (parle) souvent **à** mes amis. | *I often phone (speak to) my friends.* |
| Elle a répondu **au** professeur. | *She answered the professor.* |

## Indirect object pronouns

1. Indirect object pronouns replace indirect object nouns. They are identical in form to direct object pronouns, except for the third-person forms, **lui** and **leur.**

---

*Le Canard Enchaîné* is a satirical weekly newspaper published in Paris.

| | | | | |
|---|---|---|---|
| **me, m'** | *(to/for) me* | **nous** | *(to/for) us* |
| **te, t'** | *(to/for) you* | **vous** | *(to/for) you* |
| **lui** | *(to/for) him, her* | **leur** | *(to/for) them* |

2. The placement of indirect object pronouns is identical to that of direct object pronouns. However, the past participle does not agree with a preceding indirect object.

| | |
|---|---|
| Je **lui** ai montré la réception. | *I showed him (her) the (front) desk.* |
| On **m'**a demandé l'adresse de l'auberge de jeunesse. | *They asked me for the address of the youth hostel.* |
| Valérie **nous** a envoyé une carte postale. | *Valérie sent us a postcard.* |
| Nous n'allons pas **leur** téléphoner maintenant. | *We're not going to telephone them now.* |
| Je **leur** ai emprunté* la voiture. | *I borrowed the car from them.* |
| Ils **m'**ont prêté de l'argent. | *They loaned me some money.* |

3. In negative sentences, the object pronoun immediately precedes the conjugated verb.

| | |
|---|---|
| Je **ne** t'ai **pas** donné les billets. | *I didn't give you the tickets.* |
| Elle **ne** lui a **pas** téléphoné. | *She hasn't telephoned him.* |

# Vérifions!

**A.** **L'après-midi de Caroline.** Caroline va tous les vendredis après-midi chez sa grand-mère. Elle nous raconte ce qu'elle a fait vendredi dernier. Complétez son histoire avec les pronoms qui correspondent: **me, te, lui, nous, vous, leur.**

Après les cours, j'ai pris un café avec des amies. Je _leur_ [1] ai montré mon nouveau walkman. Un peu plus tard, j'ai rendu visite à ma grand-mère. Je _lui_ [2] ai apporté ses magazines préférés. Elle était très contente et elle _m'_ [3] a dit: «Je vais _te_ [4] préparer un bon goûter.» En fin d'après-midi, mon frère est arrivé. Il _lui_ [5] a raconté ses aventures avec sa nouvelle moto. Nous avons beaucoup ri. *(We laughed a lot.)* Au moment de partir, ma grand-mère _nous_ [6] a demandé (à mon frère et à moi): «Je vous revois la semaine prochaine, les enfants?» «Bien sûr», nous _lui_ [7] avons répondu, «à vendredi prochain!»

**B.** **N'oublie pas...** Au moment de dire au revoir, la grand-mère de Caroline se rappelle *(remembers)* plusieurs questions qu'elle voulait lui poser. Jouez le rôle de Caroline et répondez-lui, en utilisant des pronoms compléments d'objet indirect.

**1.** Tu as téléphoné à ton oncle? **2.** Tu as écrit à ta tante Louise? **3.** Tu as donné des timbres à ton frère pour sa collection? **4.** Tu as répondu à M. et Mme Morin

---

*Emprunter *(to borrow)* can take both a direct object (the thing borrowed) and an indirect object (the person from [à] whom it is borrowed).

en Espagne?   5. Est-ce que tu as dit «bon anniversaire» à ton petit cousin?
6. Est-ce que tu as rendu à Jeannot et Janine le livre qu'ils nous ont prêté?

## Parlons-en!

**A.)** **Au secours** *(Help)*! Qu'est-ce qu'on doit prêter ou offrir à ces personnes? (Vous pouvez utiliser les mots suivants dans vos réponses.)

**Possibilités:** une lampe de poche *(flashlight)*, un parasol, une paire de bottes, une belle robe, des lunettes de soleil, un parapluie, un sac de couchage, un collier *(necklace)* de perles, un *guide Michelin*, de la crème solaire, un chapeau, une tente, des chaises pliantes *(folding)*, un anorak.

MODÈLE:   Jean fait de l'alpinisme. Il fait très froid. (le guide) →
Le guide va lui prêter un chapeau et un anorak.

1. Marie est en ville. Il fait du vent, et il pleut aussi. (sa cousine)
2. Pierre et Marie sont à la plage. Il fait très chaud. (leurs amis)
3. Un vieux couple se promène à la campagne. Ils sont fatigués. (des passants [*passers-by*])
4. Marc et Christine font du camping. Ils ont oublié plusieurs choses essentielles. (un autre campeur)
5. Claudine va dîner dans un grand restaurant avec son fiancé et ses parents. (sa sœur)
6. Julie, une touriste américaine à Paris, ne veut voir que les monuments les plus renommés *(most famous)*. (un ami français)

**B.   Êtes-vous communicatif/ive** *(communicative)*? Posez les questions suivantes à un(e) camarade et ensuite créez de nouvelles questions sur le même sujet.

1. À qui est-ce que tu as écrit la semaine dernière? Qu'est-ce que tu lui as écrit? Pourquoi? En général, est-ce que tu écris souvent?
2. À qui est-ce que tu as téléphoné la semaine dernière? Qu'est-ce que tu lui as dit?
3. Tu as déjà envoyé un fax? À quelle occasion? À qui? Qu'est-ce que tu lui as dit?

Ensuite, dites à la classe si votre camarade est très ou peu communicatif/communicative. Pouvez-vous déterminer la personne la plus *(the most)* communicative de la classe?

# 35.  THE VERBS *voir* AND *croire*
## Expressing Observations and Beliefs

### OÙ SONT LES CLÉS?

MICHAËL:  Je **crois** que j'ai perdu les clés de la voiture.
VIRGINIE:  Quoi!... Elles doivent être au restaurant.
MICHAËL:  Tu **crois**?
VIRGINIE:  Je ne suis pas sûre, mais on peut aller **voir.**

*(Au restaurant.)*

MICHAËL: Tu as raison. Elles sont là-bas sur la table. Je les **vois.**

VIRGINIE: Ouf! Bon, qu'est-ce qu'on fait maintenant?

MICHAËL: On va **voir** la pyramide du Louvre.

Vrai ou faux?

1.  Virginie croit que les clés sont au restaurant.
2.  Michaël voit une plante sur la table.
3.  Virginie et Michaël sont à Strasbourg.
4.  Michaël veut voir la tour Eiffel.

The verbs **voir** *(to see)* and **croire** *(to believe)* are irregular.

| voir | | | | croire | | | |
|---|---|---|---|---|---|---|---|
| je | **vois** | nous | **voyons** | je | **crois** | nous | **croyons** |
| tu | **vois** | vous | **voyez** | tu | **crois** | vous | **croyez** |
| il, elle, on | **voit** | ils, elles | **voient** | il, elle, on | **croit** | ils, elles | **croient** |
| *Past participle:* **vu** | | | | *Past participle:* **cru** | | | |

*Note:* **Croire** and **voir** must be followed by **que** *(that)* when they introduce another clause.

| J'**ai vu** Michèle à la plage la semaine passée. | *I saw Michèle at the beach last week.* |
|---|---|
| Est-ce que tu **crois** cette histoire? | *Do you believe this story?* |
| Je **crois** qu'il va faire beau demain. | *I think the weather is going to be fine tomorrow.* |
| —La capitale de l'Algérie, c'est Alger. | *Algeria's capital city is Algiers.* |
| —Tu **crois**? | *You think so?* / *Are you sure?* |

**Revoir** *(to see again)* is conjugated like **voir.**

| Je **revois** les Moreau au mois d'août. | *I'm seeing the Moreau family again in August.* |
|---|---|

**Croire à**\* means *to believe in* a concept or idea.

| Nous **croyons à** la chance. | *We believe in luck.* |
|---|---|

---

\*An exception is the expression **croire en Dieu,** *to believe in God.*

# Vérifions!

**Alpinisme dans le brouillard** *(fog)*. Complétez la conversation avec les verbes **croire** et **voir** au présent, sauf quand le passé composé est indiqué.

CHLOÉ: Tu _____¹ où on est?

ALAIN: Non, je ne _____² pas cette montagne sur la carte.

ÉRIC: Vous faites confiance à cette vieille carte?

CHLOÉ: Non, nous _____³ ce que *(what)* nous a dit le guide.

ALAIN: Elle a beaucoup d'expérience et elle _____⁴ que cette route est bonne.

ÉRIC: Moi, je pense qu'elle _____⁵ à la chance!

CHLOÉ: Très drôle... mais dis, Alain, tu _____⁶ *(passé composé)* Annick, le guide, quelque part?

ALAIN: Oui, j'_____⁷ *(passé composé)* le guide, mais il y a environ une heure.

ÉRIC: Cette fois, je _____⁸ que nous sommes perdus!

# Parlons-en!

**A. Conversation.** Avec un(e) camarade, parlez d'un voyage qu'il/elle a fait récemment. Qu'est-ce qu'il/elle a vu? Qui a-t-il/elle vu? Qu'est-ce qu'il/elle veut revoir? Qui veut-il/elle revoir? Ensuite, racontez l'expérience la plus intéressante *(most interesting)* de votre camarade.

↗ belief

**B. Interview.** Interrogez un(e) camarade sur ses croyances. Est-ce qu'il/elle croit à la chance? à l'amour? au progrès? à une religion? à la perception extra-sensorielle? aux O.V.N.I. (Objets Volants Non-Identifiés) *(UFO)*? à _____?... Après l'interview, essayez de définir la personnalité de votre camarade d'après ses réponses. Est-ce qu'il/elle est sceptique? religieux/religieuse? réaliste? sentimental(e)?

## Réalités francophones

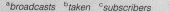

### LA TÉLÉVISION INTERNATIONALE FRANCOPHONE

TV5 est la télévision internationale francophone qui diffuse[a] des programmes sur l'ensemble de l'Europe et du Moyen Orient. Elle est basée sur des émissions tirées[b] de la télévision belge, suisse, québécoise et française. Grâce au satellite, son signal est également disponible en Afrique. TV5-Québec-Canada, créée en 1988, a 5 millions d'abonnés[c] câblés, et aux États-Unis, la chaîne câblée «International Channel» a 4 millions d'abonnés. La réputation de TV5 en fait un instrument essentiel de la Francophonie.

DANS UN INSTANT UND GLEICH

Dominique Bromberger

[a]*broadcasts* [b]*taken* [c]*subscribers*

## Mise au point

**A. Tourisme au Canada.** Loïc vient de rentrer du Canada et parle de son voyage avec son ami Vincent. Complétez le dialogue avec des pronoms d'objet direct ou indirect, selon le cas.

VINCENT: Quand tu étais à Montréal, est-ce que tu écoutais la radio?

LOÏC: Oui, je __l'__¹ écoutais souvent.

VINCENT: Tu comprenais l'accent québécois?

LOÏC: Oui, je __le__² comprenais, mais avec difficulté. Une fois, j'ai téléphoné à tes amis Jacques et Marie, et j'ai eu beaucoup de mal *(a lot of trouble)* à __leur__³ comprendre.

VINCENT: De quoi __leur__⁴ as-tu parlé?

LOÏC: D'une excursion que je voulais faire au lac Saint-Jean.

VINCENT: Est-ce que tu as pu __la__⁵ faire?

LOÏC: Oui, finalement nous __l'__⁶ avons faite tous les trois. C'était formidable!

VINCENT: Est-ce que tu as envoyé beaucoup de cartes postales à Babette?

LOÏC: Oui, je __lui__⁷ ai envoyé une carte postale tous les jours!

VINCENT: Et tu as pris beaucoup de photos?

LOÏC: Oh, oui. Tu veux __les__⁸ voir?

VINCENT: Avec plaisir. Tes photos sont toujours superbes!

LOÏC: Oh, j'oubliais, je __t'__⁹ ai rapporté *(brought back)* un petit souvenir. C'est un livre d'Antonine Maillet, un écrivain québécois.

VINCENT: Merci beaucoup, ça __me__¹⁰ fait très plaisir *(gives pleasure; pleases)*!

**B. Mon enfance.** D'abord, posez les questions suivantes (et encore d'autres) à un(e) camarade. Ensuite, trouvez quelque chose que vous avez en commun avec ce (cette) camarade et une chose que vous n'avez pas en commun.

1. Quand tu étais petit(e), est-ce que tu voyais beaucoup de films? Quels films est-ce que tu aimais surtout *(especially)*? Avec qui est-ce que tu allais au cinéma?
2. Qu'est-ce que tu regardais à la télé? Quelles étaient tes émissions préférées? Jusqu'à quelle heure est-ce que tu pouvais regarder la télé?
3. Tu lisais beaucoup? Quels livres est-ce que tu aimais? Quelles bandes dessinées *(comic strips)*? Quand est-ce que tu lisais?

**C. Interactions.** In this chapter, you practiced describing past events and referring to people or things succinctly. Act out the following situations, using the vocabulary and structures from the chapter.

1. **Au téléphone.** A friend (your partner) will soon be going to France. Describe how to use the phone and what expressions to use. She or he will ask questions for clarification.

2. **La soirée.** Call a friend (your partner) to find out why she or he did not come to your party. Tell her or him who was there, what you talked about, and what you did. Describe how the party was. She or he will ask you questions to get a good description.

In this dialogue, Paul, Bénédicte and Michel are debating the value of television. Listen to their arguments. Which of them do you agree with?

[**Thème 6, Scène 6.2**]*

MICHEL: Salut, Paul. Quoi de neuf?

PAUL: Je suis en train de chercher[a] l'heure d'un programme que je veux regarder lundi soir à la télé.

BÉNÉDICTE: Je ne savais pas[b] que tu aimais tant[c] la télé!

PAUL: Ah si! J'aime bien. Il y a des programmes éducatifs et culturels.

MICHEL: Oh, pas beaucoup hein, et seulement sur certaines chaînes et à certaines heures.

BÉNÉDICTE: Moi, je pense que la télé est néfaste.[d]

PAUL: Pourquoi néfaste?

BÉNÉDICTE: Parce qu'elle est responsable du manque[e] de communication dans les familles.

MICHEL: C'est vrai, les enfants passent de plus en plus de temps devant le petit écran...

BÉNÉDICTE: À voir de la violence...

PAUL: Mais c'est quand même[f] un moyen de s'informer et de se distraire.[g]

MICHEL: Se distraire, je veux bien, mais s'informer? Je ne crois pas.

PAUL: Ben si! C'est un moyen d'information, comme la presse...

BÉNÉDICTE: De toute façon, les gens feraient mieux[h] de lire.

[a]Je... I'm busy looking for  [b]Je... I didn't know  [c]so much  [d]harmful  [e]lack  [f]quand... all the same  [g]se... entertaining oneself  [h]would do better

## Avec un(e) partenaire...

Imaginez que votre ami(e) doute du potentiel de l'ordinateur. Essayez de le (la) convaincre de son utilité en donnant plusieurs exemples. Votre ami(e) refuse de changer d'avis.

*The **Thème** and **Scène** numbers correspond to those in the Video to accompany *Rendez-vous*.

## Avant de lire

**RECOGNIZING LESS OBVIOUS COGNATES** An awareness of patterns of spelling variations will help you recognize less obvious cognates and guess the meanings of new words. Read the following hints and guess the definitions of the words. (Some are taken from this chapter's reading.)

- French words beginning with **es** or **é** often correspond to English words with an initial *s.*

    étrange     état     écran     études     espace     estomac

- The circumflex accent in French frequently corresponds to a letter, most commonly an *s,* that has not disappeared from the English cognate.

    honnête     hôpital     île     tempête     enquête

- French words with the prefixes **de-** and **dés-** are often related in meaning to similar English words with the prefixes *dis-* and *un-.*

    désordre                    défaire
    désastreux                  dénouer (nouer = *to tie*)
    désagréable                 découvrir

Notice these patterns in the following article taken from *France-Amérique,* and watch for them whenever you read.

## Ils ne peuvent plus se passer du[a] réseau
## «Je suis accro[b] de l'Internet»

**C**ommuniquer via ordinateur expose à d'étranges aventures. Comme devenir «dépendant» de cet ersatz[c] d'échange social. «Hello, mon nom est Nancy et je suis une accro de l'Internet... Tout a commencé très innocemment. On m'avait dit que je devrais[d] avoir une adresse électronique. Mon premier contact avec un e-mail a été très excitant mais, au début, je ne l'utilisais guère plus d'une fois par semaine. Quand j'ai entamé[e] mon doctorat, je me suis connectée quotidiennement.[f] J'ai eu beaucoup de mal à l'admettre: mais aujourd'hui je ne peux plus contrôler mon besoin d'Internet.»

Ainsi se confesse sur le Web, le réseau mondial, une enfant du siècle, étudiante en arts graphiques à l'université d'État du Mississippi. Nancy n'est pas la seule dans son cas. D'après une récente enquête du *Washington Post,* plusieurs universités américaines seraient confrontées à un grave problème de «dépendance».

---

[a]se... survivre sans   [b]*(fam.)* accroché = *hooked*   [c]*surrogate, substitute*   [d]*should*   [e]*attacked (began)*   [f]tous les jours

Le réseau attire chaque jour un nombre croissant[g] d'internautes, dont les experts disputent du nombre exact. Une chose est sûre: le commerce électronique fait déjà des ravages psychologiques. Certains étudiants préfèrent s'immerger dans le cybermonde («propre et sans danger») plutôt que d'affronter la compagnie de leurs condisciples et les cours de leurs professeurs. Les statistiques d'une université de New York sont alarmantes: près de la moitié des jeunes gens qui interrompent leurs études en cours de cursus[h] sont des maniaques de l'Internet. Pour calmer la rage des «surfers» nord-américains et venir à bout du fléau[i] qui menace leur insertion sociale, les universités multiplient les initiatives. L'université du Maryland a décidé de limiter à 40 heures par personne et par semaine le temps de connexion au réseau. Le très prestigieux MIT (Massachusetts Institute of Technology) vient d'instaurer un système d'aide psychologique pour venir en aide aux dopés des jeux informatiques incapables de passer une journée sans leur dose de DOOM 2 (un jeu) ou autre poursuite infernale sur écran. Enfin l'université de Columbia organise des thérapies de groupe pour rééduquer les victimes des autoroutes de l'information dans des ateliers de travail.

Mais à quoi se reconnaît[j] un intoxiqué de l'Internet? Les vrais «malades» se connaissent[k] mieux que personne et signalent sur le Web un symptôme qui ne trompe pas:[l] «Pour vous annoncer que le dîner est prêt, votre femme doit vous expédier un courrier électronique!» ◆

Anna Alter et Philippe
Testard Vaillant

---

[g]*increasing*  [h]en... au milieu du programme  [i]*épidémie*  [j]*à... how do you recognize*  [k]*se... know themselves*  [l]*qui... that is unmistakable*

## Compréhension

Comparez vos réponses avec celles d'un(e) autre étudiant(e).

1. Les auteurs de cet article mettent-ils l'accent *(emphasize)* sur les aspects positifs ou les aspects négatifs de l'Internet?
2. Qu'est-ce qu'un(e) internaute?
3. Racontez ce qui est arrivé à Nancy.
4. Selon l'article, pourquoi certains étudiants préfèrent-ils s'immerger dans le cybermonde? Qu'est-ce qu'ils cherchent à éviter *(to avoid)*?
5. Quelle est l'attitude des universités nord-américaines envers le phénomène décrit dans l'article?
6. Que font les universités pour remédier au problème?
7. Avez-vous des amis qui aiment surfer sur Internet? Qu'est-ce qui les attire sur le réseau? Sont-ils des intoxiqués de l'Internet? Et vous?

# PAR ÉCRIT

FUNCTION:  Writing letters

AUDIENCE:  Someone you do not know

GOAL:  Write a letter to apply for a job. The situation is the following:

The owner of a French restaurant, Madame Dupuy, has advertised in your campus newspaper. She would like to hire an American student waiter (waitress) because many of her clients are English-speaking tourists. Of course, the other staff members speak French. She is looking for someone with at least a few months of experience in restaurant work who would benefit from the opportunity to work in France. Apply for the job. Say why you are interested, why you are qualified, and when you are available (**du 6 juin au 15 septembre,** for example). Mention your long-term goals (**le but à long terme).** Ask for more information. Useful opening line for job application: **J'aimerais poser ma candidature pour le poste de serveur (serveuse) annoncé dans le** *(nom du journal).*

## Steps

1. Use the letter on the following page and the suggestions below as guidelines for your letter. In French, a business letter begins with **Monsieur, Madame,** or **Mademoiselle.** If you do not know the gender of the recipient (**le destinataire),** use **Monsieur, Madame** together. Note the conventional closing sentence for the final paragraph of the letter; this sentence is loosely the equivalent of *Please accept my best wishes.* French business letters use the format you see in the sample letter.
2. Write a rough draft of the letter. It should contain all the information requested under **Goal** above.
3. Divide the letter into several paragraphs. Close with a strong statement about why you would be a well-qualified candidate for this position.
4. Reread your draft, checking for organization and details. Make sure you used the proper format and that you included your address and the date.
5. Have a classmate read your letter to see if what you have written is clear and interesting. Make any necessary changes.
6. Reread the composition for spelling, punctuation, and grammar errors. Focus especially on your use of object pronouns and the imperfect tense. Be prepared to read your letter to a small group of classmates who will determine whether Madame Dupuy would consider you a strong candidate, based on the letter's information and presentation.

votre nom
votre addresse

> nom du destinataire
> adresse du destinataire
> New York, le 6 mai 1998

Monsieur, Madame,

J'ai l'intention de passer six mois en France pour perfectionner mon français. Pourriez-vous m'envoyer des renseignements sur vos cours de langues pour étudiants étrangers?

Je suis étudiant(e) en Sciences économiques à Columbia University; j'étudie le français depuis huit mois.

Je voudrais donc recevoir tous les renseignements nécessaires sur votre programme: description des cours, conditions d'admission, frais d'inscription, possibilités de logement, etc.

Veuillez agréer, Monsieur, Madame, l'expression de mes sentiments les meilleurs.

## À L'ÉCOUTE!

**Où suis-je?** Vous allez entendre parler diverses personnes dans des situations variées. Lisez les activités suivantes avant d'écouter les séquences sonores qui leur correspondent.

**A.** Décidez où on peut entendre de telles bribes *(snatches)* de conversation.

1. La première séquence a lieu *(takes place)* _____.
   - **a.** dans une cabine téléphonique
   - **b.** dans une boucherie
   - **c.** dans un bureau de poste
2. La deuxième séquence a lieu _____.
   - **a.** dans une librairie
   - **b.** dans un kiosque à journaux
   - **c.** dans une boulangerie
3. La troisième séquence a lieu _____.
   - **a.** pendant un match de football
   - **b.** à la radio
   - **c.** au cinéma

**B. Vrai ou faux?**

1. La première séquence: Cette personne
   - _____ est en train d'acheter une télécarte.
   - _____ veut envoyer une carte postale en Afrique.
2. La deuxième séquence: Cette personne
   - _____ voudrait acheter un journal.
   - _____ veut une revue sur le cinéma.

**3.** La troisième séquence: Cette personne dit que

_____ le président de la République va aller aux États-Unis.

_____ les deux présidents vont parler des produits agricoles.

# Vocabulaire

## Verbes

**appeler** to call
**chanter** to sing
**commencer** to begin
**composer un numéro** to dial a number
**créer** to create
**croire** to believe
   **croire à (que)** to believe in (that)
**décrire** to describe
**dire** to say, tell
**écrire (à)** to write (to)
**emprunter (à)** to borrow (from)
**envoyer** to send
**essayer** to try
**lire** to read
**prêter (à)** to lend (to)
**raconter** to tell, relate
**retransmettre** to broadcast
**voir** to see

À REVOIR: **écouter, entendre, jouer, regarder, rendre**

## Substantifs

**l'adresse** (f.) address
**l'annuaire** (m.) telephone book
**l'appareil** (m.) apparatus; telephone
**la boîte aux lettres** mailbox
**le bureau de poste (la poste)** post office

**la cabine téléphonique** telephone booth
**la carte postale** postcard
**la chaîne** television channel; network
**l'école** (f.) school
**l'émission** (f.) program; broadcast
**l'enveloppe** (f.) envelope
**le journal (les journaux)** newspaper; news
**le kiosque** kiosk; newsstand
**la lettre** letter
**le magazine** (illustrated) magazine
**la monnaie** coins, change
**le numéro (de téléphone)** (telephone) number
**le paquet** package
**les petites annonces** (f.) classified ads
**la publicité** commercial; advertisement; advertising
**la revue** review, magazine
**la télécarte** telephone calling card
**le timbre** stamp

À REVOIR: **le poste de télévision, la télévision**

## Adjectifs

**content(e)** happy, pleased
**heureux/heureuse** happy, fortunate

## Les nouvelles technologies

**la caméra (le caméscope)** video camera
**la cassette vidéo** videocassette
**la boîte vocale** voice mail
**le courrier électronique** e-mail
**le magnétoscope** VCR
**le Minitel** Minitel
**le pager** pager
**le répondeur (téléphonique)** answering machine
**le cellulaire (le Bi-Bop)** cellular phone
**le téléviseur** television set
**le Web** Web

## Au téléphone

**Allô.** Hello.
**Qui est à l'appareil?** Who's calling?

## Mots et expressions divers

**d'habitude** habitually, usually
**surtout** especially
**tout, toute, tous, toutes** all; every
**tous les jours (matins, etc.)** every day (morning, etc.)
**toutes les semaines** every week

# Fenêtre sur...

## UNE CAPITALE

### Dakar, la perle du Cap-Vert

Construite sur la péninsule du Cap-Vert, au milieu de l'océan, c'est la ville des contrastes: quand vous traversez[a] la place de l'Indépendance sous un soleil brûlant,[b] quand vous entrez dans une pâtisserie ou une librairie des «quartiers hauts», vous imaginez être à Nice. Mais c'est une illusion: la Grande Mosquée, ce chef-d'œuvre africain d'architecture religieuse, les longues avenues bordées de baobabs,[c] les marabouts[d] en boubous[e] somptueux, les étalages[f] de masques et de statuettes en bois précieux vous rappellent[g] que Dakar est une cité d'Afrique.

[a]cross  [b]burning  [c]a kind of tropical tree  [d]Islamic holy men  [e]long tunics  [f]displays  [g]remind

## LES FÊTES ET LES FESTIVALS

### Le MASA, Marché des Arts du Spectacle Africain: http://masa.francophonie.org

Artistes fameux ou débutants pleins d'espoir,[a] ils sont habités par[b] la même passion: l'art. Ils ont un espoir commun: non seulement conquérir le public, mais aussi montrer que les créateurs et les interprètes africains peuvent apporter[c] une inspiration nouvelle à la scène internationale. Qui sont-ils? Des danseurs, des comédiens, des musiciens, des chanteurs africains. Où vont-ils? À Abidjan, la capitale de la Côte-d'Ivoire où a lieu le Marché des Arts du Spectacle Africain. Lancé[d] en 1993, le MASA est un événement artistique majeur en Afrique. Sélectionnés par des professionnels reconnus,[e] les artistes se produisent pendant une semaine devant un public composé d'amateurs passionnés et de spécialistes à la recherche de nouveaux talents. Divertissement, le MASA est également[f] un forum qui permet aux artistes de se rencontrer[g] et de faire des projets communs. Mais comme il est difficile de ne vivre que pour l'amour de l'art,[h] le MASA est aussi un marché où l'on fait des affaires et où l'on négocie de gros contrats!

[a]débutants... hopeful beginners  [b]habités... preoccupied with  [c]bring  [d]Launched  [e]recognized, established  [f]aussi  [g]se... to meet  [h]ne... to live for the love of art alone

# L'Afrique

## Un personnage célèbre

### Ousmane Sembène, l'«homme du refus, jaloux de sa liberté absolue»

Pêcheur,[a] maçon, mécanicien, docker, écrivain... et pour finir cinéaste. Le destin d'Ousmane Sembène montre que tous les chemins mènent[b] à l'art. Pour ce cinéaste sénégalais, l'image est le meilleur véhicule de l'idée et le film remplace la tradition orale. Mélos,[c] comédies ou satires, ses œuvres (*Ceddo*, 1977) sont appréciées des cinéphiles du monde entier.

[a]*Fisherman*  [b]tous... *all roads lead*  [c]Mélodrames

## La langue et les usages

### En panne d'essence?[a]

Si vous visitez le Sénégal en voiture, vous ferez votre plein d'essence[b] non pas dans une «station service» mais dans une «essencerie».

[a]En... *Out of gas?*  [b]ferez... *will fill up the tank*

## L'art et l'architecture

### L'art du masque: une tradition africaine

Généralement sculptés dans le bois, les masques africains sont très variés. Figuratifs ou stylisés, de forme géométrique ou arrondie,[a] ils sont effrayants,[b] rassurants[c] ou burlesques. Ils symbolisent des sentiments ou des situations: la joie ou la tristesse, la peur ou le courage, la vie ou la mort, la faim, la pauvreté, la richesse, le pouvoir... Ils sont presque toujours allégoriques.

Le masque n'est pas un objet décoratif. Il a une fonction mystique. Utilisé dans les cérémonies religieuses, les fêtes et les danses rituelles, il permet de communiquer avec les puissances[d] divines, les génies,[e] les ancêtres. Les hommes le portent sur le visage ou au-dessus de la tête.

[a]*round*  [b]*frightening*  [c]*reassuring*  [d]*powers*  [e]*spirits*

# La vie urbaine

## IN CHAPITRE 10, YOU WILL LEARN:

- vocabulary for talking about city life and well-known places in Paris

- structures for describing past events, speaking succinctly, and saying what and whom you know

- cultural information about urban life in France and about Montreal.

L'Arc de Triomphe aux Champs-Élysées, Paris

# Étude de vocabulaire

## Une petite ville française

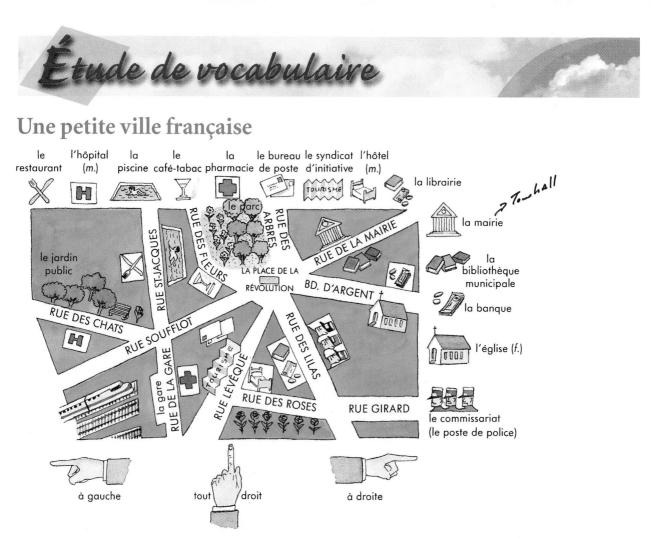

le restaurant    l'hôpital (*m.*)    la piscine    le café-tabac    la pharmacie    le bureau de poste    le syndicat d'initiative    l'hôtel (*m.*)    la librairie

→ Townhall

la mairie

la bibliothèque municipale

la banque

l'église (*f.*)

le commissariat (le poste de police)

le jardin public

RUE DES ARBRES
RUE DE LA MAIRIE
RUE ST-JACQUES
RUE DES FLEURS
le parc
LA PLACE DE LA RÉVOLUTION
BD. D'ARGENT
RUE DES CHATS
RUE SOUFFLOT
RUE DES LILAS
la gare
RUE DE LA GARE
RUE LÉVÊQUE
RUE DES ROSES
RUE GIRARD

à gauche     tout droit     à droite

Comment va-t-on de la banque à la pharmacie? On **prend** le boulevard d'Argent à droite et on va **jusqu'à** la place de la Révolution. On **traverse** la rue des Lilas et on **prend** la rue Lévêque à gauche. On **continue tout droit jusqu'au coin** et on **prend** la rue de la Gare **à droite.** La pharmacie est **en face de** la gare.

**AUTRES MOTS UTILES:**

**le coin**   corner
**jusqu'à**   up to, as far as

## À vous!

**A. Les endroits importants.** Où est-ce qu'on va...

**1.** pour toucher (*to cash*) un chèque de voyage?   **2.** pour acheter de l'aspirine?
**3.** pour parler avec le maire (*mayor*) de la ville?   **4.** pour obtenir des brochures touristiques?   **5.** pour nager?   **6.** pour admirer les plantes et les fleurs?   **7.** pour assister aux (*to attend*) services religieux?   **8.** pour acheter des timbres?   **9.** pour boire une bière?

**B. C'est où?** Précisez l'emplacement des endroits suivants.

MODÈLE: Où est l'hôtel? → L'hôtel est en face du syndicat d'initiative dans la rue Lévêque.*

1. Où est le jardin public? 2. Où est le restaurant? 3. Où est la bibliothèque?
4. Où est l'église? 5. Où est la librairie? 6. Où est le syndicat d'initiative?

**C. Trouvez votre chemin** (way). Regardez le plan (map) de la ville. Imaginez que vous êtes à la gare. Un(e) touriste vous demande où est le bureau de poste; vous lui indiquez le chemin. Jouez les rôles avec un(e) camarade.

MODÈLE: TOURISTE: Excusez-moi, pourriez-vous me dire où est le bureau de poste?
VOUS: Tournez à gauche. Prenez la rue Soufflot à droite et vous y êtes (you're there).
TOURISTE: Je tourne à gauche, je prends la rue Soufflot à droite et j'y suis.

1. le café 2. le restaurant 3. l'hôtel 4. la banque 5. le poste de police
6. le parc 7. la mairie 8. la pharmacie 9. le jardin public 10. la place de la Révolution 11. la piscine 12. le syndicat d'initiative

Maintenant, avec un(e) autre camarade de classe, faites une liste de cinq ou six endroits sur votre campus ou dans votre ville. À tour de rôle (Taking turns), indiquez le chemin pour aller à ces endroits. Votre salle de classe est votre point de départ.

# *En savoir plus*

## Le métro

Le métro de Paris est un moyen de transport souterrain comprenant 15 lignes totalisant 198 kilomètres. Le métro joue un rôle important dans la vie des Parisiens. Il est pratique et facile à utiliser, même pour les touristes! Mais avant de s'y aventurer, il faut comprendre quelques termes et concepts importants:

- **le billet:** a ticket, which can be purchased either from a machine (**distributeur**) or a ticket window (**guichet**)
- **le carnet:** a pack of ten individual tickets
- **la carte orange:** a monthly pass that allows unlimited travel within five specific zones
- **la correspondance:** a connection to another metro line
- **le terminus:** the end of the line

- **la direction:** the final destination of the train to indicate its direction, i.e. Direction Porte d'Orléans
- **le plan du quartier:** a neighborhood map, which is found in every station
- **le RER (Réseau express régional):** a high speed city-suburb train network, connected to many metro stations
- **la sortie:** the exit

Pour bien arriver à sa destination finale quand on prend le métro, il faut consulter un plan du métro, trouver la station de départ et celle d'arrivée, et garder en tête la direction. Si vous n'oubliez pas ces détails, vous arriverez à votre station sans problème. Bonne chance!

---

*The French say **dans la rue,** but **sur le boulevard** and **sur l'avenue.**

# Paris et ses arrondissements

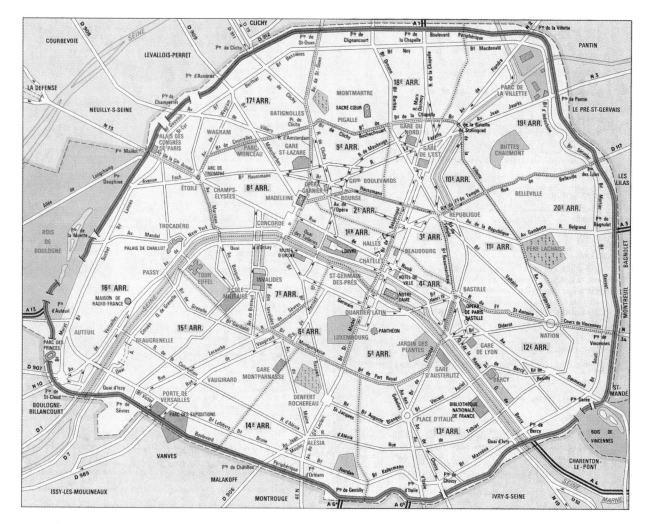

**AUTRES MOTS UTILES:**

**la carte**  map *(of a region, country)*
**le plan**  map *(of a city)*

Les vingt arrondissements *(districts)* de Paris:

| | | |
|---|---|---|
| 1$^{er}$ le premier | 8$^e$ le huitième | 15$^e$ le quinzième |
| 2$^e$ le deuxième | 9$^e$ le neuvième | 16$^e$ le seizième |
| 3$^e$ le troisième | 10$^e$ le dixième | 17$^e$ le dix-septième |
| 4$^e$ le quatrième | 11$^e$ le onzième | 18$^e$ le dix-huitième |
| 5$^e$ le cinquième | 12$^e$ le douzième | 19$^e$ le dix-neuvième |
| 6$^e$ le sixième | 13$^e$ le treizième | 20$^e$ le vingtième |
| 7$^e$ le septième | 14$^e$ le quatorzième | |

Ordinal numbers (*first, second,* and so on) are formed by adding **-ième** to cardinal numbers. Note the irregular form **premier (première**[1$^{ère}$]), and the spelling of **cinquième** and **neuvième**. **Le** and **la** do not elide before **huitième** and **onzième: le huitième.** The superscript abbreviation $^e$ indicates that a number should be read as an ordinal: 7 = **sept;** 7$^e$ = **le/la septième.**

# À vous!

**A. Les arrondissements de Paris.** Quels arrondissements est-ce qu'on trouve sur la rive *(bank)* gauche de la Seine (au sud du fleuve)? sur la rive droite? Quel arrondissement est situé au bord du bois de Boulogne? du bois de Vincennes? Où est l'île de la Cité?*

**B. Le plan de Paris.** Où se trouve *(is located)*... ?

MODÈLE:　la tour Eiffel →
　　　　　Euh, voyons... la tour Eiffel se trouve dans le septième arrondissement.

| | | |
|---|---|---|
| 1. le Panthéon | 4. le Louvre | 7. le Palais des Congrès |
| 2. Notre-Dame | 5. Montmartre | 8. l'Opéra |
| 3. la gare de l'Est | 6. Beaubourg | 9. l'Arc de Triomphe |

## *Réalités francophones*

### MONTRÉAL

Fondée en 1642 par un Français, Paul de Chomedey, Montréal est la plus grande ville francophone après Paris. S'il existe des lois interdisant[a] l'usage de toute autre langue que le français sur les panneaux[b] et les affiches, la partie ouest de la ville reste néanmoins[c] en grande partie anglophone. La mosaïque des petits quartiers ethniques qui composent la ville lui donne d'ailleurs une extraordinaire vitalité culturelle.

[a]forbidding　[b]official signs　[c]nevertheless

Le centre-ville de Montréal

---

*The **île de la Cité** is the historical center of Paris; it is one of the two islands on the Seine in Paris. The other is the **île St-Louis.**

Montréal est une ville moderne qui a su préserver son passé. Les demeures[d] anciennes du Vieux-Montréal s'opposent aux gratte-ciel[e] ultra modernes d'autres secteurs de la ville.

Grand centre industriel et financier, Montréal est aussi un centre commercial vital, connu pour sa haute couture et ses quartiers souterrains qui permettent aux habitants de sortir et faire leur shopping même pendant les hivers rigoureux qui caractérisent cette belle ville.

---

[d]*lodgings, residences* [e]*skyscrapers*

Des façades typiques du Vieux-Montréal

## *L*e monde francophone ...ses gens

| | |
|---|---|
| NOM: | Médoune Guèye |
| ÂGE: | 29 |
| LIEU DE NAISSANCE: | Dakar, Sénégal |
| PROFESSION: | Professeur de français |

*Décrivez votre ville (village) et ses lieux d'intérêt.*

J'habite à Ngor, un petit village à l'ouest de la presqu'île[a] du Cap-Vert, au Sénégal. C'est un village paisible,[b] niché[c] dans une grande baie en forme de demi-cercle. A six cents mètres du rivage,[d] sur le diamètre de la baie, se dresse[e] l'île de Ngor. C'est un village de pêcheurs, entouré d'hôtels et de restaurants touristiques, exposé à la fraîcheur des vents alizés[f] qui balaient[g] constamment la côte. Ngor est un lieu qui attire[h] à cause de la beauté du site et des contrastes entre les traditions d'un village de pêcheurs *lébous* et l'environnement touristique à proximité.

[a]*peninsula* [b]*peaceful* [c]*nestled* [d]*shore* [e]*se... rises* [f]*vents... trade winds* [g]*sweep* [h]*attracts (visitors)*

# Étude de grammaire

## 36. THE *passé composé* VERSUS THE *imparfait*
### Describing Past Events

**CASABLANCA**

ALAIN: Alors, tu nous racontes tes vacances au Maroc?

SYLVIE: Eh bien, je **suis partie** de Paris le 23 juillet. Il **faisait** un temps pourri, il **faisait** froid, il **pleuvait**, l'horreur! Mais quand je **suis arrivée** à Casablanca, le ciel **était** tout bleu, le soleil **brillait,** la mer **était** chaude...

MAX: Et tu **as aimé** la ville?

SYLVIE: Oui, beaucoup. Mais je **voulais** visiter une mosquée et je n'**ai** pas **pu** entrer.

ALAIN: Pourquoi?

SYLVIE: C'était de ma faute parce que je **portais** une mini-jupe.

Répondez aux questions.

1. Quel temps est-ce qu'il faisait à Paris le 23 juillet? Et à Casablanca?
2. Que voulait faire Sylvie à Casablanca?
3. Pourquoi est-ce qu'elle n'a pas visité la mosquée?

When speaking about the past in English, you choose which past tense forms to use in a given context: *I visited Casablanca, I did visit Casablanca, I was visiting Casablanca, I used to visit Casablanca,* and so on. Usually only one of these options will convey exactly the meaning you want to express. Similarly in French, the choice between the **passé composé** and the **imparfait** depends on the kind of past action or condition that is being conveyed, and sometimes on the speaker's standpoint with respect to the past event.

The **passé composé** is used to indicate a single completed action, something that began and ended in the past, or a sequence of such actions. Conversely, the **imparfait** usually indicates an ongoing or habitual action in the past. It does not emphasize the end of that action.

| | |
|---|---|
| J'**écrivais** des lettres. | *I was writing letters.* (ongoing action) |
| J'**ai écrit** des lettres. | *I wrote (have written) letters.* (completed action) |
| Je **commençais** mes devoirs. | *I was starting on my homework.* (ongoing action) |

J'**ai commencé** mes devoirs.

*I started (have started) my homework.*
(action completed at a specific
point in time)

Elle **allait** au parc le dimanche.*

*She went (used to go) to the park
on Sundays. (habitual action)*

Elle **est allée** au parc dimanche.

*She went to the park on Sunday.*
(action completed on a specific
day)

Contrast the two tenses by studying the sentences in this chart.

| IMPARFAIT | PASSÉ COMPOSÉ |
|---|---|
| 1. *Ongoing action with no emphasis on the completion or end of the action*<br><br>    J'**allais** en France.<br>    Je **visitais** des monuments. | *Completed action, or a series of completed events or actions*<br><br>    Je **suis allé(e)** en France.<br>    J'**ai visité** des monuments. |
| 2. *Habitual or repeated action*<br><br>    Je **voyageais** en France tous les ans.<br>    Je **visitais** souvent le Centre Beaubourg. | *A single event*<br><br>    J'**ai voyagé** en France l'année dernière.<br>    J'**ai visité** Beaubourg un samedi matin. |
| 3. *Description or "background" information; how things were or what was happening when . . .*<br><br><br>    Je **visitais** Beaubourg...<br><br>    J'**étais** à Paris... | <br><br>*. . . an event or events occurred. ("foreground" information)*<br><br>    ...quand on **a annoncé** la projection d'un vieux film de Chaplin.<br>    ...quand une lettre **est arrivée.** |
| 4. *Physical or mental states of being (general description)*<br><br>    Ma nièce **avait** peur des chiens. | *Changes in an existing physical or mental state at a precise moment, or for a particular isolated cause*<br><br>    Ma nièce **a eu** peur quand le chien a aboyé (barked). |

In summary, the **imparfait** is generally used for *descriptions* in the past, and the **passé composé** is generally used for the *narration* of specific events in the past. The **imparfait** also often sets the stage for an event expressed with the **passé composé.** The following passages illustrate the use of these two tenses.

---

*Remember the role of the definite article with days of the week: **le dimanche** *(on Sundays);* **dimanche** *(on Sunday).*

| IMPARFAIT | PASSÉ COMPOSÉ |
|---|---|
| Il **faisait** beau; le ciel *(sky)* **était** clair; les terrasses des cafés **étaient** pleines *(filled)* de gens; c'**était** un beau jour de printemps à Paris. | J'**ai continué** tout droit dans la rue Mouffetard, j'**ai traversé** le boulevard de Port-Royal et j'**ai descendu** l'avenue des Gobelins jusqu'à la place d'Italie. |

## MOTS-CLÉS

## Indicators of tense

Here are some time expressions that often accompany the **imparfait** and the **passé composé.**

| IMPARFAIT | PASSÉ COMPOSÉ |
|---|---|
| d'habitude *(usually)* | une fois *(once)*, deux fois... |
| de temps en temps | plusieurs fois |
| autrefois *(formerly)* | un week-end |
| le week-end | un jour |
| le lundi (le mardi... ) | lundi (mardi... ) |
| | soudain, tout d'un coup *(suddenly)* |

| | |
|---|---|
| **D'habitude,** nous **étudiions** à la bibliothèque. | **Un jour,** nous **avons étudié** au café. |
| Quand j'**étais** jeune, nous **allions** à la plage **le week-end.** | **Un week-end,** nous **sommes allés** à la montagne. |

## Vérifions!

**A. Un dimanche pas comme les autres.** Votre voisin Laurent Bittoun était une personne routinière, mais un dimanche il a changé ses habitudes. Voici son histoire.

MODÈLE: le dimanche matin / dormir en général jusqu'à huit heures / mais ce dimanche-là / dormir jusqu'à midi →
Le dimanche matin, il dormait en général jusqu'à huit heures, mais ce dimanche-là, il a dormi jusqu'à midi.

1. normalement au petit déjeuner / prendre des céréales et une tasse de café / mais ce matin-là / prendre un petit déjeuner copieux
2. après le petit déjeuner / faire toujours du jogging dans le parc / mais ce jour-là / rester longtemps au téléphone
3. souvent l'après-midi / regarder le match de football à la télé / mais cet après-midi-là / lire des poèmes dans le jardin

4. d'habitude le soir / sortir avec ses copains / mais ce soir-là / sortir avec une jeune fille

5. parfois / aller au cinéma ou / jouer aux cartes / mais ce soir-là / inviter son amie dans un restaurant élégant

6. normalement / rentrer chez lui assez tôt / mais ce dimanche-là / danser jusqu'au petit matin *(early morning)*

À votre avis, est-ce que Laurent est malade *(sick)*? amoureux *(in love)*? déprimé *(depressed)*?... Justifiez votre réponse. Et vous, est-ce qu'il y a des choses que vous faisiez autrefois que vous ne faites plus maintenant? Expliquez.

**B. Interruptions.** Lou était à la maison hier soir. Elle voulait faire plusieurs choses, mais il y a eu toutes sortes d'interruptions. Décrivez-les.

MODÈLE: étudier... téléphone / sonner →
Lou étudiait quand le téléphone a sonné.

1. parler au téléphone / un ami... l'employé / couper la ligne *(to cut the line)*
2. écouter / disques... son voisin / commencer à faire / bruit *(noise)*
3. lire / journal... la propriétaire *(landlord)* / venir demander / argent
4. faire / devoirs... un ami / arriver
5. regarder / informations à la télé... son frère / changer de chaîne
6. dormir... téléphone / sonner de nouveau *(again)*

**C. Une année à l'université de Caen.** Malick a passé un an à Caen, une des grandes villes de Normandie. Il raconte son histoire. Choisissez l'imparfait ou le passé composé pour les verbes suivants.

Mon année en Normandie était vraiment super, mais j'ai dû passer beaucoup de temps à étudier. Je *(avoir)* cours le matin de 8 heures à 11 heures. L'après-midi, je *(étudier)*, en général, à la bibliothèque. Le week-end, avec des amis, nous *(faire)* du tourisme. Le samedi, nous *(rester)* en ville et le dimanche, nous *(aller)* à la campagne. En octobre, nous *(faire)* une excursion à Rouen. Ce *(être)* très intéressant. Pour Noël, je *(rentrer)* chez mes parents. En février, je *(faire)* du ski dans les Alpes. Nous *(avoir)* de la chance car il *(faire)* très beau et je *(rentrer)* bien bronzé *(tanned)*. De temps en temps, je *(manger)* chez les Levergeois, des amis français très sympathiques. Pendant ces dîners entre amis, je *(perfectionner)* mon français. Finalement, au début du mois de mai, je *(devoir)* quitter Caen. Je *(être)* triste *(sad)* de partir.

## MOTS-CLÉS

# Putting events in chronological order

**DÉPANNAGE** *(emergency repair)*

| | | |
|---|---|---|
| **d'abord** | *first of all* | **D'abord,** j'ai garé *(parked)* la voiture. |
| **puis** | *next* | **Puis,** j'ai cherché une cabine téléphonique. |
| **ensuite** | *and then . . .* | **Ensuite,** j'ai tout expliqué au mécanicien. |

| | | |
|---|---|---|
| **après** | *after that . . .* | **Après,** j'ai attendu dans la voiture. |
| **enfin** | *finally* | **Enfin,** il est arrivé. Maintenant, le carburateur fonctionne à merveille. |

**Puis** and **ensuite** can be used interchangeably.

**D. Biographie de Marguerite Yourcenar.** Voici quelques faits *(facts)* importants de la vie de cette romancière *(novelist)* et historienne de langue française. Mettez-les dans l'ordre chronologique et utilisez des adverbes de temps.

Marguerite Yourcenar

1. Elle est allée aux États-Unis en 1958.
2. Elle a écrit son fameux livre *L'Œuvre au noir* en 1968.
3. Elle est née à Bruxelles en 1903.
4. Elle est morte en 1987 à l'âge de 84 ans dans le Maine, aux États-Unis.
5. Elle a été la première femme élue à l'Académie française, en 1980.

Maintenant, faites brièvement *(briefly)* votre propre autobiographie. Utilisez des adverbes de temps.

## Parlons-en!

**A. Conversation.** L'année dernière,...

1. Où est-ce que vous étiez? Où est-ce que vous avez étudié? Qu'est-ce vous avez étudié?
2. Qu'est-ce que vous avez fait pendant vos vacances? Vous avez fait un voyage? Vous êtes allé(e) où? Comment était le voyage?
3. Et vos amis? Où est-ce qu'ils étaient l'année dernière? Qu'est-ce qu'ils ont fait pendant les vacances?

**B. Il était une fois...** *(Once upon a time . . . ).* Racontez une histoire que vous avez vécue *(lived)* ou une histoire fantastique (inventez-la!). Utilisez les éléments suggérés pour organiser votre histoire et choisissez le temps convenable (passé composé ou imparfait).

**Suggestions:** l'heure, le temps, la description de la scène, la description des personnages, la description des sentiments...

**Expressions utiles:** soudain, tout à coup, d'habitude, en général, puis, ensuite, enfin, alors, autrefois, quand, souvent, parfois, toujours...

## 37. THE PRONOUNS *y* AND *en*
### Speaking Succinctly

**PARIS: VILLE DE L'AMOUR**

MARIE-ALIX: Tu es déjà allée au parc Montsouris?

YASMINE: Non, pas encore mais j'**y** vais samedi avec Bruno.

MARIE-ALIX: Bruno? Dis-moi, tu as combien de petits amis?

YASMINE: En ce moment, j'**en** ai deux. Mais je vais bientôt casser avec Fayçal.

MARIE-ALIX: Et tu **en** as parlé à Fayçal?

YASMINE: Non, pas encore. J'**y** pense mais j'ai un peu peur de sa réaction.

Trouvez la phrase équivalente dans le dialogue.

1. Je vais au parc Montsouris samedi.
2. J'ai deux petits amis.
3. Tu as parlé à Fayçal de ta décision?
4. Je pense à lui parler.

## The pronoun *y*

The pronoun **y** can refer to a place that has already been mentioned. It replaces a prepositional phrase, and its English equivalent is *there*.

—Est-ce qu'Yasmine est déjà allée **au parc Montsouris**? — *Has Yasmine already gone to the Parc Montsouris?*

—Non, mais elle **y** va samedi. — *No, but she is going there Saturday.*

—Est-ce que Marie-Alix va **au festival** avec elle? — *Is Marie-Alix going to the festival with her?*

—Non, elle n'**y** va pas avec elle. — *No, she isn't going (there) with her.*

—Ils vont **chez Yasmine** ce week-end? — *Are they going to Yasmine's this weekend?*

—Oui, ils **y** vont ensemble. — *Yes, they're going (there) together.*

**Y** can replace the combination **à** + *noun* when the noun refers to a place or thing. This substitution is most often applied after certain verbs that are followed by **à: répondre à, réfléchir à, réussir à, penser à** (*to think about someone or something*), **jouer à.** (This substitution is not usually applied to the **à** + *noun* combination when the noun refers to a person; in these cases, a direct or indirect object pronoun is often used.*)

—Tu as répondu **à la lettre** de ta sœur? — *Did you answer your sister's letter?*

---

*In everyday French conversation, *y* is now used frequently to refer to people, in sentences such as: **Je pense *aux* enfants. J'*y* pense.**

—Oui, j'**y** ai répondu.     *Yes, I answered it.*
—Elle pense déjà **au voyage** à     *Is she already thinking about*
     Mahdia?                       *the trip to Mahdia?*
—Non, elle n'**y** pense pas encore.     *No, she's not thinking*
                                      *about it yet.*

**BUT**
—Tu as téléphoné **à ta mère**?     *Did you call your mother?*
—Non, je ne **lui** ai pas     *No, I didn't call her.*
     téléphoné.

The placement of **y** is identical to that of object pronouns: It precedes a conjugated verb, an infinitive, or an auxiliary verb in the **passé composé.**

La ville des Saintes-Maries-     *The city of les Saintes-Maries-*
     de-la-Mer? Nous **y**     *de-la-Mer? We're looking for*
     cherchons une maison.     *a house there.*
Mon mari va **y** arriver jeudi.     *My husband will arrive there on*
                                        *Thursday.*

Est-ce qu'il **y** est allé en bateau     *Did he go there by boat or by*
     ou en avion?                          *plane?*

## The pronoun *en*

**En** can replace a combination of a partitive article (**du, de la, de l', des**) or indefinite article (**un, une, des**) + a noun. **En** is then equivalent to English *some* or *any*. Like other object pronouns, **en** is placed directly before the verb that refers to it. In the **passé composé,** it is placed directly before the auxiliary verb.

—Est-ce qu'il y a **des musées**     *Are there interesting museums*
     **intéressants** à Bordeaux?     *in Bordeaux?*
—Oui, il y **en** a.     *Yes, there are (some).*
—Est-ce que vous avez visité **des**     *Did you visit any tourist*
     **sites touristiques** à Bordeaux?     *attractions in Bordeaux?*
—Oui, nous y **en** avons visité.     *Yes, we visited some (there).*
—Vous avez acheté **des souvenirs**?     *Did you buy souvenirs?*
—Non, nous n'**en** avons pas acheté.     *No, we didn't buy any.*
—Voici **du vin de Bordeaux.** Tu     *Here's some wine from Bordeaux.*
     **en** veux?     *Do you want some?*
—Non merci. Je n'**en** veux pas.     *No, thanks. I don't want any.*

**En** can also replace a noun modified by a number or by an expression of quantity such as **beaucoup de, un kilo de, trop de, deux,** and so on. Only **en** (*of it, of them*) and the number or expression of quantity are used in place of the noun. Although *of it (them)* can be omitted in English, **en** must be used in French.

| | |
|---|---|
| —Avez-vous **une chambre**? | *Do you have a room?* |
| —Oui, j'**en** ai **une**.* | *Yes, I have one.* |
| —Il y a **beaucoup de chambres** disponibles? | *Are there a lot of rooms available?* |
| —Oui, il y **en** a **beaucoup**. | *Yes, there are a lot.* |
| —**Combien de lits** voudriez-vous? | *How many beds would you like?* |
| —J'**en** voudrais **deux**. | *I'd like two.* |

**En** is also used to replace **de** plus a noun and its modifiers (unless the noun refers to people) in sentences with verbs or expressions that use **de: parler de, avoir envie de,** and so on.

| | |
|---|---|
| —Vous avez besoin **de ce guide**? | *Do you need this guide?* |
| —Oui, j'**en** ai besoin. | *Yes, I need it.* |
| —Vous parliez **des ruines romaines**? | *Were you talking about the Roman ruins?* |
| —Non, nous n'**en** parlions pas. | *No, we weren't talking about them.* |

## *Y* and *en* together

**Y** precedes **en** when they are the objects of the same verb.

| | |
|---|---|
| —Est-ce qu'on trouve des ruines romaines à Avignon? | *Can you find Roman ruins in Avignon?* |
| —Oui, on **y en** trouve. | *Yes, you can find some (there).* |

The combination of **y en** is very common with the expression **il y a**.

| | |
|---|---|
| —Combien de terrains de camping est-ce qu'il y a? | *How many campgrounds are there?* |
| —Il **y en** a sept. | *There are seven (of them).* |
| —Combien de campeurs est-ce qu'il y avait? | *How many campers were there?* |
| —Il **y en** avait à peu près cent cinquante. | *There were about a hundred fifty (of them).* |

## Vérifions!

**A. Roman policier.** Djamel Moutawakel est détective. Il file *(trails)* une suspecte, Muguette Charbonneau. Est-ce qu'il doit aller partout *(everywhere)* où elle va?

---

*In a negative answer to a question containing **un(e)**, the word **un(e)** is not repeated: **Je n'en ai pas.**

MODÈLE: Muguette Charbonneau va à Paris. →
Moutawakel y va aussi. (*ou* Moutawakel n'y va pas.)

1. La suspecte entre dans un magasin de vêtements. **2.** Elle va au cinéma.
**3.** Elle entre dans une cabine téléphonique. **4.** Muguette reste longtemps dans un bistro. **5.** La suspecte monte dans un taxi. **6.** Elle va chez le coiffeur *(hairdresser).* **7.** Elle entre dans un hôtel. **8.** La suspecte va au bar de l'hôtel.
**9.** Maintenant elle va en prison.

Maintenant, racontez les aventures de Moutawakel au passé composé.

**B. Un dîner chez Olivier.** Un ami (Une amie) vous interroge sur votre choix.

MODÈLE: pâté →
É1: Tu as envie de manger du pâté? (Tu prends du pâté?)
É2: Oui, j'en ai envie. (Oui, j'en prends.)
*ou* Non, je n'en ai pas envie. (Non, je n'en prends pas.)

| | | | |
|---|---|---|---|
| **1.** hors-d'œuvre | **3.** escargots | **5.** légumes | **7.** dessert |
| **2.** soupe | **4.** viande | **6.** vin | **8.** café |

**C. Correspondance.** Megan va visiter la France. Elle pose des questions aux amis qui l'ont invitée. Donnez une réponse en utilisant **y** et **en.**

MODÈLE: Est-ce qu'on vend de la bonne moutarde à Dijon? →
Oui, on y en vend.

**1.** Est-ce qu'à Marseille on boit du pastis? **2.** Est-ce qu'il y a beaucoup de fleurs à Nice? **3.** Est-ce qu'on trouve des ruines romaines à Arles? **4.** Est-ce qu'on trouve des châteaux dans la vallée de la Loire? **5.** Est-ce que nous pouvons faire du bateau en Bretagne? **6.** Est-ce qu'on fait du vin à Bordeaux?

# Parlons-en!

**A. Lettre à ma mère.**
Lisez la lettre et répondez aux questions. Utilisez le pronom **en** dans vos réponses.

1. Est-ce que Marie a trouvé un appartement?
2. Combien de pièces est-ce qu'il y a?
3. Est-ce que Marie et ses copains parlent souvent de la vie parisienne?
4. Quand est-ce qu'elle va acheter un vélo?
5. Pourquoi est-ce qu'elle ne veut pas de voiture?

Paris le 3 septembre

Chère maman

Je suis à Paris depuis trois jours. J'ai déjà trouvé un appartement dans le 15e. J'ai une chambre, un salon et une petite cuisine. Ma copine me parle souvent de la vie parisienne. C'est une ville fascinante. Je vais acheter un vélo la semaine prochaine pour me promener sur les bords° du canal St Martin. Je ne veux pas de voiture. C'est trop dangereux ici.
Je t'embrasse très fort. À bientôt.

Ta fille adorée
Marie

°banks

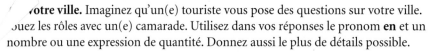

**votre ville.** Imaginez qu'un(e) touriste vous pose des questions sur votre ville. Jouez les rôles avec un(e) camarade. Utilisez dans vos réponses le pronom **en** et un nombre ou une expression de quantité. Donnez aussi le plus de détails possible.

> MODÈLE: TOURISTE: Il y a des grands magasins dans votre ville?
> VOUS: Oui, il y en a beaucoup—Saks, Macy's, Nordstrom...
> (Il y en a seulement deux, Macy's et Saks.)

1. Vous avez une université dans votre ville?
2. Il y a des musées intéressants à visiter?
3. Combien de cinémas et de théâtres est-ce que vous avez?
4. Est-ce qu'on peut faire beaucoup de sport?
5. Combien d'habitants est-ce qu'il y a dans votre ville?
6. On rencontre beaucoup d'étrangers?

**Résumez!** Maintenant, votre camarade décrit votre ville à la classe. Il/Elle commence par «Mon/Ma camarade est de _____. Il y a beaucoup de grands magasins à _____... » Est-ce que tout le monde est d'accord avec cette description? Comparez les descriptions d'une même ville. Qui a donné le plus de détails? Qui a été le plus précis (la plus précise)?

## MOTS-CLÉS

### Asking someone's opinion

| | |
|---|---|
| Qu'est-ce que vous pensez de...* | *What do you think of . . .* |
| Qu'est-ce que tu en penses? | *What do you think about that?* |
| Est-ce que tu crois que... | *Do you think that . . .* |
| À votre (ton) avis,... | *In your opinion . . .* |

**C. Échange d'opinions.** Avec un(e) camarade, donnez des opinions sur des sujets divers.

**Suggestions:** les musées, les touristes, les chauffeurs de taxi, les monuments, les grandes villes américaines, les transports en commun...

> MODÈLE: É1: Qu'est-ce que tu penses des voitures japonaises?
> É2: Elles sont jolies (trop petites, bon marché)... Et toi, qu'en penses-tu?
> É1: Je (ne) les aime (pas). Elles (ne) sont (pas)...

---

*__Penser de__ is normally used to ask a person's opinion about something or someone; **penser à** means to be thinking about (to have on one's mind) something or someone.

## 38. *Savoir* AND *connaître*
## Saying What and Whom You Know

### LABYRINTHE

ABDEL-CADER: Taxi! Vous **connaissez** la rue Vaucouleurs?

LE CHAUFFEUR: Mais bien sûr, je **sais** où elle est! Je **connais** Paris comme le fond de ma poche!

ABDEL-CADER: Je ne **sais** pas comment vous faites. Je me suis perdu hier dans l'île de la Cité.

LE CHAUFFEUR: Je **connais** mon métier et puis, vous **savez,** avec un plan de Paris, ce n'est pas si difficile!

Faites des phrases complètes pour décrire ce qui se passe (*what happens*) dans le dialogue.

| Abdel-Cader | sait | la rue Vaucouleurs |
| le chauffeur | ne sait pas | où est la rue Vaucouleurs |
| | connaît | Paris |
| | ne connaît pas | comment le chauffeur fait son métier |

The verbs **savoir** and **connaître** both correspond to the English verb *to know*, but they are used differently.

| PRESENT TENSE OF **savoir** | | |
|---|---|---|
| je **sais** | nous | **savons** |
| tu **sais** | vous | **savez** |
| il, elle, on **sait** | ils, elles | **savent** |
| *Past participle:* **su** | | |

| PRESENT TENSE OF **connaître** | | |
|---|---|---|
| je **connais** | nous | **connaissons** |
| tu **connais** | vous | **connaissez** |
| il, elle, on **connaît** | ils, elles | **connaissent** |
| *Past participle:* **connu** | | |

(**Savoir** means *to know* or *to have knowledge of* a fact, *to know by heart*, or *to know how to* do something.) It is frequently followed by an infinitive or by a subordinate clause introduced by **que, quand, pourquoi,** and so on.

| | |
|---|---|
| Tu **sais** l'heure qu'il est? | *Do you know what time it is?* |
| —**Savez**-vous où est le bureau de poste le plus proche d'ici? | *Do you know where the closest post office is?* |
| —Je **sais** que le bureau de poste du boulevard Haussmann est fermé. | *I know that the post office on Boulevard Haussmann is closed.* |

In the **passé composé, savoir** means *learned* or *found out*.

| | |
|---|---|
| J'**ai su** hier que la mairie va être démolie. | *I learned yesterday that the city hall is going to be demolished.* |

(**Connaître** means *to know* or *to be familiar (acquainted) with* someone or something.) **Connaître**—never **savoir**—means (*to know a person*). **Connaître** is always used with a direct object; it cannot be followed directly by an infinitive or by a subordinate clause.

| | |
|---|---|
| —Tu **connais** Marie-Françoise? | *Do you know Marie-Françoise?* |
| —Non, je ne la **connais** pas. | *No, I don't know her.* |
| Ils **connaissent** très bien Dijon. | *They know Dijon very well.* |

(In the **passé composé, connaître** means *met for the first time*. It is the equivalent of **faire la connaissance de.** )

| | |
|---|---|
| J'**ai connu** Jean à l'université. | *I met Jean at the university.* |

## Vérifions!

**A. Dialogue.** Complétez les phrases avec **connaître** ou **savoir.**

—Vous _____ (connaissez) ¹ Paris, Monsieur?
—Je _____ (sais) ² seulement que c'est la capitale.
—Vous _____ (savez) ³ quelle est la distance entre Paris et Marseille?
—Non, mais je _____ (sais) ⁴ une agence de voyages où on doit le _____ (savoir) ⁵. Ils _____ (connaissent) ⁶ (connais) très bien le pays.
—Vous _____ (savez) ⁷ s'il y a d'autres villes intéressantes à visiter?
—Comme je l'ai dit, je ne _____ (connais) ⁸ pas bien ce pays, mais hier j'ai fait la connaissance d'un homme qui _____ (sait) ⁹ où aller pour passer de bonnes vacances.
—Je voudrais bien _____ (connaître) ¹⁰ cet homme. Vous _____ (savez) ¹¹ où il travaille?

**B. Et vous?** Vous connaissez Paris? Avec un(e) camarade, posez des questions et répondez-y.

MODÈLE: l'Opéra →

   É1: Vous connaissez l'Opéra?
   É2: Non, je ne le connais pas, mais je sais qu'on y va pour écouter de la musique.

La tour Eiffel et les fontaines du Trocadéro illuminées

| ENDROITS | DÉFINITIONS |
|---|---|
| l'Opéra | C'est le quartier des étudiants à Paris. |
| Notre-Dame de Paris | Le président y habite. |
| le Louvre | On y va pour écouter de la musique. |
| le Palais de l'Élysée | On y trouve une vaste collection de livres. |
| la tour Eiffel | C'est une église située dans l'île de la Cité. |
| la Bibliothèque nationale | C'est la structure en verre (glass) devant le Louvre. |
| le Quartier latin | On y trouve une riche collection d'art. |
| la Pyramide | Elle a 320 mètres de haut (tall) et elle est en fer. |

## Parlons-en!

**A. Vos connaissances.** Utilisez ces phrases pour interviewer un ami (une amie). Dans les réponses, utilisez les verbes **savoir** et **connaître**.

1. Nomme deux choses que tu sais faire.
2. Nomme deux choses que tu veux savoir faire un jour.
3. Nomme deux domaines (*fields*) où tu es plus ou moins (*more or less*) incompétent(e). (Je ne sais pas... )
4. Nomme une personne que tu as connue récemment.
5. Nomme quelqu'un que tu aimerais (*would like*) connaître.

**B. Une ville.** Donnez le nom d'une ville que vous connaissez bien. Ensuite, racontez ce que (*what*) vous savez sur cette ville.

MODÈLE: Je connais New York. Je sais qu'il y a d'immenses gratte-ciel (*skyscrapers*).

### LES VILLES FRANÇAISES

Les trois-quarts[a] des Français habitent dans des villes. Il y a Paris, bien sûr, et puis Lyon, Marseille, Toulouse, Bordeaux, Lille et Strasbourg parmi[b] les capitales régionales les plus importantes. Mais surtout, la France compte[c] de très nombreuses petites villes qui sont, en général, très anciennes et très différentes d'une région à l'autre.

La plupart des villes françaises ont été construites pendant le moyen âge.[d] L'église ou la cathédrale est située au centre de la ville. Les immeubles et les maisons du centre-ville sont souvent très anciens. Les rues étroites[e] sont réservées aux piétons[f] et les voitures ne peuvent pas y rouler. Contrairement aux Américains qui ont abandonné le centre des villes pour aller habiter en banlieue,[g] beaucoup de Français vivent,[h] travaillent et font leurs courses au centre-ville. Le centre-ville est aussi le centre des loisirs: on y trouve des restaurants, cafés, discothèques, cinémas, théâtres et musées. Le vendredi soir et le samedi, les gens qui habitent en banlieue viennent souvent se promener dans les rues animées[i] du centre-ville.

[a]*three quarters*  [b]*among*  [c]*includes*  [d]*moyen... Middle Ages*  [e]*narrow*  [f]*pedestrians*  [g]*the suburbs*
[h]*live*  [i]*lively*

## Mise au point

**A. La «grosse pomme».** Un(e) camarade vous pose des questions sur la ville de New York en utilisant le verbe **savoir** ou **connaître.** Dans vos réponses, utilisez un pronom complément d'objet direct. Suivez le modèle.

MODÈLE:  É1: Tu connais le maire *(mayor)* de New York?
  É2: Oui, je le connais. *ou* Non, je ne le connais pas.

1. utiliser le métro de New York   2. combien de théâtres il y a sur Broadway
3. Greenwich Village   4. que la France nous a donné la Statue de la Liberté
5. le musée Guggenheim   6. comment aller du centre-ville à l'aéroport JFK
7. le quartier Little Italy

**B. Les grandes villes.** Formez des phrases complètes et mettez les verbes de cette narration au passé composé ou à l'imparfait.

1. je / aimer / les grandes villes / quand / je / être / jeune
2. il y a / toujours / beaucoup / choses / à voir
3. les gens / être / intéressant / et / les bâtiments / être / beau
4. un jour / je / être / la banque / et je / voir / un hold-up
5. le voleur *(robber)* / avoir / un revolver
6. nous / avoir / peur
7. le voleur / prendre / l'argent / et il / partir
8. quelqu'un / téléphoner / la police
9. la police / le / trouver / en dix minutes / parce qu'il / avoir / difficultés / avec / voiture
10. voilà pourquoi / je / acheter / une maison / campagne

**C. Voyage imaginaire.** Pensez à une ville que vous aimez tout particulièrement (aux États-Unis ou à l'étranger). Décrivez-la au reste de la classe. Utilisez des pronoms d'objet direct ou indirect, **y** ou **en** dans votre description. Vos camarades doivent deviner le nom de la ville.

MODÈLE:   É1: On y trouve des collines *(hills)*. On la voit souvent dans des films. Beaucoup de touristes y vont pour admirer son célèbre pont *(bridge)* et pour visiter son quartier chinois.
          É2: C'est San Francisco!

**D. Interview.** Interviewez un(e) camarade au sujet de sa première visite d'une grande ville loin de chez lui/elle.

**Suggestions:** Où est-ce que tu es allé(e)? Quand? Combien de temps est-ce que tu y es resté(e)? Tu étais avec qui? Qu'est-ce que tu y as fait? Qu'est-ce que tu y as vu? Tu étais content(e) de ta visite? Pourquoi ou pourquoi pas?

**Résumez!** Maintenant, résumez *(summarize)* pour la classe la visite de votre camarade. Utilisez les expressions **d'abord, puis, ensuite, après** et **enfin.**

**E. Interactions.** In this chapter, you learned how to tell stories in the past and to express the time of events. Act out the following situations, using the vocabulary and structures from this chapter.

1. **Journaliste.** You are interviewing a famous, rich person (your classmate) about his or her travels to France. Find out if he or she prefers the country or the cities. Ask what French city he or she prefers and why. Have him or her describe the city and a recent visit.
2. **Je suis perdu(e)!** Imagine that you are lost. Ask a stranger (your partner) the way to go downtown from where you are. She or he will give you directions, mentioning some landmarks. Ask questions if you are not sure where to go.

In this dialogue, Paul is stopped on the street by a woman who needs directions. Where is she trying to go? Would *you* be able to follow Paul's directions?

[Thème 5, Scéne 5.2]*

FEMME: S'il vous plaît, monsieur, vous pourriez m'indiquer le chemin[a] pour aller à la gare?

PAUL: Oui, oh oui, la gare n'est pas très loin d'ici. Vous allez prendre la deuxième à gauche, vous allez tout droit jusqu'au deuxième feu,[b] là vous prenez la rue à droite, ensuite vous...

FEMME: Oh là là, non, je suis vraiment désolée.[c] Vous pourriez répéter, s'il vous plaît? C'est compliqué.

PAUL: Pas de problème. Vous prenez la deuxième rue à gauche, tout droit, au deuxième feu, vous prenez la rue à droite...

FEMME: D'accord, alors deuxième à gauche.

PAUL: Oui.

FEMME: Deuxième à droite.

PAUL: Voilà.

FEMME: Oh ben, ce n'est pas trop difficile.

PAUL: Attendez. Après, vous marchez pendant cinq minutes...

FEMME: Cinq minutes? Mais c'est à quelle distance?

PAUL: Environ cinq cent mètres.

FEMME: Bon, alors, et qu'est-ce que je fais?

PAUL: Après, vous continuez tout droit. Là, vous prenez la troisième ou quatrième rue à droite et la gare est juste là.[d] Vous ne pouvez pas la rater.[e]

## Avec un(e) partenaire...

Avec un(e) partenaire, jouez les scènes suivantes. Vous pouvez employer certaines expressions du dialogue précédent.

1. Vous vous perdez en conduisant dans une ville inconnue. Vous cherchez votre hôtel, mais vous ne savez pas où il se trouve. Arrêtez la voiture et demandez le chemin à un piéton (une piétonne).

2. Votre partenaire voudrait savoir où vous habitez. Expliquez-lui le chemin de la salle de classe jusqu'à chez vous. Donnez des indications précises. Changez ensuite de rôles.

[a]*road*  [b]*traffic light*
[c]*sorry*  [d]*juste... right there*
[e]*la... miss it*

*The **Thème** and **Scène** numbers correspond to those in the Video to accompany *Rendez-vous*.

# LECTURE

## Avant de lire

**SCANNING PARAGRAPHS** The paragraphs in a magazine or newspaper article usually have differing functions. A paragraph might present the main point or general idea, provide examples or related ancedotes, draw conclusions, or set out the author's evaluation.

Quickly scan each paragraph of this magazine article, adapted from the *Journal Français d'Amérique,* about the mayor of a small village in Bretagne. As you scan, note the general function of each paragraph in the reading. Do not try to read every paragraph word for word, but look for keys to the major point made in each one. Indicate whether each paragraph presents a principal idea, an example, or an anecdote.

| PARAGRAPHE | IDÉE PRINCIPALE | EXEMPLE | ANECDOTE |
|---|---|---|---|
| premier | | | |
| deuxième | | | |
| troisième | | | |
| quatrième | | | |
| cinquième | | | |

# Kofi Yamgnane

# Maire[a] Breton Originaire Du Togo

Kofi Yamgnane avec Jack Lang, ancien ministre de la culture

Premier maire noir de France et même d'Europe, Kofi Yamgnane préside depuis plus de deux ans aux destinées[b] de Saint-Coulitz, un petit village breton de 364 habitants. Mais M. Yamgnane n'est pas «que» maire. Il est aussi secrétaire d'État à l'Intégration du gouvernement Cresson.[c]

Né au Togo (Afrique occidentale), Kofi Yamgnane est remarqué[d] dès 7 ans[e] par un Père jésuite, envoyé à l'école primaire puis au lycée de Lomé. En 1964, il arrive à Brest pour faire ses études. «À l'époque, dit-il, j'étais le seul Noir de toute l'Université. Malgré un accueil souvent chaleureux[f] de la part des Bretons, je ne pouvais qu'éprouver[g] un fort sentiment d'isolement».

Après un détour par l'École des Mines de Nancy, il s'installe avec sa famille (sa femme est bretonne) à Saint-Coulitz en 1973. En 1983, un groupe d'agriculteurs le persuade de se présenter aux élections municipales. Il est élu.[h] Pendant son mandat,[i] il fera preuve[j] d'un esprit constructif et sera un modèle de dynamisme. En 1989, il sera élu maire.

---

[a]mayor  [b]aux... to the future  [c]Édith Cresson était la première femme Premier ministre (15/5/91–2/4/92)  [d]noticed
[e]dès... from the age of seven  [f]Malgré... Despite a usually warm welcome  [g]experience  [h]elected  [i]term  [j]fera... shows

M. Yamgnane a eu l'idée, prise dans son village africain, de créer un Conseil des sages.[k] Il s'agit d'un groupe de cinq femmes et de quatre hommes de plus de 60 ans, élus, qui donnent leur avis sur les sujets appelés à être traités[l] ensuite par le Conseil municipal.

Monsieur le Maire fait décidément de sa commune une vitrine[m] de démocratie, que certains d'ailleurs essaient de copier.

---

[k]Conseil... *Council of wise people*  [l]appelés... *meant to be tackled*  [m]*"show-window," model*

## Compréhension

Répondez aux questions suivantes.

1. Kofi Yamgnane n'est pas un maire comme les autres. Pourquoi?
2. En quelle année est-il venu en France? Pourquoi y est-il venu?
3. Dans quelle(s) ville(s) a-t-il fait ses études?
4. Où se trouve la ville de Saint-Coulitz? Combien d'habitants y a-t-il?
5. Qui a persuadé Kofi Yamgnane de faire de la politique?
6. Quelle idée africaine a-t-il appliquée dans le village de Saint-Coulitz?

## PAR ÉCRIT

| | |
|---|---|
| FUNCTION: | Narrating in the past |
| AUDIENCE: | Instructor or classmates |
| GOAL: | Write a three-paragraph story in the past with a clear beginning and ending. Choose one of the following genres: **reportage ou fait divers** *(miscellaneous small news item)*, **autobiographie,** or **biographie.** |

### Steps

1. Begin by making an outline of your story. The introduction should set the scene in which you sketch the main characters, the setting, the time, and the circumstances. In the second paragraph, bring in a complication that affected or changed the state of affairs. Outline the occurrence and the reactions of the characters. In the third paragraph, describe briefly how the situation was resolved. End with a general conclusion that summarizes the outcome and explains what, if anything, was learned from the experience.
2. Write the rough draft, making sure it contains all the information just mentioned.
3. Review your draft, checking for inclusion of interesting details, description, and actions.
4. Have a classmate read your story to see if what you have written is interesting, clear, and organized. Make any necessary changes. Finally, reread the composition for spelling, punctuation, and grammar errors. Focus especially on your use of the past tenses. Be prepared to read your composition to a small group of classmates.

**Pour aller au syndicat d'initiative.** Anne-Marie visite Blain, une petite ville dans le nord-ouest de la France. Elle demande à un passant où se trouve le syndicat d'initiative. Lisez les activités à la page suivante avant d'écouter le dialogue qui leur correspond.

**A.** Tracez un cercle autour de la bonne réponse d'après le dialogue.

1. Pour aller au syndicat d'initiative, Anne-Marie préfère _____.
   **a.** marcher          **b.** prendre le bus
2. Elle doit prendre la première rue _____.
   **a.** à droite          **b.** à gauche
3. Elle doit traverser _____.
   **a.** la place de la Gare          **b.** la rue Pasteur
4. À la rue Pasteur, elle doit tourner à gauche dans la _____.
   **a.** quatrième rue          **b.** cinquième rue
5. Le syndicat d'initiative est en face _____.
   **a.** d'une boulangerie          **b.** du commissariat

**B.** Maintenant tracez le chemin sur la carte ci-dessous.

Faites un cercle autour du syndicat d'initiative. Y a-t-il un chemin plus court *(shorter route)* pour aller au syndicat d'initiative? Si oui, tracez-le aussi.

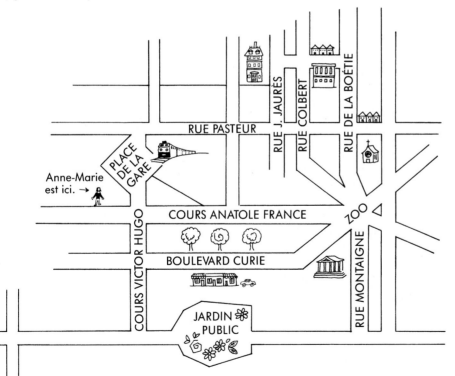

# Vocabulaire

## Verbes

**commencer** to begin
**connaître** to know; to be familiar with
**penser à** to think of, about
**penser de** to think of, about (to have an opinion about)
**savoir** to know (how)
**toucher** to cash (a check); to touch; to concern
**se trouver** to be located, situated

À REVOIR: **écrire, prendre, réfléchir à, réussir à**

## Substantifs

**l'arrondissement** (m.) district, section (of Paris)
**la banlieue** suburbs
**le bar** bar/café
**le bâtiment** building
**le bois** forest, woods
**le boulevard** boulevard
**la carte** map (of a region, country)
**le centre-ville** downtown
**le château** castle, château
**le chemin** way (road)
**le coin** corner
**le commissariat** police station
**l'église** (f.) church
**l'île** (f.) island

**la mairie** town hall
**la piscine** swimming pool
**la place** square
**le plan** map (of a city)
**le poste de police** police station
**la rive droite** the Right Bank (in Paris)
**la rive gauche** the Left Bank (in Paris)
**le syndicat d'initiative** tourist information bureau
**la tour** tower

À REVOIR: **la bibliothèque, le jardin, la librairie, la pièce, la rue**

## Les nombres ordinaux

**le premier (la première), le/la deuxième,... le/la cinquième,... le/la huitième, le/la neuvième,... le/la onzième,** etc.

## Les expressions temporelles

**autrefois** formerly
**d'abord** first, first of all, at first
**de temps en temps** from time to time
**enfin** finally
**puis** then, next

**soudain** suddenly
**tout d'un coup** suddenly; all at once
**une fois** once

## Mots et expressions divers

**à droite** (prep.) on (to) the right
**à gauche** (prep.) on (to) the left
**à votre (ton) avis** in your opinion
**de nouveau** (adv.) again
**en** (pron.) of them; of it; some
**en face de** (prep.) across from
**jusqu'à** up to, as far as
**là** (adv.) there
**partout** (adv.) everywhere
**Qu'est-ce que tu en penses?** What do you think of that?
**Qu'est-ce que vous pensez de... ?** What do you think about . . . ?
**tout droit** (adv.) straight ahead
**y** (pron.) there

## Mots apparentés

*Verbes:* **continuer, tourner**
*Substantifs:* **la banque, l'hôpital (m.), l'hôtel (m.), le monument, le musée, le parc, la pharmacie, la station (de métro)**
*Adjectifs:* **municipal(e), public/publique**

## CHAPITRE 11

# Les arts

- vocabulary for talking about France's historical and artistic heritage, and about the arts in general

- structures for emphasizing and clarifying, speaking succinctly, and expressing and describing actions

- cultural information about francophone music and architecture in France

**Festival dans un village en Haïti**

# Étude de vocabulaire

## Le patrimoine historique de la France

La cathédrale d'Amiens, chef-d'œuvre *(masterpiece)* du moyen âge (l'époque médiévale: V^{ème}–XIV^{ème} siècles *[centuries]*)

Les arènes d'Arles, monument de l'époque romaine (59 av. J.-C.*– V^{ème} siècle)

Chenonceaux, château de la Renaissance (XV^{ème}–XVI^{ème} siècles)

*av. ... avant Jésus-Christ

Versailles, château de l'époque
classique (XVII<sup>ème</sup> siècle)

# À vous!

**A. Définitions.** Regardez les quatre photos précédentes et complétez les phrases.

1. Une période historique, c'est une _____.
2. Une durée de cent ans, c'est un _____.
3. On a bâti *(built)* la cathédrale d'Amiens à l'époque _____.
4. L'époque historique qui se situe entre le V<sup>ème</sup> et le XIV<sup>ème</sup> siècles s'appelle *(is called)* le _____.
5. Le château de Chenonceaux a été bâti aux _____.
6. Le château de Versailles date de l'époque _____.
7. Les arènes d'Arles datent de l'époque _____.

**B. Leçon d'histoire.** Faites une phrase complète pour nommer le siècle ou l'époque où les événements suivants se sont passés *(took place)*. Remplacez les éléments en italique par des pronoms.

MODÈLE:   *Christophe Colomb* est arrivé *au Nouveau Monde* en 1492. →
Il y est arrivé au XV<sup>ème</sup> siècle, à l'époque de la Renaissance.

1. *Blaise Pascal* a inventé *la première machine à calculer* en 1642.   Il l'a inventée → Senine 20
2. On a bâti *les arènes de Nîmes* au premier siècle.
3. *Guillaume, duc de Normandie,* a conquis *(conquered)* l'Angleterre en 1066.
4. *La ville de Paris* s'est appelée Lutèce du II<sup>ème</sup> siècle av. J.-C. jusqu'au IV<sup>ème</sup> siècle après J.-C.
5. *Jacques Cartier* a pris possession *du Canada* au nom de la France en 1534.
6. *Jeanne d'Arc* a essayé de prendre *la ville de Paris* en 1429.
7. *René Descartes* a écrit *sa «Géométrie»* en 1637.
8. *Charlemagne* est devenu roi *(king)* en 768.

**C. À vous.** Imaginez que votre classe de français est en visite à Paris. Votre guide vous propose le choix de trois sites à visiter cet après-midi. Divisez-vous en groupes de trois ou quatre pour décider du site. Chaque groupe doit justifier son choix. Les autres peuvent poser des questions et faire des objections. Enfin, on vote. Les sites et les endroits à considérer sont à la page suivante.

**Les arènes de Lutèce**

**Histoire:** des arènes romaines de 15 000 places avec une arène séparée pour les combats des gladiateurs

**Aujourd'hui:** un jardin public très agréable où on peut flâner *(stroll)*, pique-niquer ou rêver

**À proximité:** le Quartier latin

**Le palais du Louvre**

**Histoire:** ancienne résidence royale commencée au XIII^{ème} siècle

**Aujourd'hui:** un magnifique musée d'art

**À proximité:** le quartier élégant de l'Opéra

**La cathédrale de Notre-Dame**

**Histoire:** Le grand chef-d'œuvre du moyen âge. Commencée en 1163 et finie en 1345. Son architecture de style gothique crée une atmosphère de mystère et de beauté.

**Aujourd'hui:** Toujours une église catholique. On peut monter les 387 marches *(steps)* jusqu'au sommet de sa tour et prendre de splendides photos de Paris.

**À proximité:** le Quartier latin, l'île Saint-Louis, l'Hôtel de Ville *(City Hall)* de Paris

# Les œuvres d'art et de littérature

La littérature

une pièce de théâtre

un poème    un roman

l'écrivain *(m.)* (la femme écrivain)

La sculpture

une sculpture

le sculpteur

La peinture

un tableau

le peintre

La musique

un tableau

le compositeur (le musicien)

## À vous!

**A. Qui sont-ils?** Retrouvez la profession de ces artistes français. Si vous ne savez pas, devinez!

MODÈLE:    Jean-Paul Sartre → C'est un écrivain.

1.  Victor Hugo
2.  Auguste Rodin
3.  Pierre Auguste Renoir
4.  Simone de Beauvoir
5.  François Truffaut
6.  Léopold Senghor
7.  Claude Debussy
8.  Mary Cassatt*
9.  Henri Matisse
10. Chiara Mastroianni

peintre
sculpteur
musicien
cinéaste
écrivain
acteur/actrice

Le cinéma

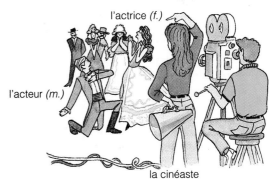

l'actrice *(f.)*

l'acteur *(m.)*

la cinéaste

*Mary Cassatt est née à Pittsburgh mais elle a vécu à Paris et participé au mouvement impressionniste.

**B. Littérature.** Complétez les phrases avec les mots suivants: **poésie, acteur, roman, pièce de théâtre, écrivain, poème.**

1. *L'Étranger* est un _____ d'Albert Camus.
2. Molière était un _____ et un _____. Il a écrit des _____.
3. La vie de Verlaine et de Rimbaud était turbulente, mais leurs _____ font partie des chefs-d'œuvre de la _____ française.
4. Simone de Beauvoir a écrit des _____ et des essais sur la condition féminine.
5. *Les Fleurs du Mal* est un recueil *(collection)* de _____ de Charles Baudelaire.

**C. Les goûts** *(tastes)* **artistiques.** Posez les questions à un(e) camarade.

1. Quel est ton roman préféré? C'est de qui?
2. Quel est ton peintre préféré? Pourquoi?
3. Tu connais des artistes français? Lesquels?
4. Est-ce que tu écoutes de la musique classique? Quel est ton compositeur préféré (ta compositrice préférée)?
5. Tu aimes la poésie? Quels poètes anglais ou américains aimes-tu? Tu connais un poème par cœur *(by heart)*? Lequel?
6. Tu vas quelquefois au théâtre? Quelle pièce est-ce que tu as vue récemment?
7. Tu aimes aller au cinéma? Quel film est-ce que tu as vu récemment?

**Résumez!** Maintenant, décrivez les goûts artistiques de votre camarade à la classe.

# ✗ Deux verbes pour parler des arts

| suivre *(to follow)* | | | | vivre *(to live)* | | |
|---|---|---|---|---|---|---|
| je **suis** | | nous **suivons** | | je **vis** | | nous **vivons** |
| tu **suis** | | vous **suivez** | | tu **vis** | | vous **vivez** |
| il, elle, on **suit** | | ils, elles **suivent** | | il, elle, on **vit** | | ils, elles **vivent** |
| *Past participle:* **suivi** | | | | *Past participle:* **vécu** | | |

**Suivre** and **vivre** are irregular verbs, and they have similar conjugations in the present tense. **Suivre un cours** means *to take a course.* **Poursuivre** *(to pursue)* is conjugated like **suivre.**

| | |
|---|---|
| Est-ce que l'impressionnisme **a suivi** le cubisme? | *Did Impressionism follow Cubism?* |
| Combien de cours d'art est-ce que tu **suis**? | *How many art courses are you taking?* |
| **Suivez** mes conseils! | *Follow my advice!* |
| Il **a poursuivi** ses études de musique? | *Did he pursue his musical studies?* |
| Où est-ce qu'il **a vécu**? Près de l'université? | *Where did he live? Near the university?* |

## MOTS-CLÉS

### Expressing *to live:* vivre or habiter

Use **vivre** to express *to live, to be alive, to exist.* Use it also to express how one lives.

> Picasso **a vécu** jusqu'à 92 ans.
> Cette artiste ne **vit** pas dans le luxe (la misère).
> Ils **vivent** toujours dans cette région.

In general, use **habiter** to express *to reside.*

> Mary Cassatt **a habité** Paris pendant des années.
> Vous **habitez** rue de Rivoli?

**Vivre** is also used in certain idiomatic expressions.

> Elle est **difficile (facile) à vivre.**
> Il est parti sans raison
>    apparente, «pour **vivre**
>    **ma vie**», a-t-il dit.

> *She's hard (easy) to live with.*
> *He left without apparent*
>    *reason, to "live my own*
>    *life," as he put it.*

# À vous!

**A. Van Gogh.** Complétez l'histoire suivante par un des verbes: **suivre, poursuivre, vivre, habiter.** Mettez tous les verbes, excepté le numéro 7, au présent.

Vincent Van Gogh est né en 1853 à Groot-Zundert, aux Pays-Bas. En 1877, il
_suit_ [1] des cours pour devenir pasteur *(preacher),* mais malheureux *([being]
unhappy),* il change d'avis. Il _suit_ [2] des études d'anatomie parce qu'il veut devenir
artiste. Après des séjours en Belgique et aux Pays-Bas, où il peint *Les Mangeurs de
pommes de terre,* il _habite_ [3] à Paris, où il fait la connaissance des peintres impressionnistes. C'est Pissarro qui le convainc de peindre en couleurs vives *(bright).* À Paris,
Van Gogh ne vend aucun\* tableau; il _vit_ [4] dans la misère *(poverty).* De 1888
jusqu'à sa mort, Van Gogh _habite_ [5] le sud de la France où il _poursuit_ [6] sa passion pour
la peinture. De plus en plus tourmenté, il se suicide en 1890. Il _a vécu_ [7] (passé composé) seulement jusqu'à l'âge de 37 ans, et n'a vendu qu'un tableau pendant sa vie.

**B. Conversation.** Répondez aux questions suivantes.

**1.** Quelle carrière est-ce que vous voudriez poursuivre? Vous suivez déjà des cours
qui mènent à *(lead to)* cette carrière? **2.** Est-ce que la plupart *(majority)* des gens
basent leur choix de carrière sur ce qui les intéresse? Si non, comment est-ce qu'ils
la choisissent? **3.** Vous voulez vivre comment dans dix ans? Dans le luxe en ville,
par exemple, ou très simplement, à la campagne? Dans quelle sorte de logement
est-ce que vous voulez habiter? **4.** À votre avis, est-ce qu'il est plus important de
suivre ses passions dans la vie ou de poursuivre la fortune? Expliquez.

---

\***ne... aucun(e)** is a negative expression used to mean *no, not one.*

### LA MUSIQUE FRANCOPHONE

Les Français sont amateurs de musique. Le premier jour de l'été est même consacré à cet art. À l'occasion de la Fête de la musique, tous les musiciens sont dans la rue et il est possible d'écouter de la musique toute la journée.

Pour permettre à la musique française de se développer, une loi assure qu'un minimum de 40% des chansons qui passent à la radio sont francophones. Les variétés ont beaucoup de succès.

Parmi les musiciens français les plus connus, on compte: Jean-Jacques Goldman, Francis Cabrel, Patrick Bruel, Patricia Kaas et Mylène Farmer. Les Canadiens Roch Voisine (né au Nouveau Brunswick) et Jean Leloup (né au Québec) attirent maintenant les foules[a] en Europe et en Amérique du Nord, et la Québécoise Céline Dion a autant de succès en France qu'au Canada et aux États-Unis.

Un chanteur de rap

De nouveaux genres de musique commencent également à apparaître en France: le rap dont le plus célèbre représentant français est MC Solaar, le raï, une musique d'origine algérienne et le zouk, une musique de danse des Antilles.

La musique est pour les jeunes de toutes nationalités un moyen de communication privilégié. Cela explique sans doute la diversité croissante[b] des musiques diffusées en France.

---

[a]attirent... *draw crowds*   [b]*growing*

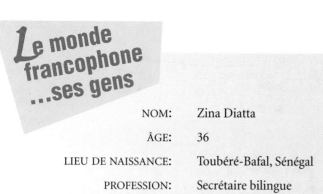

## Le monde francophone ...ses gens

| | |
|---|---|
| NOM: | Zina Diatta |
| ÂGE: | 36 |
| LIEU DE NAISSANCE: | Toubéré-Bafal, Sénégal |
| PROFESSION: | Secrétaire bilingue |

*Quel est votre auteur (artiste, musicien) préféré dans votre pays? Pourquoi? À votre avis, l'État doit-il subventionner[a] les arts?*

[a]*support (financially)*

Je n'ai pas de musicien préféré, mais j'aime beaucoup la musique traditionnelle jouée avec des instruments comme la kora, le balafon, le tam-tam et plusieurs formes de percussion africaine. Youssou Ndour et Baaba Maal sont deux musiciens du Sénégal bien connus dans le monde. Leur musique allie[b] des instruments sénégalais à des instruments européens. L'expression artistique est un aspect significatif du patrimoine[c] culturel. C'est pourquoi je pense que l'État doit subventionner les arts comme il doit aussi assurer l'éducation et la santé de tous les citoyens du pays.

| | |
|---|---|
| NOM: | Nathalie St-Pierre |
| ÂGE: | 21 |
| LIEU DE NAISSANCE: | Québec, Canada |
| PROFESSION: | Étudiante |

Mon auteur québécois préféré est Gerry Boulet. Il est toutefois[d] mort du cancer il y a plusieurs années, mais il demeuré[e] une institution au niveau musical au Québec. Ses chansons contiennent toujours un message intéressant. J'ai prêté des disques compacts de cet artiste à plusieurs amis américains qui ont aimé son style et sa voix rauque. J'estime que l'art devrait avoir plus de place au Québec. Je parle ici de toute forme d'art (danse, musique, peinture, théâtre, etc.). Le Québec a des subventions pour les artistes, mais je trouve qu'avec le montant qu'on taxe les résidents de cette province, il y a encore des progrès à faire[f] dans ce domaine.

[b]combines  [c]heritage  [d]however
[e]remains  [f]il... there is room for improvement

# Étude de grammaire

## 39. STRESSED PRONOUNS
### Emphasizing and Clarifying

### DES VISITES ARTISTIQUES

Manu est en visite à Paris avec ses parents et son frère. Il raconte leurs activités à Gilberte, une amie parisienne.

GILBERTE: Et **toi**, Manu, tu es allé au Louvre?

MANU: Non, il est trop grand pour **moi**. Je préfère le musée Picasso.

GILBERTE: **Moi** aussi! Mais tes parents, ils ont visité le Louvre?

MANU: **Eux**? Oui, ils y sont allés plusieurs fois. Mais mon frère, **lui,** il préfère visiter les magasins et les discos!

Les phrases suivantes sont des variantes des phrases du dialogue. Complétez ces phrases avec **moi, toi, lui** ou **eux**.

1. Tu es allé au Louvre, _____?
2. _____, j'aime mieux le musée Picasso.
3. Non, mais _____, ils l'ont visité.
4. _____, il n'aime pas les musées.

Des tableaux cubistes de Picasso

# Forms of stressed pronouns

Stressed pronouns (**les pronoms disjoints**) are used as objects of prepositions or for clarity or emphasis. The following chart shows their forms.

| | | | |
|---|---|---|---|
| **moi** | *I, me* | **nous** | *we, us* |
| **toi** | *you* | **vous** | *you* |
| **lui** | *he, him* | **eux** | *they, them (m.)* |
| **elle** | *she, her* | **elles** | *they, them (f.)* |
| **soi** | *oneself* | | |

Note that several of the stressed pronouns (**elle, nous, vous, elles**) are identical in form to subject pronouns.

# Uses of stressed pronouns

Stressed pronouns are used in the following ways.

1. As objects of prepositions

| | |
|---|---|
| Nous allons travailler chez **toi** ce soir. | *We're going to work at your house tonight.* |
| Après **vous!** | *After you!* |
| Après le concert, tout le monde rentre chez **soi**. | *After the concert, everybody goes back to his/her (own) house.* |

*Note:* **Soi** corresponds to the subjects **on, tout le monde,** and **chacun** *(each one).*

2. As part of compound subjects

| | |
|---|---|
| Aïcha **et elle*** ont lu *À la recherche du temps perdu*† en entier. | *She and Aïcha read the entire In Search of Lost Time.* |
| **Michel et moi** avons joué ensemble une sonate de Debussy. | *Michel and I played a sonata of Debussy together.* |

3. With subject pronouns, to emphasize the subject

| | |
|---|---|
| Et **lui,** il écrit un roman? | *What about him? Is he writing a novel?* |
| **Eux,** ils ont de la chance. | *As for them, they are lucky.* |
| Tu es brillant, **toi.** | *You're so brilliant!* |

When stressed pronouns emphasize the subject, they can be placed at the beginning or the end of the sentence.

4. After **ce** + **être**

| | |
|---|---|
| C'est **vous,** Monsieur Lemaître? | *Is it you, Mr. Lemaître?* |
| Oui, c'est **moi.** | *Yes, it's me (it is I).* |
| C'est **lui** qui faisait le cours sur Senghor. | *He's the one who was teaching the course on Senghor.* |

5. In sentences without verbs, such as one-word answers to questions and tag questions

| | |
|---|---|
| Qui a visité le musée Delacroix? | *Who has visited the Delacroix Museum?* |
| **Toi!** | *You!* |
| Tu as pris mon livre d'art? | *Did you take my art book?* |
| **Moi?** | *Me?* |
| Nous allons voir une cassette vidéo sur la peinture moderne. | *We're going to see a videocassette on modern painting. What about him?* |
| **Et lui?** | |

6. In combination with **même(s)** for emphasis

| | |
|---|---|
| Ils préparent la cassette vidéo **eux-mêmes?** | *Are they preparing the videocassette themselves?* |
| Vous allez choisir les images **vous-même?** | *Are you going to choose the pictures yourself?* |

---

*In conversation, the plural subject is sometimes expressed in addition to the compound subject: **Martine et elle, elles ont lu le roman en entier.**

†Long roman de Marcel Proust, en sept volumes. L'ancienne traduction anglaise du titre était *Remembrance of Things Past.*

## Vérifions!

**A. Au théâtre.** Vos amis et vous avez présenté une pièce de théâtre devant la classe. Décrivez vos sentiments pendant que vous attendiez le commencement de la pièce, à l'aide des pronoms disjoints.

> MODÈLE:   nous / fatigués → Nous, nous étions fatigués!

**1.** je / préoccupé(e)   **2.** Diane / anxieuse   **3.** Louis / agité   **4.** Véro et Christine / sérieuses   **5.** Marc et Amina / calmes   **6.** nous / heureux

**B. Pour monter la pièce** (*prepare the play*). D'autres étudiants vous ont aidé(e) à monter la pièce de l'exercice précédent. Dites ce qu'ils ont fait. Remplacez les mots en italique par des pronoms qui correspondent aux mots entre parenthèses. Faites attention à la conjugaison du verbe.

**1.** Qui a fait les costumes? C'est *moi* qui ai fait les costumes. (Suzanne, Georges, Pierre et Jean-Paul)

**2.** Vous avez écrit le scénario vous-même? Oui, *nous* l'avons écrit *nous*-mêmes. (je, une amie et moi, Richard et Jean-Claude, les acteurs)

## Parlons-en!

**Vous êtes indépendant(e)?** Est-ce que vos camarades et vous faites régulièrement des choses intéressantes, utiles (*useful*) ou inhabituelles... ? Utilisez les pronoms disjoints + **même(s)** pour décrire ces activités.

**Verbes utiles:** acheter, aller, bâtir* (*to build*), devoir, faire, gagner, jouer, lire, pouvoir, préparer, réparer, travailler, vendre, venir, voir, vouloir, etc.

> MODÈLES:   Moi, je fais toujours le pain moi-même pour les repas à la maison.
>
> J'ai une copine qui, elle, répare elle-même sa voiture.

# 40.  USING DOUBLE OBJECT PRONOUNS
## Speaking Succinctly

### UN TEMPÉRAMENT ARTISTIQUE

Valérie veut une boîte de couleurs.

VALÉRIE: Allez maman, **achète-la-moi!**

MAMAN: **Écoute-moi** bien! Je ne peux pas **te l'offrir.** Je n'ai plus d'argent.

VALÉRIE: **Demandes-en** à papa!

MAMAN: D'accord, d'accord. Je vais **lui en parler.** Mais toi, ne **lui dis** rien. **Jure-le-moi!**

VALÉRIE: Je **te le jure!**

---

*This verb is conjugated like the **-ir** verb **finir.**

Trouvez la phrase correspondante dans le dialogue.

1. Tu m'achètes une boîte de couleurs!
2. Tu peux demander de l'argent à papa!
3. Ne parle pas de cela à papa!

# Order of object pronouns

When several object pronouns are used in a declarative sentence, they occur in a fixed sequence. Native Francophones often avoid such constructions because they can become cumbersome. This grammar section gives you the rules that govern the placement of multiple object pronouns so that you will be able to understand them in written texts.

If the sentence has both a direct object pronoun and an indirect object pronoun, the direct object pronoun is usually **le, la,** or **les.** The indirect object pronouns **me, te, nous,** and **vous** precede **le, la,** and **les. Lui** and **leur** follow them.*

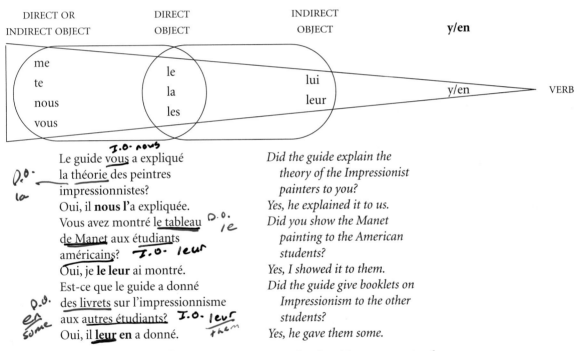

| DIRECT OR INDIRECT OBJECT | DIRECT OBJECT | INDIRECT OBJECT | **y/en** |
|---|---|---|---|
| me te nous vous | le la les | lui leur | y/en VERB |

*I.O. nous*
*D.O. la*
Le guide vous a expliqué la théorie des peintres impressionnistes?
Oui, il **nous l'**a expliquée.
Vous avez montré le tableau *D.O. le* de Manet aux étudiants américains? *I.O. leur*
Oui, je **le leur** ai montré.
Est-ce que le guide a donné *D.O.* des livrets sur l'impressionnisme *en some* aux autres étudiants? *I.O. leur*
Oui, il **leur** en a donné. *them*

Did the guide explain the theory of the Impressionist painters to you?
Yes, he explained it to us.
Did you show the Manet painting to the American students?
Yes, I showed it to them.
Did the guide give booklets on Impressionism to the other students?
Yes, he gave them some.

In negative sentences with object pronouns, **ne** precedes the object pronouns; when the negative sentence is in the **passé composé, pas** follows the conjugated verb and precedes the past participle.

---

*It might help you to remember this formula: first and second person before third; direct object before indirect object. Apply the first part if it is relevant, then the second.

| Ils nous ont envoyé les horaires des autres musées de Paris? | *Did they send us the schedules of the other museums in Paris?* |
|---|---|
| Non, ils **ne nous les ont pas** envoyés. | *No, they didn't send them to us.* |

## Negative commands with one or more object pronouns

The order of object pronouns in a negative command is the same as the order in declarative sentences. The pronouns precede the verb.

| N'**en** parlons pas! | *Let's not talk about it!* |
|---|---|
| N'**y** pense pas! | *Don't think about it!* |
| Ne **me** donnez pas de cadeau! | *Don't give me a present!* |
| Ne **me le** donnez pas! | *Don't give it to me!* |
| Ne **leur** dites pas que vous êtes venus! | *Don't tell them you came!* |
| Ne **le leur** dites pas! | *Don't tell them!* |

## Affirmative commands with one object pronoun

In affirmative commands, object pronouns follow the verb and are attached with a hyphen. When **me** and **te** come at the end of the expression, they become **moi** and **toi**.

| La sonate? **Écrivez-la!** | *The sonata? Write it!* |
|---|---|
| Voici du papier. **Prenez-en!** | *Here's some paper. Take some!* |
| | |
| Tes amis? **Donne-leur** des billets! | *Your friends? Give them some tickets!* |
| **Parle-moi** des concerts! | *Tell me about the concerts!* |

As you know, the final **s** is dropped from the **tu** form of regular **-er** verbs and of **aller** to form the **tu** imperative: **Parle! Va, tout de suite!** However, the **s** is *not* dropped before **y** or **en** in the affirmative imperative: **Parles-en!** [parl zã], **Vas-y!** [va zi].

## Affirmative commands with more than one object pronoun

When there is more than one pronoun in an affirmative command, all direct object pronouns precede indirect object pronouns, followed by **y** and **en,** in that order. All pronouns follow the command form of the verb and are attached by hyphens. The forms **moi** and **toi** are used except before **y** and **en,** where **m'** and **t'** are used.

| | DIRECT OBJECT | INDIRECT OBJECT | | y/en |
|---|---|---|---|---|
| VERB | le<br>la<br>les | moi (m')<br>toi (t')<br>lui | nous<br>vous<br>leur | y/en |

Vous voulez ma carte d'entrée au musée?
Oui, **donnez-la-moi.**

*Do you want my museum entrance card?*
*Yes, give it to me.*

Je t'apporte du papier?
Oui, **apporte-m'en.**

*Shall I bring you some paper?*
*Yes, bring me some.*

Tu veux que je cherche l'horaire du musée?
Oui, **cherche-le-moi.**

*Do you want me to look for the museum schedule?*
*Yes, look for it for me.*

Est-ce que je dis aux autres que l'entrée est gratuite le mardi?
Oui, **dites-le-leur.**

*Shall I tell the others that admission is free on Tuesdays?*
*Yes, tell them that (lit., tell it to them).*

# Vérifions! I~Notes go over

**A. Travail d'équipe** *(Teamwork)*. Gisèle et ses camarades font un travail sur l'art du dix-neuvième siècle. Transformez les phrases selon le modèle.

MODÈLE: Gisèle donne ses notes à Christine. → Elle les lui donne.

1. Elle prête un livre sur Manet à Sylvie.
2. Christine décide d'emprunter *(borrow)* des diapositives *(slides)* à son professeur de français.
3. Le professeur offre aussi la vidéo «Vincent et Théo» aux trois filles.
4. Sylvie prend des notes sur Monet et les offre à Gisèle et à Christine.
5. Christine est chargée *(given the responsibility)* d'expliquer le pointillisme aux deux autres.
6. Les trois étudiantes présentent leur exposé aux autres étudiants du cours.

**B. Détails pratiques.** Vous faites une visite artistique de Paris. Répondez par **oui** ou **non** selon le modèle.

MODÈLE: Vous achetez vos guides *(guidebooks)* à la librairie?
Oui, je les y achète. (Non, je ne les y achète pas.)

**1.** Vous prenez vos repas dans les musées? **2.** Vous achetez vos cartes postales au musée? **3.** Vous écoutez de la musique classique dans les cathédrales? **4.** Vous trouvez des sculptures célèbres dans tous les musées? **5.** Vous rencontrez des cinéastes au ciné-club? **6.** Vous prenez des photos des tableaux importants dans les galeries d'art? **7.** Vous obtenez un billet d'entrée au secrétariat *(administration office)*? **8.** Vous donnez un pourboire aux guides des musées?

**C. Pour devenir un écrivain célèbre.** Dans les phrases suivantes, remplacez les mots en italique par des pronoms.

1. N'oubliez jamais *vos cahiers à la maison.*
2. Prenez *des notes.*
3. Révisez *votre travail.*
4. Envoyez *votre roman à l'éditeur.*
5. Invitez *votre éditeur* à dîner.
6. Après la publication du roman, demandez *à vos amis* d'acheter un exemplaire.

# Parlons-en!

**A. Interview.** Interrogez un(e) camarade sur une ville ou une région que vous pensez visiter. Suivez le modèle.

**Mots utiles:** un musée, une cathédrale, le cinéma, la musique, la sculpture, les tableaux, une pièce de théâtre, des acteurs/actrices célèbres, des compositeurs, des cinéastes, des écrivains, etc.

MODÈLE: É1: Est-ce qu'il y a une belle cathédrale à Strasbourg?
É2: Voyons... oui, il y en a une.

**B. Situations.** Vous entendez des fragments de conversation. Imaginez la situation.

MODÈLE: N'y touche pas! →
La mère de Jean vient de faire un gâteau, et Jean essaie d'en manger un morceau.

1. Vas-y!
2. N'y touche pas!
3. Ne m'en donne pas!
4. Ne les regardez pas!
5. Donne-la-lui!
6. Ne lui parle pas si fort!
7. Montre-les-moi!
8. Ne le lui dis pas!

# 41. PREPOSITIONS AFTER VERBS
## Expressing Actions

### SORTIE AU THÉÂTRE

LATIFA: Ce soir, nous avons **décidé de** t'emmener
au théâtre pour voir une pièce absurde.

PAUL: Qu'est-ce que c'est que l'absurde?

HERVÉ: L'absurde c'est un genre de théâtre où on **peut voir** des
personnages et des actions bizarres.

LATIFA: Tu connais Ionesco et Beckett?

HERVÉ: C'est grâce à ces hommes que des gens comme nous
**continuent à aller** au théâtre!

1. Qu'est-ce que Latifa et Hervé ont décidé de faire?
2. Qu'est-ce qu'on peut faire au théâtre?
3. Pourquoi est-ce que Hervé et Latifa continuent à aller au théâtre?

## Verbs directly followed by an infinitive ✗

Some verbs can be directly followed by an infinitive, without an intervening preposition. Among the most frequently used are the following.

| | | | |
|---|---|---|---|
| **aimer** | **détester** | **pouvoir** | **venir** |
| **aller** | **devoir** | **préférer** | **vouloir** |
| **désirer** | **espérer** | **savoir** | |

Je **déteste écrire.** Mais je **sais**
très bien **jouer** de la guitare.

Sophie **ne peut pas aller** au
musée samedi après-midi.
Elle **doit voir** sa grand-mère.

*I hate writing but I can play the
guitar very well.*

*Sophie cannot go to the museum
on Saturday afternoon. She
has to visit her grandmother.*

## Verbs followed by *à* before an infinitive ✗

Other verbs require the preposition **à** directly before the infinitive.

| | | |
|---|---|---|
| **aider à** | **chercher à** | **continuer à** |
| **apprendre à** | **commencer à*** | **enseigner à** |

*Commencer is regularly followed by **à** plus an infinitive: **finir** is normally followed by **de** plus an infinitive. They can both be followed by **par. Commencer par** is used to talk about what you did first in a series of things; **finir par** means that you ended up by doing something.

Michel a **commencé par** jouer un petit rôle dans une comédie à l'université. Il a **fini par** devenir acteur à Hollywood.

| | |
|---|---|
| J'**ai commencé à peindre** quand j'avais 10 ans. Caroline m'**a aidé à acheter** des huiles. | I started to paint when I was 10. Caroline helped me buy some oil paints. |
| La semaine prochaine, je **commence à écrire** des poèmes et je **continue à suivre** des cours de poésie deux fois par semaine. | Next week I am starting to write some poems and I continue to take poetry classes twice a week. |

## ✌ Verbs followed by *de* before an infinitive

Other verbs require the preposition **de** directly before the infinitive.

| | | | | |
|---|---|---|---|---|
| accepter de | décider de | essayer de | permettre de | venir de[†] |
| choisir de | demander de | finir de* | refuser de | |
| conseiller de | empêcher de | oublier de | rêver de | |

| | |
|---|---|
| François **a décidé de prendre** des cours d'art dramatique. Il **rêve de devenir** acteur. Il **vient de jouer** un petit rôle dans *Le Cid* à l'université. L'année prochaine, il va **essayer d'entrer** au Conservatoire de Paris. | François has decided to take drama classes. He dreams of becoming an actor. He just played a small role in *The Cid* at the university. Next year he is going to try to get into the Paris Conservatory. |

## *Penser* + infinitive

When **penser** is followed by an infinitive, it means *to count on* or *plan on* doing something.

| | |
|---|---|
| Je **pense rester** chez moi ce week-end. | I'm planning on staying home this weekend. |

## Vérifions!

**Au cabaret.** Corinne, Chuck et Jacques arrivent au cabaret. Classez leurs activités par ordre chronologique.

_____ Ils décident de commander du champagne.

_____ Ils commencent à parler de poésie.

_____ Ils demandent au serveur de leur apporter l'addition.

_____ Ils choisissent de s'asseoir à une table près de la scène.

_____ Ils continuent à chanter en rentrant chez eux.

_____ Jacques refuse de parler quand le spectacle commence.

_____ Ils n'oublient pas de laisser un pourboire au serveur.

---

*See footnote on page 335.

†Note that the meaning of **venir** changes depending on whether it is directly followed by an infinitive or followed by **de** plus an infinitive. **Ils viennent dîner** means *They are coming to dinner.* **Ils viennent de dîner** means *They've just had dinner.*

## Parlons-en!

**A. Projets et activités.** Posez des questions à vos camarades pour vous informer de leurs projets et de leurs activités créatrices.

MODÈLE: aller / ce soir →
    É1: Qu'est-ce que tu vas faire ce soir?
    É2: Je vais lire un roman sur la Renaissance.

1. vouloir / ce week-end
2. aller / l'été prochain
3. devoir / demain
4. aimer / après les cours

5. penser / la semaine prochaine
6. détester / le soir
7. espérer / ce soir

**B. Résolutions de Nouvel An.** Racontez vos bonnes résolutions à vos camarades. Complétez les phrases suivantes avec un infinitif.

1. Cette année, je voudrais apprendre...
2. Je vais commencer...
3. J'ai aussi décidé...
4. Je vais essayer...

5. En plus, je vais choisir...
6. Je vais chercher...
7. Enfin, je rêve...
8. Mais je refuse...

**C. Interview.** Posez les questions suivantes en français, s'il vous plaît à un(e) camarade de classe. Puis faites un résumé de ses réponses. Demandez à votre camarade...

1. what he/she likes to do in the evening   2. what he/she hates to do in the house   3. if he/she is learning to do something interesting, and what it is   4. if he/she has decided to continue to study French   5. what he/she has to do after class   6. if he/she prefers going to a play or to a movie   7. if he/she has just read a good book, and what it was   8. what he/she knows how to do well   9. what he/she tries, but does not always succeed in doing well   10. if he/she forgot to do something this morning, and what it was   11. if he/she has stopped doing something recently, and what it was   12. ?

# 42. ADVERBS
## Describing actions

### LA PROVENCE

ANNE-LAURE: **Demain,** je pars en Provence. Je vais visiter **rapidement** la maison de Renoir à Cagnes, puis le musée Matisse à Nice, le musée Picasso à Antibes...

RAPHAËL: Tu voyages **constamment,** toi?

ANNE-LAURE: Non, pas **vraiment.** Mais je veux **absolument** aller en Provence parce que beaucoup de peintres français y ont habité.

RAPHAËL: Et **maintenant,** qu'est-ce que tu fais?

ANNE-LAURE: Je vais voir la maison de Monet à Giverny, dans la banlieue parisienne.

RAPHAËL: **Franchement,** à part la peinture, qu'est-ce qui t'intéresse?

ANNE-LAURE: La musique classique... J'aime beaucoup Wagner.

Le studio de Renoir à Cagnes

Corrigez les phrases incorrectes.

1. Anne-Laure est partie en Provence hier.
2. Elle voyage très souvent.
3. Elle veut vraiment aller en Provence.
4. Demain, elle va visiter la maison de Monet.

# The function and formation of adverbs

Adverbs (**les adverbes,** *m.*) modify a verb, an adjective, another adverb, or even a whole sentence: She learns *quickly.* He is *extremely* hardworking. They see each other *quite often. Afterward,* we'll go downtown. You have already learned a number of adverbs, such as **souvent, parfois, beaucoup, trop, peu, très, vite, d'abord, puis, ensuite, après,** and **enfin.** Many adverbs are formed from adjectives by adding the ending **ment,** which often corresponds to *ly* in English.

1. Most adverbs are formed by adding the ending **ment** to the feminine form of an adjective.

| FEMININE ADJECTIVE | ADVERB | |
|---|---|---|
| lente | **lentement** | *slowly* |
| rapide | **rapidement** | *quickly* |
| franche | **franchement** | *frankly* |
| sérieuse | **sérieusement** | *seriously* |
| (mal)heureuse | **(mal)heureusement** | *(un)fortunately* |

2. If the masculine form of the adjective ends in a vowel, **ment** is usually added directly to it.

| MASCULINE ADJECTIVE | ADVERB | |
|---|---|---|
| admirable (*m.* or *f.*) | **admirablement** | *admirably* |
| absolu | **absolument** | *absolutely* |
| poli | **poliment** | *politely* |
| vrai | **vraiment** | *truly, really* |

3. If the masculine form of the adjective ends in **ent** or **ant,** the corresponding adverbs have the endings **emment** and **amment,** respectively. The two endings are pronounced the same [a-mã].

| MASCULINE ADJECTIVE | ADVERB | |
|---|---|---|
| différent | **différemment** | *differently* |
| évident | **évidemment** | *evidently, obviously* |
| constant | **constamment** | *constantly* |
| courant | **couramment** | *fluently* |

## Two important irregular adverbs: *bien* and *mal*

In English, the adverb forms of *good* and *bad* are *well* and *badly.* In French, the adverb forms of **bon** and **mauvais** are irregular.

| | |
|---|---|
| **bon** becomes **bien** | Sonia est une bonne actrice. |
| | Elle joue bien son rôle. |
| **mauvais** becomes **mal** | Normand est un mauvais cinéaste. |
| | Nous comprenons mal ses films. |

## Position of adverbs

1. When adverbs modify adjectives or other adverbs, they usually precede them.

| | |
|---|---|
| Elle est **très** intelligente. | *She is very intelligent.* |
| Il va **assez** souvent au cinéma. | *He goes to the movies pretty often.* |

2. When a verb is in the present or imperfect tense, the qualifying adverb usually follows it. In negative constructions, the adverb comes after **pas.**

| | |
|---|---|
| Je travaille **lentement.** | *I work slowly.* |
| Elle voulait **absolument** devenir écrivain. | *She wanted without fail (absolutely) to become a writer.* |
| Vous ne l'expliquez pas **bien.** | *You aren't explaining it well.* |

3. Short adverbs usually precede the past participle when the verb is in a compound form, following **pas** in a negative construction.

| | |
|---|---|
| J'ai **beaucoup** voyagé cette année. | *I've traveled a lot this year.* |
| Il a **déjà** visité le Louvre. | *He has already visited the Louvre.* |
| Elle n'est pas **souvent** allée en Normandie. | *She has not often been to Normandy.* |
| Je n'ai pas **très** faim.* | *I'm not very hungry.* |

---

*Before the idiomatic expressions with **avoir,** one often uses an adverb: **J'ai très soif; Elle a très chaud,** etc.

4. Adverbs ending in **ment** follow a verb in the present or imperfect tense, and usually follow the past participle when the verb is in the **passé composé.**

> Tu parles **couramment** le français.  *You speak French fluently.*
> Il était **vraiment** travailleur.  *He was really hardworking.*
> Paul n'a pas répondu  *Paul didn't respond intelligently.*
>   **intelligemment.**

## Vérifions!

**A.** **Ressemblances.** Donnez l'équivalent adverbial de chacun des adjectifs suivants.

| | | | |
|---|---|---|---|
| 1. heureux | 4. vrai | 7. certain | 10. admirable |
| 2. actif | 5. différent | 8. constant | 11. poli |
| 3. long | 6. rapide | 9. absolu | 12. intelligent |

**B.** **Carrières.** Complétez les paragraphes suivants avec des adverbes logiques.

1. Le linguiste

**Adverbes:** bien, ensuite, couramment, vite, bientôt, naturellement, évidemment, probablement.

Jean-Luc parle _couramment_[1] l'anglais. Il a vécu aux États-Unis. Il est allé au lycée aux États-Unis et il a très _bien_[2] appris la langue pendant son séjour. _évidemment_[3], à l'université il a choisi la section langues étrangères. Il va _bientôt_[4] passer sa licence d'anglais. _Ensuite_[5], il va devoir _plus_[6] choisir entre la traduction littéraire et l'enseignement. Ses parents sont professeurs et je pense qu'il va _____[7] choisir de devenir professeur.

2. L'actrice

**Adverbes:** exactement, beaucoup, absolument, fréquemment, seulement, constamment, souvent, bien, très.

Marie-Hélène veut _absolument_[1] devenir actrice. Elle travaille _____[2] pour y arriver: en général, le matin, elle arrive sur la scène à six heures _exactement_[3] et elle y reste _seulement_[4] jusqu'à neuf heures du soir. Dans la journée, elle travaille _constam_[5] et prend _souvent_[6] quinze minutes pour déjeuner. _Souvent_[7], elle est fatiguée le soir. Mais je pense qu'elle va réussir parce qu'elle est _beaucoup_[8] travailleuse et ambitieuse.

## Parlons-en!

**A.** **Interview.** Interviewez un(e) camarade de classe sur ses préférences et ses habitudes. Votre camarade doit utiliser dans sa réponse un adverbe basé sur les mots entre parenthèses. Décidez ensuite quelle sorte de personne elle est (pratique, énergique, calme, patiente, travailleuse, etc.).

> MODÈLE:  É1: Comment est-ce que tu déjeunes d'habitude? (rapide / lent)
>   É2: Je déjeune lentement pour me reposer. (Je déjeune rapidement parce que je suis toujours pressé[e].)

1. Quand est-ce que tu fais la sieste? (fréquent / rare)
2. Comment est-ce que tu écoutes les problèmes des autres? (patient / impatient)
3. Tu regardes souvent ta montre? (constant / fréquent / rare / jamais)
4. Comment est-ce que tu travailles en général? (vigoureux / lent)

**Résumez!** Maintenant décrivez le caractère de votre camarade.

**B. Opinions et habitudes.** Posez les questions à un(e) camarade. Dans sa réponse il/elle doit employer des adverbes.

1. À ton avis, est-ce qu'on doit beaucoup travailler pour réussir?
2. Comment est-ce qu'on doit choisir sa carrière future?
3. Est-ce que l'argent fait le bonheur *(happiness)*?
4. Est-ce que l'amitié est plus importante que la réussite?
5. Quel est l'aspect le plus important de ta carrière future?

## Réalités francophones

Sauvegarder le passé tout en marchant vers l'avenir. Les Français sont très fiers de leur passé et de leur patrimoine. Dans presque toutes les villes françaises, il existe un mélange d'architecture moderne et ancienne. Chaque été des groupes de volontaires aident à la restauration de châteaux, monuments ou sites historiques en déclin.

La pyramide en verre du Louvre

L'amour de l'architecture des Français ne se limite pas aux vieilles pierres.[a] Tous les nouveaux projets architecturaux sont l'objet de débats animés, car les Français se sentent personnellement concernés par l'apparence de leurs villes. Paris a été plusieurs fois au centre de tels débats, lors de l'érection de la tour Eiffel et plus récemment lors de la construction de la Pyramide du Louvre. Quand l'architecte moderne I. M. Pei a proposé de mettre une pyramide en verre au milieu de la cour du Louvre, beaucoup de Français ont eu peur de son effet sur ce bâtiment qui date du moyen âge. L'intérêt des Français pour l'héritage culturel de leur pays se reflète d'ailleurs dans l'existence d'un ministère de la Culture qui a pour mission la diffusion et l'enrichissement du patrimoine[b] culturel national.

---

[a]*rocks*  [b]*legacy*

## Mise au point

**A. Une soirée studieuse.** Complétez l'histoire. Choisissez la réponse correcte parmi les réponses suggérées.

Amine veut emprunter les *Mémoires d'une jeune fille rangée,** un livre de Simone de Beauvoir, à Nora. Mais elle en a besoin. Donc elle ne *(la lui, le leur, le lui)* donne pas.

Nora va lire chez Christine. Elle demande à Amine s'il veut étudier avec *(elles, eux, lui)*. Nora veut appeler Christine. Amine et elle cherchent son numéro dans l'annuaire. Enfin, ils *(le, lui en, le lui)* trouvent.

Quand Amine et Nora arrivent chez Christine, elle *(eux, elles, leur)* prépare du café. Puis elle *(leur en, le lui, la leur)* offre.

Christine demande à Amine de lire un passage des *Mémoires* à Nora et à *(lui, eux, elle)*. Amine *(les leur, le lui, le leur)* lit. Enfin, ils essaient de répondre aux questions du professeur sur ce texte. Ils prennent leur cahier et ils *(y, lui, leur)* écrivent leurs réponses.

**B. M. Vaucouleurs, professeur d'art.** Complétez le paragraphe suivant avec les prépositions **à** et **de** si nécessaire. Sinon, laissez l'espace vide.

M. Vaucouleurs désire ____¹ inspirer ses étudiants et les aider _à_² faire de beaux tableaux. Ils leur enseigne _à_³ mélanger soigneusement *(carefully)* les couleurs primaires. Ses étudiants rêvent _de_⁴ devenir célèbres. Ils essaient _de'_⁵ imiter les styles de Miró et de Magritte. Le prof leur demande _de'_⁶ essayer _de_⁷ mettre toute leur énergie sur les toiles *(canvasses).* Les étudiants veulent bientôt ____⁸ participer à une exposition. Ils apprennent aussi _à_⁹ critiquer les œuvres d'art.

**C. Qu'en pensez-vous?** Posez les questions suivantes à des camarades. Ils vont répondre en utilisant des adverbes.

**Suggestions:** vite, tranquillement, admirablement, diligemment, heureusement, malheureusement, constamment, couramment, évidemment, franchement, poliment, absolument, lentement, souvent, intelligemment...

MODÈLE: É1: Qu'est-ce qu'on doit faire pour avoir de bonnes notes?
É2: On doit étudier constamment.
É3: On doit travailler intelligemment.

**1.** Qu'est-ce qu'on doit faire pour être un bon professeur? **2.** Qu'est-ce qu'on doit faire pour devenir président(e) des États-Unis? **3.** Qu'est-ce qu'on doit faire pour courir dans un marathon? **4.** Qu'est-ce qu'on doit faire pour devenir riche? **5.** Qu'est-ce qu'on doit faire pour avoir de bons rapports *(a good relationship)* avec une autre personne?

---

*Un récit autobiographique écrit en 1958 par Simone de Beauvoir (1908–1986), femme de lettres française. Elle était disciple et compagne de Jean-Paul Sartre et féministe ardente.

**D. Interactions.** In this chapter, you practiced how to specify the people and objects you are discussing and how to qualify actions. Act out the following situations, using the vocabulary and structures from this chapter.

1. **Une visite.** A friend is coming to visit you. He/She is interested in art, music, literature, and architecture. Talking on the phone with this friend, plan the itinerary of what museums, concert halls, galleries, and sites you might visit in your town or area. Your friend will ask you questions to get more information.

2. **Les vacances passées.** You and a friend are at a café. Talk about a real or imaginary cultural trip you took to a big city. Mention the places you remember visiting, the art and architecture you saw, or the concerts and plays you may have seen. Discuss any people you may have met. Your friend will ask you questions to get more information.

# *Rencontres*

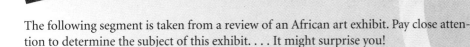

## *Situations*

The following segment is taken from a review of an African art exhibit. Pay close attention to determine the subject of this exhibit. . . . It might surprise you!

[**Thème 9, Vignette culturelle***]

Elle est plutôt bien balancée avec ses jambes[a] fines, ses reins bien cambrés,[b] sa poitrine[c] haute et son cou[d] qui n'en finit pas. De ses mensurations,[e] on ne connait que sa taille: 57 centimètres. Elle est zoulou et c'est le clou[f] d'une étonnante exposition au musée d'Art peul[g] qui n'arrête pas de nous surprendre. Quoi de plus surprenant en effet que ces cuillères africaines? Cet objet d'une banalité et d'un usage si courant a inspiré de façon incroyable les artisans de presque toutes les ethnies africaines.

Qu'elles soient en bois,[h] pour la plupart, en os,[i] en ivoire ou en laiton,[j] qu'elles viennent de la Côte-d'Ivoire, du Gabon, du Ghana, du Congo, du Cameroun, du Zaïre[†] ou du Burkina-Faso, ces cuillères sont de véritables œuvres d'art par la délicatesse de leur forme, l'imagination dont elles témoignent[k] ou encore la puissance[l] symbolique ou spirituelle qu'elles dégagent.[m]

[a]*legs* [b]*reins... small of the back pleasantly arched* [c]*chest* [d]*neck* [e]*measurements* [f]*main attraction* [g]*d'un peuple nomade d'Afrique* [h]*wood* [i]*bone* [j]*brass* [k]*that they display* [l]*power* [m]*give off*

---

*The **Thème** number corresponds to that in the Video to accompany *Rendez-vous.*
†In 1997, Zaire changed its name. In French it is now referred to as **la République Démocratique du Congo.**

## Avec un(e) partenaire...

Imaginez que votre partenaire et vous voulez faire quelque chose de nouveau ce week-end, mais que vous avez des goûts bien différents. Jouez les scènes suivantes.

1. L'un(e) de vous aime l'art moderne, mais l'autre préfère l'art classique.
2. Vous voulez tous/toutes deux assister à un concert, mais l'un(e) de vous aimerait aller à un concert de rock alors que l'autre voudrait écouter de la musique classique.
3. Vous voulez aller au cinéma, mais l'un(e) de vous déteste les films violents. L'autre préfère les films d'action, violents ou pas.

# LECTURE

*Le Petit Prince* est un conte *(tale)* très populaire en France. Il a été écrit par Antoine de Saint-Exupéry en 1943. Dans l'histoire, le Petit Prince habite sur une petite planète avec une rose pour seule compagnie. Un jour, il décide d'explorer d'autres planètes. Il arrive alors sur la terre où il découvre les hommes. Il trouve étrange leur manière de voir les choses. Après de nombreuses aventures, il devient l'ami d'un aviateur à qui il fait ses confidences *(in whom he confides)*. Dans l'extrait suivant, l'aviateur nous parle de la planète d'où vient le Petit Prince et donne son opinion sur les hommes.

## Avant de lire

**AWARENESS OF AUDIENCE**     One of the ways we decide what a text means is by inferring for whom it was written. Obviously, an article about rock music written for the alumni bulletin will make different points from an article written for the campus newspaper, because one is meant for alumni or families and the other for students. Inferring the intended audience is more difficult when you read fiction, yet it is crucial to understanding what the writer means. Look for subtle signs that suggest whom the writer is addressing. You can often deduce the assumed audience from the levels of ideas or language used. Are the ideas simple or sophisticated? Is the language straightforward and simple, or is it complex?

After you understand the general story line in this excerpt from *Le Petit Prince*, think about the implied audience for whom the story was written. Look for clues in the text, and discuss your conclusions with your classmates.

Note that *Le Petit Prince* contains some verb tenses that you may not recognize: the **passé simple** (a literary tense) and the **plus-que-parfait** (similar to the past perfect in English). Both are past tenses, as the context makes clear. You do not need to learn them now; you need merely guess their meaning to understand the story. The most difficult and unfamiliar verbs are glossed below the reading.

# Le Petit Prince *(extrait)* *

J'ai de sérieuses raisons de croire que la planète d'où venait le petit prince est l'astéroïde B 612. Cet astéroïde n'a été aperçu[a] qu'une fois au télescope, en 1909, par un astronome turc.

Il avait fait alors une grande démonstration de sa découverte à un Congrès[b] International d'Astronomie.

Mais personne ne l'avait cru à cause de son costume. Les grandes personnes[c] sont comme ça.

Heureusement pour la réputation de l'astéroïde B 612 un dictateur turc imposa[d] à son peuple, sous peine de mort,[e] de s'habiller à l'Européenne.[f] L'astronome refit[g] sa démonstration en 1920, dans un habit très élégant. Et cette fois-ci tout le monde fut[h] de son avis.[i]

Si je vous ai raconté ces détails sur l'astéroïde B 612 et si je vous ai confié[j] son numéro c'est à cause des grandes personnes. Les grandes personnes aiment les chiffres.[k] Quand vous leur parlez d'un nouvel ami, elles ne vous questionnent jamais sur l'essentiel. Elles ne vous disent jamais: «Quel est le son de sa voix[l]? Quels sont les jeux qu'il préfère? Est-ce qu'il collectionne les papillons[m]?» Elles vous demandent:

«Quel âge a-t-il? Combien a-t-il de frères? Combien pèse[n]-t-il? Combien gagne[o] son père?» Alors seulement elles croient le connaître. Si vous dites aux grandes personnes: «J'ai vu une belle maison en briques roses, avec des géraniums aux fenêtres et des colombes[p] sur le toit... » elles ne parviennent[q] pas à s'imaginer cette maison. Il faut[r] leur dire: «J'ai vu une maison de cent mille francs.» Alors elles s'écrient: «Comme c'est joli!» ◆

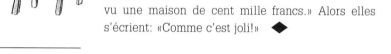

[a]découvert [b]convention [c]grandes... adultes [d]a imposé [e]peine... *penalty of death* [f]de... *to dress European style* [g]a refait [h]a été [i]opinion [j]confided [k]numbers [l]voice [m]butterflies [n]weighs [o]earns [p]doves [q]réussissent [r]Il... Il est nécessaire de

## Compréhension

1. Comment s'appelle la planète d'où vient le petit prince?
2. C'est un astronome *français / turc / américain* qui a aperçu pour la première fois cet astéroïde au télescope en 1909.
3. Pourquoi est-ce que tout le monde a écouté cet astronome en 1920 et non en 1909? Qu'est-ce que l'astronome a changé?
4. Selon l'aviateur, qu'est-ce qui intéresse le plus les adultes? Qu'est-ce que les adultes ne voient pas quand ils font la connaissance de quelqu'un?

*Dessins réalisés par l'auteur, Antoine de Saint-Exupéry

5. À votre avis, quelle phrase exprime la pensée *(thought)* de l'auteur?
   a. Les hommes jugent les personnes et les choses d'après leur apparence, et non leur fond *(substance)*.
   b. Les hommes sont curieux de connaître tous les détails.
   c. Les hommes sont obsédés *(obsessed)* par les chiffres.
   
   Êtes-vous d'accord avec l'opinion de l'auteur? Justifiez votre réponse avec des exemples de la vie réelle.
6. Trouvez dans le texte les phrases qui indiquent l'ironie de l'auteur.

## PAR ÉCRIT

FUNCTION: Describing (a cultural activity)

AUDIENCE: Classmates

GOAL: To write an account of a cultural activity you enjoy and engage in fairly often, whether as a spectator (attending theater, concerts, films, etc.), viewer of exhibits, reader, collector, browser, performer, or creator (arts or crafts). Discuss how the activity fits into your everyday life: how often, where, with whom, your preferences, what you accomplish, why you enjoy it.

**Steps**

1. Make an outline. For each point, make a list of the vocabulary terms you will use. Arrange the points so that they fit together and the discussion flows smoothly.
2. Write a rough draft. Have a classmate read the draft and comment on its clarity and organization. Add new details and eliminate irrelevant ones if necessary.
3. Make any necessary changes. Finally, reread the composition for spelling, punctuation, and grammar errors. Focus especially on your use of adverbs and direct and indirect object pronouns. Be prepared to read your composition to a small group of classmates.

## À L'ÉCOUTE!

**Les châteaux de la Loire.** Virginie parle de ses vacances avec Marc. Lisez les activités à la page suivante avant d'écouter le vocabulaire et le dialogue qui leur correspondent.

VOCABULAIRE UTILE:
**ses meubles d'époque**   *its period furniture*
**ses tapisseries**   *its tapestries*

## A. Vrai ou faux?

1. _____ Virginie a voyagé avec un groupe de touristes allemands.
2. _____ Marc a déjà visité Blois.
3. _____ Virginie a mieux aimé Azay-le-Rideau.
4. _____ Elle n'aime pas les autres châteaux de la Loire.
5. _____ Elle a aussi visité le château de Chinon.
6. _____ Elle adore le moyen âge.

## B. Tracez un cercle autour de la bonne réponse d'après le dialogue.

1. Virginie a visité les châteaux de la Loire _____.
   **a.** en bus   **b.** en vélo   **c.** en voiture
2. Marc a visité le château de Blois en _____.
   **a.** 1977   **b.** 1982   **c.** 1987
3. Le château de Blois date _____.
   **a.** du moyen âge   **b.** de l'époque classique   **c.** de la Renaissance
4. Azay-le-Rideau se trouve sur _____.
   **a.** une île   **b.** une montagne   **c.** un plateau
5. Le château de Chinon date _____.
   **a.** de l'époque romaine   **b.** de la Renaissance   **c.** du moyen âge

# Vocabulaire

## Verbes

**accepter (de)**  to accept
**apprendre (à)**  to learn (to)
**bâtir**  to build
**chercher (à)**  to try (to)
**choisir (de)**  to choose (to)
**commencer (à)**  to start (to)
**conseiller (de)**  to advise (someone) (to)
**continuer (à)**  to continue (to)
**dater (de)**  to date (from)
**décider (de)**  to decide (to)
**deviner**  to guess
**empêcher (de)**  to prevent (from)
**emprunter (à)**  to borrow (from)
**enseigner (à)**  to teach (someone) (to)

**essayer (de)**  to try (to)
**flâner**  to stroll
**oublier (de)**  to forget (to)
**penser** ( + *inf.*)  to plan on (*doing something*)
**permettre (de)**  to permit, allow (to)
**poursuivre**  to pursue
**refuser (de)**  to refuse (to)
**rêver (de)**  to dream (of)
**suivre**  to follow; to take (*a course*)
**vivre**  to live

## Substantifs

**l'acteur/l'actrice**  actor
**les arènes** (*f.*)  arena
**l'artiste** (*m., f.*)  artist

**le cadeau**  gift, present
**la cathédrale**  cathedral
**le château**  castle
**le chef-d'œuvre** (*pl.* **les chefs-d'œuvre**)  masterpiece
**le/la cinéaste**  filmmaker
**le compositeur/la compositrice**  composer
**la conférence**  lecture
**l'écrivain** (*m.*)**/la femme écrivain**  writer
**l'époque** (*f.*)  period (*of history*)
**l'événement** (*m.*)  event
**l'horaire** (*m.*)  schedule
**le moyen âge**  Middle Ages
**le/la musicien(ne)**  musician
**l'œuvre** (*f.*) (**d'art**)  work (of art)

**le palais** palace
**le passé** past
**le patrimoine** legacy, heritage
**le peintre/la femme peintre** painter
**la peinture** painting
**la pièce de théâtre** play
**la place** seat
**le poème** poem
**la poésie** poetry
**le poète** poet
**la reine** queen
**la Renaissance** Renaissance

**le roman** novel
**le sculpteur/la femme sculpteur** sculptor
**la sculpture** sculpture
**le siècle** century
**le tableau** painting
**le théâtre** theater

À REVOIR: **la carte postale, le cinéma**

## Adjectifs

**classique** classical
**gothique** Gothic

**historique** historical
**magnifique** magnificent
**médiéval(e)** medieval
**romain(e)** Roman

## Adverbes

**constamment** constantly
**couramment** fluently
**poliment** politely
**vraiment** really

# La vie de tous les jours

Le travail: une partie de la vie quotidienne

## IN CHAPITRE 12, YOU WILL LEARN:

- vocabulary for talking about love, marriage, the human body, and daily life

- structures for reporting actions and everyday events, expressing reciprocal actions, talking about the past, and giving commands

- cultural information about health care in France.

**349**

# Étude de vocabulaire

## L'amour et le mariage

Ils se rencontrent.
Ils tombent amoureux.

Ils se fiancent.

Ils se marient.

Mais ils ne s'entendent
pas toujours.

Les amoureux:
le coup de foudre*

Le couple:
les fiançailles

Le couple:
la cérémonie

Les nouveaux mariés:
parfois, ils se disputent.

## À vous!

**A. Ressemblances.** Quels verbes de la colonne de droite correspondent aux différentes étapes *(stages)* d'un mariage?

1. la rencontre
2. le coup de foudre
3. les rendez-vous
4. les fiançailles *(engagement)*
5. la cérémonie
6. l'installation *(setting up house)*

a. Ils se marient.
b. Ils sortent ensemble.
c. Ils tombent amoureux.
d. Ils se rencontrent.
e. Ils s'installent.
f. Ils se fiancent.

**B. Seul ou ensemble?** D'après vous, quels sont les avantages et les inconvénients _____?

**Mots utiles:** être indépendant(e), solitaire, en sécurité, responsable, irresponsable, bourgeois(e), ennuyeux/ennuyeuse *(boring)*, patient(e), libre...

1. des fiançailles   2. du mariage   3. du célibat *(single life)*   4. du divorce

---

*Literally, *flash of lightning* = love at first sight.

**C. Conversation.** Posez les questions suivantes à un(e) camarade.

1. Tu sors souvent seul(e)? avec un ami (une amie)? avec d'autres couples?
2. Tu es déjà tombé(e) amoureux/amoureuse? Tombes-tu souvent amoureux/amoureuse?
3. Est-ce que le coup de foudre est une réalité? Tu en as fait l'expérience?
4. Est-ce que tout le monde doit se marier? Pourquoi (pas)? À quel âge?

## Le corps humain

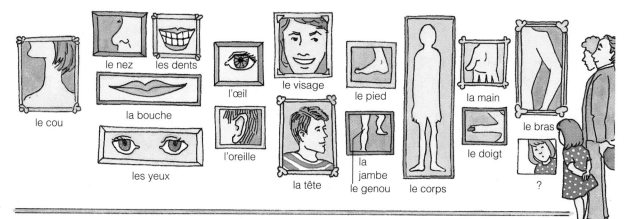

le nez    les dents
l'œil
le visage
le pied
la main
le bras
le cou
la bouche
les yeux
l'oreille
la tête
la jambe
le genou
le corps
le doigt
?

**AUTRES MOTS UTILES:**

**avoir mal (à)**    to hurt, to have a pain (in)
  **J'ai mal à la tête.**    My head hurts. (I have a headache.)
**la gorge**    throat
**le ventre**    abdomen

## À vous!

**A. Exercice d'imagination.** Où est-ce qu'ils ont mal? Répondez d'après le modèle.

MODÈLE:    Il y a beaucoup de bruit chez Martine. →
             Elle a mal à la tête (aux oreilles).

1. Vous portez des paquets très lourds *(heavy)*.
2. Les nouvelles chaussures d'Henri-Pierre sont trop petites.
3. J'ai mangé trop de chocolat.
4. Vous apprenez à jouer de la guitare.
5. Patricia a marché très longtemps.
6. La cravate de Patrick est trop serrée *(tight)*.
7. Ils font du ski et il y a beaucoup de soleil.
8. Il fait extrêmement froid dehors *(outside)* et vous n'avez pas de gants.
9. Claudette va chez le dentiste.
10. Assane chante depuis deux heures.

**B. Devinettes.** Pensez à une partie du corps et donnez-en une définition au reste de la classe. Vos camarades vont deviner de quelle partie il s'agit.

MODÈLE: Vous en avez deux. C'est la partie du corps où on porte un
pantalon. → les jambes

### LE CORPS DANS LES EXPRESSIONS

On retrouve des mots se référant aux parties du corps dans plusieurs expressions idiomatiques françaises. Voici quelques-unes de ces expressions:

| | |
|---|---|
| **avoir le bras long** | *to have connections, to know people in high places* |
| **couper les cheveux en quatre** | *to split hairs, to quibble* |
| **prendre ses jambes à son cou** | *to run away, to flee* |
| **avoir les oreilles qui sifflent** | *when someone talks about you* |
| **faire la tête** | *to sulk* |
| **une mauvaise langue** | *a person who says a lot of bad things about others* |
| **C'est le pied!** | *That's great/neat/cool!* |
| **Ça lui fera les pieds!** | *That will teach him/her!* |

## La vie quotidienne*

Ils se réveillent et ils se lèvent.

Ils se brossent les dents.

Elle se maquille.

Ils se peignent.

Ils s'habillent.

Ils s'en vont.

Ils se couchent.

Ils s'endorment.

*La... *Everyday life*

# À vous!

**A. Et votre journée?** Décrivez votre journée en employant le vocabulaire des dessins.

> MODÈLE: À _____ heures, je me _____. →
> À sept heures, je me réveille.

**B. Habitudes quotidiennes.** Dites dans quelles circonstances on utilise les objets suivants.

1. un réveil
2. une brosse à dents
3. des vêtements
4. un fauteuil *(armchair)* confortable
5. un lit
6. un peigne
7. du rouge à lèvres *(lipstick)*
8. du dentifrice

## *Réalités francophones*

### LA MÉDECINE EN FRANCE

En France, comme dans plusieurs pays d'Europe, la majorité des soins médicaux sont remboursés par le gouvernement. Les Français sont aujourd'hui presque tous couverts par un régime d'assurance maladie, qui couvre médicaments, visites chez le médecin et frais hospitaliers. Pour 100 F de dépenses, le gouvernement rembourse 74 F en France, contre 85 F au Royaume-Uni, 89 F en Suède et 72 F en Allemagne.

Cette protection médicale, basée sur la solidarité, s'appelle la Sécurité sociale. Son coût est très élevé pour le gouvernement qui a dû augmenter les impôts plusieurs fois pour faire face au déficit. Comme la part des remboursements de la Sécurité sociale a tendance à diminuer, les Français sont donc également presque tous couverts par une assurance complémentaire qui prend en charge les coûts non-couverts. Avec une telle protection médicale, il n'est pas étonnant que les Français consultent un médecin huit fois par an en moyenne![a]

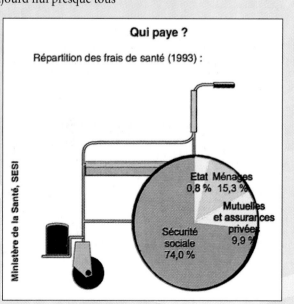

**Qui paye ?**

Répartition des frais de santé (1993) :

Ministère de la Santé, SESI

Etat 0,8 %  Ménages 15,3 %

Mutuelles et assurances privées 9,9 %

Sécurité sociale 74,0 %

---
[a]en... *on average*

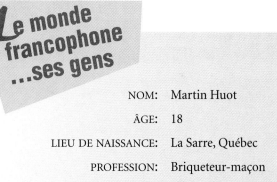

NOM: Martin Huot

ÂGE: 18

LIEU DE NAISSANCE: La Sarre, Québec

PROFESSION: Briqueteur-maçon

*Décrivez une matinée typique chez vous.*

La matinée typique chez nous se déroule[a] de façon plutôt routinière. Mes parents et moi, nous nous levons vers 5h45. Ma mère prépare les boîtes à lunch. Mon père déjeune de façon légère tout en lisant revues et journaux. Moi, je descends au sous-sol[b] pour faire ma gymnastique matinale et quelques lectures tout en écoutant du chant grégorien que le reste de la famille ne semble pas apprécier autant que moi.

NOM: Touria Yusuf

ÂGE: 24

LIEU DE NAISSANCE: Rabat, Maroc

PROFESSION: Fonctionnaire

*Quelle est votre religion? Est-ce la religion principale de votre pays? Êtes-vous pratiquant(e)? Quelles sont les fêtes principales de votre religion?*

Ma religion est l'Islam. C'est la religion principale du Maroc. C'est une religion souvent mal comprise[c] dans le monde occidental. Le dogme se réduit à cette affirmation: «Il n'y a pas d'autre Dieu qu'Allah, et Mahomet est l'Apôtre de Dieu.» Ses rites sont basés sur les cinq piliers de l'Islam: la profession de foi; les prières rituelles (cinq fois par jour); le paiement de l'aumône[d] légale; le jeûne[e] du mois de Ramadan et le pèlerinage[f] à La Mecque (le lieu saint de l'Islam en Arabie Saoudite). Les deux grandes fêtes de l'Islam sont la fête du sacrifice, *Aïd el Kabir,* en l'honneur de la foi d'Abraham, et la fête de la fin du jeûne, *Aïd el Fitr.* Ces deux fêtes commencent toujours par une prière matinale et se poursuivent[g] toute la journée avec des repas copieux et des visites de courtoisie aux parents et amis.

[a]*se... unfolds* [b]*basement* [c]*mal... misunderstood* [d]*alms* [e]*fasting* [f]*pilgrimage* [g]*se... continuent*

# Étude de grammaire

## 43. PRONOMINAL VERBS
### Expressing Actions

### UNE RENCONTRE

DAMIEN: Madeleine! Comment vas-tu?

VÉRONIQUE: Vous **vous trompez**, Monsieur. Je ne **m'appelle** pas Madeleine.

DAMIEN: Je **m'excuse**, Mademoiselle. Je **me demande** si je ne vous ai pas déjà rencontrée...

VÉRONIQUE: Je ne **me souviens** pas de vous avoir rencontré. Mais ça ne fait rien... Je **m'appelle** Véronique. Comment **vous appelez**-vous?

DAMIEN: Damien... Vous voudriez prendre un café peut-être?

Retrouvez la phrase correcte dans le dialogue.

1. Vous avez tort, Monsieur. Mon nom n'est pas Madeleine.
2. Pardon, je pense que je vous ai déjà rencontrée.
3. Mon nom est Véronique. Quel est votre nom?

Certain French verbs are always conjugated with two pronouns. Consequently, they are called pronominal verbs (**les verbes pronominaux**). The pronouns agree with the subject of the verb. **Se reposer** *(to rest)* and **s'amuser** *(to have fun),* for example, are pronominal verbs.

| **se repos er** *(to rest)* | | | | **s'amuser** *(to have fun)* | | | |
|---|---|---|---|---|---|---|---|
| je | **me** repose | nous | **nous** reposons | je | **m'**amuse | nous | **nous** amusons |
| tu | **te** reposes | vous | **vous** reposez | tu | **t'**amuses | vous | **vous** amusez |
| il, elle, on | **se** repose | ils, elles | **se** reposent | il, elle, on | **s'**amuse | ils, elles | **s'**amusent |

—Est-ce que tu **t'amuses** en général quand tu sors avec ton copain?
—Oui, on **s'amuse** bien ensemble. Nous **nous entendons** bien aussi.

*Do you usually have fun when you go out with your boyfriend?*
*Yes, we have a good time together. We get along well too.*

Note that the reflexive pronouns **me, te,** and **se** become **m', t',** and **s'** before a vowel. Common pronominal verbs include the following.

| | |
|---|---|
| **s'appeler** | *to be named* |
| **s'arrêter** | *to stop* |
| **se demander** | *to wonder* |
| **se dépêcher** | *to hurry* |
| **se détendre** | *to relax* |
| **s'entendre (avec)** | *to get along (with)* |
| **s'excuser** | *to excuse oneself* |
| **s'installer** | *to settle down, settle in* |
| **se rappeler** | *to remember* |
| **se souvenir (de)** | *to remember* |
| **se tromper** | *to be wrong* |
| **se trouver** | *to be located* |

| | |
|---|---|
| Je prends toujours l'autobus parce qu'il **s'arrête** juste devant l'immeuble de ma petite amie. | *I always take the bus because it stops just in front of my girlfriend's apartment building.* |
| Où **se trouve** son immeuble? | *Where is her apartment building located?* |
| | |
| Nicolas ne **se souvient** plus du nom de la rue. | *Nicolas no longer remembers the name of the street.* |
| Mais il **se rappelle** que ça commence par une voyelle. | *But he remembers that it starts with a vowel.* |
| Il ne veut pas **se** tromper. | *He doesn't want to make a mistake.* |

Note that word order in the negative and infinitive form follows the usual word order for pronouns: The reflexive pronoun precedes the verb.

## Vérifions!

**A. Questions d'amour.** Trouvez dans la colonne de droite une réponse logique aux phrases de la colonne de gauche.

1. Je dis que le mariage précède les fiançailles.
2. Demain c'est l'anniversaire de ma femme et je n'ai encore rien acheté.
3. Jean-Pierre et moi, nous nous disputons tout le temps. Nous travaillons trop et ne nous amusons jamais.
4. Quelle est la date de l'anniversaire de mariage de vos parents?
5. Toi et moi, nous aimons les mêmes choses! Nous ne nous disputons presque jamais.

a. Désolé(e), mais je ne m'en souviens plus.
b. Tu te trompes!
c. Oui, nous nous entendons bien.
d. Je me demande pourquoi tu n'y as pas pensé!
e. Il faut vous arrêter pour respirer un peu. Prenez le temps de vivre!

**B. Départ en hâte.** Il est l'heure de partir en voyage de noces *(honeymoon)* à la Martinique, mais vous avez un petit problème. Remplacez l'expression en italique par un des verbes pronominaux suivants: **se demander, se rappeler, se tromper, se trouver, se dépêcher.**

Où *est* ma valise? Je ne *me souviens* plus où je l'ai mise. En plus, je dois *partir tout de suite;* je suis en retard. Mais je ne peux pas aller à la Martinique sans mon appareil-photo. Je *veux savoir* si Jean-Philippe l'a mis dans sa valise ce matin. Il peut facilement *faire une erreur* quand il est en retard.

## Parlons-en!

**A. Réflexions sur la personnalité.** Complétez les phrases suivantes. Puis comparez vos phrases avec celles de deux camarades de classe. Est-ce que vous vous ressemblez?

**1.** Je me dépêche quand...   **2.** Je ne m'entends pas du tout avec... parce que... **3.** Quand je pense à mon enfance, je me rappelle surtout... *(nom)*   **4.** Je me demande souvent si...   **5.** Quand je me trompe, je...   **6.** Pour me détendre, j'aime...

**B. Trouvez quelqu'un qui...** Circulez dans la classe pour trouver quelqu'un qui fait une des activités suivantes. Faites-lui écrire son nom *(Have him/her write his/her name)* à côté de l'activité. Ensuite, trouvez quelqu'un d'autre qui fait l'activité suivante et continuez.

1. se dépêche toujours le matin
2. se souvient de son premier jour de classe à l'université
3. se trompe souvent en mathématiques
4. s'entend bien avec ses voisins *(neighbors)*
5. ne s'entend pas bien avec ses frères ou ses sœurs
6. se repose en écoutant *(while listening)* de la musique classique
7. se détend en lisant un bon roman
8. se rappelle son meilleur ami (sa meilleure amie) à l'école primaire

Ensuite, comparez vos réponses.

# 44. PRONOMINAL VERBS
# Reporting Everyday Events

### L'ENNUI

MAX: Tu **t'en vas**?

THÉO: Oui, il fait beau et je **m'ennuie** ici. Je vais **me promener** au bord du lac. Tu viens?

MAX: Non, je ne peux pas. J'ai beaucoup de travail.

Oh, tu exagères. Allez, on va **s'amuser** un peu!

Une autre fois. Si je **m'arrête** maintenant, je ne vais pas avoir le courage de finir plus tard.

1. Qui sort?
2. Est-ce que Théo s'amuse?
3. Qu'est-ce qu'il va faire?
4. Est-ce que Max se repose?
5. Est-ce qu'il veut s'arrêter de travailler?

# Reflexive pronominal verbs

In reflexive constructions, the action of the verb "reflects" or "refers back" to the subject: *The child dressed **himself**. Did you hurt **yourself**? She talks to **herself**.* In these examples, the subject and the object are the same person. The reflexive pronouns in boldface can be either direct object pronouns (as in the first two example sentences) or indirect object pronouns (as in the last sentence).

Common reflexive pronominal verbs include the following.

| | |
|---|---|
| **se baigner**  *to bathe; to swim* | **se maquiller**  *to put on makeup* |
| **se brosser**  *to brush* | **se peigner**  *to comb one's hair* |
| **se coucher**  *to go to bed* | **se raser**  *to shave* |
| **s'habiller**  *to get dressed* | **se regarder**  *to look at oneself* |
| **se laver**  *to wash oneself* | **se réveiller**  *to wake up* |
| **se lever**  *to get up* | |

| | |
|---|---|
| Toute la famille **se réveille** à six heures. | *The whole family wakes up at six o'clock.* |
| David **se douche** et **se rase** pendant que Jacqueline **se maquille** et **se peigne.** | *David showers and shaves while Jacqueline puts on makeup and combs her hair.* |

Most reflexive pronominal verbs can also be used nonreflexively.

| | |
|---|---|
| Aujourd'hui Ariane **lave** la voiture. | *Today Ariane is washing the car.* |
| Le bruit **réveille** tout le monde. | *The noise wakes up everyone.* |

# Reflexive pronominal verbs with two objects

Some reflexive pronominal verbs can have two objects, one direct and one indirect. This frequently occurs with the verbs **se brosser** and **se laver** plus a part of the body. The definite article—not the possessive article, as in English—is used with the part of the body.

| | |
|---|---|
| Chantal se brosse **les** dents. | *Chantal is brushing her teeth.* |
| Je me lave **les** mains. | *I'm washing my hands.* |

# Idiomatic pronominal verbs

When certain verbs are used with reflexive pronouns, their meaning changes.

| | |
|---|---|
| **aller** *to go* | **s'en aller** *to go away* |
| **appeler** *to call* | **s'appeler** *to be named* |
| **demander** *to ask* | **se demander** *to wonder* |
| **endormir** *to put to sleep*\* | **s'endormir** *to fall asleep* |
| **entendre** *to hear* | **s'entendre** *to get along* |
| **ennuyer** *to bother* | **s'ennuyer** *to be bored* |
| **fâcher** *to make angry* | **se fâcher** *to get angry* |
| **installer** *to install* | **s'installer** *to settle in(to a new house)* |
| | |
| **mettre** *to place, put* | **se mettre à** *to begin* |
| **perdre** *to lose* | **se perdre** *to get lost* |
| **promener** *to (take for a) walk*†◎ | **se promener** *to take a walk* |
| **tromper** *to deceive* | **se tromper** *to be mistaken* |
| **trouver** *to find* | **se trouver** *to be located* |

| | |
|---|---|
| Les jeunes mariés **s'en vont** en voyage de noces. | *The newlyweds are going away on their honeymoon trip.* |
| Après cela, Véronique va **se mettre à** chercher un appartement. | *Afterwards, Véronique is going to start looking for an apartment.* |
| Tu **te trompes**! Elle en a déjà trouvé un. | *You're wrong! She's already found one.* |
| Il **se trouve** où? | *Where is it?* |

## Vérifions!

**A. La routine.** Que font les membres de la famille Levesque?

MODÈLE: Céline se lave les mains.

Céline

Le matin...

1. 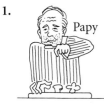 Papy

2. Wolfgang

3.  Mme Levesque

4. M. Levesque

---

\*Ce livre **endort** Paul.
†Jacques **promène** son chien tous les matins à six heures.

...us tard...

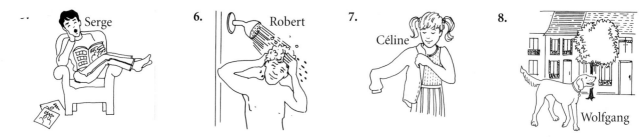

**Et vous?** Parmi ces activités, lesquelles faites-vous régulièrement?

**B. Habitudes matinales.** Qui dans votre famille a les habitudes suivantes? Faites des phrases complètes. Puis comparez leurs habitudes aux vôtres *(to yours)*. Commencez par «Moi aussi, je... » ou «Mais moi, je... ».

| | |
|---|---|
| mon père | se regarder longtemps dans le miroir |
| ma mère | se lever souvent du pied gauche* |
| ma sœur | se réveiller toujours très tôt |
| mon frère | s'habiller rapidement / lentement |
| mes parents | se maquiller / se raser très vite |
| ? | se préparer à la dernière minute |
| | se brosser les cheveux pendant une heure |
| | s'en aller sans prendre de petit déjeuner |
| | se laver les cheveux tous les jours |
| | ne jamais se dépêcher |
| | se fâcher quand il/elle n'a pas de café |

# Parlons-en!

**A. Vos habitudes.** Comparez vos habitudes avec celles de vos camarades. Trouvez quelqu'un qui...

se lève dix minutes avant de partir
s'en va sans prendre de petit déjeuner
se réveille avant dix heures
se lève souvent du pied gauche

se promène souvent le soir
se couche souvent après minuit
a souvent du mal à[†] s'endormir

**B. Interview.** Interrogez un(e) camarade sur une journée typique de sa vie à l'université. Posez-lui des questions avec les verbes **se réveiller, s'habiller, se dépêcher, s'en aller (en cours), s'amuser, s'ennuyer, se reposer, se promener** et **se coucher.** Ensuite, expliquez à la classe les différences et les ressemblances entre votre journée et celle de votre camarade.

---

*__Se lever du pied gauche__ is the equivalent of *to get up on the wrong side of the bed.*
[†]__avoir du mal à__ = *to have trouble (doing something)*

# 45. PRONOMINAL VERBS
## Expressing Reciprocal Actions

### LE COUPLE IDÉAL

ALAIN: Tu vois, pour moi, le couple idéal c'est Djamal et Karima.

RENÉE: Pourquoi est-ce que tu dis ça?

ALAIN: Parce qu'ils **s'adorent** tous les deux. Chaque fois que je les vois, ils **se regardent** amoureusement, ils **s'embrassent,** ils **se disent** des choses gentilles. Ils **se connaissent** depuis dix ans et je ne les ai jamais vus **se disputer.**

Vrai ou faux?

1. Djamel et Karima se disputent souvent.
2. Ils s'aiment.
3. Ils se connaissent depuis peu de temps.
4. Ils s'entendent bien.

The plural reflexive pronouns **nous, vous,** and **se** can be used to show that an action is reciprocal or mutual. Almost any verb that can take a direct or indirect object can be used reciprocally with **nous, vous,** and **se.**

| | |
|---|---|
| Ils **se** rencontrent par hasard. | *They meet by chance.* |
| Ils **s'**aiment. | *They love each other.* |
| Est-ce que nous allons **nous** téléphoner demain? | *Are we going to phone each other tomorrow?* |
| Vous ne **vous** quittez jamais. | *You are inseparable (never leave each other).* |

Pour bien s'entendre...

RTL
Y'A RIEN DE
TEL !

## Vérifions!

**Une amitié sincère.** Mme Kourouma raconte l'amitié qui unit sa famille à la famille Senghor. Complétez son histoire au présent.

Zohra Senghor et moi, nous ———¹ depuis plus de quinze ans. Nous ———² tous les jours et nous parlons longtemps. Nous ———³ souvent en ville. Quand nous partons en voyage, nous ———⁴ des cartes postales.

s'écrire ✓
se rencontrer ✓
se téléphoner ✓
se connaître ✓

Nos maris ———⁵ aussi très bien. Nos enfants ———⁶ surtout pendant les vacances quand ils jouent ensemble. Parfois ils ———,⁷ mais comme ils ———⁸ bien, ils oublient vite leurs différends *(disagreements)*.

se disputer
se voir ✓
s'entendre ✓
s'aimer

## Parlons-en!

**Rapports familiaux.** Posez les questions suivantes à un(e) camarade de classe.

1. Avec qui est-ce que tu t'entends bien dans ta famille?
2. Tes parents et toi, quand est-ce que vous vous téléphonez?
3. Tes frères et sœurs et toi, combien de fois par semaine, par mois, par an est-ce que vous vous voyez?
4. Tes cousins et toi, est-ce que vous vous connaissez bien? Pourquoi, ou pourquoi pas?

# 46. PRONOMINAL VERBS
## Talking About the Past and Giving Commands

### UN MARIAGE D'AMOUR

NADINE: Dis-moi Jérémy, **vous vous êtes rencontrés** comment?

JÉRÉMY: La première fois qu'**on s'est vu,** c'était à Concarneau.

DELPHINE: **Souviens-toi!** Il pleuvait, tu es entré dans la boutique où je travaillais et...

JÉRÉMY: Et ça a été le coup de foudre! **Nous nous sommes mariés** cette année-là.

1. Est-ce que Delphine et Jérémy se sont rencontrés par hasard?
2. Où se sont vus Delphine et Jérémy pour la première fois?
3. Quand est-ce qu'ils se sont mariés?

## *Passé composé* of pronominal verbs

All pronominal verbs are conjugated with **être** in the **passé composé**. The past participle agrees with the reflexive pronoun in number and gender when the pronoun is the *direct* object of the verb, but not when it is the *indirect* object.

| PASSÉ COMPOSÉ OF **se baigner** *(to bathe; to swim)* | | | |
|---|---|---|---|
| je | me suis baigné(e) | nous | nous sommes baigné(e)s |
| tu | t'es baigné(e) | vous | vous êtes baigné(e)(s) |
| il | s'est baigné | ils | se sont baignés |
| elle | s'est baignée | elles | se sont baignées |
| on | s'est baigné | | |

| | |
|---|---|
| Nous **nous sommes mariés** en octobre. | *We got married in October.* |
| Est-ce que vos parents **se sont fâchés**? | *Did your parents get angry?* |
| Vous ne **vous êtes** pas **vus** depuis Noël? | *You haven't seen each other since Christmas?* |

Here are some of the more common pronominal verbs whose past participles do not agree with the pronoun: **se demander, se dire, s'écrire, s'envoyer, se parler, se téléphoner.** The reflexive pronoun of these verbs is indirect (**demander à, parler à,** etc.).

| | |
|---|---|
| Elles se sont **écrit** des cartes postales. | *They wrote postcards to each other.* |
| Est-ce qu'ils ne se sont pas **téléphoné** hier soir? | *Didn't they phone each other last night?* |
| Vous vous êtes **dit** bonjour? | *Did you say hello to each other?* |

# Imperative of pronominal verbs

Reflexive pronouns follow the rules for the placement of object pronouns. In the affirmative imperative, they follow and are attached to the verb with a hyphen; **toi** is used instead of **te**. In the negative imperative, reflexive pronouns precede the verb.

| | |
|---|---|
| Habillez-**vous.** Ne **vous** habillez pas. | *Get dressed. Don't get dressed.* |
| Lève-**toi.** Ne **te** lève pas. | *Get up. Don't get up.* |
| Asseyons-**nous.** Ne **nous** asseyons pas. | *Let's sit down. Let's not sit down.* |

# Vérifions!

**A. Avant la soirée.** Hier, il y avait une soirée dansante à la Maison des Jeunes *(youth center)*. Décrivez les activités de ces jeunes gens. Faites des phrases complètes au passé composé.

1. Roger / s'habiller / avec soin *(care)*
2. Céline et toi, vous / se reposer
3. Valérie et Serge / s'amuser / à passer *(play)* des CD
4. Sylvie / s'endormir / sur le canapé
5. Luc et moi, nous / s'installer / devant la télévision
6. je / s'ennuyer / pendant trois heures

**B. Souvenirs.** Anne-Marie retrouve un vieil album de photos. Racontez son histoire au passé composé.

1. Elle s'installe pour regarder son album de photos. 2. Elle s'arrête à la première page. 3. Elle se souvient de son premier amour. 4. Elle ne se souvient pas de son nom. 5. Elle se trompe de personne. 6. Elle se demande où il est aujourd'hui. 7. Elle s'endort sur la page ouverte.

## MOTS-CLÉS

### Telling someone to go away

Va-t'en!
Allez-vous-en! } *Get going, go away!*

**C. Un rendez-vous difficile.** Un ami (Une amie) a rendez-vous avec quelqu'un qu'il/elle ne connaît pas. Il/Elle est très énervé(e) *(nervous)*. Réagissez *(React)*! Utilisez l'impératif.

MODÈLE: É1: Je ne *me suis* pas encore *préparé(e)*. (vite)
　　　　　 É2: Prépare-toi vite!

1. À quelle heure est-ce que je dois *me réveiller*? (à 5h)
2. Je n'ai pas envie de *m'habiller*. (tout de suite)
3. Je ne *me souviens* pas de la rue. (rue Mirabeau)
4. J'ai peur de *me tromper*. (ne... pas)
5. Je dois *m'en aller* à 6h. (maintenant)

Maintenant, inversez les rôles. Mais cette fois votre camarade utilise *vous*.

MODÈLE: É1: Je ne *me suis* pas encore *préparé(e)*. (vite)
　　　　　 É2: Préparez-vous vite!

## Parlons-en!

**Rapports.** Utilisez des verbes pronominaux au passé composé pour décrire les rapports entre les personnages historiques et fictifs suivants.

MODÈLE: Roosevelt, Churchill, de Gaulle →
Ils se sont vus, ils se sont parlé, ils se sont écrit des lettres et parfois ils se sont disputés.

1. Roméo et Juliette
2. Laurel et Hardy
3. Charlie Brown et Lucy
4. Sherlock Holmes et le Dr Watson
5. Antoine et Cléopâtre
6. Rimbaud et Verlaine
7. Caïn et Abel
8. Pierre et Marie Curie
9. Tarzan et Jane

# Mise au point

**A. Vie quotidienne.** Faites des phrases complètes. Utilisez les verbes indiqués au temps convenable.

1. Le dimanche, nous / se réveiller / tard. Mais le week-end passé, nous / se lever / assez tôt / et nous / se promener / le parc.
2. Autrefois ma sœur / se coucher / avant minuit. Maintenant elle / se préparer / à passer / examen. Elle / se mettre / travailler / semaine passée / et maintenant / elle / travailler / tout le temps.
3. Tu / se brosser / les cheveux / ce matin? Préparer / toi / plus vite. Tu / s'habiller / trop lentement. Rappeler / toi / l'entrevue *(job interview)* / 9h.
4. Je / se demander / si les voisins / s'amuser / hier chez nous. Ils / partir / vers 10h / soir. Ils / se regarder / plusieurs fois / avant de partir.

**B. Tête-à-tête.** Posez les questions suivantes à un(e) camarade. Ensuite, faites une observation intéressante sur votre camarade.

1. Est-ce que tu t'entends bien avec tes amis? avec tes professeurs? avec tes camarades de chambre? (Si votre camarade ne s'entend pas bien avec eux, demandez-lui pourquoi.)
2. Tu as déjà rencontré une personne qui t'a beaucoup impressionné(e)? Comment s'appelle cette personne? De quels traits physiques (yeux, visage, cheveux, taille, etc.) te souviens-tu?
3. Est-ce que tu te rappelles le moment où tu es tombé(e) amoureux/amoureuse pour la première fois? C'était à quel âge, et avec qui? Ça a été le coup de foudre? C'était l'amour?
4. Tu veux te marier un jour? À quel âge? Où est-ce que tu veux t'installer avec ton mari / (ta femme)?

**C. Interactions.** In this chapter, you practiced talking about day-to-day activities, the human body, and love and marriage. Act out the following situations, using the vocabulary and structures from this chapter.

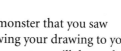

1. **Un monstre.** Take a minute to draw an odd-looking monster that you saw roaming the streets near campus. Then, without showing your drawing to your partner, describe this strange being to him or her. Your partner will draw what you describe. Compare drawings to see how well your partner understood.

2. **La maladie.** You are traveling in Europe with a friend, who becomes ill. Ask questions to find out when your friend started feeling bad, what hurts, what the symptoms are, what the cause might be. Suggest possible treatments or remedies. Show compassion for your friend.

In this dialogue, Mme Lefèvre's doctor has just diagnosed her as having bronchitis. Pay attention to the instructions he gives her. It looks as if his recommendations conflict with her busy schedule!

**[Thème 7, Scène 7.1]***

| | |
|---|---|
| MME LEFÈVRE: | Ce n'est pas grave? |
| DOCTEUR: | Non, ce n'est pas grave, mais vous avez besoin de repos.[a] Il est nécessaire que vous restiez bien au chaud[b] pendant quelques jours. |
| MME LEFÈVRE: | Mais c'est impossible, Docteur! Il faut absolument que je parte en voyage d'affaires demain, à Lille. |
| DOCTEUR: | Ça ne va malheureusement pas être possible. Ouvrez la bouche et dites «ahahah». |
| MME LEFÈVRE: | Ahahah... |
| DOCTEUR: | Vous avez aussi la gorge irritée. Je vais vous prescrire des antibiotiques. Êtes-vous allergique à un médicament? |
| MME LEFÈVRE: | Non. Mais vous savez bien que je suis journaliste et il faut absolument que je parte en reportage demain à Lille. |
| DOCTEUR: | J'insiste. Il est indispensable[c] que vous restiez au lit et que vous vous reposiez. |

[a]*rest* [b]*restiez... keep yourself warm* [c]*essential*

*The **Thème** and **Scène** numbers correspond to those in the Video to accompany *Rendez-vous.*

MME LEFÈVRE: Des vacances forcées, je suppose.

DOCTEUR: Profitez-en[d] donc! Je veux aussi que vous buviez beaucoup.

MME LEFÈVRE: Entendu, Docteur. Je vais porter mon ordonnance[e] à la pharmacie.

DOCTEUR: Si cela ne va pas mieux dans quelques jours, je passerai chez vous. En attendant, reposez-vous bien. Au revoir, Madame Lefèvre.

MME LEFÈVRE: Au revoir, Docteur. Merci!

## Avec un(e) partenaire...

Maintenant imaginez que c'est vous qui ne vous sentez pas bien. Avec un(e) partenaire, jouez les rôles du docteur et du (de la) malade. Décrivez vos symptômes pour que votre partenaire puisse diagnostiquer votre maladie et vous prescrire un traitement. Servez-vous des expressions du dialogue précédent.

[d]Profitez... *take advantage of it*
[e]*prescription*

# LECTURE

## Avant de lire

**USING THE DICTIONARY**     Thus far in *Rendez-vous,* the **Avant de lire** sections have encouraged you to develop your reading skills through careful observation, deduction, contextual guessing, and similar strategies. Sometimes, however, you will want to know the exact meaning of an unfamiliar word or phrase, and will need to use a dictionary. Of course you can look up words from the chapter reading in the **Vocabulaire** at the end of this book. But it is also a good idea to learn how to use a French-English dictionary. You will need it often, especially when you write in French.

When you look up an unfamiliar word, don't accept the first definition you see. Note that definitions are grouped within a dictionary entry according to their function in a sentence (verb, noun or substantive, adjective, adverb, etc.). You will need to decide how your word functions in the sentence you are working with. Think about whether the definition you choose is plausible in that sentence. It can be especially helpful to study the example sentences in the dictionary; they often clarify the meaning of the word and help you narrow down the number of meanings.

On your second reading of *"Les jeunes s'éternisent,"* circle two or three puzzling words or expressions and look them up in a French-English dictionary.

# Phénomène de société:
# Les jeunes s'éternisent au foyer familial

Autrefois on considérait comme naturel que les jeunes quittent rapidement le cocon familial pour vivre leur vie. Aujourd'hui l'allongement des études, le chômage, la peur de la solitude, une éducation[a] plus tolérante, figurent parmi les facteurs qui incitent de plus en plus les jeunes Français à résider plus longtemps chez leurs parents. Selon une étude de l'Institut national de la Statistique (l'INSEE), plus de la moitié des 20–24 ans habitaient au foyer familial en 1995.

«Les jeunes y trouvent-ils ou pas leur bonheur? Comment les parents vivent-ils cette cohabitation prolongée?» s'est demandé Mireille Dumas qui a recueilli des témoignages[b] souvent touchants de familles confrontées à ce problème. Étrangement, de tous les témoins, un seul aborde[c] un problème financier insoluble pour expliquer qu'il reste chez ses parents.

Sandra par contre, à 28 ans, vit une situation de bonheur avec ses parents André et Rosine, partageant ses jours entre leur appartement et son studio. «Ce n'est pas un choix» dit-elle. Elle prolonge ainsi simplement une enfance et une adolescence heureuses.

Ils ont 25–30 ans et vivent de plus en plus longtemps chez leurs parents.

Autre exemple extraordinaire, celui de la famille Hugodot! Florence la mère, journaliste, et Philippe, fonctionnaire[d]—8 enfants de 16 à 26 ans—ont mis sur pied une organisation aussi originale qu'efficace:[e] une partie de leurs enfants vit avec eux, tandis que l'autre occupe un appartement situé en face, de l'autre côté de la rue. Nicolas, ingénieur d'affaires et Capucine, en première année de médecine: «On vit chez nous, ils vivent chez eux et au milieu, tout le monde se retrouve. Nous avons les avantages sans les inconvénients des deux.» Ce qui semble parfaitement convenir[f] à leurs parents-amis qui ne sont pas pressés[g] de voir leurs enfants s'installer ailleurs.

Autre exemple, le «bébé-couple» de musiciens que forment Vanessa et Olivier qui déménagent chaque soir pour vivre dans la famille de l'un ou de l'autre. «S'installer

---

[a]*upbringing*  [b]*testimonies*  [c]*parle d'*  [d]*civil servant*  [e]*efficient*  [f]*to suit*  [g]*in a hurry*

pour s'installer, pour quitter sa famille, non, disent-ils. S'installer grâce à la musique, oui. On a envie de gagner de l'argent en faisant ce qui nous intéresse. Mais pas avec des petits boulots.[h]»

Seul Emmanuel, 29 ans, éducateur à l'aide sociale à l'enfance, obligé de revenir vivre chez ses parents avec son jeune fils après un double échec[i] conjugal et professionnel aborde le problème financier qu'il ne peut régler pour l'instant sans eux. Il a l'impression de «vivre entre parenthèses» et d'être devenu le grand frère de son fils.

Patrice Heurre, psychanalyste et psychiatre, médecin chef d'une clinique pour adolescents en difficulté, donne son point de vue: «La famille reste un point de repérage et d'ancrage[j] très important même lorsque les ados[k] la maltraitent et revendiquent leur indépendance.» Optimiste, il fait rappeler aux adultes leur propre adolescence, une période de créativité et d'inventions tout à fait exceptionnelle,... ◆

Renée Barbier
France-Amérique

---

[h]*jobs*   [i]*failure*   [j]*point... reference point and anchor*   [k]*abréviation de quel terme?*

# Compréhension

**A.** Selon vous, quelles sont les raisons pour lesquelles les jeunes Français choisissent souvent de vivre chez leurs parents? Proposez-en trois ou quatre.

**B.** Parmi les personnes interviewées, qui aurait dit *(would have said)* les choses suivantes?

1. Chez nous, ça marche bien. Nos parents sont heureux que nous habitions en face et ils ne se mêlent pas de nos affaires.
2. Dès que je trouve un nouveau job, nous allons nous installer ailleurs.
3. Le lundi soir, nous sommes en général chez ma mère, puis le mardi chez les parents de mon mari. Le mercredi nous retournons chez ma mère. C'est un peu déroutant, mais ça nous aide à faire ce que nous voulons.
4. Les jeunes ont besoin de temps pour se découvrir et pour trouver leur place dans le monde.
5. Je n'habite pas chez mes parents mais nous nous voyons tous les jours parce que nous nous entendons si bien.
6. Nous avons de la chance de voir nos enfants presque tous les jours. Et eux ne sont pas privés de leur indépendance.
7. Nous, on refuse d'accepter un travail simplement pour gagner de l'argent.

**C.** Est-ce que vous aimeriez vivre chez vos parents à l'âge de 25–30 ans? Quels en sont les avantages? Et les inconvénients?

**D.** À votre avis, que dirait *(would say)* la majorité des jeunes Américains devant cette possibilité (ou cette nécessité)? Pourquoi?

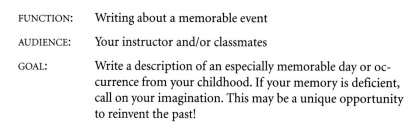

## PAR ÉCRIT

FUNCTION: Writing about a memorable event

AUDIENCE: Your instructor and/or classmates

GOAL: Write a description of an especially memorable day or occurrence from your childhood. If your memory is deficient, call on your imagination. This may be a unique opportunity to reinvent the past!

**Steps**

1. Begin by free association or brainstorming. Devote 15 minutes to jotting down everything that comes to mind about the topic. Don't criticize your ideas at this stage. Put them aside until after you have finished.
2. Go back and organize your notes. Because some of them may seem irrelevant, be sure to eliminate weak, uninteresting, or irrelevant ideas before you begin writing. Look for dominant points. The most interesting ones should be obvious to you; these will form the foundation of your essay. Then look for supporting details that make the main points clear and vivid. Try to be as specific and descriptive as possible.
3. Write the rough draft. Where appropriate, use reflexive and pronominal verbs. Reread the draft for continuity and clarity.
4. Have a classmate read your composition to see if what you have written is interesting, clear, and well organized. Make any necessary changes.
5. Finally, read the composition again for spelling, punctuation, and grammar errors. When correcting, focus especially on your use of the reflexive and pronominal verbs. Be prepared to read your composition to a small group of classmates.

## À L'ÉCOUTE!

**Un rêve bizarre.** Vincent raconte son rêve à Gilles. Lisez les activités suivantes avant d'écouter le vocabulaire et la conversation qui leur correspondent.

**VOCABULAIRE UTILE:**
**a disparu** *disappeared*
**dehors** *outside*
**m'emmènent** *take me (away)*

**A.** Mettez les actions de Vincent dans l'ordre chronologique en les numérotant de 1 à 10.

_____ Il se rase.

_____ Personne ne lui dit bonjour.

___*1*___ Il se lève.

_____ Il s'en va au bureau.

_____ Il veut se peigner.

_____ Il crie «non!»

_____ Il se brosse les dents.

_____ Il se prépare le petit déjeuner.

_____ Il prend sa douche.

_____ Les policiers l'emmènent.

## B. Vrai ou faux?

**1.** Tous les matins, Vincent se lève à 7h30.   **2.** Dans son rêve, il n'y a pas d'eau dans la douche.   **3.** Dans son rêve, ses cheveux sont rouges.   **4.** Dans son rêve, il se rase avec un couteau.   **5.** Dehors, tout est bizarre.   **6.** Il se réveille quand les policiers l'emmènent avec eux.

# Vocabulaire

## Verbes

**s'appeler** to be named
**s'arrêter** to stop
**avoir mal (à)** to have pain; to hurt
**se baigner** to bathe; to swim
**se brosser (les cheveux, les dents)** to brush (one's hair, one's teeth)
**se coucher** to go to bed
**se demander** to wonder
**se dépêcher** to hurry
**se détendre** to relax
**se disputer** to argue
**se doucher** to take a shower
**s'embrasser** to kiss
**s'en aller** to go away, go off *(to work)*
**s'endormir** to fall asleep
**s'ennuyer** to be bored
**s'entendre (avec)** to get along (with)
**s'excuser** to excuse oneself
**se fâcher** to get angry
**se fiancer** to get engaged
**s'habiller** to get dressed
**s'installer** to settle down/in
**se laver** to wash oneself
**se lever** to get up
**se maquiller** to put on makeup
**se marier (avec)** to get married (to)
**se mettre à** *(+ inf.)* to begin to *(do something)*
**se peigner** to comb one's hair

**se perdre** to get lost
**se préparer** to get ready
**se promener** to take a walk
**se rappeler** to remember
**se raser** to shave
**se regarder** to look at oneself, at each other
**(se) rencontrer** to meet
**se rendre à** to go to
**se reposer** to rest
**se réveiller** to awaken, wake up
**se souvenir (de)** to remember (to)
**tomber amoureux/amoureuse** to fall in love
**se tromper** to be wrong
**se trouver** to be located

À REVOIR: **connaître; sortir**

## Substantifs

**l'amour** *(m.)* love
**l'amoureux / l'amoureuse** lover, sweetheart
**la bouche** mouth
**le bras** arm
**le célibat** single life
**le corps** body
**le cou** neck
**le coup de foudre** flash of lightning; love at first sight
**la dent** tooth

**le doigt** finger
**les fiançailles** *(f. pl.)* engagement
**le genou** knee
**la gorge** throat
**la jambe** leg
**la main** hand
**le mariage** marriage
**le/la marié(e)** groom/bride
**le nez** nose
**les nouveaux mariés** newlyweds
**l'œil** *(m.)* **(les yeux)** eye
**l'oreille** *(f.)* ear
**le peigne** comb
**le pied** foot
**la rencontre** meeting, encounter
**la santé** health
**la tête** head
**le ventre** abdomen
**le visage** face

À REVOIR: **les cheveux** *(m. pl.)*

## Adjectifs

**amoureux/amoureuse** loving, in love
**quotidien(ne)** daily, everyday

## Mots et expressions divers

**allez-vous-en!** go away!
**asseyez-vous (assieds-toi)** sit down
**dehors** outside
**va-t'en!** *(fam.)* get going, go away!

# Fenêtre sur...

## UNE CAPITALE

### Casablanca, la plus paradoxale des villes marocaines

Cette ville moderne—trop moderne au goût[a] des nostalgiques du passé—est aujourd'hui un symbole de l'Islam: le 30 août 1993, jour anniversaire de la —naissance du prophète,[b] a eu lieu l'inauguration de la Mosquée Hassan II, le plus haut[c] édifice religieux de l'univers. Construit sur l'océan Atlantique, son minaret[d] est équipé d'un rayon laser qui indique la direction de La Mecque.[e] L'espace total peut accueillir 150 000 personnes.

Cette vocation religieuse de la ville se double d'une vocation économique: «Casa», ville occidentale d'Afrique du Nord, est aussi la cité des hommes d'affaires.

[a]*taste*  [b]Mohammed, founder of Islam  [c]*le... the tallest*  [d]*tower, turret*  [e]*La... Mecca (in Saudi Arabia), spiritual center of Islam*

## UN PERSONNAGE CÉLÈBRE

### Khaled, le troubadour raï

Qu'est-ce que le raï? Une musique traditionnelle d'origine paysanne[a] qui chante l'amour et la beauté des femmes.

Qui est Khaled? Un artiste algérien qui, en amalgamant[b] le raï au rock et au funk, a créé une musique universelle qui allie tradition et modernité, mélodie orientale et rythme occidental.

[a]*rural, peasant*  [b]*combines*

# Le Maghreb°

*North African countries of Algeria, Morocco, and Tunisia*

## L'ART ET L'ARCHITECTURE

### Carthage: les ruines de la Rome africaine

Elles brûlent[a] sous le chaud soleil tunisien et suggèrent la splendeur d'une civilisation aujourd'hui disparue.[b] Situés sur le golfe de Tunis, les vestiges de la Rome africaine offrent au regard des promeneurs[c] leur lumière[d] ocre et rose. Temples, sanctuaires, ports, thermes,[e] villas romaines, amphithéâtres: détruite[f] en 146 av. J.-C., Carthage est aujourd'hui exhumée, restaurée et magnifiée grâce aux remarquables travaux archéologiques commencés en 1823.

[a]*burn* [b]*vanished* [c]*strollers* [d]*light* [e]*thermal baths* [f]*destroyed*

## LES FÊTES ET LES FESTIVALS

### Le Ramadan: un sommet de la vie religieuse islamique

Des rues désertes, des hôtels et des restaurants vides,[a] ni nourriture ni boisson, mais la prière[b] et la méditation: c'est la période sacrée du Ramadan, une des principales fêtes religieuses du calendrier musulman.

Marqué par le jeûne[c] depuis l'aube[d] jusqu'à l'apparition de la première étoile dans le ciel, il est scrupuleusement respecté dans tous les pays du Maghreb et chez tous les musulmans.

Pendant un mois, l'activité économique et sociale cesse la journée. Mais le soir, tout le monde sort et s'amuse; on mange et on boit en famille et entre amis; chacun célèbre les joies du corps après avoir régénéré son esprit dans la prière.

[a]*empty* [b]*prayer* [c]*fasting* [d]*dawn*

## LA LANGUE ET LES USAGES

### Week-end et week-end

Dans la plupart des pays musulmans, le vendredi est le jour de repos hebdomadaire.[a] Le week-end? Il commence le jeudi soir et finit le samedi soir.

[a]*jour… weekly day of rest*

# Au travail

## IN CHAPITRE 13, YOU WILL LEARN:

- vocabulary for talking about jobs and professions, banking, finances, and money

- structures for talking about the future, linking ideas, and making comparisons

- cultural information about looking for employment in France and Quebec, about French attitudes toward work and leisure, and a portrait of the Ivory Coast.

On cherche du travail.

# *Étude de vocabulaire*

## Au travail

1. **Les fonctionnaires:** ils travaillent pour l'État.

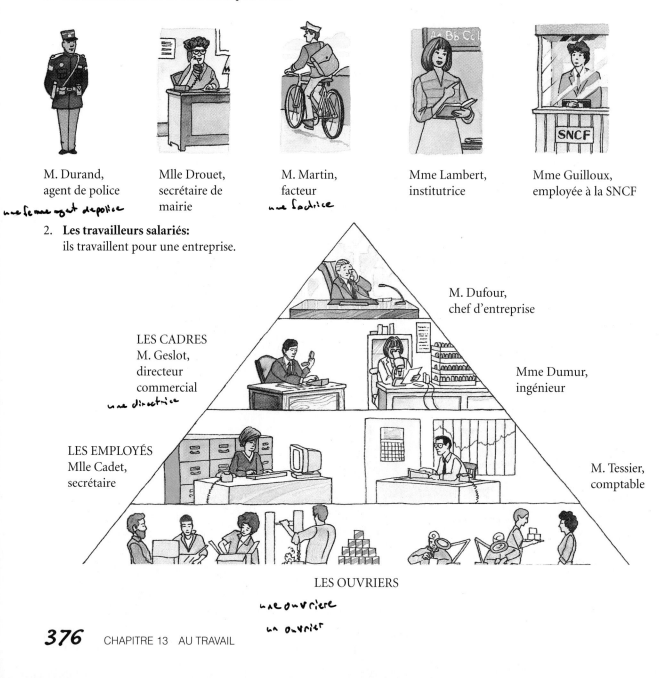

M. Durand,
agent de police

*une femme agent de police*

Mlle Drouet,
secrétaire de
mairie

M. Martin,
facteur

*une factrice*

Mme Lambert,
institutrice

Mme Guilloux,
employée à la SNCF

2. **Les travailleurs salariés:**
ils travaillent pour une entreprise.

M. Dufour,
chef d'entreprise

LES CADRES
M. Geslot,
directeur
commercial

*une directrice*

Mme Dumur,
ingénieur

LES EMPLOYÉS
Mlle Cadet,
secrétaire

M. Tessier,
comptable

LES OUVRIERS

*une ouvrière*

*un ouvrier*

3. **Les travailleurs indépendants:** ils travaillent à leur compte.

- Les artisans

M. Lepape,
plombier

Mme Simon,
coiffeuse

*un coiffeur*

- Les commerçants

M. Thétiot,
boucher

*une bouchère*

M. Lefranc,
marchand de vin

*une marchande*

- Les professions de la santé

M. Morin,
pharmacien

*une pharmacienne*

Mlle Duchamp,
dentiste

Mme Duchesne,
médecin

*une femme médecin*

- Les autres professions libérales

Mme Aubry,
avocate

M. Leconte,
architecte

M. Colin,
agriculteur

*une agricultrice*

Mlle Cossec,
artiste peintre

M. Kalubi,
journaliste

# À vous!

**A. Définitions.** Quelle est la profession des personnes suivantes?

> MODÈLE: Elle enseigne à l'école primaire. → C'est une institutrice.

1. Elle s'occupe *(takes care of)* des dents de ses patients.
2. Il travaille à la campagne.
3. Il règle la circulation automobile.
4. Elle vend des billets de train.
5. Elle s'occupe de la santé de ses patients.
6. Il distribue des lettres et des paquets.
7. Il vend de la viande aux clients. → hair
8. Elle coupe *(cuts)* les cheveux des clients.
9. Elle tape des lettres sur un ordinateur.
10. Il vend des vins et des liqueurs.
11. Il prépare et vend des médicaments.
12. Elle fait des portraits et des paysages *(landscapes)*.

**B. Stéréotypes.** Voici quelques dessins du caricaturiste français Jean-Pierre Adelbert. Choisissez la profession qui, selon vous, correspond le mieux à chaque dessin. Expliquez pourquoi.

**Professions:** chef d'entreprise, critique de cuisine, critique de cinéma, artiste peintre, journaliste de mode, plombier, coiffeur/coiffeuse, caricaturiste, instituteur/institutrice, vendeur/vendeuse de CD et de vidéos rock, comptable, chômeur/chômeuse *(unemployed person)*,... ?

**C. L'embauche** *(Hiring).* Vous travaillez pour un cabinet de recrutement *(employment agency)* qui aide des employeurs à recruter leur personnel. Vos clients vous demandent votre opinion. Vos camarades de classe jouent les rôles des clients. Utilisez les mots du vocabulaire de ce chapitre (et des chapitres précédents, où nécessaire).

> MODÈLE: ouvrir *(to open)* une banque →
> > É1: Je veux ouvrir une banque. Quel genre de personnel est-ce que je dois embaucher?
> > É2: Vous avez besoin d'un directeur, de secrétaires, de comptables...

1. créer une entreprise   2. publier un journal   3. ouvrir un supermarché
4. ouvrir un salon de beauté   5. ouvrir une école

**D. Projets d'avenir.** Découvrez les futures professions de vos camarades de classe. Interviewez cinq étudiant(e)s pour découvrir quel métier ils/elles désirent faire après avoir terminé leurs études. Ensuite analysez les résultats. En général, est-ce que vous avez des ambitions différentes ou semblables *(similar)*?

MODÈLE:   É1: Qu'est-ce que tu veux faire après tes études?
          É1: Je veux (Je voudrais) devenir médecin dans une station de ski.
          É1: Ah bon?! Pourquoi?

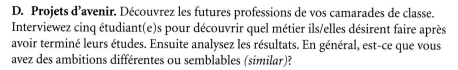

# *En savoir plus*

## LES OFFRES D'EMPLOI

En France, quand on cherche un travail, on consulte parfois les petites annonces du journal. Ces annonces exigent souvent une réponse écrite avec C.V. (curriculum vitae, a detailed résumé). En général, la lettre d'introduction doit être écrite à la main. Les Français pensent qu'ils peuvent lire la personnalité de l'individu dans son écriture. Au Québec, par contre, il est plus normal de demander des renseignements ou de postuler un poste par téléphone.

Regardez ces annonces tirées de *La Presse*, le plus grand quotidien français de Montréal, et essayez de les comprendre en vous aidant de la liste qui suit.

| | |
|---|---|
| CIE | *company (Co.)* |
| C.V. par fax | *Curriculum vitae should be faxed* |
| Exp. | *experience* |
| temps partiel | *part-time* |
| la gestion | *administration, management* |
| 20h/sem | *20 hours per week* |
| Mtl | *Montréal* |
| en magasin | *in store* |
| la vente | *the sale* |
| salaire à discuter | *negotiable salary* |

**319    VENTE, COMMERCE**

**CIE DE TÉLÉPHONE**
Vendeur(se)s pour systèmes de communication d'affaires. Auto.  François, 555-7794

**FLEURISTE**, aptitude en vente, connaissance informatique. C.V. par fax 555-4321.

**LES BOUTONS DAV-MAR** cherche vendeur(se) bilingue dans l'industrie du vêtement. Salaire + commissions. Voiture nécessaire. Harold au 555-0039 ou fax: 555-2417

**REPRÉSENTANT(E) DEMANDÉ(E)** Exp. relative aux domaines dentaire et orthodontie requise. Voiture nécessaire. Tél. 555-8233. Fax 555-7365.

**RETRAITÉ(E)**, vendeur(euse) à commission doit posséder voiture, temps partiel, vente aux industries, produits de nettoyage spécialisé. Jean Methot 555-8081

**TELEMARKETING**, gestion de crédit, bilingue, 20h/sem., Yolande 555-6316.

**VENDEUR(EUSE)** pour la vente de téléphone cellulaire et pagette. Rive-Sud de Mtl. 555 - 8275

**VENDEUR(EUSE)** Avec expérience, bilingue, pour vente de tissus et accessoires de décor de maison, en magasin. Salaire à discuter. CM Textile, M. Pierre ou M. André,555-0247

**VENDEUR(SE)**, pour magasin d'appareils-photo, au moins 1 an d'exp. dans la vente d'appareils-photo, bilingue, dynamique et motivé(e), 555-5401, Emile, lun. au ven., 9h à 17h.

# À la banque

Rebecca Johnson est une architecte américaine.
Elle s'est installée en France, et elle va à la banque.

1. Elle ouvre *(opens)* **un compte-chèques** (pour pouvoir **faire des chèques**) et **un compte d'épargne** (pour pouvoir **faire des économies**).

2. Elle prend aussi **une carte bancaire.**

3. Elle regarde **le cours du jour** et change ses dollars en francs.

| CHANGES | Monnaies | Cours du jour |
|---------|----------|---------------|
| États-Unis.... | 1 USD | 5,3529 |

4. Quelques jours plus tard, elle va au **distributeur automatique.** Avec sa carte bancaire, elle **retire** du **liquide** et **dépose** un chèque sur son compte-chèques.

**AUTRES MOTS UTILES:**

**le carnet de chèques**   checkbook
**déposer**   to deposit
**l'emprunt** *(m.)*   loan
**les frais** *(m. pl.)*   expenses, costs
**le montant**   sum
**le reçu**   receipt
**toucher**   to cash

## À vous!

**A. Les services bancaires.** Assane, un étudiant sénégalais, vient d'obtenir un permis de travail *(work permit)* en France. Complétez les phrases suivantes en utilisant le vocabulaire que vous venez d'apprendre.

1. Pour changer ses francs sénégalais en francs français, il consulte _____ .
2. Il va à la banque pour ouvrir un _____ et un _____ afin de *(in order to)* pouvoir faire des économies.
3. Quand il veut retirer du _____ ou _____ un chèque sur son compte, il peut aller au _____ et utiliser sa _____ .

**B. Un compte en banque en France.** D'après la brochure qui suit, indiquez si les phrases suivantes sont vraies ou fausses. Si elles sont fausses, corrigez-les.

## Comment
## utiliser un Compte-Chèques.
## En deux mots.

Votre Compte-Chèques vous sert à régler vos dépenses[a] (ou à les faire régler directement par le Crédit Lyonnais), à recevoir votre argent et à mieux gérer[b] votre budget.

## Réglez vos dépenses
## courantes en toute sécurité.

Faites un chèque barré*: sans avoir d'argent liquide, vous payez vos achats dans les magasins, vos factures[c], vos frais de voyage...
Et si vous avez besoin d'argent liquide, vous pouvez en retirer facilement dans votre agence, comme dans toutes les agences du Crédit Lyonnais (jusqu'à 2.000 F par période de 7 jours).
Cependant, n'oubliez pas qu'avant d'émettre[d] un chèque, vous devez disposer sur votre compte d'une provision au moins égale au montant[e] du chèque.

## Comment
## verser de l'argent
## à votre compte.

Pour alimenter votre compte, vous pouvez déposer des sommes en espèces[f] ou sous forme de chèques bancaires ou postaux. Selon le cas, vous remplissez un formulaire de versement ou de remise[g] de chèques. Vous endossez (c'est-à-dire que vous signez au dos[h]) les chèques que vous remettez. Vous pouvez aussi envoyer les chèques endossés à votre agence, en précisant votre numéro de compte.

1. Il s'agit d'un compte d'épargne.
2. Vous pouvez vous servir de ce compte pour payer vos achats quand vous n'avez pas d'argent liquide sur vous.
3. Il n'y a aucune (no) limite à la somme d'argent qu'on peut retirer.
4. Avant de déposer un chèque sur votre compte, vous devez signer à côté de votre nom.
5. Vous êtes obligé(e) d'aller à la banque pour déposer de l'argent sur votre compte.
6. Ce compte-chèques ressemble à un compte courant typique aux États-Unis.

[a]vous... allows you to make your payments (settle your accounts) [b]administrer (manage) [c]bills (statements, invoices) [d]qu'avant... before writing (issuing) [e]vous... your account must contain an amount at least equal to the amount of the check [f]cash [g]remplissez... fill out a deposit or remittance (deposit-by-mail) form [h]au... on the back

**C. Une globe-trotter.** Audrey vient d'arriver à Paris et veut changer de l'argent. Mettez les conseils suivants par ordre chronologique.

1. demander le cours du jour   2. prendre des chèques de voyage avec soi   3. prendre le reçu   4. compter l'argent   5. se présenter à un bureau de change *(money exchange office)* ou à une banque   6. vérifier le montant sur le reçu   7. montrer son passeport   8. dire combien d'argent on veut changer

Audrey suit vos conseils et entre dans un bureau de change. Elle veut changer en francs français des chèques de voyage en dollars ainsi que de l'argent liquide de divers pays qu'elle a visités. À l'aide des cours publiés dans le journal, calculez approximativement

---

*A check with two parallel lines drawn across it, indicating "for deposit only." Note that the writer of the check, not the receiver, makes this indication.

combien de francs français elle va obtenir. Jouez la scène dans le bureau de change avec un(e) camarade.

Audrey a 350 dollars en chèques de voyage, 180 livres, 30 marks, 155 francs suisses et 75 yens.

**MARCHÉ MONÉTAIRE**

Paris (5 janv.)..................12¼ –12¾ %

New York (4 janv.).......................3½%

## MARCHÉ INTERBANCAIRE DES DEVISES

| | COURS COMPTANT | | COURS TERME TROIS MOIS | |
|---|---|---|---|---|
| | Demandé | Offert | Demandé | Offert |
| $ E-U ..................................... | 5,5800 | 5,5820 | 5,7090 | 5,7160 |
| Yen (100) ........................... | 4,4550 | 4,4603 | 4,5543 | 4,5644 |
| Ecu ........................................ | 6,6490 | 6,6543 | 6,6827 | 6,6957 |
| Deutschemark ................... | 3,4120 | 3,4130 | 3,4459 | 3,4507 |
| Franc suisse ...................... | 3,7766 | 3,7806 | 3,8400 | 3,8484 |
| Lire italienne (1000) .......... | 3,6291 | 3,6352 | 3,6239 | 3,6341 |
| Livre sterling ..................... | 8,4122 | 8,4209 | 8,5274 | 8,5448 |
| Peseta (100) ....................... | 4,7946 | 4,7985 | 4,7564 | 4,7684 |

# Le budget de Marc Convert

Marc travaille dans une petite **société** *(company)* près de Marseille où il est responsable *(director)* commercial.

Il **gagne** 19 500 francs par mois.

Il **dépense** presque tout ce qu'il gagne pour vivre; le **coût de la vie** est très **élevé** dans les villes françaises. Mais il espère avoir une **augmentation de salaire** dans six mois. En ce moment, il **fait des économies** pour acheter une maison.

Marc est content de son travail. Il sait qu'il a de la chance car **le taux de chômage** est très élevé en France: plus de 12% en 1997.

Marc Convert au travail

## À vous!

A. **La vie financière.** M. et Mme Desrosiers sont de nouveaux mariés. Complétez le paragraphe suivant en utilisant le vocabulaire que vous venez d'apprendre.

M. Desrosiers travaille dans une _____¹ commerciale, la Librairie Larousse. Sa femme est comptable; elle _____² moins que *(less than)* lui, mais elle va demander une _____³ dans quelques mois. Aucun des deux ne _____⁴ beaucoup maintenant; ils _____⁵ pour acheter une maison en banlieue où le _____⁶ est moins élevé. Mme Desrosiers surtout craint le (a peur du) _____⁷. Sa sœur cherche un emploi depuis neuf mois.

B. **Le budget d'un étudiant.** Une de vos amies a besoin de faire un emprunt à la banque pour continuer ses études. La banque lui demande de préparer un budget approximatif. Aidez-la à remplir le formulaire *(form)* en vous basant sur les dépenses d'un étudiant typique de votre université. (Donnez les chiffres en dollars USA.)

**DÉPENSES (PAR MOIS)**

Loyer (frais de logement) _____

Nourriture _____

Vêtements _____

Transports _____

Sorties/Loisirs _____

Fournitures *(supplies)* scolaires _____

Frais de scolarité _____

Autres _____

_____

Maintenant, comparez vos calculs avec ceux de vos camarades de classe. Essayez de vous mettre d'accord sur le budget d'un étudiant moyen *(average)* de votre université, puis répondez aux questions suivantes.

1. Combien doit gagner votre amie par mois?
2. Si elle travaille quinze heures par semaine dans un restaurant près du campus, combien est-ce qu'elle peut gagner?
3. Quelles autres sources de revenu est-ce qu'elle a?
4. Combien est-ce qu'elle doit emprunter alors pour continuer ses études ce semestre? (Il reste encore deux mois de cours.)

**C. Parlons d'argent!** Posez les questions suivantes à un(e) camarade.

1. Est-ce que tu travailles en ce moment? Si oui, qu'est-ce que tu fais comme travail?
2. Est-ce que tu as un compte-chèques? un compte d'épargne? une carte de crédit? Quelle carte?
3. Qu'est-ce que tu fais pour économiser de l'argent?
4. Est-ce que tu as un budget ou est-ce que tu vis au jour le jour *(from day to day)*? Pourquoi?

# Pour parler d'argent: Le verbe *ouvrir*

| PRESENT TENSE OF **ouvrir** *(to open)* | | | |
|---|---|---|---|
| j' | **ouvre** | nous | **ouvrons** |
| tu | **ouvres** | vous | **ouvrez** |
| il, elle, on | **ouvre** | ils, elles | **ouvrent** |
| | *Past participle:* **ouvert** | | |

The verb **ouvrir** is irregular. Verbs conjugated like **ouvrir** are **couvrir** *(to cover)*, **découvrir** *(to discover)*, **offrir** *(to offer)*, and **souffrir** *(to suffer).* Note that these verbs are conjugated like **-er** verbs.

## À vous!

*[handwritten notes at top of page:]*
*ouvrir → to open*
*couvrir → to cover*
*découvrir → to discover*
*offrir → to offer*
*souffrir → to suffer*

**A. Finances.** Ce mois-ci Frédéric a des problèmes d'argent. Racontez cette histoire en choisissant un des verbes suivants: **ouvrir, couvrir, découvrir, offrir, souffrir.** Utilisez le passé composé là où il est indiqué *(p.c.)*.

Le mois dernier Frédéric _a ouvert_[1] *(p.c.)* un compte-chèques et un compte d'épargne. Sa grand-mère lui _a offert_[2] *(p.c.)* de l'argent pour son anniversaire, mais il l'a utilisé pour les frais scolaires. Frédéric est très économe. Il _couvre_[3] toujours ses dépenses *(expenses)*. Mais ce mois-ci, il a acheté une nouvelle moto et il _souffre_[4] parce qu'il ne peut pas sortir aussi souvent. Alors, il _découvre_[5] les plaisirs de la lecture!

**B. Profil psychologique.** Demandez à un(e) camarade...

1. s'il (si elle) a un compte bancaire (si oui, dans quelle banque?)
2. s'il (si elle) couvre toujours ses dépenses
3. s'il (si elle) fait des économies et pourquoi
4. s'il (si elle) souffre quand il/elle est obligé(e) de faire des économies
5. combien de fois par semaine, ou par mois, il/elle doit retirer de l'argent de son compte et combien de fois il/elle doit déposer de l'argent
6. si quelqu'un lui a récemment offert de l'argent et ce qu'il/elle en a fait

Maintenant, dites ce que vous avez découvert et faites un petit portrait psychologique de votre camarade. Ou si vous préférez, lisez l'histoire de Frédéric dans l'exercice précédent et faites un portrait psychologique de Frédéric.

**Mots utiles:** avare *(stingy),* économe, impulsif/impulsive, généreux/généreuse, (im)prudent(e), négligent(e), un magnat des affaires *(tycoon)*

## *Réalités francophones*

### LE TRAVAIL ET L'ART DE VIVRE

Les Français ont la réputation de savoir profiter de la vie. Depuis longtemps beaucoup de Français considèrent la qualité de la vie plus importante que la réussite matérielle. Mais ils ont plus en plus le sentiment que l'amélioration de leur niveau de vie s'est accompagnée d'une dégradation de leur qualité de vie.

Cela est avant tout dû au chômage en France. Le chômage a atteint un niveau[a] de plus de 12% en 1997 et de plus de 25% pour les jeunes de moins de 27 ans. Les Français qui ont un emploi craignent[b] d'être un jour victimes du chômage. Leur réaction immédiate—à tous les niveaux, de l'employé au cadre—est de travailler plus dur, plus longtemps, en général sans augmentation de salaire pour maintenir leur niveau de vie. Et les jeunes qui sortent des universités ont tendance à perdre espoir.[c]

---

[a]*level* [b]*fear* [c]*hope*

Depuis un certain temps on discute l'idée du partage[d] des emplois existants. Cette mesure correspondrait à une diminution de salaire et à une réduction du temps de travail. Les sondages d'opinion indiquent que 60,2% des Français seraient en faveur de cette réforme pour resoudre le problème de chômage. Les Français semblent donc être prêts à choisir la qualité de la vie, surtout si la société entière peut en bénéficier.

_____

[d]*sharing*

**Le monde francophone ...ses gens**

NOM: Élisabeth Brianceau

ÂGE: 25

LIEU DE NAISSANCE: Strasbourg, France

PROFESSION: Professeur de SMS (Sciences médico-sociales)

*Comment gagnez-vous votre vie? Comment avez-vous choisi votre profession? En quoi consiste votre travail? Quels aspects de votre travail vous plaisent ou vous déplaisent?*

Je viens de réussir un concours[a] national pour être professeur de SMS. Actuellement, je suis donc en formation.[b]

Après mes quatre années d'études en droit, j'ai décidé de me spécialiser en droit médical. Pendant cette année de spécialisation, j'ai dirigé quelques séminaires visant à[c] expliquer à des infirmières en formation leur responsabilité juridique. C'est alors que j'ai trouvé ma vocation pour l'enseignement. Aujourd'hui, j'enseigne dans un lycée technique de banlieue où je travaille en collaboration avec d'autres professeurs. J'apprécie le contact avec les élèves. La matière que j'enseigne, les sciences médico-sociales, fait intervenir des notions de droit, d'éthique, de médecine et permet de débattre avec les élèves.

_____

[a]examen compétitif  [b]suis... continue mes études  [c]visant... *aiming to*

# Étude de grammaire

## 47. THE FUTURE TENSE
## Talking about the Future

**SON AVENIR**

LE PÈRE: Il **sera** cinéaste, il **écrira** des scénarios et nous **serons** célèbres.
LA MÈRE: Il **sera** homme d'affaires, il **dirigera** une société et nous **serons** riches.
L'ENFANT: On **verra...** je **ferai** mon possible.

1. D'après son père, quelle sera la profession de l'enfant? Qu'est-ce qu'il fera?
2. D'après sa mère, quelle sera la profession de l'enfant? Qu'est-ce qu'il fera?
3. D'après l'enfant, qu'est-ce qu'il fera?

## The future tense

In French, the future is a simple tense, formed with the stem of the infinitive plus the endings **-ai, -as, -a, -ons, -ez, -ont.** The final **e** of the infinitive of **-re** verbs is dropped.

|  | parler<br>*(to speak)* | finir<br>*(to finish, end)* | vendre<br>*(to sell)* |
|---|---|---|---|
| je | parler**ai** | finir**ai** | vendr**ai** |
| tu | parler**as** | finir**as** | vendr**as** |
| il, elle, on | parler**a** | finir**a** | vendr**a** |
| nous | parler**ons** | finir**ons** | vendr**ons** |
| vous | parler**ez** | finir**ez** | vendr**ez** |
| ils, elles | parler**ont** | finir**ont** | vendr**ont** |

Demain nous **parlerons** avec le
  conseiller d'orientation.
Il te **donnera** des conseils.
Ces conseils t'**aideront** peut-être
  à trouver du travail.

*Tomorrow we will talk with the*
  *job counselor.*
*He will give you some advice.*
*Maybe this advice will help you*
  *to find a job.*

# Verbs with irregular future stems

Some verbs have irregular future stems.

*stems*

| | | |
|---|---|---|
| aller: **ir-** | être: **ser-** | savoir: **saur-** |
| avoir: **aur-** | faire: **fer-** | venir: **viendr-** |
| devoir: **devr-** | pleuvoir: **pleuvr-** | voir: **verr-** |
| envoyer: **enverr-** | pouvoir: **pourr-** | vouloir: **voudr-** |

| | |
|---|---|
| J'**irai** au travail la semaine prochaine. | *I'll go to work next week.* |
| Et toi, quand est-ce que tu **enverras** ta demande d'emploi? | *And you? When will you send in your job application?* |
| Pas de problème! J'**aurai** bientôt un poste. | *No problem! I will soon have a position.* |
| Alors, vous **devrez** tous les deux vous lever très tôt le matin. | *So both of you will have to get up very early in the morning.* |
| C'est vrai. Mais demain on **devra** célébrer cela! | *It's true. But tomorrow we should celebrate!* |

Verbs with spelling irregularities in the present tense also have irregularities in the future tense; these include verbs such as **acheter, appeler,** and **payer.** See -er Verbs with Spelling Changes in Appendix D, at the end of the book.

---

## MOTS-CLÉS

### Saying when you will do something in the future

demain; après-demain
ce week-end
dans trois jours (une demi-heure / un mois / deux semaines, etc.)
lundi (mardi, etc.) prochain; la semaine prochaine / le mois prochain / l'année prochaine
un jour *(someday)*
à l'avenir *(from now on)*

Ma chambre à Paris sera prête **lundi prochain.**
Nous partirons pour Paris **dans dix jours (la semaine prochaine).**
**Un jour,** vous aurez peut-être votre propre maison.
**À l'avenir,** nous ferons des économies, n'est-ce pas?

---

# Uses of the future tense

As you can see from the preceding examples, the use of the future tense parallels that of English. This is also true of the tense of verbs after an *if* clause in the present tense.

| Si je pose ma candidature pour ce poste, j'**aurai** peut-être des chances de l'obtenir. | *If I apply (present my candidacy) for this position, I may (will maybe) have some chance of getting it.* |
| Mais si tu ne te présentes pas, tu ne l'**auras** sûrement pas! | *But if you don't apply, you surely will not get it!* |

However, in time clauses (dependent clauses following words like **quand, lorsque** [when], **dès que** [as soon as], or **aussitôt que** [as soon as]), the future tense is used in French if the action is expected to occur at a future time. English uses the present tense in this case.

| Je te **téléphonerai** *dès que* j'**arriverai**. | *I'll phone you as soon as I arrive.* |
| Nous **pourrons** en discuter *lorsque* l'avocat **sera** là. | *We'll be able to discuss it when the lawyer arrives.* |
| La discussion **commencera** *dès que* tout le monde **sera** prêt. | *The discussion will begin as soon as everyone is ready.* |

# Vérifions!

**A. Stratégies.** Votre meilleur ami André cherche du travail pour cet été. Il doit se présenter demain à un entretien *(interview)*. Dites ce qu'il fera demain.

MODÈLE: se lever très tôt → Il se lèvera très tôt.

**1.** faire un peu de gymnastique pour se détendre **2.** s'habiller avec soin **3.** prendre un petit déjeuner léger **4.** mettre son curriculum vitæ dans sa serviette *(briefcase)* **5.** aller au rendez-vous en métro pour éviter les embouteillages *(traffic jams)* **6.** y arriver un peu en avance **7.** se présenter brièvement **8.** parler calmement **9.** répondre avec précision aux questions de l'employeur **10.** remercier l'employeur en partant *(when leaving)*

Maintenant répétez l'exercice en parlant d'André et de Karine.

MODÈLE: Ils se lèveront très tôt.

**B. Jeu de société.** À une soirée vous jouez à la voyante *(fortune-teller)* et vous prédisez la carrière de chacun(e) de vos ami(e)s. Choisissez le verbe convenable pour décrire vos prédictions. Vous pouvez utiliser chaque verbe plusieurs fois.

**Verbes:** écrire, enseigner *(to teach)*, vendre, jouer, devenir, participer, faire, s'occuper de *(to take care of, be concerned with)*

**1.** Vous _____ cosmonaute. **2.** Vous _____ des bijoux à Alger. **3.** Vous _____ le rôle de Hamlet à Londres. **4.** Vous _____ à la construction d'un stade à Mexico. **5.** Vous _____ des articles pour le *New York Times*. **6.** Vous _____ des assurances-automobile à Québec. **7.** Vous _____ de la publicité pour Toyota. **8.** Vous _____ des malades à Dakar. **9.** Vous _____ dans une école primaire à Seattle. **10.** ?

## Parlons-en!

**A. Conversation.** Posez les questions suivantes à un(e) camarade de classe.

**1.** Qu'est-ce que tu feras quand l'année scolaire sera terminée? Continueras-tu tes études ou travailleras-tu? **2.** Qu'est-ce que tu feras après tes études? Tu choisiras une profession indépendante? salariée? Seras-tu fonctionnaire? commerçant(e)? artisan(e)? **3.** Tu voyageras souvent? Si oui, dans quels pays? Pour quelles raisons? **4.** Tu gagneras beaucoup d'argent? Est-ce que cela sera important pour toi? **5.** Où est-ce que tu vivras si tu en as le choix? Pourquoi?

**B. Interview.** Vous voulez savoir ce que votre camarade pense de l'avenir et vous lui posez les questions suivantes. Mais malheureusement il/elle ne vous prend pas au sérieux! L'interviewé(e) utilise toute son imagination et son humour pour répondre. À la fin, inversez les rôles.

MODÈLE: dès que tu auras ton diplôme →
     É1: Qu'est-ce que tu feras dès que tu auras ton diplôme?
     É2: Moi, plus tard, je vendrai des légumes biologiques *(organic)* à
        Athènes.

**1.** quand tu seras vieux (vieille) **2.** si un jour tu es milliardaire **3.** dans dix ans **4.** lorsque tu te marieras **5.** dès que tu pourras réaliser un de tes rêves **6.** si tu n'obtiens pas tout ce que tu veux **7.** lorsque tu auras des enfants **8.** ?

**Résumez!** À votre avis, parmi toutes les réponses, laquelle *(which one)* est la plus originale? la plus amusante? la plus bizarre?

# 48. RELATIVE PRONOUNS
## Linking Ideas

### INTERVIEW D'UN CHEF D'ENTREPRISE

LA JOURNALISTE: Et pourquoi dites-vous que vous avez fait trois ans d'études inutiles?
CLÉMENCE: Eh bien, parce que pendant tout ce temps-là, c'était la création de bijoux **qui** m'intéressait.
LA JOURNALISTE: Les bijoux **que** vous créez sont fabriqués avec des matériaux naturels?
CLÉMENCE: Oui. Je dessine aussi pour les magazines des bijoux fantaisie **qu'**on peut réaliser à la maison.
LA JOURNALISTE: Maintenant, votre entreprise fabrique des milliers de bijoux **dont** les trois-quarts partent au Japon?
CLÉMENCE: Oui, et j'ai des tas de nouveaux projets!

1. Qu'est-ce qui intéressait Clémence pendant ses études?
2. Qu'est-ce qu'on peut réaliser à la maison?
3. Les trois-quarts de quoi partent au Japon?

A relative pronoun *(who, that, which, whom, whose)* links a dependent (relative) clause to a main clause. A dependent clause is one that cannot stand by itself    for example, the italicized parts of the following sentences: The suitcase *that he is carrying* is mine; There is the store *in which we met.* In French, there are two sets of relative pronouns: those used as either the subject or direct object of a dependent clause and those used after a preposition.

|  | PERSON | THING |
|---|---|---|
| *subject* | qui | qui |
| *object* | que | que |
| *with preposition* | qui | lequel* |
| *with* **de** | dont | dont |

## Relative pronouns used as subject or direct object of a dependent clause

The relative pronoun used as the *subject* of a dependent clause is **qui** *(who, that, which).* The relative pronoun used as the *direct object* of a dependent clause is **que** *(whom, that, which).*[†] Both can refer to people and to things.

SUBJECT   Je cherche l'artisane. **Elle** fabrique des bijoux.

Je cherche l'artisane **qui** fabrique des bijoux.

OBJECT   J'ai acheté des bijoux. Clémence a fabriqué **ces bijoux.**

J'ai acheté les bijoux **que** Clémence a fabriqués.

**Qui** replaces the subject (**elle**) in the dependent clause in the first sentence. Because it is the subject of the clause, **qui** will always be followed by a conjugated verb (**qui fabrique**).

**Que** replaces the direct object (**ces bijoux**) in the second sentence. **Que** is followed by a subject plus a conjugated verb (**...que Clémence a fabriqués**). You may want to review the section on agreement of past participles in **Chapitre 9.**

qui + CONJUGATED VERB
Les architectes **qui ont organisé**
   la réunion sont français.

que + SUBJECT + VERB
Les architectes **que j'ai vus** à la conférence viennent des États-Unis.

---

***Lequel** will not be discussed in this lesson, but an explanation can be found in Chapitre 14 or in Appendix C.
[†]You may recall that **qui** and **que** are used in asking questions as well (interrogative pronouns). See **Chapitre 3** for a review.

Note that in the sentence with **voir,** the past participle agrees with the preceding plural direct object **que (les architectes).**

♪ **Qui** never elides with a following vowel sound: L'architecte **qui est** arrivé ce matin vient des États-Unis. However, **que** does elide: L'architecte **qu'elle** a rencontré vient des États-Unis.

## Relative pronouns used as objects of prepositions

The relative pronoun **qui** can be used as the object of a preposition to refer to people.

| | |
|---|---|
| Le comptable **avec qui** je travaille est agréable. | *The accountant with whom I work is pleasant.* |
| L'ouvrier **à qui** M. Mesnard a donné du travail est travailleur. | *The worker to whom Mr. Mesnard gave some work is industrious.* |

## *Dont*

The pronoun **dont** is used to replace **de (du, de la, de l', des)** plus an object.

| | |
|---|---|
| Où est le reçu? J'ai besoin **du reçu.** | *Where is the receipt? I need the receipt.* |
| Où est le reçu **dont** j'ai besoin? | *Where is the receipt that I need?* |

The pronoun **dont** is also used to express possession.

| | |
|---|---|
| C'est la passagère. **Ses** valises sont à la douane. | *That's the passenger. Her suitcases are at the customs office.* |
| C'est la passagère **dont** les* valises sont à la douane. | *That's the passenger whose suitcases are at the customs office.* |

## *Où*

**Où** is the relative pronoun of time and place. It can mean *where, when,*[†] or *which.*

| | |
|---|---|
| Le guichet **où** vous changez votre argent est là-bas. | *The window where you change your money is over there.* |
| Le 1ᵉʳ janvier, c'est le jour **où** je commence mon nouveau travail. | *The first of January, that's the day (when) I begin my new job.* |

---

*When **dont** is used, there is no need for a possessive adjective. Note the use of the definite article (**les**).
[†]**Quand** is never used as a relative pronoun.

|  | |
|---|---|
| L'aéroport d'**où** vous êtes partis est maintenant fermé. | *The airport from which you departed is closed now.* |

## Vérifions!

**A. À la recherche d'un emploi.** Jean-Claude raconte comment il a passé sa semaine à chercher du travail. Reliez les phrases suivantes avec le pronom relatif **qui**.

**1.** Lundi, j'ai déjeuné avec un ami. Il connaît beaucoup de comptables. **2.** Mardi, j'ai eu une interview à la Banque Nationale de Paris. Elle est près de la place de la Concorde. **3.** Mercredi, j'ai parlé à un employé du Crédit Lyonnais. Il m'a beaucoup encouragé. **4.** Jeudi, j'ai pris rendez-vous avec un membre de la Chambre de commerce. Il est expert-comptable. **5.** Enfin samedi, j'ai reçu une lettre d'une société belge. Elle m'offre un poste de comptable à Bruxelles. **6.** Et aujourd'hui je prends l'avion. Il m'emmene vers ma nouvelle vie.

**B. Promenade sur la Seine.** Cet été, Patricia travaille comme guide sur un bateau-mouche\* à Paris. Complétez ses explications avec les pronoms relatifs **qui, que** et **où**.

Ce bâtiment _que_ ¹ vous voyez à présent dans l'île de la Cité, c'est la Conciergerie. Autrefois une prison, c'est l'endroit _où_ ² Marie-Antoinette a passé ses derniers jours. Et cette église _qui_ ³ se trouve en face de nous, c'est Notre-Dame. Est-ce que vous voyez cette statue _qui_ ⁴ ressemble à la Statue de la Liberté? Eh bien, c'est l'original de la statue _que_ ⁵ la France a donnée aux Américains. Voici le musée d'Orsay _où_ ⁶ vous pourrez admirer les peintres impressionnistes et _que_ ⁷ je vous recommande de visiter. Et un peu plus loin, le musée du Louvre _où_ ⁸ vous trouverez la Joconde et la Vénus de Milo. Et enfin, voici la tour Eiffel, _qui_ ⁹ est le symbole de notre ville.

**C. Photos de vacances.** Lamine a passé un mois dans un village d'artistes dans le Midi. Elle y a rencontré beaucoup de gens intéressants. Elle montre maintenant ses photos de vacances à ses amis.

MODÈLE: Voici un artisan. Ses poteries sont très chères. →
Voici un artisan **dont les** poteries sont très chères.

**1.** Michel est un jeune artiste. On peut admirer ses tableaux au musée de Marseille.
**2.** Voici Édouard. Ses sculptures sont déjà célèbres dans le milieu artistique.
**3.** Et voilà Manon. On vend ses bijoux à Saint-Tropez.
**4.** Laurent est un jeune écrivain. Son premier roman vient d'être publié.

## Parlons-en!

**A. À la gare de Lyon.** Pendant les vacances d'hiver vous travaillez au Bureau des objets trouvés *(lost and found)* à la gare de Lyon. Avec des camarades, jouez les situations suivantes. Soyez imaginatif/imaginative et donnez beaucoup de détails.

---

\*The **bateaux-mouches** are well-known tourist boats that travel up and down the Seine.

MODÈLE: une valise / oublier sur le quai

    É1: Je cherche une valise que j'ai oubliée sur le quai hier matin.

    É2: Comment est la valise que vous avez oubliée?

    É1: Elle est petite, en cuir rouge.

1. un parapluie / laisser au restaurant
2. des clés / perdre dans le hall
3. un livre / oublier dans le train
4. un billet de train / venir d'acheter
5. un carnet de chèques / laisser au bureau de change
6. un ami (une amie) / rencontrer dans le train

**B. Énigme.** Décrivez un objet, une personne ou un endroit à vos camarades. Utilisez des pronoms relatifs. Vos camarades vont essayer de trouver la chose dont vous parlez.

**Catégories suggérées:** une ville, un pays, un plat, un gâteau, une personne, un cours, un moyen de transport, une profession...

MODÈLE: É1: Je pense à un gâteau qui est français et dont le nom commence par un *e.*

    É2: C'est un éclair?

Maintenant, continuez ce jeu avec une différence: vous ne donnez que la catégorie d'un objet ou d'une personne. Vos camarades vous demandent des précisions. Répondez-leur par *oui* ou *non.*

**Autres catégories suggérées:** un film, une émission de télévision, une pièce de théâtre, un acteur (une actrice), un chanteur (une chanteuse), un homme (une femme) politique *(politician),* un(e) athlète, une profession...

MODÈLE: É1: Je pense à un film.

    É2: C'est un film que tu as vu il y a longtemps?

        C'est un film dont l'action se passe *(happens)* aux États-Unis?

        C'est un film qui a gagné un *Oscar?*

        C'est un film où Jodie Foster a joué le rôle principal?

        C'est *Contact.*

# 49. COMPARATIVE AND SUPERLATIVE OF ADJECTIVES
## Making Comparisons

### LES ÉCONOMIES

Laurence et Franck Desrosiers vont ouvrir un compte d'épargne ensemble pour la première fois.

FRANCK: Où est-ce que nous allons ouvrir notre compte d'épargne?

LAURENCE: À la Banque Populaire. C'est **moins cher** que le Crédit Agricole.

FRANCK: Moi, j'ai horreur des grandes banques! Je préfère aller dans les petites banques. Le service est **plus lent,** d'accord, mais les gens sont **plus**

**aimables.** Et puis c'est **plus pratique** aussi. On n'a pas besoin de prendre la voiture. Et question accueil, la petite banque du coin est **la meilleure** de la ville.

LAURENCE: D'accord, mon chéri, mais en ce moment, la chose **la plus importante** est de faire des économies.

Vrai ou faux?

1. À la Banque Populaire les comptes sont plus chers qu'au Crédit Agricole.
2. Les employés sont plus sympathiques à la Banque Populaire.
3. C'est plus pratique d'aller à la petite banque du quartier.
4. Selon Laurence, le plus important c'est de trouver la meilleure banque de la ville.

# ✳ Comparison of adjectives

In French, the following constructions can be used with adjectives to express a comparison. It is not always necessary to state the second term of the comparison.

1. **plus... que** (*more . . . than*)

   Au Crédit Agricole les employés sont **plus** aimables (**qu'**à la Banque Populaire).

   *The employees at the Crédit Agricole are friendlier (than at the Banque Populaire).*

2. **moins... que** (*less . . . than*)

   Laurence pense que la Banque Populaire est **moins** chère (**que** le Crédit Agricole).

   *Laurence thinks that the Banque Populaire is less expensive (than the Crédit Agricole).*

3. **aussi... que** (*as . . . as*)

   Pour Franck, l'accueil est **aussi** important **que** la qualité du service.

   *For Franck, the friendliness is as important as the quality of the service.*

   Stressed pronouns are used after **que** when a pronoun is required.

   Elle est plus intelligente que **lui**.

   *She is more intelligent than he is.*

# ✗ Superlative form of adjectives

To form the superlative of an adjective, use the appropriate definite article with the comparative adjective.

Monique est **frisée.** → Solange est **plus frisée** que Monique. → Alice est **la plus frisée** des trois.

OU

Alice est **frisée.** → Solange est **moins frisée** qu'Alice. → Monique est **la moins frisée** des trois.

Superlative adjectives normally <u>follow</u> the nouns they modify, and the definite article is repeated.

> Alice est la jeune fille **la plus frisée** des trois.
>
> *Alice is the girl with the curliest hair of the three.*

Adjectives that usually precede the nouns they modify can either precede or follow the noun in the superlative construction. If the adjective follows the noun, the definite article must be repeated.

> les plus <u>longues</u> jambes
>
> OU
>
> les jambes **les** plus <u>longues</u>

The preposition **de** expresses *in* or *of* in a superlative construction. *never dans in this form*

> Alice et Grégoire habitent la plus belle maison **du** quartier.
>
> *Alice and Grégoire live in the most beautiful house in the neighborhood.*

> C'est le quartier le plus cher **de** la ville.
>
> *It's the most expensive neighborhood in town.*

# Irregular comparative and superlative forms

The adjective **bon(ne)** *(good)* has irregular comparative and superlative forms. **Mauvais(e)** has both a regular and an irregular form of the comparative and the superlative.

|  | COMPARATIVE | SUPERLATIVE |
|---|---|---|
| bon(ne) | meilleur(e) | le/la meilleur(e) |
| mauvais(e) | plus mauvais(e) | le/la plus mauvais(e) |
|  | pire → worse | le/la pire |

> Le service au Crédit Lyonnais est bon, mais le service à la Banque Nationale de Paris est **meilleur**.
>
> *The service at the Crédit Lyonnais is good, but the service at the Banque Nationale de Paris is better.*

| | |
|---|---|
| Cette banque est **la meilleure** de la ville. | *This bank is the best one in town.* |
| Ce distributeur automatique-ci est **plus mauvais (pire)** que ce distributeur automatique-là. | *This ATM is worse than that ATM.* |
| C'est **le plus mauvais (le pire)** des distributeurs automatiques. | *This is the worst of the ATMs.* |

## Vérifions!

**A. Comparaisons.** Regardez le dessin et répondez aux questions suivantes.

1. Qui est plus grand, le jeune homme ou la jeune fille? plus mince?
2. Est-ce que la jeune fille a l'air aussi dynamique que le jeune homme? aussi sympathique?
3. Qui est plus timide? plus bavard?
4. Est-ce que le jeune homme est aussi bon étudiant que la jeune fille?
5. Est-ce que le jeune homme est plus ou moins travailleur que la jeune fille?
6. Qui est le plus ambitieux des deux? le plus sportif des deux?

**B. Un couple francophile.** M. et Mme Smith adorent tout ce qui est français et ils ont tendance à exagérer. Donnez leur opinion en transformant les phrases selon le modèle.

MODÈLE: Le français est une très belle langue. →
Le français est la plus belle langue du monde.

1. La cuisine française est bonne. **2.** Les vins de Bourgogne sont sophistiqués. **3.** La civilisation française est très avancée. **4.** Paris est une ville intéressante. **5.** Les Français sont un peuple cultivé. **6.** La France est un beau pays.

## Parlons-en!

**A. Mais ce n'est pas possible!** Vous aimez exagérer. Donnez votre opinion sur les sujets suivants. Pour chaque catégorie, proposez aussi d'autres exemples si possible.

1. Le président _____ / bon ou mauvais / président / le XX^ème siècle
2. Les Américains / les gens / généreux / le monde
3. Le manque *(lack)* d'éducation / le problème / sérieux / le monde actuel
4. _____ / le problème / grand / ma vie
5. _____ / la nouvelle / intéressant / l'année
6. _____ / l'athlète / bon / l'année

## Being emphatic

Like **très**, the adverbs **bien** and **fort** are used to emphasize a point.

—Je crois que tout le monde est d'accord. Dépenser de l'argent est **bien** plus facile que faire des économies!
—Bien sûr! S'offrir de petits cadeaux est **fort** amusant!

**B. Opinions.** Changez les phrases suivantes, si nécessaire, pour indiquer votre opinion personnelle: **plus/moins/aussi... que; meilleur(e) / plus mauvais(e) que.** Regardez d'abord les expressions de Mots-clés. Utilisez ces mots, et justifiez vos opinions.

**1.** Le sport est aussi important que les études. **2.** Les rapports humains sont aussi importants que les bonnes notes. **3.** Grâce à la technologie, la vie des étudiants est meilleure qu'il y a vingt ans. **4.** Les cours universitaires sont plus intéressants que les cours à l'école secondaire. **5.** Comme étudiant(e), je suis plus sérieux/sérieuse que la plupart de mes ami(e)s.

# Mise au point

**A. Un poste au Canada.** Claudette rêve déjà de son voyage au Canada. Voici ce qu'elle fera. Choisissez le mot juste.

Claudette, *(qui / que / qu')*[1] est une jeune Parisienne, *(ira / sera / aura)*[2] travailler au Canada l'an prochain. Elle habitera chez les Regimbault *(qui / que / qu')*[3] sont des amis de ses parents et chez *(dont / que / qui)*[4] ses parents sont restés quand ils *(seront / ont / sont)*[5] passés par Québec il y a assez longtemps. Le jour *(que / qui / où)*[6] Claudette *(arrivera / arrive / arrivée),*[7] la famille Regimbault *(viendront / viendra / verra)*[8] la chercher à l'aéroport. Son avion, *(que / qui / où)*[9] partira de l'aéroport Roissy-Charles de Gaulle, passera par New York. Ses bagages *(arrivaient / arriveront / arrivent)*[10] plus tard. M. et Mme Regimbault, *(qui / que / dont)*[11] le père de Claudette lui a beaucoup parlé, sont très gentils. Le bureau *(où / que / qui)*[12] Claudette travaillera n'est pas loin de chez eux. C(e) *(sera / avait / a été)*[13] un séjour (= une visite) très agréable.

**B. Travail et vacances.** Racontez les projets de Sabine. Reliez les deux phrases avec un pronom relatif. Le symbole ▲ indique le début *(beginning)* d'une proposition relative.

MODÈLE:   Je travaille au tribunal *(court).* ▲ Je suis avocate au tribunal. →
          Je travaille au tribunal où je suis avocate.

1. Je prendrai bientôt des vacances. ▲ J'ai vraiment besoin de ces vacances.
2. Ma camarade de chambre ▲ viendra avec moi. Elle s'appelle Élise.
3. Elle travaille avec des comptables. ▲ Ces comptables sont très exigeants
   *(demanding).*
4. Nous irons à Neuchâtel. ▲ Les parents d'Élise ont une maison à Neuchâtel.
5. Hier Élise a téléphoné à son père. ▲ Le père d'Élise nous a invitées.
6. Élise a envie de voir sa mère. ▲ Elle pense souvent à sa mère.
7. J'ai acheté une nouvelle valise. ▲ Je mettrai tous mes vêtements de ski dans
   cette valise.
8. Nous resterons deux jours à Strasbourg. ▲ Nous visiterons le Palais de l'Europe
   à Strasbourg.
9. Nous rentrerons trois semaines plus tard, prêtes à reprendre le travail. ▲ Ce
   travail se sera accumulé *(piled up).*

Maintenant, cherchez l'information demandée dans le récit de Sabine.

1. saison   2. durée des vacances   3. nationalité probable d'Élise   4. état
d'esprit (= mental) de Sabine

**C. Conversation.** Posez les questions suivantes à un(e) camarade, qui vous les posera
à son tour.

L'été prochain _____?

1. qu'est-ce que tu écriras?   2. qu'est-ce que tu liras?   3. qu'est-ce que tu
achèteras?*   4. qui verras-tu?   5. où iras-tu?   6. que feras-tu? auras-tu un job?

**D. C'est qui?** Regardez vos camarades de classe. Choisissez-en un(e) et décrivez-le/la.
Aidez-vous des expressions suivantes pour faire votre description. Vos camarades
doivent deviner de qui il s'agit *(who it's about).*

**Expressions utiles:**

> avoir les cheveux les plus longs / les plus roux / les plus noirs / les plus frisés /
>    des étudiants
> être la plus petite personne de la classe / la plus grande personne
> avoir le nom le plus long / le plus court / le plus difficile à prononcer
> être la personne la plus bavarde *(talkative)* / la plus calme
> porter les vêtements les plus intéressants / les plus à la mode / les plus
>    excentriques
> porter les chaussures les plus inhabituelles / les plus belles

---

*See Appendix for the conjugation of **acheter.**

## LA CÔTE-D'IVOIRE

La Côte-d'Ivoire est un petit pays sur la côte ouest de l'Afrique, colonisé par la France sous la quatrième République et devenu indépendant en 1960. L'économie de la Côte-d'Ivoire a pris son essor[a] en 1950 lors de la construction du Canal Vridi et du port d'Abidjan. Les années 50 ont également vu l'érection du chemin de fer Abidjan-Ouagadougou, qui lie la Côte-d'Ivoire et le Burkina Faso. L'agriculture demeure pourtant le secteur économique le plus énergique du pays, employant 85% de la population active. Si on produit surtout du cacao et du café, le gouvernement a néanmoins commencé à encourager la production de sucre, de bananes, de coton et de caoutchouc[b] pour augmenter les exportations et améliorer les conditions économiques du pays. La Côte-d'Ivoire demeure malgré tout une des plus stables et riches économies africaines.

[a]pris... *expanded rapidly*   [b]*rubber*

Un marché à Abidjan

**E. Interactions.** In this chapter, you practiced talking about the future, and you learned to link sentences. Act out the following situations, using the vocabulary and grammar from this chapter.

1. **À la banque.** You need to cash some traveler's checks. Go to the teller (your partner) at the window. Tell him or her how much money you want to change. Unfortunately, you have forgotten your passport. Ask whether you can change the money anyway and whether you can establish a checking account, because you will be in France for a while. Thank the teller for the information.
2. **Un job.** You are being interviewed for a job as a bilingual teller in a bank. Greet the interviewer (your partner). Answer any questions the interviewer may have. Ask about salary (**le salaire**), advancement (**les possibilités d'avancement**), job security (**la sécurité de l'emploi**), and working conditions (**les conditions de travail**). Tell the interviewer why you would particularly like the job, and explain why you are qualified.

# Rencontres

## Situations

In this dialogue, two local merchants catch up on work, family, and vacation plans. Judging from their conversation, what do you suppose Mme Durand means by "les grandes vacances"? Can you guess what the expression, "métro-boulot-dodo," means?

[**Thème 8, Scène 8.2**]*

MME DURAND: Tiens! Bonjour, Monsieur Dupont. Comment allez-vous? Il y a longtemps que je ne vous ai parlé.

M. DUPONT: Ça ne va pas mal. Mais les affaires[a] ne vont pas très bien en ce moment.

MME DURAND: C'est un peu normal en cette saison. Et vous verrez, ça ira bien mieux après les grandes vacances.

M. DUPONT: Au fait, vous prenez toujours votre congé[b] annuel en juillet, comme d'habitude?

MME DURAND: Non, non, non! Notre fermeture annuelle sera en août cette année. Comme vous, n'est-ce pas?

M. DUPONT: Oui, oui. Alors quoi de neuf de votre côté?

MME DURAND: Eh bien, ma fille a déménagé[c] le mois dernier. Elle est... elle a trouvé un travail intéressant à Montpellier.

M. DUPONT: Ah! Montpellier a la réputation d'être une ville très agréable à vivre.

MME DURAND: Oui! Son travail ne lui plaisait plus, la routine métro-boulot-dodo,[d] et puis cette vie insipide de Paris.

M. DUPONT: Alors, elle doit être contente de s'être installée[e] en province.

## Avec un(e) partenaire...

Posez des questions à un(e) camarade de classe qui a un emploi (à temps plein ou partiel) pour obtenir les renseignements suivants. Si votre partenaire n'a pas d'emploi, posez-lui ces questions pour en savoir plus sur un ami (une amie) ou un membre de sa famille qui travaille.

- le nom exact du travail qu'il/elle fait
- le temps qu'il lui a fallu pour trouver du travail
- l'expérience qu'il/elle avait dans ce domaine quand il/elle a été embauché(e) *(hired)*
- depuis quand il/elle fait ce travail
- ce qu'il/elle pense de son travail

---

*The **Thème** and **Scène** numbers correspond to those in the Video to accompany *Rendez-vous*.

[a]*business*  [b]*vacation*  [c]*moved out*
[d]*commute-work-sleep*  [e]*settled*

# LECTURE

## Avant de lire

> **SUMMARIZING THE MAIN IDEA IN A PARAGRAPH**   As you already know, a paragraph is built around a main idea, generally expressed in a single sentence, called the topic sentence. The topic sentence is often the first or second sentence in the paragraph, although sometimes, for dramatic effect or other reasons, the main idea occurs later in the paragraph. Whenever you read nonfiction, develop the habit of looking explicitly for the main idea in each paragraph. If the structure of ideas in a text seems complicated, you may even want to jot down a one-sentence summary of the main point of each paragraph as you read.
>
> Practice finding and summarizing the main idea after you have read the lead lines and the introduction to the following adaptation of an article from *L'Express*. Write a simple, one-sentence English summary of the central idea in the first full paragraph (**Non, les travailleurs français...**) before you go on to read the testimony–example, "Un véto accro au boulot." Compare your version with those of one or two other students.

## Économie

Ces millions de Français qui travaillent trop. «Les rangs des chômeurs[a] grossissent. Ceux qui ont un emploi sont soumis à une pression intenable.»— Guillaume Malaurie

Non, les travailleurs français ne sont pas incapables de s'adapter à la mondialisation. Si, depuis dix ans, l'entreprise France consolide sa place de quatrième exportateur mondial, c'est aussi parce que beaucoup de ses salariés ont mis le paquet.[b] Un nombre croissant[c] d'entre eux travaille plus. Mieux. Moins cher. Plus vite. Plus dur. En heures supplémentaires.

Pourquoi le font-ils? Par volonté de gagner plus d'argent? Par peur de ne pas rester compétitifs? Par esprit carriériste[d]? Voici le témoignage d'un travailleur «à la limite de ses capacités physiques».

Un nouveau patient

Un véto accro[e] au boulot. Dans sa clinique vétérinaire, Benoît P. soigne chaque jour une trentaine de chiens et de chats. À 8 heures du matin, il commence vaccins, opérations, consultations, s'interrompt à peine un quart d'heure pour déjeuner et poursuit souvent jusqu'à 21 heures. Dîner rapide. Une petite heure de télé. Au lit. Et ça repart...

À 35 ans, le jeune vétérinaire déclare 500 000 francs de revenu annuel, et paie 150 000 francs d'impôt. Travailler moins? En alignant les journées de 12 heures, Benoît est, de son propre aveu,[f] à la limite de ses capacités physiques. Il profite assez peu de

---

[a]sans-travail   [b]mis... *given their all*   [c]de plus en plus grand   [d]esprit... ambition professionnelle   [e]trop attaché
[f]de... *by his own admission*

ses revenus et, au bout du compte, trouve qu'il enrichit peut-être un peu trop l'État. «Rationnellement, je devrais travailler moins», affirme-t-il. Mais... Le vétérinaire ne veut pas prendre d'associé et craint qu'un concurrent ne s'installe[g] dans le quartier. «Il n'y aura plus forcément de travail pour deux. Rien n'est acquis[h]», explique-t-il. Alors Benoît travaille encore et encore. En maugréant[i] parfois, mais, au fond, heureux de son sort:[j] «Quand on arrive à un certain niveau de fatigue, d'énervement, on apprend beaucoup. On progresse.» Pour ce vétérinaire passionné, la vie privée, la vie hors travail, c'est une «notion floue[k]». Il regretterait presque de ne pouvoir en faire plus[l]! «Comme on me l'a appris en classe préparatoire, je m'entraîne[m] chaque jour pour repousser plus loin la limite.» ◆

Agnès Baumier

---

[g]craint... *fears that a competitor will open a clinic*  [h]*taken for granted*  [i]*En... grumbling*  [j]*destin*
[k]notion... idée vague  [l]*en... do even more*  [m]*train, practice*

# Compréhension

**A.** Trouvez-vous raisonnables ou déraisonnables les habitudes de ce vétérinaire? Pourquoi?

**B. Vrai ou faux?** Corrigez les phrases qui sont fausses.

1. _____ Le taux du chômage est très élevé en France.
2. _____ Par rapport aux autres pays européens, la France n'exporte pas beaucoup de ses produits.
3. _____ La plupart des salariés français travaillent moins qu'il y a 10 ans.
4. _____ Benoît P. passe régulièrement de douze à treize heures au travail chaque jour.
5. _____ Benoît a très envie de changer de métier.
6. _____ Afin de simplifier sa vie, Benoît a l'intention d'inviter un autre vétérinaire dans sa clinique.
7. _____ Benoît n'a pas de soucis d'argent.
8. _____ Benoît paie moins d'un tiers de son salaire en impôts.
9. _____ Benoît va bientôt se marier et fonder une famille.

**C.** Faites la description d'un amie (une amie) dont le style de vie ressemble à celui de Benoît P. Quelles raisons est-ce que votre ami(e) vous donne pour expliquer son choix?

**D.** Décrivez votre style de vie idéal. Que ferez-vous pour pouvoir y arriver?

## PAR ÉCRIT

FUNCTION: Narrating (a personal experience) in the past

AUDIENCE: Classmates and professor

GOAL:    The following brief passage is excerpted from the autobiography of Françoise Giroud (1916—),* *Si je mens* (1972). After reading it, use it as a model for your own paragraph answering the question **Quel genre d'enfance avez-vous eu?**

Quel genre d'enfance avez-vous eu?
Le genre bizarre.
Bizarre? Pourquoi?
Ce n'est pas facile à expliquer... Mon père a été essentiellement une absence, une légende. Une absence d'abord à cause de la guerre, puis d'une mission aux États-Unis dont il a été chargé par le gouvernement français, ensuite d'une maladie que l'on ne savait pas soigner à l'époque et dont il est mort. Cette maladie a duré des années pendant lesquelles je ne l'ai jamais vu. J'ai eu pour lui un amour fou. On parlait de lui, à la maison, comme d'un héros qui avait tout sacrifié à la France,...

**Steps**

1. Reread the preceding passage, paying special attention to the transitions between clauses within sentences. Note the following techniques, and use them as models for setting up your own paragraph.
   a. Use of adverbs, such as **d'abord, puis,** and **enfin,** to connect simple clauses within a sentence and provide a sense of chronological progression or movement.
   b. Use of relative pronouns, such as **qui, que, où,** and **dont,** to enhance movement and sophistication by connecting simple clauses into a complex whole.
2. Jot down a brief list of memories, events, or feelings that seem to characterize your childhood.
   a. Flesh out the list by adding a few relevant details to each item on the list.
   b. Find a word or short phrase that seems to summarize the list and offers a shorthand characterization of your childhood.
3. Write a rough draft, applying the principles under number 1.
4. Have a classmate read your story to see if what you have written is interesting, clear, and organized. Make any necessary changes. Finally, read the composition again, checking for spelling, punctuation, and grammar errors. Focus especially on your use of adverbs and relative pronouns. Be prepared to share your composition with your instructor or classmates.

## À L'ÉCOUTE!

**Carrières.** Vous allez entendre trois offres d'emploi à la radio. Lisez les activités suivantes avant d'écouter le vocabulaire et les séquences sonores qui leur correspondent.

---

*Françoise Giroud was editor of the magazine *Elle* between 1945 and 1953, then helped found *L'Express,* where she became editor and then publisher. From 1974 to 1976 she served as French Secretary of State for the Status of Women and was Secretary of State for Culture in 1976 to 1977. She has also written several literary works.

VOCABULAIRE UTILE:
**la comptabilité** *accounting*
**la rentrée prochaine** *beginning of next academic year*

**A.** Déterminez de quel poste il s'agit dans chaque cas.

Annonce 1 _____      **a.** professeur
Annonce 2 _____      **b.** ingénieur
Annonce 3 _____      **c.** secrétaire

**B.** Quels sont les points mentionnés dans ces offres d'emploi? Tracez un cercle autour de la bonne réponse.

**PREMIÈRE OFFRE**

**1.** La société recherche quelqu'un qui _____.
    **a.** parle trois langues   **b.** parle anglais   **c.** parle espéranto
**2.** Cette personne devra avoir _____.
    **a.** 15 ans d'expérience professionnelle   **b.** entre 5 et 10 ans d'expérience professionnelle

**DEUXIÈME OFFRE**

**3.** Le responsable de gestion *(director of administration)* a besoin d'un assistant qui _____.
    **a.** parle anglais et italien   **b.** parle espagnol et anglais
**4.** Cette personne devra avoir _____.
    **a.** 25 ans d'expérience professionnelle   **b.** un bon sens de l'organisation

**TROISIÈME OFFRE**

**5.** L'université recherche un professeur de _____.
    **a.** physique-chimie   **b.** lettres   **c.** sciences humaines
**6.** Cette université se trouve _____.
    **a.** en Afrique du Sud   **b.** en Amérique   **c.** en Afrique de l'Ouest

# Vocabulaire

**Verbes**

**aider** to help
**couvrir** to cover
**découvrir** to discover
**dépenser** to spend *(money)*
**déposer** to deposit
**diriger** to direct
**embaucher** to hire

**faire des économies** to save (up) money
**faire un chèque** to write a check
**gagner** to earn; to win
**intéresser** to interest
**offrir** to offer
**ouvrir** to open
**remettre** to replace; to deliver
**retirer** to withdraw

**souffrir** to suffer
**toucher** to cash

**Substantifs**

**l'augmentation** *(f.)* increase
**l'avenir** *(m.)* future
**le bijou** jewel
**le budget** budget

**le bureau de change** money
exchange (office)

**le carnet de chèques** checkbook

**la carte bancaire** bank (ATM)
card

**la carte de crédit** credit card

**le chèque** check

**le compte** account

**le compte-chèques** checking
account

**le compte d'épargne** savings
account

**le conseil** advice

**le cours** exchange rate

**le coût de la vie** cost of living

**la dépense** expense

**le distributeur automatique**
automatic teller

**l'embauche** *(f.)* hiring

**l'emprunt** *(m.)* loan

**l'entreprise** *(f.)* company

**l'entretien** *(m.)* job interview

**les frais** *(m. pl.)* expenses, costs

**le liquide** cash

**le montant** sum, amount

**le reçu** receipt

**le salaire** salary

**la société** company

**le taux de chômage** unemployment
rate

À REVOIR: **l'avenir, l'horaire** *(m.)*

## Les professions

**l'agent** *(m.)* **de police** police
officer

**l'agriculteur/l'agricultrice** farmer

**l'architecte** *(m., f)* architect

**l'artisan(e)** artisan, craftsperson

**l'artiste peintre** *(m., f.)* (artist)
painter

**l'avocat(e)** lawyer

**le boucher/la bouchère** butcher

**le cadre** middle or upper manager

**le chef d'entreprise** company
head, top manager, boss

**le coiffeur/la coiffeuse,** hairdresser

**le/la commerçant(e)** shopkeeper

**le/la comptable** accountant

**le/la dentiste** dentist

**le directeur/la directrice** manager,
head

**le directeur commercial/la direc-
trice commerciale** business
manager

**l'employé(e) (de)** employee; someone employed (by); white-
collar worker; (sales) clerk

**le facteur/la factrice** letter carrier

**le/la fonctionnaire** civil servant

**l'ingénieur** *(m.)* engineer

**l'instituteur/l'institutrice** primary
school teacher

**le/la journaliste** reporter

**le marchand de vin** wine merchant

**le médecin (la femme médecin)**
doctor

**l'ouvrier/l'ouvrière** (manual)
worker

**le/la pharmacien(ne)** pharmacist

**le plombier** plumber

**le/la secrétaire** secretary

**le travailleur/la travailleuse** worker

**le travailleur indépendant** self-
employed worker

**le travailleur salarié** salaried
worker

À REVOIR: **l'acteur/l'actrice,
l'écrivain/la femme écrivain,
le serveur/la serveuse**

## Adjectifs

**cher/chère** expensive

**élevé(e)** high

**ennuyeux/ennuyeuse** boring

**frisé(e)** curly

**meilleur(e)** better

**pire** worse

**pratique** practical

## Mots et expressions divers

**aussi... que** as . . . as

**aussitôt que** as soon as

**à l'avenir** from now on

**bien** *(adv.)* much

**dès que** as soon as

**dont** whose, of whom, of which

**fort** *(adv.)* very

**un jour** someday

**lorsque** when

**moins... que** less . . . than

**où** where, when

**plus... que** more . . . than

**prochain(e)** next

**que** whom, that, which

**qui** who, that, which

# CHAPITRE 14

# Vive les loisirs!

IN CHAPITRE 14, YOU WILL LEARN:

- vocabulary for talking about leisure-time activities
- structures for getting information, being polite, speculating, and making comparisons
- cultural information about French attitudes toward leisure and leisure-time activities, winter sports, and French card games

On s'occupe en jouant.

407

# Étude de vocabulaire

## Loisirs

**Les spectacles**
  La chanson de variété*
  Le cinéma

**Les activités de plein air**
  La pêche          Le ski
  La pétanque       La marche
  Le pique-nique

**Les manifestations sportives**
  Le football
  Le cyclisme
  Les matchs (de boxe, de football)

**Les jeux**
  Les jeux de hasard
  Les jeux de société

**Le bricolage†** → genou

  Le jardinage

**Les passe-temps**
  Les collections
  La lecture
  La peinture

## À vous!

**A. Catégories.** La chanson de variété est un spectacle. Dans quelle(s) catégorie(s) de distractions classez-vous... ?

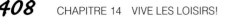

*__Une chanson de variété__ is a popular song, sometimes associated with a particular singer and sung in a music hall or a small nightclub.
†__Le bricolage__ is *puttering around, doing odd jobs around the house, building and repairing things oneself.* The verb form is **bricoler.**

1. un match de boxe
2. une collection de papillons *(butterflies)*
3. la fabrication de nouvelles étagères
4. la pêche
5. la roulette
6. la lecture
7. une partie *(game)* de frisbee
8. la réparation de votre bicyclette
9. un pique-nique
10. le poker
11. un concert de jazz
12. la pétanque
13. le cyclisme
14. la marche

**B. Le bricolage.** Le jardinage et la construction d'un barbecue sont deux formes de bricolage. Nommez deux formes de loisirs pour chaque catégorie.

1. les manifestations sportives   2. les jeux de société   3. les spectacles
4. les activités de plein air   5. les passe-temps

 **Interview.** Posez les questions suivantes à un(e) camarade. Demandez-lui...

1. quelles sortes de chansons il/elle aime (les chansons d'amour? les chansons folkloriques? le rap?)
2. qui est son chanteur favori et sa chanteuse favorite, et pourquoi
3. à quelles sortes de spectacles il/elle assiste\* souvent et à quel spectacle il/elle a assisté récemment
4. s'il (si elle) préfère faire du sport ou s'il (si elle) préfère assister à des manifestations sportives; à quelle manifestation sportive il/elle a assisté récemment
5. quel jeu de société il/elle préfère (le bridge? le scrabble? le Monopoly?)
6. à quels jeux de hasard il/elle a joué, où il/elle y a joué et combien il/elle a gagné ou perdu
7. s'il (si elle) aime bricoler et quels objets il/elle a réparés ou fabriqués (= construits)
8. s'il (si elle) collectionne quelque chose

**Résumez!** D'après ses réponses, parlez brièvement du caractère ou de la personnalité de votre camarade.

**Expressions utiles:** sentimental(e), terre à terre (= pratique), actif/active, créateur/créatrice, paresseux/paresseuse, sportif/sportive, énergique, (peu) doué(e) *(gifted)* pour les sports, audacieux/audacieuse, (im)prudent(e), adroit(e), être un homme (une femme) à tout faire *(handy),* (n')avoir (pas) le goût du risque

**D. Vive les loisirs!** Imaginez que vous êtes libre ce soir et que vous ne savez pas quoi faire. Voici une suggestion.

D'après cette publicité à la page suivante...

1. quels sont les avantages proposés par la chaîne Muzzik?
2. quelle sorte de musique vous semble la plus intéressante? la moins intéressante? Expliquez pourquoi.
3. qù est-ce qu'il faut aller pour profiter de toute cette musique? Est-ce qu'il y a un grand choix de thèmes pour les gens qui ont des goûts différents?

---

\***Assister (à)** is a **faux ami,** or false cognate, meaning *to attend.* To express *assisting* or *helping,* use **aider.**

# MUZZIK,
## la première chaîne classique et jazz, un oiseau rare à la télé !

les plaisir + l'émotion

**24 h sur 24, en stéréo, sur le câble.**
**Pour recevoir MuzziK, téléphonez au** 05 25 8000* appel gratuit

---

**Une chaîne de plaisir et d'émotion pour partager vos passions.**

Retrouvez chaque jour dans votre salon des grands moments de la musique.

- **La musique Classique :** la musique de chambre, les récitals, l'opéra, les symphonies, les plus grands concerts.

- **La musique du monde :** toutes les musiques du monde à travers leurs meilleurs ambassadeurs.

- **Le Jazz :** la soul, le Hot Brass, le Blues, le Gospel et les plus grands concerts.

Profitez au maximum de toutes les émotions selon votre plaisir

- Retrouvez vos musiques préférées aux meilleures heures de la journée avec la qualité du son numérique.

- Chaque jour, un thème spécifique est approfondi grâce des reportages et des interventions des plus grands spécialistes.

- Une alternance de programmes courts et de programmes longs pour un accès plus souple à tous les genres musicaux.

*Appel gratuit

The Business Factory - RCS Nanterre B 642 016 778 - Photos : Surégia

Dix et Demi Quinze (1) 48 87 80 81

**Que vous soyez classique ou jazz, téléphonez vite au 05 25 8000\* et retrouvez nous sur** MuzziK

## Les cartes

**Un jeu de cartes**  *deck of cards*   **la couleur**   *suit*

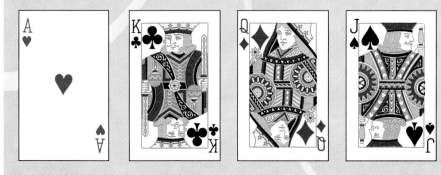

As de cœur          Roi de trèfle          Dame de carreau          Valet de pique

Voici quelques jeux de cartes populaires en France:

- **Le bridge:** Joué dans des clubs, ce jeu de cartes a sa propre fédération existant en France depuis 1933. Le Bridge est probablement le plus intellectuel des jeux de cartes.
- **La belote:** Fréquemment joué dans les cafés, ce jeux de cartes est le plus populaire en France. Les expressions "Belote!" (dite lorsqu'on joue la dame) et "Rebelote!" (dite lorsqu'on joue le roi) sont d'ailleurs utilisées dans la vie courante. "Belote et rebelote!" signifie que deux choses positives se sont passées l'une après l'autre.

    EXEMPLE:   —On lui a d'abord proposé un poste formidable et le premier jour, il a rencontré la femme de sa vie dans cette entreprise!
    —Ah bon? Dis donc! Belote et rebelote, hein!

- **Le tarot:** C'est un jeu de cartes d'origine italienne, qui date du moyen-âge. Le jeu comporte 78 cartes, dont 52 du jeu classique, 4 cartes de cavaliers supplémentaires, puis 21 cartes numérotées représentant un sujet (la Force, la Pendu, la Mort, le Diable, etc.), et une carte qui s'appelle le Fou. Le tarot se joue à quatre joueurs.
- **La bataille:** Un jeu pour enfants, joué à deux. Celui qui a la carte la plus forte gagne!
- **La réussite:** Un jeu de cartes pour une seule personne. On dit "faire une réussite".

# Pour parler des loisirs: *courir* et *rire*

| PRESENT TENSE OF **courir** *(to run)* | | **rire** *(to laugh)* |
|---|---|---|
| je | cour**s** | r**is** |
| tu | cour**s** | r**is** |
| il, elle, on | cour**t** | r**it** |
| nous | cour**ons** | r**ions** |
| vous | cour**ez** | r**iez** |
| ils, elles | cour**ent** | r**ient** |
| *Past participle:* | **couru** | **ri** |
| *Future stem:* | **courr**- | **rir**- |

## À vous!

**A. Sondage sur le jogging.** Interviewez un(e) camarade pour savoir s'il (si elle) fait du jogging. Posez-lui ces questions.

1. Combien de fois est-ce qu'il/elle court par semaine?
2. Pendant combien de temps est-ce qu'il/elle court; ou combien de kilomètres est-ce qu'il/elle fait? (1 mile = 1,6 kilomètres)
3. Depuis quand *(Since when)* est-ce qu'il/elle fait du jogging?

S'il (Si elle) a répondu *non*...

vive la détente!

1. Pourquoi est-ce qu'il/elle ne court pas?
2. Est-ce qu'il/elle pratique un autre sport?
3. Qu'est-ce qu'il/elle pense des gens qui courent souvent?

Puis comparez les résultats des différents sondages.

1. Dans votre classe est-ce qu'il y a plus d'étudiants qui courent ou plus d'étudi-ants qui ne courent pas?
2. Parmi les coureurs, qui court le plus par semaine? le moins?
3. Parmi les non-coureurs, qui a donné la raison la plus comique? la plus bizarre? Quels sont les sports les plus populaires?

**B. Le rire.** Le rire est le passe-temps préféré de beaucoup de gens. Il nous aide aussi à surmonter les moments difficiles ou embarrassants de la vie. Avec un(e) camarade, choisissez dans la liste suivante deux cas où le sens de l'humour nous aide, et expliquez pourquoi.

Le sens de l'humour nous aide dans les occasions où _____.

1. on a peur
2. on est embarrassé
3. on veut critiquer quelqu'un
4. il y a de la tension
5. on cache *(is hiding)* quelque chose
6. ?

**Et vous?** Vous aimez rire? Avec un(e) camarade, répondez aux questions suivantes. Chaque fois que vous répondez *oui,* donnez un exemple.

1. Vous racontez des blagues *(jokes)?*
2. Vous faites souvent des jeux de mots *(puns)?*
3. Vous avez un(e) comique préféré(e)?
4. Vous aimez particulièrement un film amusant ou une pièce amusante?
5. Est-ce que vous riez quelquefois en cours de français? (Quand et pourquoi?)

## *Réalités francophones*

### LES LOISIRS DES FRANÇAIS

Les loisirs occupent une place importante dans la vie des Français. Il existe actuellement un ministère du Temps libre pour les aider à organiser leurs activités. Mais que font les Français de leur temps libre?

L'un des passe-temps favoris des Français est le bricolage: dans leur maison ou dans leur jardin, ils trouvent toujours quelque chose à réparer, à embellir[a] ou à remplacer. Cet amour du travail manuel montre l'importance que les Français accordent à leur foyer.[b] Les Français sont aussi de grands collectionneurs: de timbres, de cartes postales, de poupées, ou d'objets rares. Les jeunes préfèrent collectionner les bandes dessinées,[c] les télécartes et les cartes de collection de base-ball et de basket américain.

Un match de football

Les Français aiment aussi beaucoup les sports, et ils sont de plus en plus nombreux à en faire régulièrement. Leur sport favori est le football, avec plus de vingt mille clubs et près de deux millions de membres dans tout le pays. Le ski aussi est très populaire et beaucoup de familles profitent des vacances de Noël pour partir à la montagne. Le cyclisme connaît un grand succès. Le Tour de France est peut-être l'événement sportif français le plus connu aux États-Unis. Parmi les autres sports pratiqués par les Français on peut mentionner les activités de plein air comme le tennis, le jogging, la marche, la natation, le rafting, l'escalade et le parapente. Mais, bien sûr, pour certains, c'est la conversation qui reste encore le sport préféré!

---

[a]*improve*  [b]*household*  [c]*bandes... comic strips*

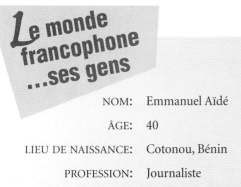

# Le monde francophone ...ses gens

NOM: Emmanuel Aïdé

ÂGE: 40

LIEU DE NAISSANCE: Cotonou, Bénin

PROFESSION: Journaliste

*Quels sont vos loisirs favoris? Les pratiquez-vous seul, en famille ou avec vos amis? Quelles sont les fêtes nationales dans votre pays? Comment les fêtez-vous? Combien de jours de vacances avez-vous par an?*

Mon loisir favori c'est aller à la plage et me promener dans le verger et les champs d'ananas du village. Tout ceci, je le fais avec des amis ou les membres de ma famille. La fête nationale, c'est le 1ᵉʳ août. Nous la fêtons sans tapage[a] en sacrifiant la journée de travail. Nous avons environ trois mois de vacances par an.

[a]sans... de façon calme

NOM: Caroline Lesperance

ÂGE: 20

LIEU DE NAISSANCE: Montréal, Québec

PROFESSION: Étudiante

J'ai plusieurs loisirs favoris. Durant l'hiver, j'aime bien faire du patin à glace avec mon copain et mon frère. Je fais également un peu de ski de fond et de ski alpin avec mon copain. Mon copain et moi aimons beaucoup faire du traîneau à chiens, un sport typique de quelques régions du Québec. En dehors des sports d'hiver, je fais de la bicyclette de montagne durant l'été. J'aime également lire toutes sortes de livres (autant en français qu'en anglais ou en espagnol), faire de l'art plastique, et puis, j'aime garder contact avec mes 150 correspondants qui habitent à travers le monde.

Au Québec, nous avons sept jours fériés: le Jour de l'An, le Vendredi Saint ou le Lundi de Pâques, la fête de la Reine Victoria ou la fête de Dollard, la Saint-Jean Baptiste, la fête du Canada, la fête du travail, l'Action de grâces et Noël. Généralement, les jours fériés sont célébrés en famille ou avec des amis. Notre fête la plus importante après Noël est Pâques. Les gens se rendent alors dans une cabane à sucre dans une forêt et dégustent en famille un repas fait principalement à base de sève d'érable.[b] Souvent, les gens sont invités à participer également à la collecte de la sève avant le repas.

[b]maple sap

*New Year's Day; Good Friday or Easter Monday; Queen Victoria's Day (in English Canada) or Dollard's Day (in Québec; named after a heroic French officer of the 17th century), celebrated the Monday preceding May 25th; Québec Day (June 24th); Canada Day (July 1st); Labor Day (first Monday of September); Thanksgiving (second Monday of October) and Christmas.

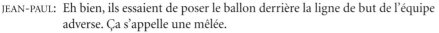

# Étude de grammaire

## 50. INTERROGATIVE PRONOUNS
### Getting Information

**AU MATCH DE RUGBY**

BILL: **Qu'est-ce qu'**ils essaient de faire?

JEAN-PAUL: Eh bien, ils essaient de poser le ballon derrière la ligne de but de l'équipe adverse. Ça s'appelle une mêlée.

BILL: Et c'est **quoi,** une mêlée?

JEAN-PAUL: C'est quand plusieurs joueurs de chaque équipe sont regroupés autour du ballon. Tu vois, un des joueurs l'a récupéré.

BILL: **Lequel?**

JEAN-PAUL: Philippot.

BILL: **Qu'est-ce qui** l'empêche de le passer vers le but?

JEAN-PAUL: Les règles du jeu, mon vieux! C'est du rugby, ce n'est pas du football américain.

Un match de rugby

Voici des réponses. Quelles en sont les questions?

1. Ils essaient de plaquer *(tackle)* le joueur qui court avec le ballon.
2. C'est Duval qui passe le ballon à Philippot.
3. Un essai, c'est l'avantage obtenu quand un joueur réussit à poser le ballon derrière la ligne de but.

## Forms of interrogative pronouns

Interrogative pronouns—in English, *who? whom? which? what?*—can be used as the subject in a question, as the object of the verb, or as the object of a preposition. You have been using the French interrogative pronouns **qui** and **qu'est-ce que.** Following is a list of other French interrogative pronouns. Note that several have both a short form and a long form that is based on **est-ce que.**

| USE | PEOPLE | THINGS |
|---|---|---|
| Subject of a question | qui<br>qui est-ce qui | (no short form)<br>qu'est-ce qui |
| Object of a question | qui<br>qui est-ce que | que<br>qu'est-ce que |
| Object of a preposition | à qui | à quoi |

# Interrogative pronouns as the subject of a question

As the *subject* of a question, the interrogative pronoun that refers to people has both a short and a long form, but the long form is rarely used and will not be treated in this lesson. The pronoun that refers to things has only one form. Note that **qui** is always followed by a singular verb.

**PEOPLE**
**Qui** fait du jogging ce matin?
**Qui est-ce qui** fait du jogging ce matin?

**THINGS**
**Qu'est-ce qui** se passe? *(What's happening?)*

# Interrogative pronouns as the object of a question

As the *object* of a question, the interrogative pronouns referring to people, as well as those referring to things, have both a long and a short form.

1. Long forms

    PEOPLE: **Qui est-ce que**
    THINGS: **Qu'est-ce que** + *subject + verb + (other elements)?*

    **Qui est-ce que** tu as vu sur le court de tennis ce matin?
    **Qu'est-ce que** Marie veut faire ce soir?

    *Whom did you see on the tennis court this morning?*
    *What does Marie want to do this evening?*

    Remember that **qu'est-ce que (qu'est-ce que c'est que)** is a set phrase used to ask for a definition: *What is _____ ?* **Qu'est-ce que la pétanque?**

2. The short form **qui** can follow the subject and verb in questions using an intonation change.

    Tu cherches **qui?**
    André a vu **qui** au théâtre?

    *You're looking for whom?*
    *Whom did André see at the theater?*

The short form **qui** can also be followed by an inverted subject and verb.

**Qui** (+ *noun subject*) + *verb-pronoun* + *(other elements)?*

| | |
|---|---|
| **Qui as-tu vu** au club de gym? | *Whom did you see at the gym?* |
| **Qui Marie a-t-elle vu** sur le court de tennis? | *Whom did Marie see on the tennis court?* |

3. The short form **que** is followed by an inverted subject and verb. This is true for both noun and pronoun subjects.

**que** + *verb* + *subject (noun or pronoun)* + *(other elements)?*

| | |
|---|---|
| **Que cherches-tu?** | *What are you looking for?* |
| **Que cherche Jacqueline?** | *What is Jacqueline looking for?* |

## Use of *qui* and *quoi* after prepositions

After a preposition or as a one-word question, **qui** is used to refer to people, and **quoi** is used to refer to things.

| | |
|---|---|
| **À qui** est-ce que Michel parle? | *Who is Michel speaking to?* |
| **De qui** est-ce que tu parles? | *Who are you talking about?* |
| **À quoi** est-ce que Corinne réfléchit? | *What is Corinne thinking about?* |
| **De quoi** est-ce que vous parlez? | *What are you talking about?* |

## The interrogative pronoun *lequel*

**Lequel, laquelle, lesquels,** and **lesquelles** *(which one[s]?)* are used to ask about a person or thing that has already been specified. These pronouns agree in gender and number with the nouns to which they refer.

| | |
|---|---|
| —Vous avez vu cet opéra? | *Have you seen this (that) opera?* |
| **—Lequel?** | *Which one?* |
| —Vous vous rappelez cette pièce de théâtre? | *Do you remember this (that) play?* |
| **—Laquelle?** | *Which one?* |

## Vérifions!

**A.** **À la Maison des jeunes et de la culture.**\* Posez des questions sur les activités des jeunes à la MJC. Utilisez **qui** en remplaçant les mots soulignés.

---

\*The **MJC** (**Maison des jeunes et de la culture**) is a recreational center supported by the French government. There are MJCs all over France, offering work areas and courses in many hobbies and sports. They also sponsor cultural events, such as concerts, plays, art exhibits, and movies.

MODÈLE: Pierrot apprend à jouer du piano. →
Qui apprend à jouer du piano?

1. Astrid va suivre un cours de poésie.
2. Paul apprend à faire un portrait en cours de peinture.
3. Jean-Loup écoute un concert de Debussy.
4. Le professeur choisit les meilleures œuvres à exposer.

Maintenant, posez des questions avec **que** ou **qu'est-ce que**.

MODÈLE: Sylvie regarde un film de François Truffaut au ciné-club. →
Que regarde Sylvie au ciné-club? (Qu'est-ce que Sylvie regarde
au ciné-club?)

5. Les jeunes font des vases en cours de poterie.
6. On joue un air de Jacques Brel pendant le cours de guitare.
7. Jean a fabriqué des étagères dans l'atelier de bricolage.
8. Marie a travaillé son service pendant son cours de tennis.

**B. Exposition à la MJC.** Vous êtes chargé(e) d'organiser une exposition à votre MJC, et vous donnez des instructions à un groupe de volontaires. Quelles questions est-ce qu'ils vous posent? Choisissez l'interrogatif correct.

MODÈLE: (qui / qu'est-ce que) William nous prêtera une... →
Qu'est-ce que William nous prêtera?

1. (qui / qu'est-ce qui) Le directeur a invité...
2. (qui / qu'est-ce que) Valérie va nous apporter une...
3. (qui / qui est-ce qui) Nous devons téléphoner à...
4. (à quoi / de quoi) Demain, vous voulez nous parler...
5. (qui est-ce qui / qui) Nadine viendra avec son...
6. (quoi / que) Vous pensez beaucoup à la...

**C. Une tranquille matinée de bricolage.** Ce matin il y a eu une grande confusion chez les Fontanet. La petite Émilie, rentrée de l'école maternelle *(kindergarten)*, pose des questions sur tout ce qui s'est passé. Remplacez le(s) mot(s) souligné(s) par un pronom interrogatif.

MODÈLE: Papa a invité un ami. →
Qui est-ce que papa a invité?

1. Maman fabriquait une petite table.
2. Jean-Louis faisait de la poterie.
3. Papa parlait avec son ami.
4. Jean-Louis a ouvert la porte.
5. Le chien a vu le facteur.
6. Maman a crié après le chien.
7. Le chien a couru après le facteur.
8. La poterie est tombée par terre *(to the ground)*.
9. Papa a rattrapé *(caught)* le chien.
10. Le chien a cassé *(broke)* la petite table de maman.

## Parlons-en!

**A. Interview.** Avec un(e) camarade de classe, posez des questions et répondez-y à tour de rôle.

> MODÈLE: acteurs comiques: Jim Carrey, Martin Lawrence →
> > É1: Lequel de ces acteurs comiques est-ce que tu préfères, Jim Carrey ou Martin Lawrence?
> > É2: Je préfère Martin Lawrence. Et toi, lequel est-ce que tu préfères?
> > É1: Je préfère _____.

1. actrices: Sandra Bullock, Demi Moore
2. peintres: le Français Degas, l'Espagnol Picasso
3. chanteuses: Madonna, Whitney Houston
4. loisirs: le bricolage, le jardinage
5. spectacles: les manifestations sportives, les chansons de variété
6. chansons: les chansons rock de Metallica, des Rolling Stones
7. ?

**Résumez!** Qu'est-ce que vous pouvez dire des goûts de votre camarade?

**B. L'hiver aux Caraïbes.** La Guadeloupe est un endroit idéal pour les amoureux de la nature, du soleil et du français. Voici une description de l'île tropicale, de sa situation et de ses cours linguistiques. Lisez-la rapidement, puis posez les questions suivantes à un(e) camarade de classe. Inversez les rôles au milieu de l'exercice.

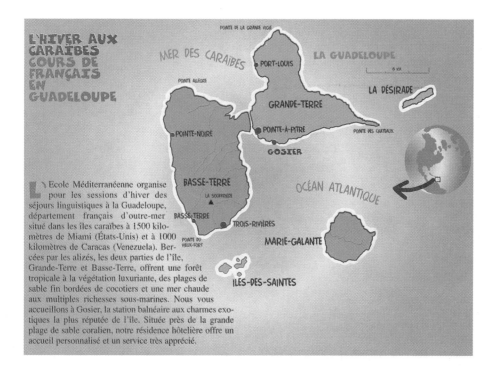

L'HIVER AUX CARAÏBES COURS DE FRANÇAIS EN GUADELOUPE

L'École Méditerranéenne organise pour les sessions d'hiver des séjours linguistiques à la Guadeloupe, département français d'outre-mer situé dans les îles caraïbes à 1500 kilomètres de Miami (États-Unis) et à 1000 kilomètres de Caracas (Venezuela). Bercées par les alizés, les deux parties de l'île, Grande-Terre et Basse-Terre, offrent une forêt tropicale à la végétation luxuriante, des plages de sable fin bordées de cocotiers et une mer chaude aux multiples richesses sous-marines. Nous vous accueillons à Gosier, la station balnéaire aux charmes exotiques la plus réputée de l'île. Située près de la grande plage de sable coralien, notre résidence hôtelière offre un accueil personnalisé et un service très apprécié.

1. Où se trouve la Guadeloupe?   2. La Guadeloupe, c'est un pays indépendant?
3. Qu'est-ce que son paysage (landscape) offre au visiteur?   4. Comment s'appellent les deux parties de l'île?   5. Quelles sont les villes les plus importantes de l'île?
6. Quels avantages offre un séjour linguistique à la Guadeloupe?

# 51. THE PRESENT CONDITIONAL
## Being Polite; Speculating

**AH, SI J'ÉTAIS RICHE...**

DJAMEL: Qu'est-ce que tu **ferais,** toi, si tu gagnais au loto*?
OLIVIER: Moi, je crois que j'**achèterais** un vieux cinéma de
quartier. Je **choisirais** tous les films que j'aime et
tous mes copains **pourraient** entrer gratuitement.
CHLOË: Moi, si je gagnais assez d'argent, je **m'installerais**
dans le sud de la France et je **passerais** mon temps
à faire de la peinture. J'**aurais** une grande maison
et vous **pourriez** venir me voir tous les week-ends.

Et vous? Si vous gagniez au loto, qu'est-ce que vous feriez?

## Forms of the conditional

In **Chapitre 8,** you learned the forms of some verbs in the conditional. You may remember that in English, the conditional is a compound verb form consisting of *would* plus the infinitive: *he would travel, we would go.* In French, the **conditionnel** is a simple verb form. The imperfect tense endings -**ais, -ais, -ait, -ions, -iez, -aient** are added to the infinitive. The final **e** of **-re** verbs is dropped before the endings are added.

|  | parler<br>(to speak) | finir<br>(to finish, end) | vendre<br>(to sell) |
|---|---|---|---|
| je | parler**ais** | finir**ais** | vendr**ais** |
| tu | parler**ais** | finir**ais** | vendr**ais** |
| il, elle, on | parler**ait** | finir**ait** | vendr**ait** |
| nous | parler**ions** | finir**ions** | vendr**ions** |
| vous | parler**iez** | finir**iez** | vendr**iez** |
| ils, elles | parler**aient** | finir**aient** | vendr**aient** |

---

*The French national lottery.

| | |
|---|---|
| Elle **passerait** son temps à faire de la peinture. | *She'd spend her time painting.* |
| Nous **pourrions** entrer gratuitement dans son cinéma. | *We'd be able to get into his movie theater for free.* |
| Elle **achèterait** une grande maison à la campagne. | *She'd buy a big house in the country.* |

\* Verbs that have irregular stems in the future tense (page 387) have the same irregular stems in the conditional.

| | |
|---|---|
| S'il ne pleuvait pas, nous **irions** tous à la pêche. | *If it weren't raining, we would all go fishing.* |
| Elle **voudrait** venir avec nous. | *She would like to come with us.* |
| Est-ce que tu **aurais** le temps de m'aider à tout préparer? | *Would you have time to help me prepare everything?* |

## Uses of the conditional

1. As you learned in **Chapitre 8,** the conditional is used to express wishes or requests. It lends a tone of deference or politeness that makes a request seem less abrupt. Compare these sentences.

| | |
|---|---|
| Je **veux** un billet. | *I want a ticket.* |
| Je **voudrais** un billet. | *I would like a ticket.* |
| **Pouvez**-vous m'indiquer ma place? | *Can you show me my seat?* |
| **Pourriez**-vous m'indiquer ma place? | *Could you show me my seat?* |

Note the use of inversion to form these formal, polite questions.

2. The conditional is used in the main clause of some sentences containing **si** (*if*) [si + l'imparfait] clauses. When the verb of an *if*-clause is in the imperfect, it expresses a condition, a conjecture, or a hypothetical situation. The conditional is used in the main clause to express what would happen if the hypothesis of the *if*-clause were true.

| | |
|---|---|
| Si j'**avais** le temps, je **jouerais** au tennis. | *If I had time, I would play tennis.* |
| Si nous **pouvions** pique-niquer tous les jours, nous **serions** contents. | *If we could go on a picnic every day, we would be happy.* |
| Elle **irait** avec vous au bord de la mer si elle **savait** nager. | *She would go to the seashore with you if she knew how to swim.* |

The **si** clause containing the condition is sometimes understood but not directly expressed.

| | |
|---|---|
| Je **viendrais** avec grand plaisir... (si tu m'invitais, si j'avais le temps, etc.). | *I would like to come . . . (if you invited me, if I had the time, etc.).* |

( Remember that an *if*-clause in the present expresses a condition that, if fulfilled, will result in a certain action (stated in the future). )

| | |
|---|---|
| Si j'**ai** le temps, je **jouerai** au tennis cet après-midi. | *If I have the time, I'll play tennis this afternoon.* |

Note that the future and the conditional are *never* used in the dependent clause (after **si**) of an *if*-clause sentence.

3. The present conditional of the verb **devoir** is used to give advice and corresponds to the English *should.*

| | |
|---|---|
| —J'aime bien les jeux de hasard. | *I like games of chance.* |
| —Vous **devriez** aller à Monte Carlo. | *You should go to Monte Carlo.* |
| —Elle a besoin d'exercice. | *She needs some exercise.* |
| —Elle **devrait** faire du jogging. | *She should go jogging.* |

---

## MOTS-CLÉS

### How to make requests and say thank you

As you know, the conditional mode can be used to make requests politely. You might want to begin your request with a general question.

| | |
|---|---|
| **Est-ce que je pourrais vous (te) demander un petit service?** | *May I ask you a favor?* |

Don't forget to add **s'il vous plaît (s'il te plaît)** to the request and to say thank you.

**Merci, Monsieur.**
**Je ne sais pas comment vous remercier, Madame.**

Appropriate responses to **Merci.**

**Je vous en prie, Mademoiselle.** *(formal)*
**De rien.**
**Il n'y a pas de quoi.** *(more familiar)*

In polite conversation, the French use **Monsieur, Madame,** or **Mademoiselle** much more often than Americans use *ma'am* or *sir.*

---

## Vérifions!

A. **Préférences.** Qu'est-ce que ces amis voudraient faire ce soir?
   1. je / vouloir / voir / pièce de théâtre
   2. Robert / préférer / travailler / atelier
   3. tu / choisir / d'assister à / match de boxe

**4.** nous / vouloir / parler / amis / café

**5.** Anne et Mireille / vouloir / nous / emmener *(to take)* / cinéma

**6.** vous / aimer / aller / piscine

**B. Après-midi de loisir.** Si vous pouviez choisir, laquelle de ces activités est-ce que vous feriez cet après-midi? Jouez la scène avec un(e) camarade.

MODÈLE:  faire une promenade en ville ou à la campagne →

É1: Est-ce que tu ferais une promenade en ville ou à la campagne?

É2: Je ferais une promenade à la campagne.

**1.** jouer au tennis ou au squash  **2.** aller au cinéma ou au café  **3.** visiter un musée ou un parc  **4.** manger une pizza ou un sandwich  **5.** boire un café ou un Coca-Cola  **6.** parler anglais ou français  **7.** faire des courses ou la sieste  **8.** écouter de la musique classique ou du rock  **9.** acheter des vêtements ou des livres  **10.** lire des bandes dessinées ou un roman  **11.** rendre visite à un ami (une amie) ou à la famille  **12.** ?

# Parlons-en!

**A. Problèmes de loisir.** Donnez des conseils à un ami (une amie) qui a des difficultés à organiser son temps libre. Commencez par «À ta place, je _____.»

MODÈLE:  É1: J'ai envie de danser!

É2: À ta place, j'irais dans une boîte de nuit *(nightclub)*.

**1.** J'aime les sports.

**2.** J'aime les timbres rares.

**3.** J'ai envie de lire quelque chose d'intéressant.

**4.** J'aime fabriquer des meubles.

**5.** J'ai besoin de tranquillité.

**6.** J'admire les tableaux des impressionnistes français.

**B. De beaux rêves.** Imaginez ce que vous feriez dans les situations suivantes. Justifiez vos choix.

MODÈLE:  si vous gagniez un voyage →

Si je gagnais un voyage, j'irais à Tahiti.

**1.** si vous receviez un chèque de 100 000 dollars

**2.** si vous deviez vivre dans une autre ville

**3.** si vous pouviez avoir la maison de vos rêves

**4.** si vous preniez de longues vacances

**5.** si vous veniez d'obtenir votre licence *(university degree)*

**C. L'été aux Arcs.** En France, beaucoup de stations de ski sont ouvertes l'été et offrent aux vacanciers de nombreux sports et loisirs. Voici ce qu'on peut faire aux Arcs, dans les Alpes.

D'après cette brochure, si vous alliez aux Arcs cet été...:

1. Vous pourriez faire du sport? Quel(s) sport(s) est-ce que vous aimeriez pratiquer?
2. Vous prendriez beaucoup de photos? Pourquoi?
3. Vous auriez le temps de prendre le soleil? de vous reposer?
4. Vous danseriez tous les soirs?
5. Quelles autres activités est-ce que vous aimeriez faire?

**Les Arcs**
**BOURG-SAINT-MAURICE**

**Tourarc**

L'été aux Arcs, c'est la grande fête du sport. Golf, tennis, équitation, tir à l'arc, ski sur herbe, mountain-bike, rafting, canoë, delta-plane, alpinisme, escalade, randonnée, jogging, gymnastique, natation, arts martiaux... En tout, plus de 30 activités pour tous les goûts et tous les niveaux. Aux Arcs, on peut vraiment tout faire et toujours dans le cadre extraordinaire de l'un des plus beaux domaines de montagne d'Europe.

Mais aux Arcs, il n'y a pas que le sport et le soleil. Les Arcs, c'est autre chose. Aux Arcs, tout est conçu[a] pour rendre la vie plus agréable et plus riche, qu'il s'agisse de l'agencement des résidences,[b] du confort des appartements, des animations de la station ou de l'accueil des hôtels. Aux Arcs, les responsables forment une véritable équipe et travaillent tous en harmonie pour que chacun puisse vivre ses vacances comme il l'entend.[c] Aux Arcs, on est plus libre. Libre de vivre à 100 à l'heure ou de se faire simplement bronzer au soleil, libre de se dépenser[d] toute la journée ou de danser toutes les nuits, libre de s'éclater[e] entre copains ou de profiter de sa famille...

[a]*set up* [b]*qu'il... whether it concerns the set-up of the condos* [c]*pour... so that everybody can enjoy their vacation in their own way* [d]*se... to wear oneself out* [e]*to let one's hair down*

# 52. ADVERBS AND NOUNS
## Making Comparisons

### LE JAZZ

JENNIFER: Tu vas souvent en boîte le week-end?
BRUNO: Non, je vais **plus souvent** dans des bars de jazz **qu'**en boîte. Il n'y a pas **autant de** monde et j'aime **mieux** la musique.
JENNIFER: Moi aussi, j'adore le jazz. J'ai **plus de disques compacts** de Duke Ellington **que de** Madonna. Mais le jazz, je l'écoute **le plus souvent** chez moi. Quand je vais en boîte, c'est pour danser et aussi parce qu'il y a **plus d'ambiance.**

Corrigez les phrases erronées.

1. Bruno va rarement dans des bars de jazz.
2. Il y a plus de gens dans les bars de jazz que dans les boîtes.
3. Jennifer a autant de CDs de Madonna que de Duke Ellington.
4. Jennifer trouve qu'il y a moins d'ambiance dans les bars de jazz.

# Comparative forms of adverbs

The same constructions you learned in **Chapitre 13** for the comparative forms of adjectives are used for the comparative forms of adverbs.

Soyez au meilleur de votre forme grâce à la Classe Affaires Canadien. Profitez d'un environnement reposant et confortable pour répéter ce texte, faire ces derniers ajustements ou tout simplement relaxer. On s'occupe du reste… La cabine Classe Affaires Canadien est agréable,

Classe Affaires Canadien

nos fauteuils sont des plus confortables et une attention toute particulière est portée aux repas.

Offerte vers 37 destinations canadiennes et internationales, la Classe Affaires Canadien va plus loin parce que, selon nous, tout voyage d'affaires doit avoir ses bons côtés.

1. **plus… que** *(more . . . than)*

   Jeannine écoute les disques de Madonna **plus** volontiers (**que** moi).

   *Jeannine listens to Madonna's records more willingly (than I).*

2. **moins… que** *(less . . . than)*

   On écoute la musique **moins** attentivement dans les discos **que** dans les bars de jazz.

   *People listen to the music less attentively at discos than at jazz bars.*

3. **aussi… que** *(as . . . as)*

   Nous allons danser **aussi** souvent **que** possible.

   *We go dancing as often as possible.*

# Superlative forms of adverbs

To form the superlative of an adverb, place **le** in front of the comparative form (**le plus…** or **le moins…**). Because there is no direct comparison, **que** is not used.

Dikembe s'en va tard. Mohamed s'en va plus tard. Khadim s'en va **le plus tard.**

# The comparative and superlative forms of *bien* and *mal*

*[handwritten: Adjective bien → meilleure]*

Note the irregular comparative and superlative forms of **bien.** The comparative and superlative forms of **mal** are regular.*

|  | COMPARATIVE | SUPERLATIVE |
|---|---|---|
| bien | mieux | le mieux |
| mal | plus mal | le plus mal |

| | |
|---|---|
| Tu parles français **mieux** que moi. | You speak French better than I. |
| Mais c'est Jean-Claude qui le parle **le mieux.** | But Jean-Claude speaks it best. |
| Mais c'est moi qui étudie **le plus!** | But I'm the one who studies the most! |
| Roland joue **plus mal** au tennis que moi. | Roland plays tennis worse than I. |
| Mais c'est Marc qui y joue **le plus mal.** | But Marc plays the worst. |

## Comparisons with nouns

**Plus de... (que)**, **moins de... (que)**, and **autant de... (que)** express quantitative comparisons with nouns.

| | |
|---|---|
| Ils ont **plus d'**argent (**que** nous), mais nous avons **moins de** problèmes (**qu'**eux). *[handwritten: → stressed pronoun]* | They have more money (than we), but we have fewer problems (than they). |
| Je suis **autant de** cours **que** toi ce semestre. *[handwritten: suivre verb]* | I'm taking as many courses as you this semester. |

## Vérifions!

**A. Les comparaisons.** Avec l'aide des signes, comparez ces personnes célèbres en utilisant des phrases complètes. Mettez les verbes au présent.

signes:   + *more*      = *as*
          − *less*

---

*Irregular comparative and superlative forms of **mal** (**pis, le pis**) exist, but the regular forms are much more commonly used.

1. Gene Siskel / aller au cinéma / = souvent / Roger Ebert
2. Madonna / chanter / + mal / Céline Dion
3. Jean-Michel Larqué* / jouer / + bien / au football / Jim Courier
4. Luciano Pavarotti / chanter / = bien / Placido Domingo
5. Je / courir / − vite / Marie-José Pérec
6. Richard Dacoury† / jouer / − bien / au basket-ball / Michael Jordan

**B. Rivalités.** Voici deux familles québécoises, les Poitras et les Tremblay. Comparez-les et imaginez leur vie d'après le dessin. Utilisez **plus de, moins de** et **autant de**.

MODÈLE:   Les Tremblay ont plus de maisons que les Poitras.

les Poitras                                    les Tremblay

**Mots utiles:** argent, maisons, voitures, domestiques *(servants)*, vêtements, enfants, problèmes, moments heureux, dépenses, scènes de ménage *(domestic arguments)*, vacances, temps libre...

## Parlons-en!

**A. Les Français et le sport.** Regardez le tableau et faites au moins trois comparaisons entre les hommes et les femmes en ce qui concerne le sport.

MODÈLE:   Les hommes font moins de natation que les femmes, mais ils font plus de ski que les femmes.

Ensuite, faites des comparaisons entre les hommes et les femmes en ce qui concerne le sport aux États-Unis.

Aux États-Unis, les femmes font autant de sport que les hommes?
Aux États-Unis, quels sports est-ce que les hommes font plus que les femmes?

### Le ski d'abord

Taux de pratique sportive pendant l'année écoulée (en % de la population totale):

|  | Hommes | Femmes | Total |
|---|---|---|---|
| • Ski | 18,7 | 14,5 | 16,5 |
| • Gymnastique | 11,5 | 18,5 | 15,1 |
| • Cyclisme | 16,6 | 1,3 | 13,8 |
| • Natation | 12,2 | 13,7 | 13,0 |
| • Marche | 11,3 | 10,1 | 10,7 |
| • Gymnastique d'entretien | 6,3 | 11,4 | 8,9 |
| • Tennis | 11,2 | 5,6 | 8,3 |
| • Sports d'équipe | 10,9 | 1,8 | 6,2 |
| • Course à pied | 7,3 | 2,5 | 4,8 |
| • Football | 7,5 | 0,3 | 3,7 |
| • Ping-pong | 5,1 | 1,4 | 3,1 |
| • Musculation | 3,5 | 1,7 | 2,6 |
| • Planche à voile | 2,5 | 1,1 | 1,8 |
| • Sports de combat | 2,1 | 0,5 | 1,3 |
| **Total** | **53,4** | **42,5** | **47,7** |

*Jean-Michel Larqué a été un célèbre footballeur français.
†Richard Dacoury joue au basket-ball en France.

**B. Habitudes.** Demandez à un(e) camarade combien de fois par semaine, par jour, par mois ou par an il/elle fait quelque chose, et puis comparez sa réponse avec vos propres habitudes.

**Autres possibilités:** lire le journal, faire du sport, regarder la télévision, partir en voyage...

MODÈLE:  É1:  Combien de fois par semaine est-ce que tu vas au cinéma?
     É2:  Une ou deux fois par semaine.
     É1:  J'y vais plus (moins, aussi) souvent que toi.

## *Réalités francophones*

### LES SPORTS D'HIVER

Les sports d'hiver sont très importants au Québec où l'hiver dure longtemps. Dans certaines régions, il y a jusqu'à six mois de neige! Ces conditions météorologiques expliquent la popularité des sports d'hiver. La motoneige, inventée par un Québécois en 1922, est parfaitement adaptée à l'hiver québécois. Au Québec, il y a près de 30 000 kilomètres de pistes[a] de motoneige, avec des services d'hébergement[b] et de restauration[c] sur la route. Les Québécois aiment aussi le ski de fond et le ski de piste, qui se fait, entre autres, dans les montagnes des Laurentides au nord de Montréal. En fait, il y a même une piste de ski sur le Mont Royal au centre de la ville de Montréal.

  Au Québec, on profite de l'hiver et on le fête. Lors du Carnaval il y a de nombreuses activités sportives et culturelles, des concours de sculptures de glace, des courses de canoë sur le St Laurent, des bals costumés et un feu d'artifice. Même s'il fait froid, on s'amuse!

Une course de canoë

[a]*trails* [b]*lodging* [c]*dining*

## *Mise au point*

**A. Le rêve: une vie sans travail.** Morgane et Max rêvent de s'arrêter de travailler. Morgane nous raconte les activités qu'elle aimerait faire. Faites des phrases complètes en utilisant l'imparfait ou le conditionnel.

1. si / on / s'arrêter / travailler / on / pouvoir / dormir / toute la journée
2. on / apprendre / parler / allemand / espagnol
3. on / se mettre / voyager / autour / monde
4. je / essayer* / faire / peinture
5. et toi / tu / commencer / écrire / roman
6. nous / aider / mon père / finir / sa maison
7. et nous / continuer / bricoler / dans notre maison
8. on / prendre / enfin / temps de vivre

**B. Nommez trois choses...** Donnez par écrit votre réaction spontanée aux questions suivantes. Écrivez des phrases complètes. Puis, comparez vos réponses avec celles d'un(e) camarade de classe. Lesquelles sont identiques?

1. Nommez trois choses que vous feriez si vous étiez riche.  2. Donnez trois raisons pour lesquelles vous vous battriez *(you would fight)* si c'était nécessaire. 3. Nommez trois instruments de musique dont vous aimeriez jouer.  4. Nommez trois sports que vous aimeriez bien pratiquer.  5. Nommez trois personnes qui vous font souvent rire.  6. Nommez trois chanteurs (ou chanteuses) que vous admirez.  7. Nommez trois choses que vous feriez ce week-end si vous en aviez le temps.

**C. Interview.** Posez les questions suivantes en français à un(e) camarade. Ensuite, résumez ses réponses.

1. Who in class has more leisure time than you? Why?  2. What sport would you like to be able to play better?  3. Which American plays tennis best?  4. What athlete (**athlète,** *m., f.*) would you like to speak to the most?  5. Who in the class runs faster than you? How do you know?  6. Who in the class goes to the library as often as you?  7. Who in the class needs to study the least in order to (**pour**) have good grades (**notes,** *f.*)?

**D. Interactions.** In this chapter, you practiced getting information, comparing and contrasting, and expressing wishes, requests, and conditions. Using the chapter vocabulary and structures, act out the following situations.

1. **Des conseils.** One of your acquaintances (your partner) needs to work harder in school. Compare your life with his/hers. You think that he/she has too many distractions. Find out more thoroughly what he/she does and with whom. Express your wishes and give advice on what to give up and how to get down to work.
2. **Un ancien ami (Une ancienne amie).** You run into an old friend (your partner) whom you have not seen for a few years. Stop and chat. Find out how your friend is getting along. Ask how his/her life has changed, whom he/she has seen lately, what his/her leisure activities are, what work he/she does. He/She will get the same information from you.

---

*See Appendix for a conjugation of the verb **essayer.**

*Rencontres*

In this dialogue, Paul and Caroline are firming up plans for their upcoming ski trip. For what arrangements is each one responsible? Is there anything they've forgotten?

**[Thème 9, Scène 9.2]***

CAROLINE: Allô, Paul? Salut, c'est Caroline.

PAUL: Caroline, ça va? Où es-tu?

CAROLINE: Dans une cabine téléphonique et je t'appelais pour te parler de nos vacances à la montagne.

PAUL: Oui! Nous avons encore beaucoup de choses à faire.

CAROLINE: Oui, c'est certain. J'ai réservé des chambres à Chamonix, tu sais, dans l'hôtel où j'allais toujours avec mes amis.

PAUL: Très bien. Moi, aujourd'hui je dois prendre les billets de train.

CAROLINE: J'ai parlé à Michel et Bénédicte hier soir, et ils vont nous retrouver dimanche, comme prévu.

PAUL: Bien! Alors, tout est en ordre? On n'oublie rien?

CAROLINE: Je ne pense pas. On a fait tous les préparatifs.

PAUL: On va passer de bonnes vacances, hein? Je nous vois déjà sur les pistes.[a]

---

[a]*slopes*

## Avec un(e) partenaire...

Jouez les rôles du (de la) réceptionniste à l'hôtel et du client (de la cliente). Le client (La cliente) arrive à l'hôtel sans réservations. Il/Elle aimerait donc une chambre et voudrait également des renseignements sur les choses à voir et à faire lors de son séjour. Parlez des sujets suivants.

- le type de chambre
- le prix
- la durée du séjour
- l'installation (*amenities*) de l'hôtel
- les activités, les spectacles, les sites touristiques de la ville

---

*The **Thème** and **Scène** numbers correspond to those in the Video to accompany *Rendez-vous*.

## LECTURE

### Avant de lire

**UNDERSTANDING COMPLEX SENTENCES**   The following interview with Chiara Mastroianni explores in particular her relationship with her celebrated parents, actors Marcello Mastroianni, who died in December 1996, and Catherine Deneuve. Like most interviews, this one is easy to follow; the interviewer's questions help you identify the main ideas.

When you do encounter a sentence that challenges you, use your growing understanding of complex sentences to help you analyze it. Practice on the following excerpt from the reading.

> L'adolescence est un âge maudit que pour rien au monde je ne voudrais revivre.

First, identify the main and dependent clauses (you may wish to refer to page 390.)

> *Main clause:* L'adolescence est un âge maudit...
> *Dependent clause:* ...que je ne voudrais revivre... (the relative pronoun **que** refers back to **âge**)

Next, look at the remaining elements in the sentence to figure out their relationship to the main or dependent clause. In this case, **pour rien au monde** is a prepositional phrase qualifying the **que je ne voudrais revivre;** it could occur at the end of the sentence instead of in the middle.

Now analyze the following sentence in the same way.

> J'ai eu la chance jusqu'ici de ne faire que ce dont j'avais envie.

## Interview
## Chiara Mastroianni

lle a le regard avisé,[a] le sourire enjoué[b] de son père. Et parfois, dans la voix ou le geste, l'élégance sidérante[c] de sa mère... Mais l'impeccable pedigree de Chiara ne suffit pas à expliquer l'aura diaphane et charnelle[d] émanant de cette toute jeune femme.

De loin, on la prendrait pour une étudiante. Casque de mobylette à la main, emmitouflée[e] dans une peau lainée, elle traverse le premier étage du Café de Flore d'un pas pressé,[f] s'écroule[g] sur la banquette, tombe la veste. On n'ose lui dire à quel point on est ému[h] par ses airs de famille. Elle devine notre trouble. Cela ne la gêne pas. Elle comprend, elle assume. Et puis, au bout d'un quart d'heure à peine, on aime déjà Chiara, cette fois pour elle-même...

---

[a]*circumspect*  [b]*playful*  [c]*breathtaking*  [d]*sensuelle*  [e]*bundled up*  [f]*d'un... quickly*  [g]*collapses*  [h]*touched*

## On vous imagine très courtisée[i]...

Ah bon? Je ne le suis pourtant pas du tout! Je sors peu et toujours avec les mêmes amis, des amis d'enfance pour la plupart. Les rares fois où j'ai été courtisée, je ne m'en suis pas rendu compte. Pour cela, je suis assez dans la lune.

## Votre philosophie de la vie à vous?

Être honnête, ne jamais avoir honte de ses choix. J'ai eu la chance jusqu'ici de ne faire que ce dont j'avais envie.

## Est-ce facile de se façonner un prénom dans le cinéma quand on est une enfant de la balle[j]?

Quand j'ai commencé, on me disait: «Tu vas te faire casser! Pour moi, devenir actrice était une chose naturelle, un virus contagieux. Le fait que mes parents soient connus n'a pas suffi à m'arrêter. J'ai eu une certaine chance dans la mesure où je ne suis pas le portrait craché de ma mère. Je ne suis pas son clone.

## Croyez-vous avoir eu plus de difficultés qu'une autre à trouver votre identité?

J'ai eu des difficultés comme les autres. L'adolescence est un âge maudit que pour rien au monde je ne voudrais revivre. Le visage perd ses proportions. J'avais l'impression d'être une espèce de Schtroumpf[k] en métamorphose.

## Être élevée par une mère souvent en vadrouille,[l] loin de son père... ça laisse des séquelles?

Je n'ai jamais eu l'impression d'être abandonnée, ni par ma mère, ni par mon père. Quand il était en voyage, il me téléphonait tous les jours, où qu'il soit dans le monde.

## Aujourd'hui comment sont les rapports avec vos parents?

Comme toujours... sans détour. On a un vrai dialogue, un réel échange. La famille est un bon thermomètre, un élément températeur qui me remet les idées en place si nécessaire.

## Vous vivez seule?

Oui. Le problème, c'est que je suis une solitaire qui ne supporte pas la solitude. J'aime bien l'idée d'être seule à condition qu'il y ait quelqu'un dans la pièce à côté. Avant, j'avais plein de chats, mais ils sont morts. J'ai décidé de ne pas en reprendre pour ne pas tomber dans le cliché de la vieille fille qui vit seule avec ses chats.

## Comment comblez-vous cette peur du vide?

Je mange souvent dehors. Seule avec mon *Libé*[m] le midi, dans une petite cantine en bas de chez moi. Le soir avec des amis, dans mes restaurants préférés, japonais ou italiens. Mon repère favori: la Casa Bini. Le comble de l'angoisse: me préparer des petits plats chez moi.

---

[i]suivie, entourée par le public   [j]enfant... *someone born into the profession*   [k]*Smurf (comic book character)*   [l]en... *on the go*   [m]*Libération* (journal parisien)

**Concrètement, comment vous sentez-vous dans votre peau à 23 ans?**

À 23 ans, on n'est pas si loin de la jeune fille, et, en même temps, on commence à penser aux enfants. Disons que je suis en mutation. Voilà... En fait, je suis une mutante. ◆

Annie Girardot-Schwab
*Vital*
Janvier 1996

---

- filmographie - filmographie - filmographie - **filmographie** - filmographie - filmographie -

**1992 :** « Ma Saison préférée » d'André Téchiné avec Catherine Deneuve et Daniel Auteuil. Nommée pour le César 94 dans la catégorie du Meilleur Espoir féminin.

**1993 :** « La Belle Etoile » d'Antoine Desrosières, « Rêveuse Jeunesse », téléfilm de Nadine Trintignant.
**1994 :** « Prêt à porter » de Robert Altman, « All Men

are mortal » de Ate De Jong (inédit en France).
**1995 :** « N'oublie pas que tu vas mourir » de Xavier Beauvois (prix du Jury du festival de Cannes). Elle obtient

le prix Anna Magnani.
**1996 :** « Le Journal d'un séducteur » de Danièle Dubroux, « Nowhere » de Gregg Araki, « Trois vies et une seule mort » de Raul Ruiz.

---

# Compréhension

Comparez vos réponses avec celles des autres étudiant(e)s.

1. Quelle impression dominante se dégage du portrait de Chiara? Quelles caractéristiques vous frappent particulièrement chez cette jeune actrice?
2. Décrivez l'apparence physique de Chiara Mastroianni. À qui ressemble-t-elle?
3. À quelles difficultés a-t-elle dû faire face jusqu'ici dans sa carrière? Pourquoi a-t-elle poursuivi malgré tout?
4. Que dit Chiara à propos de l'adolescence? Analysez un peu son point de vue.
5. Est-ce que Chiara s'entend bien avec ses parents? Quel rôle la famille joue-t-elle dans sa vie d'adulte?
6. Est-ce que Chiara aime vivre seule? Que fait-elle pour échapper à la solitude?
7. Quel est le nom du film que Chiara a tourné avec sa mère? Quel prix a-t-elle gagné pour ce film?
8. Que pensez-vous de Chiara? Avez-vous envie de faire sa connaissance?

---

## PAR ÉCRIT

| | |
|---|---|
| FUNCTION: | Writing a film review |
| AUDIENCE: | Newspaper readers |
| GOAL: | To describe and evaluate a recent film in such a way that readers will be influenced to see it (or skip it). |

**Steps**

1. Think about a film you have seen in the last few months. Jot down the important scenes you remember, some of the main aspects of the story, and your overall reaction to the work.

2. Consider the following expressions.

le metteur en scène / le cinéaste
  (director)
tourner un film (to make a film)
les personnages (m.) (characters)
jouer le rôle principal
la séquence (scene)
l'action se déroule (takes place)

l'intrigue (f.) (plot)
vraisemblable (believable, realistic)
invraisemblable (unbelievable, unrealistic)

3. Without telling the whole story, write a brief summary. Mention when and where the action takes place. Discuss the featured actor(s) or actress(es) and describe the main character(s). Give your subjective reaction to the film. End by persuading your readers to see (or not to see) the film.

4. Have a classmate read through the rough draft to see if your review is clear, interesting, and persuasive. Make any necessary changes.

5. Reread the composition, checking for spelling, punctuation, and grammar errors. Focus especially on your use of comparisons, verbs and prepositions, and questions.

6. Be prepared to have your instructor share your review with the class.

## À L'ÉCOUTE!

**Le Tour de France.** Vous allez entendre une retransmission à la radio de cette manifestation sportive. Lisez les activités avant d'écouter le vocabulaire et la retransmission qui leur correspondent.

**VOCABULAIRE UTILE:**
**cette douzième étape**  this twelfth lap (race)
**les coureurs**  runners, racers
**se rapprochent**  are getting closer
**le maillot jaune**  yellow jersey (worn by current leader of the **Tour**)

Tracez un cercle autour de la bonne réponse.

1. Cette étape du Tour de France se situe _____.
   **a.** dans les Pyrénées    **b.** dans les Alpes    **c.** dans les Vosges
2. Le temps est _____.
   **a.** gris    **b.** mauvais    **c.** beau
3. Pour voir les coureurs il y a _____.
   **a.** beaucoup de gens    **b.** peu de gens
4. Alain Laville porte le numéro _____.
   **a.** 62    **b.** 52    **c.** 42
5. Alain Laville est né _____.
   **a.** à Paris    **b.** à Annecy    **c.** à Chamonix
6. Le coureur qui a gagné cette étape du Tour s'appelle _____.
   **a.** Gilbert Monier    **b.** Alain Laville    **c.** Steve Johnson
7. Demain le Tour aura lieu _____.
   **a.** à Annecy    **b.** à Chamonix    **c.** à Paris

# Vocabulaire

## Verbes

**assister à** to attend
**bricoler** to putter
**courir** to run
**emmener** to take (someone)
**indiquer** to show, point out
**se passer** to happen, take place
**remercier** to thank
**rire** to laugh

À REVOIR: **aider, faire du sport, gagner, jouer à, jouer de, perdre**

## Substantifs

**les activités de plein air** *(f.)* outdoor activities
**le bricolage** do-it-yourself work, puttering around
**la chanson de variété** popular song
**la collection** collection
**le cyclisme** cycling
**l'équipe** *(f.)* team
**le jardinage** gardening
**les jeux** *(m.)* **de hasard** games of chance
**les jeux** *(m.)* **de société** board games, parlor games
**la lecture** reading
**les loisirs** *(m.)* leisure activities
**la manifestation sportive** sporting event
**la marche** walking
**la partie** game
**le passe-temps** hobby
**la pêche** fishing
**la pétanque** bocce ball, lawn bowling
**le pique-nique** picnic
**le service** favor
**le spectacle** show, performance

À REVOIR: **la chanson, le concert**

## Expressions interrogatives

**qui est-ce que, qu'est-ce qui, lequel, laquelle, lesquels, lesquelles**

## Mots et expressions divers

**autant (de)... que** as much (many) . . . as
**bien, mieux, le mieux** well, better, best
**demander un petit service** to ask a small favor
**être en train de** to be in the process of; to be in the middle of
**Je ne sais pas comment vous (te) remercier.** I don't know how to thank you.
**Je vous en prie. / Il n'y a pas de quoi. / De rien.** You're welcome.
**Qu'est-ce qui se passe?** What's happening? What's going on?

# Opinions et points de vue

## IN CHAPITRE 15, YOU WILL LEARN:

- vocabulary for talking about environmental and social problems

- structures for expressing attitudes, wishes, necessity, possibility, and emotions or point of view

- cultural information about political parties in France, the independence movement in Quebec, and the European Union.

Les lycéens se font entendre!

# Étude de vocabulaire

## Les problèmes de l'environnement

le gaspillage[a] des sources d'énergie
la pollution de l'atmosphère

les déchets[b] industriels

NE gaspillez pas les sources d'énergie

CONTRÔLEZ LES DÉCHETS INDUSTRIELS!

NE POLLUEZ PAS L'ATMOSPHÈRE!

Il faut conserver les sources d'énergie!

IL FAUT DÉVELOPPER L'ÉNERGIE SOLAIRE

IL FAUT RECYCLER

PROTÉGEZ LA NATURE

[a]wasting
[b]waste, refuse

la conservation des sources d'énergie

le recyclage

le développement de l'énergie solaire

la protection de la nature

## À vous!

**A. Association de mots.** Quels problèmes écologiques associez-vous avec les verbes suivants?

MODÈLE: gaspiller → le gaspillage des sources d'énergie

**1.** conserver  **2.** protéger  **3.** polluer  **4.** recycler  **5.** développer

**B. Remèdes.** Expliquez quelles sont les actions nécessaires pour sauver *(to save)* notre planète. Utilisez **Il faut** ou **Il ne faut pas** suivi d'un infinitif.

MODÈLES: le contrôle des déchets industriels →
Il faut contrôler les déchets industriels.

le gaspillage de l'énergie →
Il ne faut pas gaspiller l'énergie.

**1.** la pollution de l'environnement
**2.** la protection de la nature
**3.** le développement de l'énergie solaire
**4.** la conservation des sources d'énergie
**5.** le gaspillage des ressources naturelles
**6.** le développement des transports en commun

**C. Rendez-vous des Verts.** Vous êtes pour une ville plus verte où il y a moins de voitures et plus de gens qui circulent à pied ou à vélo. En résumant le plaidoyer *(defense)* suivant, faites une petite présentation pour comparer les voitures avec les vélos. Parlez des avantages du vélo, mais n'oubliez pas ses inconvénients.

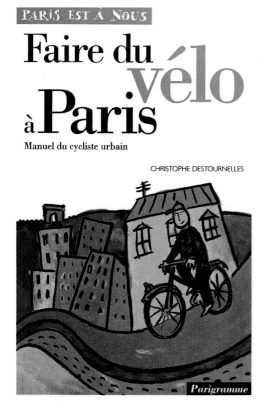

**PARIS EST À NOUS**

# Faire du vélo à Paris

Manuel du cycliste urbain

CHRISTOPHE DESTOURNELLES

*Parigramme*

## Petit plaidoyer pour le vélo à Paris

*Il ne pollue pas*
*Il est silencieux*
*Il est très maniable*[a]
*Il occupe un espace restreint*
*Il ne demande pas beaucoup d'infrastructures*
*Il est économique (il revient en moyenne à 1 000 frs*
*par an, quand une voiture réclame 3 000 frs par mois,*
*et une carte orange 3 240 frs chaque année)*
*Il se gare*[b] *relativement facilement*
*(adieu les soucis de stationnement gênant, les PV,*[c]
*les parkings et les horodateurs...)*
*Il est très bien adapté aux petits parcours en ville*
*Il est bon pour la santé*
*Il est bon pour le moral*
*Il n'est pas aussi dangereux qu'on veut bien le dire*
*Il expose moins à la pollution*
*que l'habitacle*[d] *d'une voiture*
*Il permet de découvrir Paris...*

[a]*manageable*  [b]*se... is parked*  [c]*tickets*  [d]*inside (of a car)*

**D. Bougez avec les transports en commun!** Vous êtes membre du parti écologiste et vous travaillez pour l'Office National du Tourisme. Vous devez promouvoir *(promote)* les transports publics en Europe. Votre but est de convaincre les touristes étrangers qu'ils n'ont pas besoin de voiture, quelle que soit *(whatever)* leur destination, mais qu'ils devraient voyager en bus, en métro, en train ou en avion. En utilisant le plaidoyer dans l'exercice précédent comme modèle, écrivez votre propre défense des transports publics.

# Les problèmes de la société moderne

| Les grandes peurs | |
|---|---|
| « Selon vous, ces sujets d'inquiétude[a] sont-ils ou non importants? » (en %): | **Très ou plutôt importants** |
| • Le sida[b], les maladies graves | 93,7 |
| • Le chômage[c] | 93,3 |
| • La drogue | 91,1 |
| • La pollution, les problèmes d'environement | 87,6 |
| • La sécurité, les banlieues, → suburbs la délinquance → delinquence | 86,4 |
| • Le tiers-monde[d] | 77,3 |
| • Les manipulations génétiques, les progrès scientifiques | 72,8 |
| • L'immigration clandestine | 69,4 |
| • Les islamistes[e] | 65,0 |

[a]*anxiety*  [b]*AIDS*  [c]*unemployment*  [d]*third world*
[e]*fundamentalist Muslims*

**AUTRES MOTS UTILES:**

**le citoyen/la citoyenne**  *citizen*
**les impôts**  *taxes*
**le parti**  *political party*
**le politicien/la politicienne**  *politician*
**la politique**  *politics; policy*
**augmenter**  *to raise*
**diminuer**  *to lower*
**élire**  *to elect*

**s'engager (vers)**  *to get involved (in) (a public issue, cause)*
**exiger**  *to necessitate, demand*
**exprimer une opinion**  *to express an opinion*
**faire grève**  *to strike*
**manifester (pour/contre)**  *to demonstrate (for/against)*
**soutenir**  *to support*

# À vous!

**A. L'actualité.** Lisez à la page précédente les résultats d'une enquête faite par *Franco-scopie 1995*, puis répondez aux questions suivantes.

- Lesquels de ces thèmes sont discutés aux États-Unis?
- Parmi ceux-là, lequel considérez-vous comme le plus important? le moins important? Comparez vos conclusions avec celles de vos camarades.
- Selon vous, qu'est-ce qu'on peut faire pour résoudre ces problèmes?
- Quels autres thèmes est-ce que vous ajouteriez à ce sondage? Choisissez deux thèmes qui vous intéressent particulièrement. Commentez-les en commençant par **Il faut.**

## En savoir plus

### DES PARTIS POLITIQUES EN FRANCE

La vie politique française est animée par de nombreux partis politiques exprimant différents courants de pensée. Parmi ceux-la il faut noter:

**Les partis de droite**
- Le RPR (Rassemblement pour la République): Ce parti est l'héritier de la politique de Charles de Gaulle. Il est centralisateur, nationaliste et laïque et favorise l'intervention de l'État.
- L'UDF (Union pour la Démocratie Française): Un parti de centre droite, il favorise un système économique libéral. Ce parti a été crée en 1978 pour soutenir l'action de l'ancien président de la République Valéry Giscard d'Estaing.

**Les partis de gauche**
- Le PS (Parti Socialiste): Ce parti favorise le contrôle et l'intervention de l'État dans certains secteurs de la vie sociale et économique. C'est le parti de l'ancien président François Mitterrand.
- Le PCF (Parti Communiste Français): Ce parti est devenu populaire après la Deuxième Guerre mondiale. Il favorise la nationalisation des entreprises et une économie controlée par l'État. Ce parti a fait une résurgence aux élections de mai 1997.

**Les autres formations**
- Le FN (Front National): Ce parti, fondé en 1972 par Jean-Marie Le Pen, est un parti d'extrême droite. Sa devise[a] est «La France aux Français» et son principal objectif est la lutte[b] contre l'immigration. Ce parti est en train de devenir de plus en plus populaire malgré sa politique d'exclusion controversée.
- Les Verts: Ce parti écologiste de 1984 obtient toujours quelques sièges[c] à l'Assemblée Nationale. Sa popularité est en hausse constante.

---

[a]*motto*  [b]*struggle*  [c]*seats*

### How to carry on a discussion

To express a personal point of view:

**Moi,...**                    **Je pense que...**
**À mon avis,...**             **Je crois que...**
**Personnellement,...**        **J'estime que...**
**Pour ma part,...**           **Je trouve que...**

Your point will often seem more convincing if you give examples or refer to other people's opinions. You can use the following expressions:

**Par exemple,...**
**On dit que...**
**J'ai entendu dire que...**

**B. À mon avis.** Choisissez une des expressions ci-dessus pour exprimer votre point de vue.

MODÈLE: possible / contrôler le problème des déchets nucléaires →
À mon avis (Personnellement, Pour ma part), je crois (j'estime, je trouve) qu'il est (qu'il n'est pas) possible de contrôler le problème des déchets nucléaires, parce que...

1. essentiel / développer de nouvelles sources d'énergie
2. impossible / empêcher les accidents nucléaires
3. important / respecter la femme dans les publicités
4. indispensable / faire attention aux problèmes des personnes âgées
5. inutile / limiter l'immigration
6. essentiel / augmenter les impôts
7. dangereux / arrêter le développement des armes nucléaires

**C. Réagissez!** Donnez votre opinion personnelle sur les idées suivantes.

1. protéger les jeunes contre la maladie
2. conserver les ressources naturelles d'un pays
3. combattre le racisme
4. combattre la drogue
5. éliminer la faim dans le tiers-monde
6. soutenir les chômeurs
7. voter aux élections
8. limiter la recherche scientifique

# Réalités francophones

## QUÉBEC: UNE VOLONTÉ D'INDÉPENDANCE

Le Québec est une province bilingue dont la majorité des habitants ont le français comme langue maternelle. Pourtant, il y a une minorité importante d'anglophones au Québec. Beaucoup de Québécois qui parlent français rêvent de se séparer de l'état fédéral du Canada et de créer une nation indépendante à majorité française. La population du Québec se divise en deux camps:

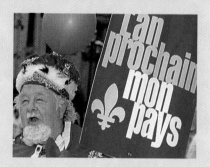

- Les indépendantistes: ils sont représentés par deux partis politiques: le Parti québécois (radical) et le parti libéral.
- Les fédéralistes: ils sont une force majeure du Québec et votent contre l'indépendance (50,56% au referendum de 1995).

Un indépendantiste enthousiaste à Montréal

Le débat sur les droits des francophones—et des anglophones—dans un pays fédéral bilingue où l'anglais domine est brûlant. Pour les francophones, il est question de préserver le français comme langue officielle du Québec—surtout dans les écoles et aux lieux de travail. Pour les anglophones minoritaires, il s'agit de protéger leur droit de s'exprimer dans leur langue maternelle.

## Le monde francophone ...ses gens

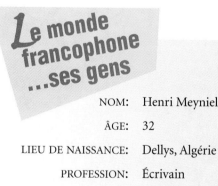

| | |
|---|---|
| NOM: | Henri Meyniel |
| ÂGE: | 32 |
| LIEU DE NAISSANCE: | Dellys, Algérie |
| PROFESSION: | Écrivain |

*Quelle est votre plus grande appréhension et quel est votre espoir pour votre pays et/ou pour le monde?*

Je crains la surpopulation mondiale. Il me semble évident que si le nombre d'habitants de la terre continue à augmenter, nous allons vers la catastrophe. Comment nourrir des milliards d'êtres humains? Comment régler les problèmes de pollution? Le manque de place dans les villes est déjà un problème sérieux.

Une autre grande appréhension pour le monde est la détérioration progressive de notre environnement par nos découvertes scientifiques incontrôlées. Mon plus grand espoir repose sur la jeunesse du monde qui a le potentiel de relever les défis[a] économiques et sociaux du vingt-et-unième siècle.

[a]relever... *meet the challenges*

# Étude de grammaire

## 53. SUBJUNCTIVE MOOD
### Expressing Attitudes

**VOTEZ POUR FRANÇOISE!**

FRANÇOISE: Alors, vous voulez que je **pose** ma candidature au Conseil de l'université!

SIMON: Oui, nous souhaitons que le Conseil **sorte** de son inertie et que ses délégués **prennent** conscience de leurs responsabilités politiques.

FRANÇOISE: Mais je me suis déjà présentée sans succès l'an dernier.

LUC: Cette année, Françoise, nous voulons que tu **réussisses.** Et nous te soutiendrons jusqu'au bout.

Retrouvez la phrase équivalente dans le dialogue.

1. Est-ce que je dois poser ma candidature au Conseil de l'université?
2. Nous espérons que le Conseil sortira de son inertie.
3. Nous espérons que ses délégués prendront conscience de leurs responsabilités.
4. Nous espérons que tu réussiras cette année.

## The subjunctive mood

All the verb tenses you have learned so far have been in the *indicative* mood (past, present, and future), in the *imperative* mood, which is used for direct commands or requests, or in the *conditional* mood, which is used to express hypothetical situations. In this chapter, you will begin to learn about the *subjunctive* mood.

The indicative is used to state facts. On the other hand, the subjunctive is used to express the opinions or attitudes of the speaker. It expresses such personal feelings as uncertainty, doubt, emotion, possibility, and desire, rather than fact.

The subjunctive is used infrequently in English. Compare the use of the indicative and the subjunctive in the following examples.

| INDICATIVE | SUBJUNCTIVE |
|---|---|
| He *goes* to Paris. | I insist that he *go* to Paris for the meeting. |
| We *are* on time. | They ask that we *be* on time. |
| She *is* the president. | She wishes that she *were* the president of the group. |

**444**    CHAPITRE 15   OPINIONS ET POINTS DE VUE

In French, the subjunctive is used more frequently than in English. It almost always occurs in a dependent clause beginning with **que** *(that)*. The main clause contains a verb that expresses desire, emotion, uncertainty, or some other subjective view of the action to be performed. Here and in the next grammar section, where the forms of the subjunctive are presented, the examples and the exercises illustrate the use of the subjunctive in dependent clauses introduced by **que** after verbs of volition, such as **désirer, souhaiter** *(to want; to wish)*, **vouloir, aimer bien** *(to like)*, and **préférer.**

Usually, the subjects of the main and dependent clauses are different.

| MAIN CLAUSE | DEPENDENT CLAUSE |
|---|---|
| *Indicative* | *Subjunctive* |
| Je veux | **que** vous **partiez.** |

## The meaning of the subjunctive

The French subjunctive has many possible English equivalents.

**que je parle** → *that I speak, that I'm speaking, that I do speak, that I may speak, that I will speak, me to speak*

| | |
|---|---|
| De quoi est-ce que tu veux **que je parle?** | *What do you want me to talk about?* |
| Il veut **que je** lui **parle** des élections. | *He wants me to speak to him about the elections.* |

## Forms of the present subjunctive

For most verbs, the stem for the forms **je, tu, il, elle, on, ils, elles** of the subjunctive is found by dropping the **-ent** of the third-person plural (**ils/elles**) form of the present indicative. The endings are **-e, -es,** and **-ent.**

| INFINITIVE STEM | **parler** (ils) **parl**/ent | **vendre** (ils) **vend**/ent | **finir** (ils) **finiss**/ent | **voir** (ils) **voi**/ent |
|---|---|---|---|---|
| ...que je | parl**e** | vend**e** | finiss**e** | voi**e** |
| ...que tu | parl**es** | vend**es** | finiss**es** | voi**es** |
| ...qu'il, elle, on | parl**e** | vend**e** | finiss**e** | voi**e** |
| ...qu'ils, elles | parl**ent** | vend**ent** | finiss**ent** | voi**ent** |

The stem for the **nous** and **vous** forms of the subjunctive is found by dropping the -**ons** from the first-person indicative plural (**nous**). The endings are -**ions** and -**iez**.

| INFINITIVE STEM | **parler** (nous) **parl**/ons | **vendre** (nous) **vend**/ons | **finir** (nous) **finiss**/ons | **voir** (nous) **voy**/ons |
|---|---|---|---|---|
| ...que nous | parl**ions** | vend**ions** | finiss**ions** | voy**ions** |
| ...que vous | parl**iez** | vend**iez** | finiss**iez** | voy**iez** |

Verbs that are regular in the indicative have the same stem for all persons in the subjunctive. Irregular verbs and verbs with spelling changes have two stems in the subjunctive.

Marc veut que je **parl**e maintenant avec la journaliste.
Mais elle préfère que nous nous **parl**ions plus tard.

Voulez-vous que je la **rappell**e?
Je veux bien que vous la **rappel**iez.

J'aimerais bien qu'on **prenn**e rendez-vous plus tard.
Mais Jacqueline préfère que vous **pren**iez rendez-vous tout de suite.

## Irregular subjunctive verbs

Some verbs have irregular subjunctive stems. The endings themselves are all regular, except for some endings of **avoir** and **être**.

| | aller aill-/all- | faire fass- | pouvoir puiss- | savoir sach- | vouloir veuill-/voul- | avoir ai-/ay- | être soi-/soy- |
|---|---|---|---|---|---|---|---|
| ...que je/j' | aille | fasse | puisse | sache | veuille | aie | so**is** |
| ...que tu | ailles | fasses | puisses | saches | veuilles | aies | so**is** |
| ...qu'il, elle, on | aille | fasse | puisse | sache | veuille | a**it** | soit |
| ...que nous | allions | fassions | puissions | sachions | voulions | a**yons** | so**yons** |
| ...que vous | alliez | fassiez | puissiez | sachiez | vouliez | a**yez** | so**yez** |
| ...qu'ils, elles | aillent | fassent | puissent | sachent | veuillent | aient | soient |

| Le prof veut que nous **allions** au débat. | *The professor wants us to go to the debate.* |
| Son parti veut que le gouvernement **fasse** des réformes. | *His (Her) party wants the government to make reforms.* |
| Le président préfère que les sénateurs **soient** présents. | *The president prefers the senators to be there.* |

# Vérifions!

**A. Stratégie électorale.** Françoise accepte de poser sa candidature au Conseil universitaire. Avec un groupe d'étudiants, elle prépare soigneusement sa campagne. Que veut Françoise?

MODÈLE: Elle veut que les étudiants / choisir / des délégués responsables. →
Elle veut que les étudiants choisissent des délégués responsables.

1. Elle veut que les étudiants / réfléchir / aux problèmes de l'université
2. Elle aimerait que nous / préparer / une stratégie électorale tout de suite
3. Elle préfère que vous / finir / les affiches aujourd'hui
4. Elle veut que Luc et Simon / organiser / un débat
5. Elle souhaite que la trésorière / établir / un budget
6. Elle insiste pour que je / convoquer / tous les volontaires ce soir

**B. Discours politique.** Ce soir, Françoise fait son premier discours de la campagne électorale. Voici ce qu'elle dit aux étudiants.

1. Je veux que le Conseil universitaire / agir / en faveur des étudiants
2. Je souhaite que vous / participer / aux décisions du Conseil
3. Je préfère que nous / discuter / librement des mesures à prendre
4. Je voudrais que nous / trouver / tous ensemble des solutions à vos problèmes
5. Je désire que l'université / prendre / en considération nos inquiétudes
6. Je voudrais que les professeurs / comprendre / nos positions
7. Je souhaite enfin que tous les candidats / se réunir / bientôt pour mieux exposer leurs idées
8. ?

**C. Revendications.** Les délégués du Conseil universitaire donnent leurs directives aux étudiants. Recommencez leurs notes en remplaçant les sujets en italique par **vous,** puis par **les étudiants.**

Nous ne voulons pas que *tu* ailles en cours aujourd'hui. Nous préférons que *tu* sois présent à la manifestation et que *tu* fasses grève. Nous désirons que *tu* aies une affiche lisible *(legible).* Naturellement, nous voudrions que *tu* puisses exprimer tes opinions librement.

**D. Engagement politique.** Les Knaff ont des opinions libérales. Quels conseils est-ce qu'ils donnent à leurs enfants? Suivez les modèles.

MODÈLES: Patrick—tu / être réactionnaire →
Patrick, nous ne voulons pas que tu sois réactionnaire.

Fabrice / être courageux →
Nous voulons que Fabrice soit courageux.

1. Jacques / être actif politiquement
2. Corinne et Jacques / avoir le courage de leurs opinions
3. Vous / avoir des amis racistes
4. Patrick / être bien informé

5. Sylvain—tu / être violent
6. Vous / être intolérant
7. Fabrice—tu / avoir de l'ambition politique
8. Patrick et Sylvain / avoir des idéaux pacifistes

## Parlons-en!

**A. Opinions.** Complétez les phrases suivantes et donnez vos opinions personnelles. Commencez avec **Je voudrais que...**

1. notre gouvernement (choisir de) _____
2. notre président (essayer de) _____
3. les étudiants (manifester plus/moins pour/contre) _____
4. nous (apprendre à) _____
5. nous (ne pas oublier que) _____
6. ?

**B. Slogans.** Composez votre propre slogan politique selon les modèles des dessins. Utilisez **Vous voulez que _____?** et les verbes suivants: **avoir, être, faire, pouvoir, savoir, choisir, réformer, réussir à, servir à, vivre, perdre, comprendre, changer, préparer, s'unir** *(to unite),* **écouter, gagner, apporter, élire, voter.**

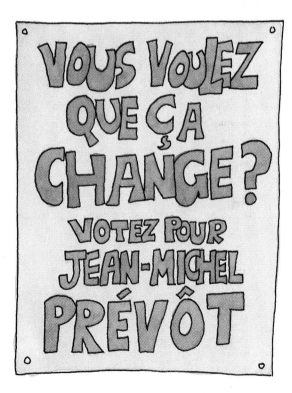

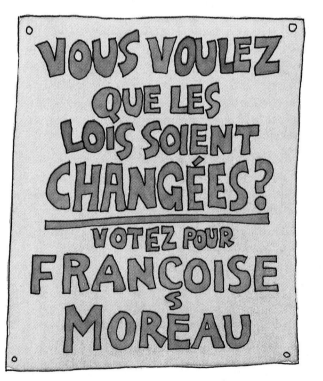

## 54. THE SUBJUNCTIVE
### Expressing Wishes, Necessity, and Possibility

**SERVICE MILITAIRE OBLIGATOIRE OU VOLONTAIRE?**

PATRICK FAURE: À mon avis, le service obligatoire, c'est un
(22 ANS) anachronisme à l'âge nucléaire.

GÉRARD BOURRELLY: **Il est possible** que les jeunes s'intéressent plus au
(36 ANS) service si on leur donne une formation professionnelle.

FRANCIS CRÉPIN: **Il faut** qu'on abolisse le service obligatoire et qu'on
(25 ANS) établisse une armée de métier.

CHARLES PALLANCA: Mais si j'étais volontaire, **j'exigerais** que la solde soit
(18 ANS) au moins 5 000 francs par mois!

Un appelé

Retrouvez la phrase correspondante dans le dialogue.

1. Il se peut que les jeunes s'intéressent plus à un service comprenant une formation professionnelle complémentaire.
2. Il faut abolir le service obligatoire et établir une armée de métier.
3. J'insisterais pour que la solde soit au moins 5 000 francs par mois!

# The subjunctive with verbs of volition

When someone expresses a desire for someone else (or something) to behave in a certain way, the verb in the subordinate clause is usually in the subjunctive. The following construction is used.

| | |
|---|---|
| Mon père **veut que je fasse** mon service militaire. | *My father wants me to do my military service.* |
| Je **voudrais que le service militaire soit** aboli. | *I'd like compulsory military service to be abolished.* |

Note that an infinitive construction is used in English to express such a desire. The infinitive construction is possible in French only if the speaker is talking about a wish for him- or herself.

| | |
|---|---|
| **Je veux finir** mes études. | *I want to finish my studies.* |
| Et **ma mère veut** aussi **que** je les **finisse.** | *And my mother wants me to finish them too.* |

Verbs expressing desires (volition) include **aimer bien, désirer, exiger** (*to demand*), **préférer, souhaiter, vouloir,** and **vouloir bien.**

# The subjunctive with impersonal expressions

An impersonal expression is one in which the subject does not refer to any particular person or thing. In English, the subject of an impersonal expression is usually *it*: *It is important that I go to class.* In French, many impersonal expressions—especially those that express will, necessity, judgment, possibility, or doubt—are followed by the subjunctive in the dependent clause.

| IMPERSONAL EXPRESSIONS USED WITH THE SUBJUNCTIVE | |
|---|---|
| *Will or necessity* | *Possibility, judgment, or doubt* |
| il est essentiel que | il est normal que |
| il est important que | il est peu probable que |
| il est indispensable que | il est possible/impossible que |
| il est nécessaire que | il se peut que *(it's possible that)* |
| il est préférable que | il semble que *(it seems that)* |
| il faut que* *(it's necessary that)* | |
| il vaut mieux que* *(it's better that)* | |

| | |
|---|---|
| **Il est important que** le racisme **disparaisse.** | *It's important that racism disappear.* |
| **Il faut que** vous **soyez** au courant de la politique. | *You must (It's necessary that you) keep up with politics.* |
| **Il est peu probable que** le sexisme **soit** tout à fait éliminé. | *It's not likely that sexism will be (is) totally eliminated.* |
| **Il se peut que** d'autres pays **possèdent** des armes nucléaires. | *It's possible that other countries possess nuclear weapons.* |

Except for **il faut que, il vaut mieux que,** and **il semble que,** these impersonal expressions are usually limited to writing and formal discourse.

# The infinitive with impersonal expressions

When no specific subject is mentioned, impersonal expressions are followed by the infinitive instead of the subjunctive. Compare the following sentences.

| | |
|---|---|
| Il vaut mieux **attendre.** | *It's better to wait.* |
| Il vaut mieux **que nous attendions.** | *It's better that we wait.* |

---

*The infinitive of the verb conjugated in the expression **il faut que** is **falloir** *(to be necessary)*. The infinitive of the verb in **il vaut mieux que** is **valoir** *(to be worth)*.

| | |
|---|---|
| Il est important **de voter.** | *It's important to vote.* |
| Il est important **que vous votiez.** | *It's important that you vote.* |

Note that the preposition **de** is used before the infinitive after impersonal expressions that use **être.**

# Vérifions!

**A. Comment gagner?** Donnez des conseils à Jeanne Laviolette, candidate à la mairie de Dijon, en suivant le modèle.

MODÈLE:  Il est important de savoir écouter les gens. →
Il est important que vous sachiez écouter les gens.

1. Pour être maire, il faut être dynamique et responsable.
2. Il est essentiel de ne pas avoir peur d'agir *(to act).*
3. Il est nécessaire de rester calme en toutes circonstances.
4. Il est préférable de parler souvent aux électeurs.
5. Il faut faire attention aux problèmes des jeunes.
6. Il est indispensable de gagner la confiance des commerçants.
7. ?

**B. La routine de tous les jours.** Posez des questions à un(e) camarade de classe. Suivez le modèle.

MODÈLES:  nécessaire / faire la cuisine chaque soir?
É1:  Est-ce qu'il est nécessaire que tu fasses la cuisine chaque soir?
É2:  Oui, il est nécessaire que je fasse la cuisine chaque soir. (Non, il n'est pas nécessaire que je fasse la cuisine chaque soir.)

1. vaut mieux / aller en cours de français tous les jours
2. préférable / faire ton lit chaque matin
3. faut / nettoyer ta chambre tous les jours
4. normal / pouvoir dormir tard le matin
5. indispensable / étudier chaque soir
6. important / lire le journal chaque jour
7. essentiel / écouter la radio chaque matin

# Parlons-en!

**A. Problèmes contemporains.** Discutez des problèmes suivants avec un(e) camarade. Offrez des solutions. Utilisez une des expressions suivantes: **il est important que, il faut que, il est nécessaire que, il est indispensable que, il est essentiel que, il est préférable que.**

1. l'immigration clandestine aux États-Unis
2. le stress chez les jeunes
3. la pollution
4. le chômage
5. le gaspillage des sources d'énergie
6. la violence dans les villes
7. l'effet de serre *(greenhouse)*

B. **Et vous?** Est-ce qu'il y a quelqu'un qui essaie d'influencer vos choix?

MODÈLE: Oui. Mes amis veulent que j'arrête de fumer. (*ou* Oui. Mon ami Philippe me dit qu'il est essentiel que j'arrête de fumer.)

C. **Nécessités et probabilités.** Quelle sera votre vie? Répondez aux questions suivantes. Dans chaque réponse, utilisez une de ces expressions: **il se peut que, il est peu probable que, il est impossible que, il est possible que, il est essentiel que, il faut que, il est nécessaire que.**

MODÈLE: Vous ferez une découverte (*discovery*) importante? →
Il est peu probable que je fasse une découverte importante.

1. Vous vous marierez?
2. Vous apprendrez une langue étrangère?
3. Vous voyagerez beaucoup?
4. Vous deviendrez célèbre?
5. Vous serez riche?
6. Vous saurez jouer du piano?
7. Vous écrirez un roman?
8. Vous ferez la connaissance d'un président des États-Unis?
9. Vous irez en Chine?
10. Vous vivrez jusqu'à l'âge de cent ans?

Maintenant, utilisez ces questions pour interviewer un(e) camarade de classe.

MODÈLE: É1: Est-ce que tu feras une découverte importante?
É2: Oui, il est important que je fasse une découverte importante. (Non, il est peu probable que je fasse une découverte importante.)

# 55. THE SUBJUNCTIVE
## Expressing Emotion

**L'EUROPE UNIE**

Plusieurs Français donnent leur opinion sur l'unification politique et économique de l'Europe.

JEAN-PIERRE: Je suis **content** que la France **dise** «oui» à l'Europe.
(35 ANS)

ISABELLE: Nous, nous avons **peur** que les nationalistes **deviennent**
(24 ANS) violents comme en Bosnie-Herzégovine.

CLAUDE: Je **regrette** que les Suisses ne **veuillent** pas faire partie de
(40 ANS) l'Europe.

NICOLE: Je **doute** que l'Europe **puisse** régler le problème du chômage.
(30 ANS)

MONIQUE: Je suis **furieuse** que les Américains **imposent** des taxes sur les
(52 ANS) produits agricoles européens.

Complétez les phrases selon le dialogue.

1. Claude _____ que les Suisses ne _____ pas faire partie de l'Europe.
2. Monique est _____ que les Américains _____ des taxes sur les produits agricoles européens.
3. Nicole _____ que l'Europe _____ régler le problème du chômage.
4. Jean-Pierre est _____ que la France _____ «oui» à l'Europe.
5. Isabelle a _____ que les nationalistes _____ violents comme en Bosnie-Herzégovine.

Le drapeau européen

## Expressions of emotion

The subjunctive is frequently used after expressions of emotion.

| EXPRESSIONS OF EMOTION |
|---|
| *happiness:* être content(e), être heureux/heureuse<br>*regret:* être désolé(e), être triste, regretter *(to be sorry)*<br>*surprise:* être surpris(e), être étonné(e)<br>*fear:* avoir peur<br>*relief:* être soulagé(e)<br>*anger:* être furieux/furieuse |

Le président **est content** que les
électeurs **aient** confiance en lui.

Les électeurs **ont peur** que
l'inflation **soit** un problème
insoluble.

Les écologistes **sont furieux** que
les lois contre la pollution des
forêts et des rivières **soient**
tellement faibles.

*The president is pleased that the
voters have confidence in him.*

*The voters are afraid that
inflation is an insurmountable
problem.*

*The ecologists are angry that the
laws against polluting the
forests and rivers are so weak.*

As with the verbs of volition, there must be different subjects in the main and dependent clauses. Otherwise, an infinitive is used.

**Le président est content de
rencontrer** le Premier ministre
du Canada.

*The president is happy to meet
the prime minister of Canada.*

# Impersonal expressions of emotion

The subjunctive is also used following impersonal expressions of emotion.

> il est stupide que
> il est bizarre que
> il est bon que
> il est dommage que *(it's too bad that)*
> il est juste/injuste que
> il est utile/inutile que

| | |
|---|---|
| **Il est dommage que** la guerre y **continue.** | *It's too bad that war is continuing there.* |
| **Est-il bon que** les enfants aussi **expriment** leurs opinions? | *Is it good that children also express their opinions?* |
| **Il est stupide que** tant de citoyens ne **votent** pas. | *It is stupid that so many citizens do not vote.* |

The French often say **c'est stupide que, c'est bon que,** etc. in everyday conversation.

## Vérifions!

**A. Sentiments.** Complétez les phrases de façon logique en choisissant une des expressions en italique.

> MODÈLE: Nous sommes furieux / *les leaders politiques sont très responsables face aux électeurs / la télévision n'analyse pas les problèmes actuels* →
> Nous sommes furieux que la télévision n'analyse pas les problèmes actuels.

1. Je suis désolé(e) / *tu es malade aujourd'hui / tu réussis à l'examen.*
2. Mes parents ont peur / *je finis mes études très rapidement / je ne finis pas mes études.*
3. Je regrette / *mon frère et moi ne sommes jamais d'accord / mon frère et moi nous amusons souvent ensemble.*
4. Mon amie Catherine est soulagée / *il y a enfin deux femmes à la Cour suprême / le taux* (rate) *de chômage est élevé cette année.*
5. Les sénateurs sont étonnés / *le public ne veut pas payer plus d'impôts / le public veut payer plus d'impôts.*

**B. Le journal.** Voici des titres *(headlines)* adaptés de divers journaux français. Donnez votre réaction à chaque situation. Utilisez les expressions suivantes: **être content(e), heureux/heureuse, désolé(e), triste, surpris(e), étonné(e), soulagé(e), fâché(e), furieux/furieuse, regretter, avoir peur, il est stupide (bizarre, bon, dommage, juste/injuste, utile/inutile) que.**

> MODÈLE: **Les femmes et les chômeurs fument davantage** *(more)* →
> Il est dommage que les femmes et les chômeurs fument davantage.

1. **Le Club Méditerranée ouvre son premier village en Chine**
2. **L'Europe aime la France** (La majorité des Européens choisiraient la France comme terre d'accueil *[country where they would settle]*.)
3. **Le froid tue** *(kills)* **5 sans-abri** *(homeless)* (Des centres d'hébergement *[shelters]* exceptionnels ont ouvert leurs portes aux victimes du froid.)
4. **Les Français disent «non» à la drogue** (68% des Français sont favorables au maintien de l'interdiction totale des ventes et de la consommation de drogues, selon un sondage.)
5. **Perrier va supprimer** *(eliminate)* **un emploi sur sept** (Le groupe Perrier [eaux minérales] a annoncé qu'il comptait supprimer 750 emplois.)

## Parlons-en!

**A. Émotions.** Donnez votre opinion personnelle sur les problèmes de la société américaine.

MODÈLE: Je suis heureux/heureuse que... les États-Unis aident plusieurs pays du tiers-monde *(third world).*

1. Je suis heureux/heureuse que...
2. Je regrette que...
3. Il est injuste que...
4. Il est bon que...
5. Il est bizarre que...

**B. Encore des émotions.** Reprenez les *trois premières* phrases de l'exercice A. Maintenant demandez à cinq autres étudiants comment ils ont complété ces phrases. Pouvez-vous trouver quelqu'un qui a les mêmes opinions que vous?

MODÈLE: É1: Qu'est-ce qui te rend heureux/heureuse?
   É2: Je suis heureux/heureuse que le maire fasse quelque chose pour aider les sans-abri.

## *Réalités francophones*

### L'EUROPE DES QUINZE

Le traité de Maastricht, qui marque le début de l'Union européenne, a d'abord été ratifié en 1993 par l'Allemagne, la Belgique, le Danemark, l'Espagne, la France, la Grande-Bretagne, la Grèce, l'Irlande, l'Italie, le Luxembourg, les Pays-Bas et le Portugal. L'Union européenne s'est élargie en 1995 à l'Autriche, à la Finlande et à la Suède. Le traité de Maastricht a pour but[a] de bâtir une union qui soit une puissance[b] politique, économique et industrielle, au même titre que les États-Unis ou le Japon.

———————

[a]*goal* [b]*power*

Voici les points les plus importants du traité:

- L'union économique et monétaire, avec libre circulation des travailleurs, marchandises, capitaux et services, et mise en circulation d'une monnaie unique dès 2002: les Euros.
- L'union politique, avec citoyenneté de l'Union pour les citoyens des Quinze, politique étrangère et de sécurité commune, élargissement des grands réseaux[c] de transports, de télécommunication, d'éducation, etc.
- Une politique sociale garantissant certains droits[d] aux salariés de 14 des pays participants. (La Grande-Bretagne refuse d'y participer.)
- La coopération sur les questions de justice et d'immigration, et la création d'une police européenne.

Les Européens ont un peu peur de cette union européenne. Chaque pays a en effet une langue, une identité culturelle et des traditions très anciennes. Ces pays ont peur d'être noyés[e] dans cette immense Europe. Le but du marché unique n'est cependant pas d'éliminer ces différences nationales. Un sondage d'opinion fait en 1994 indique que le grand marché européen mis en place en 1993 suscite chez 54% des Européens beaucoup ou un peu d'espoir.

Si vous avez accès à Internet, essayez donc le serveur de l'Union européenne à http:\\europa.eu.int pour vous tenir au courant des derniers développements!

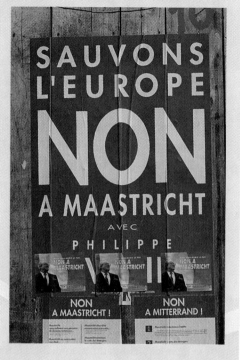

---

[c]*networks*  [d]*rights*  [e]*drowned*

Émotions. Complétez les phrases qui se trouvent à droite de chaque dessin. Puis, un étudiant (une étudiante) fait sa propre *(own)* phrase pour commenter le dessin. Enfin, les autres étudiants choisissent la phrase qu'ils préfèrent comme légende *(caption)*.

1. Pierre est content que _____.
   a. sa sœur / s'en aller / bientôt / université
   b. son père / venir de / lui / acheter / voiture
   c. ?

2. Chantal est triste que _____.
   a. Jean-Pierre / (ne... pas) vouloir / sortir / soir
   b. personne / (ne...) comprendre / ses idées
   c. ?

3. Jacques est furieux que _____.
   a. Barbara / (ne... pas) le prendre / au sérieux
   b. Chantal / (ne... pas) lui écrire / plus souvent
   c. ?

4. Mme Hugo a peur que _____.
   a. sa fille / (ne... pas) être / à l'heure / soir
   b. ses enfants / (ne... pas) faire attention
   c. ?

**B. Le feu: un danger écologique.** Voici quelques conseils pour vous protéger du feu (*fire*), publiés par le Conservatoire de la forêt méditerranéenne.

Imaginez que vous expliquez à un(e) camarade ce qu'il/elle doit faire en cas d'incendie (*fire*). Reprenez les conseils et faites des phrases avec des expressions impersonnelles.

> MODÈLE: Il faut (Il est indispensable, essentiel) que tu téléphones au 18 immédiatement.

Puis, par petits groupes, imaginez quels conseils on pourrait donner dans les situations suivantes:

1. En cas d'inondation
2. En cas de tremblement de terre

**C. Un monde meilleur.** À votre avis, que faudrait-il faire pour changer le monde? Faites cinq propositions en utilisant **il faudrait que, je voudrais que, j'aimerais que...**

> MODÈLE: Je voudrais qu'une femme soit présidente des États-Unis.

Les journaux présentent différents points de vue et perspectives sur la société contemporaine.

les 10 Gestes qui sauvent du feu !

**Ce n'est pas chez vous :**

**1 UNE FUMÉE : TÉLÉPHONEZ AU 18** (appel gratuit - intervention gratuite 24 h / 24 h)... Même si vous pensez que quelqu'un peut l'avoir déjà fait.

**2 N'ALLEZ PAS VOIR EN BADAUD : VOUS GÊNERIEZ LES SECOURS.**

**3 SUIVEZ LES CONSEILS DES POMPIERS.**

**C'est chez vous :**

**4 TÉLÉPHONEZ AU 18** (appel gratuit - intervention gratuite 24 h/ 24 h). Ce doit être votre premier geste.

**5 RESTEZ SUR PLACE DANS LA MAISON.** Ne cédez pas à la tentation de fuir sur la route.

**RESTEZ ACTIF** en attendant les pompiers... comme après leur arrivée

**6 FERMEZ TOUS LES VOLETS ET PORTES** (le plus hermétiquement possible, en calmatant avec des linges mouillés).

**7 ARROSEZ PORTES ET VOLETS EN BOIS.**

**8 COUPEZ LE GAZ.** Sachez que vos bouteilles de gaz sont moins dangereuses à l'intérieur, à l'abri dans la maison.

**9 FAITES QUELQUES RÉSERVES D'EAU** sans toutefois la gaspiller.

**10 COUCHEZ VOUS EN CAS DE PÉNÉTRATION DES FUMÉES :** C'est au ras du sol qu'il y a le plus d'oxygène... Gardez votre sang froid sur une maison ainsi défendue, le feu passe très vite : en moyenne 5 minutes par vent de 50 km/h.

Pour toutes précisions, pour tout renseignement complémentaire, n'hésitez pas à nous appeler. Nous sommes à votre disposition. Gratuitement.

**NUMÉRO VERT**
APPEL GRATUIT

**05.06.18.18**
de 8h à 20h tous les jours du 1.07 au 15.09.87

---

aʹvoir... *rubbernecking*   ᵇ*would get in the way of*
ᶜ*shutters*   ᵈ*Wet down*   ᵉ*smoke*

**D. Interactions.** In this chapter, you practiced expressing opinions, attitudes, and emotions in French. Use the vocabulary and structures from the chapter to debate a topic.

**Débat.** Working with four classmates, pick one of the following topics and conduct a brief debate. Be sure that everyone has a chance to talk. Agree on a conclusion, and compare it to the conclusions reached by the other debating groups in the class.

1. Les lois devraient punir, en les imposant fortement, les sociétés qui polluent l'environnement.
2. Pour mieux protéger l'environnement, le gouvernement devrait augmenter les impôts sur l'essence des voitures.

In this dialogue, a reporter is circulating through a park asking people to speak to her about society's biggest problems. Before you read on, try to anticipate some of the issues they might mention.

[**Thème 10, Scène 10.2**]*

JOURNALISTE: Monsieur, quel est le problème le plus sérieux aujourd'hui?
LE 2ᴱ HOMME: Pour moi, l'économie, bien évidemment.
JOURNALISTE: Et que devrait faire le gouvernement?
LE 2ᴱ HOMME: Ah, le gouvernement devrait stimuler l'économie, créer de nouveaux emplois, investir...
JOURNALISTE: D'accord, je vous remercie. Et pour vous, madame, quels sont les problèmes prioritaires de nos jours?
LA 1ᴱᴿᴱ FEMME: Tous les problèmes de violence, d'alcoolisme, de drogue, et... aussi, le racisme envers les immigrés!
JOURNALISTE: Merci bien, messieurs dames... Bonjour. Quel est selon vous le problème le plus grave aujourd'hui?
LA 2ᴱ FEMME: Il n'y pas de doute, c'est l'environnement. Toute cette pollution menace la planète pour nous et les générations futures.
JOURNALISTE: Je vous remercie...

_____

*The **Thème** and **Scène** numbers correspond to those in the Video to accompany *Rendez-vous*.

## Avec un(e) partenaire...

Exprimez puis justifiez deux opinions distinctes sur chacun des thèmes suivants.
**Attention!** Il n'est pas nécessaire d'exprimer vos propres opinions, présentez simplement deux points de vue opposés.

1. la peine de mort: punition inhumaine ou mesure rendue nécessaire par le crime?
2. la censure *(censorship)* de l'Internet: attaque à la liberté d'expression ou mesure nécessaire pour protéger les enfants?
3. la légalisation de la marihuana: menace pour les jeunes ou compromis réaliste?

# LECTURE

Boris Vian (1920–1959) was an important poet and composer who wrote both the music and lyrics of his songs. This reading, "Le Déserteur," is a protest song written in the 1950s. One of Boris Vian's most popular compositions, "Le Déserteur" became the "national anthem" of the antiwar protest in France.

## Avant de lire

**UNDERSTANDING POETRY AND SONGS**   In French, poetry and song differ from ordinary speech, not only in the tendency to use figurative language (comparisons, metaphors, etc.), but also in pronunciation. Unlike speech, where the accent tends to fall on the last syllable of a phrase, poetry and songs tend to have regularly accented rhythms. In traditional verse, the "silent e" of speech is pronounced (or sung) and forms part of the rhythmic pattern. Furthermore, French verse traditionally follows strict and complicated rules for rhyme. To fit these patterns, sentence structures may be rearranged.

Although "Le Déserteur" generally uses the vocabulary of everyday speech, its rhythms and rhymes are typical of French poetry. Read the text aloud and listen for the rhythm and the rhymes. Then read the text again for sense, and note how the units of meaning (phrases, sentences) follow the rhythmic structure.

Finally, note where the literal meaning of the text departs from ordinary reality and how these departures contribute to the impact of the message.

## Le Déserteur

Monsieur le Président,
Je vous fais une lettre
Que vous lirez peut-être
Si vous avez le temps
Je viens de recevoir

Mes papiers militaires
Pour partir à la guerre
Avant mercredi soir.
Monsieur le Président,
Je ne veux pas la faire,

Je ne suis pas sur terre
Pour tuer[a] de pauvres gens.
C'est pas pour vous fâcher,[b]
Il faut que je vous dise,
Ma décision est prise,
Je m'en vais déserter.

Depuis que je suis né,
J'ai vu mourir mon père,
J'ai vu partir mes frères
Et pleurer mes enfants.
Ma mère a tant souffert
Qu'elle est dedans sa tombe
Et se moque des[c] bombes
Et se moque des vers.[d]
Quand j'étais prisonnier,
On m'a volé[e] ma femme,
On m'a volé mon âme[f]
Et tout mon cher passé.
Demain de bon matin,

Je fermerai ma porte
Au nez[g] des années mortes
J'irai sur les chemins.[h]

Je mendierai[i] ma vie
Sur les routes de France,
De Bretagne en Provence,
Et je crierai[j] aux gens
Refusez d'obéir,
Refusez de la faire,
N'allez pas à la guerre,
Refusez de partir.
S'il faut donner son sang,[k]
Allez donner le vôtre,
Vous êtes bon apôtre,[l]
Monsieur le Président.
Si vous me poursuivez,[m]
Prévenez[n] vos gendarmes[o]
Que je n'aurai pas d'armes
Et qu'ils pourront tirer.[p]

---

[a]kill  [b]pour... to make you angry  [c]se... does not care about  [d]worms  [e]stole  [f]soul  [g]Au... In the face
[h]J'... I'll hit the road  [i]Je... I'll beg  [j]je... I'll shout  [k]blood  [l]Vous... You play the saint  [m]chase  [n]Inform
[o]French military police  [p]fire

---

Paroles: Boris Vian. Musique: Boris Vian et Harold Berg.
© Djanik-CIMG, 1964.
Interprètes: Boris Vian, Mouloudji, Richard Anthony, les Sunlight.
La chanson date en réalité de 1955.
Quand Europe n° 1 diffuse pour la première fois «Le Déserteur», le scandale éclate.
Les instances politiques n'apprécient guère la chanson et la censure l'interdit. La guerre d'Al-
gérie vient de commencer.
Il faudra attendre la vogue du «protest song» et la version de 1966 par Peter, Paul and Mary
pour que cette chanson ressuscite.

# Compréhension

1. En quelle année Boris Vian a-t-il écrit cette chanson? À cause de quel événement historique l'a-t-il écrite?
2. Selon la chanson, pourquoi veut-il déserter?
3. Quel conseil donne-t-il aux Français?
4. Quel conseil donne-t-il au président de la République?
5. Cette chanson a été censurée (was censored) pendant 11 ans. Êtes-vous
   d'accord avec cette action? Pourquoi, ou pourquoi pas?
6. Connaissez-vous des chansons américaines semblables ou comparables au
   «Déserteur»? Lesquelles? Quand et pourquoi ont-elles été composées?

| FUNCTION: | Writing to persuade |
|---|---|
| AUDIENCE: | Readers of an editorial page |
| GOAL: | Write your opinion (in the form of a guest editorial or an "op-ed" piece) on one of the topics treated in the chapter, or on a recent, controversial event. You will attempt to persuade the readers to accept your point of view. |

**Steps**

1. Begin by choosing a topic that interests you. Take about five minutes to jot down the issues or facts that come to mind while thinking about the topic.
2. Prepare your first draft following these guidelines:
   a. Present the subject. Explain to your reader why you are writing. Describe the event or issue briefly but clearly.
   b. Present your argument against opposing opinions. Summarize two or three of your opponents' main arguments, and refute them. Provide a clear justification for your own views.
   c. If appropriate, present several possible solutions to the problem.
   d. Write a general conclusion.
3. Refine the rough draft. Use expressions such as **Il faut se rappeler que, Il ne faut pas oublier que, À mon avis, Contrairement à ce que** (what) **l'on croit généralement, de plus, premièrement, deuxièmement, troisièmement,** etc., **Il est bizarre que, Il est nécessaire que, Il faut que, d'autre part** (on the other hand), **Il en résulte que** (As a result).
4. Bring your draft to class and ask for "feedback" from a classmate.
5. Write a second draft incorporating suggestions, as warranted. Check your draft for spelling and grammar. Pay particular attention to your use of the subjunctive mood.
6. Complete the final version and be prepared to share it with classmates and/or your instructor.

## À L'ÉCOUTE !

**Le candidat.** Vous allez entendre une interview avec un politicien, M. Maurice Deschamps. Lisez les activités suivantes avant d'écouter le vocabulaire et le dialogue qui leur correspondent.

> **VOCABULAIRE UTILE:**
> **honnête** *honest*
> **agir** *to act*

**A.** Tracez un cercle autour de la bonne réponse, selon le dialogue. (Il y a quelquefois plusieurs réponses possibles.)

1. M. Deschamps espère devenir _____.
   a. député à Dijon
   b. maire de Lyon
   c. premier ministre
2. Selon lui, un chef du gouvernement doit être _____.
   a. ambitieux
   b. travailleur
   c. honnête
   d. dynamique
   e. responsable
3. Il doit aussi _____.
   a. savoir écouter
   b. avoir des contacts à Paris
   c. ne pas avoir peur d'agir
4. M. Deschamps constate qu'il est indispensable _____.
   a. que les électeurs aient confiance en leur maire
   b. que les électeurs participent eux-mêmes au gouvernement
5. Pour gagner la confiance des électeurs, selon Deschamps, il faut _____.
   a. protéger les intérêts de la ville
   b. développer de nouveaux programmes sociaux
   c. réduire les impôts
6. Selon lui, les problèmes de la ville qui exigent une attention immédiate sont _____.
   a. la sécurité sociale
   b. le chômage
   c. la pollution
   d. l'éducation
   e. l'immigration

**B.** Cochez les opinions exprimées par M. Deschamps pendant l'interview.

1. _____ Pour être le maire d'une grande ville, il faut savoir écouter.
2. _____ Un maire doit être ouvert à toutes les suggestions.
3. _____ Un maire doit développer de nouveaux programmes d'enseignement technique.
4. _____ La hausse de la criminalité dans la région est le problème qui m'inquiète le plus.
5. _____ Pour être élus, la plupart des candidats promettent l'impossible.
6. _____ Nous devons protéger nos rivières et nos forêts contre les déchets industriels.

# *Vocabulaire*

## Verbes

**abolir**  to abolish
**augmenter**  to increase
**conserver**  to conserve
**contrôler**  to inspect, monitor
**développer**  to develop
**diminuer**  to reduce
**douter**  to doubt
**élire**  to elect
**s'engager (vers)**  to get involved (in) *(a public issue, cause)*
**estimer**  to consider; to believe; to estimate
**exiger**  to require; to demand
**exprimer une opinion**  to express an opinion
**faire grève**  to strike
**falloir**  to be necessary
**gaspiller**  to waste
**manifester (pour/contre)**  to demonstrate (for/against)
**polluer**  to pollute
**protéger**  to protect
**reconnaître**  to recognize
**recycler**  to recycle
**regretter**  to regret, be sorry
**sauver**  to save, rescue
**souhaiter**  to wish, desire
**soutenir**  to support
**valoir**  to be worth

À REVOIR: **conduire, empêcher, perdre, vivre**

## Substantifs

**la baisse**  lowering
**le/la citoyen(ne)**  citizen
**le contrôle**  control, overseeing
**le déchet**  waste (material)
**l'électeur/l'électrice**  voter
**le gaspillage**  wasting
**la guerre**  war
**les impôts** *(m. pl.)*  taxes
**la jeunesse**  youth, young people
**la montée**  rise
**le parti**  political party
**le/la politicien(ne)**  politician
**la politique**  politics; policy
**le problème**  problem
**le remède**  remedy, solution
**la réussite**  success, accomplishment
**le sida**  AIDS
**le tiers-monde**  Third World
**les transports** *(m.)*  transportation

À REVOIR: **le chômage, la vie**

## Substantifs apparentés

**l'accident** *(m.)*, **l'atmosphère** *(f.)*, **le budget (militaire)**, **le conflit**, **la conservation**, **le développement**, **l'énergie** *(f.)* **nucléaire/solaire**, **l'environnement** *(m.)*, **le gouvernement**, **l'inflation** *(f.)*, **la légalisation**, **la liberté d'expression**, **les médias** *(m.)*, **la nature**, **l'opinion publique** *(f.)*, **la pollution**, **la prolifération**, **la protection**, **le recyclage**, **la réforme**, **les ressources naturelles**, **le sexisme**, **la source**

## Adjectifs

**désolé(e)**  sorry
**écologiste**  environmentalist
**étonné(e)**  surprised
**fâché(e)**  angry
**furieux/furieuse**  furious
**industriel(le)**  industrial
**soulagé(e)**  relieved
**sûr(e)**  sure, certain
**surpris(e)**  surprised

## Expressions impersonnelles

**il est...**  it is . . .
   **dommage**  too bad
   **étrange**  strange
   **fâcheux**  unfortunate
   **(in)utile**  useless/useful
**il se peut que...**  it is possible that . . .
**il semble que...**  it seems that . . .
**il vaut mieux (que)...**  it is better (that . . . )

## Expressions impersonnelles apparentées

**il est...** clair, essentiel, évident, important, (im)possible, indispensable, (in)juste, nécessaire, normal, peu probable, préférable, probable, stupide, urgent

## Mots et expressions divers

**par exemple**  for example
**personnellement**  personally
**la plupart (de)**  most (of)
**pour ma part**  in my opinion, as for me

# Fenêtre sur...

## UNE CAPITALE

### Hanoï, «une Venise miraculée de l'empire colonial français» (Jean-Claude Guillebaud, *La Colline des anges*)

Ville coloniale au charme rétro, Hanoï ressemble à une belle fleur fanée.[a] Ses grandes avenues bordées d'immeubles haussmanniens[b] et de villas luxueuses aujourd'hui classés monuments historiques par les autorités administratives, font penser à[c] Deauville (petite ville snob de Normandie) et à Neuilly (quartier chic de Paris). Mais la séduction provinciale de cette cité vietnamienne risque aujourd'hui d'être compromise: déjà, la libération économique, la fièvre[d] capitaliste et la spéculation immobilière[e] transforment son aspect et son caractère. Hanoï est métamorphosée; des hôtels, des bars, des restaurants, des boîtes de nuit, des magasins franchisés[f], tous ces agents de la civilisation contemporaine, ont envahi[g] la ville. Pour goûter l'atmosphère exquise et poé-

tique du passé, il faut se dépêcher[h]: bientôt Hanoï sera une métropole moderne comme les autres...

[a]*faded*  [b]*inspired by Baron Haussmann (nineteenth-century city planner)*
[c]*font... remind one of*  [d]*fever*  [e]*real estate*  [f]*chain*  [g]*invaded*
[h]*se... hurry*

## LES FÊTES ET LES FESTIVALS

### La journée internationale de la francophonie: une fête à l'échelle du monde[a]

Créée en 1988, la journée internationale de la francophonie est fixée chaque année au 20 mars. Son objectif? Célébrer dans le monde entier un patrimoine commun à tous les pays francophones: la langue française et la culture francophone. Comment cette fête est-elle organisée? Le principe est simple: chaque pays est libre de planifier toutes sortes de manifestations. En Afrique, en Asie, en Amérique, en Europe, les écoles, les universités, les ambassades, les services culturels, les autorités locales, les chaînes de radio et de télévision, les chambres de commerce, les entreprises privées conjuguent[b] leurs efforts pour mettre en place des concours,[c] des conférences,[d] des festivals de théâtre, de cinéma, de musique et de photo, des colloques, des tables rondes...

En fait, la journée de la francophonie est une des rares manifestations qui rallie des pays du monde entier dans un grand mouvement de fraternité universelle. Et cette journée remporte[e] un tel succès que, dans certains pays, elle dure maintenant une ou plusieurs semaines!

[a]*à... on a world-wide scale*  [b]*combine*  [c]*competitions*  [d]*lectures*
[e]*achieves*

# *L'univers francophone*

## L'ART ET L'ARCHITECTURE

### La maison créole: un chef-d'œuvre d'architecture

Généralement en bois,[a] la maison créole est une villa spacieuse qui traduit les rêves de grandeur et de confort de la bourgeoisie coloniale au début du XXème siècle. À Port-au-Prince, à Fort-de-France, à Pointe-à-Pitre, à Saint-Louis, à Tananarive elle représente une époque disparue[b] inscrite dans l'histoire des îles des Caraïbes ou de l'océan Indien. Ses balcons en bois sculpté, ses fraîches galeries[c] ouvertes sur l'extérieur, ses tourelles[d] délicates et ses clochetons,[e] ses escaliers gracieux, ses fenêtres nues protégées par des persiennes[f] en bois brodé[g] lui donnent l'air d'un palais en sucre.

Ses larges vérandas nous laissent imaginer de longues soirées chaudes passées à échanger des paroles sans importance qui se perdent dans les parfums de la nuit.

[a]*wood* [b]*vanished* [c]*porches* [d]*turrets* [e]*pinnacles* [f]*shutters* [g]*embellished*

## UN PERSONNAGE CÉLÈBRE

### Marguerite Duras (1914–1996), l'unique

Sans l'Indochine, Marguerite Donnadieu, fille de fonctionnaires français, serait-elle devenue Marguerite Duras, cette femme d'exception,[a] cette personnalité littéraire remarquable? Peut-être pas, car son inspiration est étroitement liée[b] à sa jeunesse en Asie.

Née en 1914, à Gia Dinh, en Indochine, Marguerite Duras a passé son enfance et son adolescence à Saïgon. L'influence de cette période sur sa vie et son art apparaît dans son œuvre à travers[c] deux romans autobiographiques: *Un barrage contre le Pacifique* (1950) et *L'Amant* (1984).

[a]*exceptionnelle* [b]*étroitement... closely tied* [c]*à... through*

## LA LANGUE ET LES USAGES

### Viêtnam: l'art de garder son sang-froid[a]

Quelque chose ne va pas? Vous êtes énervé? exaspéré? Vous voulez protester? Contrôlez-vous: au Viêtnam, on ne doit pas hausser[b] la voix. Tous les problèmes doivent se régler[c] dans le calme.

[a]*garder... keeping one's cool* [b]*raise* [c]*se... be settled*

## CHAPITRE 16

# Le monde francophone

Des femmes togolaises font des courses.

## IN CHAPITRE 16, YOU WILL LEARN:

- vocabulary for discussing the development, history, and cultures of the French-speaking countries

- structures for expressing doubt, uncertainty and subjective viewpoints, and for talking about quantity

- cultural information about French colonization, immigration to France, and the French literary movement known as "La Négritude".

# Étude de vocabulaire

## Histoire de la francophonie → frenchspeaking countries

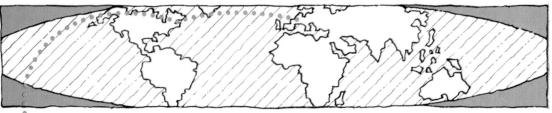

**XVI<sup>ème</sup> siècle:** Arrivée de Jacques Cartier au Canada; expansion française dans la région des Alpes et de la Côte d'Azur.

**XVII<sup>ème</sup> siècle:** Champlain fonde Québec; établissements des Antilles (Haïti, Martinique, Guadeloupe). Fondation de Montréal; la Nouvelle-France s'étend *(stretches)* vers l'Ouest jusqu'aux Rocheuses et le long du Mississippi jusqu'en Louisiane. En Inde, établissements français de Chandernagor et de Pondichéry.

**XIX<sup>ème</sup> siècle:** Implantation française en Algérie (1830), en Indochine (1859), au Sénégal (1854), en Tunisie (1881), à Madagascar (1883). Établissements de «l'Afrique équatoriale française» et de «l'Afrique occidentale française». Indépendance d'Haïti.

**XX<sup>ème</sup> siècle:** De 1954 à 1962, indépendance de l'Indochine, du Maroc, de la Tunisie, de l'Algérie et de seize pays de l'Afrique noire.

1961—Établissement de la Maison du Québec à Paris. Création de l'Association des universités partiellement ou entièrement de langue française (AUPELF).

1962—Début de l'implantation d'ambassades canadiennes en Afrique francophone.

1965—Premiers accords de coopération entre la France et le Québec.

1967—Création de l'Association internationale des parlementaires de langue française (AIPLF).

1968—Le Parti Québécois prend le pouvoir au Québec. L'Acte 101 (une loi qui exige l'utilisation de la langue française dans l'éducation, le commerce et la vie publique) est voté. Beaucoup d'entreprises anglophones quittent Montréal pour s'installer à Toronto.

1986—Premier Sommet de la francophonie à Paris.

1987—Deuxième Sommet de la francophonie à Québec. Les pays francophones se réunissent tous les deux ans depuis 1987.

1989—Troisième Sommet de la francophonie à Dakar.

1991—Quatrième Sommet de la francophonie à Paris. La Louisiane, la Nouvelle-Angleterre et le Val d'Aoste sont invités à participer.

1993—La destinée du Québec n'est pas encore décidée. Certains Québécois veulent que le Québec soit une société distincte et libre; d'autres ne veulent pas se séparer du Canada. Cinquième Sommet de la francophonie à l'île Maurice.

1995—Sixième Sommet de la francophonie à Cotonou au Bénin.

1997—Septième Sommet de la francophonie à Hanoï au Viêtnam.

# À vous!

**A. Un peu d'histoire et de géographie.** Répondez aux questions suivantes.

1. En quel siècle est-ce que Jacques Cartier est arrivé au Nouveau Monde?
2. Qui a fondé Québec?
3. Dans quelles régions d'Amérique s'étend la Nouvelle-France?
4. Nommez trois colonies françaises au XIX<sup>ème</sup> siècle. Quel pays devient indépendant à cette époque?
5. Où et quand a eu lieu le premier Sommet de la francophonie?
6. Est-ce que vous avez déjà visité un pays francophone? Si oui, lequel? Si non, lequel aimeriez-vous visiter? Expliquez votre réponse.
7. Maintenant, consultez la carte au début du livre et nommez cinq pays francophones d'Afrique occidentale. Où est-ce qu'on parle français en Afrique orientale? Nommez trois îles francophones. Qu'est-ce que vous savez de ces différents pays ou régions? Avec quels pays est-ce que vous associez les expressions suivantes: le tourisme? le Maghreb? la décolonisation? les territoires d'outre-mer? le bilinguisme? les Cajuns?

**B. Le Nouveau Monde francophone.** Voici des faits qui ont marqué l'histoire du Nouveau Monde. Trouvez dans la colonne de droite le nom qui correspond à chaque définition. Puis, avec un(e) camarade, essayez de mettre ces événements par ordre chronologique.

1. Il a exploré le Canada au XVI<sup>ème</sup> siècle et a pris possession de ces territoires au nom de la France.
2. Il a descendu le Mississippi jusqu'au golfe du Mexique en 1682.
3. Il a exploré la mer des Caraïbes et a découvert l'île d'Haïti en 1492.
4. Il a fondé la ville de Québec en 1608.
5. Un état américain doit son nom à ce roi de France.
6. Bienville a fondé cette ville en 1718 et l'a nommée en l'honneur du régent, le duc d'Orléans.

**a.** Louis XIV
**b.** Christophe Colomb
**c.** La Nouvelle-Orléans
**d.** Jacques Cartier
**e.** Cavelier de La Salle
**f.** Samuel de Champlain

**C. La francophonie aux États-Unis.**
Regardez la carte des États-Unis. Qu'est-ce que ces villes ont de particulier? Vous savez ce que ces noms veulent dire?

Territoire français avant 1763

Le monde francophone est vaste. La colonisation et les vagues d'immigration ont donné naissance à plusieurs mots, décrivant certains courants de pensée ou certains segments de la population. Voici quelques-uns de ces noms:

- **les Acadiens:** les gens originaires de l'Acadie, ancien nom des provinces de la Nouvelle-Écosse et du Nouveau-Brunswick au Canada. En 1775, un grand nombre d'Acadiens se sont réfugiés en Louisiane. On les appelle les Cajuns.
- **les Maghrébins:** les Nord-Africains de Tunisie, d'Algérie ou du Maroc
- **les Beurs:** les jeunes Français nés de parents maghrébins.
- **les Pieds-noirs:** les citoyens français nés en Algérie.
- **la Négritude:** un mouvement littéraire et politique qui valorise les caractères, les manières de penser et de sentir propres à la race noire.

**D. Interview.** Bien sûr, il n'y a pas que des personnes d'origine française en Amérique!  Interrogez votre camarade sur l'origine de sa famille et ensuite, présentez à la classe un résumé de ce que vous avez appris. Demandez à votre camarade...

1. de quelle nationalité il/elle est
2. d'où viennent ses parents, ses grands-parents et ses arrière-grands-parents
3. quand ses ancêtres sont venus en Amérique
4. quelle a été, à son avis, la réaction de ses ancêtres quand ils sont arrivés aux États-Unis
5. s'il (si elle) a visité (ou visitera) le pays de ses ancêtres
6. s'il (si elle) parle la langue de ses ancêtres
7. si on conserve, chez lui (chez elle), certaines traditions ethniques
8. s'il (si elle) trouve qu'il est important de connaître ses origines

## Le Carnaval

Le défilé de chars   Les costumes d'Haïti   Le grand bal masqué à la French Opera House de La Nouvelle-Orléans   Le bonhomme de neige, roi du Carnaval à Québec

Un défilé de chars à Québec

# À vous!

**Le Carnaval.** Cette fête populaire est célébrée dans plusieurs pays francophones. Répondez aux questions suivantes.

1. Qui est le roi du Carnaval à Québec?
2. Quel est l'événement du Mardi gras le plus important à La Nouvelle-Orléans?
3. Que portent les gens à Haïti pour fêter *(celebrate)* le Mardi gras?
4. Comment s'appelle une <u>procession</u> de gens déguisés et de musiciens?  parade
5. Comment s'appelle le véhicule décoré qui fait partie d'un défilé?
6. Est-ce que vous connaissez d'autres pays, régions ou villes où on fête le Carnaval? Est-ce que vous avez déjà participé à un Carnaval? Où et quand?
7. À quelle occasion est-ce qu'il y a un grand défilé à New York? Est-ce qu'il y en a aussi un dans votre ville ou votre région? De quoi se compose généralement ce défilé?
8. Pour quelle fête américaine se déguise-t-on généralement? Quels costumes avez-vous portés dans le passé? Quel costume avez-vous l'intention de porter la prochaine fois? Avez-vous déjà eu de grandes aventures lorsque vous étiez déguisé(e)? Racontez-les à la classe.

# Splendeurs africaines

La beauté et la variété culturelle des pays africains attirent *(attract)* des visiteurs du monde entier. Voici quelques brochures pour vous faire rêver.

## Le Maroc

**U**n Royaume aux mille facettes : villes impériales, grands souks de Marrakech, étroite Médina de Fèz, route des Kasbahs du Sud, déserts, longues plages de sable blanc d'Agadir...

**L**e Maroc, c'est tout cela et bien plus... Un pays de soleil chaleureux et accueillant.

❧ **Climat** : A Marrakech, les températures varient de 5° le soir à 20° en janvier jusqu'à 37/38° en août et même plus lorsque souffle l'hamattan. A Agadir, il ne fait jamais moins de 7° le soir et 20/21° à midi jusqu'à 27° en été, mais temps couvert le matin et toujours du vent pour rafraîchir. Attention! Dans le grand Sud, l'hiver, les nuits sont très froides.

❧ **Formalités** : Carte d'identité valide si l'on voyage avec un groupe. Un passeport valide est plutôt conseillé.

❧ **Monnaie. Change** : L'unité monétaire est le Dirham qui vaut 0,75 FF environ.

# La Guinée

**V**ue d'avion, la Guinée se présente sous la forme d'une banane, au sud du Sénégal et s'étend de l'océan à la forêt vierge.

🌿 **Climat** : Le climat tropical du pays est caractérisé par l'alternance de deux saisons qui varient suivant les régions et l'altitude. En général: juillet à octobre saison des pluies, décembre à avril saison sèche.

🌿 **Formalités** : Passeport valide + visa

🌿 **Monnaie** : Franc guinéen; 1FF = 45FG

## À vous!

**Splendeurs africaines.** Répondez aux questions suivantes.

- Où se trouve chaque pays? Consultez la carte au début de votre livre.
- Quelle est l'unité monétaire du Maroc? Et de la Guinée?
- Décrivez le climat des deux pays.
- Quels paysages sont typiques de chaque pays?
- Quels attraits culturels est-ce qu'on trouve au Maroc?
- Si vous pouviez visiter un de ces deux pays, lequel est-ce que vous choisiriez? Justifiez votre choix.

Le Maroc

# *Réalités francophones*

## L'IMMIGRATION

Depuis plusieurs années, l'immigration est devenue un sujet brûlant partout en Europe. En France, le problème concerne surtout les Maghrébins (les Algériens, les Marocains et les Tunisiens) et les autres Africains d'anciennes colonies françaises.

Le Maghreb regroupe les pays de l'Afrique du Nord. Beaucoup de Maghrébins sont venus en France dans les années 50 quand la France avait besoin de travailleurs. Plus tard ils ont fait venir leur famille en France et ils ont eu des enfants. Ces enfants sont français—ils parlent français, ils reçoivent une formation scolaire française qui les prépare à entrer dans l'économie française quand ils seront adultes—mais ils sont souvent perçus comme des Arabes. Aujourd'hui 7% de la population française est maghrébine ou d'origine maghrébine, ce qui change considérablement la topologie de la population.

Les Français sont très divisés sur la question de l'immigration. Un grand nombre de Français soutiennent une politique de l'immigration qui garantisse aux immigrants un respect de leur dignité et de leurs droits humains. D'autres souhaitent que la France ferme ses frontières aux nouveaux immigrés. Une minorité de Français veulent que les immigrés retournent dans leur pays d'origine. La question ne se résoudra pas facilement. Il est sûr, cependant, que la colonisation, même quarante ans après sa fin, continue à influencer profondément la société française et celle de ses anciennes colonies.

# Le monde francophone ...ses gens

| | |
|---|---|
| NOM: | Soisick Gaonach |
| ÂGE: | 37 |
| LIEU DE NAISSANCE: | La Guerche, France |
| PROFESSION: | Restauratrice |

*En deux ou trois phrases: Quels aspects de votre pays, de votre culture ou de vos coutumes voudriez-vous faire comprendre aux étudiants américains? Choisissez des éléments délicats ou controversés.*

Une des forces de notre culture est, je crois, l'idée que nous sommes les héritiers d'un passé riche même s'il est plein de conflits. Nous devons donc reprendre ce flambeau[a] et contribuer à répandre[b] dans le monde les valeurs de liberté, d'égalité entre les êtres humains, et aussi de responsabilité. La connaissance de l'histoire et une appréciation de l'art sont donc essentielles.

[a]reprendre... *take up the torch*   [b]*spread*

| | |
|---|---|
| NOM: | Jean-François Lheureux |
| ÂGE: | 21 |
| LIEU DE NAISSANCE: | Trois Rivières, Québec |
| PROFESSION: | Étudiant |

En tant que Québécois, j'aimerais que les Américains sachent que nos ancêtres français ont été les premiers européens à explorer l'Amérique du Nord, de la baie d'Hudson jusqu'au golfe du Mexique. Pour moi, la souveraineté du Québec est souhaitable car à long terme, deux peuples vivant sur un même territoire ne peuvent cohabiter sans que le plus populeux des deux assimile l'autre.

| | |
|---|---|
| NOM: | Abdou Sèye |
| ÂGE: | 26 |
| LIEU DE NAISSANCE: | St-Louis, Sénégal |
| PROFESSION: | Étudiant |

L'aspect le plus important de mon pays que je voudrais faire comprendre aux Américains en est sa diversité. Le Sénégal est multiethnique, voire[a] multiracial. Notre culture africaine incorpore des éléments provenant du monde occidental et arabe. C'est cette diversité bien comprise et bien gérée[b] qui permet l'ouverture du Sénégal aux autres et qui explique la fameuse *téranga* (hospitalité) sénégalaise. J'espère qu'elle inspirera toujours la tolérance et le respect de l'autre, au Sénégal comme dans le monde. Car tels sont les deux mots, tolérance et respect, sans lesquels il ne peut y avoir de coopération et de développement pour un monde meilleur.

[a]*même*   [b]*dirigée*

# Étude de grammaire

## 56. THE SUBJUNCTIVE
## Expressing Doubt and Uncertainty

**LA FRANCE ET L'AFRIQUE**

KOFI: Tu crois que la France **doive** intervenir militairement dans les pays
     africains où il y a des difficultés politiques?

KARIM: **Je ne suis pas sûr** que ce **soit** une bonne solution.

KOFI: Pourquoi?

KARIM: Parce que **je ne pense pas** que cela **puisse** changer la situation politique.

Complétez les phrases selon le dialogue.

1.  Karim ne croit pas que la France _____ intervenir militairement dans les pays
    africains.
2.  Il n'est pas sûr que ce _____ une bonne solution.
3.  Il ne pense pas que cette intervention _____ changer la situation politique.

## Expressions of doubt and uncertainty

The subjunctive is used—with a change of subject—after expressions of doubt and
uncertainty, such as **je doute, je ne suis pas sûr,** and **je ne suis pas certain.**

> Beaucoup de femmes **ne sont**
>   **pas sûres** que leur statut **soit**
>   égal au statut des hommes.
> Les jeunes **doutent** souvent que
>   les hommes et les femmes
>   politiques **soient** honnêtes.

> *Many women aren't sure that
>   their status is equal to the
>   status of men.*
> *Young people often doubt that
>   politicians are honest.*

## Penser and croire

In the affirmative, verbs such as **penser** and **croire** are followed by the indicative. In the
negative and interrogative, they express a degree of doubt and uncertainty and can
then be followed by the subjunctive. In spoken French, however, the indicative is more
commonly used.

Je **pense** que la presse **est** libre.
Vous **pensez** que la presse **soit** libre?
Vous **pensez** que la presse **est** libre?
Je **ne crois pas** que la démocratie **soit** en danger.
Je **ne crois pas** que la démocratie **est** en danger.

*I think the press is free.*

*Do you think the press is free?*

*I don't think that democracy is in danger.*

# The indicative with expressions of certainty or probability

The following impersonal expressions are followed by the *indicative* because they imply certainty or probability.*

**＊** 

| IMPERSONAL EXPRESSIONS USED WITH THE INDICATIVE | |
|---|---|
| il est certain que | il est sûr que |
| il est clair que | il est vrai que |
| il est évident que | |

**Il est certain que** la France et le Togo **feront** plus d'échanges culturels et commerciaux pendant le vingt et unième siècle.

**Il est clair que** la langue française **restera** importante au Togo.

**Il est vrai que** les Togolais **veulent** préserver leur propre identité.

*It's certain that France and Togo will engage in more cultural and commercial exchanges during the 21st century.*

*It's clear that the French language will continue to be important in Togo.*

*It's true that the Togolese want to preserve their own identity.*

## Vérifions!

**A. Réflexions sur l'Afrique francophone.** Complétez les phrases avec le subjonctif ou l'indicatif des verbes, selon le cas.

1. Il est sûr que le Burkina Faso _____ *(aller)* bientôt changer de régime politique.
2. Vous pensez que le Sénégal _____ *(être)* un pays en voie de développement *(developing)* ou un pays industrialisé?
3. Les observateurs diplomatiques ne croient pas que l'assistance étrangère _____ *(pouvoir)* améliorer la crise économique et sociale de l'Afrique centrale.
4. On doute que les Sénégalais _____ *(vouloir)* un changement radical de régime.

---

*French speakers often use **c'est** with these impersonal expressions, rather than **il est,** in everyday conversation.

5. D'autre part, il est évident que, dans la République démocratique du Congo, le peuple _____ (avoir) très soif de démocratie.
6. Je crois que le régime militaire _____ (devoir) être soutenu pour empêcher une révolution populaire.

**B. Discussion.** Avec un(e) camarade, discutez des idées suivantes. Choisissez une phrase et posez une question. Votre camarade exprime son opinion.

**Réponses possibles:** Je crois... Je ne crois pas... Je pense... Je ne pense pas... Je suis sûr(e)... Je doute... Je suis certain(e)... Je ne suis pas certain(e)... J'espère...

MODÈLE: Le président est honnête. →
  É1: Tu crois que le président soit honnête?
  É2: Oui, je crois qu'il est honnête. (Non, je ne crois pas qu'il soit honnête.)

**IDÉES À DISCUTER**
1. Nous avons besoin d'une armée plus moderne.
2. Le peuple* américain sait voter intelligemment.
3. Le gouverneur de votre état a de bonnes idées.
4. Le pouvoir (power) doit être dans les mains du peuple.
5. On doit limiter l'immigration aux États-Unis.
6. Les États-Unis peuvent assumer la croissance (absorb the growth) de l'immigration.
7. Les pays développés doivent aider les pays en voie de développement.
8. L'enseignement bilingue est une bonne idée.

## Parlons-en!

**Opinions et croyances.** Complétez les phrases de façon logique. Exprimez une opinion personnelle.

 **1.** C'est vrai que...  **2.** Personne ne croit que...  **3.** Je ne suis pas sûr(e) que...  **4.** Il est probable que...  **5.** Beaucoup d'étudiants trouvent que...

# 57. ALTERNATIVES TO THE SUBJUNCTIVE
## Expressing Subjective Viewpoints

### LES ANTILLES, MYTHE ET RÉALITÉ

FLORENCE: Les Antilles, pour moi, ce sont les récifs coraliens, les sites archéologiques précolombiens, les plages de sable blanc...
 SALIM: **Il faut** tout de même **savoir** que nous n'avons pas que du soleil à vendre!

---

*Le peuple is generally used to refer to the population of a nation: **Le peuple français a perdu un grand chef quand de Gaulle est mort.** Use **les gens** to express *people* in the sense of "many persons."

VINCENT: **Avant de partir,** tu devrais visiter une bananeraie, une distillerie de rhum et notre port très moderne.

SALIM: **J'espère** que **tu sais** que notre niveau de vie, ici à la Martinique, est le plus élevé des Caraïbes...

FLORENCE: C'est vrai, **il est important** de **se moderniser.** Mais **j'espère,** moi, que **vous saurez** protéger la beauté de votre pays.

Trouvez la phrase équivalente dans le dialogue.

1. Il faut qu'on sache que nous n'avons pas que du soleil à vendre.
2. Avant que tu partes, tu devrais visiter une bananeraie, une distillerie de rhum et notre port très moderne.
3. Je souhaite que tu saches que notre niveau de vie, ici à la Martinique, est le plus élevé des Caraïbes.
4. C'est vrai, il est important que les pays se modernisent.
5. Mais je veux, moi, que vous sachiez protéger la beauté de votre pays!

It is sometimes possible, and even preferable, to avoid using the subjunctive. Several alternatives are presented here.

# Infinitive as alternative to the subjunctive

An infinitive is generally used instead of the subjunctive if the subject of the dependent clause is the same as that of the main clause, or if the subject is not specified.

| CONJUGATED VERB + INFINITIVE | CONJUGATED VERB + **que** + SUBJUNCTIVE |
|---|---|
| Je **veux** le **savoir.** *(I want to know it.)* | Je **veux que** tu le **saches.** *(I want you to know it.)* |

| IMPERSONAL EXPRESSION + INFINITIVE | IMPERSONAL EXPRESSION + **que** + SUBJUNCTIVE |
|---|---|
| **Il est bon de faire** ce voyage. *(It's a good idea to take this trip.)* | Il est bon **que vous fassiez** ce voyage. *(It's good for you to take this trip. / It's good that you're taking this trip.)* |

# *Espérer* plus indicative

The verb **espérer,** followed by the indicative, can be used instead of the verb **souhaiter** or other constructions that express a wish or desire. When **espérer** is in the main clause, the verb in the dependent clause is in the future tense if the action is expected to occur in the future.

| | |
|---|---|
| Je **souhaite** que ton voyage aux Antilles **soit** intéressant. | *I hope that your trip to the Antilles is (will be) interesting.* |
| J'**espère** que ton voyage aux Antilles **sera** intéressant. | *I hope that your trip to the Antilles will be interesting.* |

# *Devoir* plus infinitive

The verb **devoir,** followed by an infinitive, can sometimes be used instead of **il faut que** or **il est nécessaire que.** There is a slight difference in meaning, however, because **devoir** does not convey as strong a sense of obligation as **il faut que** and **il est nécessaire que.**

| | |
|---|---|
| Je **dois aller** au Québec. | *I must (should) go to Quebec.* |
| Il **faut que** j'**aille** au Québec. | *I have to go to Quebec.* |
| Il **est nécessaire que** j'**aille** au Québec. | *It's necessary for me to go to Quebec.* |

## Vérifions!

**A. Cours d'été à Montréal.** La classe de Thierry va suivre des cours d'été dans une université canadienne. Exprimez leurs espoirs *(hopes)*. Employez **espérer** au lieu de **souhaiter.**

MODÈLE: Je souhaite que mes amis puissent me rendre visite! →
J'espère que mes amis pourront me rendre visite!

**1.** Nous souhaitons que le campus soit agréable. **2.** Je souhaite que les cours soient intéressants. **3.** Mes camarades souhaitent qu'on aille danser tous les soirs. **4.** Tu souhaites qu'il y ait un bon restaurant à la faculté. **5.** Notre professeur souhaite que nous apprenions beaucoup.

**B. Vie européenne.** Il faut que les Canadiens francophones et anglophones apprennent à vivre ensemble. En Europe, la diversité linguistique et culturelle est encore plus prononcée. Qu'est-ce qui est important pour les Européens? Donnez l'équivalent de chacune des phrases suivantes. Utilisez **devoir** + infinitif au lieu de l'expression **il faut que.**

MODÈLE: Il faut que nous nous respections mutuellement. →
Nous devons nous respecter mutuellement.

**1.** Il faut que les Européens affirment leur unité politique et économique. **2.** Il faut que nous développions nos échanges culturels. **3.** Il faut que les nations européennes travaillent ensemble. **4.** Il faut que les Anglais achètent des Renault. **5.** Il faut que les Français achètent des Rolls-Royce!

## Parlons-en!

**Des conseils.** Donnez des conseils à vos amis qui vous expliquent leurs souhaits. Utilisez des expressions comme **il faut, il est nécessaire de, vous devez, j'espère que.**

**1.** Je veux vivre longtemps *(a long time)*. Qu'est-ce que je dois faire? **2.** Je veux perfectionner mon français. Qu'est-ce que je dois faire? **3.** Je veux être riche un jour. Qu'est-ce que je dois étudier? **4.** Je veux beaucoup m'amuser cet été. Où est-ce que je dois voyager? **5.** Je veux rencontrer beaucoup de francophones. Qu'est-ce que je peux faire aux États-Unis pour en rencontrer? Et à l'étranger?

# 58. INDEFINITE ADJECTIVES AND PRONOUNS
## Talking About Quantity

### DES VACANCES À LA MARTINIQUE

DANIEL: Alors, vos vacances à la Martinique?

NADINE: **Tout** s'est très bien passé. Nous sommes restés **quelques** jours à Fort-de-France, la capitale, puis nous nous sommes détendus à la plage. Tu sais, les gens sont très sympa, mais ils ont **tous** un accent que nous avions du mal à comprendre. On avait parfois l'impression qu'il y en avait **quelques-uns** qui ne nous comprenaient pas non plus.

RAPHAËL: Et **chaque** fois qu'ils disaient **quelque chose,** on devait leur demander de répéter. C'est marrant. **Certains** mots sont les **mêmes** que chez nous mais **d'autres** sont complètement différents.

Vrai ou faux? Corrigez les phrases fausses.

1. Tout s'est mal passé.
2. Ils sont restés plusieurs jours à Fort-de-France.
3. Quelques personnes ont un accent que Nadine et Raphaël ne comprenaient pas.
4. Les Martiniquais et les Français utilisent exactement les mêmes termes (les mêmes mots).

Une vue pittoresque de la Martinique

## Forms and uses of *tout*

1. The adjective **tout (toute, tous, toutes)**

   As an adjective, **tout** can be followed by an article, a possessive adjective, or a demonstrative adjective.

   | | |
   |---|---|
   | Nous avons marché **toute la journée** pour arriver au sommet du volcan. | *We hiked all day to reach the summit of the volcano.* |

| | |
|---|---|
| Nous étions là-haut avec **tous nos amis.** | We were up there with all our friends. |
| Tu as apporté **toutes ces provisions?** | Did you bring all those supplies? |

2. The pronoun **tout**

As a pronoun (masculine singular), the form **tout** means *all, everything.*

| | |
|---|---|
| **Tout** va bien! | Everything is fine! |
| **Tout** est possible dans ce pays. | Everything is possible in this country. |

**Tous** and **toutes** mean *everyone, every one (of them), all of them.* When **tous** is used as a pronoun, the final **s** is pronounced, **tous** [tus]

| | |
|---|---|
| Tu vois ces jeunes gens? Ils veulent **tous** faire une danse traditionnelle. | Do you see those young people? They all want to do a traditional dance. |
| Ces photos sont arrivées hier. Sur **toutes,** on voit des costumes traditionnels. | These photos arrived yesterday. In all of them, you see traditional costumes. |

# Other indefinite adjectives and pronouns

Indefinite adjectives and pronouns refer to unspecified things, people, or qualities. They are also used to express sameness (the same one) and difference (another). Here is a list of the most frequently used indefinite adjectives and pronouns in French.

| ADJECTIVES | PRONOUNS | |
|---|---|---|
| **quelques** (+ *noun*) (some) | **quelqu'un** (*invariable*) | *someone, anyone* |
| | **quelqu'un de** (+ *masc. adj.*) | *someone, anyone* (+ *adj.*) |
| | **quelque chose** | *something, anything* |
| | **quelque chose de** (+ *masc. adj.*) | *something, anything* (+ *adj.*) |
| | **quelques-uns/quelques-unes** (*pl.*) | *some, a few* |
| **chaque** (+ *noun*) (each, every) | **chacun/chacune** | *each (one)* |

| EXPRESSIONS USED AS ADJECTIVES AND PRONOUNS | |
|---|---|
| **un(e) autre** (*another*) | **certain(e)s** (*certain*) |
| **d'autres*** (*others*) | **le/la même; les mêmes** (*the same*) |
| **l'autre/les autres** (*the other[s]*) | **plusieurs (de)** (*several [of]*) |

---

*Note that **de** is used without an article before **autres** whether **autres** modifies a noun or stands alone as a pronoun.

| ADJECTIVES | PRONOUNS |
|---|---|
| J'ai **quelques** amis à Tahiti. | **Quelques-uns** sont agriculteurs. |
| | **Quelqu'un** m'a envoyé un livre sur Tahiti. |
| Nous avons **plusieurs** choix. | → **Plusieurs** de ces choix sont extrêmement difficiles. |
| **Chaque** voyageur voudrait un circuit différent. | → **Chacun** des voyageurs fera visiter une île différente. |
| Tu veux **une autre** tasse de thé? | → Non, si j'en prenais **une autre,** je ne pourrais pas dormir. |
| Où est **l'autre** autocar? | → **L'autre** est parti. |
| **Les autres** passagers sont partis. | → **Les autres** sont partis. |
| J'ai **d'autres** problèmes. | → J'en ai **d'autres.** |
| Ce sont **les mêmes** voyageurs. | → **Les mêmes** sont en retard. |

The indefinite pronouns **quelqu'un** and **quelque chose** are singular and masculine. Remember that adjectives that modify these pronouns follow them and are introduced by **de.**

| | |
|---|---|
| Je connais **quelqu'un d'intéressant** dans la capitale. | *I know someone interesting in the capital.* |
| Il a toujours **quelque chose de drôle** à dire. | *He always has something amusing to say.* |

# Vérifions!

**A. À Dakar.** Jeanne-Marie a passé quelque temps à Dakar, capitale du Sénégal. Jouez le rôle de Jeanne-Marie et répondez aux questions posées avec **tout, toute, tous** ou **toutes.**

MODÈLE: Tu as visité les marchés? → Oui, j'ai visité tous les marchés.

**1.** Tu as vu le musée anthropologique? *tout* **2.** Tu as photographié les églises de la ville? *toutes* **3.** Est-ce que tu as visité les bâtiments de l'université? *Tous.* **4.** Tu as vu la vieille ville? *Toute* **5.** Tu as lu l'histoire du Sénégal? *toute* **6.** Est-ce que tu as fait le tour des plantations? *tout*

**B. L'île de la Martinique.** Estelle a passé de nombreuses années à la Martinique. Elle y pense toujours avec nostalgie. Complétez les phrases.

«J'aime la Martinique. On y trouve encore (quelques-unes / d'autres)[1] des belles maisons coloniales bâties par les planteurs français. (Chacun / Certains)[2] jours, à Fort-de-France, je me promenais dans les marchés en plein air, près du port. (Certaines / D'autres)[3] fois, je restais sur la place de la Savane pendant de longues heures. Il y a, tout près de la place, (quelques / quelques-unes)[4] maisons décorées avec du fer forgé *(wrought iron)* qui me rappellent La Nouvelle-Orléans.

(Certaines / Quelque)[5] choses ont changé, il est vrai, mais on trouve encore les (plusieurs / mêmes)[6] gommiers *(gum-trees)* et ces bateaux pittoresques aux couleurs vives, que Gauguin* aimait tant.

## Parlons-en!

**La première chose qui vient à l'esprit** *(mind)*. Avec un(e) camarade de classe, posez des questions—en français, s'il vous plaît—à partir des indications suivantes. Votre camarade doit donner la première réponse qui lui vient à l'esprit.

MODÈLES: *someone important* →

É1: Est-ce que tu as jamais rencontré quelqu'un d'important?

É2: Non, mais une fois mon frère a rencontré Jay Leno.

**1.** something important **2.** something stupid **3.** something funny **4.** someone funny **5.** all the large cities in Quebec **6.** a few of the Francophone countries *(pays)* in Africa **7.** several French cities **8.** other French cities **9.** another Canadian city

## *Réalités francophones*

### LA NÉGRITUDE

Ce mouvement littéraire et culturel naît dans le Paris des annés 1932–34 à l'initiative d'un groupe d'étudiants noirs réunis autour de Léopold Senghor, écrivain et homme d'état sénégalais, et du poète antillais Aimé Césaire. La Négritude a pour projet de défendre et illustrer les valeurs du monde noir. Sous l'influence de la "negro-renaissance" de Harlem aux États-Unis et celle de la popularité du jazz et de l'art nègre pendant les années 20, ces intellectuels noirs mettent en valeur les traditions culturelles de l'Afrique. La Négritude ouvre ainsi la voie[a] pour une nouvelle poésie africaine de langue française. En 1948, la publication par Senghor de *l'Anthologie de la nouvelle poésie nègre et malgache de langue française* marque l'apogée du mouvement. Ces poèmes témoignent de la lutte d'une race opprimée et expriment une nouvelle esthétique. En 1960, le mouvement devient plutôt politique sous l'influence des jeunes intellectuels comme Frantz Fanon.

La vitalité du mouvement commence à diminuer à partir des années 70, mais la tradition littéraire, intellectuelle et politique léguée par la génération des années 30 ne sera pas vite oubliée.

———————————

[a]*path*

Léopold Senghor

Aimé Césaire

———————————

*Le peintre français Paul Gauguin a vécu à la Martinique et aussi à Tahiti.

**A. L'avenir.** Comment sera la société de l'avenir? Exprimez vos opinions. Commencez chaque phrase par une des expressions de la colonne de droite.

| | |
|---|---|
| **1.** Il y aura des colons *(settlers)* sur la lune *(moon)*. | Il est possible que |
| | Il se peut que |
| **2.** Il n'y aura qu'une seule nation. | Il est peu probable que |
| **3.** L'anglais sera la langue universelle. | Il est sûr que |
| **4.** Les robots remplaceront les gens dans beaucoup de domaines. | J'espère que |
| | Il est préférable que |
| **5.** Tous les robots parleront anglais. | Il est probable que |
| **6.** On fera tout par ordinateur. | |
| **7.** Les villes seront sous terre *(underground)*. | |
| **8.** La vie deviendra beaucoup plus agréable. | |
| **9.** ? | |

**B. Projets de vacances.** Complétez le dialogue suivant avec un des adjectifs ou des pronoms indéfinis à droite.

JULIEN:  \_\_\_\_\_¹ les ans, c'est la \_\_\_\_\_² chose. \_\_\_\_\_³ 
fois que je propose un voyage au Sénégal, tu 
as d'\_\_\_\_\_⁴ suggestions.

BÉNÉDICTE:  Mais j'ai rencontré \_\_\_\_\_⁵ qui m'a dit que 
\_\_\_\_\_⁶ touristes ont eu des problèmes de 
santé au Sénégal. D'ailleurs, cette année je 
voudrais faire \_\_\_\_\_⁷ de différent. J'aimerais 
faire de l'alpinisme en Suisse.

JULIEN:  De l'alpinisme! Mais c'est très dangereux! 
Bon, eh bien, cette année \_\_\_\_\_⁸ fera ce qu'il 
voudra. Moi, je pars au Sénégal.

autres
chaque
même
tous
chacun
plusieurs
quelque chose
quelqu'un

**C. Interview.** Interrogez un(e) camarade sur les sujets suivants. Vous allez utiliser le subjonctif dans vos questions, mais votre camarade va éviter *(avoid)* l'emploi du subjonctif dans ses réponses.

MODÈLE:   connaître d'autres cultures (important) →
      É1: Il est important qu'on connaisse d'autres cultures?
      É2: Oui, il est important de connaître d'autres cultures parce que...

**1.** apprendre une langue étrangère (nécessaire)
**2.** voyager dans les pays du tiers-monde (utile)
**3.** enseigner les langues étrangères à l'école primaire (bon)
**4.** s'informer sur les cultures étrangères sans jamais voyager (possible)

**D. Interactions.** In this chapter, you practiced talking about quantities, expressing doubt, uncertainty, and subjective viewpoints. Use the vocabulary and structures from the chapter to act out the following situations.

1. **La Coopération** (*overseas volunteer service*)**.** A friend of yours has been accepted as a Peace Corps volunteer and assigned to work in a village in Gabon. You ask what he/she thinks the experience will be like, what clothing or equipment will be needed, what kind of work he/she plans to do, etc. Your friend responds by expressing his/her wishes, beliefs, hopes, and preferences.

2. **Mon avenir.** You have been a very successful student; everyone agrees that you will go far in your field. You are being interviewed by the college newspaper about what you will be doing in ten years. Describe what you think, hope, wish, or believe your future will be like.

*Rencontres*

*Situations*

The author of this excerpt hopes to promote Senegal as a tourist destination. What are some of the regions described? Are you tempted to visit them?

**[Thème 5 Vignette culturelle]**[*]

À l'extrémité occidentale de l'Afrique et à moins de six heures de l'Europe, Dakar vous ouvre toutes grandes les portes du continent noir. Ville africaine par excellence, cette cité moderne au port dynamique vous séduira[a] immédiatement par la chaleur de son accueil.[b] Plus au sud, Joal, ville natale de Léopold Sédar Senghor et son village lacustre[c], célèbre pour ses greniers sur pilotis.[d]

Ici, entre mer et Marigot,[e] la vie coule[f] paisiblement, au rythme des piroguiers[g] poussant leurs longues perches.

Sentinelles immobiles posées au bord des salines, entre mirage et réalité, les baobabs[h] vous accueillent dans l'estuaire du Siné-Saloum.

En s'enfonçant[i] un peu plus au cœur de cette région à la nature majestueuse, le voile[j] se lève bientôt sur le parc national du delta du Saloum.

[a]*will seduce* [b]*welcome* [c]*lakeside*
[d]*greniers... houses on stilts* [e]*fleuve en Afrique de l'Ouest* [f]*flows* [g]*boatmen*
[h]*arbres africains* [i]*s'... pénétrant* [j]*veil*

---

[*]The **Thème** number corresponds to that in the Video to accompany *Rendez-vous.*

Entre mangroves et palétuviers,[j] les bolons tracent une route ondulante qui conduit au royaume des oiseaux. Dans ce monde féerique, vous pourrez observer les milliers de flamands roses, sternes et pélicans qui y séjournent, ou vous adonner à la pêche au barracuda, maître des flots.

[j]arbres africains

## Avec un(e) partenaire...

Choisissez un pays francophone et imaginez que vous en êtes indigène *(native)*. En vous servant de votre imagination et de ce que vous connaissez du pays, essayez de décrire votre région à un(e) partenaire. Faites allusion, entre autres, à la population, au paysage, aux différents modes de vie, à la cuisine, aux vêtements, et à une ville importante.

# LECTURE

## Avant de lire

> **MORE ON RECOGNIZING IMPORTANT IDEAS**   As you read the following article from the newspaper *Le Monde,* three strategies in particular may help you.
>
> - Look carefully for the antecedents of subject pronouns. The first paragraph, for example, makes sense only when you discover what the three **elles** refer to.
> - If the longer sentences confuse you, find and underline the main idea (subject-verb-object) first, then try to make sense of subordinate clauses, prepositional phrases, and other modifiers.
> - Use the strategies you have already learned to deduce the meaning of unfamiliar words and phrases. (No glosses have been provided with this reading.)
>
> As always, you do not need to understand every word. If you can answer the questions in **Compréhension,** you have a good grasp of the reading.

# Radiographie: Beur FM, généraliste et hexagonale

Cette «radio communautaire laïque et indépendante» revendique aujourd'hui 400 000 auditeurs. Elles sont entrées sur la bande FM par la petite porte. Elles s'y sont installées avec quelques difficultés. Mais, parce qu'elles permettaient à des voix nouvelles de se faire entendre, beaucoup de ces radios associatives sont devenues indispensables. C'est le cas de Beur FM, la radio de la communauté maghrébine de France.

Son fondateur, Nacer Kettane, est un homme de caractère. Né en Algérie, il arrive en France à l'âge de quatre ans. Ses études de médecine terminées, il décide de se mettre au service des exclus. Il fonde le journal *Sans frontières* et Radio-Beur, participe à la création de France-Plus et met sur pied une organisation non gouvernementale, InterMed Assistance. En 1989, il monte Beur FM à Marseille. La nouvelle radio associative grandit et s'installe à Grenoble, Aix, Saint-Étienne, Toulouse, Nîmes, avant Paris, en 1992. Bientôt elle sera à Rouen.

«Beur FM est une radio communautaire à vocation généraliste, laïque et indépendante, nos revenus viennent uniquement de la publicité», précise Nacer Kettane. «Notre langue, c'est le français. Notre mission l'information, la culture, la distraction et l'ouverture aux minorités.» Selon le dernier sondage Ipsos, la station compte 270 000 auditeurs en région parisienne et plus de 400 000 en France. Elle est aussi diffusée au Maghreb, via satellite.

L'ambition de Beur FM est de donner des repères culturels aux jeunes issus de l'immigration. En plus de rubriques habituelles—sports, jeux, astrologie, etc.—une large place est faite aux informations de provenance des pays méditerranéens. Des cours de langue arabo-berbères y sont proposés et la musique maghrébine représente 70% du programme musical.

La station veut rester proche des préoccupations des immigrés. Ainsi, pour l'élection de novembre en Algérie, l'opposition, le FIS et les partisans de Zéroual étaient invités à commenter les résultats. «À condition que chacun accepte le jeu de la démocratie française», rappelle Nacer Kettane.

Depuis le 16 janvier, tous les mardis à 18 heures, la radio organise un forum politique en collaboration avec le magazine *Témoignage chrétien*. Premier invité: François Hollande, porte-parole du Parti socialiste, qui, bien sûr, a évoqué la mémoire de François Mitterrand, tout en critiquant le bilan des huit premiers mois du gouvernement Chirac. Prochain invité, le 23 janvier: Jean-Claude Gaudin, maire de Marseille. Un débat animé en perspective. ◆

Armelle Cressard
*Le Monde*
Dimanche 21-Lundi 22 janvier 1996

## Compréhension

1. Pourquoi est-ce que c'est intéressant que cette station radiophonique soit «laïque et indépendante»?
2. Qui a fondé Beur FM? Quelle est la mission de la station? À quel public ses programmes sont-ils destinés?
3. Racontez la vie de Nacer Kettane depuis sa naissance en Algérie. Comment s'est-il mis «au service des exclus»?
4. Où est-ce que les programmes de Beur FM sont diffusés?

5. Donnez des exemples de rubriques offertes par la station. Est-ce qu'elles ressemblent aux radio-émissions traditionnelles? Commentez.

6. En invitant des représentants de divers partis à commenter l'élection en Algérie, pourquoi est-ce que Kettane a rappelé: «À condition que chacun accepte le jeu de la démocratie française»?

7. Trouvez-vous surprenant que Beur FM collabore avec un magazine chrétien? Justifiez votre réponse.

8. Est-ce qu'il existe des stations radiophoniques communautaires et indépendantes dans votre pays? Vous les écoutez de temps en temps? Qu'en pensez-vous?

## PAR ÉCRIT

FUNCTION:   Describing and hypothesizing

AUDIENCE:   Anonymous readers of a gossip column

GOAL:   Discuss the personal and professional life of a celebrity (either a real person, or someone of your own invention)

**Steps**

1. Choose a celebrity. Jot down information for a general description: his/her primary activity, the achievements that have made him/her famous.

2. Speculate about some aspects of the celebrity's life or career that may not be known to the public. Use such expressions as **je crois que, je ne crois pas que, il est sûr que, il n'est pas certain que, on doit, il se peut que, il est possible (impossible) que, il est probable que.**

3. Make some hypotheses about how your subject's career can be expected to develop in the near future, and what he/she will probably accomplish over the next few years.

4. Write three paragraphs that correspond with the information from steps 1–3.

5. Bring your draft to class and ask a classmate to comment on whether your column is clear and interesting.

6. Incorporate your classmate's suggestions, if warranted, into the second draft of your column. Examine it for spelling and grammar errors. Pay particular attention to the use of the subjunctive.

7. Be prepared to share your composition with other classmates or your instructor.

## À L'ÉCOUTE!

**Héritage français.** Jim Bonnet et Louis Lafleur ont de lointaines origines françaises. Ils racontent l'histoire de leur famille. Lisez les activités suivantes avant d'écouter le vocabulaire et les histoires qui leur correspondent.

VOCABULAIRE UTILE:

**les bayous** *bayous, swamps*
**leurs coutumes** *their customs, traditions*
**semblable** *similar*
**s'établir** *to settle*

**A.** Donnez les renseignements suivants.

|  | JIM | LOUIS |
|---|---|---|
| Nationalité | _____ | _____ |
| La région d'origine des ancêtres (en France) | _____ | _____ |
| Pays où les ancêtres sont allés | _____ | _____ |
| Lieu où ils se sont exilés après l'arrivée des Anglais | _____ | _____ |
| Résidence actuelle *(current)* | _____ | _____ |

**B. Vrai ou faux?** Corrigez les phrases fausses.

JIM

1. _____ Ses ancêtres étaient des Acadiens.
2. _____ Beaucoup d'Acadiens ont émigré en Louisiane.
3. _____ La famille de Jim parle français à la maison.
4. _____ Les Cajuns sont les descendants des Canadiens-Anglais.
5. _____ Jim va souvent en France.

LOUIS

6. _____ Ses ancêtres étaient des Français.
7. _____ Le territoire français au Canada est devenu anglais en 1713.
8. _____ Les Acadiens de Nouvelle-Angleterre sont retournés au Canada au XIX<sup>ème</sup> siècle.
9. _____ Chez Louis, personne ne parle français.
10. _____ Louis a fait ses études en France.

# Vocabulaire

## Verbes

**amener** to bring (*a person somewhere*)

**avoir du mal (à)** to have trouble, difficulty

**coloniser** to colonize

**découvrir** to discover

**se déguiser** to disguise oneself (to dress up in disguise)

**douter** to doubt

**fêter** to celebrate

**perfectionner** to perfect

À REVOIR: **s'amuser, augmenter, connaître, s'installer, se promener, rencontrer, voyager**

## Substantifs

**l'ancêtre** (*m., f.*) ancestor

**le bal masqué** masked ball

**le bonhomme de neige** snowman

**le Carnaval** Carnival

**le char** float (*parade*)

**le costume** costume

**le défilé** parade

**l'écrevisse** (*f.*) crayfish

**l'établissement** (*m.*) settlement

**la francophonie** French-speaking world

**le Mardi gras** Mardi Gras, Shrove Tuesday

**le mélange** mixture

**le québécois** Quebecois (*language*)

À REVOIR: **les arrière-grands-parents, la campagne**

## Noms géographiques

**l'Acadie** (*f.*) Acadia

**les Antilles** (*f.*) Antilles (Islands) (Caribbean Islands)

**la Guadeloupe** Guadeloupe

**Haïti** (*m.*) Haiti

**la Martinique** Martinique

**la mer des Caraïbes (la mer des Antilles)** Caribbean Sea

**Montréal** Montreal

**la Nouvelle-Écosse** Nova Scotia

**La Nouvelle-Orléans** New Orleans

**le Québec** Quebec (*province*)

**Québec** Quebec (*city*)

**les Rocheuses** (*f.*) the Rockies (Rocky Mountains)

**Terre-Neuve** (*f.*) Newfoundland

## Adjectifs

**acadien(ne)** Acadian, Cajun

**accueillant(e)** hospitable

**anglophone** English-speaking

**francophone** French-speaking

**marrant(e)** funny

**québécois(e)** of Quebec

## Adjectifs et pronoms indéfinis

**un(e) autre** another

**d'autres** other(s)

**l'autre/les autres** the others

**certain(e)** certain

**chacun(e)** each (one)

**chaque** each

**le/la même; les mêmes** the same one(s)

**plusieurs (de)** several

**quelques** (*adj.*) some, a few

**quelques-uns/unes** (*pron.*) some, a few

## Mots et expressions divers

**suivant** according to

# About the Authors

**Judith A. Muyskens** is Professor of French and Director of the University Honors Scholars Program at the University of Cincinnati. She also teaches courses in methodology and French language and supervises the teaching assistants. She has contributed to various professional publications, including *The Modern Language Journal, Foreign Language Annals,* and the *ACTFL Foreign Language Education Series.* Her research interests include the teaching of second language literatures and the training of teaching assistants. She is coauthor of several other French textbooks, including *Vis-à-vis,* and *À vous d'écrire.* She is currently co-director of the University of Cincinnati's Language Mission project, a national program sponsored by the American Association of Colleges and Universities and the National Foreign Language Center at Johns Hopkins University and funded by the Henry Luce Foundation.

**Alice C. Omaggio Hadley,** Ph.D., Ohio State University, is Professor of French at the University of Illinois at Urbana-Champaign, where she is Director of Basic Language Instruction. She supervises teaching assistants and is responsible for the curriculum development, testing, and administration of the first and second year basic language program. She is coauthor of the college French texts *Bonjour, ça va?* and *Kaléidoscope* and is author of a language teaching methods text, *Teaching Language in Context,* now in its second edition. Her publications have appeared in various professional journals and she has given numerous workshops throughout the country.

# Appendices

# Appendix A

## The *passé simple*

1. The **passé simple** is a past tense often used in printed narrative material. It is not a conversational tense. Verbs that would be used in the **passé composé** in informal speech or writing are in the **passé simple** in formal writing. You may want to learn to recognize the forms of the **passé simple** for reading purposes. The **passé simple** of regular -**er** verbs is formed by adding the endings -**ai, -as, -a, âmes, -âtes,** and -**èrent** to the verb stem. The endings for -**ir** and -**re** verbs are: -**is, -is, -it, -îmes, -îtes,** and -**irent.**

|  | parler | finir | perdre |
|---|---|---|---|
| je | parlai | finis | perdis |
| tu | parlas | finis | perdis |
| il, elle, on | parla | finit | perdit |
| nous | parlâmes | finîmes | perdîmes |
| vous | parlâtes | finîtes | perdîtes |
| ils, elles | parlèrent | finirent | perdirent |

2. Here are the third-person forms (**il, elle, on; ils, elles**) of some verbs that are irregular in the **passé simple.** The rest can be found in Appendix D.

| INFINITIVE | PASSÉ SIMPLE |
|---|---|
| avoir | il eut, ils eurent |
| dire | il dit, ils dirent |
| être | il fut, ils furent |
| faire | il fit, ils firent |

# Other Perfect Verb Constructions

In addition to the **passé composé,** French has several other perfect verb forms (conjugated forms of **avoir** or **être** + the past participle of a verb). Following are the most common perfect constructions.

## The Pluperfect

The pluperfect tense (also called the past perfect) is formed with the imperfect of the auxiliary verb (**avoir** or **être**) + the past participle of the main verb.

|  | parler | sortir | se réveiller |
|---|---|---|---|
| je/j' | avais parlé | étais sorti(e) | m'étais réveillé(e) |
| tu | avais parlé | étais sorti(e) | t'étais réveillé(e) |
| il, elle, on | avait parlé | était sorti(e) | s'était réveillé(e) |
| nous | avions parlé | étions sorti(e)s | nous étions réveillé(e)s |
| vous | aviez parlé | étiez sorti(e)(s) | vous étiez réveillé(e)(s) |
| ils, elles | avaient parlé | étaient sorti(e)s | s'étaient réveillé(e)s |

The pluperfect is used to indicate an action or event that occurred before another past action or event, either stated or implied: *I had already left for the country (when my friends arrived in Paris).*

Quand j'ai téléphoné aux Dupont, ils **avaient** déjà **décidé** d'acheter la ferme.

*When I phoned the Duponts, they had already decided to buy the farm.*

Marie s'**était réveillée** avant moi. Elle **était** déjà **sortie** à sept heures.

*Marie had awakened before me. She had already left by seven o'clock.*

# The Future Perfect

The future perfect is formed with the future of the auxiliary verb (**avoir** or **être**) + the past participle of the main verb.

|  | parler | sortir | se réveiller |
|---|---|---|---|
| je/j' | aurai parlé | serai sorti(e) | me serai réveillé(e) |
| tu | auras parlé | seras sorti(e) | te seras réveillé(e) |
| il, elle, on | aura parlé | sera sorti(e) | se sera réveillé(e) |
| nous | aurons parlé | serons sorti(e)s | nous serons réveillé(e)s |
| vous | aurez parlé | serez sorti(e)(s) | vous serez réveillé(e)(s) |
| ils, elles | auront parlé | seront sorti(e)s | se seront réveillé(e)s |

The future perfect can be used to express a future action that will already have taken place when another future action occurs. The subsequent action is always expressed by the simple future.

| | |
|---|---|
| Je publierai mes résultats quand j'**aurai terminé** cette expérience. | *I'll publish the results when I've finished this experiment.* |
| Aussitôt que mes collègues **seront revenus**, ils liront mon rapport. | *As soon as my colleagues have returned, they'll read my report.* |

# The Past Conditional

The past conditional (or conditional perfect) is formed with the conditional of the auxiliary verb (**avoir** or **être**) + the past participle of the main verb.

|  | parler | sortir | se réveiller |
|---|---|---|---|
| je/j' | aurais parlé | serais sorti(e) | me serais réveillé(e) |
| tu | aurais parlé | serais sorti(e) | te serais réveillé(e) |
| il, elle, on | aurait parlé | serait sorti(e) | se serait réveillé(e) |
| nous | aurions parlé | serions sorti(e)s | nous serions réveillé(e)s |
| vous | auriez parlé | seriez sorti(e)(s) | vous seriez réveillé(e)(s) |
| ils, elles | auraient parlé | seraient sorti(e)s | se seraient réveillé(e)s |

The past conditional is used to express an action or event that would have occurred if some set of conditions (stated or implied) had been present: *We would have worried (if we had known).*

**USES OF THE PAST CONDITIONAL**    The past conditional is used in the main clause of an *if*-clause sentence when the verb of the *if*-clause is in the pluperfect.

| | |
|---|---|
| Si j'**avais eu** le temps, j'**aurais visité** Nîmes. | *If I had had the time, I would have visited Nîmes.* |
| Si les Normands n'**avaient** pas **conquis** l'Angleterre en 1066, l'anglais **aurait été** une langue très différente. | *If the Normans had not conquered England in 1066, English would have been a very different language.* |

The underlying set of conditions (the *if*-clause) is sometimes not stated.

| | |
|---|---|
| À ta place, j'**aurais parlé** au guide. | *In your place, I would have spoken to the guide.* |
| Nous **serions allés** au lac. | *We would have gone to the lake.* |

**THE PAST CONDITIONAL OF *DEVOIR***    The past conditional of **devoir** means *should have* or *ought to have.* It expresses regret about something that did not take place in the past.

| | |
|---|---|
| J'**aurais dû prendre** l'autre chemin. | *I should have taken the other road.* |
| Nous **aurions dû acheter** un plan. | *We should have bought a map.* |

## The Past Subjunctive

The past subjunctive is formed with the present subjunctive of the auxiliary verb (**avoir** or **être**) + the past participle of the main verb.

| | PAST SUBJUNCTIVE OF **parler** | PAST SUBJUNCTIVE OF **venir** |
|---|---|---|
| que je/j' | **aie parlé** | **sois venu(e)** |
| que tu | **aies parlé** | **sois venu(e)** |
| qu'il, elle, on | **ait parlé** | **soit venu(e)** |
| que nous | **ayons parlé** | **soyons venu(e)s** |
| que vous | **ayez parlé** | **soyez venu(e)(s)** |
| qu'ils, elles | **aient parlé** | **soient venu(e)s** |

| | |
|---|---|
| Je suis content que tu **aies parlé** avec Claudette. | *I'm glad you've spoken with Claudette.* |
| Il est dommage qu'elle ne **soit** pas encore **venue.** | *It's too bad that she hasn't come yet.* |

The past subjunctive is used under the same circumstances as the present subjunctive except that it indicates that the action or situation described in the dependent clause occurred *before* the action or situation described in the main clause. Compare these sentences:

| | |
|---|---|
| Je suis content que tu **viennes.** | *I'm happy that you are coming.* |
| Je suis content que tu **sois venu(e).** | *I'm happy that you came.* |
| Je doute qu'ils le **comprennent.** | *I doubt that they understand it.* |
| Je doute qu'ils l'**aient compris.** | *I doubt that they have understood it.* |

# Appendix C

## Pronouns

### Demonstrative Pronouns

Demonstrative pronouns such as *this one, that one,* refer to a person, thing, or idea that has been mentioned previously. In French, they agree in gender and number with the nouns they replace.

| | | singular | | plural |
|---|---|---|---|---|
| Masculine | **celui** | this one, that one, the one | **ceux** | these, those, the ones |
| Feminine | **celle** | this one, that one, the one | **celles** | these, those, the ones |

French demonstrative pronouns cannot stand alone. They must be used in one of the following ways:

1. with the suffix **-ci** (to indicate someone or something located close to the speaker) or **-là** (for someone or something more distant from the speaker)

    Voici deux affiches. Préférez-vous **celle-ci** ou **celle-là**?

    *Here are two posters. Do you prefer this one or that one?*

2. followed by a prepositional phrase (often a construction with **de**)

    Quelle époque t'intéresse? **Celle** du moyen âge ou **celle** de la Renaissance?

    *Which period interests you? That of the Middle Ages or that of the Renaissance?*

3. followed by a dependent clause introduced by a relative pronoun

    On trouve des villages anciens dans plusieurs parcs: **ceux** qui sont dans le Parc de la Brière sont en ruine; **ceux** qui sont dans les parcs de la Lorraine et du Morvan ont été restaurés.

    *One finds very old villages in several parks: Those that are in Brière Park are in ruins; those that are in the Lorraine and Morvan parks have been restored.*

**INDEFINITE DEMONSTRATIVE PRONOUNS**   **Ceci** (*this*), **cela** (*that*), and **ça** (*that,* informal) are indefinite demonstrative pronouns; they refer to an idea or thing with no definite antecedent. They do not show gender or number.

**Cela (Ça)** n'est pas important.
Regarde **ceci** de près.
Qu'est-ce que c'est que **ça**?

*That's not important.*
*Look closely at this.*
*What's that?*

# Relative Pronouns

## A. *Ce qui* and *ce que*

**Ce qui** and **ce que** are indefinite relative pronouns similar in meaning to **la chose qui (que)** or **les choses qui (que).** They refer to an idea or a subject that is unspecified and has neither gender nor number, often expressed as *what.*

| | |
|---|---|
| —Dites-moi **ce qui** est arrivé au touriste américain. | *Tell me what happened to the American tourist.* |
| —Je ne sais pas **ce qui** lui est arrivé. | *I don't know what happened to him.* |
| —Dites-moi **ce que** vous avez fait à Pointe-à-Pitre. | *Tell me what you did in Pointe-à-Pitre.* |
| —Je n'ai pas le temps de vous dire tout **ce qu'**on a fait. | *I don't have time to tell you everything we did.* |

## B. *Lequel*

**Lequel (laquelle, lesquels, lesquelles)** is the relative pronoun used as an object of a preposition to refer to things and people. **Lequel** and its forms contract with **à** and **de.**

| | |
|---|---|
| Où est l'agence de voyages **devant laquelle** il attend? | *Where is the travel agency in front of which he's waiting?* |
| L'hôtel **auquel** j'écris est à la Guadeloupe. | *The hotel to which I am writing is in Guadeloupe.* |
| Ce sont des gens **parmi lesquels** je me sens bien. | *They're people among whom I feel comfortable.* |

# Possessive Pronouns

Possessive pronouns replace nouns that are modified by a possessive adjective or other possessive construction. In English, the possessive pronouns are *mine, yours, his, hers, its, ours,* and *theirs.* In French, the appropriate definite article is always used with the possessive pronoun.

| | SINGULAR | | PLURAL | |
|---|---|---|---|---|
| | *Masculine* | *Feminine* | *Masculine* | *Feminine* |
| *mine* | le mien | la mienne | les miens | les miennes |
| *yours* | le tien | la tienne | les tiens | les tiennes |
| *his/hers/its* | le sien | la sienne | les siens | les siennes |
| *ours* | le nôtre | la nôtre | les nôtres | |
| *yours* | le vôtre | la vôtre | les vôtres | |
| *theirs* | le leur | la leur | les leurs | |

| POSSESSIVE CONSTRUCTION + NOUN | | POSSESSIVE PRONOUN |
|---|---|---|
| Où sont **leurs bagages**? | → | **Les leurs** sont ici. |
| C'est **mon frère** là-bas. | → | Ah oui? C'est **le mien** à côté de lui. |
| La **voiture de Frédérique** est plus rapide que **ma voiture.** | → | Ah oui? **La sienne** est aussi plus rapide que **la mienne.** |

# Verb Charts[1]

| VERB | INDICATIVE | | | |
|---|---|---|---|---|
| | present | passé composé | imperfect | pluperfect |

## 1. Auxiliary verbs

| **avoir** | ai | ai eu | avais | avais eu |
|---|---|---|---|---|
| *(to have)* | as | as eu | avais | avais eu |
| ayant | a | a eu | avait | avait eu |
| eu | avons | avons eu | avions | avions eu |
| | avez | avez eu | aviez | aviez eu |
| | ont | ont eu | avaient | avaient eu |
| | | | | |
| **être** | suis | ai été | étais | avais été |
| *(to be)* | es | as été | étais | avais été |
| étant | est | a été | était | avait été |
| été | sommes | avons été | étions | avions été |
| | êtes | avez été | étiez | aviez été |
| | sont | ont été | étaient | avaient été |

## 2. Regular verbs

| **-er** verbs | parle | ai parlé | parlais | avais parlé |
|---|---|---|---|---|
| **parler** | parles | as parlé | parlais | avais parlé |
| *(to speak)* | parle | a parlé | parlait | avait parlé |
| parlant | parlons | avons parlé | parlions | avions parlé |
| parlé | parlez | avez parlé | parliez | aviez parlé |
| | parlent | ont parlé | parlaient | avaient parlé |
| | | | | |
| **-ir** verbs | finis | ai fini | finissais | avais fini |
| **finir** | finis | as fini | finissais | avais fini |
| *(to finish)* | finit | a fini | finissait | avait fini |
| finissant | finissons | avons fini | finissions | avions fini |
| fini | finissez | avez fini | finissiez | aviez fini |
| | finissent | ont fini | finissaient | avaient fini |

[1]The left-hand column of each chart contains the infinitive, the present participle, and the past participle of each verb. Conjugated verbs are shown without subject pronouns.

| passé simple | future | CONDITIONAL present | past | SUBJUNCTIVE present | IMPERATIVE |
|---|---|---|---|---|---|
| eus | aurai | aurais | aurais eu | aie | |
| eus | auras | aurais | aurais eu | aies | aie |
| eut | aura | aurait | aurait eu | ait | |
| eûmes | aurons | aurions | aurions eu | ayons | ayons |
| eûtes | aurez | auriez | auriez eu | ayez | ayez |
| eurent | auront | auraient | auraient eu | aient | |
| | | | | | |
| fus | serai | serais | aurais été | sois | |
| fus | seras | serais | aurais été | sois | sois |
| fut | sera | serait | aurait été | soit | |
| fûmes | serons | serions | aurions été | soyons | soyons |
| fûtes | serez | seriez | auriez été | soyez | soyez |
| furent | seront | seraient | auraient été | soient | |
| | | | | | |
| parlai | parlerai | parlerais | aurais parlé | parle | |
| parlas | parleras | parlerais | aurais parlé | parles | parle |
| parla | parlera | parlerait | aurait parlé | parle | |
| parlâmes | parlerons | parlerions | aurions parlé | parlions | parlons |
| parlâtes | parlerez | parleriez | auriez parlé | parliez | parlez |
| parlèrent | parleront | parleraient | auraient parlé | parlent | |
| | | | | | |
| finis | finirai | finirais | aurais fini | finisse | |
| finis | finiras | finirais | aurais fini | finisses | finis |
| finit | finira | finirait | aurait fini | finisse | |
| finîmes | finirons | finirions | aurions fini | finissions | finissons |
| finîtes | finirez | finiriez | auriez fini | finissiez | finissez |
| finirent | finiront | finiraient | auraient fini | finissent | |

| VERB | INDICATIVE present | passé composé | imperfect | pluperfect |
|------|------|------|------|------|
| -re verbs | perds | ai perdu | perdais | avais perdu |
| **perdre** | perds | as perdu | perdais | avais perdu |
| *(to lose)* | perd | a perdu | perdait | avait perdu |
| perdant | perdons | avons perdu | perdions | avions perdu |
| perdu | perdez | avez perdu | perdiez | aviez perdu |
| | perdent | ont perdu | perdaient | avaient perdu |

## 3. Intransitive verbs conjugated with *être*[2]

| VERB | INDICATIVE present | passé composé | imperfect | pluperfect |
|------|------|------|------|------|
| **entrer** | entre | suis entré(e) | entrais | étais entré(e) |
| *(to enter)* | entres | es entré(e) | entrais | étais entré(e) |
| entrant | entre | est entré(e) | entrait | était entré(e) |
| entré | entrons | sommes entré(e)s | entrions | étions entré(e)s |
| | entrez | êtes entré(e)(s) | entriez | étiez entré(e)(s) |
| | entrent | sont entré(e)s | entraient | étaient entré(e)s |

## 4. Pronominal verbs

| VERB | INDICATIVE present | passé composé | imperfect | pluperfect |
|------|------|------|------|------|
| **se laver** | me lave | me suis lavé(e) | me lavais | m'étais lavé(e) |
| *(to wash* | te laves | t'es lavé(e) | te lavais | t'étais lavé(e) |
| *oneself)* | se lave | s'est lavé(e) | se lavait | s'était lavé(e) |
| se lavant | nous lavons | nous sommes lavé(e)s | nous lavions | nous étions lavé(e)s |
| lavé | vous lavez | vous êtes lavé(e)(s) | vous laviez | vous étiez lavé(e)(s) |
| | se lavent | se sont lavé(e)s | se lavaient | s'étaient lavé(e)s |

## 5. Irregular verbs[3]

| VERB | INDICATIVE present | passé composé | imperfect | pluperfect |
|------|------|------|------|------|
| **aller** | vais | suis allé(e) | allais | |
| *(to go)* | vas | es allé(e) | allais | |
| allant | va | est allé(e) | allait | |
| allé | allons | sommes allé(e)s | allions | |
| | allez | êtes allé(e)(s) | alliez | |
| | vont | sont allé(e)s | allaient | |

[2]Other intransitive verbs conjugated with **être** in compound tenses are **aller, arriver, descendre, devenir, monter, mourir, naître, partir (repartir), passer, rentrer, rester, retourner, revenir, sortir, tomber,** and **venir.** Note that **descendre, monter, passer, retourner,** and **sortir** may sometimes be used as transitive verbs (i.e., with a direct object), in which case they are conjugated with **avoir** in compound tenses.

[3]Note that the pluperfect and past conditional forms are not listed in this appendix for irregular verbs.

| passé simple | future | CONDITIONAL present | past | SUBJUNCTIVE present | IMPERATIVE |
|---|---|---|---|---|---|
| perdis | perdrai | perdrais | aurais perdu | perde | |
| perdis | perdras | perdrais | aurais perdu | perdes | perds |
| perdit | perdra | perdrait | aurait perdu | perde | |
| perdîmes | perdrons | perdrions | aurions perdu | perdions | perdons |
| perdîtes | perdrez | perdriez | auriez perdu | perdiez | perdez |
| perdirent | perdront | perdraient | auraient perdu | perdent | |
| | | | | | |
| entrai | entrerai | entrerais | serais entré(e) | entre | |
| entras | entreras | entrerais | serais entré(e) | entres | entre |
| entra | entrera | entrerait | serait entré(e) | entre | |
| entrâmes | entrerons | entrerions | serions entré(e)s | entrions | entrons |
| entrâtes | entrerez | entreriez | seriez entré(e)(s) | entriez | entrez |
| entrèrent | entreront | entreraient | seraient entré(e)s | entrent | |
| | | | | | |
| me lavai | me laverai | me laverais | me serais lavé(e) | me lave | |
| te lavas | te laveras | te laverais | te serais lavé(e) | te laves | lave-toi |
| se lava | se lavera | se laverait | se serait lavé(e) | se lave | |
| nous lavâmes | nous laverons | nous laverions | nous serions lavé(e)s | nous lavions | lavons-nous |
| vous lavâtes | vous laverez | vous laveriez | vous seriez lavé(e)(s) | vous laviez | lavez-vous |
| se lavèrent | se laveront | se laveraient | se seraient lavé(e)s | se lavent | |
| | | | | | |
| allai | irai | irais | | aille | |
| allas | iras | irais | | ailles | va |
| alla | ira | irait | | aille | |
| allâmes | irons | irions | | allions | allons |
| allâtes | irez | iriez | | alliez | allez |
| allèrent | iront | iraient | | aillent | |

| VERB | INDICATIVE present | passé composé | imperfect |
|---|---|---|---|
| **asseoir**[4] *(to seat)* asseyant assis | assieds assieds assied asseyons asseyez asseyent | ai assis as assis a assis avons assis avez assis ont assis | asseyais asseyais asseyait asseyions asseyiez asseyaient |
| **battre** *(to beat)* battant battu | bats bats bat battons battez battent | ai battu as battu a battu avons battu avez battu ont battu | battais battais battait battions battiez battaient |
| **boire** *(to drink)* buvant bu | bois bois boit buvons buvez boivent | ai bu as bu a bu avons bu avez bu ont bu | buvais buvais buvait buvions buviez buvaient |
| **conduire** *(to lead; to drive)* conduisant conduit | conduis conduis conduit conduisons conduisez conduisent | ai conduit as conduit a conduit avons conduit avez conduit ont conduit | conduisais conduisais conduisait conduisions conduisiez conduisaient |
| **connaître** *(to be acquainted)* connaissant connu | connais connais connaît connaissons connaissez connaissent | ai connu as connu a connu avons connu avez connu ont connu | connaissais connaissais connaissait connaissions connaissiez connaissaient |
| **courir** *(to run)* courant couru | cours cours court courons courez courent | ai couru as couru a couru avons couru avez couru ont couru | courais courais courait courions couriez couraient |

[4]**S'asseoir** (pronominal form of **asseoir**) means *to be seated* or *to take a seat*. The imperative forms of **s'asseoir** are **assieds-toi, asseyons-nous,** and **asseyez-vous.**

| passé simple | future | CONDITIONAL present | SUBJUNCTIVE present | IMPERATIVE |
|---|---|---|---|---|
| assis | assiérai | assiérais | asseye | |
| assis | assiéras | assiérais | asseyes | assieds |
| assit | assiéra | assiérait | asseye | |
| assîmes | assiérons | assiérions | asseyions | asseyons |
| assîtes | assiérez | assiériez | asseyiez | asseyez |
| assirent | assiéront | assiéraient | asseyent | |
| | | | | |
| battis | battrai | battrais | batte | |
| battis | battras | battrais | battes | bats |
| battit | battra | battrait | batte | |
| battîmes | battrons | battrions | battions | battons |
| battîtes | battrez | battriez | battiez | battez |
| battirent | battront | battraient | battent | |
| | | | | |
| bus | boirai | boirais | boive | |
| bus | boiras | boirais | boives | bois |
| but | boira | boirait | boive | |
| bûmes | boirons | boirions | buvions | buvons |
| bûtes | boirez | boiriez | buviez | buvez |
| burent | boiront | boiraient | boivent | |
| | | | | |
| conduisis | conduirai | conduirais | conduise | |
| conduisis | conduiras | conduirais | conduises | conduis |
| conduisit | conduira | conduirait | conduise | |
| conduisîmes | conduirons | conduirions | conduisions | conduisons |
| conduisîtes | conduirez | conduiriez | conduisiez | conduisez |
| conduisirent | conduiront | conduiraient | conduisent | |
| | | | | |
| connus | connaîtrai | connaîtrais | connaisse | |
| connus | connaîtras | connaîtrais | connaisses | connais |
| connut | connaîtra | connaîtrait | connaisse | |
| connûmes | connaîtrons | connaîtrions | connaissions | connaissons |
| connûtes | connaîtrez | connaîtriez | connaissiez | connaissez |
| connurent | connaîtront | connaîtraient | connaissent | |
| | | | | |
| courus | courrai | courrais | coure | |
| courus | courras | courrais | coures | cours |
| courut | courra | courrait | coure | |
| courûmes | courrons | courrions | courions | courons |
| courûtes | courrez | courriez | couriez | courez |
| coururent | courront | courraient | courent | |

| VERB | INDICATIVE present | passé composé | imperfect |
|---|---|---|---|
| **craindre** | crains | ai craint | craignais |
| (to fear) | crains | as craint | craignais |
| craignant | craint | a craint | craignait |
| craint | craignons | avons craint | craignions |
| | craignez | avez craint | craigniez |
| | craignent | ont craint | craignaient |
| **croire** | crois | ai cru | croyais |
| (to believe) | crois | as cru | croyais |
| croyant | croit | a cru | croyait |
| cru | croyons | avons cru | croyions |
| | croyez | avez cru | croyiez |
| | croient | ont cru | croyaient |
| **devoir** | dois | ai dû | devais |
| (to have to; | dois | as dû | devais |
| to owe) | doit | a dû | devait |
| devant | devons | avons dû | devions |
| dû | devez | avez dû | deviez |
| | doivent | ont dû | devaient |
| **dire**[5] | dis | ai dit | disais |
| (to say; | dis | as dit | disais |
| to tell) | dit | a dit | disait |
| disant | disons | avons dit | disions |
| dit | dites | avez dit | disiez |
| | disent | ont dit | disaient |
| **dormir**[6] | dors | ai dormi | dormais |
| (to sleep) | dors | as dormi | dormais |
| dormant | dort | a dormi | dormait |
| dormi | dormons | avons dormi | dormions |
| | dormez | avez dormi | dormiez |
| | dorment | ont dormi | dormaient |

[5]Verbs like **dire: contredire (vous contredisez), interdire (vous interdisez), prédire (vous prédisez)**
[6]Verbs like **dormir: mentir, partir, sentir, servir, sortir. (Partir, repartir,** and **sortir** are conjugated with **être.)**

| passé simple | future | CONDITIONAL present | SUBJUNCTIVE present | IMPERATIVE |
|---|---|---|---|---|
| craignis | craindrai | craindrais | craigne | |
| craignis | craindras | craindrais | craignes | crains |
| craignit | craindra | craindrait | craigne | |
| craignîmes | craindrons | craindrions | craignions | craignons |
| craignîtes | craindrez | craindriez | craigniez | craignez |
| craignirent | craindront | craindraient | craignent | |
| | | | | |
| crus | croirai | croirais | croie | |
| crus | croiras | croirais | croies | crois |
| crut | croira | croirait | croie | |
| crûmes | croirons | croirions | croyions | croyons |
| crûtes | croirez | croiriez | croyiez | croyez |
| crurent | croiront | croiraient | croient | |
| | | | | |
| dus | devrai | devrais | doive | |
| dus | devras | devrais | doives | dois |
| dut | devra | devrait | doive | |
| dûmes | devrons | devrions | devions | devons |
| dûtes | devrez | devriez | deviez | devez |
| durent | devront | devraient | doivent | |
| | | | | |
| dis | dirai | dirais | dise | |
| dis | diras | dirais | dises | dis |
| dit | dira | dirait | dise | |
| dîmes | dirons | dirions | disions | disons |
| dîtes | direz | diriez | disiez | dites |
| dirent | diront | diraient | disent | |
| | | | | |
| dormis | dormirai | dormirais | dorme | |
| dormis | dormiras | dormirais | dormes | dors |
| dormit | dormira | dormirait | dorme | |
| dormîmes | dormirons | dormirions | dormions | dormons |
| dormîtes | dormirez | dormiriez | dormiez | dormez |
| dormirent | dormiront | dormiraient | dorment | |

| VERB | INDICATIVE present | passé composé | imperfect |
|---|---|---|---|
| **écrire**[7] | écris | ai écrit | écrivais |
| (to write) | écris | as écrit | écrivais |
| écrivant | écrit | a écrit | écrivait |
| écrit | écrivons | avons écrit | écrivions |
| | écrivez | avez écrit | écriviez |
| | écrivent | ont écrit | écrivaient |
| **envoyer** | envoie | ai envoyé | envoyais |
| (to send) | envoies | as envoyé | envoyais |
| envoyant | envoie | a envoyé | envoyait |
| envoyé | envoyons | avons envoyé | envoyions |
| | envoyez | avez envoyé | envoyiez |
| | envoient | ont envoyé | envoyaient |
| **faire** | fais | ai fait | faisais |
| (to do; | fais | as fait | faisais |
| to make) | fait | a fait | faisait |
| faisant | faisons | avons fait | faisions |
| fait | faites | avez fait | faisiez |
| | font | ont fait | faisaient |
| **falloir** | il faut | il a fallu | il fallait |
| (to be | | | |
| necessary) | | | |
| fallu | | | |
| **lire**[8] | lis | ai lu | lisais |
| (to read) | lis | as lu | lisais |
| lisant | lit | a lu | lisait |
| lu | lisons | avons lu | lisions |
| | lisez | avez lu | lisiez |
| | lisent | ont lu | lisaient |
| **mettre**[9] | mets | ai mis | mettais |
| (to put) | mets | as mis | mettais |
| mettant | met | a mis | mettait |
| mis | mettons | avons mis | mettions |
| | mettez | avez mis | mettiez |
| | mettent | ont mis | mettaient |

[7]Verbs like **ecrire**: décrire
[8]Verbs like **lire**: élire, relire
[9]Verbs like **mettre**: permettre, promettre, remettre

| passé simple | future | CONDITIONAL present | SUBJUNCTIVE present | IMPERATIVE |
|---|---|---|---|---|
| écrivis | écrirai | écrirais | écrive | |
| écrivis | écriras | écrirais | écrives | écris |
| écrivit | écrira | écrirait | écrive | |
| écrivîmes | écrirons | écririons | écrivions | écrivons |
| écrivîtes | écrirez | écririez | écriviez | écrivez |
| écrivirent | écriront | écriraient | écrivent | |
| | | | | |
| envoyai | enverrai | enverrais | envoie | |
| envoyas | enverras | enverrais | envoies | envoie |
| envoya | enverra | enverrait | envoie | |
| envoyâmes | enverrons | enverrions | envoyions | envoyons |
| envoyâtes | enverrez | enverriez | envoyiez | envoyez |
| envoyèrent | enverront | enverraient | envoient | |
| | | | | |
| fis | ferai | ferais | fasse | |
| fis | feras | ferais | fasses | fais |
| fit | fera | ferait | fasse | |
| fîmes | ferons | ferions | fassions | faisons |
| fîtes | ferez | feriez | fassiez | faites |
| firent | feront | feraient | fassent | |
| | | | | |
| il fallut | il faudra | il faudrait | il faille | |
| | | | | |
| lus | lirai | lirais | lise | |
| lus | liras | lirais | lises | lis |
| lut | lira | lirait | lise | |
| lûmes | lirons | lirions | lisions | lisons |
| lûtes | lirez | liriez | lisiez | lisez |
| lurent | liront | liraient | lisent | |
| | | | | |
| mis | mettrai | mettrais | mette | |
| mis | mettras | mettrais | mettes | mets |
| mit | mettra | mettrait | mette | |
| mîmes | mettrons | mettrions | mettions | mettons |
| mîtes | mettrez | mettriez | mettiez | mettez |
| mirent | mettront | mettraient | mettent | |

| VERB | INDICATIVE present | passé composé | imperfect |
|---|---|---|---|
| **mourir** | meurs | suis mort(e) | mourais |
| (to die) | meurs | es mort(e) | mourais |
| mourant | meurt | est mort(e) | mourait |
| mort | mourons | sommes mort(e)s | mourions |
| | mourez | êtes mort(e)(s) | mouriez |
| | meurent | sont mort(e)s | mouraient |
| **naître** | nais | suis né(e) | naissais |
| (to be born) | nais | es né(e) | naissais |
| naissant | naît | est né(e) | naissait |
| né | naissons | sommes né(e)s | naissions |
| | naissez | êtes né(e)(s) | naissiez |
| | naissent | sont né(e)s | naissaient |
| **ouvrir**[10] | ouvre | ai ouvert | ouvrais |
| (to open) | ouvres | as ouvert | ouvrais |
| ouvrant | ouvre | a ouvert | ouvrait |
| ouvert | ouvrons | avons ouvert | ouvrions |
| | ouvrez | avez ouvert | ouvriez |
| | ouvrent | ont ouvert | ouvraient |
| **plaire** | plais | ai plu | plaisais |
| (to please) | plais | as plu | plaisais |
| plaisant | plaît | a plu | plaisait |
| plu | plaisons | avons plu | plaisions |
| | plaisez | avez plu | plaisiez |
| | plaisent | ont plu | plaisaient |
| **pleuvoir** | il pleut | il a plu | il pleuvait |
| (to rain) | | | |
| pouvant | | | |
| plu | | | |

[10]Verbs like **ouvrir: couvrir, découvrir, offrir, souffrir**

| passé simple | future | CONDITIONAL present | SUBJUNCTIVE present | IMPERATIVE |
|---|---|---|---|---|
| mourus | mourrai | mourrais | meure | |
| mourus | mourras | mourrais | meures | meurs |
| mourut | mourra | mourrait | meure | |
| mourûmes | mourrons | mourrions | mourions | mourons |
| mourûtes | mourrez | mourriez | mouriez | mourez |
| moururent | mourront | mourraient | meurent | |
| | | | | |
| naquis | naîtrai | naîtrais | naisse | |
| naquis | naîtras | naîtrais | naisses | nais |
| naquit | naîtra | naîtrait | naisse | |
| naquîmes | naîtrons | naîtrions | naissions | naissons |
| naquîtes | naîtrez | naîtriez | naissiez | naissez |
| naquirent | naîtront | naîtraient | naissent | |
| | | | | |
| ouvris | ouvrirai | ouvrirais | ouvre | |
| ouvris | ouvriras | ouvrirais | ouvres | ouvre |
| ouvrit | ouvrira | ouvrirait | ouvre | |
| ouvrîmes | ouvrirons | ouvririons | ouvrions | ouvrons |
| ouvrîtes | ouvrirez | ouvririez | ouvriez | ouvrez |
| ouvrirent | ouvriront | ouvriraient | ouvrent | |
| | | | | |
| plus | plairai | plairais | plaise | |
| plus | plairas | plairais | plaises | plais |
| plut | plaira | plairait | plaise | |
| plûmes | plairons | plairions | plaisions | plaisons |
| plûtes | plairez | plairiez | plaisiez | plaisez |
| plurent | plairont | plairaient | plaisent | |
| | | | | |
| il plut | il pleuvra | il pleuvrait | il pleuve | |

| VERB | INDICATIVE present | passé composé | imperfect |
|---|---|---|---|
| **pouvoir** | peux, puis | ai pu | pouvais |
| (to be able) | peux | as pu | pouvais |
| pouvant | peut | a pu | pouvait |
| pu | pouvons | avons pu | pouvions |
| | pouvez | avez pu | pouviez |
| | peuvent | ont pu | pouvaient |
| **prendre**[11] | prends | ai pris | prenais |
| (to take) | prends | as pris | prenais |
| prenant | prend | a pris | prenait |
| pris | prenons | avons pris | prenions |
| | prenez | avez pris | preniez |
| | prennent | ont pris | prenaient |
| **recevoir**[12] | reçois | ai reçu | recevais |
| (to receive) | reçois | as reçu | recevais |
| recevant | reçoit | a reçu | recevait |
| reçu | recevons | avons reçu | recevions |
| | recevez | avez reçu | receviez |
| | reçoivent | ont reçu | recevaient |
| **rire** | ris | ai ri | riais |
| (to laugh) | ris | as ri | riais |
| riant | rit | a ri | riait |
| ri | rions | avons ri | riions |
| | riez | avez ri | riiez |
| | rient | ont ri | riaient |
| **savoir** | sais | ai su | savais |
| (to know) | sais | as su | savais |
| sachant | sait | a su | savait |
| su | savons | avons su | savions |
| | savez | avez su | saviez |
| | savent | ont su | savaient |

[11]Verbs like **prendre: apprendre, comprendre, surprendre**
[12]Verbs like **recevoir: apercevoir, s'apercevoir de, décevoir**

| passé simple | future | CONDITIONAL present | SUBJUNCTIVE present | IMPERATIVE |
|---|---|---|---|---|
| pus | pourrai | pourrais | puisse | |
| pus | pourras | pourrais | puisses | |
| put | pourra | pourrait | puisse | |
| pûmes | pourrons | pourrions | puissions | |
| pûtes | pourrez | pourriez | puissiez | |
| purent | pourront | pourraient | puissent | |
| | | | | |
| pris | prendrai | prendrais | prenne | |
| pris | prendras | prendrais | prennes | prends |
| prit | prendra | prendrait | prenne | |
| prîmes | prendrons | prendrions | prenions | prenons |
| prîtes | prendrez | prendriez | preniez | prenez |
| prirent | prendront | prendraient | prennent | |
| | | | | |
| reçus | recevrai | recevrais | reçoive | |
| reçus | recevras | recevrais | reçoives | reçois |
| reçut | recevra | recevrait | reçoive | |
| reçûmes | recevrons | recevrions | recevions | recevons |
| reçûtes | recevrez | recevriez | receviez | recevez |
| reçurent | recevront | recevraient | reçoivent | |
| | | | | |
| ris | rirai | rirais | rie | |
| ris | riras | rirais | ries | ris |
| rit | rira | rirait | rie | |
| rîmes | rirons | ririons | riions | rions |
| rîtes | rirez | ririez | riiez | riez |
| rirent | riront | riraient | rient | |
| | | | | |
| sus | saurai | saurais | sache | |
| sus | sauras | saurais | saches | sache |
| sut | saura | saurait | sache | |
| sûmes | saurons | saurions | sachions | sachons |
| sûtes | saurez | sauriez | sachiez | sachez |
| surent | sauront | sauraient | sachent | |

| VERB | INDICATIVE present | passé composé | imperfect |
|---|---|---|---|
| **suivre** | suis | ai suivi | suivais |
| (to follow) | suis | as suivi | suivais |
| suivant | suit | a suivi | suivait |
| suivi | suivons | avons suivi | suivions |
| | suivez | avez suivi | suiviez |
| | suivent | ont suivi | suivaient |
| | | | |
| **tenir**[13] | tiens | ai tenu | tenais |
| (to hold; | tiens | as tenu | tenais |
| to keep) | tient | a tenu | tenait |
| tenant | tenons | avons tenu | tenions |
| tenu | tenez | avez tenu | teniez |
| | tiennent | ont tenu | tenaient |
| | | | |
| **valoir** | vaux | ai valu | valais |
| (to be | vaux | as valu | valais |
| worth) | vaut | a valu | valait |
| valant | valons | avons valu | valions |
| valu | valez | avez valu | valiez |
| | valent | ont valu | valaient |
| | | | |
| **venir**[14] | viens | suis venu(e) | venais |
| (to come) | viens | es venu(e) | venais |
| venant | vient | est venu(e) | venait |
| venu | venons | sommes venu(e)s | venions |
| | venez | êtes venu(e)(s) | veniez |
| | viennent | sont venu(e)s | venaient |
| | | | |
| **vivre** | vis | ai vécu | vivais |
| (to live) | vis | as vécu | vivais |
| vivant | vit | a vécu | vivait |
| vécu | vivons | avons vécu | vivions |
| | vivez | avez vécu | viviez |
| | vivent | ont vécu | vivaient |

[13]Verbs like **tenir: maintenir, obtenir**
[14]Verbs like **venir: devenir (elle est devenue), revenir (elle est revenue), se souvenir de (elle s'est souvenue de...)**

| passé simple | future | CONDITIONAL present | SUBJUNCTIVE present | IMPERATIVE |
|---|---|---|---|---|
| suivis | suivrai | suivrais | suive | |
| suivis | suivras | suivrais | suives | suis |
| suivit | suivra | suivrait | suive | |
| suivîmes | suivrons | suivrions | suivions | suivons |
| suivîtes | suivrez | suivriez | suiviez | suivez |
| suivirent | suivront | suivraient | suivent | |
| | | | | |
| tins | tiendrai | tiendrais | tienne | |
| tins | tiendras | tiendrais | tiennes | tiens |
| tint | tiendra | tiendrait | tienne | |
| tînmes | tiendrons | tiendrions | tenions | tenons |
| tîntes | tiendrez | tiendriez | teniez | tenez |
| tinrent | tiendront | tiendraient | tiennent | |
| | | | | |
| valus | vaudrai | vaudrais | vaille | |
| valus | vaudras | vaudrais | vailles | vaux |
| valut | vaudra | vaudrait | vaille | |
| valûmes | vaudrons | vaudrions | valions | valons |
| valûtes | vaudrez | vaudriez | valiez | valez |
| valurent | vaudront | vaudraient | vaillent | |
| | | | | |
| vins | viendrai | viendrais | vienne | |
| vins | viendras | viendrais | viennes | viens |
| vint | viendra | viendrait | vienne | |
| vînmes | viendrons | viendrions | venions | venons |
| vîntes | viendrez | viendriez | veniez | venez |
| vinrent | viendront | viendraient | viennent | |
| | | | | |
| vécus | vivrai | vivrais | vive | |
| vécus | vivras | vivrais | vives | vis |
| vécut | vivra | vivrait | vive | |
| vécûmes | vivrons | vivrions | vivions | vivons |
| vécûtes | vivrez | vivriez | viviez | vivez |
| vécurent | vivront | vivraient | vivent | |

| VERB | INDICATIVE present | passé composé | imperfect |
|---|---|---|---|
| **voir** | vois | ai vu | voyais |
| *(to see)* | vois | as vu | voyais |
| voyant | voit | a vu | voyait |
| vu | voyons | avons vu | voyions |
| | voyez | avez vu | voyiez |
| | voient | ont vu | voyaient |
| | | | |
| **vouloir** | veux | ai voulu | voulais |
| *(to wish,* | veux | as voulu | voulais |
| *want)* | veut | a voulu | voulait |
| voulant | voulons | avons voulu | voulions |
| voulu | voulez | avez voulu | vouliez |
| | veulent | ont voulu | voulaient |

## 6. -er Verbs with Spelling Changes

Certain verbs ending in -er require spelling changes. Models for each kind of change are listed here. Stem changes are in boldface type.

| | | | |
|---|---|---|---|
| **commencer**[15] | commence | ai commencé | **commençais** |
| *(to begin)* | commences | as commencé | **commençais** |
| **commençant** | commence | a commencé | **commençait** |
| commencé | **commençons** | avons commencé | commencions |
| | commencez | avez commencé | commenciez |
| | commencent | ont commencé | **commençaient** |

[15]Verbs like **commencer: dénoncer, divorcer, menacer, placer, prononcer, remplacer, tracer**

| passé simple | future | CONDITIONAL present | SUBJUNCTIVE present | IMPERATIVE |
|---|---|---|---|---|
| vis | verrai | verrais | voie | |
| vis | verras | verrais | voies | vois |
| vit | verra | verrait | voie | |
| vîmes | verrons | verrions | voyions | voyons |
| vîtes | verrez | verriez | voyiez | voyez |
| virent | verront | verraient | voient | |
| | | | | |
| voulus | voudrai | voudrais | veuille | |
| voulus | voudras | voudrais | veuilles | veuille |
| voulut | voudra | voudrait | veuille | |
| voulûmes | voudrons | voudrions | voulions | veuillons |
| voulûtes | voudrez | voudriez | vouliez | veuillez |
| voulurent | voudront | voudraient | veuillent | |
| | | | | |
| **commençai** | commencerai | commencerais | commence | |
| **commenças** | commenceras | commencerais | commences | commence |
| **commença** | commencera | commencerait | commence | |
| **commençâmes** | commencerons | commencerions | commencions | **commençons** |
| **commençâtes** | commencerez | commenceriez | commenciez | commencez |
| commencèrent | commenceront | commenceraient | commencent | |

| VERB | INDICATIVE present | passé composé | imperfect |
|---|---|---|---|
| **manger**[16] (to eat) **mangeant** mangé | mange manges mange **mangeons** mangez mangent | ai mangé as mangé a mangé avons mangé avez mangé ont mangé | **mangeais** **mangeais** **mangeait** mangions mangiez **mangeaient** |
| **appeler**[17] (to call) appelant appelé | **appelle** **appelles** **appelle** appelons appelez **appellent** | ai appelé as appelé a appelé avons appelé avez appelé ont appelé | appelais appelais appelait appelions appeliez appelaient |
| **essayer**[18] (to try) essayant essayé | **essaie** **essaies** **essaie** essayons essayez **essaient** | ai essayé as essayé a essayé avons essayé avez essayé ont essayé | essayais essayais essayait essayions essayiez essayaient |
| **acheter**[19] (to buy) achetant acheté | **achète** **achètes** **achète** achetons achetez **achètent** | ai acheté as acheté a acheté avons acheté avez acheté ont acheté | achetais achetais achetait achetions achetiez achetaient |
| **préférer**[20] (to prefer) préférant préféré | **préfère** **préfères** **préfère** préférons préférez **préfèrent** | ai préféré as préféré a préféré avons préféré avez préféré ont préféré | préférais préférais préférait préférions préfériez préféraient |

[16]Verbs like **manger: bouger, changer, dégager, engager, exiger, juger, loger, mélanger, nager, obliger, partager, voyager**
[17]Verbs like **appeler: épeler, jeter, projeter, (se) rappeler**
[18]Verbs like **essayer: employer, (s')ennuyer, nettoyer, payer**
[19]Verbs like **acheter: achever, amener, emmener, (se) lever, (se) promener**
[20]Verbs like **préférer: célébrer, considérer, espérer, (s')inquiéter, pénétrer, posséder, répéter, révéler, suggérer**

| passé simple | future | CONDITIONAL present | SUBJUNCTIVE present | IMPERATIVE |
|---|---|---|---|---|
| **mangeai** | mangerai | mangerais | mange | |
| **mangeas** | mangeras | mangerais | manges | mange |
| **mangea** | mangera | mangerait | mange | |
| **mangeâmes** | mangerons | mangerions | mangions | **mangeons** |
| **mangeâtes** | mangerez | mangeriez | mangiez | mangez |
| mangèrent | mangeront | mangeraient | mangent | |
| | | | | |
| appelai | **appellerai** | **appellerais** | **appelle** | |
| appelas | **appelleras** | **appellerais** | **appelles** | **appelle** |
| appela | **appellera** | **appellerait** | **appelle** | |
| appelâmes | **appellerons** | **appellerions** | appelions | appelons |
| appelâtes | **appellerez** | **appelleriez** | appeliez | appelez |
| appelèrent | **appelleront** | **appelleraient** | **appellent** | |
| | | | | |
| essayai | **essaierai** | essaierais | **essaie** | |
| essayas | **essaieras** | essaierais | **essaies** | **essaie** |
| essaya | **essaiera** | essaierait | **essaie** | |
| essayâmes | **essaierons** | essaierions | essayions | essayons |
| essayâtes | **essaierez** | essaieriez | essayiez | essayez |
| essayèrent | **essaieront** | essaieraient | **essaient** | |
| | | | | |
| achetai | **achèterai** | **achèterais** | **achète** | |
| achetas | **achèteras** | **achèterais** | **achètes** | **achète** |
| acheta | **achètera** | **achèterait** | **achète** | |
| achetâmes | **achèterons** | **achèterions** | achetions | achetons |
| achetâtes | **achèterez** | **achèteriez** | achetiez | achetez |
| achetèrent | **achèteront** | **achèteraient** | **achètent** | |
| | | | | |
| préférai | préférerai | préférerais | **préfère** | |
| préféras | préféreras | préférerais | **préfères** | **préfère** |
| préféra | préférera | préférerait | **préfère** | |
| préférâmes | préférerons | préférerions | préférions | préférons |
| préférâtes | préférerez | préféreriez | préfériez | préférez |
| préférèrent | préféreront | préféreraient | **préfèrent** | |

# Appendix E

## Translations of Functional Mini-dialogues

Chapitre 1
Articles and Nouns: Identifying People and Things
*In the University District*
*Alex, an American student, is visiting the university with Catherine, a French student.* CATHERINE: There are the library, the bookstore, and the student cafeteria. ALEX: Is there also a café? CATHERINE: Yes, of course; here's the café. It's the center of university life! ALEX: Is it ever! There are twenty or thirty people here, and only one student in the library!

Plural Articles and Nouns: Expressing Quantity
*An Eccentric Professor*
THE PROFESSOR: Here is the grading system: zero [points] for idiots, four for mediocre students, eight for geniuses, and ten for the professor. Are there any questions?

Verbs Ending in *-er:* Expressing Actions
*Meeting of Friends at the Sorbonne*
XAVIER: Hi, Françoise! Are you visiting the university? FRANÇOISE: Yes, we're admiring the library right now. This is Paul, from New York, and Fabienne, a friend (of mine). XAVIER: Hello, Paul. Do you speak French? PAUL: Yes, a little bit. XAVIER: Hello, Fabienne. Are you a student here? FABIENNE: Oh, no. I work in the library.

Negation Using *ne... pas:* Expressing Disagreement
*The End of a Friendship?*
BERNARD: Things aren't great with Camille [and me]. She likes to dance, I don't like dancing. I like to go skiing, and she doesn't like sports. She's studying biology, and I don't like science . . .
CAMILLE: Things aren't great with Bernard [and me]. He doesn't like to dance, I like dancing. I don't like skiing, and he likes sports. He's a humanities student, and I don't like literature . . .

Chapitre 2
The Verb *être:* Identifying People and Things
*Fabrice's Genius*
FABRICE: Well, I'm ready to work! MARTINE: Me too, but where are the books and the dictionary? FABRICE: Um . . . oh yeah, look, there they are. The dictionary is under the hat and the notebooks are on top of the jacket. Now we're ready. MARTINE: You know, Fabrice, you do very well in literature, but as far as organization is concerned, you're a zero! FABRICE: Maybe, but chaos is a sign of genius!

Descriptive Adjectives: Describing People and Things
*Computerized Dating Services*
He is [should be] sociable, charming, serious, good-looking, idealistic, athletic . . . She is [should be] sociable, charming, serious, good-looking, idealistic, athletic . . . [COMPUTER]: They're hard to please!

*Yes/No* Questions: Getting Information
*A Discussion Between Friends*
TOURIST: Is this an accident? POLICE OFFICER: No, it's not an accident. TOURIST: Is it a demonstration? POLICE OFFICER: Of course not! TOURIST: So it's a fight? POLICE OFFICER: Not really. It's an animated discussion between friends.

The Prepositions *à* and *de:* Mentioning a Specific Place or Person
*Khaled and Delphine, Two French Students*
They live in the dormitory. They eat in the cafeteria. They play volleyball in the gym. On the weekend, they play cards with friends. They like talking about professors, the English exam, French literature class, and university life.

Chapitre 3
Verbs Ending *in -ir:* Expressing Actions
*Down with Term Papers!*
*Khaled and Naima have term papers in history.* KHALED: Which topic are you choosing? NAIMA: I don't know, I'm thinking it over. OK, I'm choosing the first topic—Napoleon's empire. *(Two days later.)* KHALED: Well, are you ready? NAIMA: Wait, I'm finishing up my conclusion, and then I'm coming. And if I manage to get 15 out of 20, we'll have a party!

The Verb *avoir:* Expressing Possession and Sensations
*Roommates*
JEAN-PHILIPPE: You have a very pleasant room, and it seems quiet . . . FLORENCE: Yes. I need lots of quiet in order to work.

JEAN-PHILIPPE: Do you have a nice roommate? FLORENCE: Yes, we're lucky: We both like tennis, quiet . . . and messiness!

Indefinite Articles in Negative Sentences: Expressing the Absence of Something
*Student Comfort*
NATHALIE: Where is the toilet? ANNE: Sorry, I don't have a toilet in my room. It's in the hallway. NATHALIE: But do you have a shower? ANNE: No; no toilet, no shower, but I do have a little kitchenette and . . . NATHALIE: And a TV? ANNE: No, there's no TV, but I do have a stereo.

Interrogative Expressions: Getting Information
*Room for Rent*
MME GÉRARD: Hello, miss. What's your name? MAÏTÉ: Maïté Delorme. MME GÉRARD: Are you a student? MAÏTÉ: Yes. MME GÉRARD: Where do you go to school? MAÏTÉ: At the Sorbonne. MME GÉRARD: That's very good. And what are you studying? MAÏTÉ: Philosophy. MME GÉRARD: Oh, that's serious. How many hours of class do you have? MAÏTÉ: 21 hours per week. MME GÉRARD: So you need an inexpensive room? MAÏTÉ: Yes, that's right. When will the room be available? MME GÉRARD: Today. It's yours.

Chapitre 4
Possessive Adjectives: Expressing Possession
*The House as a Reflection of Social Standing*
*Marc, a student at the Sorbonne, is taking a brief tour of Paris and the suburbs with his Vietnamese friend Thuy. While driving, he points out the different kinds of housing to Thuy.* My brother-in-law has a lot of money. There's his villa; it's great, isn't it? Our house is small, but comfortable; my family is pretty happy. Out here in the suburbs you see the big housing projects where families of workers and immigrants mostly live. Their buildings are called HLMs.

The Verb *aller:* Talking About Plans and Destinations
*A Model Father*
ZAC: Are we playing tennis this afternoon? GUILLAUME: No, I'm going to the zoo with Nadette. ZAC: So [how about] tomorrow? GUILLAUME: I'm sorry, but tomorrow I'm going to take Sébastien to the dentist. ZAC: What a model father [you are]!

The Verb *faire:* Expressing Doing or Making
*A Question of Organization*
LÉAH: Do you and your roommate eat in the cafeteria? MARION: No, Candice and I are very organized. She does the shopping and I cook. LÉAH: And who does the dishes? MARION: The dishwasher, of course!

Verbs Ending in *-re:* Expressing Actions
*Beauregard at the Restaurant*
JILL: Do you hear that? GÉRARD: No. What's the matter? JILL: I hear a noise under the table. KARIMA: Oh, that! That's Beauregard . . . He's waiting for the chicken . . . and he doesn't like waiting . . .

Chapitre 5
The Verbs *prendre* and *boire:* Talking About Food and Drink
*At the Restaurant*
WAITER: What will you have, sir? Ma'am? IBRAÏM: We'll have the chicken with cream and the vegetables. WAITER: And what will you have to drink? IBRAÏM: I'll have a beer, and for the lady, a bottle of mineral water, please.

Partitive Articles: Expressing Quantity
*No Dessert*
JULIEN: What are we having to eat today, mommy? MME TESSIER: There's chicken with potatoes. JULIEN: And the chocolate mousse in the fridge, is it for lunch today? MME TESSIER: No, no; the mousse is for this evening. For lunch, there is fruit or coffee ice cream. JULIEN: I don't like ice cream and I don't like fruit! But I love mousse! MME TESSIER: The answer is no!

The Imperative: Giving Commands
*The Enemy of a Good Meal*
RONAN: Martine, pass me the salt, please . . . [*Martine passes the salad to Ronan.*] RONAN: No, come on! Use your ears a little . . . I asked you for the salt! MARTINE: Ronan, be a dear—don't talk so loud. I can't hear the television . . .

Chapitre 6
Demonstrative Adjectives: Pointing Out People and Things
*A Dinner with Friends*
BRUNO: This roast beef is really delicious! ANNE: Thank you. BRUNO: Can I try a little more of that sauce? ANNE: But of course. MARGAUX: These green beans, mmm! Where do you do your shopping? ANNE: Rue Contrescarpe. MARGAUX: Me too. I just love that street, that village-like feeling, those little shops . . .

The Verbs *vouloir, pouvoir,* and *devoir:* Expressing Desire, Ability, and Obligation
*Le Procope*
MARIE-FRANCE: Would you like some coffee? CAROLE: No, thanks, I can't drink coffee. I have to be careful. I have an exam today. If I drink coffee, I'll be too nervous. PATRICK: I drink coffee only on the days when I have exams. It inspires me, the way it inspired Voltaire!

The Interrogative Adjective *quel:* Asking About Choices
*Henri Lefèvre, Restaurant Owner in Albertville*
*Dan Bartell, an American journalist, asks Henri Lefèvre some questions.* DAN BARTELL: What is the main difference between traditional cooking and the *nouvelle cuisine?* HENRI LEFÈVRE: The sauces, my friend, the sauces. DAN BARTELL: And which sauces do you make? HENRI LEFÈVRE: I really like to make the traditional sauces like *bordelaise* and *beurre blanc* [white butter]. DAN BARTELL: Which wines do you buy for your restaurant? HENRI LEFÈVRE: I buy mostly red wines from Burgundy and white wines from Anjou.

The Placement of Adjectives: Describing People and Things
*A New Restaurant*
CHLOË: There's a new restaurant in the neighborhood. VINCENT: Great! Where? CHLOË: Next to the little grocery store. It's called "The Good Old Days." VINCENT: That's a nice name. Let's go there Saturday night. CHLOË: Good idea!

Chapitre 7
Verbs Conjugated like *dormir; venir:* Expressing Actions
*The Joy of Nature*
STÉPHANE: Where are you going on vacation this summer? ANNE-LAURE: This year we're going to Martinique. We're going to camp in a little village 30 kilometers from Fort-de-France. We'll drink *ti'punch,* go out every night, and sunbathe by the coconut trees. A dream, huh? Come with us. We're leaving August 2. STÉPHANE: No thanks, the sea is not for me. Smelling fish, sleeping with mosquitoes, no way! ROMAIN: You never change, that's for sure. The gentleman needs his creature comforts! Too bad for you! We just love sleeping in the open, feeling the sea breeze, and admiring the stars.

The *passé composé* with *avoir:* Talking About the Past
*At the Hotel*
GUEST: Good morning, ma'am. I made a reservation for a room for two people. EMPLOYEE: Your name, please? GUEST: Bernard Meunier. EMPLOYEE: Hmm . . . yes, Room 12, on the ground floor. You asked for a room with a view of the sea, is that right? GUEST: Yes, that's right. EMPLOYEE: All right, then, please fill out this card.

The *passé composé* with *être:* Talking About the Past
*Sunday Morning Explanations*
MME FERRY: I would really like to know where you went last night! And what time did you get home? SYLVIE: Not late, mom. I went out with some friends. We went to have a drink at Laurent's, we stayed there about an hour, then we left to go to the movies. I got back to the house right after the movie. MME FERRY: Are you sure? Because your father got back from the soccer game at 11 and didn't see the car in the garage . . .

Uses of *depuis, pendant,* and *il y a:* Expressing How Long
*A Question of Practice*
LAURENCE: How long have you been entering competitions? FRANÇOISE: Since 1985. How about you: How long have you been windsurfing? MONIQUE: Only for the last two weeks! FRANÇOISE: I started eight years ago. Ever since I started windsurfing, I've been spending my vacations at the beach. MONIQUE: It's hard, but it's fabulous. Yesterday I was able to stay on the board for four minutes.

Chapitre 8
Introduction to Present Conditional: Making Polite Requests
*A Weekend in London*
JULIE: Would you have some good fares to London right now? AGENT: You're in luck! We have a flight with a promotional fare of 550 francs round-trip. JULIE: Great! And could you reserve a hotel room for me from September 3 to September 7? AGENT: No problem! In what part of London would you like to be? JULIE: I'd like to find a hotel, not too expensive, near Hyde Park.

Prepositions with Geographical Names: Expressing Location
*Bruno in the Congo*
*Bruno is on vacation in the Congo. He has met Kofi.* KOFI: Where in France do you come from? BRUNO: From Marseille. KOFI: It must be beautiful there! Tell me, do you have plans for future vacations? BRUNO: Yeah, lots. First, I'm going to Mexico next year with my girlfriend. And in the future I want to go to Russia, Quebec, Senegal, and also Asia. KOFI: Which town would you like to live in? BRUNO: Verona, in Italy, so I could find my Juliet.

Affirmative and Negative Adverbs: Expressing Negation
*The Super-train (TGV)*
PATRICIA: Have you taken the TGV yet? FRÉDÉRIC: No, not yet, but I've reserved a seat for next Saturday. I'm going to see my parents in Brittany. PATRICIA: Do you always have to make an advance reservation for the TGV? FRÉDÉRIC: Yes, it's required. I don't like that system at all, because I hate to look ahead; I like to leave at the last minute, I never make plans, and I've never kept an appointment book.

Affirmative and Negative Pronouns: Expressing Negation
*Coin-operated Luggage Lockers*
SERGE: Is there something wrong? JEAN-PIERRE: Yes, I'm having trouble with the locker. It doesn't work. SERGE: Oh, that! There's nothing more annoying [than that]! JEAN-PIERRE: Everyone always seems to find a locker that works, except me. SERGE: Look, someone is taking their luggage out of one of the lockers. There, you can be sure that one works. JEAN-PIERRE: Excellent idea!

## Chapitre 9

### The *imparfait*: Describing the Past
*Poor Grandmother!*

MME CHABOT: You see, when I was little, television didn't exist. CLÉMENT: So what did you do in the evenings? MME CHABOT: Well, we read, we chatted; our parents told us stories . . . CLÉMENT: Poor Grandmother, it must have been sad not to be able to watch *Santa Barbara* at night . . .

### Direct Object Pronouns: Speaking Succinctly
*The Cossecs Are Moving*

THIERRY: What should we do with the TV? MARYSE: We're going to give it to your sister. THIERRY: Okay. And all our books? MARYSE: We're going to send them by mail. They have a special book rate. THIERRY: You're right. I didn't want to throw them away. And are we going to sell the minitel? MARYSE: Of course not! You *know* we rent it from the phone company. We have to return it before the end of the month.

### Indirect Object Pronouns: Speaking Succinctly
*Journalists for the* Canard?

RÉGIS: Did you write to the journalists at the *Canard Enchaîné*? NICOLE: Yes, I wrote to them. RÉGIS: Have they answered you? NICOLE: Yes, they made an appointment with us for tomorrow. RÉGIS: Did they like our political cartoons? NICOLE: They haven't said anything to me [about that] yet: We'll see tomorrow!

### The Verbs *voir* and *croire*: Expressing Observations and Beliefs
*Where Are the Keys?*

MICHAËL: I think I've lost the car keys. VIRGINIE: What? They must be at the restaurant. MICHAËL: You think so? VIRGINIE: I'm not sure, but we can go check. *(At the restaurant.)* MICHAËL: You're right. They're over there on the table. I see them. VIRGINIE: Whew! Well, what do you want to do now? MICHAËL: Let's go see the pyramid at the Louvre.

## Chapitre 10

### The *passé composé* versus the *imparfait*: Describing Past Events
*Casablanca*

ALAIN: So, are you going to tell us about your vacation in Morocco? SYLVIE: Well, I left Paris July 23. The weather was terrible: It was cold and raining. Awful! But when I arrived in Casablanca, the sky was bright blue, the sun was shining, the sea was warm . . . MAX: Did you like the city? SYLVIE: Yes, a lot. But I wanted to visit a mosque and I couldn't get in. ALAIN: Why? SYLVIE: It was my fault, because I was wearing a miniskirt.

### The Pronouns *y* and *en*: Speaking Succinctly
*Paris, City of Love*

MARIE-ALIX: Have you gone to the Parc Montsouris yet? YASMINE: No, not yet, but I'm going there Saturday with Vincent. MARIE-ALIX: Vincent? Tell me, how many boyfriends do you have? YASMINE: Right now I have two. But I'm going to break up with Jean-Marc soon. MARIE-ALIX: Have you talked to Jean-Marc about it? YASMINE: No, not yet. I'm thinking about it, but I'm a bit afraid of how he'll react.

### *Savoir* and *connaître*: Saying What and Whom You Know
*Labyrinth*

ABDEL-CADER: Taxi! Are you familiar with Vaucouleurs Street? TAXI DRIVER: Of course I know where it is! I know Paris like the back of my hand [*literally,* pocket]! ABDEL-CADER: I don't know how you do it. I got lost yesterday in the Île de la Cité. TAXI DRIVER: I know my job; and besides, you know, with a map of Paris it's not that hard!

## Chapitre 11

### Stressed Pronouns: Emphasizing and Clarifying
*Artistic Visits*

*Manu is visiting Paris with his parents and his brother. He's telling Gilberte, a Parisian friend, about their activities.* GILBERTE: Manu, did you go to the Louvre? MANU: No, it's too big for me. I prefer the Picasso Museum. GILBERTE: Me, too! But did your parents visit the Louvre? MANU: Them? Yes, they went there several times. But my brother prefers visiting the shops and discos.

### Using Double Object Pronouns: Speaking Succinctly
*An Artistic Temperament*

*Valérie wants a box of paints.* VALÉRIE: Go on, Mommy, buy it for me! MOTHER: Listen to me carefully! I can't give it to you. I don't have any more money. VALÉRIE: Ask Daddy for some! MOTHER: All right, all right. I'll go talk to him about it. But don't *you* say anything to him, swear it! VALÉRIE: I swear it!

### Prepositions After Verbs: Expressing Actions
*Going out to the Cabaret*

LATITA: Tonight we've decided to take you to the Contrescarpe cabaret in Montmartre. PAUL: What is a cabaret? HERVÉ: A cabaret is a kind of café where you can listen to ballads and satirical songs . . . LATITA: Do you know Georges Brassens, Jacques Brel, Barbara? HERVÉ: It's because of the cabarets that they were able to make a name for themselves.

### Adverbs: Describing Actions
*Provence*

ANNE-LAURE: Tomorrow I'm leaving for Provence. I'm going to make a quick visit to Renoir's house at Cagnes, then to the Matisse Museum at Nice, to the Picasso Museum at Antibes . . . RAPHAËL: Do you travel constantly? ANNE-LAURE: No, not really, but I absolutely want to go to Provence because many French painters lived there. RAPHAËL: And now, what are you doing? ANNE-LAURE: I'm going to see Monet's house at Giverny, in the suburbs of Paris. RAPHAËL: Tell me frankly: Aside from painting, what interests you? ANNE-LAURE: Classical music . . . I like Wagner a lot.

## Chapitre 12
### Pronominal Verbs: Expressing Actions
*A Meeting*
DAMIEN: Madeleine! How are you? VÉRO: You're making a mistake. My name is not Madeleine. DAMIEN: I'm sorry. I wonder . . . haven't I met you before . . . ? VÉRO: I don't remember having met you. But that doesn't matter . . . my name is Véronique. What's your name?

### Pronominal Verbs: Reporting Everyday Events
*Boredom*
MAX: Are you leaving? THÉO: Yes, it's nice out and I'm bored here. I'm going to take a walk along the lake. Will you come along? MAX: No, I can't, I have a lot of work. THÉO: Oh, you're making too much of it. Come on, we'll go have some fun! MAX: Some other time. If I stop now, I won't have the courage to finish up later.

### Pronominal Verbs: Expressing Reciprocal Actions
*The Ideal Couple*
ALAIN: You see, for me the ideal couple is Djanal and Karima. RENÉE: Why do you say that? ALAIN: Because they both love each other. Every time I see them they gaze at each other lovingly, they kiss, and they say sweet things to each other. They have known each other for ten years and I've never seen them argue.

### Pronominal Verbs: Talking About the Past and Giving Commands
*A Love Match*
NADINE: Tell me, Jérémy, how did you meet each other? JÉRÉMY: We saw each other for the first time in Concarneau. DELPHINE: Remember? It was raining, you came into the boutique where I worked and . . . JÉRÉMY: And it was love at first sight! We got married that same year.

## Chapitre 13
### The Future Tense: Talking About the Future
*His Future*
FATHER: He'll be a filmmaker, he'll write films (screenplays), and we'll be famous. MOTHER: He'll be a businessman, he'll be the head of a company, and we'll be rich. CHILD: We'll see . . . I'll do what I can.

### Relative Pronouns: Linking Ideas

### Interviewing the Head of a Business
JOURNALIST: And why do you say that you studied for three years in vain? CLÉMENCE: Well, because all that time, it was making jewelry that interested me. JOURNALIST: The jewelry you create is made out of natural materials? CLÉMENCE: Yes. I also design costume jewelry, for magazines, that people can make at home. JOURNALIST: Now, your business makes thousands of pieces of jewelry, three quarters of which go to Japan? CLÉMENCE: Yes, and I have loads of new projects!

### Comparative and Superlative of Adjectives: Making Comparisons
*Savings*
*Laurence and Franck Desrosiers are going to open a savings account together for the first time.* FRANCK: Where are we going to open our savings account? LAURENCE: At Banque Populaire. They're less expensive than Crédit Agricole. FRANCK: I hate big banks. I prefer going to small banks. The service is slower, I agree, but the employees are nicer. And then, it's more practical too: We don't need to take the car. As for friendly service, the neighborhood bank is the best in the city. LAURENCE: I agree, sweetheart, but right now the most important thing is to save money.

## Chapitre 14
### Interrogative Pronouns: Getting Information
*At the Rugby Game*
BILL: What are they trying to do? JEAN-PAUL: Well, they're trying to get the ball behind the goal line of the other team. This is called a scrummage. BILL: And what's a scrummage? JEAN-PAUL: That's when several players from each team are clustered around the ball. You see, one of the players got it. BILL: Which one? JEAN-PAUL: Philippot. BILL: What's keeping him from throwing it toward the goal? JEAN-PAUL: The rules of the game, pal! This is rugby, it's not American football.

### The Present Conditional: Being Polite; Speculating
*Oh, if I Were Rich . . .*
DJAMEL: What would you do if you won the lottery? OLIVIER: Me? I think I'd buy an old neighborhood movie theater. I would choose all the films I like and all my friends could get in for free. CHLOË: If I had enough money, I'd settle in the south of France and would spend the rest of my days painting. I'd have a big house, and you could both come and see me every weekend.

### Adverbs and Nouns: Making Comparisons
*Jazz*
JENNIFER: Do you often go to night clubs on the weekends? BRUNO: No, I go to jazz bars more often than night clubs. There aren't as many people and I like the music better. JENNIFER: I love jazz, too. I have more CDs of Duke Ellington than of Madonna.

But jazz . . . I listen to it more often at home. When I go to a night club, it's to dance, and also because there's more atmosphere.

Chapitre 15
Subjunctive Mood: Expressing Attitudes
*Vote for Françoise!*
FRANÇOISE: So, you want me to run for the university council! SIMON: Yes, we wish the council would get over its inertia and that the delegates would realize what their political responsibilities are. FRANÇOIS: But I already ran without any luck last year. LUC: This year, Françoise, we want you to win. And we'll support you to the end.

The Subjunctive: Expressing Wishes, Necessity, and Possibility
*The Draft or Voluntary Military Service?*
PATRICK FAURE (22): In my opinion, the draft is an anachronism in the nuclear age. GÉRARD BOURRELLY (36): It's possible that young people will become more interested in military service if it gives them professional training. FRANCIS CRÉPIN (25): We have to do away with the draft and set up a career army. CHARLES PALLANCA (18): But if I were a volunteer, I would insist that the salary be at least 5,000 francs a month!

The Subjunctive: Expressing Emotion
*A United Europe*
*Several French people are expressing their opinions about the political and economic unification of Europe.* JEAN-PIERRE (35): I'm glad that France is saying "yes" to Europe. ISABELLE (24): *We're* afraid the nationalists will become violent, like in Bosnia-Herzegovina. CLAUDE (40): I'm sorry the Swiss don't want to be part of Europe. NICOLE (30): I doubt whether Europe can settle the problem of unemployment. MONIQUE (52): I'm furious that the Americans put taxes on European agricultural products.

Chapitre 16
The Subjunctive: Expressing Doubt and Uncertainty
*France and Africa*
KOFI: Do you believe France should intervene militarily in African countries where there are political problems? KARIM: I'm not so sure that's a good solution. KOFI: Why? KARIM: Because I don't think it can change the political situation.

Alternatives to the Subjunctive: Expressing Subjective Viewpoints
*The Antilles, Myth and Reality*
FLORENCE: For me, the Antilles are coral reefs, pre-Columbian archaeological sites, beaches of white sand . . . SALIM: Still, you have to know that we don't just have sun to offer! VINCENT: Before you leave, you should visit a banana plantation, a rum distillery, and our very modern port. SALIM: I hope you know that our standard of living here in Martinique is the highest in the Caribbean . . . FLORENCE: It's true, it's important to modernize. But I hope you'll be able to safeguard the beauty of your country.

Indefinite Adjectives and Pronouns: Talking About Quantity
*A Vacation in Martinique*
DANIEL: So, your vacation in Martinique? NADINE: Everything went really well. We stayed for a few days in the capital, Fort-de-France, then we relaxed on the beach. You know, the people are very nice, but they all have an accent that we had trouble understanding. We sometimes had the impression that some of them didn't understand us, either. RAPHAËL: And every time they said something, we had to ask them to repeat it. It's funny: Some words are the same as ours, but others are completely different.

# Appendix F

## Answers to *À l'écoute!* Listening Comprehension Activities

**PREMIER RENDEZ-VOUS**
1. c  2. a  3. d  4. b  5. e

**CHAPITRE 1**
Fatima—Tunisie—espagnol—cinéma
François—Canada (Québec)—philosophie—sport
Scott—Angleterre—sociologie—café

**CHAPITRE 2**
A. Patrice is the person on the right.
B. 1. b  2. a  3. b  4. b  5. a  6. a

**CHAPITRE 3**
1. b, e, f
2. b, c, g, h

**CHAPITRE 4**
1. Gérard  2. Géraldine  3. Marie  4. Juliette
5. Laurence  6. Franck  7. Léa

**CHAPITRE 5**
A. See map below.

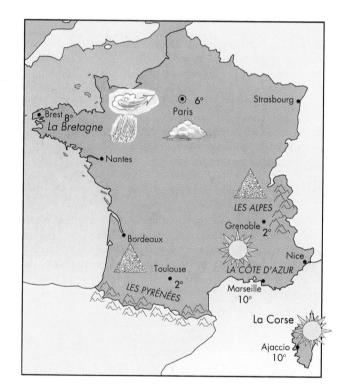

**CHAPITRE 6**
A. 1. d  2. b  3. a  4. c
B. 3

**CHAPITRE 7**
A. 1. V  2. F  3. V  4. F  5. F  6. V
B. 1. J-Y  2. J-Y  3. J-Y  4. S  5. S  6. S

**CHAPITRE 8**
A. a. 4  b. 10  c. 1  d. 8  e. 2  f. 5  g. 3  h. 9
    i. 7  j. 6
B. Il a oublié de faire le plein.

## CHAPITRE 9
A. 1. c  2. b  3. b
B. 1. F / F  2. F / V  3. F / V

## CHAPITRE 10
A. 1. a  2. b  3. a  4. b  5. b
B.

## CHAPITRE 11
A. 1. F  2. V  3. V  4. F  5. F  6. V
B. 1. c  2. b  3. c  4. a  5. c

## CHAPITRE 12
A. 5  8  1  7  4  10  3  6  2  9
B. 1. V  2. F  3. F  4. V  5. F  6. V

## CHAPITRE 13
A. 1. b  2. c  3. a
B. 1. b  2. b  3. b  4. b  5. a  6. c

## CHAPITRE 14
1. b  2. c  3. a  4. b  5. c  6. b  7. a

## CHAPITRE 15
A. 1. b  2. c,d,e  3. a,c  4. a  5. a  6. b,c
B. 1, 2, 5

## CHAPITRE 16
A. 1. américain  2. la Normandie  3. le Canada  4. la Louisiane  5. La Nouvelle-Orléans  6. canadien (*ou* québécois)  7. la Bretagne  8. le Canada (*ou* l'Acadie)  9. l'état de Maine  10. Québec
B. 1. V  2. V  3. F  Ils parlent anglais.  4. F  Ils sont les descendants des Canadiens-Français.  5. V  6. V  7. V  8. V  9. F  Tout le monde parle français chez lui.  10. F  Il n'a pas encore visité la France.

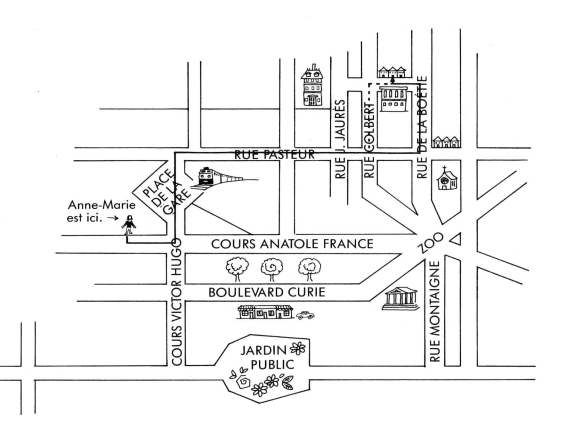

# Lexiques

# Lexique français-anglais

This end vocabulary provides contextual meanings of French words used in this text. It does *not* include proper nouns (unless presented as active vocabulary), abbreviations, or regular adverbs formed from adjectives listed. Adjectives are listed in the masculine singular form; feminine endings or forms are included when irregular. An asterisk (*) indicates words beginning with an aspirate *h*. Active vocabulary is indicated by the number of the chapter in which it first appears.

## Abbreviations

*A.* archaic
*ab.* abbreviation
*adj.* adjective
*adv.* adverb
*art.* article
*coll.* colloquial
*conj.* conjunction
*fam.* familiar
*f.* feminine
*Gram.* grammatical term

*indic.* indicative (mood)
*inf.* infinitive
*interj.* interjection
*interr.* interrogative
*inv.* invariable
*irreg.* irregular
*m.* masculine
*n.* noun
*neu.* neuter
*pl.* plural

*p.p.* past participle
*prep.* preposition
*pron.* pronoun
*Q.* Quebec usage
*s.* singular
*s.o.* someone
*s.th.* something
*subj.* subjunctive
*tr. fam.* very colloquial, argot
*v.* verb

**à** *prep.* to; at; in (2); **à destination de** in the direction of; heading for; **au contraire** on the contrary; **au cours de** *prep.* during; **au debut (de)** in, at the beginning (of); **au secours!** help!; **au soleil** in the sun
**abandonner** to abandon; to desert
**abolir** to abolish (15)
**abonné(e)** *m., f.* subscriber
**abonnement** *m.* subscription
**s'abonner à** to subscribe to
**abord** *m.* manner; approach; **d'abord** first, first of all, at first (10)
**aborder** to tackle (*a problem*)
**aboyer (il aboie)** to bark (*dog*)
**abri** *m.* shelter; **à l'abri** sheltered; **sans-abri** *m. pl.* the homeless
**absolu** *adj.* absolute
**Académie** (*f.)* **française** French Academy
**Acadie** *f.* Acadia (*Nova Scotia*) (16)
**acadien(ne)** *adj.* Acadian
**Acadien(ne)** *m., f.* Acadian, Cajun (*person*) (**16**)
**acajou** *m.* mahogany
**accent** *m.* accent; **accent aigu (grave, circonflexe)** acute (grave, circumflex) accent
**accepter (de)** to accept (11); to agree to

**accès** *m.* access; **fournisseur** (*m.)* **d'accès** provider (9)
**accessoire** *n. m.* accessory
**accident** *m.* accident (16)
**accompagner** to accompany, go along with
**accomplir** to complete; to carry out
**accomplissement** *m.* fulfillment; committing
**accord** *m.* agreement; **d'accord** okay, agreed; **d'accord sur** agreed on; **être d'accord** to agree; **se mettre d'accord sur** to come to an agreement on
**accorder** to give
**accro** *m., f.* addict; *adj.* addicted
**accroché de** hooked on; **accroché sur** perched on
**accueil** *m.* greeting, welcome; customer service; **terre** (*f.)* **d'accueil** France
**accueillant** *adj.* hospitable (16); welcoming
**accueillir** (*p.p.* **accueilli**) *irreg.* to welcome
**accumulé** accumulated
**achat** *m.* purchase (7)
**acheter (j'achète)** to buy (5)
**acquis** (*pp. of* **acquérir**) acquired, obtained
**acte** *m.* act; law
**acteur (actrice)** *m., f.* actor (actress) (11)
**actif/ive** *adj.* active; working

**action** *f.* action; gesture; **l'Action de Grâce** Thanksgiving (*U.S., Canada*)
**activité** *f.* activity; **activités de plein air** outdoor activities (14)
**actualité** *f.* piece of news; present-day event
**actuel(le)** *adj.* present, current
**actuellement** *adv.* now, at the present time
**adapter** to adapt; **s'adapter à** to adapt oneself, get accustomed to
**addition** *f.* bill, check (*in a restaurant*) (6)
**adieu** *interj.* good-bye
**adjectif** *m., Gram.* adjective
**admettre** (*like* **mettre**) *irreg.* to admit, accept
**administratif/ive** *adj.* administrative
**admirer** to admire
**admission** *f.:* **conditions** (*f. pl.)* **d'admission** admission requirements
**ado** *m., f.* [*ab. of* **adolescent(e)**] adolescent, teenager
**adolescent(e)** *m., f., adj.* adolescent, teenager
**s'adonner à** to devote oneself to, go for
**adorer** to love, adore (1)
**adresse** *f.* address (9)
**adroit** *adj.* clever; dexterous
**adulte** *m., f.* adult
**abverbe** *m. Gram.* adverb

**adverse** *adj.* opposing

**aéré** *adj.* well-ventilated; light

**aérobic, aérobique** *f. s.* aerobics; **faire de l'aérobic** to do aerobics (4)

**aéroport** *m.* airport (9)

**affaire** *f.* affair; (business) matter; *pl.* belongings; business; **avoir affaire à** to deal with; **classe** *(f.)* **affaires** business class (8); **homme (femme) d'affaires** *m., f.* businessman (woman); **voyage** *(m.)* **d'affaires** business trip

**affamé(e)** *m., f.* starving person

**affichage** *m.:* **tableau** *(m.)* **d'affichage** schedule display board

**affiche** *f.* poster (3); billboard

**affirmatif/ive** *adj.* affirmative

**affirmer** to assert, maintain

**affreux/euse** *adj.* horrible, awful (4)

**affronter** to confront, face

**afin de** *prep.* to, in order to

**africain** *adj.* African

**Africain(e)** *n. m., f.* African (person)

**Afrique** *f.* Africa (8)

**âge** *m.* age; years; epoch; **moyen âge** *m. s.* Middle Ages (11); **quel âge avez-vous?** how old are you?

**âgé** *adj.* aged; old; elderly; **être âgé de... ans** to be . . . years old

**agence** *f.* agency; **agence de voyages** travel agency

**agencement** *m.* organization; arrangement

**agenda** *m.* engagement book, pocket calendar

**agent** *m.* agent; **agent de police** police officer (13); policeman (woman); **agent de voyages** travel agent

**agir** to act (3); **il s'agit de** it's about, it's a question of

**agité** *adj.* agitated, restless

**agneau** *m.* lamb; **côte** *(f.)* **d'agneau** lamb chop

**agréable** *adj.* agreeable, pleasant, nice

**agréer: veuillez agréer... l'expression de mes sentiments les meilleurs** very truly yours

**agrément** *m.* charm; amenity

**agricole** *adj.* agricultural

**agriculteur/trice** *m., f.* farmer (13)

**ah bon?** *interj.* oh really? (5)

**aide** *f.* help, assistance; **à l'aide de** with the help of

**aider** to help (13); **s'aider** to use, make use of

**aigu: accent** *(m.)* **aigu** acute accent (é)

**ailleurs** *adv.* elsewhere; **d'ailleurs** *adv.* moreover; anyway

**aimable** *adj.* likable, friendly

**aimer** to like (1); to love (1); **aimer bien** to like; **aimer mieux** to prefer, like better (1); **j'aime mieux** I prefer (1); **j'aimerais** + *inf.* I would like to *(do s.th.)* (6); **je n'aime... pas du tout** I don't like . . . at all (5)

**aîné** *adj.* older (4)

**ainsi** *adv.* thus, so, in this way; **ainsi que** as well as

**air** *m.* air; look; tune; **activités** *(f. pl.)* **de plein air** outdoor activities (14); **avoir l'air** + *adj.* to seem, look (+ *adj.*) (3); **plein air** open air; **en plein air** outdoors, in the open air; **hôtesse** *(f.)* **de l'air** flight attendant, stewardess (8)

**ajouter** to add

**ajustement** *m.* adjustment

**alarmant** *adj.* alarming

**album** *m.* (photo) album

**alcool** *m.* alcohol

**alcoolisme** *m.* alcoholism

**Alger** Algiers

**Algérie** *f.* Algeria (8)

**algérien(ne)** *adj.* Algerian

**Algérien (ne)** *n. m., f.* Algerian *(person)*

**aliénant** *adj.* alienating

**aligner** to string together

**aliment(s)** *m.* food

**alimentaire** *adj.* alimentary, pertaining to food; **denrées** *(f. pl.)* **alimentaires** foodstuffs

**alimentation** *f.* diet *(eating habits)*; **magasin** *(m.)* **d'alimentation** food store

**alizé** *m.* trade wind; **vents** *(m. pl.)* **alizés** trade winds

**allégorique** *adj.* allegorical

**Allemagne** *f.* Germany (8)

**allemand** *adj.* German; *n. m.* German *(language)*

**Allemand(e)** *n. m., f.* German *(person)* (1)

**aller** *irreg.* to go (4); **aller** + *inf.* to be going to *(do s.th.)* (4); **aller mal** to feel bad, ill (4); **allez-vous-en!** go away! (12); **billet** *(m.)* **d'avion aller-retour** round-trip plane ticket; **ça peut aller** all right, pretty well (P); **ça va** fine (things are going well); **ça va?** how's it going? (P); **ça va bien (mal)** things are going well (badly) (P); **comment allez-vous?** how are you? (P); **s'en aller** to go away, go off (to work) (12)

**allergique** *adj.* allergic

**allier** to combine, unite

**allô** *interj.* hello *(phone greeting)* (9)

**allocations** *(f. pl.)* **familiales** family subsidies

**allongement** *m.* lengthening, extension

**allumette** *f.:* **pommes** *(f. pl.)* **allumettes** shoestring potatoes

**alors** *adv.* so (2); then, in that case (4)

**alpe** *f.:* **les Alpes** the Alps

**alpin** *adj.* alpine

**alpinisme** *m.* mountaineering (7); mountain climbing; **faire de l'alpinisme** to go mountain climbing

**alternance** *f.* alternance; alternation

**alternatif/ive** *adj.* alternative; *n. f.* alternative

**altruiste** *adj.* altruistic

**amalgamer** to combine

**amande** *f.* almond

**amant** *m.* lover

**amateur** *n. m.* amateur; **amateur de** lover of

**Amazone** *f.* Amazon

**ambassade** *f.* embassy

**ambassadeur** *m.* ambassador

**ambiance** *f.* atmosphere, surroundings

**ambitieux/ieuse** *adj.* ambitious

**âme** *f.* soul; spirit

**amélioration** *f.* improvement

**améliorer** to improve, better

**aménageable** *adj.* suitable for improvement or conversion

**aménagé** *adj.* equipped, set up

**amener (j'amène)** to bring *(s.o. somewhere)* (16); to take

**américain** *adj.* American

**Américain(e)** *m., f.* American *(person)*

**Amérique** *f.* America; **l'Amérique du Nord** North America; **l'Amérique du Sud** South America

**ami(e)** *m., f.* friend (1); **petit(e) ami(e)** *m., f.* boyfriend (girlfriend)

**amitié** *f.* friendship

**amour** *m.* love (12); **amour fou** mad passion

**amoureux/euse** *adj.* loving, in love (12); *n. m., f.* lover (12); sweetheart (12); person in love; **tomber amoureux/euse** to fall in love (12); **vie** *(f.)* **amoureuse** love life

**amphithéâtre** *(fam. amphi)* *m.* lecture hall (1); amphitheater

**amusant** *adj.* amusing, fun (2)

**amuser: s'amuser bien** to have a good time

**an** *m.* year (7); **avoir... ans** to be . . . years old (3); **depuis (dix) ans** for (ten) years; **il y a (deux) ans** (two) years ago; **l'an dernier (passé)** last year; **jour** *(m.)* **de l'an** New Year's Day; **nouvel an** New Year's Day; **par an** per year, each year

**anachronisme** *m.* anachronism

**analyse** *f.* analysis

**analyser** to analyze

**ananas** *m. inv.* pineapple

**anatomie** *f.* anatomy

**ancêtre** *m., f.* ancestor (16)

**ancien(ne)** *adj.* old, antique, former (6); ancient; **fête** *(f.)* **des Anciens Combattants** Armistice Day, Veterans Day

**ancrage** *m.* anchorage; mooring

**ange** *m.* angel

**anglais** *adj.* English; *m.* English *(language)*

**Anglais** *n.m.f.* English *(person)*

**Angleterre** *f.* England (8)

**anglophone** *adj.* English-speaking (16)

**angoisse** *f.* anguish, distress

**animateur/trice** *m., f.* activity leader

**animal** *m.* animal; **animal domestique** pet

**animation** *f.* hustle and bustle

**animé** *adj.* animated; lively; hosted

**année** *f.* year (7); **l'année écoulée** the past year; **l'année prochaine (dernière, passée)** next (last) year; **année scolaire** academic, school year

**anniversaire** *m.* anniversary; birthday; **bon anniversaire** happy birthday

**annonce** *f.* announcement, ad; **petites annonces** classified ads (9)

**annoncer (nous annonçons)** to announce, declare

**annuaire** *m.* telephone book (9)

**annuel(le)** *adj.* annual, yearly

**anonyme** *m., f.* anonymous person

**anorak** *m.* (ski) jacket (7); windbreaker

**Antarctique** *m.* Antarctic

**anthropologique** *adj.* anthropological

**antibiotique** *n. m.* antibiotic

**Antilles** *f. pl.* Antilles *(islands)*, Caribbean Islands (16); **mer** *(f.)* **des Antilles** Caribbean Sea (16)

**antipathique** *adj.* unlikable, unpleasant

**antiquaire** *m., f.* antique dealer

**anxieux/ieuse** *adj.* anxious

**août** August (3)

**apercevoir** *(like* **recevoir***) irreg.* to perceive, notice

**apogée** *m.* peak, apogee

**apôtre** *m.* apostle

**apparaître** *(like* **paraître***) irreg.* to appear

**appareil** *m.* apparatus (9); telephone (9); device; appliance; *(still)* camera; **appareil-photo** *m. (still)* camera; **qui est à l'appareil?** who's calling? (9)

**apparence** *f.* appearance

**apparenté** *adj.* related; cognate *(word)*

**apparition** *f.* (first) appearance

**appartement** *m.* apartment (4)

**appel** *m.* (phone) call

**appelé** *adj.* called; named (9); designated

**appeler (j'appelle)** to call (9); to name; **comment s'appelle... ?** what's . . . 's name?;

**comment vous appelez-vous?** what's your name? (P); **je m'appelle...** my name is . . . (P); **s'appeler** to be named (12); to be called

**appétit** *m.:* **bon appétit** enjoy your meal

**appliquer** to put into practice

**apport** *m.* supply; contribution

**apporter** to bring (6); to carry (6); to furnish; to provide

**apprecié** *adj.* appreciated

**apprécier** to appreciate, value

**appréhension** *f.* apprehension, anxiety

**apprendre** *(like* **prendre***) irreg.* to learn (5); to teach; **apprendre (à)** to learn (to) (11)

**approcher** to approach, draw near

**approfondir** to go (deeper) into

**approximatif/ive** *adj.* approximate

**après** *prep.* after (4); afterward (4); **après avoir (être)...** after having . . . ; **d'après** *prep.* according to

**après-demain** *adv.* day after tomorrow

**après-midi** *m. or f.* afternoon; **cet après-midi** this afternoon (4); **de l'après-midi** in the afternoon (5); **en fin d'après-midi** in the late afternoon

**arabe** *m.* Arabic *(language); adj.* Arabic

**Arabe** *n. m., f.* Arab *(person)*

**Arabie** *(f.)* **Saoudite** Saudi Arabia (8)

**arabo-berbère** *m.* Arabic-Berber *(dialect)*

**arbre** *m.* tree (4); **arbre généalogique** family tree

**arc** *m.* arch; **tir** *(m.)* **à l'arc** archery

**arche** *f.* arch

**archéologique** *adj.* archeological

**archéologue** *m., f.* archeologist

**archipel** *m.* archipelago

**architecte** *m., f.* architect (13)

**arène(s)** *f.* arena (11); bullring

**arête** *f.* (fish) bone

**argent** *m.* money (6); silver; **argent liquide** cash; **changer de l'argent** to exchange currency

**Argentine** *f.* Argentina

**arme** *f.* weapon, arm

**armée** *(f.)* **de métier** professional army

**armoire** *f.* wardrobe; closet

**armoricain** *adj.* Armorican *(from northwest France)*

**arpent** *m.* arpent *(about an acre)*

**arrêter** to stop; **arrêter de +** *inf.* to stop *(doing s. th.)*; **s'arrêter** to stop (12)

**arrière** *adv.* (in the) back; rear; **arrière-grand-parent** *m.* great-grandparent (4); **place** *(f.)* **arrière** back seat *(in a car)*; **plage** *(f.)* **arrière** back shelf *(of a car)*;

**plancher** *(m.)* **arrière** floor of the back seat *(in a car)*

**arrivée** *f.* arrival (8)

**arriver** to arrive (2); come; to reach; to happen

**arrondi** *adj.* round

**arrondissement** *m.* ward, section *(of Paris)* (10)

**arrosé** *adj.* laced *(with liquor)*

**arroser** to spray; to make wet

**art** *m.* art; **art dramatique** theater; **arts martiaux** martial arts; **beaux-arts** *m. pl.* fine arts; **œuvre** *(f.)* **d'art** work of art (11)

**artichaut** *m.* artichoke

**artifice** *m.:* **feu** *(m.)* **d'artifice** fireworks

**artisan(e)** *m., f.* artisan, craftsperson (13)

**artiste** *m., f.* artist (11); **artiste-peintre** *m., f.* *(artist)* painter (13)

**ascenseur** *m.* elevator

**Asie** *f.* Asia

**aspirine** *f.* aspirin

**asseoir** *(p.p.* **assis***) irreg.* to seat; **asseyez-vous (assieds-toi)** sit down (12); **s'asseoir** to sit down

**assez** *adv.* somewhat (2); enough; rather, quite; **assez de** *adv.* enough (5)

**assiette** *f.* plate (5)

**assimiler** to assimilate; to take in

**assis** *adj.* seated

**assises** *(f. pl.)* **du monde** the foundations of society

**assistance** *f.* assistance, aid

**assister** to help, assist; **assister à** to attend (14), to go to *(concert, etc.)*

**associatif/ive** *adj.* associative

**associer** to associate

**associé(e)** *m., f.* associate, partner

**Assomption** *f.* Assumption *(religious holiday)*

**assumer** to assume; to take on

**assurance** *f.* insurance

**assurances-automobile** *f. pl.* car insurance

**assurer** to ensure; to assure

**astéroïde** *m.* asteroid

**astrologie** *f.* astrology

**astronome** *m., f.* astronomer

**astronomie** *f.* astronomy

**atelier** *m.* workshop; *(art)* studio

**Athènes** Athens

**athlète** *m., f.* athlete

**Atlantique** *m.* Atlantic

**attaché** *adj.* attached; tied

**attaque** *f.* attack

**atteindre** *(like* **craindre***) irreg.* to reach

**attendre** to wait (for) (4)

**attentif/ive** *adj.* attentive

**attention** *f.* attention; **attention!** *interj.* careful!; **faire attention** to be careful; to watch out (4)

**attirer** to attract; to draw

**attitré** *adj.* regular

**attrait** *m.* attraction

**aube** *f.* dawn

**auberge** *f.* inn; **auberge de jeunesse** youth hostel

**aucun(e) (ne... aucun[e])** *adj.* no, not one, not any

**audacieux/euse** *adj.* bold, audacious

**auditeur/trice** *m., f.* auditor; listener

**augmentation** *f.* increase (13); **augmentation de salaire** raise

**augmenter** to increase (15); to raise (15)

**aujourd'hui** *adv.* today (P); nowadays

**aumône** *f.* charity, alms

**auprès de** *prep.* close to

**aussi** *adv.* also (1); so; too; as; consequently; **aussi... que** as . . . as; **aussi souvent que possible** as soon as possible; **moi aussi** me too

**aussitôt** *conj.* immediately; **aussitôt que** as soon as (13)

**Australie** *f.* Australia

**autant** *adv.* as much, so much, as many, so many; **autant (de)... que** as much (many) . . . as (14)

**auteur** *m.* author, writer

**auto** *f., fam.* car, automobile

**autobiographie** *f.* autobiography

**autobiographique** *adj.* autobiographical

**autobus** (*fam.* **bus**) *m.* (city) bus (4)

**autocar** *m.* (interurban) bus

**auto-école** *f.* driving school

**automatique** *adj.*: **consigne** (*f.*) **automatique** coin locker; **distributeur** (*m.*) **automatique** automatic teller (ATM) (13)

**automne** *m.* autumn, fall; **en automne** in fall (5)

**automobile** (*fam.* **auto**) *n. f.; adj.* automobile, car; **assurances-automobile** *n. f. pl.* car insurance

**autorisé** *adj.* authorized

**autorité** *f.* authority; *pl.* powers

**autoroute** *f.* highway (8); freeway

**autour de** *prep.* around

**autre** *adj., pron.* other (3, 6); another; *n. m., f.* the other; *pl.* the others (16); the rest; **autre chose** something else; **d'autre part** on the other hand; **d'autres** others (16); **de l'autre côté** on the other side; **l'autre/les autres** the others (16); **quelqu'un d'autre** somebody, someone else; **quoi d'autre?** what else?; **un(e) autre** another (16)

**autrefois** *adv.* formerly (10); in the past; **d'autrefois** of the past, past

**Autriche** *f.* Austria

**auxiliaire** *m., Gram.* auxiliary (*verb*)

**avance** *f.* advance; **à l'avance** beforehand; **prévoir à l'avance** to plan ahead; **en avance** early

**avancé** *adj.* advanced

**avancement** *m.* promotion

**avant** *adv.* before (*in time*); *prep.* before, in advance of; **avant de** + *inf.* (*prep.*) before (*doing s.th.*); **avant que** + *subj.* (*conj.*) before; **avant tout** above all; **en avant** forward

**avantage** *m.* advantage, benefit; **d'avantage** *adv.* more

**avantageux/euse** *adj.* attractive (*prices*)

**avant-goût** *m.* sample taste

**avant-hier** *adv.* the day before yesterday (7)

**avare** *adj.* miserly, stingy

**avec** *prep.* with (2)

**avenir** *m.* future (13); **à l'avenir** from now on (13)

**aventure** *f.* adventure

**s'aventurer** to venture

**aventureux/euse** *adj.* adventurous

**aveu** *m.* admission, acknowledgement

**aviateur/trice** *m., f.* aviator

**avion** *m.* airplane (8); **billet** (*m.*) **d'avion aller-retour** round-trip plane ticket; **en avion** by plane

**avis** *m.* opinion; **à votre (ton) avis... ?** in your opinion . . . ? (10); **changer d'avis** to change one's mind

**avisé** *adj.* sensible, wise

**avocat(e)** *m., f.* lawyer (13)

**avoir** (*p.p.* **eu**) *irreg.* to have (4); **après avoir (être)...** after having . . . ; **avoir... ans** to be . . . years old (3); **avoir beau** + *inf.* to have a hard time (*doing s.th.*); **avoir besoin de** to need (3); **avoir chaud** to be warm (3); to be hot; **avoir confiance en** to have confidence in; to trust; **avoir de la chance** to be lucky (3); **avoir des ennuis avec** to be in trouble, have problems with; **avoir du mal (à)** to have trouble, difficulty (16); **avoir envie de** to want (3); to feel like (3); **avoir faim** to be hungry (3); **avoir froid** to be cold (3); **avoir \*honte** to be ashamed (3); **avoir l'air** + *adj.* to seem (3); to look (3); **avoir l'air bien** to look nice; **avoir le choix** to have a choice; **avoir le goût de** to have a taste for; **avoir le temps (de)** to have the time (to); **avoir lieu** to take place; **avoir**

**l'intention de** to intend to; **avoir l'occasion de** to have the chance to; **avoir mal (à)** to have pain (12); to hurt (12); **avoir peur de** to be afraid of (3, 15); **avoir raison** to be right (3); **avoir rendez-vous avec** to have a meeting, date with (3); **avoir soif** to be thirsty (3); **avoir sommeil** to be sleepy (3); **avoir tort** to be wrong (3); **il y a** there is, there are; ago; **j'ai horreur de** I can't stand (5)

**avril** April (4)

**azur** *m.*: **Côte** (*f.*) **d'Azur** French Riviera

**baccalauréat** (*fam.* **bac**) *m.* baccalaureate (*French secondary school degree*)

**bacchantes** *f. pl.* whiskers

**badaud(e)** *m., f.*: **voir en badaud** to be a bystander

**bagages** *m. pl.* luggage

**baguette** *f. long French bread* (5); **baguette (de pain)** baguette (6)

**baie** *f.* bay

**baignade** *f.* swim, swimming

**baigner: se baigner** to bathe (12); to swim (12)

**baigneur/euse** *m., f.* bather, swimmer

**bain** *m.* bath; swim; **maillot** (*m.*) **de bain** swimsuit (2); **salle** (*f.*) **de bains** bathroom (4)

**baisse** *f.* lowering (15); reduction; downturn

**baisser** to lower

**bal** *m.* dance, ball; **bal masqué** masked ball (16)

**balafon** *m.* kind of percussion instrument

**balancé** *adj.*: **être bien balancé** to have a beautiful figure

**balayer (je balaie)** to sweep across

**balcon** *m.* balcony (4)

**balle** *f.* bullet; **enfant** (*m., f.*) **de la balle** child of the theater

**ballon** *m.* (soccer, basket) ball; balloon

**balnéaire** *adj.*: **station** (*f.*) **balnéaire** seaside, health resort

**banalité** *f.* ordinariness; triviality

**banane** *f.* banana

**bananeraie** *f.* banana plantation

**banc** *m.* bench

**bancaire** *adj.* banking, bank; **carte** (*f.*) **bancaire** bank (ATM) card (13); **compte** (*m.*) **bancaire** bank account

**bande** *f.* band; group; gang; (*cassette, video*) tape; **bande FM** FM dial; **bandes dessinées** comics

**banlieue** *f. s.* suburbs (10); **en banlieue** in the suburbs

**banquaire** *adj.* banking

**banque** *f.* bank; **banque de données** data bank (9)

**baobab** *m.* baobab *(tropical African tree)*

**bar** *m.* bar, café (10)

**barque** *f.* small boat

**barre** *f.* bar; **mini-barre** chocolate bar

**barré** *adj.*: **chèque** *(m.)* **barré** check for deposit only

**bas(se)** *adj.* low; bottom; **à bas...!** down with . . . !; **en bas** at the bottom; downstairs; **là-bas** *adv.* over there; **taille** *(f.)* **basse** low-waisted

**base** *f.*: **à base de** from

**basé** *(adj.)* **sur** based on

**baser** to base; **se baser sur** to be based on

**basket-ball** *(fam.* **basket)** *m.* basketball; **jouer au basket** to play basketball

**bassin** *m.*: **piscine** *(f.)* **bassin** wading pool

**bateau** *m.* boat; **bateau à motor** motor boat; **bateau (à voile)** (sail)boat (7); **bateau-mouche** *(pl.* **bateaux-mouches)** *m. tourist boat on the Seine;* **en (par) bateau** by boat, in a boat; **faire du bateau** to go boating

**bâti** *adj.* built

**bâtiment** *m.* building (10)

**bâtir** to build (11)

**battre** *(p.p.* **battu)** *irreg.*: **se battre** to fight

**bavard** *adj.* talkative

**bavarder** to chat; to talk

**bayou** *m.* bayou, swamp (16)

**beau (bel, belle** [*pl.* **beaux, belles**]) *adj.* handsome; beautiful (2); **(à) la belle étoile** in the open air; **avoir beau** + *inf.* to have a hard time *(doing s.th.);* **beau temps** nice weather; **il fait beau** it's nice (out) (5)

**beaucoup (de)** *adv.* very much, a lot (1); much, many

**beau-frère** *m.* brother-in-law (4)

**beau-père** *m.* father-in-law; stepfather (4)

**beauté** *f.* beauty

**beaux-arts** *m. pl.* fine arts

**bébé-couple** *m.* young couple

**beignet** *m.* fritter

**belge** *adj.* Belgian

**Belge** *m., f.* Belgian *(person)*

**Belgique** *f.* Belgium (8)

**belle-mère** *f.* mother-in-law; stepmother (4)

**belle-sœur** *f.* sister-in-law (4)

**belote** *f. card game*

**ben** *interj., fam.* well!

**bénéficier** to profit, benefit

**bercé** rocked

**besoin** *m.* need; **avoir besoin de** to need (3)

**beur** *m., f. young North African born in France*

**beurre** *m.* butter (5)

**bibliothécaire** *m., f.* librarian

**bibliothèque** *f.* library (1)

**bicyclette** *f.* bicycle (8); **bicyclette de montagne** mountain bike; **faire de la bicyclette** to go bicycling (7)

**bien** *adv.* well; good *(fam.)* (4); quite; much (13); fine; comfortable; *m.* good; *pl.* goods, belongings; **aimer bien** to like; **avoir l'air bien** to look, seem nice; **bien cuit** well-done *(meat);* **bien informé** well-informed; **bien mieux** much better; **bien plus** much more; **bien sûr** *interj.* of course; **bien sûr que oui (non)** of course (not); **ça marche bien** things are going well; **ça va bien** things are going well (P); **eh bien** *interj.* well . . . (well, then) (2); **être bien balancé** to have a beautiful figure; **merci bien** thanks a lot; **s'amuser bien** to have a good time; **s'entendre bien** to get along (well); **tomber bien** to be lucky, a lucky coincidence; **très bien** very well (good) (P); **très bien, merci** very well, thank you; **vouloir bien** to be willing (6)

**bientôt** *adv.* soon (4); **à bientôt!** *interj.* see you soon! (P)

**bienvenu(e)** *m., f.* welcome

**bière** *f.* beer

**bifteck** *m.* steak (5)

**biguine** *f.* beguine *(South American dance)*

**bijou** *m.* jewel (13); piece of jewelry; **bijoux fantaisie** costume jewelry

**bilan** *m.* assessment; result

**bilingue** *adj.* bilingual

**bilinguisme** *m.* bilingualism

**billet** *m.* bill *(currency)* (6); ticket; **billet d'avion aller-retour** round-trip plane ticket

**biographie** *f.* biography

**biologie** *f.* biology (2)

**biologique** *adj.* organic

**biscuit (sec)** *m.* cookie, wafer

**bise** *f., fam.* kiss, smack; **grosses bises** *fam.* hugs and kisses *(closing of a letter)*

**bisou** *m.* kiss

**bistro(t)** *m.* bar, pub

**bizarre** *adj.* bizarre, odd, strange

**blague** *f.* joke

**blanc** *n. m.* blank, space

**blanc(he)** *adj.* white (2)

**blasé** *adj.* indifferent, blasé

**bleu** *adj.* blue (2)

**blond(e)** *n. m., f.; adj.* blond (3)

**blouson** *m.* windbreaker (2); jacket

**bœuf** *m.* beef (6); ox; **rôti (filet)** *(m.)* **de bœuf** roast beef; filet

**boire** *(p.p.* **bu)** *irreg.* to drink (5)

**bois** *m.* forest, woods (10); **en bois** wooden

**boisson** *f.* drink (5); beverage

**boîte** *f.* box; can; nightclub; *fam.* workplace; **boîte (de conserve)** can (of food) (6); **boîte aux lettres** mailbox (9); **boîte de couleurs** box of colored pencils; **boîte de nuit** nightclub; **boîte vocale** voice mail (9)

**bol** *m.* wide cup (5); bowl

**bolon** *m. type of tree*

**bombe** *f.* bomb

**bon** *m.* coupon

**bon(ne)** *adj.* good (6); right, correct; *n. f.* maid, chambermaid; **ah bon?** oh, really? (5); **bon anniversaire** happy birthday; **bon appétit** enjoy your meal; **bon marché** *adj. inv.* cheap, inexpensive; **bon sens** common sense; **bonne chance** good luck; **bonne route** have a good trip; **bonne table** good food; **bonnes manières** good manners; **de bon matin** early in the morning; **de bonne heure** early (5); **en bon (mauvais) état** in good (bad) condition; **le bon vieux temps** the good old days

**bonbon** *m.* (piece of) candy

**bonheur** *m.* happiness

**bonhomme** *(m.)* **de neige** snowman (16)

**bonjour** *interj.* hello, good day (P)

**bonsoir** *interj.* good evening (P)

**bord** *m.* edge; bank; **à bord** on board; **au bord de** on the banks (shore, edge) of; **au bord de la mer** at the seashore; **au bord du lac** on the lakeshore

**bordé** *adj.* lined; bordered

**bordelais** *adj.* from Bordeaux *(region)*

**bordure** *f.*: **en bordure de** running along, bordering

**botte(s)** *f.* boot(s) (2)

**boubou** *m.* boubou *(long, flowing garment worn in parts of Africa)*

**boucanier** *m.* pirate, buccaneer

**bouche** *f.* mouth (12)

**boucher/ère** *m., f.* butcher (13)

**boucherie** *f.* butcher shop (6); **boucherie-charcuterie** *f.* combination butcher shop and deli

**boucler** to fasten

**bouffe** *f., fam.* large, copious meal *(with friends)*

**bouffer** *fam.* to gobble; to eat

**bouger (nous bougeons)** to move

**boulangerie** *f.* bakery (6); **boulangerie-pâtisserie** *f.* bakery-pastry shop

**boulot** *m., fam.* job; work
**bouquin** *m., fam.* book
**bourgeois** *adj.* bourgeois; middle-class
**bourgeoisie** *f.* middle class; bourgeoisie
**bourse** *f.* scholarship; grant
**bout** *m.* end; **au bout de** at the end of; **au bout du compte** in the last analysis; **jusqu'au bout** until the very end
**bouteille** *f.* bottle (5)
**boutique** *f.* shop, store
**boxe** *f.* boxing
**braises** *f. pl.* coals; embers
**brandade** *(f.)* **Parmentier à la morue** fish paste *(dish typical of southern France)*
**bras** *m.* arm (12)
**bref (brève)** *adj.* short, brief
**Brésil** *m.* Brazil (8)
**Bretagne** *f.* Brittany; **Grande-Bretagne** *f.* Great Britain
**breton(ne)** *adj.* Breton
**Breton(ne)** *n. m., f.* Breton *(person)*
**bribes** *f. pl.* snippets
**bricolage** *m.* do-it-yourself work, puttering around (14); home projects
**bricoler** to putter *(around the house)* (14)
**brièvement** *adv.* briefly
**brillant** *adj.* brilliant
**briller** to shine
**brique** *f.* brick
**briqueteur-maçon** *m.* bricklayer, mason
**brocoli** *m.* broccoli
**brodé** *adj.* embroidered
**bronzé** *adj.* (sun)tanned
**bronzer** to get a suntan (7); to sunbathe
**brosse** *(f.)* **à dents** toothbrush
**brosser** to brush; **se brosser (les cheveux, les dents)** to brush (one's hair, teeth) (12)
**brouillard** *m.* fog
**brousse** *f.* bush, wilderness
**bruit** *m.* noise (4)
**brûlant** *adj.* burning; urgent; ticklish *(subject)*
**brûler** to burn
**brumeux/euse** *adj.* foggy, misty
**brut** *adj.* unbleached
**Bruxelles** Brussels
**bruyant** *adj.* noisy
**buanderie** *f.* laundry room
**bûche** *f.* log; **bûche de Noël** Yule log *(pastry)*
**bûcheron** *m.* woodcutter
**budget** *m.* budget (13); **budget militaire** military budget (15)
**bureau** *m.* desk (P); study/office (4); **bureau de change** money exchange (office) (13); **bureau de poste (la poste)** post office (9)

**bus** *m. fam.* **(autobus)** bus
**but** *m.* goal; objective

**ça** *pron.* this, that (6); it; **ça marche bien** things are going well; **ça m'est égal** I don't care; it's all the same to me; **ça peut aller** all right, pretty well; **ça va?** how's it going? (P); **ça va** fine (things are going well); **ça va bien (mal)** things are going well (badly) (P); **comme ci, comme ça** so-so (P); **comment ça va?** how are you?; how's it going?
**cabane** *f.* hut; cabin
**cabaret** *m.* nightclub
**cabine** *f.* cabin; **cabine téléphonique** telephone booth (9)
**cabinet** *m.* office
**câble** *m.:* **chaîne** *(f.)* **par câble** cable channel
**câblé** *adj.* cabled, wired; cable; **chaîne** *(f.)* **câblée** cable channel
**cacao** *m.* cocoa
**cacher** to hide
**cadeau** *m.* present, gift
**cadet(te)** *adj.* younger (4)
**cadre** *m.* frame; setting; middle or upper manager (13)
**café** *m.* café (1); (cup of) coffee (1, 5); **café au lait** coffee with hot milk; **café express** espresso
**cahier** *m.* notebook (P); workbook
**caisse** *f.* cash register
**calcul** *m.* calculation; arithmetic
**calculer** to calculate, figure; **machine** *(f.)* **à calculer** calculator
**calendrier** *m.* calendar
**californien(ne)** *adj.* Californian
**calme** *n. m.; adj.* calm
**calmer** to calm (down)
**calorique** *adj.:* **valeur** *(f.)* **calorique** number of calories; **très/peu calorique** high/low in calories
**camarade** *m., f.* friend, companion; **camarade de chambre** roommate (3); **camarade de classe** classmate, schoolmate
**cambré** *adj.:* **les reins** *(m. pl.)* **bien cambrés** a very arched back
**caméra** *f.* video camera (9); movie camera; **caméra vidéo** video camera
**caméscope** *m.* video camera (9)
**camion** *m.* truck
**campagne** *f.* country(side) (7); campaign; **à la campagne** in the country; **pain** *(m.)* **de campagne** country-style, wheat bread; **pâté** *(m.)* **de campagne** country-style pâté (6)

**campement** *m.* camp, encampment
**camper** to camp
**campeur/euse** *m., f.* camper
**camping** *m.* camping (7); campground; **faire du camping** to camp, go camping; **terrain** *(m.)* **de camping** campground
**Canada** *m.* Canada (8)
**canadien(ne)** *adj.* Canadian
**Canadien(ne)** *n. m., f.* Canadian *(person)*
**canal** *m.* channel; canal
**canapé** *m.* sofa (3); couch
**canard** *m.* duck; *tr. fam.* newspaper
**canari** *m.* canary
**candidat(e)** *m., f.* candidate; applicant
**candidature** *f.* candidacy; **poser sa candidature** to apply; to run *(for office)*
**caniche** *m.* poodle
**canne** *(f.)* **à sucre** sugarcane
**canoë** *m.* canoe
**cantine** *f.* canteen; cafeteria
**caoutchouc** *m.* rubber
**cap** *m.:* **Cap Vert** Cape Verde
**capacité** *f.* ability; capacity
**capital** *adj.* chief
**capitale** *n. f.* capital *(city)*
**car** *conj.* for, because
**caractère** *m.* character
**caractérisé** *adj.* characterized
**caractériser** to characterize
**caractéristique** *f.* characteristic, trait
**carafe** *f.* carafe (5); **carafe d'eau** carafe of water (5)
**Caraïbes** *f. pl.* Caribbean *(islands); adj.* Caribbean; **mer** *(f.)* **des Caraïbes** Caribbean Sea (16)
**caravane** *f.* (camping) trailer
**carburateur** *m.* carburetor
**caricature** *f.* caricature; **caricature politique** political cartoon
**caricaturiste** *m., f.* caricaturist, cartoonist
**carnaval** *m.* carnival (16)
**carnet** *m.* notebook; booklet; **carnet de chèques** checkbook (13)
**carotte** *f.* carrot (5)
**carreau** *m.* diamond *(playing cards);* **à carreaux** checked
**carrière** *f.* career
**carriériste** *adj.* career-oriented
**carriole** *f.* cart; sled
**carte** *f.* card; menu (6); map *(of a region, country)* (10); *pl.* (playing) cards (2); **carte bancaire** bank (ATM) card (13); **carte de crédit** credit card (13); **carte de séjour** residence permit; **carte d'embarquement** boarding pass (8); **carte d'étudiant** student

ID card; **carte d'identité** identification card; **carte orange** subway pass; **carte postale** postcard (9); **jouer aux cartes** to play cards

**carton** *m.* box

**cartouche** *m.* cartouche, tablet *(architectural)*

**cas** *m.* case; **en cas de** in case of, in the event of; **selon le cas** as the case may be

**casque** *m.* helmet

**casquette** *f. French* cap (2)

**casse-croûte** *m.* snack, light lunch

**casser** to break; **casser avec** to break up, break off relations with; **se faire casser** to be hard on *(s.o.)*

**casse-tête** *m.* puzzle, brainteaser

**cassette** *f.* cassette tape *(video or audio)* (3); **cassette-vidéo** *f.* video; **lecteur** *(m.)* **de cassettes** cassette deck (3); cassette player (3)

**catastrophe** *f.* catastrophe, disaster

**catégorie** *f.* category, class

**cathédrale** *f.* cathedral (11)

**catholique** *n. m., f.; adj.* Catholic

**cause** *f.:* **à cause de** because of

**causé** *adj.* caused

**CC** *ab.* for **charges** *(f. pl.)* **comprises** costs included

**CD** CD (compact disc); **lecteur** *(m.)* **de CD** compact disc (CD) player (3); **lecteur** *(m.)* **de CD-ROM** CD-ROM drive (P)

**ce (cet, cette, ces)** *pron., adj.* this, that (4); **c'est un (une)...** it's a ... (P); **ce week-end** this weekend (4); **cet après-midi (ce matin, ce soir)** this afternoon (morning, evening) (4)

**ceci** *pron.* this, that

**céder (je cède)** to give in

**cédille** *f.* cedilla

**ceinture** *f.* belt

**cela (ça)** *pron.* this, that (6)

**célébration** *f.* celebration

**célèbre** *adj.* famous

**célébrer (je célèbre)** to celebrate

**célébrité** *f.* celebrity

**célibat** *m.* single life (12)

**célibataire** *m., f., adj.* single *(person)* (4)

**cellulaire** *m.* cellular phone (9)

**celui (ceux, celle, celles)** *pron.* the one, the ones, this one, that one, these, those

**censure** *f.* censorship

**censurer** to censor

**cent** *adj.* one hundred

**centime** *m.* centime, 1/100th of a French franc (6)

**centre** *m.* center; **centre-ville** *m.* downtown (10)

**cependant** *adv.* in the meantime; meanwhile; *conj.* yet, still, however, nevertheless

**cercle** *m.:* **demi-cercle** *m.* semicircle

**céréales** *f. pl.* cereal; grains

**cérémonie** *f.* ceremony

**certain** *adj.* sure; particular; certain (16); *pl., pron.* certain ones, some people (17); **il est certain que** + *indic.* it's certain that

**certainement** *adv.* certainly

**certes** *adv.* certainly, admittedly

**certificat** *m.* certificate

**cesser (de)** to stop, cease, end

**c'est-à-dire** *conj.* that is to say

**chacun(e)** *n. m., f.; pron.* each, everyone; each (one) (16); **chacun ses habitudes** to each his own

**chagrin** *m.* sorrow, sadness

**chaîne** *f.* television channel (9); network (9); chain; string; **chaîne câblée** cable channel; **chaîne par câble** cable channel; **chaîne stéréo** stereo (system) (3)

**chaise** *f.* chair (P)

**chaleur** *f.* warmth

**chaleureux/euse** *adj.* warm; friendly

**chambre** *f.* (bed)room (3, 4); bedroom (4); hotel room; **camarade** *(m., f.)* **de chambre** roommate (3); **chambre à louer** room for rent

**champ** *m.* field

**champignon** *m.* mushroom

**chance** *f.* luck; possibility; opportunity; **avoir de la chance** to be lucky (3); **bonne chance** good luck

**chanceux/euse** lucky; fortunate

**change** *m.* currency exchange; change *(money);* **bureau** *(m.)* **de change** money exchange (office) (13)

**changement** *m.* change

**changer (nous changeons)** to change; to exchange *(currency);* **changer d'avis** to change one's mind; **changer de l'argent** to exchange currency

**chanson** *f.* song; **chanson de variété** popular song (14)

**chanter** to sing (9)

**chanteur/euse** *m., f.* singer

**chapeau** *m.* hat (2)

**chapitre** *m.* chapter

**chaque** *adj.* each, every (16)

**char** *m.* float (parade) (16)

**charbon** *m.* coal

**charcuterie** *f.* pork butcher's shop (delicatessen) (6); **boucherie-charcuterie** *f.* combination butcher shop and deli

**charge** *f.:* **prendre en charge** to take advantage

**chargé (de)** *adj.* in charge of, responsible for; heavy, loaded

**chargement** *m.* loading; shipping

**charger** to put *(s.o.)* in charge; to load; **se charger** to see to, take charge

**charges** *(f. pl.)* **comprises (CC)** costs included

**charlotte** *(f.)* **aux framboises** *cake with whipped cream and raspberries*

**charmant** *adj.* charming

**charme** *m.* charm; attraction

**charmer** to charm, enchant

**chat(te)** *m., f.* cat

**châtain** *n. m.* brown hair (3); *adj.* brown-haired, chestnut-colored *(hair)*

**château** *m.* castle, chateau (10)

**chaud** *adj.* warm; hot; **avoir chaud** to be warm (3); to be hot; **il fait chaud** it (the weather) is warm; it's hot (5)

**chaudière** *f.* boiler

**chauffé** *adj.:* **piscine** *(f.)* **chauffée** heated swimming pool

**chauffeur/euse** *m., f.* chauffeur; driver; **chauffeur de taxi** cab driver

**chaussée** *f.* pavement; **rez-de-chaussée** *m.* ground floor (4)

**chausser** to put on

**chaussettes** *f. pl.* socks (2)

**chaussure** *f.* shoe (2); **chaussures dames** woman's shoes; **chaussures de ski** hiking boots (7)

**chef** *m.* leader; head; chef, head cook; **chef de cuisine** head cook, chef; **chef d'entreprise** company head, top manager, boss (13); **terrine** *(f.)* **du chef** chef's special pâté

**chef-d'œuvre** *m.* (*pl.* **chefs-d'œuvre**) masterpiece (11)

**chemin** *m.* way (road) (10); path; **chemin de fer** railroad; **emprunter le chemin des écoliers** to take the longest route *(to avoid going to school, work, etc.)*

**cheminée** *f.* fireplace; hearth

**chemise** *f.* shirt (3)

**chemisier** *m.* (*woman's*) shirt; blouse (2)

**chèque** *m.* check (13); **carnet** *(m.)* **de chèques** checkbook (13); **chèque barré** check for deposit only; **chèque de voyage** traveler's check; **compte-chèques** *m.* checking account (13); **faire un chèque** to write a check (13); **toucher un chèque** to cash a check

**cher (chère)** *adj.* expensive (2); dear (6)

**chercher** to look for (1); to pick up; **chercher (à)** to try (to) (11)

**chéri(e)** *m., f.* darling

**cheval** *m.* horse (7); **faire du cheval** to go horseback riding (7)

**cheveux** *m. pl.* hair (3); **se brosser les cheveux** to brush one's hair (12)

**chez** at the home (establishment) of (4); **chez moi (toi, elle,** *etc.***)** at my (your, her, *etc.*) place

**chic** *adj. inv.* chic, stylish

**chien(ne)** *m., f.* dog (3); **traîneau** *(m.)* **à chiens** dogsled

**chiffre** *m.* number, digit, figure

**chimie** *f.* chemistry (1)

**chimiste** *m., f.* chemist

**Chine** *f.* China (8)

**chinois** *adj.* Chinese; *n. m.* Chinese *(language)*

**Chinois(e)** *n. m., f.* Chinese *(person)* (2)

**choc** *m.* shock

**chocolat** *m.* chocolate (5); hot chocolate; **éclair** *(m.)* **au chocolat** chocolate eclair; **gâteau** *(m.)* **au chocolat** chocolate cake (5); **mousse** *(f.)* **au chocolat** chocolate mousse

**choisir (de)** to choose (to) (3)

**choix** *m.* choice (1); **au choix** of your choosing; **avoir le choix** to have a choice

**chômage** *m.* unemployment; **taux** *(m.)* **de chômage** unemployment rate (13)

**chômeur/euse** *m., f.* unemployed person

**chose** *f.* thing; **autre chose** something else; **quelque chose** something (8); **quelque chose d'important** something important

**chou** *m.* cabbage

**chouette** *adj. inv., fam.* cute (4); super, cool

**chrétien(ne)** *adj.* Christian

**chronologique** *adj.* chronological

**chute** *f.* waterfall

**ci: comme ci, comme ça** so-so (P)

**ci-dessous** *adv.* below

**ci-dessus** *adv.* above, previously

**ciel** *m.* sky; **gratte-ciel** *m. inv.* skyscraper

**ciment** *m.* cement

**ciné** *m. fam.* **(cinéma)** movie theater; movies

**cinéaste** *m., f.* filmmaker (11)

**ciné-club** *m.* film club

**cinéma (fam. ciné)** *m.* movies (1); movie theater (1); **salle** *(f.)* **de cinéma** movie theater

**cinéphile** *m., f.* film buff

**cinq** *adj.* five (P)

**cinquante** *adj.* fifty (P)

**cinquième** *adj.* fifth

**circonflexe: accent** *(m.)* **circonflexe** circumflex accent (ô)

**circonstance** *f.* circumstance; occurrence

**circuit** *m.* circuit; organized tour

**circulation** *f.* traffic; circulation; **mise** *(f.)* **en circulation** circulation, spreading

**circuler** to circulate

**cité** *f.* city; area in a city; **cité universitaire (fam. cité-u)** university dormitory (1)

**citoyen(ne)** *m., f.* citizen (15)

**citoyenneté** *f.* citizenship

**clair** *adj.* light-colored; clear; evident

**clandestin** *adj.* clandestine, underground

**clarinette** *f.* clarinet

**classe** *f.* class; classroom; **camarade (m., f.) de classe** classmate, schoolmate; **classe affaires (économique)** business (tourist) class (8); **première (deuxième) classe** first (second) class; **salle** *(f.)* **de classe** classroom (P)

**classer** to classify; to sort

**classique** *adj.* classical (11); classic; **musique** *(f.)* **classique** classical music

**clé, clef** *f.* key; **mot-clé** *m.* key word

**client(e)** *m., f.* customer, client

**climat** *m.* climate

**climatisation** *f.* air-conditioning

**climatisé** *adj.* air-conditioned

**clinique** *f.* clinic

**cliquer (sur)** to click (on) (9)

**cloche** *f.* bell

**clocheton** *m.* pinnacle *(architecture)*

**club** *m.* club *(social, athletic)*; **ciné-club** *m.* film club

**coca** *m., fam.* cola drink

**cocher** to check off *(list)*

**cocon** *m.* cocoon

**cocoteraie** *f.* coconut plantation

**cocotier** *m.* coconut tree

**code** *m.* code; **code postal** postal, zip code

**codé** *adj.* coded

**cœur** *m.* heart; **au cœur de** at the heart, center of; **connaître par cœur** to know by heart

**coffre** *m.* chest; trunk *(of car)*

**cohabiter** to live together

**coiffeur/euse** *m., f.* hairdresser (13); barber

**coin** *m.* corner (10)

**collaborer** to collaborate

**collecte** *f.* collection

**collection** *f.* collection (14)

**collectionner** to collect

**collectionneur/euse** *m., f.* collector

**collier** *m.* necklace

**colline** *f.* hill

**colloque** *m.* colloquium, symposium

**colmater** to fill in, plug

**colombe** *f.* dove

**colon** *m.* settler, colonist

**colonie** *f.* colony

**colonisation** *f.* colonization, settlement

**colonisé** *adj.* colonized

**coloniser** to colonize (16)

**colonne** *f.* column

**combat** *m.* combat; fight

**combattant** *m.:* **ancien combattant** war veteran; **fête** *(f.)* **des Anciens Combattants** Armistice Day, Veterans Day

**combattre (***like*** battre)** *irreg.* to fight (against)

**combien (de)?** *adv.* how much?; how many? (P); **depuis combien de temps... ?** since when, how long . . . ?

**comble** *m.* height

**combler** to fill in

**comédie** *f.* comedy; theater

**comique** *m., f.* comedian, comic; *adj.* funny, comical; comedic; comedy

**commander** to order *(in a restaurant)* (5); to give orders

**comme** *adv.* as; like; how; for; **comme ci, comme ça** so-so (P); **comme d'habitude** as usual

**commencement** *m.* beginning

**commencer (nous commençons)** to begin (10); **commencer (à)** to start (11); **commencer par** to begin by, with

**comment** *adv.* how (P); **comment?** what? how? (P); **comment allez-vous?** how are you? (P); **comment ça va?** how are you? how's it going? **comment est-il/elle?** what's he (she, it) like?; **comment s'appelle... ?** what's . . . 's name?; **comment vous appelez-vous?** what's your name? (P); **je ne sais pas comment vous (te) remercier** I don't know how to thank you (14)

**commentaire** *m.* commentary, remark

**commenter** to comment on

**commerçant(e)** *m., f.* shopkeeper (13)

**commerce** *m.* business

**commercial** *n. m.* marketing person; *adj.* commercial; **directeur/trice commercial(e)** business manager (13)

**commissariat** *m.* police station (10)

**commode** *f.* chest of drawers (3)

**commun** *adj.* ordinary, common; shared; usual; popular; **en commun** in common; **transports** *(m. pl.)* **en commun** public transportation

**communautaire** *adj.* community

**communauté** *f.* community

**commune** *f.* town; village

**communicatif/ive** *adj.* communicative

**communication** *f.* communication; phone call

**communiquer** to communicate

**compact** *adj.:* **disques** *(m. pl.)* **compacts** music CDs (3)

**compagnie** *f.* company

**compagnon (compagne)** *m., f.* companion

**comparaison** *f.* comparison

**comparatif/ive** *adj.* comparative

**comparer** to compare

**compartiment** *m.* compartment (8)

**compétitif/ive** *adj.* competitive

**compiler** to compile

**complément** *m.:* **pronom** *(m.)* **complément d'objet direct/indirect** *Gram.* direct/indirect object pronoun

**complémentaire** *adj.* complementary; supplementary

**complet/ète** *adj.* complete; full; **pension** *(f.)* **complète** full board

**compléter (je complète)** to complete, finish

**compliqué** *adj.* complicated

**comportement** *m.* behavior

**comporter** to be made up of; to involve

**composé** *adj.* composed; **passé** *(m.)* **composé** *Gram.* present perfect

**composer** to compose; to make up; **composer un numéro** to dial a (phone) number (9)

**compositeur/trice** *m., f.* composer (11)

**compréhensif/ive** *adj.* understanding

**compréhension** *f.* understanding

**comprendre (*like* prendre)** *irreg.* to understand (5); to comprise, include; **je ne comprends pas** I don't understand (P)

**comprimé** *m.* tablet, pill

**compris** *adj.* included; comprised; **charges** *(f. pl.)* **comprises** (CC) costs included

**compromis** *n. m.* compromise; *adj.* jeopardized

**comptabilité** *f.* accounting (13)

**comptable** *m., f.* accountant (13); **expert(e)-comptable** *m., f.* certified public accountant

**compte** *m.* account (13); **au bout du compte** in the last analysis, in the end; **compte bancaire** bank account; **compte-chèques** *m.* checking account (13); **compte courant** checking account; **compte d'épargne** savings account (13); **se rendre compte de** to realize, be aware of

**compter (sur)** to plan (on); to include; to count; to have

**comté** *m.* county

**concerner** to concern

**conciergerie** *f.* caretaker's lodge

**concours** *m.* competition; competitive exam

**concret/ète** *adj.* concrete

**conçu** *adj.* conceived, designed

**concurrence** *f.* competition

**concurrent(e)** *m., f.* competitor; candidate

**condisciple** *m.* schoolmate

**condition** *f.* condition; situation; **à condition que** provided that, on the condition that; **conditions d'admission** admission requirements

**conditionnel** *m., Gram.* conditional

**conducteur/trice** *m., f.* driver (8)

**conduire** *(p.p.* **conduit)** *irreg.* to drive (8); to take; to lead; **permis** *(m.)* **de conduire** driver's license

**conduite** *f.* behavior; driving; guidance

**confectionné** *adj.* created, concocted

**conférence** *f.* lecture (11); conference; **salle** *(f.)* **de conférence** meeting room

**confesser: se confesser** to confess

**confiance** *f.* confidence; **avoir confiance en** to have confidence in; to trust; **faire confiance à** to trust

**confidence** *f.:* **faire une confidence à** to tell a secret to

**confier** to confide; to give

**conflit** *m.* conflict

**conformisme** *m.* conformism

**conformiste** *m., f., adj.* conformist (2)

**confort** *m.* comfort; amenities

**confortable** *adj.* comfortable

**congé** *m.* leave *(from work),* vacation

**Congo** *m.* Congo (8)

**congrès** *m.* meeting, convention

**conjugaison** *f., Gram. (verb)* conjugation

**conjuguer** *Gram.* to conjugate

**connaissance** *f.* knowledge; acquaintance; consciousness; **faire la connaissance de** to meet *(for the first time)* (4)

**connaître** *(p.p.* **connu)** *irreg.* to know (10); to be familiar with (10); **connaître par cœur** to know by heart

**connecté** *adj.* connected

**connecter: se connecter** to be connected

**connexion** *f.* link, connection

**connu** *adj.* known; famous

**conquérir** *(p.p.* **conquis)** *irreg.* to conquer

**consacré** *adj.* dedicated

**conscience** *f.* conscience; **prendre conscience de** to become aware of

**conseil** *m.* piece of advice; advice (13); council; **donner des conseils à** to give advice to

**conseillé** *adj.* recommended; advised

**conseiller (à, de)** to advise (to) (11)

**conseiller/ère** *(m., f.)* **d'orientation** guidance counselor

**conservation** *f.* conserving; preservation

**conservatoire** *m.* conservatory

**conserve** *f.:* **boîte** *(f.)* **(de conserve)** can (of food) (6)

**conserver** to conserve (15); to preserve

**considerablement** *adv.* considerably

**considération** *f.:* **prendre en considération** to take into consideration

**considérer (je considère)** to consider

**consigne** *f.* order(s), rule(s); baggage room, check room; **consigne automatique** coin locker

**consister en** to consist of

**consolider** to reinforce

**consommation** *f.* consumption; drink

**consommé** *n. m.* clear soup, consommé

**constamment** *adv.* constantly (11)

**constater** to remark

**constituer** to constitute

**constructif/ive** *adj.* constructive

**construire** *(like* **conduire)** *irreg.* to construct (8); build

**consultation** *f.* consultation; doctor's visit

**consulter** to consult

**contact** *m.* contact; **garder contact avec** to keep in touch with

**contagieux/euse** *adj.* contagious

**conte** *m.* tale, story

**contempler** to contemplate, meditate upon

**contemporain** *adj.* contemporary

**contenir** *(like* **tenir)** *irreg.* to contain

**content** *adj.* happy, pleased (9); **être content de** + *inf.* to be happy about; **être content que** + *subj.* to be happy that

**contenter** to please, make happy

**contexte** *m.* context

**continuer (à)** to continue (to) (11)

**contrainte** *f.* constraint; **sans contrainte** free, unconstrained

**contraire** *m.:* **au contraire** on the contrary (5)

**contrairement (à)** *adv.* contrarily, contrary (to)

**contraste** *m.* contrast

**contrat** *m.* contract

**contre** *prep.* against; contrasted with; **manifester contre** to demonstrate against (15); **par contre** on the other hand

**contribuer** to contribute

**contrôle** *m.* control, overseeing (15)

**contrôlé** *adj.* controlled

**contrôler** to inspect, monitor (15); to control

**contrôleur/euse** *m., f.* ticket collector; conductor

**controverse** *f.* controversy

**controversé** *adj.* much debated; controversial

**convaincre** (*p.p.* **convaincu**) *irreg.* to convince

**convenable** *adj.* proper; appropriate

**convenir** (*like* **venir**) *irreg.* to fit; to be suitable

**convoquer** to summon, invite

**copain** (**copine**) *m., f., fam.* friend, pal

**copier** to copy

**copieux/euse** *adj.* copious, abundant

**coquille** *f.* shell

**coralien(ne)** *adj.* coral

**corps** *m.* body (12)

**correctement** *adv.* correctly

**correspondance** *f.* correspondence; transfer, change (*of trains*)

**correspondant(e)** *n. m., f.* correspondent; pen pal; *adj.* corresponding

**correspondre** to correspond

**corriger** (**nous corrigeons**) to correct

**Corse** *f.* Corsica

**corsé** *adj.* spicy; full-flavored

**costume** *m.* (*man's*) suit (2); costume (16)

**côte** *f.* chop (6); coast; **côte d'agneau (de porc)** lamb (pork) chop; **Côte d'Azur** French Riviera

**côté** *m.* side; **à côté (de)** *prep.* by, near; beside, next to (2); at one's side; **(d')à côté** (from) next door; **de l'autre côté** on the other side; **quoi de neuf de votre côté?** what's new with you?

**Côte-d'Ivoire** *f.* Ivory Coast (8)

**coton** *m.* cotton; **en coton** (made of) cotton

**cou** *m.* neck (12)

**couchage** *m.:* **sac** (*m.*) **de couchage** sleeping bag (7)

**coucher: se coucher** to go to bed (12)

**couchette** *f.* couchette; berth (*train*) (8)

**coucou** *m.* cuckoo; peek-a-boo! (3)

**couenne** *f.* hide

**couler** to flow

**couleur** *f.* color; **boîte** (*f.*) **de couleurs** box of colored pencils; **de quelle couleur est... ?** what color is . . . ?; **en couleurs** color; colored

**couloir** *m.* hall (4); hallway

**coup** *m.* blow; shot; **coup de foudre** flash of lightning (12); love at first sight; **coup de téléphone** telephone call; **tout d'un coup** *adv.* suddenly, all at once (10)

**couper** to cut; to cut off; to shut off

**cour** *f.:* **Cour suprême** Supreme Court

**courageux/euse** *adj.* courageous (2)

**couramment** *adv.* fluently (11); commonly

**courant** *n. m.* current; *adj.* common, frequent; general, everyday; **compte** (*m.*)
**courant** checking account; **être au courant** to be up (to date) with; **tenir quelqu'un au courant** to keep s.o. informed

**coureur/euse** *m., f.* runner

**courir** (*p.p.* **couru**) *irreg.* to run (14)

**couronnement** *m.* coronation

**courrier** *m.* mail; **courrier électronique** e-mail (9)

**cours** *m.* course (1); exchange rate (13); **au cours de** *prep.* during; **cours du jour** today's exchange rate; **en cours** current, present; **suivre un cours** to take a course

**course** *f.* race; errand; **course à pied** foot race; **faire les courses** to do errands (4); to shop

**court** *adj.* short hair (*not used for people*) (3); short; *n. m.* **court de tennis** tennis court; **court en dur** hard court (*tennis*)

**courtisé** *adj.* fawned over

**courtoisie** *f.* courtesy

**couscous** *m. s.* couscous (*North African cracked-wheat dish*) (5)

**couscoussier** *m.* couscous pan (*with steamer*)

**cousin(e)** *m., f.* cousin (4)

**coût** *m.* cost; **coût de la vie** cost of living (13)

**couteau** *m.* knife (5)

**coûter** to cost

**coûteux/euse** *adj.* costly, expensive

**coutume** *f.* custom; **leurs coutumes** their customs, traditions (16)

**couture** *f.:* *haute couture high fashion

**couturier/ière** *m., f.* fashion designer; dressmaker

**couvent** *m.* convent

**couvert** *adj.* covered; cloudy; *m.* table setting; **mettre le couvert** to set the table; **temps** (*m.*) **couvert** cloudy weather

**couvrir** (*like* **ouvrir**) *irreg.* to cover (13)

**crabe** *m.* crab

**craché** *adj.:* **portrait** (*m.*) **craché** spitting-image portrait

**craie** *f.* chalk (P)

**craindre** (*p.p.* **craint**) *irreg.* to fear, be afraid of

**cravate** *f.* (neck)tie (2)

**crayon** *m.* pencil (P)

**créateur/trice** *n. m., f.* creator; *adj.* creative

**créatif/ive** *adj.* creative

**créativité** *f.* creativity

**crèche** *f.* child-care center

**crédit** *m.* credit; *pl.* funds, investments; **carte** (*f.*) **de crédit** credit card (13)

**créé** *adj.* created

**créer** to create (9)

**crème** *f.* cream (5); **crème glacée** ice cream; **crème solaire** sunscreen; tanning lotion

**crêpe** *f.* crepe; pancake (5)

**crevette** *f.* shrimp

**crier** to cry out; to shout

**criminalisté** crime

**crise** (*f.*) **crise économique** recession; depression

**crissé** *adj.* crunching

**critère** *m.* criterion

**critique** *n. f.* critique; *n. m., f.* critic; **faire la critique** to review; to criticize

**critiquer** to criticize

**croire** (*p.p.* **cru**) *irreg.* to believe (9); **croire à/en** to believe in; **croire quel** to believe that

**croissance** *f.* growth

**croissant** *n. m.* croissant (5); *adj.* growing, increasing

**crouler** to be weighted down

**croyance** *f.* belief

**crustacé** *m.* crustacea, shellfish

**cubisme** *m.* cubism

**cuillère** (*f.*) **(à soupe)** (soup) spoon (5); **petite cuillère** teaspoon

**cuir** *m.* leather; **en cuir** (made of) leather

**cuire** to cook

**cuisine** *f.* cooking (5); food, cuisine (6); kitchen (4); **chef** (*m.*) **de cuisine** head cook, chef; **faire la cuisine** to cook (4); **grande cuisine** fancy, elaborate cooking; **livre** (*m.*) **de cuisine** cookbook; **nouvelle cuisine** light, low-fat cuisine

**cuisiner** to cook

**cuisinette** *f.* kitchenette

**cuisson** *f.* cooking (*process*)

**cuit** *adj.* cooked; **bien cuit** well done (*meat*); **en terre cuite** terra-cotta

**culinaire** *adj.* culinary, cooking

**culte** *adj.* cult

**cultivé** *adj.* educated; cultured

**culture** *f.* education; culture

**culturel(le)** *adj.* cultural; educational

**curieux/euse** *adj.* curious

**curiosité** *f.* curiosity

**cursus** *m.* degree course (*university*)

**cybermonde** *m.* cyberspace

**cyclisme** *m.* (*fam.* **cyclo**) cycling (14)

**cycliste** *m., f.* bicycle rider, cyclist

**d'accord** *interj.* O.K., agreed (2)

**d'ailleurs** *adv.* besides, moreover

**dame** *f.* lady, woman; **chaussures** (*f. pl.*) **dames** women's shoes; **messieurs dames** ladies and gentlemen

**Danemark** *m.* Denmark

**dangereux/euse** *adj.* dangerous

**dans** *prep.* within; in (1); **dans quatre jours** in four days (4)

**dansant** *adj.:* **soirée** *(f.)* **dansante** dance

**danse** *f.* dance; dancing

**danser** to dance (1)

**danseur** *m.* dancer

**date** *f.* date *(time)*

**dater de** to date from (11)

**davantage** *adv.* more

**de** *prep.* of, from, about (1)

**débat** *m.* debate

**se débattre** *(like* **battre)** *irreg.* to fight; to struggle

**début** *m.* beginning; first of; **au début (de)** in, at the beginning (of)

**débutant(e)** *m., f.* beginner

**décéder** to die

**décembre** December (3)

**décennie** *f.* decade

**déchet** *m.* waste *(material)* (15); **déchets industriels** toxic waste; **déchets nucléaires** nuclear waste

**décidément** *adv.* decidedly; definitely

**décider (de)** to decide (to) (11)

**décision** *f.* decision

**déclaration** *f.* statement

**déclarer** to declare

**déclin** *m.* decline

**décodeur** *m.* decoder

**décolonisation** *f.* decolonization

**décontracté** *adj.* relaxed

**décoratif/ive** *adj.* decorative

**décoré** *adj.* decorated, ornamented

**décorer** to decorate

**découler de** to come, follow from

**découper** to cut out

**découverte** *f.* discovery

**découvrir** *(like* **ouvrir)** *irreg.* to discover (13)

**décrire** *(like* **écrire)** *irreg.* to describe (9)

**décrit** *adj.* described

**dedans** *prep., adv.* within, inside

**défaire** *(like* **faire)** *irreg.* to take down, dismantle

**défaut** *m.* defect, fault

**défendre** to defend

**défendu** *adj.* defended, protected

**défense** *(f.)* **de** defense, argument in favor of

**défi** *m.* challenge

**défilé** *m.* parade (16); procession

**défini** *adj.:* **article** *(m.)* **défini** *Gram.* definite article

**définir** to define

**se défouler** to let off steam, unwind

**dégager (nous dégageons)** to emit; to free; **se dégager** to be drawn *(from a conclusion)*

**se dégourdir** to stretch out

**dégoûtant** *adj.* disgusting

**degré** *m.* degree

**déguisé** *adj.* disguised

**se déguiser** to disguise oneself (16)

**déguster** to taste; to eat

**dehors** *adv.* outdoors; outside (12)

**déjà** *adv.* already (8)

**déjeuner** *v.* to have lunch; *n. m.* lunch (5); **petit déjeuner** breakfast (5)

**délégué(e)** *m., f.* delegate

**délicat** *adj.* delicate

**délicatesse** *f.* delicacy

**délice** *m.* delight

**délicieux/euse** *adj.* delicious

**deltaplane** *m.* hang glider

**demain** *adv.* tomorrow (4); **après demain** *adv.* day after tomorrow; **demain soir** tomorrow evening

**demande** *f.* request; application; **demande d'emploi** job application

**demandé** *adj.* asked for, requested; in demand

**demander** to ask (12); to ask for (1); to request (4); **demander un petit service** to ask a small favor (14); **se demander** to wonder (12)

**démarrer** to start (up); to get moving

**déménager (nous déménageons)** to move *(house)*

**demeure** *f.* residence

**demeurer** to remain

**demi** *adj.* half; **et demi(e)** half past *(the hour)* (5)

**demi-cercle** *m.* semicircle

**demi-frère** *m.* half brother; stepbrother (4)

**demi-heure** *f.* half hour

**demi-pension** *f.* partial board *(with room)*

**demi-saison** *f.* spring; cool season; in between seasons

**demi-sœur** *f.* half sister; stepsister (4)

**démocratie** *f.* democracy

**démoli** *adj.* demolished, destroyed

**dénivellation** *f.* lowering

**dénouer** to untie, undo

**denrées** *(f. pl.)* **alimentaires** foodstuffs

**dent** *f.* tooth (12); **brosse** *(f.)* **à dents** toothbrush; **se brosser les dents** to brush one's teeth (12)

**dentaire** *adj.* dental

**dentifrice** *m.* toothpaste

**dentiste** *m., f.* dentist (13)

**dépannage** *m.* fixing; repairing

**départ** *m.* departure (8); **point** *(m.)* **de départ** starting point

**département** *m.* department; district

**départir** *(like* **dormir)** *irreg.* to depart

**dépaysement** *m.* change of scenery

**se dépêcher** to hurry (12)

**dépendance** *f.* dependency

**dépendre de** to depend on

**dépense** *f.* expense (13); spending

**dépenser** to spend *(money)* (13); **se dépenser** to waste

**déplacement** *m.* moving; travel

**se déplacer (nous déplaçons)** to move around, go somewhere

**déplaire** *(like* **plaire)** *irreg.* to displease

**déposer** to deposit (13)

**déprimé** *adj.* depressed

**depuis (que)** *prep.* since, for (7); **depuis combien de temps...?** since when, how long . . . ?; **depuis quand?** since when?

**député** *m.* delegate, deputy

**déraisonnable** *adj.* unreasonable

**déranger (nous dérangeons)** to disturb, bother

**dernier/ière** *adj.* last (7); most recent; past; **au dernier moment** at the last minute; **l'an** *(m.)* **dernier (l'année** *[f.]* **dernière)** last year

**se dérouler** to unfold; **se déroule** takes place (14)

**déroutant** *adj.* disconcerting

**derrière** *prep.* behind (2); *adv.* behind

**dès** *prep.* from *(then on)*; **dès que** *conj.* as soon as (14)

**désagréable** *adj.* disagreeable, unpleasant (3)

**désastreux/euse** *adj.* disastrous

**descendre** to go down (7); to get off (7); to take down; **descendre à** to go down *(south)* to (4); **descendre de** to get down (from), get off (4)

**descente** *f.* descent

**désert** *m.* desert; wilderness

**déserté** deserted

**déserter** to desert; to run away

**déserteur** *m.* deserter; defector

**désespéré** *adj.* desperate

**désigner** to name, appoint

**désir** *m.* desire

**désiré** *adj.* desired, wanted

**désirer** to desire, want

**désolé** *adj.* sorry (15); **(je suis) désolé** I'm sorry

**désordre** *m.* disorder, confusion; **en désordre** disorderly, untidy (3)

**dessert** *m.* dessert (5)

**desservi** *adj.* served by, linked to public transportation

**dessin** *m.* drawing

**dessiné** *adj.:* **bandes** *(f. pl.)* **dessinées** comics

**dessiner** to draw

**dessous** *adv.:* **au-dessous de** *prep.* below; **ci-dessous** *adv.* below

**dessus** *adv.:* **au-dessus** *adv.* above; **ci-dessus** *adv.* above, previously; *n. m.* top; back

**destillerie** *f.* distillery

**destin** *m.* destiny; fate

**destinataire** *m., f.* recipient

**destination** *f.* destination; **à destination de** in the direction of; heading for

**destiné (à)** *adj.* designed (for), aimed (at); destined (for)

**destinée** *f.* destiny, future

**détail** *m.* detail; **en détail** in detail

**se détendre** to relax (12)

**détente** *f.* relaxation

**déterminer** to determine

**détester** to detest (1); to hate

**détour** *m.* detour; **sans détour** without beating around the bush

**détruire** *(like* **conduire)** *irreg.* to destroy (8)

**détruit** *adj.* destroyed

**deux** *adj.* two (P); **tous (toutes) les deux** both (of them)

**deuxième** *adj.* second (5); **deuxième classe** second class; **deuxième étage** second floor (4); **Deuxième Guerre** *(f.)* **mondiale** Second World War

**devant** *prep.* before; in front of (2)

**développé** *adj.* developed; industrialized

**développement** *m.* development; growth; **pays** *(m.)* **en voie de développement** developing country

**développer** to spread out; to develop (15)

**devenir** *(like* **venir)** *irreg.* to become (7)

**devenu** *adj.* became

**deviner** to guess (11)

**devinette** *f.* riddle

**devise** *f.* motto; *pl.* currency

**devoir** *(p.p.* **dû)** *irreg. v.* to owe; to have to, be obliged to (6); must; should; *n. m.* duty; *n. m. pl.* homework (5); **faire ses devoirs** to do homework (4)

**diable** *m.* devil

**diamètre** *m.* diameter

**diaphane** *adj.* diaphanous, filmy

**diapositive** *f.* *(photographic)* slide

**dictateur/trice** *m., f.* dictator

**dictionnaire** *m.* dictionary (1)

**diététique** *adj.* dietetic

**dieu** *m.* god

**différemment** *adv.* differently

**différend** *m.* disagreement, difference

**différent** *adj.* different (2)

**difficile** *adj.* difficult (2)

**difficulté** *f.* difficulty

**diffusé** *adj.* broadcast

**diffuser** to broadcast; to disseminate

**diffusion** *f.* spreading

**digestif** *m.* brandy, liqueur

**dignité** *f.* dignity

**digue** *f.* dike; sea wall

**diktat** *m.* diktat *(decree)*

**diligemment** *adv.* diligently

**dimanche** *m.* Sunday

**diminuer** to reduce (15); to lower (15)

**diminution** *(f.)* **de salaire** salary reduction

**dinde** *f.* turkey

**dîner** *v.* to dine, have dinner (5); *n. m.* dinner (5)

**diplomate** *n. m., f.* diplomat; *adj.* diplomatic, tactful

**diplomatique** *adj.* diplomatic *(of the diplomatic corps)*

**diplôme** *m.* diploma

**diplômé(e)** *m., f.* graduate; holder of a diploma; *adj.* graduated

**dire** *(p.p.* **dit)** *irreg.* to say, tell (9); **c'est-à-dire** that is to say, namely; **dis donc** *interj.* say, listen; **entendre dire que** to have heard that; **que veut dire... ?** what does . . . mean? (6); **vouloir dire** to mean (6)

**direct** *adj.* direct, straight; **pronom** *(m.)* **(complément) d'objet direct** *Gram.* direct object pronoun

**directement** *adv.* right away; directly

**directeur/trice** *m., f.* manager, head (13); **directeur/trice commercial(e)** business manager (13)

**direction** *f.* direction; management; leadership

**directives** *f. pl.* rules of conduct, directives

**diriger** **(nous dirigeons)** to direct (13); to govern, control

**dis donc** *interj.* say, listen

**disco** *m.* disco music; discotheque

**discothèque** *(fam.* **disco)** *f.* discotheque

**discours** *m.* discourse; speech

**discuter (de)** to discuss

**disjoint: pronom** *(m.)* **disjoint** *Gram.* disjunctive, stressed pronoun

**disparaître** *(like* **connaître)** *irreg.* to disappear

**disparu** *adj.* disappeared

**disponible** *adj.* available

**disposer de** to have (available); to make use of

**disposition** *f.:* **à votre disposition** at your disposal

**dispute** *f.* quarrel

**se disputer** to quarrel (13)

**disque** *m.* record (3); recording; **disques compacts** music CDs (3)

**dissertation** *f.* essay, term paper

**distinct** *adj.* distinct, separate

**distraction** *f.* recreation; entertainment; distraction

**se distraire** *(p.p.* **distrait)** *irreg.* to have fun, amuse oneself

**distribuer** to distribute

**distributeur/trice** *m., f.* distributor; **distributeur automatique** automatic teller (ATM) (13)

**divers** *adj.* varied, diverse; **fait** *(m.)* **divers** news item, incident

**diversité** *f.* diversity

**divertissement** *m.* amusement, pastime

**divisé** *adj.* divided

**se diviser** to divide up

**divorcé(e)** *adj.* divorced (4)

**dix** *adj.* ten (P); **dix-sept (-huit, -neuf)** *adj.* seventeen (eighteen, nineteen) (P)

**dixième** *adj.* tenth

**dizaine** *f.* about ten, ten or so

**docteur** *m.* doctor

**doctorat** *m.* doctorate, Ph.D.

**dodo** *m. fam.* sleep

**doigt** *m.* finger (12)

**domaine** *m.* domain; specialty; province; field

**domestique** *n. m., f.* servant; *adj.* domestic; **animal** *(m.)* **domestique** pet

**dominant** *adj.* main

**dominé** *adj.* dominated

**dominer** to dominate

**dommage** *m.* pity; too bad (15); **c'est dommage** it's too bad, what a pity; **il est dommage que** + *subj.* it's too bad that (15)

**donc** *conj.* then; therefore (2); **dis donc** *interj.* say, listen

**donné** *adj.* given

**données** *f. pl.* data; **banque** *(f.)* **de données** data bank (9)

**donner** to give (1); **donner rendez-vous** to make an appointment; **donner des conseils à** to give advice to; **qui donnent sur** that overlook (3)

**dont** whose, of whom, of which (13)
**dope** *f.* addict
**dormir** *irreg.* to sleep (7)
**dortoir** *m.* dormitory
**dos** *m.* back; **sac** *(m.)* **à dos** backpack (2)
**douane** *f.* customs *(at the border)*
**doubler** to pass *(a car);* to double; **se doubler de** to be coupled with
**douceur** *f.* softness; gentleness
**douche** *f.* shower *(bath)* (3); **prendre une douche** to take a shower
**se doucher** to take a shower (12)
**doué** *adj.:* **être doué(e) pour** to be good at
**doute** *m.* doubt; **sans doute** probably, no doubt
**douter** to doubt (15, 16)
**doux (douce)** *adj.* sweet
**douze** *adj.* twelve (P)
**douzième** *adj.* twelfth
**dramatique** *adj.:* **art** *(m.)* **dramatique** theater
**drap** *m. (bed)* sheet
**drapeau** *m.* flag
**se dresser** to stand, be
**drogue** *f.* drug
**droit** *m.* law (1); right; fee, royalty; **faculté** *(f.)* **de droit** law school; *adj.* right; straight; *adv.* straight on; **tout droit** *adv.* straight ahead (10)
**droite** *n. f.* right; right hand; **à droite** *prep.* on(to) the right (10); **centre-droite** *f.* right-center *(political);* **extrême droite** *f.* far right *(political);* **rive** *(f.)* **droite** Right Bank *(in Paris)* (10)
**drôle** *adj.* funny (2); odd
**dromadaire** *m.* dromedary *(racecourse)*
**duc** *m.* duke
**dur** *adj.* hard; difficult; **court** *(m.)* **en dur** hard court *(tennis);* **en dur** concrete; *adv.* hard
**durant** *prep.* during
**durée** *f.* duration; length
**durer** to last, continue
**dynamique** *adj.* dynamic (2)
**dynastie** *f.* dynasty

**eau** *f.* water (5); **carafe** *(f.)* **d'eau** carafe of water (5); **eau minérale** mineral water (5); **salle** *(f.)* **d'eau** half-bath *(toilet and sink)*
**ebloui** *adj.* dazzled
**écart** *m.* gap
**échange** *m.* exchange
**échanger (nous échangeons)** to exchange
**s'echapper** to escape
**échec** *m.* failure; *pl.* chess (2)

**échelle** *f.* scale; ladder; **à l'échelle du monde** on a worldwide scale; huge
**s'échelonner** to be spaced out, spread out
**éclair** *m.* éclair *(pastry)* (6); **éclair au chocolat** chocolate eclair
**éclaircie** *f.* clearing *(in weather)*
**éclairé** *adj.* lit, lighted
**éclater** to break out; to burst; **s'éclater** *fam.* to enjoy oneself intensely
**école** *f.* school (9); **auto-école** *f.* driving school; **école maternelle** preschool, kindergarten; **école primaire (secondaire)** primary (secondary) school; **grande école** *(French state-run)* graduate school
**écolier** *m.:* **emprunter le chemin** *(m.)* **des écoliers** to take the longest route *(to avoid going to school, work, etc.)*
**écologique** *adj.* ecological
**écologiste** *n. m., f.* ecologist *(politics);* *adj.* ecological (15)
**économe** *adj.* thrifty, economical
**économie** *f.* economics; economy; *pl.* savings; **faire des économies** to save (up) money (13)
**économique** *adj.* economic; financial; economical; **classe** *(f.)* **économique** tourist class (8); **crise** *(f.)* **économique** recession; depression; **sciences** *(f. pl.)* **économiques** economics
**économiser** to save *(money)*
**Écosse** *f.* Scotland; **Nouvelle-Écosse** *f.* Nova Scotia
**écoulé** *adj.:* **l'année ecoulée** the past year
**écourter** to shorten, cut short
**écoute: à l'écoute** *adv.* listening (in)
**écouter** to listen to (1)
**écran** *m.* screen *(for films and projections)* (P); computer screen; **petit écran** television
**écrevisse** *f.* crayfish (16)
**s'écrier** to cry out, exclaim
**écrire** *(p.p. écrit)* **(à)** *irreg.* to write (to) (9)
**écrit** *adj.* written; **par écrit** in writing
**écriture** *f.* (hand)writing
**écrivain (femme-écrivain)** *m., f.* writer (11)
**s'écrouler** to collapse
**écu** *m. European currency*
**édifice** *m.* building, edifice
**éditeur/trice** *m., f.* editor; publisher
**éducateur/trice** *m., f.* teacher; instructor
**éducatif/ive** *adj.* educational
**éducation** *f.* upbringing; breeding; education
**effectuer** to carry out, perform, make; to complete

**effet** *m.* effect; **effet de serre** greenhouse effect; **en effet** as a matter of fact, indeed
**efficace** *adj.* efficient, useful
**effort** *m.* effort, attempt; **faire des efforts** to try, make an effort
**effrayant** *adj.* frightening
**égal** *adj.* equal
**également** *adv.* equally; likewise, also
**égalité** *f.* equality
**église** *f.* church (10)
**égoïste** *adj.* selfish
**Égypte** *f.* Egypt
**égyptologie** *f.* Egyptology
**eh bien** *interj.* well . . . (well, then) (2)
**élargissement** *m.* broadening
**électeur/trice** *m., f.* voter (15)
**élection** *(f.):* **se presenter aux élections** to run for office
**électroménager** *m.* household appliance
**électronique** *adj.* electronic; **courrier** *(m.)* **électronique** e-mail (9)
**élève** *m., f.* pupil, student
**élevé** *adj.* high; raised; brought up
**élever (j'élève)** to raise; **s'élever** to rise, go up
**éliminé** *adj.* eliminated
**éliminer** to eliminate
**élire** *(like lire)* *irreg.* to elect (15)
**elle** *pron., f. s.* she; her; **elle-même** *pron., f. s.* herself; **elles** *pron., f. pl.* they; them
**élu(e)** *m., f., adj.* elected, chosen *(person)*
**émaner de** to come from
**embarquement** *m.* loading; embarkation; **carte** *(f.)* **d'embarquement** boarding pass (8)
**s'embarquer** to board
**embarrassant** *adj.* embarrassing
**embarrassé** *adj.* embarrassed
**embauche** *f.* hiring (13)
**embaucher** to hire (13)
**embellir** to beautify; to embellish
**embouteillage** *m.* traffic jam
**embrasser** to kiss; to embrace; **je t'embrasse** love *(closing of letter);* **s'embrasser** to kiss (12); to embrace, kiss each other
**émerveillé** *adj.* filled with wonder
**émetteur** *m.* transmitter
**émettre** *(like mettre)* *irreg.* to issue
**émigré** *m., f.* expatriate; migrant worker
**émigrer** to emigrate
**émission** *f.* program; broadcast (9)
**emmener (j'emmène)** to take *(s.o.)* (14); to take along
**emmitouflé** *adj.* wrapped up
**empêcher (de)** to prevent (from) (11)
**emplacement** *m.* location

**emploi** *m.* use; job, position; **demande** *(f.)* **d'emploi** job application; **offre** *(f.)* **d'emploi** job offer

**employé(e)** *m., f.* employee; white-collar worker; **employé(e) (de)** employee, *(s.o.)* employed (by) (13)

**employer (j'emploie)** to use; to employ

**employeur/euse** *m., f.* employer

**emporter** to take *(s.th. somewhere)*

**emprunt** *m.* loan (13); **faire un emprunt** to take out a loan

**emprunter (à)** to borrow (from) (9, 11); **emprunter le chemin des écoliers** to take the longest route *(to avoid going to school, work, etc.)*

**ému** *adj.* moved; touched

**en** *prep.* in; to (2); like; in the form of; *pron.* of them; of it; some; any (11)

**en-cas** *m.* snack

**encercler** to circle, encircle

**enchaîné** *adj.* chained, fettered

**enchanté** *adj.* enchanted; delighted

**encore** *adv.* still (8); again; yet; even; more; **encore une fois** again, once more; **ne... pas encore** not yet (8)

**encourager (nous encourageons)** to encourage

**endormir** *(like* **dormir**) *irreg.* to put to sleep (12); **s'endormir** to fall asleep (12)

**endossé** *adj.* endorsed

**endosser** to endorse *(check)*

**endroit** *m.* place (7); spot

**énergie** *f.* energy; **énergie nucléaire (solaire)** nuclear (solar) power (15)

**énergique** *adj.* energetic

**énervant** *adj.* aggravating, irritating

**énervé** *adj.* irritated, upset

**énervement** irritation, annoyance

**enfance** *f.* childhood

**enfant** *m., f.* child (4); **enfant de la balle** child of the theater; **petit-enfant** *m.* grandchild (4)

**enfin** *adv.* finally (10); **enfermé** *adj.* locked away at last

**s'enfoncer (nous nous enfonçons)** to disappear; to sink deep

**engagement** *m.* *(political)* commitment

**engagé** *adj.* involved

**engager (nous engageons)** to begin, start; **s'engager (vers)** to get involved (in) (15)

**énigmatique** *adj.* enigmatic

**énigme** *f.* riddle, enigma

**enjoué** *adj.* cheerful

**ennemi(e)** *m., f.* enemy

**ennui** *m.* problem; trouble (8); **avoir des ennuis avec** to be in trouble, have problems with

**ennuyer (j'ennuie)** to bother (12); **s'ennuyer** to be bored (12)

**ennuyeux/euse** *adj.* boring (12); annoying

**énorme** *adj.* huge, enormous

**enquête** *f.* inquiry; investigation

**enquêteur/euse** *m., f.* investigator; reporter

**enregistrer** to record

**enrichissement** *m.* enrichment

**enrichir** to make rich; to expand

**enseignant(e)** *m., f.* teacher, instructor

**enseignement** *m.* teaching; education

**enseigner (à)** to teach (11)

**ensemble** *adv.* together; *n. m.* housing development; ensemble; whole; **d'ensemble** overall, comprehensive

**ensoleillé** *adj.* sunny

**ensuite** *adv.* then, next (6)

**entamer** to start

**entendre** to hear (4, 12); to understand; **s'entendre (avec)** to get along (with) (12)

**enthousiasme** *m.* enthusiasm

**enthousiaste** *adj.* enthusiastic (2)

**entier/ière** *adj.* entire, whole, complete; **en entier** in its entirety

**entouré** *adj.* surrounded

**entraînement** *m.* *(athletic)* training, coaching **s'entraîner** to train

**entre** *prep.* between, among

**entrecôte** *f.* rib steak

**entrée** *f.* entrance, entry; admission; first course *(meal)* (6)

**entreprise** *f.* business, company (13); **chef** *(m.)* **d'entreprise** company head, top manager, boss (13)

**entrer** to enter (7)

**entretien** *m.* maintenance; job interview (13); **gymnastique** *(f.)* **d'entretien** light exercise

**entrevue** *f.* *(job)* interview

**envahir** to invade, overrun

**enveloppe** *f.* envelope (9)

**envers** *prep.* toward; with respect to

**envie** *f.:* **avoir envie de** to want (3); to feel like (3)

**environ** *adv.* about, approximately; *n. m. pl.* surroundings

**environnement** *m.* environment (15); milieu

**envoyer (j'envoie)** to send (9)

**épais(se)** *adj.* thick

**épargne** *f.:* **compte** *(m.)* **d'épargne** savings account (13)

**épargné** *adj.* spared

**épicé** *adj.* spicy

**épicerie** *f.* grocery store (6)

**épidémie** *f.* epidemic

**épidémiologique** *adj.* epidemiological

**époque** *f.* period *(of history)* (11); **à l'époque** at the time; **meubles** *(m. pl.)* **d'époque** antique furniture

**épreuve** *f.:* **mettre à l'épreuve** to test, put to the test

**éprouver** to feel; to experience

**équatorial** *adj.* equatorial

**équilibre** *m.* equilibrium, balance

**équilibré** *adj.* balanced, well-balanced

**équipe** *f.* team (14); working group; **sports** *(m. pl.)* **d'équipe** team sports; **travail** *(m.)* **d'équipe** teamwork

**équipé** *adj.* equipped

**équipement** *m.* equipment; gear

**équitation** *f.* horseback riding

**érable** *m.* maple; **sève** *(f.)*, **sirop** *(m.)* **d'érable** maple syrup

**erreur** *f.:* **faire une erreur** to make a mistake

**erroné** *adj.* wrong

**escalade** *f.* climbing; mountain climbing

**escalier** *m.* stairs; stairway (4)

**escargot** *m.* snail; escargot

**esclave** *m., f.* slave

**espace** *m.* space

**Espagne** *f.* Spain (8)

**espagnol** *adj.* Spanish; *n. m.* Spanish *(language)*

**Espagnol(e)** *n. m., f.* Spanish *(person)* (1)

**espèce** *f.* kind; **en espèces** in cash

**espérer (j'espère)** to hope

**espoir** *m.* hope

**esprit** *m.* mind; spirit; influence; attitude; **venir à l'esprit** to come to mind, cross one's mind

**essai** *m.* attempt; essay

**essayer (j'essaie)** to try (9); **essayer (de)** to try (to) (11); to attempt

**essence** *f.* gasoline, gas; essence; **en panne d'essence** out of gas(oline); **faire le plein** to fill it up *(gas tank)* (8)

**essencerie** *f.* gas station

**essentiel(le)** *adj.* essential; *n. m.* main thing; **il est essentiel que** + *subj.* it's essential that (15)

**essor** *m.* flight, rise

**esthétique** *f.* aesthetic

**estimer** to consider; to believe; to estimate (15)

**et** *conj.* and (1); **et demi** half past *(the hour)* (5); **et puis** and (then), next (6); **et quart** quarter past *(the hour)* (5); **et vous?** and you? (P)

**établir** to establish, set up; **s'établir** to settle (16)

**établissement** *m.* settlement (16); establishment

**étage** *m.* floor *(of building);* **premier (deuxième) étage** second (third) floor *(in France)* (4)

**étagère** *f.* shelf (3); étagère

**étalage** *m.* display window

**étape** *f.* stage; leg *(of race, etc.)*

**état** *m.* state (7); shape; **en bon (mauvais) état** in good (bad) condition; **homme** *(m.)* **d'État** statesman; **secrétaire** *(m., f.)* **d'état** secretary of state

**États-Unis** *m. pl.* United States (of America) (8)

**été** *m.* summer; **en été** in summer (5); **job** *(m.)* **d'été** summer job

**s'étendre** to spread (out), extend

**s'éterniser** to stay, linger

**éthique** *f. s.* ethics

**ethnie** *f.* ethnic group

**ethnique** *adj.* ethnic

**étoile** *f.* star; **(à) la belle étoile** (in) the open air

**étonnant** *adj.* astonishing, surprising

**étonné** *adj.* surprised (15); **être etonné(e)** to be surprised (15)

**étrange** *adj.* strange (15)

**étrangement** *adv.* strangely, oddly

**étranger/ère** *adj.* foreign; *n. m., f.* stranger; foreigner; **à l'étranger** abroad, in a foreign country (8); **langue** *(f.)* **étrangère** foreign language (1)

**être** *(p.p. été) irreg.* to be (2); *m.* being; **c'est (ce n'est pas)** it's (it isn't); **comment est-il/elle?** what's he (she, it) like?; **être au courant** to be up (to date) with; **être au régime** to be on a diet; **être bien balancé** to have a beautiful figure; **être content de** to be happy about; **être content que +** *subj.* to be happy that; **être d'accord** to agree; **être doué pour** to be good at; **être en train de** to be in the process of (14); to be in the middle of (14); **être étonné(e)** to be surprised (15); **être heureux/euse** to be happy (15); **être soulagé(e)** to be relieved (15); **être surpris(e)** to be surprised (15); **être triste** to be sad (15); **(je suis) désolé** I'm sorry; **nous sommes lundi (mardi... )** it's Monday (Tuesday . . . ) (P); **peut-être** *adv.* perhaps, maybe (4)

**étriqué** *adj.* tight

**étroit** *adj.* narrow

**étroitement** *adv.* closely

**étude** *f.* study; **faire des études** to study

**étudiant(e)** *m., f., adj.* student (P); **carte** *(f.)* **d'étudiant** student ID card

**étudier** to study (1)

**étui** *m.* case

**euh...** *interj.* uh . . .

**européen(ne)** *adj.* European

**eux** *pron., m. pl.* them; **eux-mêmes** *pron., m., pl.* themselves

**événement** *m.* event (11)

**évidemment** *adv.* evidently, obviously

**évident** *adj.* obvious, clear; **il est évident que** + *indic.* it is clear that (15)

**évier** *m. (kitchen)* sink

**éviter** to avoid

**évolué** evolved, advance

**évolution** *f.* evolution; development

**évoquer** to evoke, call to mind

**exacerber** to exacerbate; aggravate

**exactement** *adv.* exactly

**exagérer (j'exagère)** to exaggerate

**examen** *(fam. exam)* *m.* test, exam (1); examination; **passer un examen** to take an exam (3); **réussir à un examen** to pass a test

**exaspéré** *adj.* exasperated

**excentricité** *f.* eccentricity

**excentrique** *adj.* eccentric

**excepté** *prep.* except

**exceptionnel(le)** *adj.* exceptional

**excès** *m.* excess

**excitant** *adj.* exciting

**exclu(e)** *m., f.* social outcast

**exclusif/ive** *adj.* exclusive

**exclusivité** *f.* special offer

**excursion** *f.* excursion, outing; **faire une excursion** to go on an outing

**s'excuser (de)** to excuse oneself (12); **excusez-moi** excuse me (P); pardon me

**exécution** *f.* production; performance

**exemplaire** *adj.* exemplary

**exemple** *m.* example; **par exemple** for example (15)

**exercer (nous exerçons)** to exercise; **s'exercer** to practice

**exercice** *m.* exercise; **faire de l'exercice** to do exercise(s); to exercise

**exhumé** *adj.* excavated

**exigeant** *adj.* demanding; difficult

**exiger (nous exigeons)** to require; to demand (15)

**s'exiler** to exile oneself, leave one's country

**existant** *adj.* existing, in existence

**exister** to exist

**exorbitant** *adj.* outrageous

**exotique** *adj.* exotic

**expédier** to send

**expérience** *f.* experience; experiment; **faire l'expérience de** to experience

**expérimenter** to try out, test

**expert(e)** *m., f.* expert; **expert(e)-comptable** *m., f.* certified public accountant

**explication** *f.* explanation

**expliquer** to explain

**explorateur/trice** *m., f.* explorer

**explorer** to explore

**exportation** *f.* export

**exposé** *n. m.* presentation, exposé; *adj.* exposed

**exposer** to expose, show; to display; to explain

**exposition** *f.* exhibition; show

**express** *adj.* express; **café** *(m.)* **express** espresso

**expression** *f.* expression; term; **liberté** *(f.)* **d'expression** freedom of expression

**exprimé** *adj.* expressed

**exprimer** to express; **exprimer une opinion** to express an opinion (15)

**exquis** *adj.* exquisite

**extérieur** *m.* exterior; outside; **à l'extérieur de** outside

**extrait** *m.* excerpt; extract

**extraordinaire** *adj.* extraordinary

**extrême** *adj.* extreme; **extrême-droite** *f.* extreme right *(political)*

**extrémité** *f.* extremity, limit

**fabrication** *f.* manufacture

**fabriquer** to manufacture, make

**fac** *f., fam.* **(faculté)** university department or school

**face** *f.* side; **en face** across the road, opposite; **en face de** *prep.* opposite, facing, across from (10); **face à** facing; **faire face à** to confront

**facette** *f.* facet

**fâché** *adj.* angry (15); annoyed

**fâcher** to make angry (12); **se fâcher** to get angry (12)

**fâcheux/euse** *adj.* unfortunate (15)

**facile** *adj.* easy (2)

**façon** *f.* way, manner, fashion; **de façon (logique)** in a logical way; **de toute façon** in any case, at any rate

**se façonner** to invent for oneself

**facteur** *m.* factor; letter carrier (13)

**facture** *f.* bill *(to pay)*

**faculté** *f. (fam. fac)* division *(academic)* (1); **faculté de droit (de médecine)** law (medical) school; **faculté des lettres** School of Arts and Letters

**faible** *adj.* weak; small

**faim** *f.* hunger; **avoir faim** to be hungry (3)

**faire** to do (4); to make (4); to form; to be; **faire attention** to be careful; to watch out (4); **faire beau (il fait beau)** to be good weather, it's nice (out) (5); **faire chaud (il fait chaud)** to be warm, hot (out) (it's hot) (5); **faire confiance à** to trust; **faire de la bicyclette** to go bicycling (7); **faire de l'aérobic** to do aerobics (4); **faire de la gymnastique** to do gymnastics; to exercise; **faire de l'alpinisme** to go mountain climbing; **faire de la peinture** to paint; **faire de la planche à voile** (to go) windsurfing (7); **faire de la politique** to go in for politics; **faire de la voile** to go sailing (4); **faire de l'exercice** to do exercises; to exercise; **faire des économies** to save (up) money (13); **faire des efforts** to try, make an effort; **faire preuve de** to show; **faire des études** to study; **faire des ravages** to gain ground, win huge numbers of converts; **faire des recherches** to do research, investigations; **faire du bateau** to go boating; **faire du bruit** to make noise; **faire du camping** to camp, go camping; **faire du cheval** to go horseback riding (7); **faire du jogging** to run (4); **faire du patin à glace** to go iceskating; **faire du ski** to ski (4);

**faire du ski de fond** to go cross-country skiing (7); **faire du ski nautique** to go waterskiing; **faire du soleil (il fait du soleil)** to be sunny (it's sunny) (5); **faire du sport** to do sports (4); **faire du tennis** to play tennis; **faire du tourisme** to go sightseeing; **faire du vélo** to go cycling (4); **faire du vent (il fait du vent)** to be windy (it's windy) (5); **faire face à** to face, confront; **faire faire** to have done, make *(s.o. do s.th.)*; **faire frais (il fait frais)** to be cool (out) (it's cool) (6); **faire froid (il fait froid)** to be cold (out) (it's cold) (5); **faire (la) grève** to strike, go on strike (15); **faire la bise** to kiss on both cheeks *(in greeting)*; **faire la connaissance de** to meet *(for the first time)* (4); **faire face à** to confront; **faire la critique** to review; to criticize; **faire la cuisine** to cook (4); **faire la fête** to party; **faire la lessive** to do the laundry (4); **faire la queue** to stand in line; **faire la sieste** to take a nap; **faire la tête** to sulk; **faire la vaisselle** to do the dishes (4); **faire la valises** to pack one's bag; **faire le lit** to make the bed; **faire le marché** to do the shopping, go to the market (4); **faire le**

**ménage** to do the housework (4); **faire le plein** to fill it up *(gas tank)* (8); **faire les courses** to do errands (4); **faire le tour de** to go around; to tour; **faire l'expérience** to experience; **faire mauvais (il fait mauvais)** to be bad weather (out) (it's bad out) (5); **faire partie de** to belong to; **faire plaisir** to please; **faire quelques moulinets avec les bras** to whirl one's arms about; **faire ses devoirs** to do homework (4); **faire son possible** to do one's best; **faire un chèque** to write a check (13); **faire un cours** to give, teach a course; **faire une erreur** to make a mistake; **faire une excursion** to go on an outing; **faire un emprunt** to take out a loan; **faire une promenade** to take a walk (4); **faire un pique-nique** to go on a picnic; **faire un safari-photos** to go on a photo-safari; **faire un stage** to do an internship; **faire un temps pourri** *fam.* to be rotten weather; **faire un tour** to take a walk, ride (4); **faire un voyage** to take a trip (4); **faire une confidence** to tell a secret to

**fait** *m.* fact; **fait divers** news item, incident

**falloir** *(p.p. fallu)* *irreg.* to be necessary (15); to be lacking; **il faut** it is necessary to; one needs to (6); **il faut que** + *subj.* it is necessary (15)

**fameux/euse** *adj.* famous

**familial** *adj.* family

**familier/ière** *adj.* familiar

**famille** *f.* family (4); **en famille** with one's family

**fané** *adj.* withered, wilted

**fantaisie** *f.:* **bijoux** *(m. pl.)* **fantaisie** costume jewelry

**fantastique** *adj.* weird; fantastic

**farci** *adj.* stuffed

**fascinant** *adj.* fascinating

**fatigant** *adj.* tiring

**fatigue** *f.* tiredness, fatigue; **mort de fatigue** dead-tired

**fatigué** *adj.* tired

**faut (il)** it is necessary to; one needs to (6)

**faute** *f.* fault, mistake

**fauteuil** *m.* armchair, easy chair

**faux (fausse)** *adj.* false (6); imitation; **faux filet** sirloin steak

**faveur** *f.:* **en faveur de** supporting, backing; in favor of

**favori(te)** *adj.* favorite

**fédéraliste** *m., f.* federalist

**féerique** *adj.* magical, fairy

**féminin** *adj.* feminine

**femme** *f.* woman (1); wife (4); **femme au foyer** housewife; **femme d'affaires** businesswoman; **femme de lettres** writer; literary figure; **femme de sa vie** woman of one's dreams; **femme écrivain** writer (11); **femme médecin** doctor (13); **femme peintre** painter (11); **femme politique** politician (13); **femme sculpteur** sculptor (11)

**fenêtre** *f.* window (P)

**fer** *m.* iron; **chemin** *(m.)* **de fer** railroad; **fer forgé** wrought iron

**ferme** *adj.* firm

**fermé** closed

**fermer** to close (7)

**fermeture** *f.* closing

**fête** *f.* holiday (3); celebration, party; saint's day, name day (3); *pl.* Christmas season; **faire la fête** to party; **fête de l'Action de Grace** Thanksgiving; **fête de l'indépendance** Independence Day; **fête des Anciens Combattants** Armistice Day, Veterans Day; **fête des Rois** Feast of the Magi, Epiphany; **fête du travail** labor day; **fête nationale** Bastille Day; **jour** *(m.)* **de fête** holiday

**fêter** to celebrate (16); to observe a holiday

**feu** *m.* fire; traffic light; **feu d'artifice** fireworks

**fève** *f.* bean

**février** February (3)

**fiançailles** *f. pl.* engagement (13)

**se fiancer (nous nous fiançons)** to get engaged (12)

**fibre** *f.* fiber

**fiche** *f.* index card; form *(to fill out);* deposit slip; **fiche d'identité** ID card

**fichier** *m.* file (9)

**fictif/ive** *adj.* fictitious

**fier (fière)** *adj.* proud (2)

**fièvre** *f.* fever

**figuier** *m.* fig tree

**figuratif/ive** *adj.* figurative, representational

**figurer** to appear

**fil** *m.* cord

**filer** to trail, follow

**filet** *m.* fillet *(beef, fish, etc.)* (6); **faux filet** sirloin steak; **filet de bœuf** roast beef; filet

**fille** *f.* girl; daughter (4); **jeune fille** girl, young lady (2); **petite-fille** granddaughter (4)

**film** *m.* movie; film (1); **tourner un film** to make a film (14)

**fils** *m.* son (4); **petit-fils** grandson (4)

**fin** *f.* end; purpose; *adj.* fine; slender; **à la fin** at the end; **en fin d'après-midi** in the late afternoon

**finalement** *adv.* finally

**finances** *f. pl.* finances

**financé** *adj.* financed

**financier/ière** *adj.* financial

**finir (de)** to finish; **finir de** + *inf.* to finish (3); **finir par** + *inf.* to end, finish by *(doing s.th.)*

**firme** *f.* firm, company

**fis** *m.* extremist political party in Algeria

**fixe** *adj.* arranged, set

**fixer** to arrange

**flagrant** *adj.* unhidden, flagrant

**flairer** to sense, see *(s.th.)* coming

**Flamand(e)** *m., f.* Flemish *(person)*

**flambeau** *m.* torch

**flâner** to stroll (11)

**fléau** *m.* plague, epidemic

**fleur** *f.* flower (3); **à fleur** flowered; **fleur de lys** fleur de lys, trefoil *(flower)*

**fleurette** *f.* floweret

**fleuri** *adj.* in bloom

**fleuriste** *m., f.* florist

**fleuve** *m.* (large) river (7)

**Floride** *f.* Florida

**flot** *m.*: **maître** *(m.)* **des flots** good sailor

**flou** *adj.* vague

**flûte** *f.* flute

**foi** *f.* faith

**foie** *m.* liver; **pâté** *(m.)* **de foie gras** goose liver pâté

**fois** *f. inv.* time, occasion; **encore une fois** again, once more; **une fois** once (10); **une fois par semaine** once a week (4)

**folklorique** *adj.* traditional; folk *(music, etc.)*

**fonction** *f.* function; use

**fonctionnaire** *m., f.* civil servant (13)

**fonctionner** to function, work

**fond** *m.* bottom; back, background; *pl.* funds, funding; **au fond** basically; **comme le fond de ma poche** like the back of my hand; **ski** *(m.)* **de fond** cross-country skiing (7)

**fondateur/trice** *m., f.* founder

**fondation** *f.* founding, settlement

**fondé** *adj.* founded

**fonder** to found; to start *(family)*; to set up

**fondue** *f.* fondue *(Swiss melted cheese dish)*

**fontaine** *f.* fountain

**football** *(fam.* **foot)** *m.* soccer; **football américain** football; **match** *(m.)* **de foot** soccer game

**footballeur/euse** *m., f.* soccer player

**force** *f.* strength; force

**forcé** *adj.* forced

**forcément** *adv.* inevitably

**forêt** *f.* forest (7)

**forgé** *adj.*: **fer** *(m.)* **forgé** wrought iron

**formalité** *f.* formality

**formation** *f.* education, training

**forme** *f.* form; shape; **au meilleur de votre forme** at your best; figure; **en forme** rested, relaxed; **en pleine forme** physically fit; **en (sous) forme de** in the form, shape of; **salle** *(f.)* **de mise en forme** fitness, conditioning room; **tenir la forme** to stay in shape, stay fit

**formel(le)** *adj.* formal

**former** to form, shape; to train

**formidable** *adj.* great (4); wonderful

**formulaire** *m.* form *(to fill out)*

**formuler** to formulate

**fort** *adj.* strong; heavy; high; *adv.* strongly; loudly, loud; very (13)

**fou (fol, folle)** *n. m.* lunatic; *adj.* crazy, mad; **amour** *(m.)* **fou** mad passion

**foudre** *f.*: **coup** *(m.)* **de foudre** flash of lightning (12); love at first sight

**foule** *f.* crowd

**fourchette** *f.* fork (5)

**fournisseur** *(m.)* **d'accès** provider (9)

**fournitures** *(f. pl.)* **scolaires** school supplies

**foyer** *m.* home (4); **femme** *(f.)* **au foyer** housewife

**fractionner** to divide, split up

**frais** *m. pl.* fees; expense(s), costs (13); **frais d'inscription (scolaires, de scolarité)** school, university (tuition) fees

**frais (fraîche)** *adj.* cool; fresh (6); **il fait frais** it's cool (5)

**fraise** *f.* strawberry (5)

**framboise** *f.* raspberry (5); **charlotte** *(f.)* **aux framboises** cake with whipped cream and raspberries

**franc** *m.* franc *(currency)* (6)

**franc(he)** *adj.* frank, truthful; honest

**français** *adj.* French; *m.* French *(language)*; **Académie** *(f.)* **française** French Academy

**Français(e)** *n. m., f.* Frenchman (woman) (2)

**France** *f.* France (8)

**francophone** *adj.* French-speaking (16)

**francophonie** *f.* French-speaking world (16)

**frangin(e)** *m., f., tr. fam.* brother (sister)

**frapper** to strike

**fraternité** *f.* brotherhood

**freinage** *m.* braking

**fréquemment** *adv.* frequently, often

**fréquenté** *adj.* frequented

**frère** *m.* brother; **beau-frère** brother-in-law (4); **demi-frère** half brother; stepbrother (4)

**frigo** *m., fam.* fridge, refrigerator

**fripe** *f. s.* secondhand clothes

**friperie** *f., fam.* secondhand clothes shop (2)

**frisé** *adj.* curly

**frit** *adj.* fried; **frites** *f. pl.* French fries (5)

**froid** *n. m.* cold; *adj.* cold; **avoir froid** to be cold (3); **il fait froid** it's cold (5); **garder son sang-froid** to keep one's cool

**fromage** *m.* cheese (5)

**frontière** *f.* frontier; border

**fruit** *m.* fruit (5); **fruits de mer** seafood; **jus** *(m.)* **de fruits** fruit juice (6)

**fuir** *(p.p.* **fui)** *irreg.* to flee, run away

**fumée** *f.* smoke

**fumer** to smoke (7)

**fumeur/euse** *m., f.*: **zone** *(f.)* **fumeur (nonfumeur)** smoking (nonsmoking) area (8)

**furieux/euse** *adj.* furious (15)

**futé** *adj.* crafty, cunning

**futur** *n. m., Gram.* future *(tense)*; *adj.* future; **futur proche** *Gram.* immediate, near future

**gâcher** to spoil, bungle

**gagnant(e)** *m., f.* winner

**gagner** to earn; to win (13)

**galerie** *f.* gallery; roof rack *(car)*

**galet** *m.* pebble

**galette** *f.* round, flat cake made of puff pastry

**gant** *m.* glove; **gants de ski** ski gloves (7)

**garantie** *f.* guarantee; safeguard

**garantir** to guarantee

**garçon** *m.* boy; café waiter

**garde** *f.* watch; *m., f.* guard; **garde-robe** *f.* wardrobe

**garder** to keep, retain; to take care of; **garder contact avec** to keep in touch with; **garder en tête** to memorize, keep in one's head; **garder son sang-froid** to keep one's cool

**gare** *f.* station; train station (8)

**garer** to park

**gaspillage** *m.* wasting (15)

**gaspiller** to waste (15)

**gastronomique** *adj.* gastronomical

**gâteau** *m.* cake (5); **gâteau au chocolat** chocolate cake (5)

**gauche** *n. f.* left; *adj.* left; **à gauche** *prep.* on (to) the left (10); **partis** *(m. pl.)* **de gauche** leftist parties; **rive** *(f.)* **gauche** Left Bank *(in Paris)* (10); **se lever du pied gauche** to get up on the wrong side of the bed

**gaz** *m.* gas

**gênant** *adj.* annoying

**gendarme** *m.* gendarme *(French state police officer)*

**généalogique** *adj.*: **arbre** *(m.)* **généalogique** family tree

**gêner** to annoy, bother

**général** *adj.* general; **en général** generally (1); in general

**généraliste** *m., f.* general practitioner (M.D.); *adj.* general, nonspecialized

**générer (je génère)** to generate

**généreux/euse** *adj.* generous

**génétique** *adj.*: **manipulations** *(f. pl.)* **génétiques** genetic engineering

**Genève** Geneva

**génial** *adj. fam.* cool; delightful (4)

**génie** *m.* genius

**génois** *adj.* Genoese

**genou** *(pl.* **genoux)** *m.* knee (12)

**genre** *m.* gender; kind, type; genre

**gens** *m. pl.* people; **jeunes gens** young men; young people

**gentil(le)** *adj.* nice (2); pleasant (2); kind (6)

**gentillesse** *f.* kindness, niceness

**géographie** *f.* geography (1)

**géographique** *adj.* geographic(al)

**géologie** *f.* geology

**géométrie** *f.* geometry

**géométrique** *adj.* geometrical

**Géorgie** *f.* Georgia

**géré** *adj.* managed

**gérer (je gère)** to manage

**geste** *m.* gesture; movement; act

**gestion** *f.* administration, management (13)

**glace** *f.* ice cream (6); ice (6); **faire du patin à glace** to go ice skating

**glacé** *adj.*: **crème** *(f.)* **glacée** ice cream; **marrons** *(m. pl.)* **glacés** candied chestnuts

**gladiateur** *m.* gladiator

**se glisser** to slip

**golfe** *m.* gulf

**gommier** *m.* gum tree, eucalyptus

**gorge** *f.* throat (12); **avoir mal à la gorge** to have a sore throat

**gothique** *adj.* gothic (11)

**gourde** *f.* gourd, winter squash

**gourmand(e)** *m., f.* gourmand, glutton; **je suis gourmand(e)** I like to eat (5)

**gourmet** *m.* gourmet, lover of fine food

**goût** *m.* taste; **avoir le goût de** to have a taste for; **avant-goût** *m.* sample taste

**goûter** *n. m.* afternoon snack (5); *v.* to taste (6)

**goûteux/euse** *adj.* tasty, flavorful

**gouvernement** *m.* government

**gouvernemental** *adj.* governmental

**gouverneur** *m.* governor

**grâce** *(f.)* **à** *prep.* thanks to; **l'Action** *(f.)* **de Grâce** Thanksgiving *(U.S., Canada)*

**gracieux/euse** *adj.* graceful

**grammaire** *f.* grammar

**gramme** *m.* gram; **kilo(gramme)** *m.* kilo(gram) (6)

**grand** *adj.* big (3); tall (3); great (6); large; **Grande-Bretagne** *f.* Great Britain; **grande surface** *f.* shopping mall; superstore; **grand magasin** *m.* department store; **grande personne** *f.* adult, grown-up; **grandes écoles** *f. pl. (French state-run)* graduate schools; **Train** *(m.)* **à Grande Vitesse (TGV)** *(French high-speed)* bullet train

**grandir** to grow

**grand-mère** *f.* grandmother (4)

**grand-père** *m.* grandfather (4)

**grand-parent** *m.* grandparent (4); **arrière-grand-parent** *m.* great-grandparent (4)

**graphique** *adj.* graphic

**gras(se)** *adj.*: **Mardi** *(m.)* **gras** Mardi Gras, Shrove Tuesday (16); **pâté** *(m.)* **de foie gras** goose liver pâté

**gratte-ciel** *(pl.* **les gratte-ciel)** *m.* skyscraper

**gratuit** *adj.* free *(of charge)*

**grave** *adj.* grave, serious; **accent** *(m.)* **grave** grave accent (è)

**grec (grecque)** *adj.* Greek

**Grèce** *f.* Greece (8)

**grenier** *m.* granary, attic

**grève** *f.*: **faire grève** to strike (15)

**grignotage** *m.* nibbling

**grignoter** to nibble; to snack

**grillade** *f.* grilled meat

**grillé** *adj.* grilled; broiled

**gris** *adj.* gray (2)

**gros(se)** *adj.* large (6); fat (6); thick (6); big; **grosses bises** *fam.* hugs and kisses *(closing of letter)*

**grossir** to gain weight

**grotte** *f.* cave, grotto

**groupe** *m.* group

**Guadeloupe** *f.* Guadeloupe (17)

**guère** *adv.* **ne... guère** scarcely, hardly

**guérir** to cure

**guerre** *f.* war (15); **Deuxième Guerre mondiale** Second World War

**guichet** *m.* (ticket) window (8), counter, booth

**guichetier/ière** *m., f.* bank teller; ticket-seller

**guide** *m.* guide; guidebook; instructions

**Guinée** *f.* Guinea

**guitare** *f.* guitar (3)

**Guyane** *f.* Guyana

**gymnastique** *f.* gymnastics; exercise; **faire de la gymnastique** to do gymnastics; to exercise; **gymnastique d'entretien** light exercise

**s'habiller** to get dressed (12)

**habit** *m.* clothing, dress

**habitant(e)** *m., f.* inhabitant; resident

**habitation** *f.* lodging, housing; **Habitation à Loyer Modéré (H.L.M.)** *French public housing*

**habiter** to live (1)

**habitude** *f.* habit; **chacun ses habitudes** to each his own; **comme d'habitude** as usual; **d'habitude** *adv.* habitually, usually (9)

**habituel(le)** *adj.* habitual

*****haché** *adj.* ground; chopped up *(meat)*

**Haïti** *m.* Haiti (16)

*****hall** *m.* entrance hall; lounge *(hotel)*

*****halte** *f.* pause; stop, break

*****haricots** *(m. pl.)* **verts** green beans (5)

**harmonie** *f.* harmony

*****hasard** *m.*: **jeux** *(m. pl.)* **de *hasard** games of chance (14); **par *hasard** by accident, by chance

*****hasardeux/euse** *adj.* hazardous, risky

*****hâte** *f.*: **en *hâte** in a hurry

*****hausse** *f.* rise; **en *hausse** rising, on the rise

*****hausser** to raise

*****haut** *adj.* high; tall; noble; upper-crust; *m.* top; height; **de *haut** high *(in measuring)*; **du *haut de** from the top of; *****haute couture** *f.* high fashion; *****haut-parleur** *m.* speaker

**hawaïen(ne)** *adj.* Hawaiian

**hebdomadaire** *m., adj.* weekly

**hébergement** *m.* lodging

*****hein?** eh?; all right?; O.K.?

*****hélas!** *interj.* alas!

**hélicoptère** *m.* helicopter

**herbe** *f.* grass

**héritage** *m.* inheritance; heritage

**héritier** *m.* heir

**hermétique** *adj.* airtight

*****héros** *m. inv.* hero

**hésiter (à)** to hesitate (to)

*****heu!** *interj.* ah! hm!

**heure** *f.* hour; time; **à l'heure** on time (8); **à quelle heure** what time; **de bonne heure** early (5); **demi-heure** *f.* half-hour; **il est... heure(s)** it is ... o'clock (5); **quelle heure est-il?** what time is it? (5); **tout à l'heure** in a while (4)

**heureusement** *adv.* fortunately, luckily

**heureux/euse** *adj.* happy (9); fortunate (9); **être heureux/euse** to be happy (15)

**hier** *adv.* yesterday (8); **avant-hier** the day before yesterday (7); **hier matin (soir)** yesterday morning (evening)

**histoire** *f.* history; story

**historien(ne)** *m., f.* historian

**historique** *adj.* historical (11)

**hiver** *m.* winter; **en hiver** in winter (5)

**homme** *m.* man (1); **homme d'affaires** businessman; **homme d'État** statesman; **homme politique** politician; **jeune homme** young man (2)

**honnête** *adj.* honest (15)

**honneur** *m.* honor; **en l'honneur de** in honor of

***honte** *f.*: **avoir \*honte** to be ashamed (3)

**hôpital** *m.* hospital

**horaire** *m.* schedule (11)

**horodateur** *m.* ticket machine

**horreur** *f.* horror; **j'ai horreur de** I can't stand (5)

***hors** *adj. inv.* outside

***hors-d'œuvre** *m inv.* appetizer (5)

**hospitalier/ière** *adj.* hospital

**hospitalité** *f.* hospitality

**hostellerie** *f.* high-quality country inn

**hôtel** *m.* hotel; **hôtel de ville** town hall, city hall; **maître** *(m.)* **d'hôtel** maitre d'; head-waiter

**hôtelier/ière** *adj.* hotel

**hôtesse** *(f.)* **de l'air** flight attendant, stewardess (8)

**huile** *f.* oil; **sardines** *(f. pl.)* **(à l'huile)** sardines (in oil) (6)

***huit** *adj.* eight (1)

***huitième** *n. m.* one-eighth; *adj.* eighth

**huître** *f.* oyster (6)

**humain** *n. m.* human being; *adj.* human; **sciences** *(f. pl.)* **humaines** humanities

**humidité** *f.* humidity, dampness

**humour** *m.* humor; **sens** *(m.)* **de l'humour** sense of humor

**hypermarché** *m.* superstore

**hypocrisie** *f.* hypocrisy

**hypocrite** *n. m., f.* hypocrite; *adj.* hypocritical

**ici** *adv.* here (1)

**idéaliste** *n. m., f.* idealist; *adj.* idealistic

**idée** *f.* idea

**identifié** *adj.* **objets** *(m. pl.)* **volants non-identifiés** unidentified flying objects (UFOs)

**identifier** to identify

**identique** *adj.* identical

**identité** *f.* identity; identification; **carte** *(f.)* **d'identité** identification card; **fiche** *(f.)* **d'identité** ID card

**idiomatique** *adj.* idiomatic

**il** *pron., m. s.* he; it; there; **il y a** there is/are (1); ago (7); **il y a... ?** is/are there . . . ?; **il y a... que** for *(period of time)*; it's been . . . since; **il n'y a pas de quoi** you're welcome (15)

**île** *f.* island (10)

**illustrer** to illustrate

**ils** *pron., m. pl.* they

**image** *f.* picture; image

**imaginaire** *adj.* imaginary

**imaginatif/ive** *adj.* imaginative

**imaginer** to imagine

**imiter** to imitate

**immédiat** *adj.* immediate

**s'immerger (nous nous immergeons)** to immerse oneself; to dive

**immeuble** *m.* apartment building (3); building

**immigré(e)** *m., f.* immigrant

**immobilier/ière** *adj.* property

**imparfait** *m., Gram.* imperfect *(verb tense)*

**impératif** *m., Gram.* imperative, command

**imperméable** *m.* raincoat (2)

**impersonnel(le)** *adj.* impersonal

**implantation** *f.* settlement; establishment; site

**important** *adj.* important; large, sizeable; **il est important que** + *subj.* it's important that (15)

**importer** to matter; **n'importe où** anywhere; wherever; **n'importe quel(le)** any, no matter which; **n'importe quoi** anything; no matter what

**imposer** to impose

**impossible** *adj.* impossible; **il est impossible que** + *subj.* it's impossible that (15)

**impossibilité** *f.* impossibility

**impôt** *m.* tax; *pl.* taxes (15)

**impressionner** to impress

**impressionnisme** *m.* impressionism

**impressionniste** *n. m., f.* impressionist; *adj.* impressionist(ic)

**imprévisible** *adj.* unpredictable

**imprimante** *f.* printer (8)

**imprimé** *adj.* printed

**impulsif/ive** *m., f.* impulsive person; *adj.* impulsive

**inciter** to prompt; to urge

**inclure** *(p.p.* **inclus)** *irreg.* to include

**inclus** *adj.* included

**inconciliable** *adj.* irreconcilable

**inconnu** *adj.* unknown

**incontrôlé** *adj.* unverified

**inconvénient** *m.* disadvantage

**incorporer** to incorporate

**incroyable** *adj.* unbelievable, incredible

**Inde** *f.* India

**indéfini** *adj.* indefinite; **article** *(m.)* **indéfini** *Gram.* indefinite article; **pronom** *(m.)* **indéfini** *Gram.* indefinite pronoun

**indépendance** *f.* independence; **fête** *(f.)* **de l'indépendance** Independence Day

**indépendant** *adj.* independent; **travailleur/euse** *(m., f.)* **indépendant(e)** self-employed worker (13)

**indépendantiste** *m., f.* member of an independence movement, freedom fighter

**indicatif** *m., Gram.* indicative

**indications** *f. pl.* instructions

**indien(ne)** *adj.* Indian *(from India)*

**indifféremment** *adv.* indifferently; equally (well)

**indigène** *m., f.* native, indigenous *(person)*

**indiqué** *adj.* shown; indicated

**indiquer** to show, point out (14); to indicate

**indirect** *adj.*: **pronom** *(m.)* **complément d'objet indirect** *Gram.* indirect object pronoun

**indispensable** *adj.* indispensable; **il est indispensable que** + *subj.* it's indispensable that (15)

**individu** *m.* individual, person

**individualiste** *adj.* individualistic, nonconformist (2)

**industrialisé** *adj.* industrialized

**industrie** *f.* industry

**industriel(le)** *adj.* industrial (15); **déchets** *(m. pl.)* **industriels** toxic waste

**inédit** *adj.* unpublished

**inertie** *f.* inertia

**infinitif** *m., Gram.* infinitive

**infirmier/ière** *m., f.* nurse; nursing

**influencer (nous influençons)** to influence

**infographie** *f.* computer graphics

**informaticien(ne)** *m., f.* computer scientist; keyboard operator

**information** *f.* information, data; *pl.* news (broadcast)

**informatique** *n. f.* computer science *adj.* computer

**informé** *adj.*: **bien informé** well-informed

**informel(le)** *adj.* informal

**s'informer** to find out; to get informed

**ingénieur** *m.* engineer (13)

**inhabituel(le)** *adj.* unusual

**inhumain** *adj.* inhuman

**initiation** *f.* initiation; introduction

**initiative** *f.* initiative; **syndicat** *(m.)* **d'initiative** (local) chamber of commerce; tourist bureau

**injuste** *adj.* unjust, unfair; **il est injuste que + *subj.*** it's unfair that (15)

**innocemment** *adv.* innocently

**inondation** *f.* flood

**inoubliable** *adj.* unforgettable

**inquiétant** *adj.* disturbing, worrisome

**inquiéter (j'inquiète)** to worry

**inquiétude** *f.* worry; anxiety

**inscription** *f.* matriculation; registration; inscription; **frais (*m. pl.*) d'inscription** school, university (tuition) fees

**inscrit** *adj.* inscribed; registered

**insécurité** *f.* insecurity

**INSEE** *m.* (*ab.* for **Institut national de la statistique et des études économiques**) National Institute of Statistics and Economic Sciences

**insister** to insist

**insociable** *adj.* unsociable

**insolent** *adj.* extraordinary; insolent

**insolite** *adj.* unusual

**insoluble** *adj.* unsolvable

**inspecteur/trice** *m., f.* inspector

**inspirer** to inspire

**installation** *f.* moving in

**installé** *adj.* settled

**installer** to install (12); to set up; **s'installer** to settle down (12); to settle in (*to a new house*) (12)

**instances** *f. pl.* authorities

**instaurer** to institute

**institut** *m.* institute; **Institut national de la statistique et des études économiques (INSEE)** National Institute of Statistics and Economic Sciences

**instituteur/trice** *m., f.* primary school teacher (13)

**intellectuel(le)** *adj.* intellectual (2); *m., f.* intellectual (*person*)

**intelligemment** *adv.* intelligently

**intempéries** *f. pl.* bad weather

**intenable** *adj.* intolerable, unbearable

**intention** *f.* intention; meaning; **avoir l'intention de** to intend to

**interbancaire** *adj.* interbank

**interdiction** *f.* prohibition

**interdire (*like* dire, vous interdisez) (de)** *irreg.* to prohibit, ban

**intéressant** *adj.* interesting

**intéresser** to interest (13); **s'intéresser à** to be interested in

**intérêt** *m.* interest, concern

**intérieur** *n. m.; adj.* interior; **à l'intérieur** inside

**interlocuteur/trice** *m., f.* speaker

**intermède** *m.* interlude

**internaute** *m., f.* someone who surfs the Internet

**interprète** *m., f.* interpreter; actor; player

**interrogatif/ive** *adj., Gram.* interrogative

**interroger (nous interrogeons)** to question; to interview

**interrompre (*like* rompre)** *irreg.* to interrupt

**intervenir (*like* venir)** *irreg.* to intervene

**intervention** *f.* intervention; speech; operation

**interviewé(e)** *n. m., f.* interviewee; *adj.* interviewed

**interviewer** to interview

**intime** *adj.* intimate; private

**intoxiqué(e)** *m., f.* addict

**intrigue** *f.* plot (14)

**introduire (*like* conduire)** *irreg.* to introduce

**intrus(e)** *m., f.* intruder; **trouvez l'intrus** find the odd one out

**inutile** *adj.* useless (15)

**inventer** to invent

**inverser** to reverse

**investir** to invest

**invité(e)** *m., f.* guest; *adj.* invited

**inviter** to invite

**invraisemblable** *adj.* unbelievable, unrealistic (14)

**Irlande** *f.* Ireland

**ironie** *f.* irony

**ironique** *adj.* ironic(al)

**irréconciliable** *adj.* irreconcilable

**irresponsable** *adj.* irresponsible

**irrité** *adj.* irritated, inflamed

**islamique** *adj.* Islamic

**isolement** *m.* isolation, loneliness

**Italie** *f.* Italy (8)

**italien(ne)** *adj.* Italian; *n. m.* Italian (*language*)

**Italien(ne)** *n. m., f.* Italian (*person*)

**italique** *m.:* **en italique** in italics

**itinéraire** *m.* itinerary

**ivoire** *m.* ivory; **Côte-d'Ivoire** *f.* Ivory Coast (8)

**Ivorien(ne)** *n. m., f.* Ivory Coast native

**jaloux/ouse** *adj.* jealous; envious

**Jamaïque** *f.* Jamaica

**jamais** *adv.* never; ever; **ne... jamais** never (8); not ever

**jambe** *f.* leg (12)

**jambon** *m.* ham (5)

**janvier** January (3)

**Japon** *m.* Japan (8)

**japonais** *adj.* Japanese; *n. m.* Japanese (*language*)

**Japonais(e)** *n. m., f.* Japanese (*person*) (1)

**jardin** *m.* garden (4)

**jardinage** *m.* gardening (14)

**jardinet** *m.* small garden

**jardinier/ière** *m., f.* gardener; **assiette (*f.*) du jardinier** vegetable plate

**jaune** *adj.* yellow (2)

**je** *pron., s.* I

**jean(s)** *m.* jeans (2)

**jeu** (*pl.* **jeux**) *m.* game; game show; **jeu de mots** play on words; **jeux de \*hasard** games of chance (14); **jeux de société** social games (14); group games (14)

**jeudi** *m.* Thursday (P)

**jeune** *adj.* young (6); *m. pl.* young people, youth; **jeune fille** *f.* girl, young lady (2); **jeune homme** *m.* young man (2); **jeunes gens** *m. pl.* young men; young people; **jeunes mariés** *m. pl.* newlyweds

**jeunesse** *f.* youth (15) young people (15); **auberge (*f.*) de jeunesse** youth hostel

**job** *m.* job; **job d'été** summer job

**jogging** *m.* jogging; **faire du jogging** to run (4)

**joie** *f.* joy

**se joindre (*p.p.* joint)** *irreg.* to join

**joli** *adj.* pretty (6)

**Jordanie** *f.* Jordan

**joué** *adj.* played

**jouer** to play; to play at (*being s.th.*) **jouer à** to play (*a sport or game*) (2); **jouer de** to play (*a musical instrument*) (2); **jouer le rôle de** to play the role, part of

**jouet** *m.* toy

**joueur/euse** *m., f.* player

**jour** *m.* day; **cours (*m.*) du jour** today's exchange rate; **dans quatre jours** in four days (4); **de nos jours** these days, currently; **cours (*m.*) du jour** today's special (*restaurant*); **jour de l'an** New Year's Day; **jour du souvenir** Memorial, Remembrance Day; **par jour** per day, each day; **quel jour sommes-nous?** what day is it? (P); **quinze jours** two weeks; **tous les jours** every day (4); **un jour** someday (13)

**journal** (*pl.* **journaux**) *m.* newspaper (9); news (9); journal, diary

**journaliste** *m., f.* reporter (13)

**journée** *f.* (*whole*) day (5); **toute la journée** all day long

**juger (nous jugeons)** to judge

**juillet** July (3)

**juin** June (3)

**jupe** *f.* skirt (2); **mini-jupe** *f.* miniskirt

**jurer** to swear

**juridique** *adj.* legal, juridical

**jus** *m.* juice; **jus (de fruits)** (fruit) juice (6); **jus d'orange** orange juice; **jus de pommes** apple juice

**jusqu'à (jusqu'en)** *prep.* up to, as far as (10); until; **jusqu'au bout** until the very end

**juste** *adj.* just; right; *adv.* just, precisely; **juste là** right there; **il est juste que** + *subj.* it's fair, right that (15)

**justement** *adv.* exactly, precisely

**justifier** to justify

**kaki** *m.* khaki

**kilo(gramme)** *m.* kilo(gram) (6)

**kilomètre (km.)** *m.* kilometer

**kiosque** *m.* kiosk; newsstand (9)

**la** *art., f. s.* the; *pron., f. s.* it, her

**là** *adv.* there (11); **juste là** right there; **là-bas** *adv.* over there; **oh, là, là!** *interj.* good heavens! my goodness!

**laboratoire** *m.* laboratory

**lac** *m.* lake (7); **au bord du lac** on the lake shore

**lacustre** *adj.* lakeside

**lagune** *f.* lagoon

**laid** *adj.* ugly (3)

**laine** *f.* wool

**laïque** *adj.* state; secular

**laisser** to let, allow; to leave *(behind)* (6)

**lait** *m.* milk (5); **café** *(m.)* **au lait** coffee with hot milk

**laitier/ière** *adj.:* **produits** *(m. pl.)* **laitiers** dairy products

**laiton** *m.* brass

**lampe** *f.* lamp (3); light fixture; **lampe de poche** flashlight; **lampe torche** flashlight

**lancé** *adj.* launched

**langouste** *f.* lobster

**langoustine** *f.* prawn

**langue** *f.* language; tongue; **langue étrangère** foreign language (1); **langue maternelle** native language

**lapin** *m.* rabbit

**lardon** *m.* lardoon *(fat pork)*

**large** *adj.* wide; broad

**laser** *m.* laser; **platine** *(f.)* **laser** laser-disk player

**lavabo** *m.* bathroom sink (3)

**lave-linge** *m.* washing machine

**lave-vaisselle** *m. (automatic)* dishwasher

**laver** to wash; **se laver** to wash *(oneself)* (12); **se laver les mains** to wash one's hands

**laveuse** *f.* washing machine, washer; **laveuse-sécheuse** *f.* washer-dryer

**le** *art., m. s.* the; *pron., m. s.* it, him

**leçon** *f.* lesson

**lecteur** *(m.)* **de cassettes** cassette deck (3); cassette player (3); **lecteur de CD** compact disc (CD player) (3); **lecteur de CD-ROM** CD-ROM drive (P)

**lecture** *f.* reading (14)

**légalisation** *f.* legalization

**légende** *f.* legend; caption

**léger (légère)** *adj.* light; lightweight

**légume** *m.* vegetable (5)

**lendemain (le)** *m.* next day, following day

**lent** *adj.* slow

**lequel (laquelle, lesquels, lesquelles)** *pron.* which one; who; whom; which

**les** *art., pl., m., f.* the; *pron., pl., m., f.* them

**lessive** *f.:* **faire la lessive** to do the laundry (4)

**lettre** *f.* letter (9); *pl.* literature; humanities; **boîte** *(f.)* **aux lettres** mailbox (9); **faculté** *(f.)* **des lettres** School of Arts and Letters; **homme** *(m.)* **(femme** *[f.]*) **de lettres** writer, literary figure

**leur** *adj., m., f.* their; *pron., m., f.* to them; **le/la/les leur(s)** *pron.* theirs

**lever (je lève)** to raise, lift; **se lever** to get up (12); to get out of bed; **se lever du pied gauche** to get up on the wrong side of the bed

**lèvres** *f. pl.:* **rouge** *(m.)* **à lèvres** lipstick

**lexique** *m.* lexicon, glossary

**liaison** *f.* liaison; love affair

**Liban** *m.* Lebanon

**Libanais(e)** *m., f.* Lebanese *(person)*

**libération** *f.* freedom; release

**liberté** *f.* liberty; freedom; **liberté d'expression** freedom of expression

**librairie** *f.* bookstore (1)

**libre** *adj.* free; available; **plongée** *(f.)* **libre** free fall, diving; **temps** *(m.)* **libre** leisure time; **union** *(f.)* **libre** living together, common-law marriage

**licence** *f. French university degree (= U.S. bachelor's degree)*

**lié** *adj.* linked, tied

**lien** *m.* tie, bond; link (9)

**lier** to link (9)

**lieu** *m.* place (1); **au lieu de** *prep.* instead of, in place of; **avoir lieu** to take place; **lieu de passage** *place where people are constantly coming and going*

**lièvre** *m.* hare

**ligne** *f.* line; bus line; **couper la ligne** to cut off *(phone call);* **ligne de but** goal line

**limite** *f.* limit; boundary; **limite de vitesse** speed limit

**limiter** to limit, restrict

**limonade** *f.* lemonade; soft drink

**linge** *m. (household)* linen; cloth; **lave-linge** *m.* washing machine

**linguiste** *m., f.* linguist

**linguistique** *f. s.* linguistics (1); *adj.* language; linguistic

**liquide** *m., adj.* cash (13); **argent** *(m.)* **liquide** cash

**lire** *(p.p.* **lu)** *irreg.* to read (9)

**lisible** *adj.* legible

**lit** *m.* bed (3); **wagon-lit** *m.* sleeping car; **faire le lit** to make the bed

**litre** *m.* liter

**littéraire** *adj.* literary

**littérature** *f.* literature (1)

**livre** *m.* book (P); **livre de cuisine** cookbook

**livret** *m.* booklet

**location** *f.* rental

**logement** *m.* lodging, place of residence (3)

**loger (nous logeons)** to live

**logiciel** *m.* software (9)

**logique** *adj.* logical; **de façon logique** in a logical way

**loi** *f.* law

**loin (de)** *adv., prep.* far from (4)

**lointain** *adj.* distant

**loisir** *m.* free time, leisure; *pl.* leisure activities (14)

**Londres** *s.* London

**long(ue)** *adj.* long (3); slow; **à long terme** long term; **le long de** *prep.* along, alongside

**longtemps** *adv.* long; (for) a long time; **il y a longtemps** a long time ago

**lorraine: quiche** *(f.)* **lorraine** *egg custard pie with bacon*

**lors de** *prep.* at the time of

**lorsque** *conj.* when (13)

**loto** *m.* lottery

**louer** to rent (3); to reserve; **chambre** *(f.)* **à louer** room for rent

**lourd** *adj.* heavy

**loyer** *m.* rent *(payment);* **Habitation** *(f.)* **à Loyer Modéré (H.L.M.)** *French public housing*

**lui** *pron., m., f.* he; it; to him; to her; to it; **lui-même** *pron., m. s.* himself

**lumière** *f.* light

**lundi** *m.* Monday; **le lundi soir** on Monday evenings (4); **lundi soir** Monday evening; **nous sommes lundi** it's Monday (P)

**lune** *f.* moon

**lunettes** *f. pl.* (eye)glasses (7); **lunettes de ski** ski goggles (7); **lunettes de soleil** sunglasses (7)

**lutte** *f.* struggle, battle
**luxe** *m.* luxury
**luxueux/euse** *adj.* luxurious
**lycée** *m. French secondary school* (11)
**lycéenne** *f.* high school girl
**lys** *m.:* **fleur** *(f.)* **de lys** fleur de lys, trefoil *(flower)*

**ma** *adj., f. s.* my; **pour ma part** in my opinion, as for me (15)
**machine** *f.* apparatus; machine; **machine à calculer** calculator
**maçon** *m.* builder; mason; **briqueteur-maçon** bricklayer mason
**Madame (Mme)** *(pl.* **Mesdames)** *f.* Mrs. (Ma'am) (P)
**Mademoiselle (Mlle)** *(pl.* **Mesdemoiselles)** *f.* Miss (P)
**magasin** *m.* store, shop (6); **grand magasin** department store; **magasin d'alimentation** food store
**magazine** *m. (illustrated)* magazine (9)
**Maghreb** *m.* (12) Algeria, Morocco, and Tunisia
**magique** *adj.* magic(al)
**magnat** *m.* magnate, tycoon
**magnétoscope** *m.* VCR (videocassette recorder) (P)
**magnifié** *adj.* magnified; glorified
**magnifique** *adj.* magnificent (11)
**mai** May (3)
**maigre** *adj.* thin
**maillot** *m.* jersey, T-shirt; **maillot de bain** swimsuit (2)
**main** *f.* hand (12); **sac** *(m.)* **à main** handbag (2); purse; **à la portée de main** on hand; **de seconde main** second-hand; **main-d'œuvre** *f.* labor; workforce; **se laver les mains** to wash one's hands
**maintenant** *adv.* now (1)
**maintenir** *(like* **tenir)** *irreg.* to maintain; to keep up
**maintien** *m.* keeping, upholding
**maire** *m.* mayor
**mairie** *f.* town hall (10)
**mais** *conj.* but (1); **mais si!** *interj.* why yes!
**maison** *f.* house, home (3); company, firm; **à la maison** at home
**maître (maîtresse)** *m., f.* master (mistress); **maître des flots** good sailor; **maître d'hôtel** maître d'; headwaiter
**maîtrise** *f.* master's degree; mastery; control
**majestueux/euse** *adj.* majestic, stately
**majeur** *adj.* major
**majorité** *f.* majority
**mal** *adv.* badly (4); *m.* evil; pain *(pl.* **maux)**;

**aller mal** to feel bad (ill) (4); **avoir du mal (à)** to have trouble, difficulty (16); **avoir mal (à)** to have pain (12); to hurt (12); **avoir mal à la tête (aux oreilles)** to have a headache (earache); **ça va mal** things are going badly (P); **pas mal** not bad(ly) (P)
**malade** *n. m., f.* sick person; *adj.* sick; **rendre malade** to make (s.o.) sick
**maladie** *f.* illness, disease
**malgache** *m.* Malagasy *(language)*
**malgré** *prep.* in spite of
**malheur** *m.* misfortune, calamity
**malheureusement** *adv.* unfortunately; sadly
**malheureux/euse** *adj.* unhappy; miserable
**maltraiter** to ill-treat
**maman** *f., fam.* mom, mommy
**mamie** *f., fam.* grandma
**manche** *f.* English Channel
**mandat** *m.* mandate
**manger (nous mangeons)** to eat (1); **salle** *(f.)* **à manger** dining room (4)
**mangeur/euse** *m., f.* eater
**mangrove** *f.* mangrove swamp
**maniable** *adj.* easy to handle
**maniaque** *m., f.* fanatic
**manière** *f.* manner, way; **bonnes manières** *f. pl.* good manners
**manifestation** *f. (political)* demonstration; **manifestation sportive** sporting event (14)
**manifester (pour, contre)** to demonstrate (for, against) (15)
**manipulations** *(f. pl.)* **génétiques** genetic engineering
**mannequin** *m.* model *(fashion);* mannequin
**manquant** *adj.* missing
**manque** *m.* lack, shortage
**manquer** to be missing, be lacking
**manteau** *m.* coat (2); overcoat
**manuel(le)** *adj.* manual; *n. m.* manual, handbook
**se maquiller** to put on makeup (12)
**marbre** *m.* marble
**marchand(e)** *(m., f.)* **de vin** wine merchant (13)
**marche** *f.* walking (14)
**marché** *m.* market (5); **bon marché** *adj. inv.* cheap, inexpensive; **faire le marché** to do the shopping (4); to go to the market; **marché unique** common market *(European)*
**marcher** to walk; to work *(machine or object)* (8); **ça marche bien** things are going well
**mardi** *m.* Tuesday (P); **Mardi gras** Mardi Gras, Shrove Tuesday (16); **mardi soir** Tuesday evening; **nous sommes mardi** it's Tuesday (P)

**mari** *m.* husband (4)
**mariage** *m.* marriage (12); wedding
**marié(e)** *m., f.* groom (bride); *adj.* married; **jeunes (nouveaux) mariés** *m. pl.* newlyweds; newly married couple
**se marier (avec)** to get married (12); to marry s.o.
**marin** *adj.:* **plongée** *(f.)* **sous-marine** skin diving (7); **sous-marin** underwater
**Maroc** *m.* Morocco (8)
**marocain** *adj.* Moroccan
**Marocain(e)** *n. m., f.* Moroccan *(person)*
**marque** *f.* mark; trade name, brand
**marquer** to mark; to indicate
**marrant** *adj., fam.* funny (16); hilarious
**marron** *adj. inv.* brown (2); maroon; *n. m.* chestnut; **marrons glacés** candied chestnuts
**mars** March (3)
**martial** *adj.:* **arts** *(m. pl.)* **martiaux** martial arts
**Martiniquais(e)** *m., f.* person from Martinique
**Martinique** *f.* Martinique (16)
**masculin** *adj.* masculine
**masque** *m.* mask
**masqué** *adj.* masked; **bal** *(m.)* **masqué** masked ball
**match** *m.* game; **match de foot (de boxe, de rugby, de foot)** soccer game (boxing match, rugby game, soccer game)
**matérialiste** *adj.* materialistic
**matériau** *(pl.* **matériaux)** *m.* material; building material
**matériel(le)** *adj.* material
**maternel(le)** *adj.:* **école** *(f.)* **maternelle** preschool, kindergarten; **langue** *(f.)* **maternelle** native language
**mathématiques** *(fam.* **maths)** *f. pl.* mathematics, math
**matière** *f.* academic subject
**matin** *m.* morning; **ce matin** this morning (4); **de bon matin** early in the morning; **du matin** in the morning (5); **hier matin** yesterday morning; **tous les matins** every morning (9)
**matinal** *adj.* morning
**matinée** *f.* morning *(duration)* (7)
**maudit** *adj.* beastly
**maugréer** to grouse, grumble
**mauvais** *adj.* bad (6); wrong; **en mauvais état** in bad condition; **il fait mauvais** it's bad (out) (5); **le/la plus mauvais(e)** the worst; **plus mauvais** worse
**mécanicien(ne)** *m., f.* mechanic; technician
**Mecque** *f.* Mecca

**médecin (femme médecin)** *m., f.* doctor (13); physician

**médecine** *f.* medicine *(study, profession)*

**médias** *m. pl.* media (15)

**médiathèque** *f.* reference library *(with multi-media collections and facilities)*

**médicament** *m.* medication; drug

**médiéval** *adj.* medieval (11)

**médiocre** *m., f.* mediocre person

**Méditerranée** *f.* Mediterranean (Sea)

**méditerranéen(ne)** *adj.* Mediterranean

**meilleur** *adj.* better; **le/la meilleur(e)** the best (13)

**mélange** *m.* mixture (16), blend

**mélanger (nous mélangeons)** to mix

**mêlée** *f.* scuffle *(rugby)*

**se mêler** to meddle, interfere

**mélo** *m. (ab. for* **mélodrame)** soap opera

**mélodie** *f.* melody

**membre** *m.* member

**même** *adj.* same (6); itself; very same; *adv.* even (6); **le/la/les même(s)** the same one(s) (16); **quand même** anyway; even though; **tout de même** all the same, for all that

**mémé** *f.* grandma, granny

**menace** *f.* threat

**menacer (nous menaçons)** to threaten

**ménage** *m.* housekeeping; household; **faire le ménage** to do the housework (4); **scène (f.) de ménage** domestic quarrel

**mendier** to beg

**mener (je mène) à** to lead to

**menthe** *f.:* **thé** *(m.)* **à la menthe** mint tea

**mentionné** *adj.* mentioned

**menu** *m.* menu; fixed (price) menu (6)

**mer** *f.* sea, ocean (7); **au bord de la mer** at the seashore; **fruits** *(m. pl.)* **de mer** seafood; **mer des Caraïbes (des Antilles)** Caribbean Sea (16); **outre-mer** *f. s.* overseas

**merci** *interj.* thank you (P); **merci bien** thanks a lot

**mercredi** *m.* Wednesday (P)

**mère** *f.* mother (4); **belle-mère** mother-in-law (4); stepmother; **grand-mère** grandmother (4)

**merveille** *f.:* **à merveille** *adv.* marvelously

**merveilleux/euse** *adj.* marvelous

**mes** *adj., m., f., pl.* my

**messe** *f. (Catholic)* Mass

**messieurs dames** ladies and gentlemen

**mesure** *f.* measure; extent; **dans la mesure où** inasmuch as, insofar as

**métamorphose** *f.* metamorphosis, transformation

**métamorphosé** *adj.* transformed

**météo** *f., fam.* weather forecast

**météorologique** *adj.* meteorological, weather

**métier** *m.* trade, profession; **armée (f.) de métier** professional army

**mètre** *m.* meter

**métro** *m.* subway *(train, system)* (8); **station** *(f.)* **(de métro)** (subway) station (10)

**métropole** *f.* metropolis

**metteur/euse en scène** *m., f.* director *(film)* (14); *film producer*

**mettre** *(p.p.* **mis)** *irreg.* to place (7); to put on (7); to put (12); **mettre à l'épreuve** to test, put to the test; **mettre des vêtements** to put on clothes; **mettre en place** to install, put in place; **mettre en valeur** to highlight; **mettre la table (le couvert)** to set the table; **mettre sur pied** to set up; **se mettre à** + *inf.* to begin to *(do s.th.)* (12); **se mettre au service de** to be at the service of *(s.o.)*; **se mettre d'accord sur** to reach an agreement on

**meuble** *m.* piece of furniture (4); **meubles d'époque** antique furniture

**meublé** *adj.* furnished (3)

**mexicain** *adj.* Mexican

**Mexicain(e)** *n. m., f.* Mexican *(person)*

**Mexique** *m.* Mexico (8)

**mi** *adj.* mid-; **à mi-temps** half-time, part-time *(work)*

**midi** noon; *m.* south-central region of France; **cet après-midi** *m.* afternoon (4); **cet(te) après-midi** this afternoon (5); **de l'après-midi** in the afternoon (5); **il est midi** it's noon (5)

**mien(ne)(s) (le/la/les)** *pron., m., f.,* mine

**mieux** *adv.* better; **aimer mieux** to prefer (like better) (1); **aller mieux** to be better, go better; **bien mieux** much better; **bien, mieux, le mieux** well, better, best (14); **il vaut mieux que** + *subj.* it's better that (15); **j'aime mieux** I prefer (1)

**mignon(ne)** *adj., fam.* cute

**mil** *m.* thousand *(for years)*

**milieu** *m.* environment; milieu; middle; **au milieu de** in the middle of

**militaire** *adj.* military

**mille** *adj.* thousand

**milliard** *m.* billion

**milliardaire** *m., f.* billionaire

**millier** *m.* (around) a thousand

**mince** *adj.* thin; slender

**mine** *f.* mining

**minéral** *adj.* mineral; **eau** *(f.)* **minérale** mineral water (5)

**mini-barre** *f.* chocolate bar

**mini-jupe** *f.* miniskirt

**ministère** *m.* ministry; department

**ministre** *m.* minister; **premier ministre** prime minister

**minitel** *m.* minitel (9); *French personal communications terminal*

**minoritaire** *adj.* minority

**minorité** *f.* minority

**minuit** midnight; **il est minuit** it's midnight (5)

**minuscule** *adj.* tiny

**minute** *f.:* **faux filet minute** minute steak

**minuté** *adj.* carefully timed

**miroir** *m.* mirror (3)

**mise** *(f.)* **au point** restatement; focusing; **mise en circulation** circulation, spreading; **salle** *(f.)* **de mise en forme** fitness conditioning room

**misère** *f.* misery, poverty

**mobylette** *( fam. mob) f.* moped, scooter

**mode** *f.* fashion, style; **à la mode** in style; **mode de la vie** lifestyle

**modèle** *n. m.* model; pattern; example; *adj.* model

**modéré** *adj.:* **Habitations** *(f. pl.)* **à Loyer Modéré (H.L.M.)** *French public housing*

**se moderniser** to get modernized

**modernité** *f.* modernity

**modeste** *adj.* modest, humble

**modifier** to modify, transform

**moi** *pron. s.* I, me; **à moi** mine; **chez moi** at my place; **excusez-moi** excuse me (P); pardon me; **moi aussi (moi non plus)** me too (me neither)

**moins** *adv.* less; minus; **au moins** at least; **le moins** the least; **moins le quart** quarter to *(the hour)* (5); **moins de** less than; **moins... que** less . . . than (13); **plus ou moins** more or less

**mois** *m.* month (7); **par mois** per, each month

**moitié** *f.* half

**moment** *m.* moment; **à ce moment-là** then, at that moment; **au dernier moment** at the last minute; **en ce moment** now, currently

**mon** *adj., m. s.* my

**monde** *m.* world (5); people; society; **à l'échelle du monde** on a worldwide scale; huge; **Tiers-Monde** Third World (15), developing nations; **tour** *(m.)* **du monde** trip around the world; **tout le monde** everybody, everyone (8)

**mondial** *adj.* world; worldwide; **Deuxième Guerre** *(f.)* **mondiale** Second World War

**mondialisation** *f.* internationalization

**monétaire** *adj.* monetary

**monnaie** *f.* coins (9); change (9); currency *(units)*

**monotone** *adj.* monotonous

**Monsieur (M.)** *(pl.* **Messieurs)** *m.* gentleman; Mr. (Sir) (P)

**monstre** *m.* monster

**mont** *m.* mountain

**montagne** *f.* mountain (7); **à la montagne** in the mountains; **bicyclette** *(f.)* **de montagne** mountain bike; **chaussures** *(f. pl)* **de montagne** hiking boots (7)

**montant** *m.* sum, amount (13); total

**montée** *f.* rise (15), ascent; going up

**monter** to set up; to carry up; to go up (7); to climb (7); **monter dans** to get into

**montre** *f.* watch; wristwatch

**Montréal** Montreal (16)

**Montréalais(e)** *m., f.* person from Montreal

**montrer** to show (2)

**se moquer de** to make fun of; to mock

**moral** *m.* morale

**morceau** *m.* piece (6)

**mort(e)** *n. m., f.* dead person; *n. f.* death; *adj.* dead; **mort de fatigue** dead-tired; **peine** *(f.)* **de mort** death penalty

**morue** *f.* cod

**mosquée** *f.* mosque

**mot** *m.* word (3); note; **jeux** *(m.)* **de mots** play on words; **mot apparenté** related word, cognate; **mot-clé** *m.* key word

**moteur** *m.:* **bateau** *(m.)* **à moteur** motor boat

**motivé** *adj.* motivated

**motocyclette** *(fam.* **moto)** *f.* motorcycle, motorbike

**motoneige** *f.* snow-bike

**mouche** *f.:* **bateau-mouche** *(pl.* **bateaux-mouches)** *m.* tourist boat on the Seine

**mouillé** *adj.* wet, damp

**moulinet** *m.:* **faire quelques moulinets avec les bras** to whirl one's arms about

**mourir** *(p.p.* **mort)** *irreg.* to die (7)

**mousse** *f.* mousse; **mousse au chocolat** chocolate mousse

**moustique** *m.* mosquito

**moutarde** *f.* mustard

**mouvement** *m.* movement

**moyen(ne)** *adj.* average; *m.* mean(s); way; *f.* average; **de taille moyenne** of medium height (3); **en moyenne** on average; **moyen âge** *m. s.* Middle Ages (11); **Moyen Orient** *m.* Middle East

**multiethnique** *adj.* multiethnic(al)

**multiplier** to multiply

**multivarié** *adj.* multifaceted

**municipal** *adj.* municipal (10)

**mur** *m.* wall (3)

**muraille** *f.* wall

**musculation** *f.* muscle development; **salle** *(f.)* **de musculation** weight training room

**musée** *m.* museum

**musicien(ne)** *m., f.* musician (11)

**musique** *f.* music (1); **musique classique** classical music

**musulman(e)** *n. m., f., adj.* Moslem, Muslim

**mutation** *f.:* **en mutation** changing, in transformation

**mutuellement** *adv.* mutually

**mystère** *m.* mystery

**mystique** *adj.* mystic(al)

**nager (nous nageons)** to swim (7)

**nageur/euse** *m., f.* swimmer

**naïf (naïve)** *adj.* naïve; simple

**naissance** *f.* birth

**naître** *(p.p.* **né)** *irreg.* to be born (7)

**nappe** *f.* tablecloth

**natal** *adj.* native

**natation** *f.* swimming

**national** *adj.* national; **fête** *(f.)* **nationale** Bastille Day *(July 14)*

**nationalisation** *f.* nationalization

**nationaliste** *m., f.,* nationalist

**nationalité** *f.* nationality

**nature** *n. f.* nature; *adj.* plain *(food)*

**naturel(le)** *adj.* natural; **ressources** *(f. pl.)* **naturelles** natural resources; **sciences** *(f. pl.)* **naturelles** natural sciences

**nautique** *adj.* nautical; **ski nautique** water-skiing (7)

**navette** *f.* shuttle

**ne** *adv.* no; not; **ne... aucun(e)** no, not one, not any; **ne... jamais** never (8); not ever; **ne... ni... ni** neither . . . nor; **ne... pas** no; not; **ne... pas du tout** not at all (8); **ne... pas encore** not yet (8); **ne... personne** no one, nobody (8); **ne... plus** no longer (8); no more (8); **ne... que** only (8); **ne... rien** nothing (8); **n'est-ce pas?** isn't it (so)?, isn't that right?

**né** *adj.* born

**néanmoins** *adv.* nevertheless

**nécessaire** *adj.* necessary; **il est nécessaire que** + *subj.* it's necessary that (15)

**nécessité** *n. f.* need; *adj.* necessary; needed

**néfaste** *adj.* harmful

**négatif/ive** *adj.* negative

**négliger (nous négligeons)** to neglect

**négociateur/trice** *m., f.* negotiator

**négocier** to negotiate

**nègre** *adj.* Black

**négritude** *f.* Black condition

**neige** *f.* snow; **bonhomme** *(m.)* **de neige** snowman (16)

**neiger (il neigeait)** to snow; **il neige** it's snowing (5)

**nerveux/euse** *adj.* nervous (2)

**net** *m.:* **surfer le net** to surf the net

**nettoyage** *m.* cleaning

**nettoyer** to clean

**neuf** *adj.* nine (P)

**neuf (neuve)** *adj.* new, brand-new; **construire du neuf** to rebuild; **quoi de neuf de votre côté?** what's new with you?; **remis à neuf** restored, as good as new

**neuvième** *adj.* ninth

**neveu** *m.* nephew (4)

**nez** *m.* nose (12)

**ni** neither; nor; **ne... ni... ni** neither . . . nor

**nicher** *adj.* nestled

**nièce** *f.* niece (4)

**Nil** *m.* Nile

**niveau** *m.* level; **niveau de vie** standard of living

**noces** *f. pl.* wedding; **vacances** *(f. pl.)* **de noces** honeymoon trip; **voyage** *(m.)* **de noces** honeymoon trip

**Noël** *m.* Christmas; **bûche** *(f.)* **de Noël** Yule log *(pastry);* **père** *(m.)* **Noël** Santa Claus; **réveillon** *(m.)* **de Noël** midnight Christmas dinner

**noir** *adj.* black (2)

**noix** *f.* nut

**nom** *m.* noun; name

**nombre** *m.* number; quantity; **nombres** *(pl.)* **ordinaux** ordinal numbers

**nombreux/euse** *adj.* numerous

**nommer** to name; to appoint

**non** *interj.* no; not (P); **moi non plus** me neither; **non plus** neither, not . . . either

**nord** *m.* north; **au nord** to the north (8); **l'Amérique** *(f.)* **du Nord** North America; **Nord-Africain(e)** *m., f.* North African *(person);* **nord-américain** *adj.* North American; **nord-est** *m.* northeast; **nord-ouest** *m.* northwest

**normal** *adj.* normal; **il est normal que** + *subj.* it's normal that (15)

**Normandie** *f.* Normandy

**Normand(e)** *m., f.* Norman *(from Normandy)*

**Norvège** *f.* Norway (8)

**nos** *adj., pl.* our; **de nos jours** these days, currently

**nostalgie** *f.* nostalgia

**nostalgique** *adj.* nostalgic; **les nostalgiques** *(n. m., f.)* **du passé** those nostalgic for the past

**notation** *f.* grading; notation

**note** *f.* note; grade *(in school)*; bill; **prendre des notes** to take notes

**noter** to notice

**notion** *f.* notion, idea; *pl.* knowledge

**notre** *adj.,* our

**nôtre(s) (le/la/les)** *pron. m., f.* ours

**nouer** to tie, knot

**nourrir** to feed

**nourrissant** *adj.* nourishing

**nourriture** *f.* food

**nous** *pron. pl.* we; us; ourselves; **nous sommes lundi (mardi...)** it's Monday (Tuesday . . . ) (P)

**nouveau (nouvel, nouvelle [nouveaux, nouvelles])** *adj.* new (2, 6); **à nouveau** once more; **de nouveau** again (10); **nouveaux-mariés** *m. pl.* newlyweds (12); **nouvel an** New Year's Day; **nouvelle cuisine** light, low-fat cuisine

**nouvelle** *f.* piece of news; short story; *pl.* news, current events (13); **bonne (mauvaise) nouvelle** good (bad) news

**Nouvelle-Écosse** *f.* Nova Scotia (16)

**Nouvelle-Orléans** *f.* **(La)** New Orleans (16)

**novembre** November (3)

**noyé** *adj.* lost, buried

**nuage** *m.* cloud

**nuageux/euse** *adj.* cloudy

**nucléaire** *adj.* nuclear; **déchets** *(m. pl.)* **nucléaires** nuclear waste; **énergie** *(f.)* **nucléaire** nuclear power (15)

**nuit** *f.* night (8); **boîte** *(f.)* **de nuit** nightclub; **de nuit** at night

**nul(le)** *adj.* useless; *n. m.* bad student

**numérique** *adj.* digital

**numéro** *m.* number; **composer le numéro** to dial a *(phone)* number (9); **numéro de téléphone** telephone number (9)

**numéroté** numbered

**numéroter** to number

**nutritif/ive** *adj.* nutritive, nourishing

**obéir** to obey

**objectif** *m.* goal, objective

**objet** *m.* objective; object; **objets volants non-identifiés** unidentified flying objects (UFOs); **pronom** *(m.)* **complément d'objet direct (indirect)** *Gram.* direct (indirect) object pronoun

**obligatoire** *adj.* obligatory; mandatory; **service** *(m.)* **obligatoire** mandatory military service

**obligé** *adj.* obliged, required

**obsédé** *adj.* obsessed

**observateur/trice** *m., f.* observer

**observer** to observe

**obtenir** *(like* **tenir)** *irreg.* to obtain, get (7)

**obtention** *f.* obtaining

**obtenu** *adj.* obtained; achieved

**occasion** *f.* opportunity; occasion; **avoir l'occasion de** to have the chance to

**occidental** *adj.* western, occidental

**occuper** to occupy; **s'occuper de** to be in charge of; to look after

**ocre** *adj. inv.* ochre

**octobre** October (3)

**odeur** *f.* odor, smell

**œil** *(pl.* **yeux)** *m.* eye (12)

**œuf** *m.* egg (5)

**œuvre** *f.* work; **œuvre (d'art)** work (of art) (11); **chef-d'œuvre** *(pl.* **chefs-d'œuvre)** *m.* masterpiece (11); **\*hors-d'œuvre** *(pl.* **les \*hors-d'œuvre)** *m.* appetizer (5); **main-d'œuvre** *f.* labor; workforce; **œuvre (d'art)** work (of art) (11)

**offert** *adj.* offered

**officiel(le)** *adj.* official

**offre** *f.* offer; **offre d'emploi** job offer

**offrir** *(like* **ouvrir)** *irreg.* to offer (13)

**oie** *f.* goose

**oignon** *m.* onion

**oiseau** *m.* bird

**ombre** *f.* shadow

**omelette** *f.* omelet

**oncle** *m.* uncle (4)

**ondulant** *adj.* undulating; uneven

**onze** *adj.* eleven (P)

**onzième** *adj.* eleventh

**opinion** *f.* opinion; **exprimer une opinion** to express an opinion (15); **opinion publique** public opinion (15)

**opposant** *adj.* opposing

**opposé** *m.* opposite

**s'opposer à** to oppose

**optimiste** *n. m., f.* optimist; *adj.* optimistic

**option** *f.:* **en option** as an optional extra

**optique** *f.* perspective

**opulent** *adj.* rich, wealthy

**orage** *m.* storm; **pluie** *(f.)* **d'orage** thunderstorm

**orageux/euse** *adj.* stormy; **le temps est orageux** it's stormy (5)

**orange** *adj. inv.* orange (2); *m.* orange *(color)* (3); *n. f.* orange *(fruit)* (5); **carte** *(f.)* **orange** subway pass; **jus** *(m.)* **d'orange** orange juice

**orchestre** *m.* orchestra

**ordinaire** *adj.* ordinary, regular

**ordinal** *adj.:* **nombres** *(m. pl.)* **ordinaux** ordinal numbers

**ordinateur** *m.* computer (P); **salle** *(f.)* **d'ordinateurs** computer lab (1)

**ordonnance** *f.* prescription

**ordonné** *adj.* tidy

**ordre** *m.* order; command; **en ordre** orderly (3); neat

**oreille** *f.* ear (12)

**organisé** organized

**organiser** to organize

**orge** *f.* barley

**orient** *m.:* **Moyen Orient** Middle East

**oriental** *adj.* eastern, oriental

**orientation** *f.:* **conseiller/ère** *(m., f.)* **d'orientation** guidance counselor

**originaire** *(adj.)* **de** originating from

**original** *n. m.; adj.* original

**origine** *f.* origin; extraction

**orphelin(e)** *m., f.* orphan

**orthodontie** *f. s.* orthodontics

**os** *m.* bone

**oser** to dare

**ou** *conj.* or; either (1); **ou bien** or else

**où** *adv.* where (2); *pron.* where, in which, when (13); **où est...?** where is . . . ?

**ouais** *interj., fam.* **(oui)** yeah, yep

**oublié** forgotten

**oublier** to forget (7); **oublier (de)** to forget (to) (11)

**ouest** *m.* west; **à l'ouest** to the west (8); **nord-ouest** *m.* northwest; **sud-ouest** *m.* southwest

**ouf!** *interj., fam.* whew!

**oui** *interj.* yes (P)

**outragé** *adj.* gravely offended

**outre-mer** *adv.* overseas

**ouvert** *adj.* open

**ouverture** *f.* opening

**ouvrier/ière** *m., f. (manual)* worker (13)

**ouvrir** *(p.p.* **ouvert)** *irreg.* to open (13)

**oxygène** *m.* oxygen

**pager** *m.* pager (9)

**pagette** *f.* pager

**paiement** *m.* payment

**pain** *m.* bread (5); **baguette** *(f.)* **(de pain)** baguette (6); **pain de campagne** country-style, wheat bread

**paire** *f.* pair

**paisible** *adj.* peaceful, tranquil

**paix** *f.* peace

**Pakistanais(e)** *m., f.* Pakistani *(person)*

**palais** *m.* palace (11)

**pâle** *adj.* pale

**paléfuvier** *m.* mangrove

**palmier** *m.* palm tree

**pan** *m.* piece

**panaché** *m.* mixed dish

**panne** *f. (mechanical)* breakdown; **en panne d'essence** out of gas(oline); **tomber en panne** to have a *(mechanical)* breakdown

**panneau** *m.* sign, notice

**pantalon** *m. s.* pants (2)

**papa** *m., fam.* dad, daddy

**papeterie** *f.* stationery store

**papier** *m.* paper

**papillon** *m.* butterfly

**papy** *m., fam.* grandpa

**Pâques** *f. pl.* Easter

**paquet** *m.* package (9)

**par** *prep.* by; through; out of; per; **par bateau** by boat; **par contre** on the other hand; **par écrit** in writing; **par exemple** for example (15); **par *hasard** by accident, by chance; **par jour (semaine, etc.)** per day, each day (week, *etc.*); **par ordre** in order; **par rapport à** in comparison with; **par terre** on the ground (2); **passer (par)** to pass (by) (7); **une fois par semaine** once a week (4)

**paradoxal** *adj.* paradoxical

**paragraphe** *m.* paragraph

**paraître** to seem, look

**paralyser** to paralyze

**parapluie** *m.* umbrella (7)

**parc** *m.* park (10)

**parce que** *conj.* because (3)

**parcomètre** *m.* parking meter

**parcourir** *(like* **courir***) irreg.* to travel through

**parcours** *m. s.* route, course, distance to cover

**pardon** *interj.* pardon (me) (P)

**parent(e)** *m., f.* parent (or relative) (4); **arrière-grand-parent** *m.* great-grandparent (4); **grand-parent (grands-parents)** grandparent (4)

**parenthèse** *f.* parenthesis

**paresseux/euse** *adj.* lazy (2)

**parfait** *adj.* perfect; **plus-que-parfait** *m., Gram.* pluperfect

**parfois** *adv.* sometimes (8)

**parfum** *m.* perfume; flavor

**pari** *m.* bet *(gambling)*

**parisien(ne)** *adj.* Parisian (2)

**Parisien(ne)** *n. m., f.* Parisian *(person)* (2)

**parking** *m.* parking lot

**parlementaire** *adj.* parliamentary

**parler** to speak (1); to talk

**parmi** *prep.* among

**parole** *f.* word; **porte-parole** *m. inv.* spokesperson

**parquet** *m.* floor

**part** *f.* share, portion; **à part** besides; on its own; **à part de** besides, in addition to; **d'autre part** on the other hand; **de la part de** on behalf of; **pour ma part** in my opinion, as for me (15); **quelque part** somewhere

**partage** *m.* division; sharing

**partager (nous partageons)** to share; to divide

**partenaire** *m., f.* partner

**parti** *m.* political party (15)

**participe** *m., Gram.* participle

**participer (à)** to participate (in)

**particulier/ière** *adj.* particular, special; **en particulier** in particular

**partie** *f.* part; game (14); match; outing; **en partie** in part; **faire partie de** to belong to

**partiel** *adj.;* **temps** *(m.)* **partiel** part time (13)

**partiellement** *adv.* partially

**partir** *(like* **dormir***)* **(à, de)** *irreg.* to leave (for, from) (7); to set out; **à partir de** *prep.* starting from; **partir en reportage** to go out on a story

**partout** *adv.* everywhere (10)

**parvenir** *(like* **venir***)* **à** *irreg.* to succeed in

**pas (ne... pas)** not (1); **ne... pas du tout** not at all (8); **ne... pas encore** not yet (8); **n'est-ce pas?** isn't it (so)?; isn't that right; **pas à pas** step-by-step; **pas du tout** not at all (4); **pas mal** not bad(ly) (P)

**passage** *m.* passage; passing; **lieu** *(m.)* **de passage** place where people are constantly coming and going

**passager/ère** *m., f.* passenger (8)

**passant(e)** *m., f.* passerby

**passé** *n. m.* past (11); *adj.* past; gone; last (7); **les nostalgiques** *(m., f.)* **du passé** those nostalgic for the past; **passé composé** *Gram.* present perfect; **passé simple** *Gram.* simple past

**passeport** *m.* passport

**passer** to pass, spend *(time)* (5); to go; to hand *(s.o. s.th.)*; **passer à la radio** to be on the radio; **passer le permis de conduire** to take one's driving test; **passer par** to pass by (7); **passer un examen** to take an exam (3); **qu'est-ce qui se passe?** what's happening? (14); **se passer** to happen, take place (14); to do without

**passe-temps** *m.* pastime, hobby

**passionné** *adj.* passionate, intense; *n. m., f.* passionate person, fanatic

**pasteur** *m. (Protestant)* minister

**pastis** *m.* pastis *(aniseed aperitif)*

**pâté** *m.* liver paste, pâté; **pâté de campagne** (country-style) pâté (6); **pâté de foie gras** goose liver pâté

**pâtes** *f. pl.* pasta, noodles

**patient** *n. m., f. (hospital)* patient; *adj.* patient (2)

**patienter** to wait

**patin** *m.:* **faire du patin à glace** to go ice skating

**patinage** *m.* ice skating (7)

**pâtisserie** *f.* pastry shop (7); pastry (7); **boulangerie-pâtisserie** *f.* bakery-pastry shop

**pâtissier/ière** *m., f.* pastry shop owner; pastry chef

**patrimoine** *m.* legacy, patrimony (11)

**patron(ne)** *m., f.* boss, employer

**pauvre** *adj.* poor (6); unfortunate (6)

**pauvreté** *f.* poverty

**pave** *m.* filet

**payant** *adj. (spectator)* who pays

**payer (je paie)** to pay, pay for

**pays** *m. s., pl.* country *(nation)* (1); **Pays-Bas** *pl.* Netherlands; **pays du Tiers-Monde** Third-World country; **pays en voie de développement** developing country

**paysage** *m.* landscape, scenery

**paysan(ne)** *adj.* peasant

**Pays-Bas** *m. pl.* Netherlands

**peau** *f.* skin

**pêche** *f.* fishing (14); peach

**pêcher** to fish (7)

**pêcheur/euse** *m., f.* fisherman (woman)

**peigne** *m.* comb (12)

**se peigner** to comb one's hair (12)

**peindre** *(like* **craindre***) irreg.* to paint

**peine** *f.* punishment, sentence; **à peine** *adv.* barely; only just; **peine de mort** death penalty

**peintre** *m.* painter (12); **artiste peintre** *m., f.* (artist) painter (13); **femme peintre** *f.* painter (11)

**peinture** *f.* paint; painting (11); **faire de la peinture** to paint

**pèlerinage** *m.* pilgrimage

**pelouse** *f.* lawn

**pendant** *prep.* during; **pendant les vacances** during vacation (4)

**pendentif** *m.* pendant
**pénible** *adj.* hard, difficult
**pensée** *f.* thought
**penser** to think; to reflect; to expect, intend; **penser** + *inf.* to plan on (doing s.th.) (11); **penser à** to think of, about (10); **penser de** to think of, have an opinion about (10); **qu'en penses-tu? qu'en pensez-vous?** what do you think of that?; **qu'est-ce que tu en penses?** what do you think of that? (10); **qu'est-ce que vous pensez de... ?** what do you think about . . . ? (10)
**pension** *f.* board, meals; **demi-pension** *f.* partial board (with room); **pension complète** full board
**Pentecôte** *f.* Pentecost
**pépé** *m., fam.* grandpa
**perche** *f.* pole
**perché** *adj.* perched
**perçu** *adj.* perceived
**perdre** to lose (4); to waste (4); **se perdre** to get lost (12)
**perdu** *adj.* lost; wasted
**père** *m.* father; **beau-père** father-in-law (4); stepfather (4); **grand-père** grandfather (4); **père Noël** Santa Claus
**perfectionnement** *m.* perfecting
**perfectionner** to perfect (16)
**période** *f.* period (of time)
**perle** *f.* pearl; bead
**permettre** (*like* **mettre**) (**de**) *irreg.* to permit, allow (11); to let
**permis** *m.* license; **permis de conduire** driver's license; driving test
**persévérant** *adj.* persevering, dogged
**persienne** *f.* shutter
**personnage** *m.* character; individual; *pl.* characters (14)
**personnalisé** *adj.* personalized
**personnalité** *f.* personality
**personne** *f.* person (2); **grande personne** adult, grown-up; **ne... personne** no one, nobody (8)
**personnel(le)** *n. m.* personnel; *adj.* personal
**personnellement** *adv.* personally (15)
**perspective** *f.* view; perspective
**persuader** to persuade, convince
**perte** *f.* loss
**peser** (**je pèse**) to weigh
**pessimiste** *adj.* pessimistic (2)
**pétanque** *f.* bocce ball, lawn bowling (So. France) (14)
**petit** *adj.* small (3); little (6); short (3); very young; **demander un petit service** to ask a small favor (14); **petit(e) ami(e)** *m., f.* boy-

friend (girlfriend); **petit déjeuner** *m.* breakfast (5); **petite cuillère** *f.* teaspoon; **petit écran** *m.* television; **petit-enfant** *m.* grandchild (4); **petit matin** *m.* dawn; **petite-fille** *f.* granddaughter (4); **petites annonces** *f. pl.* classified ads (9); **petit-fils** *m.* grandson (4)
**peu** *adv.* little; few; not very, hardly (2); **à peu près** *adv.* nearly; **il est peu probable que** + *subj.* it's doubtful that (15); **un peu (de)** a little (of) (1)
**peuple** *m.* nation; people of a country
**peur** *f.* fear; **avoir peur de** to be afraid of (3)
**peut-être** *adv.* perhaps, maybe (4)
**pharmacie** *f.* pharmacy, drugstore (10)
**pharmacien(ne)** *m., f.* pharmacist (13)
**phénomène** *m.* phenomenon
**philosophie** (*fam.* philo) *f.* philosophy (1)
**phonétique** *f. s.* phonetics
**photo** *f.* picture, photograph; **appareil-photo** *m.* (still) camera; **prendre des photos** to take photos
**photocopieur** *m.* photocopy machine
**photographier** to photograph
**phrase** *f.* sentence
**physique** *n. f.* physics (1); *adj.* physical
**piano** *m.* piano
**pichet** *m.* pitcher, small carafe
**pièce** *f.* piece; room (of a house) (4); coin (6); **pièce de théâtre** (theatrical) play (11)
**pied** *m.* foot (12); **à pied** on foot; **de plain-pied** on one floor; **se lever du pied gauche** to get up on the wrong side of the bed; **mettre sur pied** to set up; **pied-noir** *m.* Algerian-born French person
**pierre** *f.* stone
**piéton(ne)** *m., f.,* pedestrian
**pilier** *m.* pillar
**pilote** *m., f.* pilot (8)
**pique** *m.* spade (cards)
**pique-nique** *m.* picnic (14); **faire un pique-nique** to go on a picnic
**pique-niquer** to have a picnic
**pire** *adj.* worse (13); **le/la pire** the worst
**pirogue** *f.* (dugout) canoe
**piroguier** *m.* boatman (in a pirogue)
**pis** *adv.* worse; **le pis** the worst; **tant pis** too bad
**piscine** *f.* swimming pool (10); **piscine bassin** wading pool; **piscine chauffée** heated swimming pool
**piste** *f.* path, trail; course; slope; **ski** (*m.*) **de piste** downhill skiing (7)
**pittoresque** *adj.* picturesque
**place** *f.* place; position; (public) square (10);

seat (11); **à ta place** in your place, if I were you; **mettre en place** to install, put in place; **place arrière** back seat (of a car); **sur place** on the spot
**plage** *f.* beach (7); **plage arrière** back shelf (of a car); **serviette** (*f.*) **de plage** beach towel (7)
**plaidoyer** *m.* plea; defense
**plain** *adj.:* **de plain-pied** on one floor
**plaine** *f.* plain
**plaire** (*p.p.* **plu**) **à** *irreg.* to please; **s'il vous plaît** *interj.* please (P); **s'il te plaît** please
**plaisir** *m.* pleasure; **faire plaisir** to please
**plan** *m.* plan; diagram; idea; map (of a city) (10)
**planche** *f.* board; **(faire de la) planche à voile** windsurfing (7)
**plancher** *m.* floor; **plancher arrière** floor of the back seat (in a car)
**planète** *f.* planet
**planifier** to plan
**plante** *f.* plant
**planteur** *m.* planter (person)
**plaquer** *fam.* to tackle
**plastique** *n. m.; adj.* plastic
**plat** *adj.* flat; *n. m.* dish; course (meal) (6); **plat de résistance** main course, dish; **plat principal** main dish (6)
**plateau** *m.* tray; plateau
**platine** (*f.*) **laser** laser-disk player
**plein (de)** *adj.* full (of); plenty (of); **activités** (*f. pl.*) **de plein air** outdoor activities (14); **en plein air** outdoors, in the open air; **en plein forme** physically fit; **faire le plein** to fill it up (gas tank) (8); **temps** (*m.*) **plein** full time; **plein sommeil** *m.* deep sleep
**pleurer** to cry, weep
**pleuvoir** (*p.p.* **plu**) *irreg.* to rain (7); **il pleut** it's raining (5)
**pliant** *adj.* folding
**plombier** *m.* plumber (13)
**plongée** *f.* diving; **plongée bouteille** scuba diving; **plongée libre** free fall, diving; **plongée sous-marine** skin diving (7); scuba diving
**pluie** *f.* rain; **pluie d'orage** thunderstorm
**plupart: la plupart (de)** most (of) (15); the majority (of)
**pluriel** *m. Gram.* plural
**plus (de)** *adv.* more; **à plus (tard)** see you later (P); plus; **bien plus** much more; **de plus en plus** more and more; **de plus, en plus** in addition; **en savoir plus** to know more about it; **le/la/les plus** + *adj.* most; **le plus** + *adv.* most; **moi non plus** me nei-

ther; **ne... plus** no longer (8); no more (5); **plus... que** more . . . than (13); **plus ou moins** more or less; **plus tard** later

**plusieurs (de)** *adj., pron.* several (16)

**plutôt** *adv.* instead (6); rather (6)

**pluvieux/euse** *adj.* rainy

**poche** *f.* pocket; **comme le fond de ma poche** like the back of my hand; **lampe** (*f.*) **de poche** flashlight

**poème** *m.* poem (11)

**poésie** *f.* poetry (11)

**poète** *m.* poet (11)

**poétique** *adj.* poetic

**poids** *m.* weight

**poilane** *m. type of cheese spread*

**point** *m.* point; **mise** (*f.*) **au point** restatement; focusing; **point de départ** starting point; **point de vue** point of view

**pointillisme** *m.* pointillism

**pointure** *f.* size

**poire** *f.* pear (5)

**poisson** *m.* fish (5)

**poissonnerie** *f.* fish store (6)

**poitrine** *f.* chest

**poivrade** *f.:* **sauce** (*f.*) **poivrade** vinaigrette dressing

**poivre** *m.* pepper (5)

**poivrière** *f.* pepper shaker

**poli** *adj.* polite; polished

**police** *f.* police; **agent** (*m.*) **de police** police officer (13); **poste** (*m.*) **de police** police station (10)

**policier/ière** *adj.* pertaining to the police; *n. m.* police officer; **roman** (*m.*) **policier** detective novel

**poliment** *adv.* politely (11)

**politicien(ne)** *m., f.* politician (15)

**politique** *n. f.* politics (15); policy (15); *adj.* political; **caricature** (*f.*) **politique** political cartoon; **faire de la politique** to go in for politics; **homme (femme) politique** *m., f.* politician

**polluant** *adj.* polluting

**polluer** to pollute (15)

**pollution** *f.* pollution (15)

**polo** *m.* sports shirt

**pomme** *f.* apple (5); **jus** (*m.*) **de pommes** apple juice; **pomme de terre** potato (5); **tarte** (*f.*) **aux pommes** apple pie (5)

**pompier** *m.* firefighter

**ponctuel(le)** *adj.* punctual

**pont** *m.* bridge

**populaire** *adj.* popular; common; of the people

**popularité** *f.* popularity

**populeux/euse** *adj.* (densely) populated

**porc** *m.* pork (6)

**portatif/ive** *adj.* portable

**porte** *f.* door (P)

**portée** *f.:* **à la portée de main** on hand

**porter** to wear (2); to carry (2)

**portrait** (*m.*) **craché** spitting-image portrait

**Portugal** *m.* Portugal (8)

**posé** *adj.* standing; asked (*question*)

**poser** to put (down); to state; to pose; to stand; to ask; **poser sa candidature** to apply; to run (*for office*); **poser des questions** to ask questions

**positif/ive** *adj.* positive

**posséder (je possède)** to possess

**possessif/ive** *adj.* possessive

**possession** *f.:* **prendre possession de** to take possession of

**possibilité** *f.* possibility

**possible** *adj.* possible; **aussi souvent que possible** as often as possible; **faire son possible** to do one's best; **il est possible que** + *subj.* it's possible that (15)

**postal** *adj.* postal, post; **carte** (*f.*) **postale** postcard (9); **code** (*m.*) **postal** postal, zip code

**poste** *m.* position; employment; *f.* post office (9); postal service; **bureau** (*m.*) **de poste** post office (9); **poste** (*m.*) **de police** police station (10); **poste** (*m.*) **de télévision** TV set (4)

**poster** to mail (*a letter*)

**postuler** to apply for (*a job*)

**potential** *m.* potential

**poterie** *f.* pottery

**poule** *f.* hen

**poulet** *m.* chicken (5)

**pour** *prep.* for (1); in order to (1); **manifester pour** to demonstrate for (15); **pour ma part** in my opinion, as for me (15)

**pourboire** *m.* tip (6)

**pourcentage** *m.* percentage

**pourquoi** *adv., conj.* why (3)

**pourri: faire un temps pourri** to be rotten weather

**poursuite** *f.* pursuit

**poursuivre (like suivre)** *irreg.* to pursue (11); to follow; **se poursuivre** to continue; to be carried out

**pourtant** *adv.* however, yet, still, nevertheless

**pousser** to push

**pouvoir** (*p.p.* **pu**) *irreg.* to be able (6); *m.* power, strength; **ça peut aller** all right, pretty well; **il se peut que** + *subj.* it's possible that (15)

**pratique** *adj.* practical; *n. f.* practice

**pratiquant(e)** *m., f.* church-goer

**pratiquement** *adv.:* **ne... pratiquement** hardly

**pratiquer** to practice, exercise (*sport*)

**préalable** *m.* prerequisite

**précédent** *adj.* preceding

**précéder (je précède)** to precede

**précieux/euse** *adj.* precious

**précis** *adj.* precise, exact

**préciser** to state precisely; to specify

**prédire (like dire, vous prédisez)** *irreg.* to predict, foretell

**préférable** *adj.* preferable, more advisable; **il est préférable que** + *subj.* it's preferable that (15)

**préféré** *adj.* favorite, preferred (4)

**préférer (je préfère)** to prefer (5); to like better

**préliminaire** *adj.* preliminary, introductory

**premier/ière** *adj.* first; **premier étage** *m.* second floor (*in France*) (4); **premier ministre** *m.* prime minister; **première classe** *f.* first class

**prendre** (*p.p.* **pris**) *irreg.* to take (5); to have (to eat, to order) (5); **prendre au sérieux** to take seriously; **prendre conscience de** to become aware of; **prendre des notes** to take notes; **prendre en charge** to take advantage; **prendre en considération** to take into consideration; **prendre le soleil** to sit in the sun; **prendre possession de** to take possession of; **prendre rendez-vous** to make an appointment, a date; **prendre son temps** to take one's time; **prendre une douche** to take a shower; **prendre des photos** to take photos; **prendre un verre** *fam.* to have a drink

**prénom** *m.* first, Christian name

**préoccupation** *f.* worry, anxiety

**préoccupé** *adj.* worried, anxious

**se préoccuper de** to worry about

**préparatifs** *m. pl.* preparations

**préparatoire** *adj.* preparatory

**préparé** *adj.* ready

**préparer** to prepare (4); to make; **se préparer** to prepare oneself; to get ready (12)

**près (de)** *adv.* near, close (to) (3); **à peu près** nearly

**prescrire (like écrire)** *irreg.* to prescribe

**présent** *m.* present; *adj.* present

**présenter** to present; to introduce; to put on (*a performance*); **je vous (te) présente...** I want you to meet . . . ; **se présenter** to appear, go; to apply (*for a job*); **se présenter aux élections** to run for office

**président(e)** *m., f.* president

**presque** *adv.* almost (5); nearly
**presse** *f.* press *(media)*
**pressé** *adj.* in a hurry, rushed
**pression** *f.* pressure
**prestigieux/euse** *adj.* prestigious
**prêt** *adj.* ready (2)
**prêter (à)** to lend (to) (9)
**preuve** *f.* proof, evidence; **faire preuve de** to show
**prévenir** *(like* **venir)** *irreg.* to warn, inform
**prévoir** *(like* **voir, je prévoirai)** *irreg.* to foresee, anticipate; **prévoir à l'avance** to plan ahead
**prévu** *adj.* expected; forecast
**prier: je vous en prie** please
**prière** *f.* prayer
**primaire** *adj.* primary; **école** *(f.)* **primaire** primary school
**princesse** *f.* princess
**principal** *adj.* principal, main; most important; **plat** *(m.)* **principal** main dish (6); **rôle** *(m.)* **principal** leading role
**principe** *m.* principle
**printemps** *m.* spring; **au printemps** in the spring (5)
**prioritaire** *adj.* priority
**priorité** *f.* right of way; priority
**pris** *adj.* taken; **prise** *n. f.* taking; purchase
**prisonnier/ière** *m., f.* prisoner
**privé** *adj.* private
**privilégié** *adj.* privileged; favored; lucky
**prix** *m. s., pl.* price (6); prize
**probabilité** *f.* probability
**probable** *adj.* probable; **il est peu probable que** + *subj.* it's doubtful that (15); **il est probable que** + *indic.* it's probable that (16)
**problème** *m.* problem (15)
**processeur** *m.* processor *(computer)*
**processus** *m.* process
**prochain** *adj.* next; **la rentrée prochaine** beginning of next academic year (13); **la semaine prochaine** next week (4); **l'année** *(f.)* **prochaine** next year
**proche (de)** *adj., adv.* near, close; **futur** *(m.)* **proche** *Gram.* immediate, near future
**se produire** *(like* **conduire)** *irreg.* to happen, occur
**produit** *m.* product; **produits laitiers** dairy products
**professeur** *(fam.* **prof)** *m.* professor (P); teacher
**profession** *f.* occupation, profession; trade
**professionnel(le)** *n. m., f.* professional; *adj.* professional

**profil** *m.* profile
**profiter de** to take advantage of, profit from
**profond** *adj.* deep, profound
**programme** *m.* program; design, plan
**programmer** to program
**progrès** *m.* progress
**progresser** to progress
**progressif/ive** *adj.* progressive
**projectile** *m.* missile; projectile
**projet** *m.* project; plan; *pl.* plans (4)
**prolifération** *f.* proliferation (15)
**promenade** *f.* walk; ride; **faire une promenade** to take a walk (4)
**promener (je promène)** to (take for a) walk (12); **se promener** to take a walk (12); to drive, ride
**promeneur/euse** *m., f.* walker
**prometteur/euse** *adj.* promising
**promettre** *(like* **mettre)** *irreg.* to promise
**promotion** *f.* sale, store special; **en promotion** on special
**pronom** *m., Gram.* pronoun; **pronom complément d'objet direct (indirect)** *Gram.* direct (indirect) object pronoun
**pronom disjoint** *Gram.* disjunctive, stressed pronoun
**pronominal** *adj., Gram.:* **verbe** *(m.)* **pronominal** pronominal, reflexive verb
**prononcé** *adj.* pronounced, marked
**prononcer (nous prononçons)** to pronounce; **se prononcer** to declare one's opinion
**prophète** *m.* prophet
**propos** *m.* talk; utterance; *pl.* remarks; **à propos de** *prep.* with respect to
**proposé** proposed, suggested
**proposer** to propose
**proposition** *f.* suggestion
**propre** *adj.* own; proper; clean; **propre à** peculiar to
**propriétaire** *m., f.* owner; landlord
**propriété** *f.* property
**protection** *f.* protection (15)
**protégé** *adj.* protected
**protéger (je protège, nous protégeons)** to protect (15)
**protester** to protest
**protide** *m.* protein
**provenance** *f.:* **de provenance de** originating from
**provenir** *(like* **venir)** **de** to come from
**provision** *f.* supply; *pl.* groceries
**provoquer** to provoke

**proximité** *f.:* **à proximité** within proximity; **à proximité de** near
**prudence** *f.* caution
**prudent** *adj.* careful, cautious, prudent
**pruneau** *m.* prune
**psychanalyste** *m., f.* psychoanalyst
**psychiatre** *m., f.* psychiatrist
**psychiatrique** *adj.* psychiatric
**psychologie** *(fam.* **psycho)** *f.* psychology (1)
**psychologique** *adj.* psychological
**psychologue** *m., f.* psychologist
**public (publique)** *adj.* public (10); *n. m.* public; audience; **opinion** *(f.)* **publique** public opinion (15); **transports** *(m. pl.)* **publics** public transportation
**publicitaire** *m., f.* advertising person; *adj.* pertaining to advertising
**publicité** *( fam.* **pub)** *f.* commercial (9); advertisement (9); advertising (9)
**publier** to publish
**puéricultrice** *f.* pediatric nurse
**puis** *adv.* then, next (10); besides; **(et) puis** (and) then, next; and besides
**puiser** to draw, take
**puisque** *conj.* since, as, seeing that
**puissance** *f.* power
**pull-over (fam.** **pull)** *m.* pullover *(sweater)* (2)
**punir** to punish
**punition** *f.* punishment
**pyramide** *f.* pyramid

**quai** *m.* quai; platform *(train station)* (8)
**qualificatif/ive** *adj.* qualifying
**qualité** *f.* quality; characteristic
**quand** *adv., conj.* when (2); **depuis quand?** since when?; **quand même** anyway; even though
**quantité** *f.* quantity, amount
**quarantaine** *f.* about forty
**quarante** *adj.* forty (P)
**quart** *m.* quarter; quarter of an hour; **et quart** quarter past *(the hour)* (5); **moins le quart** quarter to *(the hour)* (5)
**quartier** *m.* quarter, neighborhood (1)
**quasiment** *adv.* almost, nearly
**quatorze** *adj.* fourteen (P)
**quatorzième** *adj.* fourteenth
**quatre** *adj.* four (P); **dans quatre jours** in four days (4)
**quatrième** *adj.* fourth
**que** what (4); whom, that which (13); **à condition que** provided that; on the condition that; **ainsi que** as well as; **aussi... que** as . . . as; **aussitôt que** as soon as; **autant (de)... que** as much (many) . . . as (14);

**ne... que** *adv.* only (8); **qu'en penses-tu?,**
**qu'en pensez-vous?** what do you think of
that?; **qu'est-ce que** what? *(object)* (3);
**qu'est-ce que c'est?** what is it? (P); **qu'est-**
**ce qui** what? *(subject)* (14); **qu'est-ce qui**
**se passe?** what's happening? (14); **qu'est-**
**ce que vous pensez de... ?** what do you
think about . . . ? (10); **que veut dire... ?**
what does . . . mean? (6)

**Québec** *m.* Quebec *(province)* (16); Quebec
*(City)* (16)

**québécois** *n. m.* Quebecois *(language)* (16);
*adj.* of Quebec (16)

**Québécois(e)** *n. m., f.* Quebecer

**quel(le)(s)** *interr. adj.* what; which (6); what
a; **à quelle heure** what time; **de quelle**
**couleur est... ?** what color is . . . ?; **quel âge**
**avez-vous?** how old are you?; **quel jour**
**sommes-nous?** what day is it? (P); **quel**
**temps fait-il?** how's the weather? (5);
**quelle heure est-il?** what time is it? (5)

**quelque(s)** *adj.* some; **quelque chose** something (8); **quelque part** *adv.* somewhere

**quelquefois** *adv.* sometimes (1)

**quelques-uns/unes** *pron. pl.* some, a few (16)

**quelqu'un** *pron., neu.* someone (8); somebody; **quelqu'un d'autre** somebody,
someone else

**quenelle** *f. fish dumpling*

**question** *f.* question; **poser des questions** to
ask questions

**questionner** to question, ask questions

**queue** *f.:* **faire la queue** to stand in line

**qui** *pron.* who, whom (3); **qu'est-ce qui** what?
*(subject)* (14); **qui est à l'appareil?** who's
calling? (9); **qui est-ce que** whom? *(object)*
(14); **qui est-ce qui** who? *(subject)* (14)

**quiche** *f.* quiche *(egg custard pie);* **quiche lor-**
**raine** *egg custard pie with bacon*

**quinze** *adj.* fifteen (P); **quinze jours** two
weeks

**quinzième** *adj.* fifteenth

**quitter** to leave *(s.o. or someplace)* (7); **se**
**quitter** to separate

**quoi (à quoi, de quoi)** *pron.* which; what (3);
**il n'y a pas de quoi** you're welcome (14);
**n'importe quoi** anything; no matter what;
**quoi d'autre?** what else?; **quoi de neuf de**
**votre côté?** what's new with you?

**quotidien(ne)** *adj.* daily, everyday (12)

**racisme** *m.* racism

**raciste** *adj.* racist

**raconter** to tell, relate (9); to recount, tell
about

**radio** *f.* radio (1); **passer à la radio** to be on
the radio

**radiographie** *(fam.* **radio**) *f.* X-ray, radiogra-
phy

**radiophonique** *adj.* radio

**raffiné** *adj.* refined, sophisticated

**rafraîchir** to refresh

**rage** *f.* rabies

**ragoût** *m.* meat stew, ragout

**rai** *m.* style of Arabic music

**raide** *adj.* straight hair (3)

**raison** *f.* reason; **avoir raison** to be right (3)

**raisonnable** *adj.* reasonable; rational (2)

**rallier** to rally, win over

**rallonger** to lengthen

**ramener (je ramène)** to bring back; **se**
**ramener à** to come down to, boil down
to

**randonnée** *f.* hike (7)

**rangé** *adj.* dutiful; arranged

**rang** *m.* line

**rapide** *adj.* rapid, fast

**rappeler (je rappelle)** to remind; to recall; to
call again; **se rappeler** to recall; to remember (12)

**rapport** *m.* connection, relationship; report;
**par rapport à** in comparison with

**rapporter** to bring back; to report

**se rapprocher** to draw nearer, approach

**raquette** *f.* racket

**rare** *adj.* rare, uncommon

**rarement** *adv.* rarely (1)

**ras** *adj.:* **au ras du sol** at ground level

**se raser** to shave (12)

**rassembler** to round up, rally

**rassurant** *adj.* reassuring, comforting

**rater** to miss

**ratifié** *adj.* ratified

**rationnel** *adj.* rational

**rattraper** to recapture

**rauque** *adj.* hoarse

**ravage** *m.:* **faire des ravages** to gain ground,
win large numbers of converts

**rayon** *(m.)* **laser** laser beam

**réactionnaire** *adj.* reactionary

**réagir** to react

**réaliser** to carry out, fulfill, create

**réaliste** *n. m., f., adj.* realist; realistic (2)

**réalité** *f.* reality; **en réalité** in reality

**récemment** *adv.* recently, lately

**réception** *f.* hotel, lobby desk

**réceptionniste** *m., f.* receptionist

**recette** *f.* recipe

**recevoir** *(p.p.* **reçu)** *irreg.* to receive

**rechange** *m.:* **de rechange** spare

**recherche** *f. (piece of)* research; **à la**
**recherche de** in search of; **faire des**
**recherches** to do research

**rechercher** to seek; to search for

**récif** *m. (coral)* reef

**récit** *m.* account, story

**réclamer** to require

**recommandation** *f.* recommendation

**recommander** to recommend

**recommencer (nous recommençons)** to
start again

**reconnaître** *(like* **connaître**) *irreg.* to recognize (15)

**recrutement** *m.* recruiting, recruitment

**recruter** recruit

**reçu** *m.* receipt (13)

**recueil** *m.* book, collection

**recueillir** *(like* **accueillir**) *irreg.* to gather; to
receive

**récupérer (je récupère)** to recover, get back

**recyclage** *m.* recycling (15)

**recycler** to recycle (15)

**rédacteur/trice** *m., f.* writer; editor

**redoutable** *adj.* fearsome

**réduire** *(like* **conduire**) *irreg.* to reduce

**rééduquer** to rehabilitate

**réel(le)** *adj.* real, actual

**refaire** *(like* **faire**) *irreg.* to redo

**se référer (je me réfère)** to refer

**réfléchir (à)** to reflect; to think about (3)

**refléter (je reflète)** to reflect, mirror

**réflexion** *f.* reflection, thought

**réforme** *f.* reform (15)

**réformer** to reform

**se réfugier** to take refuge

**refus** *m.:* **du refus** who refuses

**refuser (de)** to refuse (to) (11)

**régal** *m.* delight, treat

**regard** *m.* glance; gaze, look; **au regard de** in
the eyes of, from the viewpoint of

**regarder** to look at (1); to watch (1); **se re-**
**garder** to look at oneself, at each other
(12)

**régénérer (je régénère)** to regenerate

**régime** *m.* diet; régime; **être au régime** to be
on a diet

**régional** *adj.* local, of the district, regional

**règle** *f.* rule

**régler (je règle)** to regulate, adjust; to settle;
to fix

**regretter** to regret (15); to be sorry (15)

**regroupé** *adj.* grouped together

**regrouper** to regroup; to contain

**régulier/ière** *adj.* regular, steady

**reine** *f.* queen (11)

**relais** (*m.*) **de poste** post house, coaching inn

**relatif/ive** *adj.* relative; **pronom** (*m.*) **relatif** *Gram.* relative pronoun

**relaxer** to relax

**relever** (**je relève**) to raise; to bring up; to point out; to pull up; to accept, answer

**relié** *adj.* linked

**religieux/euse** *adj.* religious

**relire** (*like* **lire**) *irreg.* to reread

**remarquable** *adj.* remarkable

**remarqué** *adj.* conspicuous

**remboursement** *m.* reimbursement

**rembourser** to reimburse

**remède** *m.* remedy, solution (15); treatment

**remédier** to solve

**remercier** to thank (14); **je ne sais pas comment vous (te) remercier** I don't know how to thank you (14)

**remettre** (*like* **mettre**) *irreg.* to replace (13); to deliver (13); to restart; to put back

**remis** (*adj.*) **à neuf** restored, as good as new

**remise** *f.* remittance

**remplacer** (**nous remplaçons**) to replace

**remplis** (*adj.*) **de** filled with

**remplir** to fill (in, out, up)

**remporter** to achieve

**renaissance** *f.* Renaissance (11)

**rencontre** *f.* meeting, encounter (12)

**rencontrer** to meet, encounter; to find; **se rencontrer** to meet (12); to get together

**rendez-vous** *m.* meeting, appointment; date; meeting place; **avoir rendez-vous avec** to have a meeting, date with (5); **donner rendez-vous** to make an appointment; **prendre rendez-vous** to make an appointment, a date

**rendre** to give back (4); to return (4); to hand in (4); to make; **rendre malade** to make (*s.o.*) sick; **rendre visite à** to visit (*s.o.*) (4); **se rendre à** to go to (12); **se rendre compte de** to realize, be aware of

**renommé** *adj.* renowned

**rénover** to renovate, restore

**renseignement** *m.* (*piece of*) information

**rentrée** (*f.*) **prochaine** beginning of next academic year (13)

**rentrer** to return (7); to go home (7)

**répandre** to spread

**réparation** *f.* repair

**réparer** to repair

**repartir** (*like* **partir**) *irreg.* to leave (again)

**repas** *m.* meal (5); repast

**repérage** *m.* location

**repère** *m.* landmark

**repérer** (**je repère**) to pick out; to locate

**répertoire** *m.* repertory; directory (9)

**répéter** (**je répète**) to repeat; **répétez** repeat (P)

**répondeur (téléphonique)** *m.* answering machine (3)

**répondre à** to answer (4)

**réponse** *f.* answer, response

**reportage** *m.* report, reporting; commentary; **partir en reportage** to go out on a story

**repos** *m.* rest, relaxation

**reposant** *adj.* restful

**reposer** (**sur**) to rest, to be based (on); **se reposer** to rest (12)

**repousser** to push

**reprendre** (*like* **prendre**) *irreg.* to take (up) again; to take back; to carry on with

**représentant(e)** *m.*, *f.* representative

**représentation** *f.* performance; description; representation

**représenter** to represent

**république** *f.* republic

**réputé** *adj.* renowned

**réseau** *m.* net; network (9)

**réserve** *f.* reserve

**réservé** *adj.* reserved

**réserver** to reserve

**réservoir** *m.* gas tank

**résidence** *f.* residence; apartment building

**résider** to reside

**résistance** *f.*: **plat** (*m.*) **de résistance** main course, dish

**résister (à)** to resist

**résoudre** (*p.p.* **résolu**) *irreg.* to solve, resolve

**respecté** *adj.* respected

**respecter** to respect, have regard for

**respirer** to breathe

**responsabilité** *f.* responsibility

**responsable** *m.*, *f.* supervisor; staff member; *adj.* responsible

**ressemblance** *f.* resemblance

**ressembler à** to resemble; **se ressembler** to look alike, be similar

**ressources** *f. pl.* resources; **ressources naturelles** natural resources (15)

**ressusciter** to come alive again

**restaurant** *m.* restaurant; **restau-u** *m.*, *fam.* university restaurant

**restaurateur/trice** *m.*, *f.* restaurant owner

**restaurer** to restore

**reste** *m.* rest, remainder

**rester** to stay (4); to remain (4); to be remaining

**restreint** *adj.* limited

**résultat** *m.* result

**résulter** to result, follow

**résumé** *m.* summary

**résumer** to summarize

**retard** *m.*: **en retard** late, not on time (8)

**retirer** to withdraw (13)

**retouche** *f.* alteration

**retour** *m.* return; **au retour** upon returning; **billet** (*m.*) **aller-retour** round-trip plane ticket

**retourner** to return (7); to go back (7)

**retraité(e)** *m.*, *f.* retired person; *adj.* retired

**retransmettre** (*like* **mettre**) *irreg.* to broadcast (9)

**retransmission** *f.* broadcast

**rétroprojecteur** *m.* overhead projector

**retrouver** to find (again); to regain; **se retrouver** to meet (again)

**réunion** *f.* meeting; reunion

**réunir** to unite, reunite; **se réunir** to get together; to hold a meeting

**réuni** *adj.* gathered, united

**réussi** *adj.* successful

**réussir (à)** to succeed at (3); to be successful (in); to pass a test (3); to pull off

**réussite** *f.* success, accomplishment (15)

**rêve** *m.* dream

**réveil** *m.* alarm clock (3)

**réveiller** to wake, awaken (*s.o.*); **se réveiller** to wake up (12); to awaken (12)

**réveillon** *m.* Christmas Eve or New Year's Eve dinner; **réveillon de Noël** midnight Christmas dinner

**revendication** *f.* demand; claim

**revendiquer** to claim, demand

**revenir** (*like* **venir**) *irreg.* to return (7); to come back (*someplace*) (7); to go back

**revenus** *m.* income

**rêver (de, à)** to dream (about, of) (1)

**rêveur/euse** *n. m.*, *f.* dreamer; *adj.* dreamy

**réviser** to review, revise

**révision** *f.* review; revision

**revivre** (*like* **vivre**) *irreg.* to relive

**revoir** (*like* **voir**) *irreg.* to see again (7); **au revoir** goodbye (P); see you soon

**revolver** *m.* pistol; revolver

**revue** *f.* magazine (3); review (9); journal

**rez-de-chaussée** *m.* ground floor (4)

**rhum** *m.* rum

**riche** *adj.* rich, wealthy; costly

**richesse** *f.* wealth; *pl.* riches; treasures

**rideau** *m.* curtain (3); *pl.* **rideaux** curtains (3)

**rien (ne... rien)** *pron.* nothing (8); **de rien** you're welcome (14); not at all (P)

**rigoureux/euse** *adj.* harsh

**ringard** *adj.* old-fashioned
**rire** *(p.p.* **ri)** *irreg.* to laugh (15); *n. m.* laughter
**risque** *m.* risk
**risquer** to risk
**rituel(le)** *adj.* ritual; *n. m.* ritual
**rivage** *m.* shore
**rivalité** *f.* rivalry
**rive** *f.* (river)bank; **rive gauche (droite)** the Left (Right) Bank *(in Paris)* (10)
**rivière** *f.* river, tributary
**riz** *m.* rice
**robe** *f.* dress (2)
**rocher** *m.* rock, crag
**Rocheuses** *f. pl.* the Rockies (Rocky Mountains) (16)
**roi** *m.* king; **fête** *(f.)* **des Rois** Feast of the Magi, Epiphany
**rôle** *m.* part, character, role; **à tour de rôle** in turn, by turns; **jouer le rôle de** to play the role, part of; **rôle principal** leading role
**romain** *adj.* Roman (11)
**roman** *m.* novel (11); **roman policier** detective novel
**romancier/ière** *m., f.* novelist
**romantique** *adj.* romantic
**rompre** *(p.p.* **rompu)** *irreg.* to break
**rond** *adj.* round
**roqueur/euse** *m., f.* rocker
**rose** *adj.* pink (2); *n. f.* rose
**rosier** *m.* rosebush
**rôti** *m.* roast (6); **rôti de bœuf** roast beef; filet
**rouge** *adj.* red (2); **rouge** *(m.)* **à lèvres** lipstick
**rouget** *m.* mullet
**roulé** *adj.* rolled (up)
**rouler** to travel *(in a car)* (8)
**routard(e)** *m., f.* backpacker
**route** *f.* road (7); highway (8); way; **bonne route** have a good trip; **en route** on the way, en route
**routier/ière** *adj.* road
**routinier/ière** *adj.* routine, following a routine
**roux (rousse)** *n. m., f.* redhead; *adj.* red-headed (3)
**royaume** *m.* realm, kingdom; **Royaume-Uni** *m.* United Kingdom
**rubrique** *f.* subject, topic
**rue** *f.* street (3)
**ruine** *f.* ruin; **en ruine** in ruins; **se ruiner** to spend a fortune
**russe** *adj.* Russian; *n. m.* Russian *(language)*
**Russe** *n. m., f.* Russian *(person)* (1)
**Russie** *f.* Russia (8)
**rythme** *m.* rhythm
**rythmer** to give rhythm to; punctuate

**sable** *m.* sand
**sac** *m.* sack; bag; handbag; **sac à dos** backpack (2); **sac à main** handbag (2); **sac de couchage** sleeping bag (7)
**sacré** *adj.* holy, sacred
**sacrifier** to sacrifice, give up
**safari-photo** *m.* photo safari; **faire un safari-photo** to go to a photo-safari
**sage** *adj.* good, well-behaved; *n. m.* wise person
**saignant** *adj.* rare *(meat);* bloody
**saint(e)** *m., f.* saint; *adj.* holy; **Saint-Valentin** *f.* Valentine's Day; **vendredi** *(m.)* **saint** Good Friday
**saison** *f.* season; **demi-saison** *f.* spring; cool season
**salade** *f.* salad (5); lettuce (5)
**salaire** *m.* salary (13); **augmentation** *(f.)* **de salaire** raise; **diminution** *(f.)* **de salaire** salary reduction
**salarié(e)** *n. m., f.* wage earner; *adj.* salaried; **travailleur/euse** *(m., f.)* **salarié(e)** salaried worker (13)
**salière** *f.* salt shaker
**saline** *f.* salt marsh
**salle** *f.* room; auditorium; **salle à manger** *f.* dining room (4); **salle d'eau** half-bath *(toilet and sink);* **salle de bains** bathroom (4); **salle de cinéma** movie theater; **salle de classe** classroom (P); **salle de conférence** meeting room; **salle de gymnastique** gym, gymnasium; **salle de musculation** weight, training room; **salle d'ordinateurs** computer lab (1); **salle de mise en forme** fitness conditioning room; **salle de séjour** living room (4); **salle de sports** gymnasium
**salon** *m.* salon; living room
**salut!** *interj.* hi! (P) bye!
**samedi** *m.* Saturday (P)
**sanctuaire** *m.* sanctuary, shrine
**sandales** *f. pl.* sandals (2)
**sang** *m.* blood
**sang-froid** *m.* coolness, self-control; **garder son sang-froid** to keep one's cool
**sanglier** *m.* boar
**sans** *prep.* without; **sans contrainte** free, unconstrained; **sans détour** without beating around the bush; **sans doute** probably, no doubt
**sans-abri** *n. m. pl.* homeless *(persons)*
**santé** *f.* health (12)
**Saoudite : Arabie** *(f.)* **Saoudite** Saudi Arabia (8)
**sardines** *(f. pl.)* **(à l'huile)** sardines (in oil) (6)

**sauce** *f.* sauce; gravy; **sauce poivrade** vinaigrette dressing
**saucisse** *f.* sausage (6)
**saucisson** *m.* hard salami
**sauf** *prep.* except
**saumon** *m.* salmon; *adj.* salmon-colored
**sauté** *adj.* pan-fried, sautéed
**sauter** to skip
**sauvage** *adj.* wild
**sauvegarder** to save
**sauver** to save, rescue (15)
**savane** *f.* savanna
**saveur** *f.* flavor
**savoir** *(p.p.* **su)** *irreg.* to know (how) (10); **en savoir plus** to know more about it; **je ne sais pas comment vous (te) remercier** I don't know how to thank you (14)
**scandale** *m.* scandal
**scénario** *m.* screenplay, (film) script
**scène** *f.* stage; scenery; scene; **metteur/euse** *(m., f.)* **en scène** director (film) (14); film producer; **scène de ménage** domestic quarrel
**schiste** *m.* shale, schist
**Schtroumpf** *m.* Smurf
**science** *f.* science; **sciences économiques** economics; **sciences humaines** humanities; **sciences naturelles** natural sciences
**scientifique** *adj.* scientific
**scolaire** *adj.* pertaining to schools, school, academic; **année** *(f.)* **scolaire** academic, school year; **fournitures** *(f. pl.)* **scolaires** school supplies; **frais** *(m. pl.)* **scolaires** school tuition, fees
**scolarité** *f.*: **frais** *(m. pl.)* **scolarité** school tuition, fees
**scrupuleux/euse** *adj.* scrupulous
**sculpté** *adj.* carved
**sculpteur (femme sculpteur)** *m., f.* sculptor (11)
**sculpture** *f.* sculpture (11)
**se (s')** *pron.* oneself; himself; herself; itself; themselves; to oneself, *etc.;* each other
**sec (sèche)** *adj.* dry; **biscuit** *(m.)* **sec** cookie, wafer
**sécheuse** *f.* clothes dryer; **laveuse-sécheuse** *f.* washer-dryer
**second(e)** *adj.* second; **de seconde main** secondhand
**secondaire** *adj.* secondary; **école** *(f.)* **secondaire** secondary school
**secours** *m. s.* help; rescue service; **au secours!** help!; **trousse** *(f.)* **de secours** emergency kit

**secrétaire** *m., f.* secretary (13); **secrétaire d'état** secretary of state

**secrétariat** *m.* administrative office(s)

**secteur** *m.* sector

**section** *f.* division

**sécurité** *f.* security; safety; **sécurité sociale** social security

**séducteur/trice** *m., f.* womanizer (seductress)

**séduire** (*like* **conduire**) *irreg.* to charm, win over; to seduce

**seize** *adj.* sixteen (P)

**seizième** *adj.* sixteenth

**séjour** *m.* stay, sojourn; **carte** (*f.*) **de séjour** residence permit; **salle** (*f.*) **de séjour** living room (4)

**séjourner** to spend some time, stay

**sel** *m.* salt (5)

**sélectionné** *adj.* selected

**selon** *prep.* according to; **selon le cas** as the case may be

**semaine** *f.* week (7); **la semaine prochaine** next week (4); **toutes les semaines** every week (9); **une fois par semaine** once a week (4)

**semblable (à)** *adj.* like, similar (16)

**sembler** to seem; to appear; **il semble que +** *subj.* it seems that (15)

**semestre** *m.* semester

**séminaire** *m.* seminar

**sénateur** *m.* senator

**Sénégal** *m.* Senegal (8)

**sénégalais** *adj.* Senegalese

**Sénégalais(e)** *m., f.* Senegalese (*person*)

**sens** *m.* meaning; sense; way, direction; **sens de l'humour** sense of humor

**sensuel** *adj.* sensual, sensuous

**sentiment** *m.* feeling; sentiment

**sentinelle** *f.* sentry, sentinel

**sentir** (*like* **partir**) *irreg.* to feel (7); to sense (7); to smell (7)

**séparé** *adj.* separated

**se séparer** to separate

**sept** *adj.* seven (P)

**septembre** September (3)

**septentrional** *adj.* northern

**septième** *adj.* seventh

**séquelles** *f. pl.* aftereffects; consequences

**séquence** *f.* scene (14); sequence

**série** *f. s.* series, set

**sérieux/euse** *adj.* serious (2); **prendre au sérieux** to take seriously

**serre** *f.*: **effet** (*m.*) **de serre** greenhouse effect

**serré** *adj.* tight, snug

**serveur/euse** *m., f.* bartender; waiter (waitress) (6)

**service** *m.* favor (14); service; military service; **demander un petit service** to ask a small favor (14); **se mettre au service de** to be at the service of (*s.o.*); **service obligatoire** mandatory military service; **station-service** *f.* gas station

**serviette** *f.* napkin (5); towel; briefcase; **serviette de plage** beach towel (7)

**servir** (*like* **partir**) *irreg.* to serve (7); to wait on; to be useful; **servir à** to be of use in, be used for; **servir de** to serve as, take the place of; **se servir** to help oneself; **se servir de** to use

**ses** *adj. m., f., pl.* his; her; its; one's

**seul** *adj.* alone; single; sole; only; **tout(e) seul(e)** all alone

**seulement** *adv.* only (8)

**sève** *f.* sap; **sève d'érable** maple syrup

**sexe** *m.* sex

**sexisme** *m.* sexism

**short** *m.* (*pair of*) shorts (2)

**si** *adv.* so; so much; yes (*response to negative*) (8); *conj.* if; whether (2); **s'il vous plaît** *interj.* please (P); **s'il te plaît** *interj.* please

**sida (SIDA)** *m.* AIDS (15)

**sidérant** *adj.* staggering, shattering

**siècle** *m.* century (11)

**siège** *m.* seat; place

**sien(ne)(s) (le/la/les)** *pron., m., f.* his/hers

**sieste** *f.*: **faire la sieste** to take a nap

**signaler** to signal; to indicate

**signe** *m.* sign, gesture

**signer** to sign

**significatif/ive** *adj.* significant, important

**signifier** to mean

**silencieux/euse** *adj.* silent

**simple** *adj.* simple; **passé** (*m.*) **simple** *Gram.* simple past

**simplicité** *f.* simplicity

**simplifier** to simplify

**sincère** *adj.* sincere (2)

**sincérité** *f.* sincerity

**singulier** *m. Gram.* singular (*form*)

**sinon** *conj.* if not; otherwise

**sirop** (*m.*) **d'érable** maple syrup

**site** *m.* site (9)

**situé** *adj.* situated, located

**situer** to be situated, located

**six** *adj.* six (P)

**sixième** *adj.* sixth

**ski** *m.* ski (7); skiing; **chaussures** (*f. pl.*) **de ski** ski boots (7); **faire du ski** to ski (4); **gants** (*m. pl.*) **de ski** ski gloves; **lunettes** (*f.*

*pl.*) **de ski** sunglasses (7); **ski de fond** cross-country skiing (7); **ski de piste** downhill skiing (7); **ski nautique** waterskiing (7); **station** (*f.*) **de ski** ski resort

**skier** to ski (1)

**skieur/euse** *m., f.* skier

**slip** *m.* (men's) underpants

**snob** *adj. inv.* snobbish (3)

**sobre** *adj.* sober

**sociable** *adj.* sociable (2)

**social** *adj.* social; **sécurité** (*f.*) **sociale** social security

**socialiste** *adj.* socialist

**société** *f.* society; organization; company (13); **jeux** (*m. pl.*) **de société** social games, group games (14)

**socioculturel(le)** *adj.* sociocultural

**sociologie** *f.* sociology (1)

**sœur** *f.* sister (4); **belle-sœur** sister-in-law (4); demi-sœur half sister; stepsister (4)

**soi (soi-même)** *pron., neu.* oneself

**soie** *f.* silk

**soif** *f.* thirst; **avoir soif** to be thirsty (3)

**soigner** to take care of; to treat

**soigneux/euse** *adj.* careful

**soin** *m.* care; *pl.* attention, treatment

**soir** *m.* evening; **ce soir-là** that evening; **demain (hier) soir** tomorrow (yesterday) evening; **du soir** in the evening, at night (5); **le lundi (le vendredi) soir** on Monday (on Friday) evenings (4); **lundi (mardi, *etc.*) soir** Monday (Tuesday, *etc.*) evening

**soirée** *f.* party; evening (7); **soirée dansante** dance

**soixante** *adj.* sixty (P)

**sol** *m.* soil; ground; floor; **au ras du sol** at ground level; **sous-sol** *m.* basement (4); cellar

**solaire** *adj.* solar; **énergie** (*f.*) **solaire** solar power (15); **huile (crème)** (*f.*) **solaire** sunscreen; tanning lotion

**solde** *f.* (soldier's) pay, wages

**sole** *f.* sole (fish) (6)

**soleil** *m.* sun; **au soleil** in the sun; **faire du soleil (il fait du soleil)** to be sunny (out) (it's sunny) (5); **lunettes** (*f. pl.*) **de soleil** sunglasses (7); **prendre le soleil** to sit in the sun

**solidarité** *f.* solidarity; interdependence

**solitaire** *adj.* solitary; single; alone; *n. m., f.* recluse, hermit; solitary person

**somme** *f.* sum, amount

**sommeil** *m.* sleep; **avoir sommeil** to be sleepy (3); **plein sommeil** deep sleep

**sommet** *m.* summit, top

**sompteux/euse** *adj.* sumptuous, magnificent
**sonate** *f.* sonata
**sondage** *m.* opinion poll
**sonner** to ring *(telephone)*
**sonnette** *f.* bell; doorbell
**sonore** *adj.* audio, sound
**sophistiqué** *adj.* sophisticated
**sorbet** *m.* sorbet, sherbet
**sort** *m.* lot, fate
**sorte** *f.* sort, kind
**sortie** *f.* exit; going out; evening out
**sortir** *(like* **dormir***) irreg.* to leave (7); to take out; to go out (7); **sortir de** to get out of; to come out of
**souci** *m.* care, worry
**soudain** *adv.* suddenly (10)
**souffler** to blow *(wind)*
**souffrir** *(like* **ouvrir***)* **(de)** *irreg.* to suffer (13)
**souhait** *m.* wish
**souhaitable** *adj.* desirable
**souhaiter** to wish, desire (15); to hope
**soulagé** *adj.* relieved (15); **être soulagé** to be relieved (15)
**souligné** *adj.* underlined
**soumettre** *(like* **mettre***) irreg.* to submit
**soupe** *f.* soup; **cuillère** *(f.)* **(à soupe)** (soup) spoon (5)
**souper** *m.* supper
**souple** *adj.* flexible
**source** *f.* source; **sources d'énergie** sources of energy (15)
**sourire** *m.* smile
**souris** *f.* mouse (P); **tapis de souris** mouse pad (3)
**sournois** *adj.* sly, shifty
**sous** *prep.* under (2); beneath; **sous forme de** in the form, shape of
**sous-marin** *adj.* underwater; **plongée** *(f.)* **sous-marine** skin diving (7); scuba diving
**sous-sol** *m.* basement (4); cellar
**soutenir** *(like* **tenir***) irreg.* to support (15); to assert
**souterrain** *adj.* underground
**souvenir** *m.* memory, recollection; souvenir; **jour** *(m.)* **du souvenir** Memorial, Remembrance Day
**se souvenir** *(like* **venir***)* **(de)** *irreg.* to remember (12)
**souvent** *adv.* often (1)
**souveraineté** *f.* sovereignty
**spacieux/euse** *adj.* spacious
**spécialisation** *f.* specialization; *(academic)* major
**spécialisé** *adj.* specialized
**se spécialiser (en)** to specialize (in), major (in)

**spécialiste** *m., f.* specialist
**spécialité** *f.* specialty *(in cooking)*
**spécifique** *adj.* specific
**spectacle** *m.* show, performance (14)
**spirituel** *adj.* spiritual
**splendeur** *f.* splendor
**splendide** *adj.* splendid
**spontané** *adj.* spontaneous
**sport** *m.* sport(s) (1); **faire du sport** to do, participate in sports (4); **salle** *(f.)* **de sports** gymnasium; **sports d'equipe** team sports
**sportif/ive** *adj.* describes someone who likes *physical activity* (2); athletic; sports-minded; sports; *n. m., f.* sportsman, sportswoman; **manifestation** *(f.)* **sportive** sporting event (14)
**stade** *m.* stadium
**stage** *m.* training course; **faire un stage** to do an internship
**standardiste** *m., f.* switchboard operator
**station** *f.* resort *(vacation)*; station; **station balnéaire** seaside, healthy resort; **station de métro** subway station (10); **station de ski** ski resort; **station-service** *f.* gas station
**stationnement** *m.* parking
**stationner** to park
**statistique** *n. f.* statistic(s); *adj.* statistical
**statut** *m.* status
**stéréo** *n. f.; adj.* stereo; **chaîne** *(f.)* **stéréo** stereo (system) (3)
**sterne** *f.* tern *(type of sea bird resembling a gull)*
**steward** *m.* flight attendant, steward (8)
**stimuler** to stimulate
**stratégie** *f.* strategy
**studieux/euse** *adj.* studious
**studio** *m.* studio apartment
**stupide** *adj.* stupid; foolish; **il est stupide que** + *subj.* it's idiotic that (15)
**style** *m.* style; **style de vie** lifestyle
**stylisé** *adj.* stylized
**stylo** *m.* pen (P)
**subjonctif** *m., Gram.* subjunctive *(mood)*
**substantif** *m., Gram.* noun
**substituer** to substitute
**subventionner** to subsidize, grant funds to
**succès** *m.* success
**succursale** *f.* branch *(store, company)*
**sucre** *m.* sugar (5); **canne** *(f.)* **à sucre** sugar-cane
**sucré** *adj.* sugary, sweet
**sud** *m.* south; **au sud** to the south (8); **au sud de** south of; **du sud** south, southern; **Amérique** *(f.)* **du Sud** South America (8); **sud-est** southeast; **du sud-ouest** southwest

**Suède** *f.* Sweden (8)
**suffire** *(like* **conduire***) irreg.* to suffice, be enough
**suffisamment** *adv.* enough
**suggéré** *adj.* suggested
**suggérer (je suggère)** to suggest
**se suicider** to commit suicide
**Suisse** *f.* Switzerland (8); *n. m., f.* Swiss *(person)*
**suisse** *adj.* Swiss
**suite** *f.:* **tout de suite** immediately (4)
**suivant** *adj.* following; *prep.* according to (16)
**suivi (de)** *adj.* followed (by)
**suivre** *(p.p.* **suivi***) irreg.* to follow (11); to take *(a course)* (11)
**sujet** *m.* subject; topic
**super** *adj. inv., fam.* super, fantastic
**superbe** *adj.* superb (4); magnificent
**superficie** *f.* surface, area
**supérieur** *m., f.* superior *(person)*
**supermarché** *m.* supermarket
**superstitieux/euse** *adj.* superstitious
**supplément** *m.* supplement, addition; supplementary charge
**supplémentaire** *adj.* supplementary, additional
**supportable** *adj.* bearable, tolerable
**supporter** to tolerate, bear
**supposer** to suppose
**supprimer** to eliminate
**suprême** *adj.* supreme; **Cour** *(f.)* **suprême** Supreme Court
**sur** *prep.* on (2); on top of (2); out of; about; **d'accord sur** agreed on; **mettre sur pied** to set up; **qui donnent sur** that overlook (3); **sur place** on the spot
**sûr** *adj.* sure, certain (15); **bien sûr** of course; **bien sûr que oui (non)** of course (not)
**surface** *f.:* **grande surface** shopping mall, superstore
**surfer** to surf (9)
**surgelé** *adj.* frozen
**surmonté** *(adj.)* **de** topped by
**surmonter** to overcome, get over
**surpopulation** *f.* overpopulation
**surprenant** *adj.* surprising
**surprendre** *(like* **prendre***) irreg.* to surprise
**surpris** *adj.* surprised; **être surpris** to be surprised
**surréaliste** *adj.* surrealist
**surtout** *adv.* especially (9); above all
**survivre** *(like* **vivre***) irreg.* to survive
**survol** *m.* browsing (9)
**susciter** to arouse, provoke

**suspect(e)** n. m., f. suspect
**symbole** m. symbol
**symbolique** adj. symbolic
**symboliser** to symbolize
**sympathique** (fam. **sympa**) adj. nice, likable (2)
**symphonie** f. symphony
**symptôme** m. symptom
**syndicat** (m.): **syndicat d'initative** (local) tourist information bureau (10)
**système** m. system

**ta** adj., f. s., fam. your
**tabac** m. tobacco; tobacconist
**table** f. table (P); **bonne table** good food; **mettre la table** to set the table
**tableau** m. painting (11); chalkboard; **tableau** board (P); **tableau d'affichage** schedule display board
**tagine** f. stew (5)
**taille** f. waist; build; size; **de taille moyenne** of medium height (3)
**tailleur** m. woman's suit (2)
**tandis que** conj. while; whereas
**tant** adv. so much; so many; **en tant que** as; **tant de** so many, so much; **tant pis** too bad; **tant que** as long as
**tante** f. aunt (4)
**tapage** m. uproar, racket
**taper** to type
**tapis** m. rug (3); **tapis de souris** mouse pad (3)
**tapisserie** f. tapestry
**tard** adv. late (5); **à plus tard** see you later (P); **plus tard** later
**tarif** m. fare, price
**tarte** f. tart; pie (5); **tarte aux pommes** apple pie (5)
**tartine** f. bread and butter sandwich
**tas** m. pile, heap
**tasse** f. cup (5)
**tatie** f., tr. fam. aunt
**taux** m. rate; **taux de chômage** unemployment rate (13)
**taverne** f. inn; tavern
**taxer** to tax
**taxe** f. tax; pl. indirect taxes
**taxi** m. taxi; **chauffeur** (m.) **de taxi** cab driver
**te (t')** pron. you; to you
**technique** f. technique; adj. technical
**technologie** f. technology
**technologue** m., f. technologist
**tee-shirt** (pl. **tee-shirts**) m. T-shirt (2)
**teinte** f. tint, shade

**tel(le)** adj. such
**télé** f., fam. television
**télécarte** f. telephone calling card (9)
**télécharger** (**nous téléchargeons**) to download (9)
**télécopieur** m. fax machine
**téléfilm** m. TV movie
**télégraphe** m. telegraph
**téléphone** m. telephone (3); **coup** (m.) **de téléphone** telephone call; **numéro** (m.) **de téléphone** telephone number (9)
**téléphoner à** to telephone (2); to phone, call
**téléphonique** adj. telephonic, by phone; **cabine** (f.) **téléphonique** telephone booth (9); **répondeur** (m.) **téléphonique** answering machine (9)
**téléspectateur/trice** m., f. television viewer
**téléviseur** m. television set (9)
**télévision** (fam. **télé**) f. television (P); **poste** (m.) **de télévision** TV set (4)
**tellement** adv. so; so much
**témoignage** m. testimony, evidence; account
**témoigner de** to show, display; to reveal; indicate
**tempête** f. tempest, storm
**temporel(le)** adj. temporal, pertaining to time
**temps** m., Gram. tense; time (4); weather; **à mi-temps** half-time, part-time (work); **avoir le temps** (**de**) to have the time (to); **depuis combien de temps... ?** since when, how long . . . ?; **de temps en temps** from time to time (10); **faire un temps pourri** fam. to be rotten weather; **le bon vieux temps** the good old days; **le temps est orageux** it's stormy (5); **prendre son temps** to take one's time; **prendre le temps** (**de**) to take the time (to); **passe-temps** m. hobby (14); **quel temps fait-il?** how's the weather? (5); **temps couvert** cloudy weather; **temps libre** leisure time; **temps partiel** part time (13); **temps plein** full time; **tout le temps** always, the whole time
**tendance** f. tendency; trend; **avoir tendance à** to have a tendency to
**tendre** adj. tender, sensitive; soft
**tenir** (p.p. **tenu**) irreg. to hold; to keep; to run (hotel); **tenir la forme** to stay in shape, stay fit; **tenir quelqu'un au courant** to keep s.o. informed
**tennis** m. tennis; pl. tennis shoes (2); **court** (m.) **de tennis** tennis court
**tentation** f. temptation
**tente** f. tent (7)

**tenue** f. (manner of) dress
**terme** m. term; **à long terme** long term
**terminé** adj. finished
**terminer** to end; to finish
**terrain** m. ground; land; **terrain de camping** campground
**terrasse** f. terrace (4); patio
**terre** f. land; earth; planet Earth; **en terre cuite** terra-cotta; **par terre** on the ground (2); **pomme** (f.) **de terre** potato (5); **terre à terre** practical, down-to-earth; **terre d'accueil** France; **tremblement** (m.) **de terre** earthquake
**Terre-Neuve** f. Newfoundland (16)
**terrifié** adj. terrified
**terrine** (f.) **du chef** chef's special pâté
**territoire** m. territory
**tes** adj. m., f., pl. your
**tête** f. head (12); mind; fam. face; **avoir mal à la tête** to have a headache; **casse-tête** m. puzzle, brain teaser; **en tête** in the lead; **faire la tête** to sulk; **garder en tête** to memorize, keep in one's head; **tête-à-tête** m. intimate conversation, tête à tête
**texte** m. text; passage; **traitement** (m.) **de texte** word processing
**thé** m. tea (5)
**théâtre** m. theater (11); **pièce** (f.) **de théâtre** (theatrical) play (11)
**thème** m. theme, subject
**théorie** f. theory
**thérapie** f. therapy
**thermomètre** m. thermometer
**thèse** f. thesis
**thon** m. tuna
**tien(ne)** pron. m., f. yours
**tiens!** interj. (from **tenir**) well, well! (expresses surprise)
**tiers** m. one-third; adj. third; **Tiers-Monde** m. Third World (15); developing nations
**tigre** m. tiger
**timbre** m. stamp (9)
**timide** adj. shy; timid
**tir** (m.) **à l'arc** archery
**tire** (f.) **sur la neige** taffy-on-the-snow (dessert)
**tiré (de)** adj. drawn, adapted (from)
**tirer** to draw (out); to shoot
**tissu** m. fabric, material
**titre** m. title; degree
**toi** pron., s., fam. you; **toi-même** yourself
**Togolais(e)** m., f. native of Togo
**toile** f. cotton; canvas
**toilettes** f. pl. bathroom, toilet
**toit** m. roof

**tomate** *f.* tomato (5)

**tombe** *f.* tomb, grave

**tomber** to fall (7); **tomber amoureux/euse** to fall in love (12); **tomber bien** to be lucky, a lucky coincidence; **tomber en panne** to have a *(mechanical)* breakdown

**ton** *adj. m. s., fam.* your; **à ton avis... ?** in your opinion . . . ? (10)

**tonneau** *m.* barrel, cask

**tonton** *m., tr. fam.* uncle

**topologie** *f.* topology

**torche** *f.:* **lampe** *(f.)* **torche** flashlight

**tort** *m.:* **avoir tort** to be wrong (3)

**tôt** *adv.* early (5)

**total** *n. m.; adj.* total

**totaliser** to total

**touchant** *adj.* touching, moving

**toucher (à)** to touch; to cash *(a check)* (10)

**toujours** *adv.* always (1); still

**tour** *f.* tower (10); *m.* walk, ride; turn; tour; **à son (votre) tour** in his/her (your) turn; **à tour de rôle** in turn, by turns; **faire le tour de** to go around, take a tour of; **faire un tour** to take a walk, ride (4)

**tourelle** *f.* turret

**tourisme** *m.* tourism; **faire du tourisme** to go sightseeing

**touriste** *m., f.* tourist

**touristique** *adj.* tourist

**tourmenté** *adj.* tortured, tormented

**tourner (à)** to turn, turn into (11); **tourner un film** to make a film (14)

**Toussaint** *f.* All Saints' Day *(November 1)*

**tout(e)** *(pl.* **tous, toutes)** *adj., pron.* all; every (9); everything (8); each; any; **tout** *adv.* wholly, entirely, quite, very, all; **avant tout** above all; **de toute façon** in any case, at any rate; **en tout** altogether; **je n'aime... pas du tout** I don't like . . . at all (5); **(ne...) pas du tout** not at all (4); **tous (toutes) les deux** both (of them); **tous les jours** every day (4); **tous les matins** every morning (9); **tout à l'heure** in a while (4); **tout de même** all the same, for all that; **tout de suite** immediately (4); **tout droit** *adv.* straight ahead (10); **tout d'un coup** *adv.* suddenly, all at once (10); **toute la journée** all day long; **toutes les semaines** every week (9); **tout le monde** everybody, everyone (8); **tout le temps** always, the whole time; **tout(e) seul(e)** all alone; **tout va bien** everything is going well

**toutefois** *adv.* however, nevertheless

**tracer (nous traçons)** to draw; to trace out

**traditionnel(le)** *adj.* traditional

**traducteur/trice** *m., f.* translator

**traduction** *f.* translation

**traduire** *(like* **conduire)** *irreg.* to translate (8)

**trafic** *m.* traffic; trade

**tragique** *adf.* tragic

**train** *m.* train (8); **billet** *(m.)* **de train** train ticket; **en train** by train; **être en train de** to be in the process of (14); **Train à Grande Vitesse (TGV)** *(French high-speed)* bullet train

**traîneau** *(m.)* **à chiens** dogsled

**trait** *m.* trait, characteristic

**traité** *n. m.* treaty; *adj.* treated

**traitement** *m.* treatment; **traitement de texte** word processing

**traiter** to treat

**traiteur** *m.* caterer, deli owner

**trajet** *m.* distance; journey

**tranche** *f.* slice (6); slab

**tranché** *adj.* sliced, cut out

**tranquille** *adj.* quiet, calm (3)

**tranquillité** *f.* tranquility; calm

**transformer** to transform; to change

**transmettre** *(like* **mettre)** *irreg.* to transmit, pass on

**transport(s)** *m.* transportation (16); **moyen** *(m.)* **de transport** means of transportation; **transports** *(pl.)* **en commun, publics** public transportation

**transporter** to carry, transport

**travail** *(pl.* **travaux)** *m.* work (1); project; job; employment; **fête** *(f.)* **du travail** labor day; **sans-travail** *m., f.* unemployed *(person);* **travail d'equipe** teamwork

**travailler** to work (1)

**travailleur/euse** *n. m., f.* worker (13); *adj.* hardworking (2); **travailleur/euse indépendant(e)** self-employed worker (13); **travailleur/euse salarié(e)** salaried worker (13)

**travers: à travers** *prep.* through

**traverser** to cross (8)

**trèfle** *m.* club *(cards)*

**treize** *adj.* thirteen (P)

**treizième** *adj.* thirteenth

**tréma** *m.* diaeresis, umlaut (ü)

**tremblement** *(m.)* **de terre** earthquake

**trentaine** *f.* around thirty

**trente** *adj.* thirty (P)

**très** *adv.* very (2); most; very much; **très bien** very well (good) (P); **très bien, merci** very well, thank you

**trésorier/ière** *m., f.* treasurer

**tribunal** *m.* tribunal; court of justice

**triompher** to triumph

**triste** *adj.* sad; **être triste** to be sad (15)

**tristesse** *f.* sadness

**trois** *adj.* three (P)

**troisième** *adj.* third

**tromper** to deceive (12); **se tromper** to be wrong (12); to be mistaken (12)

**trompette** *f.* trumpet

**trop (de)** *adv.* too much (5); too many (of)

**tropiques** *m. pl.* tropics

**trouble** *m.* disturbance; trouble

**trouille** *f., fam.* stage fright

**trousse** *(f.)* **de secours** emergency kit

**trouver** to find (1); to deem; to like; **se trouver** to be located (10); to be situated (10)

**truite** *f.* trout

**tu** *pron., s., fam.* you

**tuer** to kill

**Tunisie** *f.* Tunisia (8)

**tunisien** *adj.* Tunisian

**Tunisien(ne)** *m., f.* Tunisian *(person)*

**turc (turque)** *adj.* Turkish

**Turc (Turque)** *m., f.* Turk

**type** *m.* type

**typique** *adj.* typical

**un(e)** *art., adj., pron.* one (1); **un(e) autre** another (16); **un jour** someday (13); **un peu (de)** a little (of) (1); **une fois** once (10); **une fois par semaine** once a week (4)

**uni** *adj.* united; **États-Unis** *m. pl.* United States; **Royaume-Uni** *m.* United Kingdom

**union** *f.* union; marriage; **union libre** living together, common-law marriage

**unique** *adj.* single, sole; **marché** *(m.)* **unique** common market *(European)*

**unir** to unite

**unité** *f.* unity; unit; department

**univers** *m.* universe, world

**universel(le)** *adj.* universal

**universitaire** *adj.* (of or belonging to the) university; **cité** *(f.)* **universitaire** *(fam.* cité-u) university dormitory (1)

**université** *f.* university (1)

**urbain** *adj.* urban, city

**usage** *m.* use; usage

**utile** *adj.* useful (15); **il est utile que** it's useful that (15)

**utilisation** *f.* utilization, use

**utiliser** to use, utilize

**utilité** *f.* usefulness

**vacances** *f. pl.* vacation (4); **partir (aller) en vacances** to leave on vacation; **pendant les vacances** during vacation (4); **vacances de noces** honeymoon trip

**vacancier/ière** *m., f.* vacationer

**vaccin** *m.* vaccine

**vachement** *adv., fam.* very, tremendously

**vague** *n. f.* wave; *adj.* vague

**vaisselle** *f. s.* dishes; **faire la vaisselle** to do the dishes (4); **lave-vaisselle** *m. inv.* automatic dishwasher

**val** *m.* valley

**Valentin: Saint-Valentin** *f.* Valentine's Day

**valeur** *f.* value; worth; **mettre en valeur** to highlight

**valide** *adj.* valid

**valise** *f.* suitcase (8); **faire la valise** to pack one's bag

**vallée** *f.* valley

**valoir** (*p.p.* **valu**) *irreg.* to be worth (15); **il vaut mieux que** + *subj.* it's better that (15)

**valoriser** to develop

**vanille** *f.* vanilla

**vaniteux/euse** *m., f.* vain, haughty person

**variante** *f.* variant, variation

**varié** *adj.* varied, varying

**varier** to vary; to change

**variété** *f.* variety; *pl.* variety show; **chanson** (*f.*) **de variété** popular song (14)

**vaste** *adj.* vast; wide, broad

**veau** *m.* veal

**végétarien(ne)** *m., f., adj.* vegetarian

**véhicule** *m.* vehicle

**veille** *f.* the day (evening) before; eve

**vélo** *m., fam.* bike; bicycle (*7*); **en vélo** by bike; **faire du vélo** to go cycling (4)

**velouté** *adj.* velvety, smooth

**vendeur/euse** *m., f.* salesperson

**vendre** to sell (4)

**vendredi** *m.* Friday (P); **vendredi saint** Good Friday; **vendredi soir** Friday evening

**venir** (*p.p.* **venu**) *irreg.* to come (7); **venir à l'esprit** to come to mind, cross one's mind; **venir (de)** + *inf.* to have just (*done s.th.*) (11)

**vent** *m.* wind; **faire du vent (il fait du vent)** to be windy (it's windy) (5); **vents alizés** trade winds

**vente** *f.* sale (13); selling; **en vente** for sale

**ventre** *m.* abdomen (12)

**venu(e)** *m., f.* arrival; *adj.* arrived

**ver** *m.* worm, earthworm

**verbe** *m.* verb; language; **verbe pronominal** *Gram.* pronominal, reflexive verb

**verdure** *f.* greenery, foliage

**verger** *m.* orchard

**vérifier** to verify

**véritable** *adj.* true; real

**vérité** *f.* truth

**verre** *m.* glass (5); **prendre un verre** *fam.* to have a drink; **un verre de** a glass of

**vers** *prep.* around, about (*with time expressions*) (5); toward(s), to; about; **s'engager vers** to get involved in (15)

**versement** *m.* (*bank*) deposit, payment

**verser** to deposit

**version** *f.:* **en version originale** original version, not dubbed (*movie*)

**vert** *adj.* green (2); *n. m. pl.* ecology-minded political party; **\*haricots** (*m. pl.*) **verts** green beans (5)

**veste** *f.* sports coat, blazer (2)

**veston** *m.* suit jacket (2)

**vêtement** *m.* garment; *pl.* clothes, clothing; **mettre des vêtements** to put on clothes

**vétérinaire** *n. m., f.* veterinarian; *adj.* veterinary

**viande** *f.* meat (5)

**victime** *f.* victim (*male or female*)

**vide** *adj.* empty

**vidéo** *f., fam.* video (cassette); *adj. inv.* video; **caméra** (*f.*) **vidéo** video camera; **cassette-vidéo** *f.* video cassette (9)

**vie** *f.* life (1); **coût** (*m.*) **de la vie** cost of living (13); **femme** (*f.*) **de sa vie** woman of one's dreams; **mode** (*f.*) **de la vie** lifestyle; **niveau** (*m.*) **de vie** standard of living; **style** (*m.*) **de vie** lifestyle; **vie amoureuse** love life

**vierge** *adj.:* **forêt** (*f.*) **vierge** virgin forest

**vietnamien** *adj.* Vietnamese; *n. m.* Vietnamese (*language*)

**Vietnamien(ne)** *n. m., f.* Vietnamese (*person*)

**vieux** (**vieil, vieille**) *adj.* old (6); *n. m. pl.* the elderly; **le bon vieux temps** the good old days

**vigoureux/euse** *adj.* vigorous, strong

**villa** *f.* bungalow; single-family house; villa

**villageois(e)** *m., f.,* villager

**ville** *f.* city (1); **centre-ville** *m.* downtown (10); **en ville** in town; downtown (10); **hôtel** (*m.*) **de ville** town hall, city hall

**vin** *m.* wine (5); **marchand(e)** (*m., f.*) **de vin** wine merchant (13)

**vingt** *adj.* twenty (P); **vingt et un (vingt-deux...**) *adj.* twenty-one (twenty-two . . . ) (P)

**vingtième** *adj.* twentieth

**violet(te)** *adj.* purple, violet (2); *m.* violet (*color*); *f.* violet (*flower*)

**violon** *m.* violin

**visage** *m.* face (12)

**visibilité** *f.* visibility

**visite** *f.* visit (1); **rendre visite à** to visit (*s.o.*) (4)

**visiter** to visit (*a place*) (1)

**visiteur/euse** *m., f.* visitor

**vitalité** *f.* vitality

**vite** *adv.* quickly, fast, rapidly

**vitesse** *f.* speed; **Train** (*m.*) **à Grande Vitesse** (**TGV**) (*French high-speed*) bullet train; **limite** (*f.*) **de vitesse** speed limit

**vitrine** *f.* display window, store window

**vivace** *adj.* indestructible, steadfast

**vivant** *adj.* living; alive

**vivre** (*p.p.* **vécu**) *irreg.* to live (11); **vive... !** hurrah for . . . !

**vocabulaire** *m.* vocabulary

**vogue** *f.* fashion, vogue

**voici** *prep.* here is/are (P)

**voie** *f.* way, road; course; **pays** (*m.*) **en voie de développement** developing country

**voilà** *prep.* there is/are (P)

**voile** *f.* sail; **bateau** (*m.*) (**à voile**) (sail)boat (7); **faire de la voile** to go sailing (4); **planche** (*f.*) **à voile** windsurfing (7)

**voir** (*p.p.* **vu**) *irreg.* to see (9); **voir en badaud** to be a bystander

**voisin(e)** *m., f.* neighbor (9)

**voiture** *f.* automobile (2); car

**voix** *f.* voice

**vol** *m.* flight (8); burglary, theft

**volaille** *f.* poultry

**volant** *adj.:* **objets** (*m. pl.*) **volants non-identifiés** unidentified flying objects (UFOs)

**volcan** *m.* volcano

**voler** to steal

**volet** *m.* shutter (*window*)

**voleur/euse** *m., f.* thief

**volley-ball** (*fam.* **volley**) *m.* volleyball

**volontaire** *n. m., f.* volunteer; *adj.* voluntary

**volonté** *f.* wish, will

**volontiers** *adv.* willingly, gladly

**voté** *adj.* voted for, passed

**voter** to vote

**votre** *adj., m., f.* your; **à votre avis... ?** in your opinion . . . ? (10); **à votre disposition** at your disposal

**vôtre(s) (le/la/les)** *pron., m., f.* yours; *pl.* your close friends, relatives

**vouloir** (*p.p.* **voulu**) *irreg.* to wish, to want (6); **que veut dire... ?** what does . . . mean? (6); **vouloir bien** to be willing (6); **vouloir dire** to mean (6)

**vous** *pron.* you; yourself; to you; **chez vous** where you live; **et vous?** and you? (P); **s'il vous plaît** please (9); **vous-même** *pron.* yourself

**voyage** *m.* trip; **agence** *(f.)* **de voyages** travel agency; **chèque** *(m.)* **de voyage** traveler's check; **faire un voyage** to take a trip (4); **voyage d'affaires** business trip; **voyage de noces** honeymoon trip

**voyager (nous voyageons)** to travel (7)

**voyageur/euse** *m., f.* traveler

**voyant(e)** *m., f.* fortune teller

**voyelle** *f.* vowel

**vrai** *adj.* true (6); real

**vraiment** *adv.* truly, really (11)

**vraisemblable** *adj.* believable, realistic (14)

**vue** *f.* view; panorama; sight; **à première vue** at first glance; **point** *(m.)* **de vue** point of view

**wagon** *m.* train car (8); **wagon-lit** *m.* sleeping car; **wagon-restaurant** *m.* dining car

**web** *m.* Web (9)

**week-end** *m.* weekend; **ce week-end** this weekend (4); **le week-end** on weekends (4)

**y** *pron.* there (10); **il y a** there is (are) (1); ago (7); **il n'y a pas de...** there isn't (aren't) . . . ; **qu'est-ce qu'il y a dans...?** what's in . . . ?; **y a-t-il...?** is (are) there . . . ?

**yeux** *(m. pl.* of **œil**) eyes (12)

**Zaïre** *m.* Zaire (8)

**Zaïrois** *adj.* Zairian

**Zaïrois(e)** *n. m., f.* Zairian *(person)*

**zèbre** *m.* zebra

**zodiac** *m.* rubber raft

**zone** *f.* zone, area; **zone fumeurs (non-fumeurs)** smoking (nonsmoking) area (8)

**zoologique** *adj.:* **jardin** *(m.)* **zoologique** zoological gardens, zoo

**zydéco: musique** *(f.)* **zydéco** Cajun country music *(name derived from* **les haricots***)*

# Lexique anglais-français

This English-French end vocabulary includes the words in the active vocabulary lists of all chapters. The number of the chapter where the term is first introduced is listed in parentheses. See the introduction to the *Lexique français-anglais* for a list of abbreviations used.

**abdomen** ventre *m.* (12)
**able: to be able** pouvoir (6)
**abolish** abolir (15)
**about** *(with time)* vers (5)
**abroad** à l'étranger (8)
**Acadia** Acadie *f.* (16)
**Acadian** acadien(ne) (16)
**accept** accepter (de) (11)
**accident** accident *m.* (15)
**accomplishment** réussite *f.* (15)
**according to** suivant (16)
**account** compte *m.* (13); **checking account** compte-chèques *m.* (13); **savings account** compte d'épargne (13)
**accountant** comptable *m., f.* (13)
**acquaintance: make the acquaintance of** faire la connaissance de (14)
**across from** en face de (10)
**act** agir (3)
**activities (leisure)** loisirs *m. pl.* (14); **outdoor activities** activités *(f. pl.)* de plein air (14)
**actor, actress** acteur *m.*, actrice *f.* (11)
**address** adresse *f.* (9)
**adore** adorer (1)
**ads (classified)** petites annonces *f. pl.* (9)
**advertisement, advertising** publicité *f.* (9)
**advice** conseil *m.* (13)
**advise (to)** conseiller (de) (11)
**aerobics** aérobic *f.;* **to do aerobics** faire de l'aérobic (4)
**afraid: to be afraid of** avoir peur de (3)
**after** après (1)
**afternoon** après-midi *m.* (4); **afternoon snack** goûter *m.* (5); **in the afternoon** de l'après-midi (5); **this afternoon** cet après-midi (4)
**afterward** après (4)
**again** de nouveau (10)
**age: Middle Ages** moyen âge *m.* (11)
**ago** il y a (7)
**agreeable** agréable (2)

**agreed** d'accord (1)
**ahead: straight ahead** tout droit (10)
**AIDS** Sida *m.* (15)
**airplane** avion *m.* (8)
**airport** aéroport *m.* (8)
**alarm clock** réveil *m.* (3)
**Algeria** Algérie *f.* (8)
**Algerian** *(person)* Algérien(ne) *m., f.* (1)
**all** tout, toute, tous, toutes (9) **all at once** tout d'un coup (10); **all right** ça peut aller (P); **first of all** d'abord (10); **I don't like... at all** je n'aime pas du tout (5); **not at all** ne... pas du tout (4); de rien (P)
**allow (to)** permettre (de) (11)
**almost** presque (5)
**along: to get along (with)** s'entendre (avec) (12)
**already** déjà (8)
**also** aussi (1)
**always** toujours (1)
**American** *(person)* Américain(e) *m., f.* (1); *(language)* américain *m.* (1)
**amount** montant *m.* (13)
**amusing** amusant(e) (2)
**ancestor** ancêtre *m., f.* (16)
**and** et (1); **and you?** et vous? (et toi?) (P)
**angry** fâché(e) (15); **to get angry** se fâcher (12)
**another** un(e) autre (16)
**answer** répondre à (4); **answering machine** répondeur *(m.)* (téléphonique) (3)
**Antilles** *(islands)* Antilles *f. pl.* (16)
**antique** ancien(ne) (6)
**apartment** appartement *m.* (4); **apartment building** immeuble *m.* (3)
**apparatus** appareil *m.* (9)
**appetizer** *hors-d'œuvre *m.* (5)
**apple** pomme *f.* (5)
**appointment: to have an appointment** avoir rendez-vous (3)
**April** avril (3)

**architect** architecte *m., f.* (13)
**architecture** architecture *f.* (1)
**area: smoking, nonsmoking area** zone *(f.)* (non-)fumeurs (8)
**arena** arènes *f. pl.* (11)
**argue** se disputer (12)
**arm** bras *m.* (12)
**around** *(with time)* vers (5)
**arrival** arrivée *f.* (8)
**arrive** arriver (2)
**art** (work of) œuvre *(f.)* (d'art) (11); **art history** histoire *(f.)* de l'art (1)
**artisan** artisan(e) *m., f.* (13)
**artist** artiste *m., f.* (11)
**as . . . as** aussi... que (13); **as for me** pour ma part (15); **as much/many . . . as** autant (de)... que (14); **as soon as** dès que, aussitôt que (13)
**ashamed: to be ashamed** avoir honte (3)
**ask (for)** demander (3); **to ask a small favor** demander un petit service (14)
**asleep: to fall asleep** s'endormir (12)
**at** à (1); **at first** d'abord (10)
**athletic** sportif/ive (2)
**ATM card** carte *(f.)* bancaire (13)
**atmosphere** atmosphère *f.* (15)
**attend** *(an event)* assister à (14)
**attendant (flight)** hôtesse *(f.)* de l'air (8); steward *m.* (8)
**August** août (3)
**aunt** tante *f.* (4)
**automatic teller** distributeur *(m.)* automatique (13)
**automobile** voiture *f.* (2)
**autumn** automne *m.* (5); **in autumn** en automne (5)
**average** moyen(ne); **average height** de taille moyenne (12)
**awaken** se réveiller (12)
**away: go away!** allez-vous-en! (va-t-en!) (12)
**awful** affreux/euse (4)

**backpack** sac (m.) à dos (2)

**bad** mauvais(e) adj. (6); **bad(ly)** mal adv. (4); **it's bad (out)** il fait mauvais (5); **it's too bad** il est dommage (15); **not bad(ly)** pas mal (P); **things are going badly** ça va mal (P); **to feel bad** aller mal (4)

**bag: sleeping bag** sac (m.) de couchage (7)

**baguette** baguette (f.) (de pain) (16)

**bakery** boulangerie f. (6)

**balcony** balcon m. (4)

**ball: bocce ball** pétanque f. (14); **masked ball** bal (m.) masqué (16)

**bank** banque f. (10); **bank (ATM) card** carte (f.) bancaire (13); **the Left Bank** (in Paris) rive (f.) gauche (10); **the Right Bank** (in Paris) rive (f.) droite (10)

**bar** bar m. (10)

**bar-tobacconist** café-tabac m.

**basement** sous-sol m. (4)

**bathe** se baigner (12)

**bathing suit** maillot (m.) de bain (2)

**bathroom** salle (f.) de bains (4); toilettes f. pl. (4); W.-C. m. pl. (4); **bathroom sink** lavabo m. (3)

**be** être (2); **here is/are** voici (P); **how are you?** comment allez-vous? (P); **is/are there . . . ?** il y a. . . ? (P); **there is/are** il y a (P); voilà (P); **to be in the middle (the process) of** être en train de (14); **to be (20) years old** avoir (20) ans (3)

**beach** plage (7); **beach towel** serviette (f.) de plage (7)

**beans: green beans** *haricots (m. pl.) verts (5)

**beautiful** beau, bel, belle (beaux, belles) (2)

**because** parce que (2)

**become** devenir (7)

**bed** lit m. (3); **to go to bed** se coucher (12)

**bedroom** chambre f. (4)

**beef** bœuf m. ((6)

**beer** bière f. (5)

**begin** commencer (9); **to begin to** (do s. th.) se mettre à + inf. (12)

**behind** derrière (2)

**Belgian** (person) Belge m., f. (1)

**Belgium** Belgique f. (8)

**believe** croire (9); estimer (15); **to believe in** croire à (9); **to believe that** croire que (9)

**berth** couchette f. (8)

**beside** à côté de (2)

**best** le mieux (adv) (14); le/la/les meilleur(e)(s) (adj.) (14)

**better** meilleur(e) adj. (13); mieux adv. (14); **it is better that** il vaut mieux que + subj. (15); **to like better** aimer mieux (1)

**beverage** boisson f. (5)

**bicycle** bicyclette f. (7); vélo m. (7)

**bicycling: to go bicycling** faire de la bicyclette (7)

**big** grand(e) (3)

**bill** addition (restaurant) f. (6); billet (currency) m. (6)

**biology** biologie f. (1)

**black** noir(e) (2)

**blackboard** tableau (noir) m. (P)

**blazer** veste f. (2)

**blond(e)** blond(e) (3)

**blouse** chemisier m. (2)

**blue** bleu(e) (2)

**board** (chalkboard, whiteboard) tableau m. (P)

**boarding pass** carte (f.) d'embarquement (8)

**boat** bateau m. (7)

**bocce ball** pétanque f. (14)

**body** corps m. (12)

**book** livre m. (P); **telephone book** annuaire m. (9)

**bookshelf** étagère f. (3)

**bookstore** librairie f. (1)

**booth (telephone)** cabine (f.) téléphonique (9)

**boots** bottes f. pl. (2); **hiking boots** chaussures (f. pl.) de montagne (7); **ski boots** chaussures (f. pl.) de ski (7)

**bore: to be bored** s'ennuyer (12)

**boring** ennuyeux/euse (13)

**born: to be born** naître (7)

**borrow (from)** emprunter (à) (9)

**boss** chef (m.) d'entreprise (13)

**bottle** bouteille f. (5)

**boulevard** boulevard m. (10)

**bowling (lawn)** pétanque f. (14)

**brave** courageux/euse (2)

**Brazil** Brésil m. (8)

**bread** pain m. (5); **loaf of bread** baguette (f.) (de pain) (5)

**breakfast** petit déjeuner m. (5)

**bride** mariée (12)

**bring** apporter (6); **to bring** (a person somewhere) amener (16)

**broadcast** émission f. (4); retransmettre v. (9)

**brother-in-law** beau-frère m. (4)

**brown** châtain(s) (hair) (3); marron inv. (2)

**brush (hair, teeth)** se brosser (les cheveux, les dents) (12)

**budget** budget m. (13); **military budget** budget militaire (15)

**build** bâtir (11)

**building** bâtiment m. (15); immeuble (office, apartment) m. (3)

**bureau: tourist information bureau** syndicat (m.) d'initiative (10)

**bus** (city) autobus m. (4)

**business** (subject) commerce m. (1); **business class** classe (f.) affaires (8); **business manager** directeur/trice commercial(e) (13)

**but** mais (1)

**butcher** boucher/ère m., f. (13); **butcher shop** boucherie f. (6); **pork butcher** charcuterie f. (6)

**butter** beurre m. (5)

**buy** acheter (5)

**café** café m. (1); bar m. (10)

**Cajun** acadien(ne) (16)

**cake** gâteau m. (5)

**call** appeler (9); **telephone calling card** télécarte f. (9); **who's calling?** qui est à l'appareil? (9)

**calm** calme (2); tranquille (3)

**camera (video)** caméra f. (9), caméscope m. (9)

**camping** camping m. (7)

**can** (to be able) pouvoir (6); **can (of food)** boîte (f.) (de conserve) (6)

**Canada** Canada m. (8)

**Canadian** (person) Canadien(ne) m., f. (1)

**cap** casquette f. (2)

**car** voiture f. (2); **train car** wagon m. (8)

**carafe** carafe f. (5)

**cards** cartes f. pl. (2); **bank (ATM) card** carte bancaire (13); **credit card** carte de crédit (13); **telephone calling card** télécarte f. (9)

**careful: to be careful** faire attention (4)

**Caribbean Islands** Antilles f. pl. (16)

**Caribbean Sea** mer (f.) des Caraïbes (des Antilles) (16)

**Carnival** Carnaval m. (16)

**carrier (letter)** facteur m. (13)

**carrot** carotte f. (5)

**carry** apporter (6); porter (2)

**case: in that case** alors (4)

**cash** argent m. (6); liquide m. (13); **to cash (a check)** toucher (un chèque) (10)

**cassette player** lecteur (m.) de cassettes (3); **cassette tape** cassette f. (3)

**castle** château m. (10)

**cathedral** cathédrale f. (11)

**CD player** lecteur (m.) de CD (3); platine (f.) laser (3)

**CD-ROM drive** lecteur (m.) de CD-ROM (P)

**celebrate** fêter (16)

**cellular phone** cellulaire m.

**cent** (1/100th of a franc) centime m. (6)

**century** siècle m. (11)

**cereal** céréales *f. pl.* (5)

**certain** certain(e) (16); sûr(e) (15)

**chair** chaise *f.* (P)

**chalk** craie *f.* (P)

**chance: games of chance** jeux *(m. pl.)* de hasard (14)

**change** monnaie *f.* (9)

**channel** *(television)* chaîne *f.* (9)

**château** château *m.* (10)

**check** addition *(restaurant) f.* (6); chèque *(bank) m.* (13); **to write a check** faire un chèque (13)

**checkbook** carnet *(m.)* de chèques (13)

**checking account** compte-chèques *m.* (13)

**cheese** fromage *m.* (5)

**chemistry** chimie *f.* (1)

**chess** échecs *m. pl.* (2)

**chest (of drawers)** commode *f.* (3)

**chicken** poulet *m.* (5)

**child** enfant *m., f.* (4)

**China** Chine *f.* (8)

**Chinese** *(person)* Chinois(e) *m., f.* (1); *(language)* chinois *m.* (1)

**chocolate** chocolat *m.* (5)

**choice** choix *m.* (1)

**choose** choisir (3)

**chop** *(meat)* côte *f.* (6)

**church** *(Catholic)* église *f.* (10)

**citizen** citoyen(ne) *m., f.* (15)

**city** ville *f.* (1)

**civil: civil engineering** génie *(m.)* civil (1); **civil servant** fonctionnaire *m., f.* (13)

**class (business)** classe *(f.)* affaires (8); **tourist class** classe économique (8)

**classical** classique (11)

**classified ads** petites annonces *f. pl.* (9)

**classroom** salle *(f.)* de classe (P)

**clear** clair(e) (15)

**clerk** *(sales)* employé(e) *m., f.* (13)

**climb** monter (7)

**clock (alarm)** réveil *m.* (3)

**close** fermer (7)

**close to** près de (3)

**clothing** vêtements *m. pl.* (2)

**coat** manteau *m.* (2); **sports coat** veste *f.* (2)

**coffee (cup of)** un café *m.* (1)

**coin** pièce *f.* (6); **coins** monnaie *f.* (9)

**cold** froid *m.* (3); **it's cold** il fait froid(5); **to be cold** avoir froid (3)

**collection** collection *f.* (14)

**colonize** coloniser (16)

**color** couleur *f.* (2)

**comb** peigne *m.* (12); **to comb one's hair** se peigner (12)

**come** venir (7); **to come back** *(someplace)* revenir (7)

**commercial** publicité *f.* (9)

**compact disc player** platine *(f.)* laser (3); lecteur *(m.)* de CD (3)

**company** entreprise *f.* (13); société *f.* (13); **company head** chef *(m.)* d'entreprise (13)

**compartment** *(train)* compartiment *m.* (8)

**composer** compositeur/trice *m., f.* (11)

**computer** ordinateur *m.* (P); **computer lab** salle *(f.)* d'ordinateurs (1); **computer science** informatique *f.* (1)

**concern** toucher (10)

**conflict** conflit *m.* (15)

**conformist** conformiste (2)

**Congo** Congo *m.* (8)

**conservation** conservation *f.* (15)

**conserve** conserver (15)

**consider** estimer (15)

**constantly** constamment (11)

**construct** construire (8)

**continue** continuer (10)

**contrary: on the contrary** au contraire (5)

**control** contrôle *m.* (15)

**cooking** cuisine *f.* (5); **to cook** faire la cuisine (4)

**cool** frais (fraîche) (5); **it's cool** il fait frais (5)

**corner** coin *m.* (10)

**cost of living** coût *(m.)* de la vie (13); **costs** frais *m. pl.* (13)

**costume** costume *m.* (16); **costume party** bal *(m.)* masqué (16)

**country** *(nation)* pays *m.* (1); **country(side)** campagne *f.* (7); **country-style pâté** pâté *(m.)* de campagne (6); **in a foreign country** à l'étranger (8)

**courageous** courageux/euse (2)

**course** *(academic)* cours *m.* (1); **course** *(meal)* plat *m.* (6); **first course** entrée *f.* (6); **of course (not)** bien sûr que oui (non) (5)

**couscous** couscous *m.* (5)

**cousin** cousin(e) *m., f.* (4)

**cover** couvrir (13)

**crab** crabe *m.* (6)

**craftsperson** artisan(e) *m., f.* (13)

**crayfish** écrevisse *f.* (16)

**cream** crème *f.* (5); **ice cream** glace *f.* (6)

**create** créer (9)

**credit card** carte *(f.)* de crédit (13)

**croissant** croissant *m.* (5)

**cross** traverser (8); **cross-country skiing** ski *(m.)* de fond (7)

**cup** tasse *f.* (5); **cup of coffee** un café *m.* (1); **wide cup** bol *m.* (5)

**curly** frisé(e) (13)

**curtain** rideau *m.* (3)

**cute** chouette (4)

**cycling** cyclisme *m.* (14); vélo *m.* (4); **to go cycling** faire du vélo (4)

**daily** quotidien(ne) (12)

**dance** danser (1)

**date: to have a date with** avoir rendez-vous avec (3)

**date (from)** dater (de) (11)

**daughter** fille *f.* (4)

**day** jour *m.* (P); **entire day** journée *f.* (5); **every day** tous les jours (4); **good day** bonjour (P); **in four days** dans quatre jours (4); **name day** fête *f.* (3); **the day before yesterday** avant-hier (7); **what day is it?** quel jour sommes-nous (est-ce)? (P)

**dear** cher (chère) (6)

**December** décembre (3)

**decide (to)** décider (de) (11)

**delay** retard *m.* (8)

**deli(catessen)** charcuterie *f.* (6)

**delightful** génial(e) (4)

**deliver** remettre (13)

**demand** exiger (15)

**demonstrate (for, against)** manifester (pour, contre) (15)

**dentist** dentiste *m., f.* (13)

**departure** départ *m.* (8)

**deposit** déposer (13)

**describe** décrire (9)

**desire** désirer; souhaiter (15)

**desk** bureau *m.* (P)

**dessert** dessert *m.* (5)

**destroy** détruire (8)

**detest** détester (1)

**develop** développer (15)

**development** développement *m.* (15)

**dial (a number)** composer (un numéro) (9)

**dictionary** dictionnaire *m.* (1)

**die** mourir (7)

**different** différent(e) (2)

**difficult** difficile (2)

**difficulty: to have difficulty (in)** avoir du mal (à) (16)

**dine** dîner (5)

**dining room** salle *(f.)* à manger (4)

**dinner** dîner *m.* (5); **to have dinner** dîner (5)

**direct** diriger (13)

**disagreeable** désagréable (2)

**disc: compact disc player** platine *(f.)* laser (3); lecteur *(m.)* de CD (3)

discover découvrir (12)

disguise oneself se déguiser (16)

dish: main dish plat *(m.)* principal (6); dishes vaisselle *f.;* to do the dishes faire la vaisselle (4)

disheveled en désordre (3)

disorderly en désordre (3)

district quartier *m.* (1); arrondissement *m.* (10)

diving: skin diving plongée *(f.)* sous-marine (7)

division *(academic)* faculté *f.* (1)

divorced divorcé(e) (4)

do faire (4); do-it-yourself work bricolage *m.* (14)

doctor médecin (femme médecin) *m., f.* (13)

dog chien(ne) *m., f.* (3)

door porte *f.* (P)

dormitory: university dormitory cité *(f.)* universitaire (cité-u) (1)

doubt douter (15)

down: to go, get down descendre (4)

downhill skiing ski *(m.)* de piste (7)

downtown centre-ville *m.* (10)

drawers (chest of) commode *f.* (3)

drawing dessin *m.* (1)

dream rêver (1); to dream of rêver de (11)

dress robe *f.* (2); to dress up in disguise se déguiser (16); to get dressed s'habiller (12)

drink boisson *f.* (5); to drink boire (5)

drive conduire (8)

drive: CD-ROM drive lecteur *(m.)* de CD-ROM (P)

driver conducteur/trice *m., f.* (8)

drugstore pharmacie *f.* (10)

during pendant (4); during vacation pendant les vacances (4)

dynamic dynamique (2)

each (one) chacun(e) *pron.* (16); chaque *adj.* (16)

ear oreille *f.* (12)

early de bonne heure (5); tôt (5)

earn gagner (13)

east est *m.* (8); to the east à l'est (8)

easy facile (2)

eat manger (1); I like to eat je suis gourmand(e) (5)

eccentric excentrique (2)

eclair éclair *(pastry) m.* (6)

ecological écologiste (15)

economics économie *f.* (1)

egg œuf *m.* (5)

eight *huit (P)

eighteen dix-huit (P)

eighth *huitième (10)

elect élire (15)

eleven onze (P)

eleventh onzième (10)

e-mail courrier *(m.)* électronique (9)

employee employé(e) *m., f.* (13); s.o. employed (by) employé(e) (de) (13)

encounter rencontre *f.* (12)

energy énergie *f.;* nuclear energy énergie nucléaire (15); solar energy énergie solaire (15)

engaged: to get engaged se fiancer (12)

engagement fiançailles *f. pl.* (12)

engineer ingénieur *m.* (13)

engineering génie *m.;* civil engineering génie civil (1)

England Angleterre *f.* (8)

English *(person)* Anglais(e) *m., f.* (1); *(language)* anglais *m.* (1) English-speaking anglophone (16)

enough assez de (5)

enter entrer (7)

enthusiastic enthousiaste (2)

envelope enveloppe *f.* (9)

environment environnement *m.* (15)

errands courses *f. pl.* (4); to do errands faire les courses (4)

especially surtout (9)

essential essentiel(le) (15)

establishment: at the establishment of chez (4)

estimate estimer (15)

even même (6)

evening soir *m.* (4); entire evening soirée *f.* (7); good evening bonsoir (P); in the evening du soir (5); Monday/Friday evenings le lundi/le vendredi soir (4); this evening ce soir *m.* (4)

event événement *m.* (11); sports event manifestation *(f.)* sportive (14)

every tout, toute, tous, toutes (9); every day tous les jours (4); every morning tous les matins (9); every one chacun(e) pron. (16); every week toutes les semaines (9)

everybody tout le monde (8)

everyday quotidien(ne) (12)

everyone tout le monde (8)

everything tout (8)

everywhere partout *adv.* (10)

evident évident(e) (15)

exam examen *m.* (1); to take an exam passer un examen (3)

example: for example par exemple (15)

exchange rate cours *m.* (13); money exchange (office) bureau *(m.)* de change (13)

excuse (oneself) s'excuser (12); excuse me excusez-moi (P)

expense dépense *f.* (13); expenses frais *m. pl.* (13)

expensive cher (chère) (2)

express (an opinion) exprimer (une opinion) (15)

expression: freedom of expression liberté *(f.)* d'expression (15)

eye œil *m.* (pl. yeux) (3)

face visage *m.* (12)

fair juste (15)

fall automne *m.* (5); in fall en automne (5); tomber (7); to fall asleep s'endormir (12); to fall in love tomber amoureux/euse (12)

false faux (fausse) (6)

familiar: to be familiar with connaître (10)

family famille *f.* (4)

far from loin de (4); as far as jusqu'à (10)

farmer agriculteur/trice *m., f.* (13)

father-in-law beau-père *m.* (4)

favor service *m.* (14); to ask a favor demander un petit service (14)

favorite préféré(e) (4)

February février (3)

feel sentir (7); to feel bad aller mal (4); to feel like avoir envie de (3)

few: a few quelques (16); quelques-uns/unes *pron.* (16)

fifteen quinze (P)

fifth cinquième (10)

fifty cinquante (P)

fill it up faire le plein (8)

fillet *(beef, fish)* filet *m.* (6)

film film *m.* (1)

filmmaker cinéaste *m., f.* (11)

finally enfin (10)

find trouver (1)

fine bien; ça va bien (P)

finger doigt *m.* (12)

finish finir (de) (3)

first d'abord *adv.* (10); premier/ière *adj.* (10); first course entrée (6); first floor premier étage; first of all d'abord (10); love at first sight coup *(m.)* de foudre (12)

fish poisson *m.* (5); fish store poissonnerie *f.* (6); to fish pêcher (7)

fishing pêche *f.* (14)

five cinq (P)

fixed price menu menu *m.* (6)

flash of lightning coup *(m.)* de foudre (12)

Flemish *(language)* flamand *m.* (1)

**flight** vol *m.* (8); **flight attendant** hôtesse *(f.)* de l'air (8); steward *m.* (8)

**float** *(parade)* char *m.* (16)

**floor (ground)** rez-de-chaussée *m.* (4); **second floor** premier étage *m.* (4); **third floor** deuxième étage *m.* (4)

**flower** fleur *f.* (3)

**fluently** couramment (11)

**follow** suivre (11)

**food** cuisine *f.* (5)

**foot** pied *m.* (12)

**for** depuis (7); pour (1); **for example** par exemple (15)

**foreign: in a foreign country** à l'étranger (8); **foreign language** langue *(f.)* étrangère (1)

**forest** bois *m.* (10); forêt *f.* (7)

**forget (to)** oublier (de) (7)

**fork** fourchette *f.* (5)

**former** ancien(ne) (6)

**formerly** autrefois (10)

**fortunate** heureux/euse (9)

**forty** quarante (P)

**found: to be found** se trouver (10)

**four** quatre (P)

**fourteen** quatorze (P)

**fourth** quart *m.* (5)

**franc** franc *(currency) m.* (6)

**France** France *f.* (8)

**freedom (of expression)** liberté *(f.)* (d'expression) (15)

**French** *(person)* Français(e) *m., f.* (1); **French bread** baguette *f.* (5); **French fries** frites *f. pl.* (5); **French-speaking** francophone (16); **French-speaking world** francophonie *f.* (16)

**fresh** frais (fraîche) (6)

**Friday** vendredi *m.* (P)

**friend** ami(e) *m., f.* (1)

**fries (French fries)** frites *f. pl.* (5)

**from** de (1); **from time to time** de temps en temps (1); **from now on** à l'avenir (13)

**front: in front of** devant (2)

**fruit** fruit *m.* (5); **fruit juice** jus *(m.)* de fruits (6)

**fun** amusant(e) (2); **to have fun** s'amuser (à) (12)

**funny** drôle (2); amusant(e) (2); marrant(e) (16)

**furious** furieux/euse (15)

**furniture (piece of)** meuble *m.* (4)

**future** avenir *m.* (13); **in the future** à l'avenir (13)

**game** partie *f.* (14); **game (of chance)** jeu *(m.)* (de hasard) (14); **group, social games** jeux *(pl.)* de société (14)

**garden** jardin *m.* (4)

**gardening** jardinage *m.* (14)

**generally** en général (1)

**geography** géographie *f.* (1)

**German** *(person)* Allemand(e) *m., f.* (1); *(language)* allemand *m.* (1)

**Germany** Allemagne *f.* (8)

**get** obtenir (7); **get going!** va-t-en! (12); **to get along (with)** s'entendre (avec) (12); **to get lost** se perdre (12); **to get off of, down from** descendre (de) (4); **to get ready** se préparer (12); **to get up** se lever (12)

**girl** jeune fille *f.* (2)

**give** donner (1); **to give back** rendre (4)

**glass** verre *m.* (5); **(eye)glasses** lunettes *f. pl.* (7)

**go: to go** aller (4); **go away! get going! allez-vous-en!** (va-t-en!) (12); **how's it going?** ça va? (P); **things are going well (badly)** ça va bien (mal) (P); **to be going** *(to do s. th.)* aller + *inf.* (4); **to go back** retourner (7); **to go down** descendre (4); **to go home** rentrer (7); **to go off** s'en aller (12); **to go out** sortir (de) (7); **to go to** se rendre à (12); **to go up** monter (7); **what's going on?** qu'est-ce qui se passe? (14)

**goggles: ski goggles** lunettes *(f. pl.)* de ski (7)

**good** bien *adv.* (4); bon(ne) *adj.* (6); **goodbye** au revoir (P); **good day** bonjour (P); **good evening** bonsoir (P); **very good** très bien (P)

**Gothic** gothique (11)

**government** gouvernement *m.* (15)

**grandchild** petit-enfant *m.* (4)

**granddaughter** petite-fille *f.* (4)

**grandfather** grand-père *m.* (4)

**grandmother** grand-mère *f.* (4)

**grandparents** grands-parents *m. pl.* (4)

**grandson** petit-fils *m.* (4)

**gray** gris(e) (2)

**great** formidable (4)

**great-grandparent** arrière-grand-parent *m.* (4)

**Greece** Grèce *f.* (8)

**green** vert(e) (2); **green beans** *haricots (m. pl.)* verts (5)

**grocery store** épicerie *f.* (6)

**groom** marié *m.* (12)

**ground: on the ground** par terre (2); **ground floor** rez-de-chaussée *m.* (4)

**group games** jeux *(m. pl.)* de société (14)

**Guadeloupe** Guadeloupe *f.* (16)

**guess** deviner (11)

**habitually** d'habitude (9)

**hair** cheveux *m. pl.* (3); **to brush one's hair** se brosser les cheveux (12); **to comb one's hair** se peigner (12)

**hairdresser** coiffeur/euse *m., f.* (13)

**Haiti** Haïti *m.* (8)

**half** demi(e); **half brother** demi-frère *m.* (4); **half past** *(the hour)* et demi(e) (5); **half sister** demi-sœur *f.* (4)

**hall** couloir *m.* (4); **lecture hall** amphithéâtre *m.* (1); **town hall** mairie *f.* (10)

**ham** jambon *m.* (5)

**hand** main *f.* (12); **to hand in** rendre (4)

**handbag** sac *(m.)* à main (2)

**handsome** beau, bel, belle (beaux, belles) (2)

**happen** se passer (14); **what's happening?** qu'est-ce qui se passe? (14)

**happy** content(e) (9); heureux/euse (9)

**hardly** peu (2)

**hardworking** travailleur/euse (2)

**hat** chapeau *m.* (2)

**have** avoir (3); **to have** *(to eat)* prendre (5); **to have to** devoir (6)

**head** directeur/trice *m., f.* (13); tête *f.* (12); **company head** chef *(m.)* d'entreprise (13)

**health** santé *f.* (12)

**hear** entendre (4)

**heavy** lourd(e) (13)

**height: average height** de taille moyenne (3)

**hello** bonjour (P); **hello** *(telephone)* allô (9)

**help** aider (13)

**here** ici (1); **here is/are** voici (P)

**hi!** salut! (P)

**high** élevé(e) (13)

**highway** autoroute *f.* (8)

**hike** randonnée *f.* (7)

**hiking boots** chaussures *(f. pl.)* de montagne (7)

**hilarious** marrant(e) (16)

**hire** embaucher (13)

**hiring** embauche *f.* (13)

**historical** historique (11)

**history** histoire *f.* (1); **art history** histoire de l'art (1)

**hobby** passe-temps *m.* (14)

**holiday** fête *f.* (3)

**home** foyer *m.* (4); maison *f.* (3); **at the home of** chez (4); **to go home** rentrer (7)

**home page** page *(f.)* d'accueil (9)

**homework** devoirs *m. pl.*; **to do homework** faire ses devoirs (4)

**horse** cheval *m.* (7)

**horseback: to go horseback riding** faire du cheval (7)

**hospitable** accueillant(e) (16)

**hospital** hôpital *m.* (10)

**hot** chaud; **it's hot** il fait chaud (5); **to be hot** avoir chaud (3)

**hotel** hôtel *m.* (10)

**hour** heure *f.* (5); **half (quarter) past the hour . . .** ets demi(e) (...et quart) (5); **quarter before the hour** moins le quart (5)

**house** maison *f.* (3)

**housework: to do the housework** faire le ménage (4)

**how** comment; **how?** comment? (P); **how are you?** comment allez-vous? (P); **how many, how much . . . ?** combien (de)... ? (P); **how's it going?** ça va? (P); **how's the weather?** quel temps fait-il? (5)

**hungry: to be hungry** avoir faim (3)

**hurry** se dépêcher (12)

**hurt** avoir mal (12)

**husband** mari *m.* (4)

**ice** glace *f.* (6); **ice cream** glace *f.* (6); **ice skating** patinage *m.*

**idealistic** idéaliste (2)

**if** si (2)

**ill: to feel ill** aller mal (4)

**immediately** tout de suite (4)

**impatient** impatient(e) (2)

**important** important(e) (2)

**impossible** impossible (15)

**in** à (1); en (1); dans (1); **in four days** dans quatre jours (4); **in general** en général (1); **in the afternoon** de l'après-midi (5)

**increase** augmentation *f.* (13); augmenter (15)

**indispensable** indispensable (15)

**individualistic** individualiste (2)

**industrial** industriel(le) (15)

**inflation** inflation *f.* (15)

**information: tourist information bureau** syndicat *(m.)* d'initiative (10)

**inspect** contrôler (15)

**instead** plutôt (4)

**instructor** professeur *m.* (P)

**intellectual** intellectuel(le) (2)

**intelligent** intelligent(e) (2)

**interest** intéresser (13)

**interesting** intéressant(e) (2)

**interview (job)** entretien *m.* (13)

**involve: to get involved (in)** s'engager (vers) (15)

**island** île *f.* (10)

**Italian** *(person)* Italien(ne) *m., f.* (1); *(language)* italien *m.* (1)

**Italy** Italie *f.* (8)

**it's a . . .** c'est un(e)... (P)

**Ivorian** *(person)* Ivoirien(ne) *m., f.* (1)

**Ivory Coast** Côte-d'Ivoire *f.* (8)

**jacket (ski)** anorak *m.* (7); **suit jacket** veston *m.* (2)

**January** janvier (3)

**Japan** Japon *m.* (8)

**Japanese** *(person)* Japonais(e) *m., f.* (1); *(language)* japonais *m.* (1)

**jeans** jean *m.* (2)

**jewel** bijou *m.* (13)

**job interview** entretien *m.* (13)

**jog** faire du jogging (4)

**juice (fruit)** jus *(m.)* de fruits (6)

**July** juillet (3)

**June** juin (3)

**just** juste (15); **to have just** *(done s. th.)* venir de + *inf.* (7)

**kilo(gram)** kilogramme *m.* (6)

**kiosk** kiosque *m.* (9)

**kiss** s'embrasser (12)

**kitchen** cuisine *f.* (4)

**knee** genou *m.* (*pl.* genoux) (12)

**knife** couteau *m.* (5)

**know** connaître (10); **to know (how)** savoir (10); **I don't know how to thank you** je ne sais pas comment vous (te) remercier (14)

**lab: computer lab** salle *(f.)* d'ordinateurs (1)

**lady: young lady** jeune fille *(f.)* (2)

**lake** lac *m.* (7)

**lamp** lampe *f.* (3)

**language (foreign)** langue *(f.)* (étrangère) (1)

**last** dernier/ière (7); passé(e) (7)

**late** en retard; tard (5)

**later: see you later** à plus (tard) (P)

**laugh** rire (14)

**laundry: do the laundry** faire la lessive (4)

**law** droit *m.* (1)

**lawn bowling** pétanque *f.* (14)

**lawyer** avocat(e) *m., f.* (13)

**lazy** paresseux/euse (2)

**learn** apprendre (à) (5)

**leave (for, from)** partir (à, de) (7); **to leave** *(behind)* laisser (6); **to leave** *(go out)* sortir (7); **to leave** *(s.o. or someplace)* quitter (7)

**Lebanese** *(person)* Libanais(e) *m., f.* (1)

**lecture** conférence *f.* (11); **lecture hall** amphithéâtre *m.* (1)

**left: on the left** à gauche (10); **the Left Bank** *(in Paris)* rive *(f.)* gauche (10)

**leg** jambe *f.* (12)

**legacy** patrimoine *m.* (11)

**legalization** légalisation *f.* (15)

**leisure (activities)** loisirs *m. pl.* (14)

**lend (to)** prêter (à) (9)

**less . . . than** moins... que (13)

**letter** lettre *f.* (9); **letter carrier** facteur *m.* (13)

**lettuce** salade *f.* (5)

**library** bibliothèque *f.* (1)

**life** vie *f.* (1); **single life** célibat *m.* (12)

**lightning: flash of lightning** coup *(m.)* de foudre (12)

**like** aimer (1); **I don't like . . . at all** je n'aime pas du tout... (5); **I would like** j'aimerais (6); **to feel like** avoir envie de (3); **to like better** aimer mieux (1)

**likely** probable (15)

**line: stand in line** faire la queue (4)

**linguistics** linguistique *f.* (1)

**listen (to)** écouter (1)

**literature** littérature *f.* (1)

**little: a little (of)** un peu (de) (1)

**live** habiter (1); vivre (11)

**living: cost of living** coût *(m.)* de la vie (13); **living room** salle *(f.)* de séjour (4)

**loaf (of bread)** baguette *(f.)* (de pain) (5)

**loan** emprunt *m.* (13)

**locate: to be located** se trouver (10)

**lodging(s)** logement *m.* (3)

**long** long(ue) (3)

**longer: no longer** ne... plus (8)

**look (at)** regarder (1); **to look (like)** avoir l'air (de) (3); **to look at each other, at oneself** se regarder (12); **to look for** chercher (1)

**lose** perdre (4); **to get lost** se perdre (12)

**lot: a lot** beaucoup (P)

**love** adorer (1); aimer (1); amour *m.* (12); **love at first sight** coup *(m.)* de foudre (12); **to fall in love** tomber amoureux/euse (12)

**lover; loving** amoureux/euse *m., f.* (12)

**lowering** baisse *f.* (15)

**lucky: to be lucky** avoir de la chance (3)

**lunch** déjeuner *m.* (5)

**ma'am** Madame (Mme) (P)

**machine (answering)** répondeur *(m.)* (téléphonique) (3)

**magazine** *(illustrated)* magazine *m.* (9); *(journal)* revue *f.* (3)

**magnificent** magnifique (11)

**mail: voice mail** courrier *(m.)* de voix (9); **e-mail** courrier *(m.)* électronique (9)

**mailbox** boîte *(f.)* aux lettres (9)

**main dish** plat *(m.)* principal (6)

**make** faire (4); **to make the acquaintance of** faire la connaissance de (4)

**makeup: to put on makeup** se maquiller (12)

**man** homme *m.* (1); **young man** jeune homme *m.* (2)

**manager** directeur/trice *m., f.* (13); **business manager** directeur/trice commercial(e) (13); **middle/upper manager** cadre *m.* (13); **top manager** chef *(m.)* d'entreprise (13)

**manual worker** ouvrier/ière *m., f.* (13)

**many: how many . . . ?** combien (de)... ? (P); **as many . . . as** autant (de)... que (14)

**manners: good manners** bonnes manières *f. pl.* (P)

**map** plan *(city) m.* (10); carte *(region, country) f.* (10)

**March** mars (3)

**Mardi Gras** Mardi gras (16)

**marker** feutre *m.* (P)

**market** marché *m.;* **to go to the market** faire le marché (4)

**marketing** marketing *m.* (1)

**marriage** mariage *m.* (12)

**married** marié(e) (4); **to get married** se marier (avec) (12)

**Martinique** Martinique *f.* (16)

**masked ball** bal *(m.)* masqué (16)

**masterpiece** chef-d'œuvre *m.* (11)

**mathematics (math)** mathématiques (maths) *f. pl.* (1)

**May** mai (3)

**maybe** peut-être (4)

**me** moi; **as for me** pour ma part (15)

**meal** repas *m.* (5)

**mean** vouloir dire (6); **what does . . . mean?** que veut dire... ? (6)

**meat** viande *f.* (5)

**media** médias *m. pl.* (15)

**medieval** médiéval(e) (11)

**medium: of medium height** de taille moyenne (3)

**meet** se rencontrer (12); **to meet (for the first time)** faire la connaissance de (4)

**meeting** rencontre *f.* (12); **to have a meeting** avoir rendez-vous (3)

**mention: don't mention it** de rien (P)

**menu** carte *f.* (6); **fixed price menu** menu *m.* (6)

**merchant (wine)** marchand(e) *(m., f.)* (de vin) (13)

**messy** en désordre (3)

**metro station** station *(f.)* de métro (10)

**Mexican** *(person)* Mexicain(e) *m., f.* (1)

**Mexico** Mexique *m.* (8)

**middle: Middle Ages** moyen âge *m. s.* (11); **middle manager** cadre *m.* (13); **to be in the middle of** être en train de (14)

**midnight** minuit (5)

**military budget** budget *(m.)* militaire (15)

**milk** lait *m.* (5)

**mineral water** eau *(f.)* minérale (5)

**minitel** minitel *m.* (9)

**mirror** miroir *m.* (3)

**Miss** Mademoiselle (Mlle) (P)

**mixture** mélange *m.* (16)

**Monday** lundi *m.* (P); **it's Monday (Tuesday . . . )** nous sommes lundi (mardi...) (P)

**money** argent *m.* (6); **money exchange (office)** bureau *(m.)* de change (13); **to save (up) money** faire des économies (13)

**monitor** contrôler (15)

**month** mois *m.* (7)

**Montreal** Montréal (16)

**monument** monument *m.* (10)

**more . . . than** plus... que (13); **no more** ne... plus (5)

**morning** matin *m.;* **entire morning** matinée *f.* (7); **every morning** tous les matins (9); **in the morning** du matin (5); **this morning** ce matin (4)

**Moroccan** *(person)* Marocain(e) *m., f.* (1)

**Morocco** Maroc *m.* (8)

**most (of)** la plupart (de) *f.* (15)

**mother-in-law** belle-mère *f.* (4)

**motorcycle** motocyclette (moto) *f.* (8)

**mountain** montagne *f.* (7)

**mountaineering** alpinisme *m.* (7)

**mouse** souris *f.* (P); **mouse pad** tapis *(m.)* de souris

**mouth** bouche *f.* (12)

**movie** film *m.* (1); **movie theater; movies** cinéma *m.* (1)

**Mr.** Monsieur (M.) (P)

**Mrs.** Madame (Mme) (P)

**much** bien *adv.* (13); **as much/many . . . as** autant (de)... que (14); **how much?** combien (de)... ? (3); **too much** trop (de) (5); **very much** beaucoup (P)

**municipal** municipal(e) (10)

**museum** musée *m.* (10)

**music** musique *f.* (1)

**musician** musicien(ne) *m., f.* (11)

**naive** naïf (naïve) (2)

**name day** fête *f.* (3)

**named: to be named** s'appeler (12); **my name is . . .** je m'appelle... (P); **what's your name?** comment vous appelez-vous? (P)

**napkin** serviette *f.* (5)

**natural** naturel(le); **natural resources** ressources *(f. pl.)* naturelles (15)

**nature** nature *f.* (15)

**necessary** nécessaire (15); **it is necessary to** il est nécessaire de + *inf.* (6); il faut... ; **to be necessary** falloir (15)

**neck** cou *m.* (12)

**necktie** cravate *f.* (2)

**need** avoir besoin de (3); **one needs** il faut... (6); il est nécessaire de (15); on a besoin de + *inf.* (3)

**neighbor** voisin(e) *m., f.* (7)

**neighborhood** quartier *m.* (1)

**nephew** neveu *m.* (4)

**nervous** nerveux/euse (2)

**network** chaîne *f.* (9)

**never** ne... jamais (8)

**new** nouveau, nouvel, nouvelle (2)

**New Orleans** La Nouvelle-Orléans (16)

**Newfoundland** Terre-Neuve *f.* (16)

**newlyweds** nouveaux mariés *(m. pl.)* (12)

**news** journal *m.* (9)

**newspaper** journal *m.* (9)

**newsstand** kiosque *m.* (9)

**next** ensuite (6); (et) puis *adv.* (6); prochain(e) *adj.* (13); **next to** à côté de (2); **next week** la semaine prochaine (4)

**nice** beau *(weather)* (5); gentil(le) (2); sympathique (sympa) (2); **it's nice (out)** il fait beau (5)

**niece** nièce *f.* (4)

**night** nuit *f.;* **at night** du soir (5)

**nine** neuf (P)

**nineteen** dix-neuf (P)

**ninth** neuvième (10)

**no** non (P); **no longer, no more** ne... plus (5); **no one** ne... personne (8)

**nobody** ne... personne (8)

**noise** bruit *m.* (4)

**nonsmoking area** zone *(f.)* non-fumeurs (8)

**noon** midi (5)

**normal** normal(e) (15)

**north** nord *m.* (8); **to the north** au nord (8)

**nose** nez *m.* (12)

**not (at all)** ne... pas (du tout) (4); **not at all** de rien (P); **not bad(ly)** pas mal (P); **not very** peu (2); **not yet** ne... pas encore (8)

**notebook** cahier *m.* (P)

**nothing** ne... rien (8)

**Nova Scotia** Nouvelle-Écosse *f.* (16)

**novel** roman *m.* (11)

**November** novembre (2)

**now** maintenant (1); **from now on** à l'avenir (13)

**nuclear energy** énergie *(f.)* nucléaire (15)

**number** nombre *m.* (P); chiffre *m.* (5); **telephone number** numéro *(m.)* de telephone (9); **to dial a number** composer un numéro (9)

**obliged: to be obliged to** devoir (6)

**obtain** obtenir (7)

**ocean** mer *f.* (7)

**o'clock: the time is . . . o'clock** il est... heures (5)

**October** octobre (3)

**odd** drôle (2)

**of** de (1); **of course (not)** bien sûr que oui (non) (5); **of it (of them)** en (10); **of whom (of which)** dont (13)

**offer** offrir (13)

**office** bureau *m.* (4); **post office** bureau *(m.)* de poste, poste *f.* (9)

**officer (police)** agent *(m.)* de police (13)

**often** souvent (1)

**oh, really** ah, bon (5)

**oil: sardines in oil** sardines *(f. pl.)* à l'huile (6)

**okay** d'accord (1)

**old** ancien(ne) (6); vieux, vieil, vieille (6); **to be (20) years old** avoir (20) ans (3)

**older** *(sibling)* aîné(e) (4)

**on (top)** sur (2); **on Mondays** le lundi (4); **on the contrary** au contraire (5); **on the ground** par terre (2); **on time, not on time** à l'heure, en retard (8)

**once** une fois (10); **all at once** tout d'un coup (10); **once a week** une fois par semaine (4)

**one** un(e) (P); **no one** ne... personne (8)

**only** ne... que (8); seulement (8)

**open** ouvrir (13)

**opinion: in my opinion** pour ma part (15); à mon avis (10); **in your opinion** à votre (ton) avis (10); **public opinion** opinion *(f.)* publique (15); **to express an opinion** exprimer une opinion (15); **to have an opinion about** penser de (10)

**optimistic** optimiste (2)

**or** ou (1)

**orange** orange *inv.* (2); *(fruit)* orange *f.* (5)

**order: in order** en ordre; **in order to** pour (1); **to order** commander *(restaurant)* (5)

**orderly** en ordre (3)

**other** autre (3); **others** d'autres (16); **the other(s)** l'/la/les autre(s) (16)

**outdoors** de plein air; **outdoor activities** activités *(f. pl.)* de plein air (14)

**outside** dehors

**overhead projector** rétroprojecteur *m.* (P)

**overseeing** contrôle *m.* (15)

**owe** devoir (6)

**oyster** huître *f.* (6)

**package** paquet *m.* (9)

**pad: mousepad** tapis *(m.)* pour souris (3)

**pager** pager *m.* (9)

**pain: to have pain** avoir mal (à) (12)

**painter** artiste-peintre *m., f.* (13); peintre *m.* (11)

**painting** peinture *f.* (11); tableau *m.* (11)

**palace** palais *m.* (11)

**pancakes** crêpes *f. pl.* (5)

**pants** pantalon *m.* (2)

**parade** défilé *m.* (16); **parade float** char *m.*

**pardon (me)** pardon (P)

**Parisian** parisien(ne) (2)

**park** parc *m.* (10)

**party** soirée *f.* (1); **costume party** bal *(m.)* masqué (16); **political party** parti *m.* (15)

**pass** *(time)* passer (5); **boarding pass** carte *(f.)* d'embarquement (8); **to pass** *(a test)* réussir à (3); **to pass by** passer par (7)

**passenger** passager/ère *m., f.* (8)

**past** passé *m.* (11); **half past (quarter past)** *(the hour)* ...et demi (...et quart) (5)

**pastry, pastry shop** pâtisserie *f.* (6)

**pâté (country-style)** pâté *(m.)* (de campagne) (6)

**patient** patient(e) (2)

**patrimony** patrimoine *m.* (11)

**pear** poire *f.* (5)

**pen** stylo *m.* (P)

**pencil** crayon *m.* (P)

**pepper** poivre *m.* (5)

**perfect** perfectionner (16)

**performance** spectacle *m.* (14)

**period** *(of history)* époque *f.* (11)

**permit (to)** permettre (de) (11)

**person** personne *f.* (2)

**personally** personnellement (15)

**pessimistic** pessimiste (2)

**pharmacist** pharmacien(ne) *m., f.* (13)

**pharmacy** pharmacie *f.* (10)

**philosophy** philosophie *f.* (1); *fam.* philo *f.* (1)

**phone** téléphoner (à) (2); **cellular phone** cellulaire *m.* (3)

**physics** physique *f.* (1)

**picnic** pique-nique *m.* (14); **to have a picnic** faire un pique-nique (4)

**pie** tarte *f.* (5)

**piece** morceau *m.* (6); **piece of furniture** meuble *m.* (4)

**pilot** pilote *m., f.* (8)

**pink** rose (2)

**place** endroit *m.* (7); lieu *m.* (1); **place of residence** logement *m.* (3); **to place** *(put)* mettre (7); **to take place** se passer (14)

**plan on** *(doing s.th.)* penser + *inf.* (11)

**plans** projets *m. pl.* (4)

**plant** plante *f.* (3)

**plate** assiette *f.* (5)

**platform** *(train)* quai *m.* (8)

**play** *(theater)* pièce *(f.)* de théâtre (11); **to play** *(a musical instrument)* jouer de (2); **to play** *(a sport or game)* jouer à (2)

**player (cassette, CD)** lecteur *(m.)* (de cassettes, de CD) (3); **compact disc player** platine *(f.)* laser (3)

**pleasant** gentil(le) (2)

**please** s'il vous (te) plaît (P); **pleased** content(e) (9)

**plumber** plombier *m.* (13)

**poem** poème *m.* (11)

**poet** poète *m.* (11)

**poetry** poésie *f.* (11)

**point out** indiquer (14)

**police officer, policeman (woman)** agent *(m.)* de police (13); **police station** commissariat *m.* (10); poste *(m.)* de police (10)

**policy** politique *f.* (15)

**politely** poliment (11)

**political party** parti *m.* (15)

**politician** politicien(ne) *m., f.* (15)

**politics** politique *f.* (15)

**pollute** polluer (15)

**pollution** pollution *f.* (15)

**pool (swimming)** piscine *f.* (10)

**poor** pauvre (6)

**popular song** chanson *(f.)* de variété (14)

**pork** porc *m.* (6); **pork butcher** charcuterie *f.* (6)

**Portugal** Portugal *m.* (8)

**possible** possible (15); **it is possible that** il est possible que + *subj.* (15)

**post office** bureau *(m.)* de poste, poste *f.* (9)

**postcard** carte *(f.)* postale (9)

**poster** affiche *f.* (3)

**potato** pomme *(f.)* de terre (5)

**practical** pratique (13)

**prefer** aimer mieux (1); préférer (5)

**preferable** préférable (15)

**preferred** préféré(e) (4)

**prepare** préparer (4)

**pretty** joli(e) (6); **pretty well** ça peut aller (P)

**prevent (from)** empêcher (de) (11)

**price** prix *m.* (6); **fixed price menu** menu *m.* (6)

**primary school teacher** instituteur/trice *m.*, *f.* (13)

**probable** probable (15)

**problem** problème *m.* (15) ennui *m.* (8)

**process: to be in the process of** être en train de (14)

**professor** professeur *m.* (P)

**program** *(TV, radio)* émission *f.* (9)

**projector: overhead projector** rétroprojecteur *m.* (P)

**proliferation** prolifération *f.* (15)

**protect** protéger (15)

**protection** protection *f.* (15)

**proud** fier (fière) (2)

**psychology** psychologie *f.* (1)

**public** public (publique) (10); **public opinion** opinion *(f.)* publique (15)

**purchase** achat *m.* (7)

**purse** sac *(m.)* à main (2)

**pursue** poursuivre (11)

**put on** mettre (7); **to put on makeup** se maquiller (12)

**putter (around)** bricoler (14)

**puttering around** bricolage (14)

**quarter** *(one-fourth)* quart *m.* (5); **quarter before (to)** *(the hour)* moins le quart (5); **quarter past** *(the hour)* ...et quart (5); **quarter** *(district)* quartier *m.* (1)

**Quebec** *(city)* Québec (16); **of, from Quebec** québécois(e) (16); **Quebec** *(province)* Québec *m.* (8)

**Quebecois** *(language)* québécois *m.* (16); **Quebecois** *(person)* Québécois(e) *m., f.* (1)

**queen** reine *f.* (11)

**quiet** tranquille (3)

**radio** radio *f.* (1)

**rain** pleuvoir (7); **it's raining** il pleut (5)

**raincoat** imperméable *m.* (2)

**rarely** rarement (1)

**raspberry** framboise *f.* (5)

**rate** *(of exchange)* cours *(m.)* (du change) (13); **unemployment rate** taux *(m.)* de chômage (13)

**rather** plutôt (6)

**read** lire (9)

**reading** lecture *f.* (14)

**ready** prêt(e) (2); **to get ready** se préparer (12)

**realistic** réaliste (2)

**really** vraiment (11); **oh, really?** ah, bon? (5)

**reasonable** raisonnable (2)

**receipt** reçu *m.* (13)

**recognize** reconnaître (15)

**record(ing)** disque *m.* (3)

**recycle** recycler (15)

**recycling** recyclage *m.* (15)

**red** rouge (2); **roux** *(hair)* (3)

**redheaded** roux (rousse) (3)

**reduce** diminuer (15)

**reform** réforme *f.* (15)

**refuse (to)** refuser (de) (11)

**regret** regretter (15)

**relate** *(tell)* raconter (9)

**relatives** parents *m. pl.* (4)

**relax** se détendre (12)

**relieved** soulagé(e) (15)

**remain** rester (4)

**remedy** remède *m.* (15)

**remember** se rappeler (12); se souvenir (de) (12)

**Renaissance** Renaissance *f.* (11)

**rent** louer (3)

**repeat** répéter (P)

**replace** *(put back)* remettre (13)

**reporter** journaliste *m., f.* (13)

**require** exiger (15)

**rescue** sauver (15)

**residence: place of residence** logement *m.* (3); **university residence complex** cité-universitaire (cité-u) *f.* (1)

**resource: natural resources** ressources *(f. pl.)* naturelles (15)

**rest** se reposer (12)

**restaurant** restaurant *m.* (1)

**return** retourner (7); *(go home)* rentrer (7); *(come back)* revenir (7); *(give back)* rendre (4)

**review** revue *f.* (9)

**ride** *(car)* tour *m.* (4); promenade *f.;* **to take a ride** faire un tour (4)

**riding: to go horseback riding** faire du cheval (7)

**right: all right** ça peut aller (P); **on (to) the right** à droite (10); **the Right Bank** *(in Paris)* rive *(f.)* droite (10); **to be right** avoir raison (3)

**rise** montée *f.* (15)

**river** fleuve *m.* (7)

**road** route *f.* (7)

**roast** rôti *m.* (6)

**Rockies (Rocky Mountains)** Rocheuses *f. pl.* (16)

**Roman** romain(e) (11)

**room** pièce *f.* (4); chambre *(bedroom) f.* (3); **dining room** salle *(f.)* à manger (4); **living room** salle *(f.)* de séjour (4)

**roommate** camarade *(m., f.)* de chambre (3)

**rug** tapis *m.* (3)

**run** courir (14); faire du jogging (4)

**Russia** Russie *f.* (8)

**Russian** *(person)* Russe *m., f.* (1)

**sailboat** bateau *(m.)* à voile (7)

**sailing** voile *f.;* **to go sailing** faire de la voile (4)

**salad** salade *f.* (5)

**salaried worker** travailleur/euse *(m., f.)* salarié(e) (13)

**salary** salaire *m.* (13)

**salesclerk** employé(e) (13)

**salt** sel *m.* (5)

**same** même (6); **the same one(s)** le/la/les même(s) (16)

**sandals** sandales *f. pl.* (2)

**sardines (in oil)** sardines *(f. pl.)* (à l'huile) (6)

**Saturday** samedi *m.* (P)

**sauerkraut** choucroute *f.* (5)

**sausage** saucisse *f.* (6)

**save** *(rescue)* sauver (15); **to save (up) money** faire des économies (13)

**savings account** compte *(m.)* d'épargne (13)

**say** dire (9)

**schedule** horaire *m.* (11)

**school** école *f.* (9); **primary school teacher** instituteur/trice *m., f.* (13)

**screen** écran *m.* (P)

**sculptor** sculpteur (femme-sculpteur) *m., f.* (11)

**sculpture** sculpture *f.* (11)

**sea** mer *f.* (7)

**seat** *(theater)* place *f.* (11)

**second** deuxième (10); **second floor** premier étage *m.* (4)

**secretary** secrétaire *m., f.* (13)

**section** *(of Paris)* arrondissement *m.* (10)

**see** voir (9); **see you later** à plus (tard) (P); **see you soon** à bientôt (P); **to see again** revoir (7)

**seem** avoir l'air (+ *adj.*); avoir l'air (de + *inf.*); **it seems that** il semble que + *subj.* (15)

**self-employed worker** travailleur/euse *(m., f.)* indépendant(e) (13)

**sell** vendre (4)

**send** envoyer (9)

**Senegal** Sénégal *m.* (8)

**Senegalese** *(person)* Sénégalais(e) *m., f.* (1)

**sense** sentir *v.* (7)

**September** septembre (3)

**serious** sérieux/euse (2)

**servant: civil servant** fonctionnaire *m., f.* (13)

**serve** servir (7)

**set** *(TV)* poste *(m.)* de télévision (4); téléviseur *m.* (9)

**settle (down, in)** s'installer (12)

**settlement** établissement *m.* (16)

**seven** sept (P)

**seventeen** dix-sept (P)

**several** plusieurs (16)

**sexism** sexisme *m.* (15)

**shave** se raser (12)

**shelf** étagère *f.* (3)

**shirt** chemise *f.* (2); **T-shirt** tee-shirt *m.* (2)

**shoes** chaussures *f. pl.* (2); **tennis shoes** tennis *m. pl.* (2)

**shop** *(store)* magasin *m.* (6); **butcher shop** boucherie *f.* (6); **pastry shop** pâtisserie *f.* (6); **pork butcher's shop** charcuterie *f.* (6)

**shopkeeper** commerçant(e) *m., f.* (13)

**shopping: to do the shopping** faire le marché (4)

**short** court(e) *(hair)* (3); petit(e) *(person)* (3)

**shorts** short *m.* (2)

**show** spectacle *m.* (14); émission *f.* (4); **to show** indiquer (14); montrer (2)

**shower** douche *f.* (3); **to take a shower** se doucher (12)

**Shrove Tuesday** Mardi gras (16)

**sight: love at first sight** coup *(m.)* de foudre (12)

**since** depuis (7)

**sincere** sincère (2)

**sing** chanter (9)

**single** *(person)* célibataire *m., f.* (4); **single life** célibat *m.* (12)

**sink: bathroom sink** lavabo *m.* (3)

**sir** Monsieur (M.) (P)

**sister** sœur *f.* (4); **sister-in-law** belle-sœur *f.* (4)

**sit down** asseyez-vous (assieds-toi) (12)

**situate: to be situated** se trouver (10)

**six** six (P)

**sixteen** seize (P)

**sixty** soixante (P)

**skating: ice skating** patinage *m.* (7)

**ski** ski *m.* (7); **ski boots** chaussures *(f. pl.)* de ski (7); **ski goggles** lunettes *(f. pl.)* de ski (7); **ski jacket** anorak *m.* (7); **to ski** faire du ski (4); skier (1)

**skiing** ski *m.;* **cross-country skiing** ski de fond (7); **downhill skiing** ski de piste (7); **to ski, to go skiing** faire du ski (4)

**skin diving** plongée *(f.)* sous-marine (7)

**skirt** jupe *f.* (2)

**sleep** dormir (7)

**sleeping bag** sac *(m.)* de couchage (7)

**sleepy: to be sleepy** avoir sommeil (3)

**slice** tranche *f.* (6)

**small** petit(e) (3)

**smell** sentir (7)

**smoke** fumer (7)

**smoker** fumeur/euse *m., f.* (8)

**smoking area** zone *(f.)* fumeurs (8)

**snack: afternoon snack** goûter *m.* (5)

**snob** snob, snobbish (2)

**snow** neiger (5); **it's snowing** il neige (5)

**snowman** bonhomme *(m.)* de neige (16)

**so** alors (2); **so-so** comme ci, comme ça (P); si (6)

**sociable** sociable (2)

**social games** jeux *(m. pl.)* de société (14)

**sociology** sociologie *f.* (1)

**socks** chaussettes *f. pl.* (2)

**sofa** canapé *m.* (3)

**solar energy** énergie *(f.)* solaire (15)

**sole** *(fish)* sole *f.* (6)

**solution** remède *m.* (15)

**some** en *pron.* (10); quelques *adj.* (16); quelques-uns/unes *pron.* (16)

**someday** un jour (13)

**someone** quelqu'un (8)

**something** quelque chose (8)

**sometimes** parfois (8); quelquefois (1)

**somewhat** assez (2)

**son** fils *m.* (4)

**song (popular)** chanson *(f.)* de variété (14)

**soon** bientôt (4); **as soon as** aussitôt que; dès que (13); **see you soon** à bientôt (P)

**sorry** désolé(e) (15); **to be sorry** regretter (15)

**soupspoon** cuillère *(f.)* à soupe (5)

**source** source *f.* (15)

**south** sud *m.* (8); **to the south** au sud (8)

**Spain** Espagne *f.* (8)

**Spanish** *(person)* Espagnol(e) *m., f.* (1); *(language)* espagnol *m.* (1)

**speak** parler (1)

**speaker (loudspeaker)** *haut-parleur *m.* (3)

**spend** *(money)* dépenser (13); *(time)* passer (5)

**spoon** cuillère *f.* (5)

**sport(s)** sport *m.* (1); **sports coat** veste *f.* (2); **sports event** manifestation *(f.)* sportive (14); **sports-minded** sportif/ive (2); **to do sports** faire du sport (4)

**spring** printemps *m.* (5); **in (the) spring** au printemps (5)

**square** *(in city)* place *f.* (10)

**stairway** escalier *m.* (4)

**stamp (postage)** timbre *m.* (9)

**stand: I can't stand . . .** j'ai horreur de... (5); **to stand in line** faire la queue (4)

**start** commencer (à) (9)

**state** état *m.* (7); **United States** États-Unis *m. pl.*

**station (subway)** station *(f.)* de métro (10); **police station** commissariat *m.* (10); poste *(m.)* de police (10); **train station** gare *f.* (8)

**stay** rester (4)

**steak** bifteck *m.* (5)

**stepbrother** beau-frère *m.* (4); demi-frère *m.* (4)

**stepfather** beau-père *m.* (4)

**stepmother** belle-mère *f.* (4)

**stepsister** belle-sœur *f.* (4); demi-sœur *f.* (4)

**stereo** chaîne *(f.)* stéréo (3)

**steward, stewardess** steward *m.* (8); hôtesse *(f.)* de l'air (8)

**stick: stick of chalk** craie *f.* (P)

**still** encore (8)

**stop** s'arrêter (12)

**store** magasin *m.* (6); **fish store** poissonnerie *f.* (6); **grocery store** épicerie *f.* (6)

**stormy: it's stormy** le temps est orageux (5)

**straight** *(hair)* raide (3); **straight ahead** tout droit (10)

**strange** étrange (15)

**strawberry** fraise *f.* (5)

**street** rue *f.* (3)

**strike: to (go on) strike** faire (la) grève (15)

**stroll** flâner (11)

**student** étudiant(e) *m., f.* (P)

**study** étudier (1)

**stupid** stupide (15)

**subject** *(in school)* matière *f.* (1)

**suburbs** banlieue *f.* (10)

**subway** métro *m.* (8); **subway station** station *(f.)* de métro (10)

**succeed (at)** réussir (à) (3)

**success** réussite *f.* (15)

**suddenly** soudain (10); tout d'un coup (10)

**suffer** souffrir (13)

**sugar** sucre *m.* (5)

**suit** *(man's)* costume *m.* (2); *(woman's)* tailleur *m.* (2); **suit jacket** veston *m.* (2)

**suitcase** valise *f.* (8)

**sum** montant *m.* (13)

**summer** été *m.* (5); **in summer** en été (5)

**sun** soleil *m.* (5)

**Sunday** dimanche *m.* (P)

**sunglasses** lunettes *(f. pl.)* de soleil (7)

**sunny: it's sunny** il fait du soleil (5)

**suntan: to get a suntan** bronzer (7)

**superb** superbe (4)

**support** soutenir (15)

**sure** sûr(e) (15)

**surprised** étonné(e) (15); surpris(e) (15)

**sweater** pull-over *m.* (2)
**sweetheart** amoureux/euse *m.*, *f.* (12)
**swim** nager (7); se baigner (12)
**swimming pool** piscine *f.* (10
**swimsuit** maillot *(m.)* de bain (2)
**Swiss** *(person)* Suisse *m.*, *f.* (1)
**Switzerland** Suisse *f.* (8)

**table** table *f.* (P)
**take** prendre (5); **to take** *(a course)* suivre (11); **to take** *(s.o.)* emmener (14); **to take a ride** faire un tour (4); **to take a trip** faire un voyage (4); **to take a walk** faire une promenade (4); faire un tour (4); se promener (12); **to take an exam** passer un examen (3); **to take out** sortir (7); **to take place** se passer (14)
**talk** parler (1)
**tall** grand(e) (3)
**tape (cassette)** cassette *f.* (3)
**taste** goûter *v.* (6)
**taxes** impôts *m. pl.* (15)
**tea** thé *m.* (5)
**teach** enseigner (à) (11); apprendre (à) (11)
**teacher** professeur *m.* (P); **primary school teacher** instituteur/trice *m.*, *f.* (13)
**team** équipe *f.* (14)
**telephone** téléphone *m.* (3); appareil *m.* (9); **telephone book** annuaire *m.* (9); **telephone booth** cabine *(f.)* téléphonique (9); **telephone calling card** télécarte *f.* (9); **telephone number** numéro *(m.)* de téléphone (9); **to telephone** téléphoner à (2)
**television** télévision *f.* (P); **T.V. set** poste *(m.)* de télé (4); téléviseur *m.* (9); **television channel** chaîne *f.* (9)
**tell** dire (9); raconter (9)
**teller: automatic teller** distributeur *(m.)* automatique (13)
**ten** dix (P)
**tennis shoes** tennis *m. pl.* (2)
**tent** tente *f.* (7)
**terrace** terrasse *f.* (4)
**test** examen *m.* (1); **to pass a test** réussir à un examen (3)
**than: less . . . than** moins que (13); **more . . . than** plus... que (13)
**thank you** merci (P); **I don't know how to thank you** je ne sais pas comment vous (te) remercier (14); **to thank** remercier (14)
**that** cela (ça) (6); que (13); qui *rel. pron.* (13)
**theater** *(movie)* cinéma *m.* (1); théâtre (11)
**then** alors (4); ensuite (6); **(and) then** (et) puis (6); **well then** eh bien... (2)

**there** là *adv.* (10); y *pron.* (10); **is/are there . . . ?** il y a... ? (P); **there is/are** voilà (P); il y a (P)
**therefore** alors (2); donc (2)
**thing: things are going well (badly)** ça va bien (mal) (P)
**think (of, about)** réfléchir (à) (3); penser (à) (10); **to think (have an opinion) about** penser de (10); **what do you think about . . . ?** que pensez-vous (penses-tu) de... ? (10); **what do you think of that?** qu'en pensez-vous (penses-tu)? (10)
**third** troisième (10); **third floor** deuxième étage *m.* (4); **Third World** tiers-monde *m.* (15)
**thirsty: to be thirsty** avoir soif (3)
**thirteen** treize (P)
**thirty** trente (P)
**this** cela (ça) (6); ce, cet, cette, ces (4)
**three** trois (P)
**throat** gorge *f.* (12)
**Thursday** jeudi *m.* (P)
**ticket window** guichet *m.* (8)
**tidy** en ordre (3)
**tie** *(necktie)* cravate *f.* (2)
**time** heure *f.* (5); temps *m.* (4); **from time to time** de temps en temps (1); **not on time** en retard (8); **on time** à l'heure (8); **to pass, spend (time)** passer (du temps) (5); **what time is it?** quelle heure est-il? (5); **the time is . . . o'clock** il est... heures (5)
**tip** *(gratuity)* pourboire *m.* (6)
**today** aujourd'hui (P)
**tomato** tomate *f.* (5)
**tomorrow** demain (4)
**too: it's too bad** il est dommage (15); **too much** trop (de) (5)
**tooth** dent *f.* (12); **to brush one's teeth** se brosser les dents (12)
**top: on top** sur (2); **top manager** chef *(m.)* d'entreprise (13)
**touch** toucher (10)
**tourist class** classe *(f.)* économique (8); **tourist information bureau** syndicat *(m.)* d'initiative (10)
**towel: beach towel** serviette *(f.)* de plage (7)
**tower** tour *f.* (10)
**town hall** mairie *f.* (10)
**train** train *m.* (8); **train car** wagon *m.* (8); **train station** gare *f.* (8)
**tranquil** calme (2)
**translate** traduire (8)
**travel** voyager (7); *(in a car)* rouler (8)
**tree** arbre *m.* (4)

**trip** voyage *m.;* **to take a trip** faire un voyage (4)
**trouble** ennui *m.* (8); **to have trouble (in)** avoir du mal (à) (16)
**true** vrai(e) (6)
**try (to)** essayer (de) (9); chercher (à) (11)
**T-shirt** tee-shirt *m.* (2)
**Tuesday** mardi *m.* (P); **Shrove Tuesday** Mardi gras (16)
**Tunisia** Tunisie *f.* (8)
**turn** tourner (10)
**TV (set)** poste *(m.)* de télévision (4); téléviseur *m.* (9)
**twelve** douze (P)
**twenty** vingt (P); **twenty-one** vingt et un (P); **twenty-two** vingt-deux (P)
**two** deux (P)

**ugly** laid(e) (3)
**umbrella** parapluie *m.* (7)
**uncle** oncle *m.* (4)
**under** sous (2)
**understand** comprendre (5); **I don't understand** je ne comprends pas (P)
**unfair** injuste (15)
**unfortunate** fâcheux/euse (15); pauvre (6)
**United States** États-Unis *m. pl.* (8)
**university** université *f.* (1); **university dormitory, residence complex** cité-universitaire (cité-u) *f.* (1)
**unjust** injuste (15)
**unlikely** peu probable (15)
**unsociable** insociable (2)
**until** jusqu'à (10)
**up to** jusqu'à (10); **to get up** se lever (12)
**urgent** urgent(e) (15)
**useful** utile (15)
**useless** inutile (15)
**usually** d'habitude (9)

**vacation** vacances *f. pl.* (4); **during vacation** pendant les vacances (4)
**various** divers(e) (P)
**VCR** magnétoscope *m.* (P)
**vegetable** légume *m.* (5)
**very** très (2); fort *adv.* (13); si (6); **not very** peu (2); **very much** beaucoup (P); **very well, good** très bien (P)
**video camera** caméra *f.* (9); caméscope *m.* (9)
**videocassette** cassette *(f.)* vidéo (9)
**Vietnamese** *(person)* Vietnamien(ne) *m.*, *f.* (1); *(language)* vietnamien *m.* (1)
**violet** violet(te) *adj.* (2)

**visit** visite *f.* (1); **to visit** *(a place)* visiter (1); **to visit** *(s.o.)* rendre visite à (4)

**voice mail** boîte *(f.)* vocale (9)

**voter** électeur/trice *m., f.* (15)

**wait (for)** attendre (4)

**waiter, waitress** serveur *m.,* serveuse *f.* (6)

**wake up** se réveiller (12)

**walk** promenade *f.* (4); tour *m.* (4); **to take a walk** faire une promenade (4); se promener (12); faire un tour (4)

**walking** marche *f.* (14)

**wall** mur *m.* (3)

**want** avoir envie de (3); désirer; vouloir (6)

**war** guerre *f.* (15)

**ward** *(of Paris)* arrondissement *m.* (10)

**warm: to be warm** avoir chaud (3)

**wash (oneself)** se laver (12)

**waste** gaspillage *m.* (15); *(material)* déchet *m.* (15); **to waste** perdre (4); gaspiller (15)

**wasting** gaspillage *m.* (15)

**watch** regarder (1); **to watch out** faire attention (4)

**water** eau *f.* (5); **mineral water** eau minérale (5)

**waterskiing** ski *(m.)* nautique (7)

**way** *(road)* chemin *m.* (10)

**wear** porter (2)

**weather** temps *m.* (5); **how's the weather?** quel temps fait-il? (5); **it's bad (good) weather** il fait mauvais (beau) (5)

**Web** Web *m.* (9)

**Wednesday** mercredi *m.* (P)

**week** semaine *f.* (7); **every week** toutes les semaines (9); **next week** la semaine prochaine (4); **once a week** une fois par semaine (4)

**weekend: this weekend** ce week-end (4); **on weekends** le week-end (4)

**welcome: you're welcome** de rien (P); il n'y a pas de quoi (14); je vous en prie (14)

**well** bien *adv.* (14); **pretty well** ça peut aller (P); **things are going well** ça va bien (P); **very well** très bien (P); **well then** eh bien… (2)

**west** ouest *m.* (8); **to the west** à l'ouest (8)

**what** que (3); qu'est-ce qui (14); **to what** à quoi (3); **what?** comment? (P); **what day is it?** quel jour sommes-nous (est-ce)? (P); **what is it?** qu'est-ce que c'est? (P); **what's happening?** qu'est-ce qui se passe? (14); **what's your name?** comment vous appelez-vous? (P); **what time is it?** quelle heure est-il? (5)

**when** quand (2); lorsque (13); où *relative pron.* (13)

**where** où (2)

**which** lequel, laquelle, lesquels, lesquelles (14); que (13), qui *relative pron.* (13); quel, quelle, quels, quelles *int. adj.* (6); **of which** dont (13)

**while: in a while** tout à l'heure (4)

**white** blanc(he) (2); **white-collar worker** employé(e) *m., f.* (13)

**who** qui (2); qui est-ce qui; **who's calling?** qui est à l'appareil? (9)

**whom** qui (est-ce que) (2); **of whom** dont (13); **to whom** à qui (14)

**whose** dont (13)

**why** pourquoi (3)

**wide cup** bol *m.* (5)

**wife** femme *f.* (4)

**willing: to be willing** vouloir bien (6)

**win** gagner (13)

**wind** vent *m.*

**windbreaker** blouson *m.* (2)

**window** fenêtre *f.* (P); **ticket window** guichet *m.* (8)

**windsurfer** planche *(f.)* à voile (7)

**windy: it's windy** il fait du vent (5)

**wine** vin *m.* (5); **wine merchant** marchand(e) *(m., f.)* de vin (13)

**winter** hiver *m.* (5); **in winter** en hiver (5)

**wish** avoir envie de (3); souhaiter (15)

**with** avec (1)

**withdraw** retirer (13)

**woman** femme *f.* (1); **young woman** jeune fille *f.* (2)

**wonder** se demander (12)

**wood(s)** bois *m.* (10); forêt *f.* (8)

**word** mot *m.* (3)

**work** travail *m.* (1); **do-it-yourself work** bricolage *m.* (14); **to work** travailler (1); *(device)* marcher (8); **work (of art)** œuvre *(f.)* (d'art) (11)

**worker** travailleur/euse *m., f.* (13); *(manual)* ouvrier/ière *m., f.* (13); **salaried worker** travailleur/euse salarié(e) (13); **self-employed worker** travailleur/euse indépendant(e) (13); **white-collar worker** employé(e) *m., f.* (13)

**world** monde *m.* (7); **Third World** tiers-monde *(m.)* (15); **French-speaking world** francophonie *f.* (16)

**worse** pire (13)

**worth: to be worth** valoir (15)

**would: I would like (to)** . . . j'aimerais… (6)

**write (to)** écrire (à) (9); **to write a check** faire un chèque (13)

**writer** écrivain (femme-écrivain) *m., f.* (11)

**wrong: to be wrong** avoir tort (3); se tromper (12)

**year** an *m.* (7); **entire year** année *f.* (7); **to be (20) years old** avoir (20) ans (3)

**yellow** jaune (2)

**yes** oui (P); si *(affirmative answer to negative question)* (8)

**yesterday** hier (7); **the day before yesterday** avant-hier (7)

**yet: not yet** ne… pas encore (8)

**you: and you?** et vous? (et toi?) (P); **you're welcome** je vous en prie (14); il n'y a pas de quoi (14); de rien (P)

**young** jeune (6); **young man** jeune homme *m.* (2); **young lady, young woman** jeune fille *f.* (2); **young people** jeunesse *f.* (15)

**younger** *(sibling)* cadet(te) (4)

**youth** jeunesse *f.* (15)

**Zaire** Zaïre *m.* (8)

**Zairian** *(person)* Zaïrois(e) *m., f.* (1)

Index

This index is divided into two parts: Part I (Grammar) covers topics in grammar, structure, and usage; Part II (Topics) lists cultural, functional (**À propos**), and vocabulary topics treated in the text. Topics in Part II appear as groups; they are not cross-referenced.

# Part II: Topics

## Text and Art Credits

*Notes*

*Notes*

*Notes*

*Notes*

*Notes*

*Notes*

*Notes*

*Notes*